TEATRO REUNIDO

CB002194

Augusto Boal

TEATRO REUNIDO

Apresentação de Iná Camargo Costa

editora 34

EDITORA 34

Editora 34 Ltda.
Rua Hungria, 592 Jardim Europa CEP 01455-000
São Paulo - SP Brasil Tel/Fax (11) 3811-6777 www.editora34.com.br

Copyright © Editora 34 Ltda., 2023
© Estate of Augusto Boal, 2023
by arrangement with Literarische Agentur Mertin Inh. Nicole Witt e.K.,
Frankfurt am Main, Germany.

A FOTOCÓPIA DE QUALQUER FOLHA DESTE LIVRO É ILEGAL E CONFIGURA UMA APROPRIAÇÃO INDEVIDA DOS DIREITOS INTELECTUAIS E PATRIMONIAIS DO AUTOR.

Edição conforme o Acordo Ortográfico da Língua Portuguesa.

Imagem de capa:
Augusto Boal ministra oficina em Porto Rico, década de 1980, acervo do Instituto Augusto Boal

Capa, projeto gráfico e editoração eletrônica:
Franciosi & Malta Produção Gráfica

Revisão:
Milton Ohata, Beatriz de Freitas Moreira

1ª Edição - 2023

CIP - Brasil. Catalogação-na-Fonte
(Sindicato Nacional dos Editores de Livros, RJ, Brasil)

Boal, Augusto, 1931-2009
B724t Teatro reunido / apresentação de
Iná Camargo Costa — São Paulo: Editora 34,
2023 (1ª Edição).
752 p.

ISBN 978-65-5525-164-7

1. Representação teatral. 2. Teatro —
Aspectos políticos. 3. Teatro e sociedade.
I. Costa, Iná Camargo. II. Título.

CDD - 792.028

TEATRO REUNIDO

Nota editorial

Teatro reunido de Augusto Boal inclui quatorze peças escritas entre 1953 e 2006. A seleção abrange textos que levam exclusivamente a assinatura do autor, adotando-se como critério o mesmo dos dois volumes concebidos pelo próprio dramaturgo e publicados pela editora Hucitec em 1986 e 1990, como parte de uma coleção dirigida por Fernando Peixoto e Adalgisa Pereira da Silva.

Por afinidade temática e formal, as peças foram agrupadas em três partes.

Após voltar do exílio, durante os anos de redemocratização, é bastante provável que Boal quisesse fazer um balanço das transformações pelas quais passara o teatro brasileiro ao longo da década de 1960. Nesse período, à frente do Teatro de Arena, ele fora uma figura central. *Revolução na América do Sul*, *As aventuras do Tio Patinhas*, *Murro em ponta de faca*, *Histórias de nuestra América*, *A lua pequena e a caminhada perigosa* e *Torquemada*, as seis peças reunidas pelo autor nos volumes da Hucitec, orbitam em torno do golpe de 1964. Agora, acrescenta-se a esse conjunto *José, do parto à sepultura*, texto encenado em 1961 mas até hoje inédito em livro. Esse conjunto de sete peças constitui a primeira parte do presente volume.

Na segunda parte estão quatro peças escritas para o Teatro Experimental do Negro na década de 1950 — *O logro*, *O cavalo e o santo*, *Filha moça* e *Laio se matou*. Foram localizadas por Geo Britto no Fundo Miroel Silveira, que até recentemente estava na Escola de Comunicações e Artes da Universidade de São Paulo e hoje integra o Arquivo Público do Estado de São Paulo. Inéditas, sendo que duas delas censuradas, revelam uma face bem pouco conhecida de Augusto Boal. No entanto, futuros estudiosos talvez possam dizer que sua colaboração para o Teatro Experimental do Negro, lastreada pela amizade de Abdias do Nascimento, abriu o veio que vai desaguar em *Revolução na América do Sul*, bem como no ciclo do show *Opinião* e dos vários espetáculos *Arena canta/conta*. Essa colaboração pode ser dimensionada pelo simples fato de que precedeu e atravessou os anos de aprendizado com John Gassner nos Estados Unidos, além de continuar após 1956, fase em que a autor se engaja nas atividades do Teatro de Arena.

Por fim, a terceira parte agrupa três peças também inéditas — *Suave canção*, *O amigo oculto* e *A herança maldita*. A primeira pertence ao período de aprendizado com John Gassner (1953-1955) e as últimas traduzem as inquietações de um dramaturgo mais que tarimbado diante das transformações em curso no século XXI. A espinha dorsal dos textos está na crítica da burguesia por meio de sua instituição mais presente na história do teatro, a família. Em espírito bastante diferente, estamos próximos ao universo de Nelson Rodrigues, um incentivador do jovem Boal em seus primeiros passos no teatro e que dele continuou amigo ao longo da vida, em que pesem todas as diferenças políticas. Como nota Iná Camargo Costa no prefácio a este volume, o autor de *Teatro do Oprimido* retorna na maturidade ao ambiente que sobreviveu às tentativas de reforma ou revolução social ao longo do século XX em nosso país e no mundo, "fato que indica com nitidez os retrocessos políticos e sociais vividos pelo Brasil desde que Boal voltou do exílio em 1986. Estamos nos referindo à persistência (aprofundada) da estrutura social em que sempre vivemos, agora combinada com as mistificações do discurso neoliberal" (p. 20).

No apêndice a este volume estão textos de natureza variada. Dois do próprio Boal, "Trajetória de uma dramaturgia" (1986) e "Depoimento sobre o teatro brasileiro hoje" (1968), sendo o primeiro um balanço rememorativo após seu retorno do exílio e o segundo um depoimento no calor da hora, quando a cultura de esquerda no país radicalizava suas posturas antes da repressão que se seguiu ao Ato Institucional nº 5. De corte interpretativo são "Retrato do Brasil", de Sábato Magaldi, crítico que acompanhou Boal desde os primeiros passos ainda no Rio de Janeiro, e "E quem paga o pato?", de Fernando Peixoto, ator do Teatro Oficina que, como os integrantes do Teatro de Arena, participou ativamente das transformações por que passara o teatro brasileiro na década de 1960. Por fim, uma trinca de textos-testemunho. "Um grito de socorro, de amor e de alerta", assinado por Gianfrancesco Guarnieri, velho companheiro dos tempos do Arena, assinala o clima de distensão que levará à chamada abertura política no país. Em seguida, dois documentos sobre a colaboração de Boal no Teatro Experimental do Negro — "Abdias Nascimento encenará *Laio se matou*", de Sábato Magaldi, publicado em 1952 na coluna que mantinha no *Diário Carioca*, e uma carta do dramaturgo a Elisa Larkin Nascimento por ocasião dos 90 anos de Abdias do Nascimento.

Futuros volumes buscarão contemplar outra parte não menos significativa das peças de Augusto Boal — ou seja, aquelas escritas em parceria com outros dramaturgos, os musicais, as adaptações de textos clássicos e um conjunto ainda pouco dimensionado de obras produzidas para Teatro-Foro, Teatro Legislativo e outras experiências em que se desdobrou, incansavelmente, a criatividade desse teatrólogo reconhecido em todo o mundo.

A Editora 34 gostaria de agradecer a Cecilia Thumim e Julián Boal. A Jaqueline Pithan e Mariana Foggetti Nieri, do Arquivo Miroel Silveira da ECA-USP. A Thaís Paiva, do Instituto Augusto Boal. E, finalmente, a Iná Camargo Costa, Mariana Guarnieri, Cibele Forjaz, Geo Britto, Roberto Schwarz e Albertina de Oliveira Costa.

Um perfil do dramaturgo Augusto Boal

Iná Camargo Costa

> A geração que nos precedeu lutou como pôde, com as armas de que dispunha. E nós somos herdeiros de todas as revoltas, todos os atos de desespero, todas as tentativas abortadas ou afogadas em sangue.
>
> Frantz Fanon, *Os condenados da terra*

O trabalho de Augusto Boal como dramaturgo — embora reconhecido como relevante em nosso teatro moderno — tem sido estudado em caráter episódico, para não dizer pontual, exceção feita a Sábato Magaldi, o crítico que apresentou a mais ampla visão de conjunto até agora da obra do próprio amigo. Tal situação se explica, entre outros motivos, porque suas obras ainda hoje continuam na maior parte inéditas, mas pode começar a se modificar com a publicação de algumas das presentes nesta edição. O presente projeto ainda há de contemplar mais um ou dois volumes que devem preservar as mesmas características: combinação de inéditas com obras já publicadas. Só então teremos condições de avaliar a real envergadura do dramaturgo, assim como a contribuição do referido crítico, uma vez que os outros aspectos da sua atividade teatral como um todo já estão bastante bem assentados. Como declarou seu companheiro de Teatro de Arena, Gianfrancesco Guarnieri, todo mundo sabe que Augusto Boal é um dos mais completos, amplos e estimulantes homens do teatro brasileiro de todos os tempos.

Esta coletânea agrupa as peças organizadas pelo autor em dois volumes publicados pela editora Hucitec em 1986 e 1990; textos escritos para o Teatro Experimental do Negro (doravante TEN) na década de 1950; um dos "exercícios norte-americanos" apresentados a John Gassner e dois dos últimos textos escritos ou encenados já neste século XXI. Por afinidades formais, trataremos primeiro destas últimas e em seguida das que estão sendo republicadas.

É possível afirmar, sem muito risco de incorrer em erro grave de avaliação, que a marca registrada da dramaturgia de Augusto Boal é a experimentação tal como foi estabelecida pelos dramaturgos naturalistas e continuou caracterizando a melhor dramaturgia do século XX. Isto corresponde à própria ideia que ele tinha de teatro: experimentar sempre em diálogo crítico com a tradição e continuar desenvolvendo o que deu certo em termos artísticos, sem relação com um possível sucesso comercial: basta lembrar que ele renega a peça *Marido magro, mulher chata*, encenada pelo Teatro de Arena em 1957. Nunca repetir fórmulas, mas o desenvolvimento de temas é bem-vindo.

É assim que as peças escritas nos anos 1950, bem como as duas últimas deste volume, correspondem a experimentos com formas da tradição dramática tal como já reelaboradas desde o naturalismo. Simplificando ao máximo, a ideia organizadora de cada obra trata de pôr as próprias formas em questão, seja para verificar suas relações com os conteúdos para os quais não eram previstas, seja para, através do próprio conteúdo, revelar aspectos menos óbvios de alguns dos valores fundamentais de sociedades como a nossa, em que a classe dominante cobra submissão a eles mas não cria as condições em que esta seja sequer viável. No plano da dramaturgia (aqui não nos referiremos a espetáculos), os resultados podem ir do cômico ao trágico, passando pelo grotesco, como no caso das últimas peças, em que nos deparamos com a exposição sem maquiagem dos verdadeiros valores que movem os indivíduos pertencentes às classes dominantes e médias: ganância e mesquinharia, o dinheiro acima de tudo (a ponto de induzir os concorrentes ao suicídio ou ao assassinato, mesmo que dos membros da própria família), hipocrisia, cinismo, desvalorização da verdade a ponto de criar realidades paralelas e assim por diante.

Em *Hamlet e o filho do padeiro*, seu livro de memórias, Augusto Boal declara que *Revolução na América do Sul* foi a sua primeira peça importante.[1] Por isso mesmo ela integra o conjunto das publicadas a

---

[1] Augusto Boal, *Hamlet e o filho do padeiro*, São Paulo, Cosac Naify, 2014, p. 203 (1ª ed.: Rio de Janeiro, Record, 2000).

que já nos referimos. Apenas para antecipar uma questão, interessa observar que o critério do dramaturgo para a seleção dos textos combinou adesão irrestrita à causa do teatro político e consciente incorporação de métodos e técnicas de escrita e encenação provenientes de Stanislávski, Piscator, Brecht e demais referências do repertório do teatro mundial no século XX.

Mas já nas primeiras peças o caráter político no plano do conteúdo fica muito evidente, especialmente se tivermos em conta a sua defesa enérgica do que chamou "revolução copernicana ao contrário", ou o direito que os excluídos têm de ocupar o centro do palco, uma vez que ninguém deve obediência à arte oficial: somos o que somos e a vida é curta, em suas palavras. Este critério, herdado do naturalismo, pautou todas as suas experiências como dramaturgo: mesmo quando voltou o olhar para os estratos sociais superiores, como nas últimas peças, seu assunto prioritário são os problemas dos oprimidos na sociedade de classes.

As peças do jovem dramaturgo ainda foram pautadas por uma determinação adicional, que corresponde àquilo que Maiakóvski e Tretiakóv definiam como "encomenda". Não se trata de simples solicitação de "cliente" a "fornecedor", mas de adesão política do fornecedor à causa do cliente; estamos nos referindo àquelas escritas para encenação pelo TEN, coordenado no Rio de Janeiro por Abdias do Nascimento e em São Paulo por Geraldo Campos de Oliveira. Graças às pesquisas que Geo Britto vem desenvolvendo desde seu mestrado,[2] hoje dispomos de informações mais precisas sobre o que chamaríamos de "anos de formação do dramaturgo Augusto Boal". E para já adiantar a relação deste com o TEN, é de Geo Britto que provém a informação segundo a qual Abdias do Nascimento lia as suas peças e lhe dava conselhos sobre teatro, ética e política. Em trecho muito eloquente do depoimento de Boal a Elisa Larkin Nascimento, lemos que "[...] eu via e odiava o racismo, explícito ou disfarçado, mas foi Abdias que me ensinou a compreender as razões e a extensão, às vezes até mesmo in-

---

[2] Geo Britto [Geraldo Britto Lopes], *Teatro do Oprimido: uma construção periférico-épica*, dissertação de mestrado apresentada à Universidade Federal Fluminense em 2015, no prelo.

conscientes, do racismo brasileiro".[3] Neste mesmo trabalho de Geo Britto estão reproduzidos os principais objetivos do TEN, dos quais interessa destacar aqueles que ajudam a especificar temas e tratamentos das peças escritas por Boal naqueles anos. De acordo com o programa redigido por Abdias, um dos objetivos do movimento (desde logo político e cultural) seria fazer com que o próprio negro tomasse consciência da situação concreta em que estava inserido, uma vez que antes e depois de 1888 foi mantido em escravidão espiritual, cultural, socioeconômica e política. Os objetivos decorrentes seriam pautados pelo interesse em promover uma mudança nas relações entre brancos e negros no país — em poucas palavras, combater e eliminar o racismo. Dentre as armas a serem utilizadas, e não apenas no âmbito teatral, Abdias enumera a denúncia e o combate aos despistamentos, ao paternalismo, aos interesses encobertos, dogmatismos, pieguice, boa e má-fé, obtusidade, estereótipos e assim por diante. Podemos dizer que estes excertos do programa do TEN configuram a "encomenda", acima referida, que nosso dramaturgo assumiu desde o início dos anos 1950. Aliás, é preciso referir Geo Britto mais uma vez para a informação de que Sábato Magaldi, em texto de 1952, aqui reproduzido (p. 744), menciona e elogia a peça *Laio se matou* — só encenada em 1958 em São Paulo, no Teatro João Caetano, para comemorar os 70 anos da Abolição e devidamente proibida para menores de 18 anos.

Vale a pena, portanto, pensar em bloco as quatro peças destinadas ao TEN aqui presentes, pois todas examinam problemas de oprimidos de comunidades predominantemente pobres e negras em nossa sociedade excludente e racista. *Filha moça* (1956), por exemplo, integralmente vetada pela censura,[4] expõe o centenário "conflito de gera-

---

[3] Geo Britto, "Boal e o teatro negro", in Kênia Miranda e José Rodrigues (orgs.), *Cultura contra a barbárie*, São Paulo, Usina Editorial, 2022. Ver também p. 746 deste volume.

[4] O parecer dos censores é muito revelador. Veja-se, por exemplo, este trecho: "[...] seu argumento prega a dissolução dos costumes, perverte a moral, o respeito ao lar, aos pais, à sociedade. [...] Não há na peça em apreço, sequer, um final que fosse o alevantamento do nível de seu desenrolar; um prêmio, por pequeno, à virtude". Relatório de Censura, 27/1/1956, Secretaria de Estado dos Negócios da Segurança Públi-

ções" numa situação em que o proverbial autoritarismo do pai de família, se este for pobre e não dispuser de chão em que se firmar, é desmoralizado pela filha que não se submete. Resumindo um enredo em si bastante simples: o pai determina que a filha só saia de casa depois de casada e a rebelde assim mesmo vai morar com o namorado. O pai não tem como impor sua vontade, pois ele mesmo não é casado com a mãe da mocinha. Nossos censores perceberam o teor da denúncia: nem mesmo o casamento civil tem alcance universal na sociedade excludente; há um abismo profundo entre o que a sociedade cobra através do pai e o que ela permite que esse mesmo pai realize. Por outro lado, é possível observar também que, para os pobres, especialmente se negros, a mera adesão ideológica aos valores dominantes — família, autoridade do pai etc. — não apenas não assegura a "respeitabilidade" (ou o "reconhecimento", segundo Hegel) como ainda cria problemas inesperados e desnecessários nas relações interpessoais.

O logro (1952) foi a primeira peça de Boal a ser encenada pelo TEN de São Paulo. Aqui o dramaturgo procura dar conta de problemas específicos de comunidades negras, a começar pelo sincretismo promovido pela dominação ideológica católica no plano da religiosidade. Temos dois protagonistas, Jerônimo e Bárbara, nomes de santos católicos que na umbanda são identificados aos orixás Xangô e Iansã, respectivamente. Jerônimo/Xangô é o condutor aparente da ação, mas na verdade é Bárbara/Iansã quem dirige os acontecimentos. É de persistência do matriarcado nas comunidades negras que se trata. Basicamente há um problema de ordem econômica: o terreiro enfrenta dificuldades financeiras por afastamento dos fiéis que, segundo avaliação dos envolvidos, não acreditam mais nas "profecias" daquele Xangô. Aparentemente, para restaurar a credibilidade do pai de santo, Bárbara trama um sequestro que este "solucionaria" mas, como dá tudo errado, a operação resulta na morte da criança sequestrada. Havendo algumas subtramas no desenvolvimento desta tragédia de vastas pro-

---

ca — Departamento de Investigações — Divisão de Obras Públicas, Prontuário nº 4178-A, Documento do Arquivo Miroel Silveira — Escola de Comunicações e Artes da Universidade de São Paulo, hoje no Arquivo Público do Estado de São Paulo.

porções, seu encadeamento produz catástrofes em série: a morte da criança, o suicídio de Jerônimo, a execução do verdadeiro assassino por seu próprio filho e a promessa, por parte do mesmo, de executar também o seu cúmplice. Combinado com a sonoplastia (trovão, relâmpago e chuva), este desfecho sugere que foi feita a justiça de Iansã, pois o terreiro foi liberto de usurpadores e exploradores da boa-fé alheia e o parricida justiceiro pode vir a ser o próximo filho de Xangô, o orixá da justiça. Do ponto de vista formal, é notável como nosso dramaturgo demonstra ter pleno conhecimento das funções narrativas do coro, da iluminação e da sonoplastia. Uma verdadeira análise desta peça há de mostrar o quanto Boal já avançara no plano da experimentação, graças ao conhecimento seguro — e bem orientado por Abdias do Nascimento e João da Gomeia — do repertório sonoro, visual e coreográfico da religiosidade de matriz africana no Brasil, assim como que seu exercício foi grandemente favorecido pela liberdade assegurada pelo público a que a peça se destinava, mesmo precisando atravessar a barreira da censura.

Liberada pela censura com cortes que claramente prejudicam a compreensão dos acontecimentos, *O cavalo e o santo* foi encenada em 1954 pelo TEN de São Paulo. Aqui nosso autor está interessado na exploração da boa-fé de integrantes da comunidade negra por parte de homens e mulheres inescrupulosos. Severino, o branco que se apresenta como líder religioso, na verdade usa o repertório da umbanda para recrutar e treinar jovens negras para o exercício da prostituição. Numa palavra, um proxeneta. Médium é a mulher que "lê cartas" (ou mãos, ou búzios) e se comporta como uma típica patroa muito exigente, inclusive na resistência a pagar salário. Também explora sexualmente rapazes disponíveis. As vítimas são os irmãos Jorge e Marina. Enquanto Jorge cai na cama da Médium, Marina cai na rede de Severino na tentativa de superar sua crise de identidade — não aceitação da condição de negra a ponto de queimar o cabelo para ficar loira — na sociedade racista. Sua mãe expõe o problema: "Mas você é preta, Marina, preta como eu, como tua mãe, Marina! Isso não é vergonha! Isso é de doida, Marina!". Frantz Fanon explica este tipo brutal de sofrimento psíquico: na realidade, o negro que quer ser branco quer apenas ser humano, na medida em que o branco europeu usurpou o conceito de humanidade.[5] E a queda dos irmãos na rede dos exploradores ilustra alguns dos teoremas do militante antilhano. *O cavalo e o santo* é apresentada como "drama em cinco fragmentos" e evolui por recortes (flashes) que se restringem ao essencial da trama. A passagem do tempo fica implícita pela referência a acontecimentos que não vemos em cena, como a prisão e depois a soltura de Severino, que Jorge denunciou por proxenetismo, mas volta às velhas práticas, começando com a sedução de Marina.

Laio se matou completa o quadro das peças encenadas pelo TEN. Aqui temos um experimento extremamente audacioso. Primeiro, porque adapta o mito de Édipo para o ambiente de candomblé; segundo, porque explora e explicita um aspecto inesperado da técnica do equívoco, já presente na versão sofocliana do mito mas ao qual nunca se prestou maior atenção. Finalmente, em vez de tratar da parte explorada por Sófocles, Boal explora os antecedentes de *Édipo rei*, inserindo em sua trama os personagens Pélope, Mérope e Crisipo que, com algumas refuncionalizações, são os envolvidos na "maldição" de Laio. Estas características ainda implicam uma atitude crítica do jovem dramaturgo em relação aos "mitos gregos", na moda em nosso teatro convencional de então — Rio e São Paulo, pelo menos. Em *Teatro do Oprimido*, Boal observa que "[...] Os poucos autores nacionais de então preocupavam-se especialmente com mitos gregos. Nelson Rodrigues chegou a ser ovacionado com a seguinte frase: 'Nelson cria, pela primeira vez no Brasil, o drama que reflete o verdadeiro sentimento trágico grego da existência'".[6]

Discretamente e na semiclandestinidade que caracterizava a atuação do TEN, nosso autor encara o "mito grego" como os demais herdeiros da tradição que vai dos naturalistas a Brecht, aquela que recomenda desmascarar mitos de um modo geral. Inspirado em experiências como as de Eugene O'Neill e inúmeros outros dramaturgos eu-

---

[5] Frantz Fanon, *Black Skin, White Masks*, Londres, Paladin, 1970, pp. 9-45.

[6] Augusto Boal, *Teatro do Oprimido e outras poéticas políticas*, São Paulo, Editora 34, 2019, p. 176 (1ª ed.: Buenos Aires, Ediciones de la Flor, 1974).

ropeus,[7] em *Laio se matou* Boal situa seus personagens na camada inferior da sociedade (aqui não se trata de reis e suas dinastias, mas de disputa entre dirigentes de candomblé, homens e mulheres, como em *O logro*) e examina confrontos e desdobramentos explorando enfaticamente o já mencionado recurso do equívoco que, como sabem os leitores de Hegel (e Boal era um deles), faz parte do repertório da comédia — já os gregos sabiam, desde Aristófanes, que menos de um passo separa o sério do ridículo. Mas aqui não se trata de explorar o adágio "o que dá pra rir dá pra chorar" e, sim, de desmitificar tragédia e mito, sem prejuízo das catástrofes.

Para incorporar cenicamente a determinação social e local de sua narrativa, Boal desenvolve a ideia grega do coro — porta-voz da classe dominante — passando a palavra a um coro de detetives, ou seja, diretamente à polícia, para que não haja dúvidas sobre os valores em nome dos quais eles falam. Este coro está atocaiado e deve prender Laio, um pai de santo que se mostrará completamente indigno da função. São estes detetives que dão a folha corrida do nosso "protagonista" e ao mesmo tempo verbalizam todos os preconceitos da classe dominante sobre o candomblé, que vão da rejeição absoluta a uma atividade considerada espúria e praticada por vagabundos, até chegar à tese de que é uma praga a ser extirpada com a máxima violência, passando pela ignorância absoluta.

Feita a apresentação de Laio pelo coro dos detetives, em cena temos a enunciação do seu problema pelos envolvidos. Pélope, que o acolheu quando de sua fuga para a Bahia, explica que ele deseja ter um filho com Jocasta mas ficou estéril. Aqui se explicita cenicamente um dos crimes de Laio: sequestrou e seduziu Crisipo, o filho de Pélope, transformando-o num xibungo,[8] que pode se tornar pai de santo e fi-

---

[7] Cf. a trilogia de Eugene O'Neill, *Electra enlutada* (1931). Outro exemplo é o francês Jean Giraudoux, que em 1935 escreveu *Não haverá guerra de Troia*.

[8] Adoto a terminologia de matriz religiosa africana. A palavra significa pederasta passivo, conforme indicação de Yeda Pessoa de Castro, "Das línguas africanas ao português brasileiro", *Afro-Ásia*, nº 14, 1973. Esta opção tem por objetivo demarcar a ausência de preconceito de gênero no âmbito do candomblé, onde homossexuais não

lho de Iansã. Laio será preso e cumprirá vinte anos de cadeia por este sequestro que ainda se combina com a sedução de Mérope, transformada por Boal em esposa de Pélope. Estes dois malfeitos estão na origem da maldição/vingança de Pélope: se Laio tiver um filho, este o matará e se casará com a própria mãe.

Estas adaptações produzirão um final surpreendente para freudianos: induzido por Pélope, Laio acredita que Édipo é filho de sua relação com Mérope (e não com Jocasta) e por isso se mata, para que seu filho viva feliz com Jocasta e dê continuidade à sua descendência. Segundo Frantz Fanon, não existe "complexo de Édipo" entre negros (pelo menos entre os antilhanos), o que se explica em parte pela persistência das relações matriarcais nas comunidades.[9] Na peça de Boal, a indicação de que no candomblé as mulheres detêm as rédeas do poder aparece na observação de Pélope: "acho que ele [Laio, quando volta da prisão] não vai mais ser pai de santo não", pois Jocasta, a mãe de santo, já vivia com Édipo. Para completar este teorema, Pélope, o único que sabe toda a verdade, será também excluído no desfecho. Como, além do mais, vimos Laio se matar, fica mais ou menos eliminada a possibilidade de ocorrer a tragédia que Sófocles escreveu.

* * *

Como as peças para o Teatro Experimental do Negro, *Suave canção* também foi escrita nos anos de 1953-1954, porém em inglês e em Nova York. Nessa época, Boal fazia o curso de John Gassner — mestre de Tennessee Williams e Arthur Miller — na Universidade Columbia. A peça é um exercício de estudante de dramaturgia. Daí seu caráter experimental segundo o melhor teatro que se fazia nos Estados Unidos daqueles anos. Ambientada em cidade interiorana, em estilo que combina principalmente Ibsen e Tennessee Williams, a peça desenvolve um enredo que gira em torno de Lucas, um veterano da guerra da

---

apenas são respeitados como ainda, quando são pais de santo, são reverenciados. Basta lembrar do caso de João da Gomeia. Quanto ao mito "original", consta que o Crisipo grego, filho de Pélope, se suicidou depois de seduzido por Laio.

[9] F. Fanon, *op. cit.*

Coreia que não vislumbra nenhuma possibilidade de inserção na força produtiva em plena vigência do *American dream* e já se mostra inclinado a sucumbir ao mundo do crime. Os traços ibsenianos da peça dizem respeito ao caráter eminentemente épico dos diálogos, pois estes relatam todos os acontecimentos relevantes que se passam fora de cena, entre outros o fracassado assalto a banco que põe a polícia no encalço de Lucas e seu comparsa. Cristine, a mãe de Lucas, por sua vez, é inspirada na galeria de mitômanas de Tennessee Williams. Uma rubrica especifica o cenário da casa de Lucas pelo recorte sociológico: corresponde ao estrato superior do proletariado. E o título da peça se refere a uma composição de Cristine, pianista fracassada, que a dedicou a Puccini, por quem é apaixonada ao estilo integrante de fã-clube estadunidense. Seu comportamento e as histórias incoerentes que inventa sobre suas relações com o compositor italiano são as principais pistas para que Lucas desconfie de que foi enganado a vida inteira, pois o principal da peça são os desmentidos e decepções de Lucas. Não admira que John Gassner tenha conferido a Boal o "diploma" de dramaturgo.

Em diálogo temático indireto com *Suave canção*, as peças encenadas no início deste século XXI mostram o dramaturgo mais uma vez às voltas com aspectos da vida familiar no âmbito da burguesia, fato que indica com nitidez os retrocessos políticos e sociais vividos pelo Brasil desde que Boal voltou do exílio em 1986. Estamos nos referindo à persistência (aprofundada) da estrutura social em que sempre vivemos, agora combinada com as mistificações do discurso neoliberal. As duas peças, classificadas pelo autor como comédias de bulevar, foram encenadas em 2000 (*O amigo oculto*) e em 2007 (*A herança maldita*). Enquanto esta última ainda recebe a especificação de "bulevar macabro", a primeira é um "bulevar político-cultural em um ato e vários desmaios". Nos dois casos, temos o uso do humor como arma e a exploração dos clichês do gênero — sobretudo as peripécias — para mostrar que, na família-modelo brasileira, ninguém é o que pensa (ou aparenta) ser.

Como indica o título, *O amigo oculto* é uma reunião de véspera de Natal à qual todos, inclusive a anfitriã, comparecem a contragosto em desfile de ódios, rancores, hipocrisias, tartufices, enfim, o conjunto dos chamados bons sentimentos que caracterizam a família burguesa (ou alta classe média) no Brasil. O ponto alto, evidentemente, é a troca de presentes, na qual temos os sucessivos desmascaramentos dos personagens, mas cabe destacar o momento extremamente didático e bem-humorado da abertura, em que a criada-clichê explica à patroa (que odeia a festa) as razões pelas quais Natal é data fixa e Paixão é data móvel:

> Natal é a noite do dia antes de nascer o menino Jesus. Nascimento tem dia certo. Já a Paixão, que é a morte, essa varia. Cai sempre na sexta, porque senão seria Quinta-Feira ou Sábado da Paixão... Mas mesmo sendo sexta, em cada ano é uma sexta diferente, porque Paixão é quarenta dias depois do Carnaval e, como o Carnaval não tem data certa, a morte de Cristo fica na dependência do Carnaval. Todo ano o Cristo fica esperando o Carnaval para saber em que dia ele vai morrer nesse ano. Agora, Natal é 25!

Em diálogo temático com *A última viagem da avó imortal* (de que trataremos adiante), mas em chave brasileiramente radicalizada, o bulevar macabro *Herança maldita* chega às vias de fato: os candidatos à herança em disputa matam o testante e tratam de comê-lo, num festim canibalesco que adicionalmente evita inconvenientes óbvios como funeral, investigação policial e outros constrangimentos, a começar pela demora em se apropriar do dinheiro do morituro. Boal escreveu na apresentação à peça que seu objetivo foi "mostrar que a mesma violência necessária para excluir os outros pode se voltar contra os próprios membros da mesma família". Este exercício de violência vai da chantagem à execução propriamente dita, passando por diversas sugestões de suicídio sob o argumento de ser tal providência uma demonstração prática de abnegação.

* * *

Encenada por Antonio Abujamra no Teatro Oficina de São Paulo em 1961, *José, do parto à sepultura* há de produzir alguma controvérsia sobre a sua datação. Segundo Sábato Magaldi — como sabemos, amigo e mediador da vinda de Boal para o Teatro de Arena, e até agora o crítico que mais refletiu sobre sua obra como um todo —, a peça teria retomado e desenvolvido o personagem Zé da Silva, de *Revolução na América do Sul*. A palavra "retomar" aparece em mais de uma referência e, em uma delas, o crítico apresenta a avaliação que agora nos inspira: "se reescrita, ainda poderá ser uma das obras-primas da nossa literatura dramática".[10]

Aqui interessa desenvolver a ideia de que, bem compreendida em seus próprios termos, a peça já é uma obra-prima que mistura Brecht, recursos do expressionismo e *agitprop*. Se esta ideia for correta, a peça pode muito bem ter sido escrita antes ou ao mesmo tempo que *Revolução na América do Sul*. A outra fonte desta hipótese é o próprio Boal, que escreve sobre esta última, em *Hamlet e o filho do padeiro*: "Eu tinha acabado de escrever o texto [de *Revolução*], influência de Brecht visível a olho nu: José da Silva, operário exemplar, acreditava em tudo o que diziam os patrões, televisão, jornais: passava a peça inteira [...] acreditando".[11] Esta descrição de Zé da Silva se aplica também ao paspalho de *José, do parto à sepultura*. A diferença entre as peças é de tempo (da narrativa) e de técnica. Como *Revolução* tem sido amplamente analisada e já está classificada no campo da nossa dramaturgia épica, trataremos de expor a hipótese de que *José* é um experimento que, além da referência explícita a várias obras de Brecht — principalmente às peças didáticas —, trabalha com técnicas expressionistas, mobilizando amplamente um conceito exigente da figura de palhaço[12] e em total sintonia com alguns dos experimentos do *agitprop*. Mesmo sabendo que nosso modo de importar produtos culturais não costuma obedecer a critérios cronológicos, não custa lembrar que na Alemanha o expressionismo é antecedente e material relevante do

---

[10] Sábato Magaldi, *Amor ao teatro*, São Paulo, Edições SESC, 2014, p. 582. Cf. também, do mesmo autor, *Panorama do teatro brasileiro*, São Paulo, Global, 1977, ed. rev., p. 306, e *Teatro sempre*, São Paulo, Perspectiva, 2006, p. 104.

[11] A. Boal, *Hamlet e o filho do padeiro*, *op. cit.*, p. 200.

[12] Basta referir a cena do nascimento de José para entender a chave do humor aqui explorada por Boal.

teatro épico, de modo que não é difícil imaginar que Boal possa ter feito este experimento antes de escrever *Revolução*. Sua consciência de que usa recursos expressionistas aparece logo na segunda rubrica do primeiro ato: a mãe grávida do nosso José acaricia a sua *expressionística* barriga.

A comparação entre as peças mostra que, enquanto *José* expõe a "formação" do indivíduo e seu enquadramento na sociedade capitalista como explorado, *Revolução* mostra este mesmo indivíduo, já "formado", casado e pai de família, enfrentando as consequências práticas de sua adesão irrestrita aos valores que lhe foram inculcados desde que nasceu — sem prejuízo das referências históricas ou mesmo conjunturais, que não aparecem de modo tão explícito em *José*.

Dentre os elementos épicos — em estilo Piscator — de *José*, cabe destacar a solicitação de legendas que devem permanecer o tempo todo em cena. Para o primeiro ato, "De como se fabrica um cidadão perfeito" e, para o segundo, "O cidadão perfeito entra pelo cano na sociedade imperfeita".

Desde o início as cenas têm caráter didático, ou ilustrativo, sempre impulsionadas pela lógica da redução ao absurdo. Um exemplo: o pai deste José da Silva — exemplo radical de operário inteiramente enquadrado pela ideologia dominante — inicialmente rejeita o filho que ainda não nasceu, devido aos custos proibitivos, chegando a sugerir um aborto. Mas depois se conforma diante da perspectiva de explorá-lo como atração em circo de horrores nos Estados Unidos, em "sua" opinião, o melhor exemplo de capitalismo, onde tudo vira mercadoria. Nesta chave são expostos todos os teoremas da peça sobre como se instila ideologia — com um padre, um professor, alguns militares etc. O discurso é sempre desmentido pela cena, até o final em que, mesmo depois de morto, José continua executando suas tarefas, como um cidadão perfeito.

As indicações acima são suficientes para sustentar a hipótese enunciada, mas não é impossível que haja meios mais simples de datação destas peças, trabalho que ainda precisa ser feito por futuras pesquisas. Outro elemento prático é a evidente condição de *José, do parto à sepultura* como transição entre as peças dos anos 1950 e as que se seguiram, a começar por *Revolução na América do Sul*.

Esta última peça é reconhecida até por Décio de Almeida Prado, além do próprio Sábato Magaldi, como o marco da entrada do teatro épico em nosso teatro convencional.[13] Ainda vale a pena remeter às observações do próprio dramaturgo sobre sua trajetória e as contradições de que tinha consciência entre a rota seguida pelo Teatro de Arena a partir desta peça e seus públicos real (classe média) e virtual (o "povo"), tal como elaboradas em *Hamlet e o filho do padeiro*. A prova da persistência do interesse pela peça se encontra, por exemplo, no recentíssimo estudo de Kênia Miranda e José Rodrigues, que destaca a crítica ostensiva ali presente ao programa da aliança de classes, na altura impulsionada pelo Partido Comunista Brasileiro.[14] Mas, para finalizar este tópico, ainda vale a pena mencionar outra informação disponibilizada por Geo Britto no estudo já mencionado e que é preciosa para interessados em dramaturgia comparada. Segundo Britto, em carta de 1959 a Langston Hughes, Boal informa o amigo, poeta e também dramaturgo, que está escrevendo *Revolução na América do Sul* e seu personagem Zé da Silva é inspirado em Simple de *Simply Heavenly* (1957), comédia musical de Hughes: chaplinesco, inocente, herói negativo no melhor estilo brechtiano.

Entre *Revolução na América do Sul* e *A lua pequena e a caminhada perigosa*, há um intervalo de oito anos (com alguns dos mais relevantes trabalhos do dramaturgo, em coautoria, ausentes deste volume), no qual a história brasileira se precipitou: um golpe militar em 1964, diversas lutas de resistência que culminaram na organização de grupos armados, tentativas de reação por parte de vários setores da cultura, especialmente o teatro, até que as altíssimas temperaturas levaram a ditadura a proclamar o famigerado Ato Institucional de número 5. O espetáculo *I Feira Paulista de Opinião*, do qual *A lua* faz parte, foi uma

---

[13] Em *O teatro brasileiro moderno* há uma preciosa enumeração dos materiais (temas e técnicas) presentes no texto. Qualquer estudo sério sobre esta peça deve começar por aqui. Cf. Décio de Almeida Prado, *O teatro brasileiro moderno*, São Paulo, Perspectiva, 1988, pp. 69-70.

[14] Kênia Miranda e José Rodrigues, "A luta de classes sem drama: uma análise de *Revolução na América do Sul* de Augusto Boal", in Kênia Miranda (org.), *Cultura de classe e resistências artísticas*, Rio de Janeiro, Consequência, 2017, pp. 103-25.

das últimas manifestações do que passava por "ascenso" das lutas de resistência no mesmo ano do AI-5, 1968. O recente interesse por este episódio produziu em 2016 um livro de valor histórico. Trata-se da edição crítica de todos os textos da *Feira*, organizada pelos pesquisadores do Laboratório de Investigação em Teatro e Sociedade (LITS), com relevantes materiais para se pensar o que foi aquele acontecimento histórico-político no âmbito da luta cultural da resistência à ditadura. Nas palavras de Érika Rocha e Sérgio de Carvalho, "foi talvez o último ato de um movimento de pesquisa da representação da sociedade brasileira que se atomizaria a partir do final daquele ano".[15]

Além das considerações de Sérgio de Carvalho presentes no livro, nele ainda há estudos específicos sobre *A lua*, assim como sobre o teatro de *agitprop*, modalidade guerrilha, do qual o espetáculo faz parte. Por isso mesmo, não havendo muito o que acrescentar, aqui só importa lembrar que o eixo de *A lua* é a morte do Comandante Che Guevara, devidamente comparada ao assassinato de Manuel Rodríguez, trazido ao texto pelo *corrido*[16] de autoria de Pablo Neruda. Considerado um dos "pais da pátria chilena", Manuel Rodríguez foi um lendário guerrilheiro — a principal figura da resistência — nas lutas de independência do Chile e teve um destino particularmente atroz: proclamada a Independência em abril de 1818 (só reconhecida pela Espanha em 1844), menos de um mês depois Rodríguez foi assassinado depois de preso por ordem de seu aliado de véspera. Sua presença nesta peça, portanto, indica a antiguidade e a continuidade das lutas anticoloniais na América Latina. Num segundo momento, *A lua* apresenta materiais dos diários de Che Guevara — como debates sobre caminhos e formas de luta revolucionária, inclusive a guerrilha — até a confirmação da morte do Comandante. A peça termina com o poema em que Julio

---

[15] Érika Rocha e Sérgio de Carvalho, "Trabalho de cultura e política", in Augusto Boal e outros, *I Feira Paulista de Opinião*, São Paulo, Expressão Popular/LITS, 2016, p. 9.

[16] Modalidade de composição mexicana destinada a celebrar os heróis da revolução de 1910, liderada por Emiliano Zapata, Pancho Villa e outros. Cecilia Thumim Boal foi a responsável pela introdução do poema na peça.

Cortázar assume o compromisso de prosseguir na luta para que a vida tenha sentido.

A lua, assim como a *Feira*, ficam relativamente incompreensíveis se desvinculadas das experiências e intercâmbios do próprio Augusto Boal no âmbito do movimento teatral impulsionado pela Revolução Cubana, pois, como já ficou dito, é um experimento de *agitprop*. Basta lembrar que Boal esteve em vários países naqueles anos, inclusive em Cuba. Ele próprio faz algumas referências a suas viagens em *Hamlet e o filho do padeiro* e há um ensaio de Douglas Estevam detalhando as relações do nosso dramaturgo com o movimento (não apenas teatral) latino-americano naquele período.[17]

Pouco tempo após *Feira*, Boal é preso, torturado e banido do Brasil pelos agentes da ditadura, refugiando-se na Argentina. Em Buenos Aires encena *Torquemada* (1971), a peça que dá conta desta experiência. A tortura é dramatizada com todos os seus horrores, havendo a exploração da permanência ou do vínculo com a barbárie que já se praticava desde os tempos da Inquisição. Daí o título da peça e a caracterização dos funcionários da polícia política como frades. Mesmo reconstituindo esta experiência extrema, o dramaturgo explora seu próprio senso de humor, agora na categoria patibular, como evidentemente é o caso, em um diálogo com o torturador que explica sua ação (respeitosa...) porque a vítima teria denunciado a existência de tortura no país. Pendurado no pau de arara, o torturado não consegue conter um sorriso...

Enquanto a tortura é sistematicamente praticada, as demais cenas vão reconstituindo certas ações políticas da época, como, por exemplo, um industrial (na vida real, Henning Boilesen, é claro) patrocinando e assistindo às sessões. Todos elas são entremeadas de referências a procedimentos medievais, como o caso do aristocrata que tenta salvar filhos-família e também acaba preso. Próximo ao final, somos brindados com um teorema brechtiano-marxista: supondo que um investidor da

---

[17] Douglas Estevam, "Augusto Boal e o teatro de nuestra América", in Henrique Wellen e Héricka Medeiros Wellen (orgs.), *Arte & política: ensaios sobre estética e marxismo*, São Paulo, Instituto Caio Prado Jr., 2019, pp. 145-68.

Bolsa seja preso e encaminhado à tortura e, sabendo que quanto maior a violência mais sobem as ações no mercado, ele teria que torcer ao mesmo tempo pela alta das suas ações e pela intensificação de sua própria tortura...

Desta vez, o amigo Sábato Magaldi tratou de demarcar posições: criticando o "cerebralismo" da peça, recomenda ao dramaturgo que perca o pudor de se humanizar e enfrente a própria subjetividade.[18] Interessa chamar a atenção para este eloquente passo para trás do crítico, sintoma dos ventos liberais que já sopravam no ano de 1978 e preparavam a cena ideológica para a retomada dos valores dramáticos devidamente atualizados por aquilo que não muito tempo depois passou a ser designado como "pós-dramático". Poderíamos enunciar o "pacto" pressuposto pela crítica nos seguintes termos: agora, depois de tudo o que passamos, já se normalizou a temática política, seu direito à cena já está consolidado. Mas cerebralismo em cena é coisa do passado, ficou datado; agora interessa a subjetividade (só faltou acrescentar: do herói dramático que sobreviveu aos horrores da tortura).

Para deixar claro que não se trata de implicância com o mestre Sábato Magaldi, é justo informar que esta referência a *Torquemada* é lateral numa crítica de extrema importância naquele momento em que nos encontrávamos. Seu objeto central é a encenação de *Murro em ponta de faca*, que estreou em São Paulo, no Teatro de Arte Israelita Brasileiro (TAIB)[19] em 1978, em que o crítico saúda os tempos de "abertura política", a qual teria produzido uma espécie de "liberalização" da censura e, por consequência, um "incrível salto" em nosso teatro até então severamente amordaçado. Naquele contexto a peça de Boal ocupava o primeiro plano e por isso mesmo merecia um estudo mais demorado. E a peça é promovida a "trabalho mais maduro e realizado" da autoria de Boal. Não cabe reproduzir aqui todos os elogios ao texto, ao espetáculo (dirigido por Paulo José), ao trabalho irrepreensível de atores e atrizes etc. Mas o elogio ao texto contém o

---

[18] S. Magaldi, *Amor ao teatro*, *op. cit.*, p. 582.

[19] Sediado no Instituto Cultural Israelita Brasileiro, conhecido até hoje como Casa do Povo, foi um importante centro da resistência à ditadura nos anos 1970.

critério para a objeção a *Torquemada*, que só entra como termo de comparação:

> Todas as características de Boal estão presentes na peça — o dramaturgo que domina tecnicamente o seu ofício, o homem inteligente e bem-humorado, o analista frio da realidade. Só que, a essas virtudes, ele *acrescentou sua verdade interior de homem que sofre na carne o exílio e o confessa abertamente*, num cântico de amor ao Brasil. [...] para quem acompanhou desde os primeiros passos a trajetória de Boal, *Murro em ponta de faca* só pode provocar uma profunda emoção.[20]

Sábato Magaldi não chega a se interessar pela tematização do debate político presente na peça: como vinha fazendo desde pelo menos os tempos de *Revolução na América do Sul*, Boal insiste na crítica à aliança de classes e, desta vez, escaldado pelos desastres a que ela leva e a que ele mesmo presenciou, a primeira referência é o golpe no Chile contra Salvador Allende e seu programa da Unidade Popular. Um dos personagens diz com toda a ênfase: "[A Unidade Popular] quer fazer tudo dentro da lei, nada fora da legalidade! Revolução, sim, mas legalista! Dentro da ordem! Eu não consigo ver como é que eles vão querer mudar tudo sem mudar nada" (p. 213). Outro acredita — como alguns dos nossos em 1964 — que o exército é legalista. Um terceiro lembra que "Revolução sem sangue acaba sempre virando sangue sem revolução..." (p. 239). Por último, a sinistra antevisão do que se seguiria à revolução abortada depois da vitória em Portugal: "Conciliação de classes, [...] pacificação nacional, moeda flutuante, arrocho salarial, austeridade, honrar a dívida externa, apertar os cintos" (p. 246). Com o recurso à montagem expressionista, o dramaturgo está avisando que mudam os tempos, as situações e os lugares, mas não a pauta da manutenção da ordem capitalista no discurso da esquerda, que só se dirige ao proletariado para acenar com ganhos em futuro

---

[20] S. Magaldi, *Amor ao teatro*, *op. cit.*, p. 582, grifos nossos.

não visível a olho nu, desde que se submetam à exploração máxima no presente. Aos lutadores — adeptos ou não da pauta aliancista — a cada virada de mesa, quando a burguesia e o imperialismo partem para o ataque na luta de classes, restam o exílio, o desespero, a desilusão política, a loucura e a saída subjetivamente mais radical que é o suicídio. Sábato Magaldi tem alguma razão quando se refere à emoção que *Murro em ponta de faca* provoca. Faltou completar que emoção cívica, como indignação, não tem nada de subjetivo. Esta aponta para o horizonte do épico, pois pressupõe a pergunta (não enunciada) aos ditos progressistas ou esquerdistas: até quando vão continuar fingindo que a aliança de classes interessa aos trabalhadores e apostando na eternidade do capitalismo?

Histórias de nuestra América, título inspirado em José Martí, reúne três "causos" que poderiam ter ocorrido (e efetivamente ocorreram) em qualquer país da América Latina. O primeiro, *Felizmente, acabou a censura*, se passa em uma redação de jornal do Rio de Janeiro. Aqui temos a exposição didática e muito bem-humorada das razões do fim da censura à imprensa: ela se tornou desnecessária porque editores e proprietários dos meios de comunicação já aprenderam a não provocar ditadores de plantão e muito menos patrocinadores e demais autoridades civis ou militares. *O homem que era uma fábrica* trata em chave hiperbólica de uma lenda proveniente de Guayaquil, no Equador. Em uma fase de intensificação da demanda de vistos no consulado americano para fins de emigração, um felizardo é aprovado com distinção no exame de fezes e cria um comércio paralelo com o seu produto para melhorar as finanças. Com o sucesso da mercadoria, que chega até aos meios de comunicação (ou seja, à indústria cultural), o tipo acaba perdendo tudo, pois os funcionários do consulado descobrem a trapaça, inviabilizando o seu próspero negócio. Esta história tem sobretudo valor alegórico, sem prejuízo do sentido literal. Finalmente, *A última viagem da avó imortal* apresenta o enredo macabro da família que quer se livrar da matriarca para receber a sua herança. Em referência explícita aos desaparecimentos de pessoas e mesmo de cadáveres na ditadura chilena, em sequência infernal de peripécias, o carro que conduzia o cadáver é roubado e os herdeiros são obrigados a esperar por 25 anos para poder desfrutar da herança.

Clara de Andrade, especialista nas obras de Augusto Boal no exílio, além de ter participado como atriz da encenação desta peça em 2014, já publicou alguns estudos sobre este conjunto.[21] Parte importante de sua pesquisa consiste em rastrear e comparar as diferentes publicações em que Boal trata dos mesmos assuntos: crônicas publicadas na década de 1970 em livro e em *O Pasquim*, além do livro *Milagre no Brasil*, publicado primeiramente em Portugal, que trata do mesmo assunto de *Torquemada*. A reflexão sobre todos estes textos é de extremo interesse e o trabalho de Clara de Andrade mostra que ainda temos um longo caminho a percorrer.

A última das obras-primas presentes nesta edição é *As aventuras do Tio Patinhas*, encenada em Buenos Aires no início dos anos 1970 e legítima herdeira dos mais radicais experimentos do nosso dramaturgo com o teatro épico. Conta-nos Fernando Peixoto que, além de os acontecimentos mundiais de 1968 estarem no eixo da peça, seu alvo é o imperialismo — sintetizado na figura do Tio Patinhas — e seus ataques aos trabalhadores em todas as frentes, em especial por meio da indústria cultural, mas sem prejuízo do emprego da força bruta. Aqui também cabe destacar a crítica à política da aliança de classes promovida pelas esquerdas ainda sob a hegemonia dos partidos comunistas, inclusive o francês, devidamente denunciado aqui por seu papel no desfecho das lutas de 1968. Nas palavras de Fernando Peixoto, "provocando como triste consequência um fortalecimento da direita no poder, representada pelo governo De Gaulle".[22]

A peça é difícil de resumir, como acontece com os textos do teatro épico. Contentemo-nos com alguns destaques. O mais importante é o fio que atravessa todo o texto: constatando, por um lado, a necessidade de expandir a exploração do mundo pelo capital e, por outro, a ir-

---

[21] Clara de Andrade, "Crônicas de nuestra América: histórias de Augusto Boal no exílio", in Anderson Zanetti e Isaías Almada (orgs.), *Augusto Boal, embaixador do teatro brasileiro*, São Paulo, Mundo Contemporâneo, 2017, pp. 145-7; *O exílio de Augusto Boal: reflexões sobre um teatro sem fronteiras*, Rio de Janeiro, 7 Letras, 2014; e "*Torquemada* de Augusto Boal: uma catarse do trauma", *Cena*, nº 11, 2012.

[22] Fernando Peixoto, "E quem paga o pato?", p. 734. Texto originalmente publicado em *Teatro de Augusto Boal*, vol. 1, São Paulo, Hucitec, 1986, pp. 121-2.

rupção das massas mundo afora, o imperialismo parte para o ataque, lançando mão de todas as suas armas, acima referidas. Além da violência pura e simples, recorre ao assédio pela indústria cultural, com a publicidade promovendo cada vez mais produtos inúteis (quando não letais, como o perfume Strange Creature) e sobretudo requentando as técnicas do fascismo, como o assalto ao repertório revolucionário para produzir slogans reacionários, como "revolução de direita", "imperialismo comunista", "reacionarismo de esquerda" e assim por diante. Nesta guerra total, os heróis das revistas em quadrinhos — atualmente todos foram promovidos a personagens cultuados também no cinema — como Mandrake, Narda, Super-Homem, Batman e Robin, assumem até mesmo a função de soldados muito empenhados. Do lado das vítimas, temos as cenas já habituais na obra de Boal: reformistas, promotores do diálogo/negociação com o poder, propostas de "revolução dentro da lei" e assim por diante. Mas agora temos uma novidade muito bem-vinda: a certa altura (cenas 8 e 9) a peça cria espaço para uma situação original em que o dramaturgo aproveita para homenagear seu amigo Roberto Schwarz. Estamos numa reunião em um sindicato na qual Bertha Dunkel expõe o segredo da mais-valia. Passemos a palavra ao Coringa: "Enquanto isso, no Sindicato dos Metalúrgicos, a famosa socióloga alemã, Doutora Bertha Dunkel, *née* Schwarz, trocava em miúdos uma doutrina extraplanetária: a mais-valia" (p. 148).

Para quem não sabe, ou não se lembra, Roberto Schwarz escreveu e publicou em 1968 um panfleto em estilo brechtiano atribuindo a autoria a Bertha Dunkel, figura resultante de invenção muito bem pautada por seu conhecimento da história política e literária dos tempos da República de Weimar, onde situou texto e personagem.[23] A conversa é interrompida por uma batida policial mas, inspirado nas inúmeras experiências de fuga dos integrantes do Teatro de Arena, o dramaturgo faz Bertha Dunkel evaporar. A nota otimista é óbvia: ela pode voltar a qualquer momento e em qualquer situação onde haja pessoas dis-

[23] Detalhes mais interessantes, inclusive de caráter analítico, podem ser verificados no texto publicado pelo próprio ensaísta com o título "Didatismo e literatura" em Roberto Schwarz, *O pai de família e outros estudos*, São Paulo, Companhia das Letras, 2008, 3ª ed., pp. 55-9 (1ª ed.: Rio de Janeiro, Paz e Terra, 1978).

postas a entender e revolucionar este mundo. Mas, como no tempo em que foi escrita prevalecia a política reformista, a peça acaba com a vitória da ordem ao preço dos cadáveres dependurados que surgem na cena final. Não se tratava de fazer profecia e, sim, de avaliação acertada das vitórias que o imperialismo vinha e continua empilhando.

PRIMEIRA PARTE

Revolução na América do Sul[1]

[1] A primeira edição de *Revolução na América do Sul* foi publicada na Coleção dos Novíssimos (nº 7), em novembro de 1960, pela editora Massao Ohno. (N. da E.)

Personagens[2]

José da Silva
Zequinha
Mulher de José da Silva
Jornalista
Líder
Vendedor
Feirante
Homem do frete
Homem do pneu
Patrão
Condutor de bonde
Madame
Deputados
Secretário
Beneméritos

---

[2] A primeira edição de *Revolução na América do Sul* (1960) trazia a ficha técnica da montagem inaugural: "Elenco em São Paulo, no último espetáculo, por ordem de entrada", Arnaldo Weiss (Zequinha), Flávio Migliaccio (José da Silva), Riva Nimitz (Mulher), Sérgio Belmonte (Patrão) e Nelson Xavier (Líder). "Figurando ainda na interpretação de personagens diversos durante o transcorrer da peça": Milton Gonçalves, Xandó Batista, Ismael Diniz Filho, Vera Gertel, Altamiro Martins, Edmundo Mogadouro, Homero Capozzi, Ary Christone de Toledo e Celeste de Lima. "Além dos seguintes atores que foram substituídos": Roberto Segretti, Rutineia de Morais, Henrique César, Hugo Carvana, Sônia Coutinho, Joel Barcelos, Afrânio P. da Silva, Oduvaldo Vianna Filho, Dirce Migliaccio, Armando Palmeira, Luis Alberto Conceição, Maria Pompeu e Carlos Miranda. Na cenotécnica, também participaram da montagem: Orion de Carvalho (direção de cena), Paulo Affonso de Moura Ferreira (direção musical), Ded Bourbonnais (figurinos), Ester Scliar (orquestração), Geni Marcondes (música) e José Renato (direção). (N. da E.)

Esfarrapado
Tarados
Prostitutas
Revolucionários
Guardas
Policial
Delegado
Milionário
Magro
Baixinho
Anjo
Médicos
Enfermeira
Maria
Guia
Espíritos

Explicação

Ao contrário do que se costuma afirmar, creio que o autor deve explicar sua peça. Poucas obras serão suficientemente claras que poupem ao dramaturgo essa necessidade. A minha se inclui entre as muitas. Mesmo que tal explicação não possa ser contida em duas páginas de prefácio creio que será suficiente para dar uma ideia do que pretendi ou rejeitei.

Diante dessa tarefa, o problema do conteúdo se apresenta inicial. Há tempos, um crítico afirmou que não se deve meter política em teatro. Essa resistência ao tema proibido jamais teve razão. Teatro não é forma pura, portanto é necessário meter alguma coisa em teatro, quer seja política ou simples história de amor, psicologia ou indagação metafísica. E se política é tão bom material como qualquer outro, surge o novo e mais sério problema: a ideia da peça. Atualmente existe forte tendência para que uma obra seja julgada levando-se demasiado em conta as ideias progressistas ou reacionárias contidas no texto, transformando-se este no único padrão de excelência ou inferioridade. Procede-se ao julgamento ético, abandonando-se o estético. Basta que o autor manifeste solidariedade e simpatia aos negros, aos operários ou à mulher sacrificada para que a sua obra seja encarada com seriedade. Gostaria de acentuar que a simples ideia de defender o operário contra o imperialismo é, enquanto apenas boa vontade, tão vazia como a defesa do delicado Tom Lee contra a brutalidade pseudomasculina de Mr. Reynolds. Esse julgamento ético não deve, certamente, ser excluído da crítica global, mas não pode, em nenhuma hipótese, constituir-se na única medida. A ideia passa a ser válida na proporção em que se consubstancia num texto. Exemplificando: *O mártir do Calvário* não pode ser analisado, nem pelas mais carolas, em função da vida exemplar de Jesus. Neste momento, a tendência da nossa dramaturgia não é nada religiosa, mas permanece o mesmo problema, agora visto de novo ângulo. Grande parcela dos nossos dramaturgos preocupa-se com a defesa do operário, do *underdog*. Isto, para mim, é o que todos nós deveríamos fazer, independentemente da nossa profissão, sejamos dramaturgos ou químicos, médicos ou jornalistas. Uma das tentativas da minha peça é a defesa do operário. Se bem que seja recomendável essa predisposição autoral, gostaria de ver *Revolução na América do Sul* analisada segundo também outros valores.

Chegamos ao ponto fundamental: "revolução" tem ideia? Imodestamente consigo pensar que sim. Talvez não seja capaz de verbalizá-la numa fórmula do tipo "o crime não compensa", ou "vede como sofrem os fracos oprimidos". Nem me parece que seja uma peça demonstrativa dos malefícios causados pela inoperância de uma máquina ou gula de governantes. E também não pretendi escrever uma peça "positiva", no sentido de mensagem explicitada. Creio que o conteúdo positivo de uma peça não depende de personagem *raisonneur*, como tampouco de uma demonstração nítida e insofismável. Então, se a peça não é nada disso, o que pretende ser, afinal? Parece-me que um pouco de tudo, e talvez seja esse o seu grande mal.

Em primeiro lugar, José da Silva é explorado, negligenciado e traído. Explorado pelo seu anjo da guarda, negligenciado pelos seus governantes, traído pelo companheiro. Em segundo, José nada faz a não ser queixar-se e mansamente conservar a fé nos dias melhores que hão de vir. Rejeitei a ideia de fazer dele o operário politizado, cônscio dos seus verdadeiros problemas e soluções. José apresenta apenas aspectos negativos do operário: todo o seu esforço converge unicamente para um almoço melhor, e isso lhe basta. Nas poucas vezes em que indaga as causas da sua situação, a resposta mais improvável o contenta. O mesmo ocorre com os demais personagens: o líder é o político sempre desonesto, Zequinha ambicioso, o anjo sempre cobrador da Light. Sei que existem políticos honestos, como não ignoro alguns pontos necessários na introdução do capital estrangeiro. Mas não foi sobre isso que me dispus a falar.

Pelo visto, a peça não contém nenhum personagem positivo. Mas será necessário? O negativo já não contém em si o seu oposto? Se o Serviço de Trânsito exibe fotografia de desastre, precisará também exibir trevos elegantemente retorcidos sobre os quais deslizam maciamente veículos recém-importados sem velocidade moderada? O desastre basta como advertência.

Eu quis apenas fotografar o desastre. É certo que num ou noutro momento cedi à vontade juvenil de gritar por aí que tudo está errado: talvez sejam esses os piores momentos da peça.

Será necessário agora discutir a forma. Por que uma peça tão quebradinha, com tantos personagens, tanta cena, e música e canções? Não nego que a peça apresente uma certa anarquia na seleção dos seus elementos; explico a causa que, embora, nada justifica: a versão inicial passava-se num circo, sendo todos os personagens representados por palhaços. O objetivo era escrever uma peça que apresentasse diferentes características da sociedade, diferentes meios sociais e psicologias, sem contudo interligá-los por nenhum enredo que não fosse a simples representação de um show por uma equipe circense (ah, se a Censura visse...). Daí a proliferação de cenas que poderiam ter sido excluídas e que se mantiveram residuais dentro da atual versão: a cena dos playboys é a mais conspícua. Contudo, a grande variedade de cenas e cenários é predeterminada. Quis escrever uma peça que não procurasse a análise de um personagem defrontado com um problema, e essa tarefa teria que se socorrer de elementos técnicos trazidos pelo cinema, pelas formas épicas e pelo circo. Tentei uma visão panorâmica incompatível com qualquer variação em torno da cena-gabinete; embora a peça não seja, em nenhum momento, realista, foi a realidade, em todos os casos, o ponto de partida.

Falta agora tentar uma ligação entre forma e conteúdo. Sartre, analisando Brecht, afirmou que pretende, como este, criticar a sociedade na qual vive o homem moderno, expondo os processos pelos quais essa sociedade e esse homem se desenvolvem. Mas quer também fazer o espectador participar integralmente da experiência do homem deste século, porque é ele, espectador, que o vive. Este me parece ser o grande caminho do teatro moderno. Pouco importa se vou para ele ou não: importa que gostaria de penetrá-lo.

Falta dizer obrigado. Obrigado Renato, d. Geni, Ded, Chico e elenco.

Introdução[3]

Atenção
muita atenção

---

[3] Na primeira edição de *Revolução na América do Sul* (1960) existe um "Prólogo" que não consta na reedição da peça em *Teatro de Augusto Boal* (1986): "Espectadores,/ O mundo está por um fio./ Não vos assusteis,/ Não ide embora./ Ficai./ Mas mesmo calmos calados,/ Ou rindo de vez em quando,/ Não vos esqueçais:/ O mundo está por um fio./ Pode acabar hoje, amanhã.../ Ainda há tempo de pensar/ Ainda há tempo de agir./ Há revolta na Argélia/ No Paraguai/ No Tibet./ Em Cuba, muito sangue,/ Muita luta./ Ontem mataram um preto no Sul./ *Causa mortis*: era preto./ Operário morreu de fome./ *Causa mortis*: operário./ Há guerra!/ Bomba atômica no Saara!/ Bomba H em Pequim!/ No Atlântico!/ No Pacífico!/ Bomba na bolsa de uma senhora idosa.../ Mas a guerra é fria.../ Bases no estrangeiro alerta!/ Submarinos não identificados,/ Portadores de bombas, torpedos,/ Esperam um sinal,/ Um só./ Presidente visita de cortesia./ O de cá vem lá,/ O de lá vem cá./ Evitar estremecimentos/ Nas relações internacionais./ Inimigos apertam as mãos,/ Sorrindo para o mundo./ Sorrindo em Washington,/ Paris, Genebra./ Posam para vocês, sorrindo.../ Dizem que basta um botão./ Onde fica?/ Onde não fica?/ Onde é?/ Onde não é?/ Ninguém sabe que botão./ Sabemos/ Que o mundo está por um fio de cabelo./ Cuidado ó gente/ Que ainda está viva!/ O mundo ainda está por um fio./ Civilizações distantes/ Rebelam-se/ Lutam contra o imperialismo/ Do norte./ Do sul./ Do leste./ Do centro-oeste./ Somos uma ilha/ Cercada de imperialistas/ Por todos os lados./ Menos por um/ Que nos leva a fazer graça./ O mundo se agita./ O mundo inteiro grita./ É preciso disfarçar:/ De um botão/ Depende o mundo./ Quando virá a notícia/ De que o mundo acabou?/ O mundo está por um fio./ O mundo vai acabar.// NARRADOR — Mas, o mundo fica longe.../ Muito longe daqui./ Aqui não há bombas,/ Nem há revolução./ Muito pouco se mata,/ A não ser o lotação./ Esta peça não conta bombas,/ Nem massacres,/ Nem crime de morte./ Simples história/ De um homem e de sua virtude:/ "José"./ Pleno de esperança e de bondade./ Um homem que morreu/ Sem conhecer o inimigo/ o inimigo o cercou/ e até as calças roubou./ E no fim da peça o matou./ E vocês verão por quê./ Embora José da Silva/ Continue sem saber./ É uma história engraçada./ (Se é que fome tem graça.)/ Vamos esquecer bem longe./ O mundo./ O mundo que ninguém vê./ Vamos pensar em José,/ Que tem tanto pra sofrê.// (*Entra todo o elenco e canta*)". (N. da E.)

aviso à população
revolução
revolução
revolução
na América do Sul
cuidado minha gente
cuidado minha gente
que a revolução vai começar...

Primeiro ato

Cena 1
Por que motivo José da Silva pediu aumento de salário mínimo

A cena está vazia. Os próprios atores devem trazer os poucos elementos necessários à ação. Cadeiras só devem ser usadas quando absolutamente necessárias. Máxima economia em objetos de cena. Luz. Toca a sirene da fábrica. Hora do almoço. Entra José da Silva e seu amigo, Zequinha Tapioca. Zequinha traz uma marmita do tamanho aproximado de um estojo de injeção. José vem de mãos abanando. Os dois sentam-se no chão.

ZEQUINHA — A gente trabalha feito um burro de carga, de manhã até de noite, e quando acaba, olha o tamanho do meu almoço...

JOSÉ — Você até parece a minha mulher: vive se queixando...

ZEQUINHA — Tá tudo errado! A gente devia fazer qualquer coisa!

JOSÉ — Fazer o quê?

ZEQUINHA — Uma revolução!

JOSÉ — É, uma revolução ia bem. Mas vamos almoçar primeiro. (*Esfregando as mãos*) O que é que você tem hoje?

ZEQUINHA (*Sempre resmungão*) — A mesma gororoba de sempre, feijão com arroz.

JOSÉ — Tá com cheiro bom, diferente. Será que tem carne?

ZEQUINHA — Claro que não.

JOSÉ — Claro por quê?

ZEQUINHA — Hoje não é domingo... (*Começa a desembrulhar a marmita.*)

JOSÉ — Posso dar uma cheiradinha? (*Os dois cheiram.*)

ZEQUINHA — É, o cheiro é diferente...

JOSÉ — Tá com jeito de ser almôndega.

ZEQUINHA — Não, porque, se fosse, tinha macarrão também e, se tivesse macarrão, tinha que ter queijo. Isso não tá com cheiro de queijo.

JOSÉ (*Exultante, eufórico, feliz*) — Já sei! Descobri!

ZEQUINHA — Que é?

JOSÉ — Feijão com arroz mesmo!

ZEQUINHA — E qual é a diferença?

JOSÉ — A diferença é que tem um pouquinho de sobremesa! Entendeu? Feijão com arroz e sobremesa! Parabéns, hein! Você é que dá sorte: vai comer sobremesa. Felicidades.

ZEQUINHA (*Sisudo*) — Escuta. O que é... sobremesa?

JOSÉ — Você não se lembra de antigamente? A gente comia e depois vinha sempre uma sobremesa!

ZEQUINHA — Café?

JOSÉ — Antes do café: doce de abóbora, goiabada...

ZEQUINHA — Aaaahh! Me lembro, sim. Será que é isso?

JOSÉ — Abre.

ZEQUINHA — Não como sobremesa vai pra uns vinte anos. (*Abre a marmita.*)

JOSÉ — A última vez que comi, levei uma surra da minha mãe!

ZEQUINHA — Por quê?

JOSÉ — Roubei uma banana da quitanda. Eu era moleque...

ZEQUINHA (*Decepcionado*) — Olha: é só feijão com arroz.

JOSÉ — E esse embrulho?

ZEQUINHA — Sei lá.

JOSÉ — Abre.

ZEQUINHA — Tô com medo.

JOSÉ — Vai ver, a sobremesa bem que pode estar aí dentro.

ZEQUINHA — Será? (*Abre o pequeno embrulho, meticulosamente.*) O que é isso?

JOSÉ — Deixa eu ver de perto. Que é sobremesa, está confirmado. Agora, como é que chama, não lembro.

ZEQUINHA — Será que faz mal comer sobremesa depois do almoço?

JOSÉ — Acho que não. Deixa eu dar uma cheiradinha. (*Zequinha permite, contrafeito.*) É marmelada! (*Pula de satisfação.*) Você vai comer marmelada, hein! (*Olha para ele com inveja e gula.*) Ganhou na loteria! Tirou o *sweepstake*!

ZEQUINHA (*De cara amarrada*) — Eu sou muito amigo, e você pode dar as cheiradinhas que quiser. Só que precisa pagar. Você compreende: a marmelada é uma espécie de capital; então eu tenho que fazer render o meu capital.

JOSÉ — Quanto é?

ZEQUINHA — Quanto você tem?

JOSÉ — 5 cruzeiros.

ZEQUINHA — Então vá, mas depressa. (*José paga e cheira fundo.*)

JOSÉ — Uuuuuuuummmmmmmmm! Que bom! Aaah! (*Quase tem espasmos.*)

ZEQUINHA — Chega, chega! 5 cruzeiros já foi!

JOSÉ (*Lambendo os beiços*) — Deve de tá bom!

ZEQUINHA (*Começando a comer o feijão com arroz*) — Você vai ficar olhando?

JOSÉ — Toma mais 2 cruzeiros e deixa eu olhar. (*Paga. Zequinha come, exibindo-se um pouco. Mastiga com a boca aberta. José põe a mão no queixo, abaixa ligeiramente a cabeça para ver melhor.*) Estou esperando a minha mulher, parece que ela não vem me trazer a comida. Ontem me ameaçou, que se eu não pedisse aumento na fábrica, não me dava mais de comer.

ZEQUINHA — Você pediu?

JOSÉ — Cadê coragem? (*Assiste à mastigação.*)

ZEQUINHA — Não adianta mesmo: está tudo errado! Só o que dá jeito é a revolução!

JOSÉ — Como é que faz uma revolução?

ZEQUINHA — Tem de pegar revólver, faca, pedaço de pau, tudo! Ir pra rua gritar que a gente quer aumento. Aí eles dão!

JOSÉ — Isso não ia dar certo.

ZEQUINHA — Se o povo todo topasse, dava! Tinha que dar!

JOSÉ — Então vamos fazer! A gente vai todo mundo pra rua de faca, pau e navalha! Aí a gente grita: "queremos aumento! queremos aumento! queremos aumento!". (*Fica excitado pela visão da comida.*) Toma mais 5: deixa eu dar outra cheiradinha! (*Paga. Respira fundo. O movimento da mastigação o levou à excitação ex-*

trema.) E se ela viesse me dar a bronca, eu dizia "Minha mulher, agora eu sou um revolucionário! Eu brigo na rua de faca, pau e navalha! Vamos fazer a revolução! E quem for macho me segue! E você vá já pra cozinha e me faça um feijão com arroz e sobremesa! (*Brada de punhos cerrados*) Eu quero marmelada! Marmelada!". (*Entra a mulher. José fala agora em tom baixo e brando.*) Marmelada...

MULHER — Gritar você sabe, mas aposto como ainda não pediu aumento.

JOSÉ (*Tímido*) — Eu estava conversando aqui com o Zequinha sobre a ideia de fazer uma revoluçãozinha. Você não acha revolução uma boa ideia?

MULHER — Vim te avisar pela última vez: não me ponha os pés lá em casa enquanto não trouxer mais 2 contos e 800 por mês!

JOSÉ — Pra que essa fortuna?

MULHER — Já esqueceu que tem que pagar escola pro teu filho mais velho?

JOSÉ — Escola? Mas nós não somos milionários, meu bem! Pra que pôr o nosso filho na escola?

MULHER — Tem que comprar chupeta pro menino que nasceu ontem!

JOSÉ — Isso é que não: chupeta é anti-higiênico!

MULHER — E ele vai morrer de fome?

JOSÉ — Dá de mamar aí... (*Aponta o seio dela.*)

MULHER — E onde é que você pensa que eu tenho leite? Não te pedi pra trazer uma malzbier ontem? Sem malzbier não tem leite, tem que comprar chupeta!

JOSÉ — É... pelo menos o menino pensa que está mamando.

MULHER — Que é que você está esperando? Vai pedir aumento!

JOSÉ — Vou sim, depois do almoço.

MULHER (*Saindo*) — E não me volte pra casa sem o dinheiro! (*Vai sair.*)

JOSÉ — Escuta meu bem, você ia esquecendo de me dar o almoço.

MULHER — Que almoço, seu desavergonhado? Então você pensa que vai comer todo dia? Não é milionário pra pôr o nosso filho na escola, mas é milionário pra comer todo santo dia! Vai pedir aumento! (*Sai.*)

JOSÉ (*Triste*) — O que é que eu faço?

ZEQUINHA — Revolução. (*Come.*)

JOSÉ — Eu vou é falar com o patrão!

ZEQUINHA — Pensa que adianta?

JOSÉ — Quem sabe, ele tem bom coração.

ZEQUINHA — Na fábrica ele quer é ficar rico.

JOSÉ — Primeiro eu vou contar a minha miséria. Se ele disser que não, aí eu ameaço! (*Exaltando-se*) "Eu vou pra rua de faca, pau e navalha! Esse aumento de salário tem que sair! Já fui explorado a minha vida inteira! Eu quero aumento! Nós queremos aumento!" (*Luz no Patrão, que pode entrar no escuro carregando a sua mesa e cadeira. Usa cartola e casaca. Maquiagem exagerada de homem mau. Está sentado, somando. José da Silva, humilde, tira o chapéu que põe no peito, abaixa a cabeça e fala em tom submisso.*) Patrãozinho, eu vim aqui porque, sabedor que o senhor tem bom coração, vim pedir, se fosse possível, um aumento. Um aumentozinho, bem pequenininho! (*O Patrão continua somando, sem olhar para ele.*) Porque, do contrário, eu não posso mais trabalhar. Vá lá que eu não almoce todo o santo dia, também não sou exigente, mas pelo menos de vez em quando. E se o senhor me dá um aumento de 2 contos e 800... (*O Patrão move o braço.*) O que é que o senhor deseja? Apertar esse botão? Pois não, às ordens. (*Aperta o botão. Toca uma campainha. Entram dois homens. José não os vê.*) E 800, dizia eu, eu podia comer melhor e trabalhar mais pro senhor. Quem saía lucrando era Vossa Excelência e Excelentíssima Família, que podia comprar mais um Cadillac sedan de quatro portas, o que aliás é muito justo. (*Os dois homens obedecem a um sinal, seguram-no pelo fundilho, e põem-no para fora. Limpam as mãos e saem.*) Patrão, patrãozinho! Eu ainda não acabei de falar. Isso aqui é uma democracia. (*Apaga-se a luz do Patrão.*) Isso aqui é uma democracia, ou aqui se *habla castellano*?

ZEQUINHA — Está tudo errado!

JOSÉ — Eu quero ver a hora que eu morrer de fome, como é que ele vai ganhar dinheiro!

ZEQUINHA — Vai pra rua de faca, pau e navalha!

JOSÉ — Então vamos logo fazer essa porcaria dessa revolução!

ZEQUINHA — Como é que se come marmelada?

JOSÉ (*Quebra*) — Pondo na boca. (*Olha com gula.*)

ZEQUINHA (*Desajeitado*) — Assim?

JOSÉ — Vou te ensinar. (*Esquece a revolução.*) Primeiro você corta um pedacinho com a faca, assim. Depois você abre a boca e fecha os olhos, assim. Vai prestando atenção. Depois tira a faca e mastiga assim. (*Mastiga didaticamente.*) Agora engole.

ZEQUINHA — Ah...

JOSÉ — Não entendeu, não tem importância. Eu explico de novo! Primeiro você pega a faca... (*Enquanto procura a faca, Zequinha, rápido, engole o pedaço que sobrou.*)

ZEQUINHA — Assim vai mais depressa! (*Toca música semelhante ao prefixo musical do* Repórter Esso. *Luz no Jornalista.*)

JORNALISTA — E agora, meus amigos, uma notícia de transcendental importância! O governo, atendendo a uma solicitação do clamor popular, resolveu aumentar o salário mínimo em 2 contos e 800! A boa-nova, como era de se esperar, foi recebida alvissareiramente pelas classes trabalhadoras! Não haverá, pois, necessidade de uma revolução! E aqui temos o nosso maravilhoso amigo, o Líder da Maioria, que dará as suas impressões vocais sobre a suprema felicidade das classes trabalhadoras em possuir um governo capaz, digno, honesto e zombeteiro! Convosco o Líder! (*O Líder levanta os braços cumprimentando o povo que começa a entrar em cena.*)

LÍDER — Meus amigos, eu vos saúdo em nome do povo, em nome do governo, em nome da nação! O povo está de parabéns! O governo está de parabéns! O futebol está de parabéns! (*Começa a tocar uma charanga fora de cena.*) Foi concedido novo aumento de salário! O salário mínimo atingiu o seu teto máximo até hoje jamais alcançado nestes rincões da América do Sul. O homem da rua exulta! A mulher da rua exulta! (*Acompanha charanga.*) A vida agora é mais fácil! É o Éden terrestre que se aproxima a passos largos! Graças a um ato do governo, o Arcanjo Gabriel baixou a sua espada, e o homem do povo pode agora penetrar nos jardins do paraíso terrestre dos bens da vida, que não eram por ele frequentados desde o lamentável incidente com Adão e Eva. O proletário agora, com este inaudito aumento, é um capitalista! Ide para as ruas, mas... cuidado: nada de revolução! Comprai as vossas mercadorias, comprai o vosso pão! E antes de comê-lo, dai vivas à figura histórica do nosso amado e benquisto governo! (*Apaga-se a luz no Líder, que sai. Ficam em cena os compradores, em número mínimo de dois: Homem do frete e do pneu, além de Zequinha e José da Silva, e mais um feirante.*)

"Canção da feira"

POVO — Tá na hora
Tá na hora (*bis*)
VENDEDOR — Nóis viémo pra vendê
POVO — Nóis viémo pra comprá
VENDEDOR — Nóis viémo pra vendê
POVO — Nóis viémo pra comprá
TODOS — Na feira tem laranja
Na feira tem verdura
Na feira tem verdura
Na feira tem feijão
E também tem rapadura
VENDEDOR — Olha essa laranja
Tão doce como mel
É preciso pagá caro
Ela não caiu do céu
Ela não caiu do céu
POVO — Teve gente pra plantá
VENDEDOR — Teve gente pra cuidá
POVO — Teve gente pra colhê
VENDEDOR — Teve gente pra trazê
Tenho eu pra vendê
POVO — E tem nóis pra comprá
VENDEDOR — Porém pra comprá
é preciso trabalhá
Porque pra plantá
Foi preciso trabalhá

POVO — Olha essa laranja
Tão doce como o mel
É preciso cobrá caro
Ela não caiu do céu
POVO — Teve gente pra plantá
VENDEDOR — Teve gente pra cuidá
POVO — Teve gente pra colhê
VENDEDOR — Teve gente pra trazê
Tenho eu pra vendê
POVO — E tem nós pra comprá
POVO — Mas o que a gente ganha
Não pode tudo comprá
Não dá pra bem vivê
Não dá pra mim comê
Só dá pra continuá
Outra vez a trabalhá
Só dá pra continuá
Outra vez a trabalhá
Olho por olho
Dente por dente
Dente por olho
Olho por dente
VENDEDOR (*Com o aparecimento de um guarda*) —
Quem não trabalha não come

Cena 2
Grande Prêmio Brasil:
corrida entre o salário mínimo e o custo de vida

FEIRANTE — Eu disse: "Sai um pão e laranja!".

JOSÉ — Que ideia é essa que, toda vez que eu passo pela sua barraca, você grita: "Sai um pão e laranja!". Ficou maluco!?

FEIRANTE — Pensei que fosse almoçar.

JOSÉ — Eu vou almoçar.

FEIRANTE (*Rotina*) — Sai um pão e laranja!

JOSÉ — Hoje eu vou comer! A minha vida inteira almocei pão e laranja, mas hoje vou tirar a barriga da miséria! Uuuiii! Estou com uma fome!...

FEIRANTE — Você ganhou no bicho?

JOSÉ — Saiu aumento de salário mínimo! (*Cantando*) Salve lindo pendão da esperança, salve símbolo augusto da paz...

FEIRANTE — Ah, saiu aumento e ninguém me avisou... (*Começa a trocar os preços afixados nas mercadorias.*) É por isso que está todo mundo comprando, comprando... Quanto foi?

JOSÉ — 2 contos e 800 por mês.

FEIRANTE — Pode escolher aí no cardápio!

JOSÉ — Me dá 1 kg de filé minhão!

FEIRANTE — Com osso ou sem osso?

JOSÉ (*Sempre alegre, liberto*) — 1 kg de filé minhão sem osso, que eu não sou cachorro!

FEIRANTE — 100 paus! (*Diz o preço certo.*)

JOSÉ — O quê?

FEIRANTE — Filé minhão sem osso: 200 paus!

JOSÉ (*Pensa um pouco, depois se recupera e fala de novo animado*) — Então me dá 1 kg de filé alcatra.

FEIRANTE — 100 paus.

JOSÉ — Coxão duro?

FEIRANTE — 50.

JOSÉ — Bofe?

FEIRANTE — 30.

JOSÉ (*Explodindo*) — Me dá um osso!

FEIRANTE — Preço de liquidação: 10 paus.

JOSÉ — Não tem um mais mole? (*Tenta mastigar o osso inutilmente.*)

FEIRANTE — Deixa de luxo: osso tem proteína e carboidratos, sem falar em fosfato que serve pra inteligência e cálcio pro esqueleto.

JOSÉ — A minha dentadura está toda cariada! (*Devolve o osso.*)

FEIRANTE — Toma cálcio que fortifica.

JOSÉ — De mole só tem verdura, é?

FEIRANTE — Bom pros intestinos.

JOSÉ — Há cinco anos que eu tenho disenteria: capaz de me fazer bem.

FEIRANTE — Brócoli?

JOSÉ — Engraçado: tem nome de comida que eu nem sabia que existia.

FEIRANTE — 20 paus.

JOSÉ — Não sabia por causa do preço.

FEIRANTE — Alface é 15.

JOSÉ — E batata? Feijão com arroz?

FEIRANTE — Só pensa em artigo de luxo!

JOSÉ — Capim tem vitamina?

FEIRANTE — Depende da qualidade: o que eu vendo aqui é o único que tem clorofila.

JOSÉ — Serve pra quê?

FEIRANTE — Pros olhos. Comendo o meu capim você vê tudo verde. Economiza óculos ray-ban.

JOSÉ — Então me dá 5 cruzeiros de capim.

FEIRANTE — Leva um pouco pra estoque.

JOSÉ — Acho que dá: tenho só onze filhos.

FEIRANTE — 5 cruzeiros de capim, sai!

JOSÉ — E pro meu almoço agora, vou comer pão e laranja mesmo.

FEIRANTE — Pão não tem.

JOSÉ — Acabou?

FEIRANTE — Que é que você quer? Há meio ano não vem trigo da Argentina.

JOSÉ — Vai só a laranja. Quando chegar o trigo da Argentina, me avisa.

FEIRANTE — Pode ir pagando.

JOSÉ — 7 cruzeiros.

FEIRANTE — Que é isso?

JOSÉ — 5 de capim, 2 da laranja.

FEIRANTE (*Bronqueado*) — Você pensa que eu sou palhaço? Está querendo desprestigiar a minha mercadoria? Onde é que já se viu comprar uma laranja-pera do Rio por 2 cruzeiros?

JOSÉ — Não leve a mal, mas quando eu cheguei o senhor mesmo...

FEIRANTE (*Enfurecido*) — Isso foi quando você chegou! Faz mais de cinco minutos.

JOSÉ — Já subiu?

FEIRANTE — Claro que subiu! Tenho que progredir os preços também.

JOSÉ — Então o que é que adianta aumentar o meu salário?

FEIRANTE — Sei lá eu! A culpa não é minha. Não tenho nada com isso!

JOSÉ — E quem é que tem a culpa?

FEIRANTE — Isso eu não sei.

JOSÉ — Mas tem que saber! Por que foi que você aumentou a laranja?

FEIRANTE — Porque aumentou o frete!

JOSÉ — Então a culpa é de quem aumentou o frete!

HOMEM DO FRETE (*Comendo*) — Epa! Péra lá! A culpa não é minha!

JOSÉ — Mas se foi você que aumentou o frete!

HOMEM DO FRETE — Eu aumentei o frete porque aumentou o pneu!

JOSÉ — Ah, então a culpa é de quem aumentou o pneu!

HOMEM DO PNEU (*Comendo*) — Aí é que você está errado. Eu não tenho culpa nenhuma.

JOSÉ — Não foi você que aumentou o pneu?

HOMEM DO PNEU — Não posso dizer que não.

JOSÉ — Então a culpa é toda sua!

HOMEM DO PNEU — A culpa não é minha, não. Se eu aumentei o pneu, é porque também aumentou a borracha!

JOSÉ — Agora nós descobrimos. O culpado de todos esses aumentos é quem aumentou a borracha.

FEIRANTE — Claro que a culpa é dele!

JOSÉ — Quem foi que aumentou a borracha?

FEIRANTE — Foi o teu patrão.

JOSÉ — Então a culpa é do meu patrão.

PATRÃO — A culpa não é minha, não.

JOSÉ — Mas, patrãozinho, tem que ser. Pois se eu acabei de saber que o senhor aumentou a borracha.

PATRÃO — O que é que eu podia fazer?

JOSÉ — Tava tão bom o preço que tava.

PATRÃO — E o teu aumento quem é que dava?

JOSÉ — Então a culpa é minha?

FEIRANTE — Não foi você que pediu aumento? A culpa é sua, é claro que tem que ser.

PATRÃO — A culpa é toda sua que me pediu aumento primeiro! (*Sai o Patrão.*)

FEIRANTE — É. José da Silva, você é que tem culpa. (*José começa a rir.*)

JOSÉ — Não, a culpa não é minha, não. Eu pedi aumento porque a minha mulher mandou eu pedir.

FEIRANTE — Então a culpa é dela.

JOSÉ — Também não é: ela mandou eu pedir porque o nosso filhinho que nasceu ontem estava chorando de fome. (*Faz gesto mostrando o menino pequenininho.*)

FEIRANTE — Que maravilha: então a culpa é do seu filho!

JOSÉ — Que garoto safado!

FEIRANTE — Que coisa extraordinária!

JOSÉ — Mal acabou de nascer e já está desorganizando as finanças do país. (*Joga fora os gestos do menino.*) Nessa terra está tudo errado por causa do meu filho! Quando chegar em casa, vou-lhe dar uma surra que ele não vai esquecer.

FEIRANTE (*Entusiasmado*) — Quebra a cara do menino em nome do bem-estar da nação!

JOSÉ — O governo devia baixar um decreto proibindo criança chorar quando tiver fome. Agora eu vou embora almoçar em casa.

CONDUTOR DE BONDE — Vila Mazzei! Quem vai pra Vila Mazzei? (*Todos os figurantes fazem mímica de passageiros aglomerando-se atrás do motorneiro.*)

JOSÉ — Eu.

CONDUTOR — Pode subir! (*Estende a mão para receber a passagem.*)

JOSÉ — Não precisa dar a mão que eu subo sozinho.

CONDUTOR — Paga, engraçadinho.

JOSÉ — Pronto! (*Paga.*)

CONDUTOR — E o resto?

JOSÉ — Também subiu?

CONDUTOR — Vamos s'imbora, quem não paga vai a pé, tlin, tlin. (*Sai.*)

FEIRANTE — Não reclama, velhinho. Você pediu aumento, o motorneiro pediu aumento, o Pelé pediu aumento, a borracha pediu aumento, o vigário pediu aumento, todo, todo mundo pediu aumento. E quem é que vai pagar tanto aumento?

JOSÉ — Eu!

FEIRANTE — Você pede aumento e você paga! E de quem é a culpa?

JOSÉ — Do meu filho!

FEIRANTE — O remédio é ir pra casa a pé.

JOSÉ — Tudo por causa do menino.

FEIRANTE — Andar a pé é um exercício tão bom como nadar. Você faz muito bem: vai todo dia a pé pra Vila Mazzei. Acorda duas horas mais cedo e vem respirando o ar da madrugada! Vida cara tem as suas vantagens. Aumentando o preço da condução nós teremos um povo sadio, de faces rosadas, um povo que faz ginástica pra poder viver! A lei do aumento é uma lei sábia! E o governo que aumenta é um governo sábio!

JOSÉ — Só tem uma coisa: pra eu acordar duas horas mais cedo, tenho que acordar duas horas antes de ir dormir.

FEIRANTE — De fato ainda não se pensou nesse detalhe.

JOSÉ — Mas, já que eu não vou pra casa, fica me sobrando o dinheiro da passagem. Me dá uma laranja. (*Sonoplastia: barulho de carro freando violentamente.*) Que... que foi isso? Desastre?

FEIRANTE — Cadillac sedan quatro portas conversível. (*Entra a madame.*) Madame?

MADAME — Duas laranjas.

FEIRANTE — Pra comer ou pra levar?

MADAME — Embrulha pra presente.

FEIRANTE — Papel-celofane e fio de ouro. Às suas ordens, madame.

MADAME — Pode ficar com o troco. (*Sai. Ruído de partida.*)

FEIRANTE — Manuel de Oliveira, secos e molhados, carnes e verduras, barraca 79. (*Curva-se e leva um pontapé de José.*)

JOSÉ — A minha não precisa papel-celofane.

FEIRANTE — Acabou, vai fechar.

JOSÉ — Não tem mais?

FEIRANTE — Não guardo estoque. Quando elas chegam já estão quase podres, não posso ficar arriscando.

JOSÉ — Não sobrou nada?

FEIRANTE — Limão-galego e uma melancia.

JOSÉ — Limão não gosto, me dá a melancia!

FEIRANTE — 50 paus.

JOSÉ — Pode ser na prestação?

FEIRANTE — Depende do avalista. (*Luz no Patrão.*)

JOSÉ — Patrãozinho, desculpe estar incomodando a toda hora, mas como vai o doutor? Em casa todos bem? E a família? E a madame patroa?

PATRÃO — Que é que você quer?

JOSÉ — Comprar uma melancia.

PATRÃO — Perdulário: tanta gente passando fome e você comprando artigos de luxo.

JOSÉ — Também comprei capim pros meus filhos!

PATRÃO — Capim pros filhos, melancia pra ele.

JOSÉ — Quer ser o meu avalista?

PATRÃO — Claro que não.

JOSÉ — Mas eu não tenho mais ninguém no mundo, a não ser o meu patrãozinho.

PATRÃO — Eu não sou mais seu patrão: você está despedido.

JOSÉ — Mas que foi que eu fiz?

PATRÃO — Pediu aumento.

JOSÉ — Foi o meu filho!

PATRÃO — Como é que eu vou manter gente desocupada na minha fábrica? Aumentei a borracha e agora ninguém compra! Vou te pagar pra não fazer nada? Sabotador! É por sua causa que esse país não vai pra frente! (*Sai.*)

FEIRANTE — Como é, arranjou o avalista? Você paga 90% de entrada e o resto numa suave prestação no dia seguinte.

JOSÉ — Acho que vou morrer de fome!

FEIRANTE — Não caia nessa asneira.

JOSÉ — Não tem outra solução. Eu não como!

FEIRANTE — Com essa porcaria de aumento que você pediu, aumentou tudo, inclusive a madeira pra fazer o teu caixão! Sem falar em velas, sem falar em missa de 7º dia!

JOSÉ — Olha, ir pro Inferno, nessa altura, já não me preocupa muito, não, viu? Acho até que não tenho mais intestinos.

FEIRANTE — Só tem uma saída, velho: vai na Câmara dos Deputados.

JOSÉ (*Feliz outra vez*) — Éééééé mesmo! Como é que eu não tinha pensado nisso? Eu vou te dizer a verdade: eu estava quase perdendo a fé nesse país, mas ainda bem que tem a Câmara dos Deputados! Imagina se não tivesse: eu estava perdido! Agora me voltou a fé!

FEIRANTE — É melhor não ter tanta fé assim!

JOSÉ — Nem preciso mais morrer.

FEIRANTE — Chupa o teu limão-galego, depois da sobremesa chupa o dedo e vai tocando em frente! Morrer está caro, demais. Toma o teu limão, paga amanhã.

JOSÉ (*Senta no chão, começa a tirar vidrinhos do bolso*) — Um pouco de vinagre, um pouquinho de sal, pimenta-do-reino... Quanto mais arder no estômago, mais eu tenho a impressão de que estou comendo uma feijoada carioca! Ah, uma feijoada agora ia bem!

Cena 3
José da Silva, cheio de fé, pede emprego na Câmara dos Deputados

Estão em cena o Líder da Maioria e três deputados vestidos profissionalmente: lenço escondendo a boca, boné, capa escura, lanterna elétrica. José da Silva e Zequinha Tapioca assistem à cena das galerias. A cena começa em trevas.

LÍDER (*Ainda no escuro*) — Meus nobres colegas. Raramente vos tenho falado com tanta gravidade e, se assim vos falo, é porque a situação é grave. (*Acendem-se as luzes.*) O que vem de acontecer põe em perigo a própria indústria nacional!

JOSÉ — Que bonito! Eu não disse que era preciso ter fé?

DEPUTADO — O dólar subiu! (*Grita enfático, depois emudece e volta a fazer tricô, tranquilo.*)

LÍDER — E uma nação sem indústria é... uma nação sem indústria, o que absolutamente não é a mesma coisa.

TODOS — Muito bem!

LÍDER — E não sendo a mesma coisa, o futuro da nação repousa em nós!

TODOS — Apoiado!

JOSÉ — O que será? Estão falando em indústria! Deve ser alguma coisa boa.

LÍDER — E repousando em nós, não podemos eludir esta tarefa histórica. Proponho, pois, nobres colegas, uma proposta! Deverá ser aceita sem ressalvas, correções, emendas ou mugidos de descontentamento. Antes, porém, quero passar a palavra a quem quiser fazer uso da palavra.

JOSÉ (*Num ímpeto*) — Eu queria dizer que eu tenho fé. Que, sem Vossas Excelências, nós, o povo, não seriamos nada!

DEPUTADO — Apoiado! (*Volta a ler gibi mensal.*)

LÍDER — A galeria não se manifesta!

JOSÉ — Deus vos abençoe!

ZEQUINHA — Cala a boca, Zé da Silva, eles estão trabalhando.

JOSÉ (*Para Zequinha*) — Não sei do que se trata, mas tenho pressentimento de que eles vão arranjar uma solução pra gente.

DEPUTADO (*Tomando a palavra*) — O que eu queria dizer, nobres colegas, é o seguinte: (*Veemente, patético*) Eu estou a-bi-so-lu-ta-men-te de acordo.

DEPUTADOS — Bravo! Apoiado!

DEPUTADO — O dólar subiu! (*Como sempre, grita e desmaia. Os demais deputados se confraternizam.*)

LÍDER — Obrigado, obrigado, as massas estão comigo... (*Ritualístico*) Ora, pois, considerando tratar-se de artigo de primeira necessidade; considerando que é necessário usá-lo, pois, do contrário, o homem perderia toda a sua dignidade humana, resolvo: primeiro, é artigo de primeira necessidade; segundo, é necessário usá-lo; terceiro, eu me dou bem com qualquer marca!

DEPUTADO — Devemos prestigiar a indústria nacional!

JOSÉ — Muito bem!

ZEQUINHA (*Aborrecido*) — Você sabe do que eles estão tratando?

JOSÉ — Prestigiar a indústria nacional, pra mim, é me dar de comer!

LÍDER — Porém, como somos a vanguarda do povo, e portanto não somos o próprio povo...

DEPUTADO — O senhor é contra a indústria nacional?

LÍDER — Mesmo que fosse, não dizia, que eu não sou besta. (*Sai do tom coloquial e volta ao ritual.*) Não sendo o povo, dizia eu, precisamos ter alguma coisa que nos separe do cujo. Proponho, pois, que recomendemos à nação o uso de uma marca ligeiramente inferior, de procedência nacional, resolvendo assim o nosso problema relativo à importação de divisas, e nós, que somos a sua vanguarda, poderemos continuar usando papel higiênico Helena Rubinstein, cor-de-rosa!

TODOS — Salvamos a indústria nacional! Salvamos as divisas! Muito bem.

LÍDER — E para o povo, nada?

TODOS — Tico-Tico! Tico-Tico! Tico-Tico! Tico-Tico! (*Em tom de hip hurra.*)

ZEQUINHA — Viu?

JOSÉ (*Triste*) — Pra mim não interessa muito, eu uso jornal...

LÍDER — Já que chegamos a esta conclusão tão sábia, farei meu secretário redigir um discurso de improviso no qual ficará provado que o meu partido salvou a indústria nacional de uma debacle total, com vistas ao próximo dia 3 de outubro. (*Abraçam-se em círculo e cada um bate a carteira do nobre à direita.*)

DEPUTADO (*Sotaque evidente nortista*) — Excelência! Eu gostaria de trazer para o plenário um fato muito desagradável! O meu tio, que é Pau-Ararense, me escreveu contando que o filhinho dele estava no quintal brincando de esconde-esconde, quando de repente estourou uma bomba atômica no ar! Ora, isso não se faz.

LÍDER — Infelizmente essa matéria não está na pauta! (*Continua contando o produto da carteira alheia.*)

DEPUTADO NORTISTA — Mas, Excelência, a radioatividade é extremamente nociva ao desenvolvimento glandular da infância!

LÍDER — Que é que eu posso fazer? Não está na pauta!

DEPUTADO — Imagina se a bomba cai um pouquinho mais pra baixo e explode no ouvido do menino? Podia levar um susto e ficar gago pro resto da vida!

DEPUTADO — Que... que... que horror...

DEPUTADO — Jogar bomba não é política de boa vizinhança.

DEPUTADO NORTISTA — Amigos, amigos, bombas atômicas à parte! Vão jogar bombinhas lá pras neguinhas deles.

DEPUTADO — Mas terá sido de propósito?

LÍDER — Me contaram que foi sem querer. Até já mandaram pedir desculpas e avisaram que tem só mais duas bombinhas que vão testar no mesmo lugar, sem querer!

DEPUTADO — Ah, agora está explicado; foi sem querer.

DEPUTADO — Ainda assim é bom mandar o menino brincar dentro de casa.

DEPUTADO NORTISTA — E nós não vamos tomar nenhuma providência?

LÍDER (*Enfezado*) — Nós não precisamos de providências! Precisamos é ser mais civilizados, mais elegantes, mais britânicos, e não ficar reclamando por qualquer coisa. Vamos confiar nos nossos amigos! Não vos esqueçais de que o mundo atravessa uma grande crise! Avante, companheiros. Avante para a outra sala! O Líder da Maioria vai receber o povo no seu regaço acolhedor! (*Levantam-se os deputados e saem. Entra o Secretário.*)

JOSÉ — Oba, agora é a nossa vez! Eu vou pedir goiabada. E você?

ZEQUINHA — Será que eles me dão dinheiro pra fazer uma revoluçãozinha? (*Entra o povo.*)

SECRETÁRIO — Excelência! Três beneméritos do povo vieram visitá-lo.

LÍDER — Manda entrar e limpar o pé no tapete.

SECRETÁRIO — Limpa o pé no tapete. (*Entram os três Beneméritos.*)

LÍDER — Nome e assunto de cada um.

SECRETÁRIO — Nomes: Fulano de Tal, Sicrano de Tal e Beltrano de Tal. Assunto, pra variar: dinheiro.

LÍDER (*Assustado*) — Diz que eu não estou. (*Vai fugir mas é seguro pelos presentes.*)

BENEMÉRITO DO ESPORTE — Mas já que nós estamos, eu gostaria de fazer um pedido.

LÍDER (*Sentando-se contrafeito*) — Vou logo avisando que não dá pé. O Estado está num estado lastimável! Os cofres públicos foram depredados. Nem mesmo eu consigo arrancar mais dinheiro desse país. Estou quase abandonando a política. (*Toda vez que se fala em dinheiro ele tenta fugir e é detido.*)

BENEMÉRITO DO ESPORTE (*Em crescendo, demagógico*) — Porém, o dinheiro que peço é dinheiro sagrado e consagrado!

LÍDER — Vá, desembucha.

BENEMÉRITO DO ESPORTE — Vossa Excelência não ignora que o povo necessita do esporte, porque o esporte é vida e saúde.

JOSÉ — Isso mesmo, Benemérito: é melhor jogar futebol do que andar a pé por falta de condução!

LÍDER — Se der mais um palpite, mando evacuar as galerias!

BENEMÉRITO — Precisamos pois construir praças de esportes para alegrar os domingos do homem do povo! O povo gosta de futebol, o futebol é o esporte das multidões. As multidões fazem comícios. Os comícios fazem votos e os votos fazem um presidente! Se vós derdes dinheiro ao povo, o povo vos retribuirá com a sua gratidão, e a sua gratidão se traduzirá nas urnas e as urnas vos elegerão!

LÍDER — Agora entendi. Quanto é?

BENEMÉRITO (*Sorridente*) — 5 mil contos, por baixo.

LÍDER — Paga ele aí. Mas quero ver todo mundo jogando bola na rua. Vamos acabar o trânsito: é só futebol. Põe trave em tudo quanto é esquina. E não esquecer o palanque, para que eu possa me dirigir às massas trabalhadoras, e convertê-las ao meu credo! Assina o recibo.

BENEMÉRITO (*Preocupado com a contagem da quantia estipulada*) — Excelência, aqui tem só 500 contos.

LÍDER — Então? Está certo.

BENEMÉRITO — 500 contos é a minha comissão. E o resto que está faltando?

LÍDER — O resto é a minha. Ou você pensa que eu sou relógio, pra trabalhar de graça? (*Indignado*) O povo se diverte jogando bola e eu, que não sei jogar, me divirto pelo meu credo. Assina logo e dá o fora.

BENEMÉRITO DO ESPORTE (*Resmunga.*)

LÍDER — Quem é o próximo?

BENEMÉRITO DAS DIVERSÕES — O próximo é o Carnaval!

LÍDER — Vai logo cantando o teu samba.

BENEMÉRITO DAS DIVERSÕES — Vossa Excelência anda tão preocupado com os afazeres públicos, como aliás acaba de demonstrá-lo brilhantemente, tão devotado à causa do povo, que, estou certo, não se apercebeu ainda da aproximação sorrateira de uma das grandes datas magnas da nossa civilidade: 3 de outubro.

LÍDER — Tô nessa boca!

BENEMÉRITO DAS DIVERSÕES — E, como as eleições não tardam, precisamos desde já preparar os nossos préstitos carnavalescos, os nossos carros alegóricos. Para tanto, eu, o Benemérito das Diversões do Povo, preciso de dinheiro. Quero antes informar-vos que o povo gosta de Carnaval. O Carnaval é o próprio povo, o povo são homens, os homens se dividem em homens propriamente ditos, mulheres e crianças, os maiores de dezoito anos são eleitores, os eleitores votam, e os votos consagram o vosso nome!

LÍDER — Fala em cifrão!

BENEMÉRITO — Fica por 5 milhão...

LÍDER — Também. (*Vai assinar. O Benemérito faz um gesto detendo a sua mão.*)

BENEMÉRITO — 5 milhões, MAIS... a vossa digna comissão.

LÍDER (*Coçando a cabeça*) — Então precisa passar pelo Tribunal de Contas pra ver se eles aceitam essa fórmula. Enquanto isso, vai assinando. (*Benemérito assina.*) Quero ver todo mundo jogando futebol e cantando "Tristeza não tem fim, felicidade sim...". (*Cantando.*)

BENEMÉRITO DO ESPÍRITO — O senhor me chamou?

LÍDER — Quem? Eu?

BENEMÉRITO DO ESPÍRITO — Falou em tristeza. Somos todos pobres sofredores e pecadores. Esta vida é um vale de lágrimas. O povo precisa sofrer. Através do sofrimento, através da dor, ganharemos o reino dos céus. E para a penitência nada melhor do que uma catedral de ouro. O ouro é o símbolo da virtude, a virtude é necessária ao povo. E, para poupar a vossa atenção, salto do povo ao púlpito, do púlpito às massas, das massas à Presidência. Como vedes, todos os caminhos conduzem às urnas.

LÍDER (*Piedoso*) — Eu também tenho sofrido muito, sabe? Pensa que é bom estar no meu lugar? É muito triste ter dinheiro. Tenho que obedecer àquela sábia lei que diz: "Dai a César o que é de César, e dai a mim o que é meu". Por isso, não posso isentar a vossa subvenção da minha taxa, rogai por nós, pecadores, agora e na hora das eleições.

SECRETÁRIO — Amém. (*Benemérito do Espírito assina.*)

LÍDER — Muito obrigado, santo homem. E fazei o povo sofrer para que tão mais cedo chegue aos céus e de lá ore por mim, que permaneço nesta carne e triste e... pecadora.

JOSÉ — Agora que não tem mais ninguém, vamos nós!

LÍDER — Agora que não tem mais ninguém, fecha o expediente.

JOSÉ — Tem o próximo.

LÍDER — Quem é o próximo?

JOSÉ — José da Silva, desempregado, pede emprego.

LÍDER — Que é isso, meu filho? Por que você está dobrado assim?

JOSÉ — Dor de barriga.

LÍDER — Vai lá dentro, filho. Última porta à esquerda.

JOSÉ — Fazer o quê? Eu não como há quinze dias.

LÍDER — Não come por quê? Ora essa!

JOSÉ — Pedi aumento de salário.

LÍDER — Mas eu dei!

JOSÉ — Pois é: deu! E o patrão me despediu!

LÍDER — Está vendo? Bem que eu era contra essa mania de aumentar salário mínimo todo fim de semana!

JOSÉ — Vim aqui porque o senhor disse que a política é o povo.

LÍDER — Linguagem cabalística: cada um interpreta pelo seu credo.

JOSÉ — E como eu não posso trabalhar nem morrer, porque enterro está caro, vim pedir emprego.

LÍDER — Você vota?

JOSÉ — Se aguentar até lá.

LÍDER — Então não me fale em morte antes de 3 de outubro. Depois, já não faz tanto mal à Pátria.

JOSÉ — Mas eu preciso de emprego agora.

LÍDER — Que impertinência, menino, as eleições ainda demoram. Volta dia 3. Não me viu dando dinheiro pra todos aqueles beneméritos? Você não estava de lá dizendo "muito bem, muito bem"? Então? Que é que você quer agora?

JOSÉ — Excelência, eu não posso jogar futebol de barriga vazia, não posso cantar "tristeza/ não/ tem/ fim" morrendo de fome, e mesmo pra sofrer é bom estar bem alimentado.

LÍDER — Os Beneméritos já levaram tudo. Espera. Espera 3 de outubro. (*Nesse meio-tempo já entraram outros Esfarrapados.*)

ESFARRAPADOS — Excelência. Estou com fome. Eu quero comer. Eu quero enterrar a minha mulher e não tenho dinheiro. Eu fui despedido. Eu não tenho emprego. Meu pai está de cama!

José da Silva, Zequinha Tapioca e os três Esfarrapados cantam a "Canção do povo que espera dias melhores".

DEPUTADOS — Tenham paciência
esperem mais um pouco
porque dias melhores virão.

Apertem mais o cinto
remendem um pouco as calças
porque dias melhores virão.

Rezem uma oração
assistam o futebol
cantem uma canção
porque dias melhores virão.

Esqueça de comer
de rir e de vestir
porque dias melhores virão.

Pense o que vai ser
no dia que há de vir
porque dias melhores virão.

E então, quando o dia chegar,
jogaremos flores sobre o riso tão feliz
deste povo tão valente e confiante
que constrói nosso grande país.

Mas tenham paciência
esperem mais um pouco
porque dias melhores virão
porque dias melhores virão.

POVO — Esperar é uma palavra
que diz tudo ao mesmo tempo

sem dizer certo o que diz
quem espera sempre alcança
quem espera desespera
quem espera sempre alcançar
é bom esperar sentado
porque assim não cansa...
É bom esperar sentado
porque assim não cansa...
porque assim...
não cansa...
não cansa...

ESFARRAPADO — Tá tudo errado.

ESFARRAPADO — A gente precisava é de uma revolução.

ZEQUINHA (*Deslumbrado*) — Meus irmãos! Até que enfim vos encontrei.

ESFARRAPADO — Por quê? Você também acha?

ZEQUINHA (*Excitadíssimo*) — Já está tudo pronto. Tenho todos os planos aqui comigo. Pra fazer a revolução não é preciso muita gente, não, porque o povo adere logo. Pra ser revolucionário basta ter passado fome, e eu passei fome. Eu não passei fome, José da Silva?

JOSÉ — Nós dois.

ZEQUINHA — Nós dois. Irmanados.

JOSÉ — Ele nem sabia o que era sobremesa. Lembra?

ZEQUINHA — Eu nem sabia o que era sobremesa.

ESFARRAPADO — O que é sobremesa?

JOSÉ — Se você tiver uma aí, eu explico como é que come.

ESFARRAPADO — O povo não sabe o que é sobremesa.

ZEQUINHA — Portanto vamos fazer a revolução.

ESFARRAPADO — Topado.

ZEQUINHA — E pra revolução? Nada?

TODOS — Tudo.

ZEQUINHA — Então como é, como é, que é?

TODOS — É...

ZEQUINHA — Psiuuuu. Cuidado com a polícia. (*Fala em sussurro*) Nós não podemos ser apanhados... (*Todos fazem psiuuuu e olham em torno, vigilantes.*) Agora, só tem uma coisa: o chefe sou eu.

ESFARRAPADO — Topado. E o responsável é você.

ZEQUINHA (*Corrigindo*) — Responsáveis somos nós todos, mas o chefe sou eu. Quem mais que vocês conhecem?

ESFARRAPADO — Vamos fazer uma reunião que eu trago todo mundo. O filho do meu patrão é estudante e conhece uma porção de gente.

ZEQUINHA — Vamos na casa dele?

ESFARRAPADO — Não, na boate.

ZEQUINHA — Que boate?

ESFARRAPADO — É onde ele se distrai com os amigos.

ZEQUINHA — Mas nós vamos fazer uma revolução na boate?

ESFARRAPADO — Lá é melhor porque a polícia não desconfia.

JOSÉ — Olha, se revolução dá cadeia, é melhor eu ir pra casa.

ZEQUINHA — Meus amigos, chegou a nossa hora. Vamos fazer a revolução. Vamos nos unir a todos os interessados, sem distinção de classe, ou credo, ou cor. E, para começar, procuremos a juventude, essa nossa juventude distraída, porque no futuro dos nossos filhos repousa o futuro da pátria. Os jovens de hoje são os homens de amanhã. Procuremos os nossos jovens.

Cena 4
Como vedes, tornou-se inadiável a necessidade de uma revoluçãozinha

Entra um rock'n'roll tocando fortíssimo, ainda no escuro. Luzes: boate íntima, duas ou três mesas, poucas cadeiras. Iluminação, azul com pinceladas vermelhas, nítidas, playboys e playgirls em cena, dançando freneticamente. Marcações grotescas, superkazanianas. Alguns gritam coisas sem nexo, desarticuladamente, tentando imitar Elvis Presley. A dança dura apenas o tempo de introdução da cena. Sobre um pequeno praticável, diante do microfone, o Animador acompanha o ritmo. A música cai em BG [background], os casais sentam-se nas cadeiras, nas mesas e no chão.

TARADO — Quando acaba essa música eu sinto um vazio.

TARADO — É a chuva. Quando chove é que eu sinto que o mundo está perdido.

TARADO — Hei, pessoal, eu tive uma ideia. Vamos fazer uma curra? Com essa garoa...

TARADO — Parou a chuva. (*Algazarra. Sai todo mundo correndo, empurrando José e os esfarrapados. Ficam apenas os revolucionários, filhos do Patrão. Uma prostituta ainda está sentada e outra vem voltando com um homem que se despede.*)

PROSTITUTA — E apareça, viu?

PROSTITUTA — Esse não vem mais. Também, você cobrou tabela nova...

PROSTITUTA — O que é que você queria? Com mais esse aumento de salário mínimo...

PROSTITUTA — O jeito é arranjar uma boa colocação. Se bem que trabalho a biscate rende muito mais...

PROSTITUTA — É... mas coronel tá difícil hoje em dia...

PROSTITUTA — Minha avó, que foi quem me iniciou nos segredos da profissão, costumava dizer que nos tempos da Monarquia...

PROSTITUTA — Eu, por mim, sempre fui monarquista... (*Senta, nostálgica dos velhos tempos.*)

ESFARRAPADO — É aquele.

REVOLUCIONÁRIO — Vão entrando.

REVOLUCIONÁRIO — Está todo mundo aqui?

REVOLUCIONÁRIO — Está todo mundo aqui?

REVOLUCIONÁRIO — Quem é que disse que é o chefe?

ESFARRAPADO — Ainda não veio.

JOSÉ — Elas também são revolucionárias?

REVOLUCIONÁRIO — Vão ajudar. Porque se elas estão aqui a polícia não desconfia de nada. Hei, minha filha, chega pra cá.

PROSTITUTA — Que parangolé de abóbora é esse?

REVOLUCIONÁRIO — Sucede que nós somos revolucionários.

PROSTITUTA — Eu não gosto de panos quentes: se quiser fazer negócio vamos logo regatear. Se não quer, não me ocupa.

PROSTITUTA — Olha que é tabela nova.

ESFARRAPADO — Silêncio, que o Chefe vem aí. (*Entra o Zequinha Ta-*

pioca. Comprou um terno novo em prestações, penteou o cabelo, fez a barba, engraxou os sapatos e pôs até gravata. Tem voz de professor, sacerdote e diretor do centro de pesquisas atômicas.)

ZEQUINHA — Meus amigos. Estamos aqui reunidos para deliberar o futuro desta nação vilipendiada e depauperada pelos consórcios nacionais e estrangeiros que paulatinamente estrangulam a sua economia ainda incipiente. Preclaros confrades...

JOSÉ (*Apalermado*) — Zequinha, mas como você mudou...

REVOLUCIONÁRIO — Isso não serve pra chefe da revolução...

REVOLUCIONÁRIO — Você não contou que ele era assim.

ESFARRAPADO — Ele não era assim...

ZEQUINHA — Não sirvo? Por quê? (*Atônito.*)

PROSTITUTA — Eu só queria saber que pito eu toco nisso tudo.

REVOLUCIONÁRIO — Pra ser chefe, você tem que dar um jeito no cabelo.

ZEQUINHA — Eu dou. (*Descabela-se imediatamente.*)

REVOLUCIONÁRIO — Precisa trocar de roupa.

ZEQUINHA (*Atônito*) — Eu troco. (*Tira o paletó. Por dentro tem uma camisa esfarrapada que dá o tom de homem do povo. Faz o mesmo com as calças e com os sapatos.*)

REVOLUCIONÁRIO — Agora fala um pouquinho pra eu ouvir.

ZEQUINHA (*Exaltado, violento*) — Durante toda a sua história a nossa pátria foi roubada, espoliada, conspurcada pelos nossos inimigos na guerra e amigos da paz. Chegou a hora de dizer "basta!" Já fizemos trinta e cinco revoluções, oitenta e sete golpes de Estado sem sangue... (*Fala rápida e energicamente.*)

JOSÉ — Conclusão: o hábito faz o monge.

REVOLUCIONÁRIO — Agora sim.

REVOLUCIONÁRIO — Agora pode contar qual é o seu plano.

ZEQUINHA (*Animado*) — O plano é o seguinte. O nosso povo passa fome.

JOSÉ (*Um rompante de admiração e aplauso*) — Apoiado.

ZEQUINHA — O país está cada vez mais pobre, os pobres estão cada vez mais pobres...

PROSTITUTA — Nós estamos cada vez mais pobres...

ZEQUINHA — Todo mundo é pobre, pobre, pobre de marré, marré de si. E todas as revoluções falharam. Falharam por quê? Por quê?

PROSTITUTA — Sei lá eu.

ZEQUINHA — Muito simples: porque sim. Porque foram todas revoluções corruptas. Revoluções sem ideia. Mas a nossa, ah! a nossa revolução, essa sim, tem uma ideia. Se chama: Honestidade.

REVOLUCIONÁRIO — O que é isso?

ZEQUINHA — A economia do país é devorada por amigos e inimigos, a nação está à beira da falência, e qual é a solução? A Revolução da Honestidade.

JOSÉ — Mas o que é que vai mudar?

ZEQUINHA — Não vai mudar nada, vai ficar tudo como está.

JOSÉ — E qual é a diferença?

ZEQUINHA — Que diferença?

JOSÉ — Se a gente vai fazer uma revolução é pra mudar alguma coisa.

ZEQUINHA — Ah, claro. Vai mudar. Vai todo mundo ser honesto.

JOSÉ — E eu não vou mais passar fome!

ZEQUINHA — Sei lá... Mas, se passar fome, você será um faminto honesto.

PROSTITUTA — E eu não vou precisar mais de...

ZEQUINHA — A senhora será uma prostituta honesta.

JOSÉ — Quem sabe se a gente arranjasse uma maneira de me dar de comer?

REVOLUCIONÁRIO — Você parece que não entende as coisas. Então não sabe o que significa uma reforma moral?

JOSÉ — Desculpe. Eu estou com fome. Eu faço qualquer revolução que vocês quiserem, mas de barriga cheia.

ZEQUINHA (*Para os Revolucionários*) — Não reparem, ele já está embrutecido. Tem essa ideia fixa: comer, comer, comer.

REVOLUCIONÁRIO — Agora só falta marcar a data histórica para a nossa revolução.

JOSÉ (*Quase para si mesmo*) — Todo mundo honesto: o operário, o banqueiro, o dono do cartório, o juiz, o ladrão...

ZEQUINHA — Até a data já está marcada. Amanhã ao meio-dia.

REVOLUCIONÁRIO — Amanhã?

ZEQUINHA — Ao meio-dia em ponto. Vamos atacar o palácio do governo. Matar os vendilhões da pátria. Vamos fuzilar, enforcar.

REVOLUCIONÁRIO — Amanhã eu não posso.

ZEQUINHA (*Quebra o tom*) — Não pode?

REVOLUCIONÁRIO — Meu pai embarca pra Paris. Tenho que levar ele na estação.

ZEQUINHA — Que horas é o embarque?

REVOLUCIONÁRIO — À tarde.

ZEQUINHA — Então não pode, que pena. E amanhã à noite? No escuro é até melhor. Às 8.

OUTRO REVOLUCIONÁRIO — Ih, velho, 8 não dá.

ZEQUINHA — Por quê?

OUTRO REVOLUCIONÁRIO — Marquei um encontro com o meu broto justo pra essa hora.

ZEQUINHA — Desmarca.

OUTRO REVOLUCIONÁRIO — De jeito nenhum. Eu estava controlando essa menina e ontem ela aderiu. Não posso dar mancada logo no primeiro dia.

ZEQUINHA — Quem sabe ela pode entrar pra revolução?

OUTRO REVOLUCIONÁRIO — Ela é filha de família.

ZEQUINHA — Bem, se não pode ser amanhã à tarde, nem amanhã à noite, então o melhor é não fazer logo esta revolução.

REVOLUCIONÁRIO — Isso é que não. Agora que eu já comprei até as bandeiras, não vamos fazer mais revolução?

ZEQUINHA — Que bandeira você comprou?

REVOLUCIONÁRIO — A revolução precisa de uma bandeira.

ZEQUINHA — Como é que é? É bonita, é?

REVOLUCIONÁRIO — Foi minha mãe que bordou. Quer ver? Tem um franzido lindo.

ZEQUINHA — Quero, sim.

REVOLUCIONÁRIO (*Para José*) — Vai lá dentro buscar.

JOSÉ — Eu vou comer essa bandeira, hein? (*Sai.*)

REVOLUCIONÁRIO — Vamos marcar logo a data.

OUTRO REVOLUCIONÁRIO — De madrugada é melhor. Eu estou muito mais desperto.

ZEQUINHA — De madrugada minha mulher não me deixa sair de casa.

REVOLUCIONÁRIO — Terça-feira?

ZEQUINHA — Todo mundo pode?

REVOLUCIONÁRIO — Posso.

ZEQUINHA — Então está combinado. Quando o governador sair do palácio, a gente joga uma bomba no carro dele e todo mundo sai de perto.

REVOLUCIONÁRIO — Vai matar também o chofer? (*Condoído.*)

ZEQUINHA (*Alucinado*) — Vamos matar todo mundo. Nós somos honestos. Vamos fazer a revolução da honestidade. Triturar, trucidar... (*As duas Prostitutas já tinham saído devidamente acompanhadas por seus cavalheiros. Uma delas volta afobada.*)

PROSTITUTA — Ih, gente, a conversa está muito animada, mas vamos picar a mula que a polícia vem aí. (*Gritaria: "Ah, meu Deus", "Ah, minha Nossa Senhora", "Socorro", "Pega ladrão". O resto* ad libitum. *Saem todos. Entram dois guardas, um deles puxando uma Prostituta pelo braço.*)

GUARDA (*Voz nortista*) — Mas, minha filha, você não sabe que não pode andar fazendo essas coisas?

PROSTITUTA — Ah, seu guarda, larga mão, todo mundo faz.

GUARDA — Mas não pode cobrar. Senão eu vou ser forçado a prender você pra restituí-la ao bom caminho. (*Entra José da Silva, alegre, sorridente.*)

JOSÉ — Sabe que essa bandeira da revolução é mais bonita do que o estandarte do meu bloco? (*Não entende a ausência dos companheiros.*) Hei. Onde é que está o resto do pessoal?

GUARDA — Que pessoal?

JOSÉ — Eles foram tudo embora? (*O guarda está parado observando, imóvel, com a prostituta pendurada pelo pescoço.*)

GUARDA — E você? Onde é que pensa que vai?

JOSÉ — Vou pra casa que já é tarde. (*Entregando-lhe a bandeira.*) Se um sujeito chamado Zequinha Tapioca perguntar assim: (*Imitando, infantil*) "Onde é que está aquela bandeira da revolução?", o senhor diz que está aqui e entrega, tá bom?

GUARDA — Vamos'imbora, que o carro está esperando...

Cena 5
Num só dia, José da Silva é preso, torturado e expulso da cadeia

Delegada, mesa com telefone. Policial sentado, tomando notas. Vários papéis amarrotados, no chão, perto dele.

POLICIAL (*Escrevendo*) — Pois não, minha senhora. Já tomei nota de tudo. (*Conferindo.*) Roubo, 20 contos, Bento Freitas, 37. A radiopatrulha já vai. Té logo, passar bem. (*Desliga, amarrota o papel e joga no chão perto dos outros. Toca o telefone.*) Delegacia. Mataram o seu marido? Não me diga. Mas, se ele morreu, com quem a senhora vai ao cinema hoje à noite? Endereço? Vou tomar providências pessoalmente, pode ficar descansada. Té logo, querida. (*Guarda o papel cuidadosamente no bolso. Telefone.*) Alô, Delegacia! (*Tomando notas.*) Cheque sem fundos. Nome e endereço. Passar bem. (*Amarrota o papel, joga no chão, vai desligar quando ouve qualquer coisa. Muda completamente de atitude.*) Sr. Deputado? Pois não, Excelência. Vou movimentar até o FBI e a Gestapo, Excelência. (*De gatinhas, procura o papel no chão. Sirenes lá fora.*) A polícia já está na rua. Chegaram aí? Prenderam o homem? Obrigado, Excelência, de fato nós somos muito eficientes. Feliz Natal. (*Entra o Delegado acompanhando o Milionário.*)

DELEGADO — Esta é a sala dos interrogatórios. A mais moderna do mundo. Isto é o detector de mentiras. Uma maravilha.

MILIONÁRIO — Extraordinário.

DELEGADO — Dizem que a nossa terra é o país do futuro. Mas, no que se refere aos métodos policiais, garanto que já somos o país do presente. Imagine que já temos até métodos indolores. Por exemplo, este detector...

MILIONÁRIO — Isso não dói?

DELEGADO — Absolutamente.

MILIONÁRIO — E o facínora confessa assim mesmo?

DELEGADO — Claro que confessa: é a verdade eletrônica. Vou fazer uma pequena demonstração. (*Ruídos fora.*) O que é isso? (*Entram José e o Guarda.*)

JOSÉ — Oba, eu fui preso. Vou pra cadeia. Até que enfim.

GUARDA — Seu Delegado. Esse daqui é um revolucionário.

DELEGADO — Ótimo. Põe ele sentado aqui. (*Para o Milionário*) Agora o senhor vai ver que maravilha, que perfeição, que técnica moderna.

JOSÉ — Oba, oba, vou ficar em cana. (*O Delegado coloca o detector na cabeça de José. As lâmpadas pendem como duas orelhas, uma verde e outra vermelha.*)

DELEGADO — Faço a pergunta e o condenado responde "sim" ou "não". Se for verdade, acende a luz verde. Mentira, a vermelha.

MILIONÁRIO — Ah, o que é a Ciência...

DELEGADO — O detector veio substituir o pau de arara, que era um método antipsicológico e é hoje uma raridade de museu.

JOSÉ — Isso está com jeito de cadeira elétrica.

DELEGADO — Eu faço uma pergunta e você responde "sim" ou "não". (*O Guarda acerta os fios na cabeça de José que, aliás, se sente muito pouco à vontade.*) Você alguma vez roubou o Banco do Brasil?

JOSÉ (*Pensativo*) — Não... (*Luz verde, pisca-pisca.*)

DELEGADO (*Vitorioso, como que fazendo uma explanação*) — Agora temos a certeza eletrônica de que ele não roubou o Banco do Brasil.

MILIONÁRIO — Mas é a 8ª Maravilha do Mundo Antigo...

DELEGADO — Você matou o Gandhi?

JOSÉ (*Muito sincero*) — Nunca vi mais gordo... (*Luz verde.*)

MILIONÁRIO — O senhor vai me desculpar mas, da próxima vez que a minha mulher disser que esteve na costureira, vou trazer ela aqui pra tirar isso a limpo.

DELEGADO — É uma bela ideia. Foi você que crucificou Jesus Cristo?

JOSÉ — Não. (*Luz vermelha.*)

MILIONÁRIO — Extraordinário.

DELEGADO — Fantástico.

GUARDA — Acendeu a vermelha.

MILIONÁRIO — Então foi ele. (*José esconde a lâmpada.*)

DELEGADO — Vem cá, seu safado. Foi você que crucificou Jesus Cristo?

JOSÉ — Eu nem conhecia ele, juro.

GUARDA — Fala a verdade. A eletrônica não mente.

JOSÉ — Não fui eu.

DELEGADO — Tira a prova dos nove. (*Guarda leva José para o interior da sala, sob protestos do mesmo. Muito envergonhado.*) Parece que desta vez a eletrônica falhou. Não creio que tenha sido ele o desalmado que matou Jesus. (*Vão saindo.*) Hoje em dia já não se cometem mais essas atrocidades. (*José da Silva, lá dentro, dá um urro de dor.*)

MILIONÁRIO (*Ponderado*) — Certamente foi um episódio negro na história do Homem. Eles não deviam ter feito isso... (*Saem. Entra o Guarda seguido de José.*)

GUARDA — Eu sabia que não tinha sido você.

JOSÉ — Mas eu não sabia que ainda existia pau de arara. Agora diz logo qual é o número da minha cela.

GUARDA — Por que essa vontade de ser preso?

JOSÉ — Porque estou com fooome, não me aguento mais de pé, e o único lugar onde ainda tenho esperanças de comer de graça é na cadeia.

GUARDA — Dá uma cela pra ele aí. (*Policial procura a chave.*)

JOSÉ — Já falei com a minha mulher e com os meus filhos. Eles vão matar, roubar, assaltar, fazer o diabo pra vir a família inteira se reunir aqui na cadeia.

POLICIAL — Cela 16.

GUARDA — Não pode.

POLICIAL — Já está cheia?

GUARDA — Tem umas quarenta e nove pessoas lá.

POLICIAL — 17?

GUARDA — Superlotada.

JOSÉ — Não tem importância: eu fico preso aqui no corredor mesmo. Prometo que não fujo.

COZINHEIRO (*Entrando*) — Seu Delegado, assim o orçamento acaba estourando. Tá toda a população vindo comer na cadeia. Se vocês prenderem mais alguém, a Penitenciária acaba indo à falência.

POLICIAL (*Para José*) — Você está em liberdade por falta de provas.

JOSÉ (*Desesperado*) — Mas eu sou perigoso.

GUARDA — Você é um homem livre.

JOSÉ — Eu sou um temível facínora. Grrr... (*Faz careta.*)

POLICIAL — Pode dar o fora que na cadeia não tem lugar. Você está livre.

JOSÉ — Me prende pelo menos até amanhã. Eu matei o Gandhi. A eletrônica estava certa: eu crucifiquei Jesus Cristo.

POLICIAL — Que diabo de homem que não quer a liberdade.

GUARDA — Você é um homem livre. (*Jogam-no para fora pelo fundilho das calças.*)

JOSÉ — Eu sou um homem livre. (*Canta a "Canção da liberdade".*)

Passo a vida trabalhando
Dando duro no batente
A comer de vez em quando
Isso é vida, minha gente
Se ser livre é passar fome
Não quero ser livre, não.

CORO — Zé da Silva é um homem livre
O quê, o quê, o quê...
Zé da Silva é um homem livre
O que ele vai fazer?

JOSÉ — Pro patrão pedi aumento
Só levei um pontapé
Sem dinheiro e sem vintém
E agora, seu José?
Se ser livre é passar fome
Não quero ser livre, não.

CORO — Zé da Silva é um homem livre
O quê, o quê, o quê...
Zé da Silva é um homem livre
O que ele vai fazer?

JOSÉ — No xadrez não me quiseram
Passe fome lá pra fora
Se estou livre, estou faminto

Com a barriga dando hora
Sem comida a liberdade
É mentira, não é verdade.

CORO — Zé da Silva é um homem livre
O quê, o quê, o quê...
Zé da Silva é um homem livre
O que ele vai fazer?

JOSÉ — O quê?

CORO — É livre, é livre, é livre, é livre.

JOSÉ — Tá, que eu sou livre!

Segundo ato

Cena 6
Enquanto José da Silva se desespera, os políticos tratam dos sagrados interesses da nação

Sede do Partido da Maioria. Estão em cena os chefes dos diferentes partidos, designados como Magro e Baixinho. Além deles, o Jornalista e o Líder que toma posição na tribuna: circunspecto, sério, ponderado, enérgico. Discrepância entre a sua maneira de falar e o conteúdo. Também presente, o Anjo da Guarda sentado no seu trono.

LÍDER (*Depois de agradecer uma ligeira salva de palmas, curvando-se*) — Conterrâneos. O homem é um homem, e um gato é um bicho: isto significa que hoje vamos fazer política. (*Fazendo uma revelação.*) Nós somos políticos. Porém... o que é a política? Política não significa trabalho, porque quem trabalha é o trabalhador, e o trabalhador se divide em operário e camponês, sendo considerados votantes apenas os maiores de 18 anos. Política não é futebol, porque futebol é um esporte, e nós aqui estamos por profissão. Portanto, o trabalhador trabalha, o jogador faz gol, o padre reza, o condutor tlin-tlin, a mulher tem filho, o filho cresce e se transforma num belo eleitor. E os políticos... politicam. Porém, para o bom desempenho das suas funções, é necessário conhecer os princípios fundamentais da politicagem, que são em número de três, a saber: primeiro, vencer as eleições de qualquer maneira; segundo, não decepcionar os amigos; terceiro, iludir o povo. (*Discursa com base interior, seriíssimo.*) Para vencer as eleições é preciso união, porque a união faz a força. Para não decepcionar os amigos, existem as autarquias. Para iludir o povo, é preciso muita bossa.

JORNALISTA — Muito bem, muito bem! (*Os demais não se manifestam. O Jornalista perde o* élan.) Ele falou muito bem, não falou?

LÍDER — Sem mais delongas, passo a palavra a mim mesmo para propor uma proposta. O meu Anjo da Guarda, aliás aqui presente (*O Anjo agradece com a cabeça.*), me aconselhou a não fazer coligação nenhuma, porque vocês são uns... como direi? Crápulas. E sem a menor ressonância no seio das massas. Eu argumentei que deixa pra lá e, como o seguro morreu de velho, resolvi juntar os vossos votos à minha campanha. Eu sou o nosso candidato!

MAGRO — Não apoiado.

BAIXINHO — Apoio o não apoiado.

MAGRO — Vossa Excelência é carta fora do baralho.

LÍDER — Fora do baralho? O povo me ama, o povo se diverte com os meus discursos, e qual é a função da política se não a de ajudar a digestão do povo?

MAGRO — Ajudar o povo a comer.

LÍDER — Sou digestivo.

MAGRO — Desculpe Vossa Excelência não usar de circunlóquios, mas Vossa Excelência é o que se chama em linguagem bíblica de um refinado ladrão.

LÍDER — Cuidado, olha o Anjo ali.

MAGRO — Vossa Excelência, meu nobre colega, em toda a sua vida pública tem um enorme acervo de roubos e peculatos. (*Fala sem pausas.*)

LÍDER (*Intimidado pela violência*) — Olha o Anjo...

MAGRO — O povo está cansado de gatunagem, rapinagem e estelionatagem.

LÍDER (*Enfezado*) — O meu nobre colega vai ter que...

MAGRO — Concluindo o meu lúcido pensamento numa só palavra: Vossa Excelência é um ladrão.

LÍDER — É a mãe! (*Confusão. O Anjo da Guarda permanece tranquilo tratando das unhas.*)

BAIXINHO (*Com dignidade parlamentar*) — Nobilíssimos colegas, isto é uma vergonha para a mãe-pátria. (*Prossegue o* ad libitum *dos demais personagens.*) Não invoqueis o nome dos vossos ancestrais em vão. Prometei-me, nobres, não mais aludir desairosamente à veneranda genitora deste dignitário.

LÍDER — Tá bom, não xingo mais, mas se ele torna a dizer que eu sou ladrão, a velha volta ao plenário.

MAGRO — Vou chamar de quê?

LÍDER — Prometo só começar roubando depois de eleito.

MAGRO — Já é um progresso.

BAIXINHO — Vamos votar no nosso candidato a candidato.

LÍDER — Já.

TODOS — Eu.

LÍDER — Eu, quem? Eu?

TODOS — Não, eu.

LÍDER — Eu, quem? Vocês?

JORNALISTA — Eu voto em mim.

LÍDER — Chega de palhaçada. Basta de individualismo. O meu Anjo da Guarda não está gostando nada. (*Para o Anjo*) Você está gostando?

ANJO — *No*.

LÍDER — Viu? Ele disse *no*.

MAGRO — Nós temos que eleger alguém desconhecido. O povo já conhece Vossa Excelência e o povo só vota iludido. Precisamos caras novas, precisamos *new faces*.

LÍDER — Se conhece, sabe que nunca roubei um conterrâneo meu. (*Explodem os risos.*) Quer dizer: um conterrâneo pobre. A nação não conta porque a nação é rica.

BAIXINHO — Vamos fazer uma nova votação, mas vale votar em si mesmo.

LÍDER — Um, dois, três, já.

MAGRO — Em branco.

BAIXINHO E JORNALISTA — Ele! (*Apontam o Magro.*)

MAGRO — Obrigado, compatriotas. Eu sabia que seria o eleito dos vossos corações, principalmente depois que fui obrigado a fazer tantas promessas e assinar sabe Deus o que assinei.

BAIXINHO E JORNALISTA — Parabéns, felicidades, feliz Natal, boas festas.

MAGRO — Vou fazer minha proclamação de candidato. (*Toma posição de discurso.*) Povo, meu amigo, povo, povo, povo... (*Engasga. Batem-lhe nas costas.*)

ANJO (*Indignado*) — *No*, *no*, *no*, *no*, *no*, *no*.

LÍDER (*Gozando*) — Tá vendo? Ele disse *no*. E agora? Não vamos perder tempo, a gente precisa chegar a um acordo.

MAGRO — Já chegamos: o nosso candidato a candidato sou eu.

LÍDER — E eu ia fazer uma coligação pra eleger você, minha besta? E te dava o meu Anjo da Guarda de graça? Já entrei em conchavos, já comprei mais de um milhão de votos, já... (*Gesto.*) Tó.

ANJO (*Na deixa*) — *Good*, *good*.

LÍDER — É a última chance. Eu sou o nosso candidato e vocês entram na mamata comigo, ou vão fazer coligação lá com as suas negas. Agora confabulem! (*Retira-se para perto do Anjo.*)

MAGRO — A gente precisa de um candidato desconhecido: eu.

JORNALISTA — O povo está farto de saber quem ele é.

MAGRO — Ladrão de galinhas.

JORNALISTA — Até o meu jornal mete o pau nele. E olha que nós somos unha e carne.

MAGRO — Sim, porque é preciso dizer um mínimo de verdade.

JORNALISTA — Não tem mais crédito na praça.

MAGRO — Nem moral.

BAIXINHO (*Quebra*) — Mas tem dinheiro.

MAGRO — E se a gente fizesse uma campanha pra eleger eu?

JORNALISTA — Eu tenho um jornal, sei fazer discurso.

MAGRO — Já planejei uma "Campanha da Recuperação Moral e Financeira".

BAIXINHO (*Quebra*) — Mas não temos dinheiro. Nem Anjo da Guarda. E quem não tem Anjo da Guarda não se mete em eleição. (*O Líder, no seu canto, estica o ouvido e reage de acordo com o que eles dizem.*)

MAGRO — Então vamos fazer o quê?

BAIXINHO — Votar nele.

MAGRO — Mas eu sou o nosso candidato.

BAIXINHO — Sem propaganda ninguém fica sabendo se você é bom ou mau. E propaganda, só com o Anjo.

LÍDER — Na sua terra também é assim, é?

ANJO (*Sorrindo*) — *Well...*

BAIXINHO — Decidimos fazer nova votação.

JORNALISTA — De fora não fico: política é profissão que rende muito.

LÍDER — Sapeca lá.

OS TRÊS — O nosso candidato é Vossa Excelência. (*Declamam monotonamente*) O único candidato honesto, íntegro, amigo do povo etc. etc.

JORNALISTA — Agora vamos ao "ponto número dois"!

LÍDER — Que ponto dois?

JORNALISTA — "Não decepcionar os amigos". Assina aqui esta papeleta.

LÍDER — Isso é o quê?

JORNALISTA — Nomeações.

LÍDER — Espera eu ser eleito.

MAGRO — Quero ser secretário de Finanças. (*Ritmo em* crescendo.)

JORNALISTA — Eu quero o SESC, o IAPI, o SENAI, o IAPETEC, o...

BAIXINHO — Chega. Me dá a Secretaria da Fazenda.

MAGRO — Espera lá. Secretaria da Fazenda fui eu que pedi primeiro.

BAIXINHO — Então vai a Caixa Econômica.

JORNALISTA — Deixa de ser bobo: pede o Banco do Estado.

BAIXINHO — Correios e Telégrafos será que dá dinheiro? (*A cena vai rapidamente atingindo o frenesi.*)

JORNALISTA — Pode tirar no selo.

MAGRO — Secretaria de Viação e Obras Públicas já tem dono?

BAIXINHO — Eu quero ser embaixador no Paraguai.

JORNALISTA — Quer trocar a COFAP e o IPESP pela Caixa Econômica?

BAIXINHO — Se der o SESC de quebra, vou pensar... (*O líder vai assinando tudo.*)

JORNALISTA — Eu troco o SESC e o IAPI pela sua secretaria.

MAGRO — Se você me dá o IAPETEC também eu dou o IAPB de quebra, mas ele vai ter que trocar tudo pela Caixa Econômica.

BAIXINHO (*No telefone*) — Alô. Folhas Informações? Quanto é que ganha o presidente do Banco do Estado? (*Os outros dois continuam jogando figurinhas.*) E quanto é mais ou menos que eu posso roubar por mês? Obrigado. (*Desliga.*) Olha, se você quiser, eu te dou o Banco do Estado mais a Caixa Econômica, pela Secretaria da Fazenda, e você me volta a COAP.

MAGRO — É, bebé, mamar na gata tu não qué.

JORNALISTA — Ai, eu fui roubado.

BAIXINHO — Quem roubou você?

JORNALISTA — Onde é que está o meu SESC, SENAI, IAPI?...

MAGRO — Não sabe jogar, depois reclama.

JORNALISTA — Estou com a impressão de que alguém aqui é desonesto.

LÍDER (*Anunciando*) — Ponto número três: "Como iludir o povo". Vamos tratar apenas da nossa campanha eleitoral.

JORNALISTA — Nossa, vírgula, que eu vou fazer a pista.

LÍDER — Vai onde?

JORNALISTA — Guinar pro outro lado. E lá vou exigir a Caixa, o Banco e a Secretaria. *Bye*, *bye*, Anjo. (*Sai.*)

LÍDER — O plano, aliás importado do estrangeiro, é o seguinte. (*Para o Magro*) Você vai ter que nos fazer um favor mais uma vez.

MAGRO — Ah, não, isso é que não!!!

LÍDER — Você é o maior inimigo político do nosso adversário.

MAGRO — E daí?

LÍDER — E vai daí que vamos quebrar a sua cara e pôr a culpa no adversário.

MAGRO — Já é a terceira vez, ninguém mais acredita.

LÍDER — Vai lá pra dentro.

MAGRO — Seria muito mais publicidade quebrar a sua cara!

LÍDER — Preciso fazer discurso. Fica bonzinho. (*Entra um Secretário e arrasta o Magro lá para dentro.*) Pode levar. (*O Magro berra o seu protesto.*) Agora vamos fazer a propaganda do adversário.

BAIXINHO — Propaganda pra ele?

LÍDER — Está aqui o texto. "Não vote no Líder da Maioria"! Eu, "O Líder é o candidato do populacho, do homem da rua, do povo imbecil, estúpido e ignorante. Vote em mim". Assinado, fulano. Já decidiram quem é que vai correr comigo?

BAIXINHO — Um tal de Zequinha Tapioca.

LÍDER — "Zequinha Tapioca, o candidato das elites esclarecidas, do *high society* endinheirado, o candidato da Standard Oil à presidência da República." (*Durante essas falas o Magro grita.*) É a propaganda dele. Tá boa, não tá?

MAGRO (*Entrando todo cheio de esparadrapo e gaze*) — Hei, roubaram a minha carteira. Pega ladrão.

BAIXINHO — Cadê o meu dinheiro? Roubaram a minha também.

ANJO (*Fulo*) — Isso *non* se faz, *robaram* o minha carteira.

LÍDER (*Fugindo assustado, de costas*) — Não fui eu, hein, não fui eu. (*Sai correndo.*)

O anjo não é anjo
O anjo anjo é
O seu, o meu, o nosso
Depende só de nós.

O anjo não é anjo
O anjo anjo é
Quem não quer ter anjo forte
Forte tem que se tornar.

Cena 7
Como José da Silva descobriu que anjo da guarda existe

Esta cena deve ser representada com um mínimo de objetos indispensáveis. O mais deve ser feito em mímica. Está em cena José da Silva, deitado, dormindo. O Anjo da Guarda, no escuro, continua no seu pedestal e no seu trono.

MULHER — José, acorda, está na hora. Parece até filho de capitalista: passa a vida na cama.

JOSÉ — Deixa eu dormir um pouquinho mais hoje. Estou desempregado.

MULHER — Pois acorda e vai procurar emprego. Põe o terno mais bonito. Acho bom até comprar uma gravata. Tem sabonete no banheiro.

JOSÉ (*Estremunhando*) — Ainda é madrugada. Acende essa luz que eu não enxergo nada. (*Mulher acende a luz e sai. Entra uma música angelical, etérea, que daqui pra frente será o tema do Anjo da Guarda. Entra o Anjo vestido de anjo.*) Ei, quem é esse cara?

ANJO — O Anjo da Guarda.

JOSÉ — Que bom que você veio. Imagina que ontem perdi o meu emprego. Quem sabe se, nós dois juntos, a gente não acha outro melhor. Aliás, eu sempre achei que esse mundo materialista, que não acredita em Anjo da Guarda, está muito errado. Vá, te arruma e vamos procurar emprego pra mim.

ANJO (*Fala com sotaque sempre*) — Agora não posso. Estou ocupado.

JOSÉ — Se você é meu Anjo da Guarda, tem que me ajudar. Vou te botar pra trabalhar. Anjo da Guarda meu tem que dar duro!

ANJO — Sou Anjo da Guarda, mas não o seu. E estou aqui trabalhando.

JOSÉ — Então trabalha, vá.

ANJO (*Estendendo a mão*) — Paga.

JOSÉ — O quê? Não te comprei nada.

ANJO — Você acendeu a luz.

JOSÉ — Estou na minha casa.

ANJO — Sou Anjo da Guarda da S. Paulo Light. Paga o royalty.

JOSÉ — Toma lá, mas pode ir andando porque eu não preciso de Anjo que, em vez de me dar uma mãozinha, fica me aperreando. (*Paga e entra no banheiro, em mímica.*) Que é que você está esperando?

ANJO — Receber, senhor.

JOSÉ — E o dinheiro que eu dei?

ANJO — Foi para a S. Paulo Light. Mas o que é isso na sua mão?

JOSÉ — Pasta de dentes.

ANJO — Sou o Anjo da Guarda da Phillips do Brasil. Paga e não bufa.

JOSÉ — Toma! (*Faz mímica de descarga.*)

ANJO — Você vai lavar as mãos com sabonete. Não se esqueça que eu sou o Anjo da Guarda da Lever Sociedade Anônima. (*José paga.*)

JOSÉ — Agora vou tomar café, não me venha com histórias. Café é feito aqui e na sua terra não dá café.

ANJO — Feito aqui mas controlado pela American Coffee Company. Marcha.

JOSÉ — Claro que nessa altura não posso tomar bonde da Light, nem ônibus da Mercedes-Benz, nem táxi da Ford. Vou é a pé mesmo.

ANJO — Então paga.

JOSÉ — Eu disse que vou a pé.

ANJO — A sola do seu sapato é da Goodyear.

JOSÉ — Bolas, bem que eu queria comer uma feijoada em lata, mas não quero pagar a Wilson, Swift, Armour, Anglo... Já sei: vou ver um *farwest*. Toma! (*Paga, respira fundo.*) Ah. Tá fresquinho aqui dentro. (*Anjo estende a mão.*) Eu já paguei.

ANJO — Que é que você está fazendo agora?

JOSÉ — Nada. Respirando.

ANJO — Respirando o ar refrigerado pela Westinghouse.

JOSÉ — Você não me dá uma folga. Acabou o dinheiro, toma a minha camisa. Não me larga um instante: se eu for pra casa de condução, pago. Se compro um jornal, o papel é importado, se subo num elevador, a marca é Otis, se como pão, o trigo vem da Argentina.

ANJO — Esqueci de dizer que essa calça é de linho irlandês.

JOSÉ (*Entrega-lhe as calças*) — Só falta eu me suicidar. (*Põe o revólver no ouvido.*)

ANJO (*Afobado*) — Não, isso não, pelo amor de Deus, não faça isso, José da Silva, não se mate! Não! (*Chora.*)

JOSÉ (*Comovido*) — Pelo menos você tem coração, não quer me ver morto.

ANJO — Não é isso, pode se matar à vontade, mas antes não esqueça de pagar royalties para a Smith & Wesson, fabricante de armas desde 1837. (*Leva o revólver.*) Agora pode morrer. (*José dá gargalhadas.*)

MULHER (*Entra assim que o Anjo sai*) — Está rindo de quê? É por isso que a gente vive nessa miséria. Eles te roubam até as calças e ainda por cima você acha graça.

JOSÉ (*Em segredo*) — Nós enganamos ele.

MULHER — Ele é que nos roubou.

JOSÉ (*Baixinho*) — Imagina se ele descobre que a minha cueca é de nylon. Eu acabava ficando nu... (*Ri.*)

Cena 8

A Revolução da Honestidade também coliga, ou a união acaba com a revolução

Estão em cena o Jornalista e o Milionário.

JORNALISTA — Estou com um drama de consciência. Eu estava do lado de lá, agora estou do lado de cá. Eu de um lado e você do outro, nós dois metíamos o pau no Zequinha Tapioca. Agora que estamos do mesmo lado, elogiamos o Zequinha Tapioca. O Zequinha Tapioca, que nunca ninguém soube de que lado estava, queria fazer revolução contra você, que estava do lado de cá, e contra mim, que estava do lado de lá. Agora já não sei mais de que lado é o lado de lá, de que lado é o lado de cá.

MILIONÁRIO — Nós estamos do lado do povo.

JORNALISTA — Então está todo mundo do mesmo lado.

MILIONÁRIO — Os nossos inimigos estão sempre contra o povo, e o povo está sempre do nosso lado.

JORNALISTA — Como eu sou jornalista, quero simplificar as coisas: quem é que eu tenho que elogiar, e em quem é que eu tenho que meter o pau? Tem que elogiar o Zequinha. Ele é revolucionário!

MILIONÁRIO — Jesus Cristo também foi, meu filho.

JORNALISTA — Revolução pra quê? Está tudo indo tão bem. Aumentaram o salário mínimo, meu jornal está cada vez mais rico, minha filha casa amanhã... Revolução pra quê?

MILIONÁRIO — Foi ele que descobriu a honestidade.

JORNALISTA — Isso já existia. Lá na Suíça, onde eles passam a vida fazendo relógio, lá eles são honestos até em política.

MILIONÁRIO — Que absurdo. (*Morre de rir.*) Parece piada...

JORNALISTA — Você acha mesmo que o Zequinha serve pra nosso candidato?

MILIONÁRIO — Sabe o que o meu Anjo da Guarda disse?

JORNALISTA — Não.

MILIONÁRIO — Que esse negócio de plataforma, programa programático, isso tudo é besteira. O que resolve mesmo é o personalismo, o eleitor vota na cara. E quem vê cara não vê programa.

JORNALISTA — Você acha ele bonito?

MILIONÁRIO — Já viu candidato bonito? Precisa ser feio como a fome. Dá a impressão de que o povo está votando em si mesmo. (*Toca a campainha.*) É ele. Dá o fora! (*Saem os dois apressados; entra Zequinha. Logo atrás entram José e a Mulher.*)

JOSÉ — O Zequinha vai falar com o Patrão. Vai ver se ele quer financiar uma revoluçãozinha.

MULHER — Revolução pra quê?

JOSÉ — Então você não sabe que o país está cada vez mais pobre, que nós estamos cada vez mais pobres, que os pobres estão cada vez mais pobres?

MULHER — E daí?

JOSÉ — Daí vamos fazer a Revolução da Honestidade.

MULHER — Honestidade? Que é isso?

JOSÉ — Não sei. Só sei que eu sou pobre, pobre, pobre de marré, marré de si. (*Sai. Voltam Zequinha e o Milionário.*)

MILIONÁRIO — Política não é diversão de pobre.

ZEQUINHA — Eu sou pobre.

MILIONÁRIO — Fuma estoura peito, anda todo sujo, cheira mal...

ZEQUINHA — Em casa não tem chuveiro.

MILIONÁRIO — É assim mesmo que você me serve.

ZEQUINHA — Por quê?

MILIONÁRIO — Primeiro: você é feio. Segundo: inventou a honestidade.

ZEQUINHA (*Feliz*) — Já ganhei. Já ganhei.

MILIONÁRIO — Mas quem é que vai financiar a sua campanha?

ZEQUINHA — É mesmo, eu nem pensei nisso... É muito cara?

MILIONÁRIO — Pensa bem: cartazes na rua, faixas, piche, comícios, rádios, viagens... Quem é que vai pagar tudo isso?

ZEQUINHA — Tem razão. Quem é que vai pagar tudo isso?

MILIONÁRIO — Eu. Eu pago a sua campanha.

ZEQUINHA — Mas você é do lado de lá.

MILIONÁRIO — Então vem pro lado de cá.

ZEQUINHA — *How*?

MILIONÁRIO — Qual é a sua bandeira?

ZEQUINHA — Honestidade.

MILIONÁRIO — E a minha?

ZEQUINHA — Verde e amarela com uma garrafa de coca-cola no centro.

MILIONÁRIO — Certo. Mas, concretamente?

ZEQUINHA — O dinheiro!

MILIONÁRIO — E qual é a solução? Honestidade e dinheiro?

ZEQUINHA — Juntar a honestidade com o dinheiro.

MILIONÁRIO — Juntemos as nossas bandeiras.

JOSÉ (*Entrando*) — Você está louco, chefe. Nós vamos fazer uma revolução.

MILIONÁRIO — Manda ele embora que isto é uma conferência de cúpula.

ZEQUINHA — Isto é cúpula!

JOSÉ — Até você está entrando nessa marmelada? Você que passou fome comigo?

ZEQUINHA — Parece carrapato, fica grudado na gente. Cúpula sou eu e ele. Você não tem que resolver nada. Tem é que votar em mim, depois.

MILIONÁRIO — Toma 10 cruzeiros e vai comprar um bauru.

JOSÉ — Custa 12.

MILIONÁRIO — Toma 20 e traz o troco.

JOSÉ — Posso comer sanduíche americano com ovo?

MILIONÁRIO — Vai, vai! (*Ele sai.*) É assim que se deve tratar essa gente: *panem et circenses*.

ZEQUINHA — Tradução: feijão com arroz e filme da Metro com a Grace Kelly.

MILIONÁRIO — Vamos fazer um só partido.

ZEQUINHA — Mas não pode. A revolução, como o nome indica, é da Oposição, e vocês, com perdão da palavra, são a Situação. Eu sou Oposição.

MILIONÁRIO — Exatamente: você! Quando se fala em político honesto em quem é que se fala?

ZEQUINHA — Em mim.

MILIONÁRIO — Quando se fala em dinheiro, em quem é que se fala?

ZEQUINHA — Você.

MILIONÁRIO — Vamos nos unir?

ZEQUINHA — Vamos.

MILIONÁRIO — Você topa?

ZEQUINHA — Topo.

MILIONÁRIO — Como é o nome disso?

ZEQUINHA — Hipnotismo.

MILIONÁRIO — Co-li-ga-ção. A honestidade e o dinheiro, juntos numa só bandeira.

ZEQUINHA — E você paga a festa!

MILIONÁRIO — Eu não.

ZEQUINHA — Então quem? (*Entra o Anjo da Guarda.*)

MILIONÁRIO — *Hello, Angel, take a seat!* (*Explicativo*) É o meu Anjo da Guarda. Veio fazer uma visita de cortesia. (*Para o Anjo*) *It's all set!* (*Entra o Jornalista. O Anjo traz uma casaca que veste em Zequinha, que põe também uma cartola.*)

JORNALISTA — Acertaram tudo?

MILIONÁRIO — Põe em manchete: "Zequinha Tapioca aderiu".

JORNALISTA — Vamos começar a distribuição.

MILIONÁRIO — Distribuir o quê?

JORNALISTA — Quero o Banco, a Caixa e a Secretaria da Fazenda.

MILIONÁRIO — Que falta de compostura, na frente de estranhos...

JORNALISTA — É pra facilitar o serviço...

ZEQUINHA — Vamos todos mudar de nome.

MILIONÁRIO — Por quê?

ZEQUINHA — É uma grande jogada. Todo mundo vai ter nome de coisa que limpa. Somos honestos e vamos lavar a podridão do país. Vote em Zequinha Tapioca, o Sabonete da Alma.

JORNALISTA — Eu sou o Creolina.

MILIONÁRIO — Eu sou o Palha-de-Aço.

ANJO — *Good, good, that's my boy.*

ZEQUINHA — E nós três juntos somos o Comando Sanitário: Sabonete, Creolina e Palha-de-Aço. (*Cantam a "Canção da Limpíssima Trindade".*)

Nós três, que bela trinca
Trinca que lava, trinca que limpa
Somos três mosqueteiros do bem
Irmanados pela honestidade
Somos limpíssima trindade
Somos higiênica trindade
Um por todos
Todos por um.

Cena 9
José da Silva aceita os favores do governo

Está em cena José, dobrando-se com dor de barriga. Entra a Mulher sempre reclamando.

JOSÉ — Uuuuuiiiii.

MULHER — É só isso que você sabe fazer. Dormir e gritar. Faz alguma coisa.

JOSÉ — Eu estou doente.

MULHER — Era só o que faltava. A gente nem tem comida pra comer e você se dá ao luxo de ficar doente. Você não pode ficar doente.

JOSÉ — Vou fazer o quê?

MULHER — Sei lá. Pede um novo aumento.

JOSÉ — Eu nem estou empregado. Pedi aumento, eles deram e me despediram.

MULHER — Vai falar com aquele deputado que prometeu trabalho pra todo mundo.

JOSÉ — Mandou voltar dia 3 de outubro.

MULHER — Entra pra revolução.

JOSÉ — A revolução aderiu.

MULHER — Ora, meu filho, mata aí alguém e vai comer na cadeia.

JOSÉ — A Penitenciária tá tão cheia que já virou restaurante do...

MULHER — Dá um tiro na cabeça.

JOSÉ — Tem que pagar royalties para a Smith & Wesson e eu não tenho dinheiro.

MULHER — Você não tem nada.

JOSÉ — Tenho uma úlcera no estômago. (*Batem à porta.*)

MULHER — É o médico. (*Vai até a entrada.*) Pode entrar. É o meu marido que está passando mal, com uma úlcera. Será que ele morre?

MÉDICO — Que é que ele tem?

JOSÉ (*Choramingando*) — Fome.

MÉDICO — Pelo barulho que está fazendo, deve ser pedra na vesícula.

JOSÉ — Vai precisar pôr o motor no dente? Motor eu não gosto, tenho medo.

MÉDICO — Mas já que a senhora insiste que é úlcera, tá aqui a receita.

MÉDICO (*Lendo*) — "Leite, ovos, frutas... repouso..."

JOSÉ — Doutor, o senhor vem aqui pra caçoar da gente? Leite, frutas, repouso...

MÉDICO — Ou então o remédio é operar...

JOSÉ — Melhoral não resolve?

MÉDICO — Quanto é que você ganha?

JOSÉ — Salário mínimo.

MÉDICO — Com ou sem aumento?

JOSÉ — 5 contos e 900.

MÉDICO — Então precisa operar urgente.

MULHER — Quanto é?

MÉDICO — 5 contos e 900.

MULHER — Deixa a pedrinha aí mesmo, porque ele não vai operar, não.

MÉDICO — Vai no Instituto. Você paga em dia?

JOSÉ — O dinheiro já vem descontado.

MÉDICO — Lá tudo é de graça. Operação, enfermeira, hospital. O Instituto é uma maravilha. É a única coisa que funciona certo nessa terra...

JOSÉ — Essa vesícula nem pai de santo curou. E olha que eu tenho fé, hein?

MÉDICO — Pode ir sossegado. O senhor vai ser tratado maravilhosamente bem. (*Cena muda para a enfermaria. Estão três médicos deitados, no chão mesmo. José entra com a enfermeira.*)

JOSÉ (*Esperançoso*) — Essa ideia de Instituto é muito boa, sabe? Os médicos são uns exploradores. Cobram muito mais caro do que o Pai Joaquim. E aqui tudo é de graça, né? Posso até repetir a sobremesa, não posso?

ENFERMEIRA — Sintomas?

JOSÉ — Dor de barriga. Dói...

ENFERMEIRA — A sala dos médicos é essa. Pode entrar.

JOSÉ — Qual deles? (*A Enfermeira já saiu.*) Será que eu devo incomodar? Uuuiii, minha barriga... (*Aproxima-se do primeiro. Hesita antes de chamar.*) Doutor, doutor... Desculpe estar incomodando a essa hora da noite, mas é que o meu estômago está doendo muito. Ai, meu Deus, uma pedrinha tão pequinininha e como dói...

MÉDICO (*Acordando sobressaltado*) — Que foi? Onde é que eu estou? Quanto é que está o jogo?

JOSÉ — O senhor está de plantão no Instituto.

MÉDICO — Me acordar pra quê? Acabou o jogo? Que é que você quer?

JOSÉ — É a minha vesícula. Se o senhor puder dar uma olhadinha, eu fico muito agradecido.

MÉDICO — Não é comigo. Eu sou um médico obstetra. (*Deita.*)

JOSÉ — Mas é que...

MÉDICO (*Irritado*) — Obstetra, obstetra. O senhor vai ter um filho?

JOSÉ — Eu não!

MÉDICO (*Dormindo*) — Então não é comigo. (*Ronca.*)

JOSÉ (*Afastando-se*) — Desculpe qualquer coisa. (*O segundo médico acorda.*)

MÉDICO — Que barulhada é essa? A gente não pode nem dormir sossegado.

JOSÉ (*Assustado*) — Vesícula...

MÉDICO (*De mau humor*) — Que é que tem a vesícula?

JOSÉ (*Gesto*) — Uma pedrinha...

MÉDICO — E eu com isso?

JOSÉ — O senhor não quer me examinar?

MÉDICO — A minha especialidade é a otorrinolaringologia, mas vamos lá fazer o exame.

JOSÉ (*Enche o peito, alegre, e fala sem pausa*) — Trinta e três, trinta e três.

MÉDICO (*Sentado, sem nem olhar para ele*) — De fato é vesícula. Vai operar?

JOSÉ — Se o senhor achar conveniente, e como aqui tudo é de graça mesmo...

MÉDICO — Isso é perigoso. Você já está nas últimas, vai morrer...

JOSÉ (*Alarmado*) — Depressa, doutor, pelo amor de Deus. (*Tira a camisa.*)

MÉDICO — Pra que é que você está tirando a roupa?

JOSÉ — Pra operar, rápido, eu não posso morrer já.

MÉDICO (*Bocejando*) — Eu não sou operador. (*Deitando-se.*) Fala com aquele ali. (*Ronca. José, transtornado, procura o terceiro médico.*)

JOSÉ — Por favor, me acuda. Estou com uma pedra que vai me matar...

TERCEIRO MÉDICO (*Quase acordando, fala abraçando-se a José e continuando a sonhar*) — Meu amor... quem diria que a tua doença ia acabar na cama...

JOSÉ (*Mui digno*) — Espera lá, doutor... Eu não sou essa que o senhor está pensando.

MÉDICO (*No mesmo estado*) — Quando é que vai ser o seu próximo filme?

JOSÉ — Eu? Fazer um filme?

MÉDICO (*Acordando*) — Eu estava sonhando com a Kim Novak. Você não acha ela meio fria?

JOSÉ — É um pouco, sim.

MÉDICO — Não é pra me gabar, mas o meu broto põe a Kim no chinelo.

JOSÉ (*Tentando um tom infantil e brincalhão*) — E que tal fazer uma operaçãozinha, hein? Uma vesiculazinha que eu tenho aqui. E enquanto o senhor opera a gente pode ir conversando...

MÉDICO — Olha, não é má vontade, se você quiser posso operar... Pra mim, tanto faz...

JOSÉ — Quero, sim, doutor...

MÉDICO — Só tem um problema: há muito tempo que nenhum paciente meu tem pedra na vesícula...

JOSÉ — Aproveita agora, aproveita...

MÉDICO — Estou meio destreinado. Não opero vai pra uns quinze anos... (*Levanta-se.*) Enfim, seja o que Deus quiser... (*Faz o sinal da cruz. José, que já estava deitado, levanta-se inquieto.*)

JOSÉ — Quinze anos?

MÉDICO — Deus ajudando... É preciso ter fé...

JOSÉ — Fé eu tenho, mas vai me desculpar...

MÉDICO — Eu tenho um amigo que é especialista, se quiser o endereço... (*Dá um cartão.*) Ele cobra barato... (*José pega o cartão e vai saindo.*) Não querem usar o Instituto, que é de graça, e depois ainda falam mal do governo...

Cena muda para o consultório do especialista, que é o mesmo médico do início.

MÉDICO — Precisa pagar adiantado.

JOSÉ (*Contando o dinheiro*) — É melhor pagar do que morrer. 5 contos e 900.

MÉDICO — 7 e 200.

JOSÉ — Mas o senhor disse que era o salário mínimo.

MÉDICO — Você não soube? O salário mínimo já foi aumentado de novo. No mês que vem você já recebe com aumento.

JOSÉ — Tá bom. No mês que vem eu passo aqui pro senhor fazer a minha autópsia e ver se foi de vesícula mesmo que eu morri...

Cena 10
Os candidatos apresentam ao povo os seus programas político-econômicos

Em cena o Jornalista segurando um microfone ou transmissor portátil usado em campos de futebol. Seu estilo de speaker *é igualmente esportivo. Na entrada dos candidatos é possível utilizar música circense, o mesmo acontecendo com algumas marcações.*

JORNALISTA — E agora, senhores telespectadores, vamos apresentar a maior atração política deste ano de eleições. Com vocês, dentro em pouco, nada mais nada menos do que os dois candidatos à presidência da República. Ambos estarão aqui assessorados pelos seus respectivos segundos. Aí vem... o candidato do Partido Ou Vai Ou Racha. (*Entra o Líder, vai até ao meio do ringue, cumprimenta a plateia com os braços levantados.*) Pode ir sentando no seu *corner*. (*Onde há um banquinho usado pelos pugilistas.*) E agora, em carne e osso, o candidato do Partido Comando Sanitário (*Frenético*), também conhecido como Honestidade Futebol Clube. Entram em campo os segundos dos dois contendores. (*Entram o Magro, completamente enfaixado, o Milionário e, pouco depois, o Anjo da Guarda.*) Neste momento, tenho a honra de apresentar aos senhores telespectadores o juiz da partida, o sr. Anjo da Guarda. Como todos sabem, Sua Senhoria é o embaixador de um país tão nosso amigo, mas tão amigo, que resolveu financiar todas as nossas campanhas eleitorais. Isso já se tornou mais do que um hábito: é uma verdadeira tradição da nossa vida política. E agora, espectador, tomarei a liberdade de dirigir algumas perguntas indiscretas aos dois candidatos, para que você (*Dirige-se face a face a José, que assiste ao programa*), eleitor, possa votar com a consciência tranquila, certo de que estará servindo aos sagrados interesses da nação. (*Voltando-se para o Líder*) Senhor candidato, qual será o seu programa político caso venha a ser eleito Presidente da República?

LÍDER — Sou nacionalista. Estou com o povo. Se for eleito, darei ao povo escolas, hospitais, transporte e comida.

JORNALISTA — É um belíssimo programa, não há dúvida. E Vossa Excelência, o que fará?

ZEQUINHA — Sou nacionalista. Estou com o povo. Se for eleito, darei ao povo escolas, hospitais, transportes e comida.

JORNALISTA — Bravo, bravíssimo. E já que nós estamos com a mão na massa, o que é que o senhor pensa do seu adversário?

ZEQUINHA — Como dizia Sócrates, roupa suja se lava em casa: vou anotar alguns podres na vida do meu adversário.

JORNALISTA — Uns podres na vida do seu adversário?

ZEQUINHA — Desviou dinheiro da nação para o bolso dos seus amigos.

JORNALISTA — Infelizmente, eu já não sou seu amigo.

ZEQUINHA — Portanto, precisamos acabar com ele.

JORNALISTA — Acabar com ele *et caterva*. Admirável. Admirável. O senhor positivamente não tem papas na língua. Gratíssimo pelas suas declarações vigorosas e oportunas.

LÍDER — Eu também quero falar.

JORNALISTA (*Hostil*) — Espera a vez, que ele ainda não acabou.

ZEQUINHA — Lembra aquele banco?

JORNALISTA — Como não? Foi um escândalo que abalou a opinião pública.

ZEQUINHA — Foi de propósito: ele tinha depositado dinheiro do governo.

JORNALISTA — Será verdade?

ZEQUINHA — Saiu até em jornal.

JORNALISTA — Eu sei, fui eu que publiquei, mas será verdade?

ZEQUINHA — Deve ser, sei lá eu.

JORNALISTA — Depois de denunciado este crime à opinião pública, como é que Vossa Excelência vai sair dessa?

LÍDER — Infâmias. Política, meus filhos, é assim mesmo: hoje eu estou por cima e ele está por baixo, amanhã ele estará por baixo e eu por cima. Logo, quem está lá no palácio descobre uma coisinha ou outra.

JORNALISTA — O senhor nos tira um peso da consciência. (*Para o Líder*) Ele não sabia que o banco ia quebrar.

LÍDER — Lógico que sabia: pois fui eu quem deu a ideia.

JORNALISTA — Senhor candidato, mas isso não se faz.

LÍDER — O ordenado é pouco: a gente tem que fazer uma negociatazinha a título de verba de representação.

JORNALISTA — Bem raciocinado!

LÍDER — Mas o que você não sabe é que esta estação de televisão que está me sabotando foi comprada com dinheiro público porque o dono, você, com vários títulos protestados, tá do lado deles.

ZEQUINHA — Calúnia!

JORNALISTA — Claro que não passa de uma vasta mentira!

ZEQUINHA — Mentira não é, mas ele aí andou emprestando dinheiro pra uma fábrica de pipocas.

JORNALISTA — Que mal há nisso?

ZEQUINHA — Há que o dono da fábrica era ele! (*Confidencial*) E sabe quem é que está pagando a campanha eleitoral dele?

MILIONÁRIO — Zequinha, cala a boca. Não toca nesse assunto.

ZEQUINHA — São gringos que andam emporcalhando a cidade, enchendo de cartazes, faixas, volantes...

MILIONÁRIO — Zequinha, não mete a mão em cumbuca.

ZEQUINHA (*À parte*) — Que é que tem? Deixa meter o pau!

MILIONÁRIO — E a nossa, quem é que paga?

ZEQUINHA — Você. Não é?

MILIONÁRIO — Nós somos um país subdesenvolvido. O capital nativo não dá pra essas orgias de propaganda.

JORNALISTA — É por isso que todo candidato viaja para o estrangeiro. (*Os dois tratam Zequinha com infinita bondade, como uma professora primária explicando a uma criança que 2 e 2 são absolutamente* 7.)

ZEQUINHA — Mas, se pagam, levam o que em troca?

JORNALISTA — Bem, isso está fora do tema da nossa reportagem.

ZEQUINHA — Quer dizer que o negócio de honestidade, comando sanitário... nessa altura... la-ra-li-la-ra-lai...

JORNALISTA — Funciona. Funciona nas faixas que a gente põe na rua.

MILIONÁRIO — Você estava dizendo que ele deu dinheiro a uma fábrica de pipocas. Continua.

ZEQUINHA — Perdi a bossa...

LÍDER — Difamações. Emprestei dinheiro porque o proprietário era um homem digno, honrado, como há poucos nesta pátria infeliz e espoliada: eu.

MAGRO (*Embuçado*) — Já ganhou. Já ganhou.

LÍDER — Mas como a tara é botar tudo em pratos limpos, então vamos já fazer uma Comissão de Inquérito pra descobrir a origem da fortuna desse milionário. (*Para o Magro*) Vai passando a lista. (*Para os demais*) Vou provar que ele é apenas um testa de ferro dos grandes consórcios internacionais.

MAGRO (*Tom de vendedor de amendoim*) — Comissão de Inquérito, Comissão de Inquérito. Vai assinar aí?

JORNALISTA (*Afobado*) — Não é possível. Essa reunião em família está se tornando muito grave! O patrocinador do programa não vai gostar.

MAGRO (*Para o Anjo da Guarda*) — Já tem número. Vai querer entrar num acordo?

ANJO (*Contrariado*) — *Well...* (*Entrega-lhe um papel.*)

JORNALISTA — Por favor, retire o seu projeto.

LÍDER — Vai ter que me cantar muito...

MAGRO (*Para o Anjo*) — 60 mil por mês? Não dá pra aumentar um pouco, não?

ANJO — *No.*

MAGRO (*Para o Líder, pausa longa*) — Escuta aqui, eu estive pensando melhor...

LÍDER — E pra mim, quanto?

MAGRO — Esqueci.

LÍDER — Volta lá. (*Para o Jornalista*) Aqui está a bomba que eu queria revelar à nação estarrecida. Vem cá, meu filho. (*O Magro se aproxima depois de terminadas as novas negociações com o Anjo.*) Vede o que ele fez. Espatifou a cara do meu companheiro de chapa. (*Descobre a cara do Magro, toda avermelhada.*) (*À parte*) Pra mim quanto é que ele deu? (*Todos fazem "Oh". O Magro faz cara de quem está à morte. Todos se penalizam.*)

MAGRO — 40 por mês. Você vai ser advogado da firma Anjo da Guarda S.A.

LÍDER — Pensa que eu não vi? Pra você que não é candidato, 60, e pra mim 40. Não aceito. Vou fazer a Comissão de Inquérito.

MAGRO — Espera aí, vou dar um jeitinho. (*Corre para o Anjo mas para no meio do caminho e fala.*) Vede o que fizeram à minha cútis. Estraçalharam-na. (*Recomeça a corrida.*) (*Coloquial, para o Anjo*) Ele não topa, quer mais...

ANJO — *Those natives...* (*Põe a mão no bolso.*)

MAGRO — *Thank you.*

ZEQUINHA (*Lendo*) — "Se só existissem dois bancos, em qual você depositaria o seu dinheiro, eleitor? No meu ou no dele?"

JORNALISTA — No seu, Excelência.

ZEQUINHA — Porque sou o chefe do Comando Sanitário, da Campanha das Orelhas Limpas, porque quem tem os ouvidos entupidos não ouve as reclamações do povo. Sou o Sabonete da Alma. (*Baixo, para o Milionário*) Vamos também ameaçar uma comissãozinha qualquer? Ele arruma emprego pra nós.

LÍDER — Trabalhador, se só existissem duas fábricas, em qual você trabalharia? Na minha ou na dele?

MAGRO — Na sua, Excelência.

LÍDER — Porque sou o amigo dos fracos e oprimidos, e a indústria nacional é fraca e oprimida. Se eu for eleito o petróleo será nosso, ou, como diz o vulgo no seu linguajar poético: cara que mamãe beijou vagabundo nenhum põe a mão.

MAGRO — Não fala assim que ele se chateia e te tira o emprego.

LÍDER — Depois a gente se explica.

ZEQUINHA — Tá vendo? Ele é um ladrão!

LÍDER — E você um batedor de carteiras.

ZEQUINHA — Desmoralizador do patrimônio público.

LÍDER — Entreguista confesso.

ZEQUINHA — Assaltante fantasiado de nacionalista.

LÍDER — Agente de Wall Street.

ZEQUINHA — Cavalo de aluguel dos trustes internacionais.

LÍDER — Pega ladrão.

ZEQUINHA — Cachorro! (*Os dois ficam de gatinhas no chão.*)

LÍDER E ZEQUINHA — Auauauauauauauau.

LÍDER — Ele me mordeu.

ZEQUINHA — Pega, Pega. (*Sobe a música que entrou no início na cena enquanto os dois tentam mutuamente morder-se. Ladram, uivam, miam, escoiceiam-se.*)

JORNALISTA (*Voz de conselheiro sentimental*) — E agora, amigo telespectador, você já sabe qual escolher. (*Fala para José*) Não hesite na resposta. Qual o mais sem-vergonha? Qual é o menos sem-vergonha? E não esqueça que da sua resposta dependerá o futuro da nação. Quem vencerá?

Cena 11
Abandonado pela nação,
José da Silva vai morrer na floresta

Nenhum cenário. Apenas uma pedra ou duas. Ruído de grilos significando floresta. Entram José da Silva e sua Mulher.

JOSÉ — Aqui eu acho que está bom.

MULHER (*Chorosa*) — Pelo menos é bem longe. A limpeza pública não vai sentir o cheiro.

JOSÉ (*Triste*) — Você tem mesmo certeza?

MULHER — De quê?

JOSÉ — Que eu devo morrer?

MULHER — Morrer não deve, mas que vai, vai.

JOSÉ — A minha pedrinha já virou paralelepípedo na vesícula. Quase não posso andar.

MULHER — Será que não tem um lugar melhor?

JOSÉ — Puxa! Eu não tenho nem onde cair morto!

MULHER — Põe a cabeça em cima dessa pedra, que serve de travesseiro.

JOSÉ (*Hesitante*) — Não seria melhor morrer lá em casa mesmo?

MULHER — Bem que eu queria... (*Chora.*)

JOSÉ — Não chora, meu bem.

MULHER — Queria que você morresse na nossa cama, onde nasceram os nossos filhos. Por falar nisso, na semana passada nasceu mais um, você ainda não viu.

JOSÉ — Com essa história de procurar emprego, nem tenho tempo.

MULHER — É uma gracinha. Todo enrugadinho. (*Fala sorrindo em tom de choro.*)

JOSÉ — Então vamos voltar pra casa: eu morro lá.

MULHER — Você sabe que não pode.

JOSÉ — Por quê?

MULHER — Por sua culpa. Quem mandou pedir aumento? Agora a gente não tem mais dinheiro pra comprar a madeira do caixão.

JOSÉ — Então vai aqui mesmo, porque de hoje eu não passo.

MULHER — Um pouco pra lá, o chão é mais macio.

JOSÉ (*Deitando-se*) — Escuta. Antes de voltar pra casa, não esquece de procurar emprego pro nosso filho.

MULHER — Qual? Esse último?

JOSÉ — Sei que nós já estamos atrasados, mas antes tarde do que nunca.

MULHER — Segura a vela. (*Dá-lhe uma velinha de aniversário.*)

JOSÉ — Não tinha uma maior?

MULHER — Não tinha é dinheiro pra comprar. Te ajeita com essa mesmo. (*Ela acende a vela.*) Desculpe ter que ir andando. Tá na hora de dar de mamar.

JOSÉ — Está desculpada. (*Deita de todo com a vela acesa. A luz vai anoitecendo.*) Olha. (*A mulher, que ia saindo, para.*) E diz ao nosso filhinho pra nunca pedir aumento de salário. E não esquecer de beijar os pés do patrão.

MULHER — Adeus. (*Vai sair.*)

JOSÉ — Dizer amém toda a vez que o patrão falar com ele.

MULHER — Então até logo. (*Vai sair.*)

JOSÉ — E devolve aqueles 100 mil-réis que a gente deve pro vizinho.

MULHER — Não precisa. Ele já morreu também.

JOSÉ — Morreu de quê?

MULHER — De fome, ora essa. Também se morre de outra coisa?

JOSÉ — Onde?

MULHER — Preferiu se atirar no rio.

JOSÉ — No rio é melhor: as piranhas só deixam o osso.

MULHER — Mas, aqui, a família pode ficar toda junta e no rio a água leva.

JOSÉ — Então foi por isso que ele preferiu se afogar: não se dava bem com a mulher.

MULHER — Desculpe eu não poder ficar fazendo sala...

JOSÉ — Até logo.

MULHER — Até o além.

JOSÉ — Até. (*Ela vai sair.*) Olha. Não esquece de dar recomendação a todo mundo que perguntar por mim.

MULHER — Não esqueço, não, pode morrer em paz.

JOSÉ — Adeus. (*A mulher volta.*)

MULHER — Posso pedir um favor?

JOSÉ — Se eu puder ser útil em alguma coisa...

MULHER — Quando meu pai morreu, minha mãe chorou muito porque viu ele morrendo. Eu queria também chorar, feito minha mãe, na hora da sua morte.

JOSÉ — Dá uma sentadinha aí e espera mais uns dez minutos. Não demoro mais que isso.

MULHER — Esperar não posso. Mas, se você não se incomodar, eu dou uma choradinha agora mesmo.

JOSÉ — Esteja à vontade.

MULHER — Então, com licença. (*Ajoelha-se perto dele e desata num choro violento.*) Meu maridinho morreu. O que será de mim? Eu quero morrer também. José da Silva, me leva contigo. Ai. Ai. Ai. (*Para subitamente. Levanta-se, recompõe-se. Pausa breve.*) Pronto. Já chorei o que eu queria chorar. Até logo.

JOSÉ — Até logo. (*Sai silenciosa. José a segue com o olhar, depois olha para o céu.*) (*Chamando*) Nosso Senhoooor! Daqui a pouco eu estou aí em cima e nós vamos ter uma conversinha. Você não está agindo bem comigo, não, viu?

Cena 12
Enquanto José falece, o líder recorre a poderes intemporais

Cenário: mesa com bola de cristal, baralho e demais apetrechos próprios à honrada profissão de cartomante. Entra Madame. Líder já está em cena.

MADAME — Doutor Líder, doutor Líder, nem queira saber o que foi que me aconteceu.

LÍDER — Diga.

MADAME — O senhor nem vai acreditar. Ontem, quando o expediente já estava encerrado, não é que eu esqueci a bola de cristal aberta?

LÍDER — E daí?

MADAME — Baixou uma porção de espíritos, tudo procurando Vossa Excelência.

LÍDER — Queriam o quê?

MADAME — Não sei, mas estavam perturbados, viu? O que é que o senhor andou fazendo?

LÍDER — Preciso falar com o meu guia. Me dá uma especial, materialista.

MADAME — Materialista sai um pouco mais caro. Se Vossa Excelência não anda bom de finanças, vai no baralho que faz o mesmo efeito.

LÍDER — Vou gastar tudo, cobra o que quiser, mas hoje preciso ver o meu guia. Tem que ser hoje.

MADAME — Por que essa pressa?

LÍDER — Por quê? Então a senhora não sabe? Hoje é 2 de outubro.

MADAME — E amanhã é 3!

LÍDER — Dia de eleição. Estou frito. Esse povo está cada vez querendo saber demais. Estou suando frio.

MADAME — Descobriram tudo?

LÍDER — Tudo também não; mas mais do que deviam.

MADAME — Vossa Excelência é que manda. (*Gritando para dentro*) Maria.

MARIA (*De dentro*) — Senhora.

MADAME (*Gritando*) — Materialista.

MARIA (*De dentro*) — Sim senhora.

MADAME — Só falta apagar a luz e a gente pode começar. (*Ergue-se rapidamente o ritual da materialização do espírito. Entra o Guia, sonolento e cambaleante. Pode surgir debaixo da mesa. O Líder pula de satisfação.*)

LÍDER — Ô velhão, você veio!

GUIA — Estava dormindo sossegado. A gente não pode ter descanso nem lá onde eu estou.

LÍDER (*Submisso*) — Desculpe incomodar o seu descanso merecido, mas sabe que dia é hoje?

GUIA — Pra mim tanto faz! Eu vivo na eternidade.

LÍDER — Eu ainda estou aqui embaixo: tenho que rebolar até sem bambolê. E hoje é 2 de outubro.

GUIA — Já que eu materializei mesmo, me serve uma caipirinha.

LÍDER — *Whiskey*, manda comprar *whiskey*. (*Fala para a Madame.*)

GUIA — De *whiskey* já estou cheio. Lá em cima só se bebe Johnnie Walker. Sinto saudade é de uma limonadazinha nossa. Capricha no limão.

LÍDER — É produto nacional! Aliás, é a única indústria nossa que repousa em bases sólidas.

GUIA — Vamos lá. Qual é o seu parangolé?

MADAME — Vou lá pra dentro fazer o refogado, que ainda não jantei. Quando o senhor quiser entrar (*Aponta a bola de cristal*), é só me chamar, viu? (*Sai.*)

LÍDER — Estou com medo de perder. E então vim aqui pra ver se você me dava uma ajudazinha, hein? (*Cutuca-o amistoso.*)

GUIA — Eu não voto mais. Se fosse no meu tempo...

LÍDER — Mas aí por cima você tem amigos...

GUIA — É, mas está tudo morto... o mais vivo sou eu.

LÍDER — Vê se entende o meu plano. Isto aqui é um lápis. Você e os seus amigos se materializam dentro da urna, riscam o nome que estiver na cédula e escrevem o meu.

GUIA — Voto rabiscado não conta.

LÍDER — Eu trouxe cédulas também. Você entra na urna, tira tudo que estiver lá e põe essas... Por favor. Faz isso pra mim. Só essa vez...

GUIA — Eu sou invisível, mas a cédula não é. Imagina uma porção de cédulas voando e entrando tudo na sua urna. Tem cabimento?

LÍDER — Você vai deixar eu perder? Eu, o seu melhor amigo. Lembra quando você estava aqui embaixo? Te dei cada emprego, velho! Tudo ó de penacho! Não tinha nem que assinar o ponto. Não vai agora me deixar na mão!

GUIA — A gente precisa pensar num método mais decente.

LÍDER — Não funciona. Você está esquecido. Pode ser que as coisas aí em cima sejam diferentes, mas aqui embaixo decência não funciona.

GUIA — Vou te dar um conselho: comigo não conta muito, não.

LÍDER — Mas, meu Espírito, meu Espiritozinho, meu Guia do peito, meu amigão! Eu não posso perder!

GUIA — Vou te dar outro conselho: age com a cabeça. A turma do lado de lá deu um golpe genial. Faz o mesmo.

LÍDER — Como é que eu vou dar um golpe genial? Eles descobriram a honestidade e ficaram donos da bola. Essa ninguém tasca.

GUIA — Esse é o segundo conselho que eu vou te dar. Você roubou muito, aí na terra.

LÍDER — Mas não foi por mal, foi com boa intenção. Roubei bens materiais. E de que servem os bem materiais? Você que o diga. Os bens materiais são o pó. São o *revertere ad locum tuum*.

GUIA — Pois devolve os bens materiais que você roubou.

LÍDER — Você está louco!

GUIA — É um golpe melhor que o deles, devolver tudo que você roubou.

LÍDER (*Afastando-se*) — Preciso ser eleito pra continuar roubando e você quer que eu devolva o que já consegui com o suor do meu rosto?

GUIA — O regenerado é um ladrão que já não rouba mais. O homem honesto é um que ainda não começou. Vai por mim!

LÍDER (*Entusiasmado*) — Para Presidente da República vote em mim, o ex-ladrão. Bom ladrão, não fica melhor? Ganha o voto dos religiosos.

GUIA — Foi justo na Bíblia que eu me inspirei.

LÍDER — A ideia não é ruim, não. Vou dar só metade, tá?

GUIA — Faz o seguinte: tem muita gente por aí morrendo de fome. Muita gente que vai morrer hoje e amanhã não vota. Sai por aí, procura alguém caindo de fome, diz que é promessa e devolve o dinheiro.

LÍDER — Metade, né?

GUIA — Sai gritando: "O dinheiro que roubei dos ricos poderosos dou aos eleitores fracos e oprimidos", Robin Hood.

MADAME — Seu Espírito. Seu Espírito. (*Entra afobada.*) O senhor nem queira saber.

GUIA — Que foi?

MADAME — Tornei a esquecer a bola de cristal aberta, desceu uma porção de amigos seus.

GUIA — Manda embora.

MADAME — Querem todos falar com Sua Excelência.

LÍDER — Comigo?

MADAME — Estão brabos! (*Vozerio dos espíritos fora.*)

ESPÍRITO — Achei. Ele está aqui.

GUIA — Que é que vocês querem?

ESPÍRITO — Esse não é o Líder da Maioria?

GUIA — Por quê?

ESPÍRITO — Vamos acertar umas contas com ele.

GUIA — Sai pra lá. Vamos devagar. Madame, segura a turma aí. (*Entram outros espíritos que são contidos.*) (*O Guia explica ao Líder*) É tudo gente do povo. Estão pedindo de volta o dinheiro que você roubou.

LÍDER (*Assustadíssimo*) — Eu dou em cheque depois, tá?

GUIA — Some daqui e faz o que mandei.

LÍDER — Mas onde é que eu vou encontrar alguém morrendo de fome?

GUIA — Em qualquer esquina dessas você encontra. Tem um aqui perto. Se chama José da Silva. Dá dinheiro que ele vota em você. E bate no peito.

LÍDER — José da Silva?

GUIA — Chama pelo apelido: Povo.

LÍDER — Povo?

GUIA — E, no Natal, me manda uma garrafa de cachacinha.

LÍDER — Povo. Obrigado. Não larga eles atrás de mim, hein? (*Gritando*) Po-vo. Po-vo. (*Sai sonâmbulo.*)

ESPÍRITO — Você é mesmo pelego, hein?

GUIA — Deixa pra lá. Daqui a pouco essa turma tá toda aqui, pensando...

ESPIRITINHO — Papaiê, por que é que a gente tá aqui penando? Nós nunca fizemos nada de mal.

ESPÍRITO — Fizemos, sim, Espiritinho.

ESPIRITINHO — O que foi que a gente fez?

ESPÍRITO — Nós morremos de barriga vazia.

(*Cantam o "Hino do Povo que Morreu de Barriga Vazia".*)

Morreu de barriga
Morreu de barriga

Morreu de barriga vazia. (*bis*)

Nós somos gente infeliz
Que morreu de barriga vazia
Enchendo a barriga dos outros
Enchendo a barriga dos outros
Passamos pela vida e não vivemos
Porque viver é lutar
Para um dia poder
Bem velho morrer
Feliz e contente
Depois do jantar.

Cuidado, ó gente
Que ainda está viva
Cuidem da vida
É preciso lutar
Para não ter o castigo
De morrer como nós
De barriga vazia
De barriga vazia
De barriga vazia.

Cena 13
José da Silva é salvo milagrosamente

Floresta. José continua deitado no mesmo local. Resta um toco de vela. As mãos postas sobre o peito, em atitude de quem já não está entre nós.

JOSÉ — Será que eu já morri? Vou me beliscar pra ver se ainda estou vivo. (*Beliscando-se, e dá um berro.*) Tô, tô vivo. (*Pausa.*) Por que será que demora tanto? (*Sorrindo malicioso, contente com a descoberta.*) Está com medo de mim, hein? Você bem que queria que eu me suicidasse pra ir pro Inferno e não ter uma conversinha contigo, aí em cima, hein? (*Apontando para o céu, travesso.*) Está com medo de mim, hein? Nosso Senhoooor? (*Sério*) Pode ficar sossegado que eu não vou dar bronca, não. Só queria que você me explicasse umas coisas, que eu não entendo, mesmo. Vai ver você também não entende. Ninguém entende, mas todo mundo vai levando, vai levando sem pensar, e vai todo mundo morrendo, morrendo que nem eu, vai todo mundo roubando, e se de repente alguém pergunta por quê, a resposta que vem é "eu não entendo". Não dou bronca, não, deixa eu morrer. (*Pausa longa.*) Ah, vá, deixa eu morrer. (*Chateado*) Você, hein, vou te contar... Tudo que eu pedi, você nunca atendeu. Me faz esse favor agora: deixa eu morrer. (*Torcendo-se*) Tá doendo... (*Ouve-se a voz do Líder, ao longe, chamando "Po-vo. Po-vo". Parece alguém desconsolado pela perda de um gato de estimação. José olha pro céu, assustado.*) Você disse alguma coisa, Nosso Senhor? Falou comigo? (*De novo, o Líder.*) É alguém que está me chamando.

LÍDER (*Entra sonâmbulo, vagando pela arena, desesperançado*) — Pooooooovo. Pooooooovo.

JOSÉ — Tô aqui.

LÍDER — Moço, o senhor viu alguém morrendo aqui perto?

JOSÉ (*Olhando em torno*) — Não, não vi...

LÍDER — Ah, meu Deus, onde é que eu vou achar esse povo?

JOSÉ — Serve qualquer um?

LÍDER — Eleitor!

JOSÉ — Então tem eu, que estou vai ou não vai.

LÍDER — Quem é você?

JOSÉ — Não se lembra de mim?

LÍDER — Como é o seu nome?

JOSÉ — José da Silva.

LÍDER (*Feliz*) — José da Silva, povo, meu irmão! Há quantos anos! Por que você não me procurou? (*Abraça-o efusivo.*) Lá no palácio eu sou o teu escravo. Não vamos nos separar nunca mais, nunca mais. (*Quase chorando*) Meu irmão, meu filho, minha mãe, meu pai.

JOSÉ (*Emocionado mais pela surpresa*) — Papai...

LÍDER — Como você está acabado, quase só pele e osso...

JOSÉ — E já não tenho mais intestino...

LÍDER — Que houve com o teu intestino? (*Demonstrando.*)

JOSÉ — Uma tripa foi entrando por dentro da outra, comendo a outra, por falta de uso, ficou um canal só, retinho.

LÍDER — E agora?

JOSÉ — Agora tudo que eu ponho na boca, cai no chão. (*Faz a mágica com duas moedas, é claro.*)

LÍDER — Você está mais morto do que vivo.

JOSÉ — Pensei até que já estivesse à mão direita. (*Olha para o céu.*)

LÍDER — Será que, nesse estado, vão te deixar votar?

JOSÉ — Estando vivo, tem que deixar!

LÍDER (*Tirando uma banana do bolso*) — Então come uma banana, meu filho. Fica forte. Aqui tens uma banana. (*José come a banana quase que dentro do bolso do Líder, com casca e tudo. Para si mesmo.*) O que foi que o meu Guia mandou dizer?

JOSÉ (*Comendo*) — Não sei... não sei...

LÍDER (*Representando penitência*) — Eu roubei muito durante toda a minha vida política. Sou um ex-ladrão. Sou o Bom Ladrão. Aquele que morreu ao lado de Cristo, lutando, batalhando, sofrendo crucificado como ele. Te comove. Fica comovido.

JOSÉ — Comovo. Mas me dá outra banana.

LÍDER — Banana? Eu te darei toda a minha vida, todo o meu dinheiro, todo o fruto do meu peculato, quer dizer, metade. (*Tira um terno enorme de um embrulho e tenta vesti-lo em José.*) E toma também dinheiro. (*Dá-lhe algumas notas de 1 cruzeiro.*)

JOSÉ — Isso tudo é pra mim?...

LÍDER — Tudo.

JOSÉ — E o que é que você leva em troca?

LÍDER — O seu perdão.

JOSÉ — Tá perdoado.

LÍDER — E o seu voto.

JOSÉ — Tá votado.

LÍDER — E, uma vez eleito, começaremos vida nova.

JOSÉ — Escuta, você não quer ser perdoado pela minha mulher também?

LÍDER — E pelos seus filhos maiores!

JOSÉ — Vamos correndo lá em casa.

LÍDER — Quantos filhos?

JOSÉ — Só dois são eleitores.

LÍDER — Pra esses eu dou casa e comida e um emprego público.

JOSÉ — Vou trazer o vizinho, o padeiro, o leiteiro. Dependendo da verba, trago até o papagaio. Ensino a dizer: "Já ganhou. Já ganhou". Puxa, a minha mulher vai ficar contente... Se tivesse eleição todo mês, ninguém precisava morrer de fome... As eleições resolvem a miséria do povo. As eleições deviam ser patrocinadas pelo... (*Entra a Mulher. Traz roupas e maquiagem próprias de teatro infantil, exageradíssima.*)

MULHER — José da Silva, querido, você não precisa mais morrer.

JOSÉ (*Assustado*) — Quem é essa mulher?

MULHER — A sua. (*Os dois estão mais fantasiados que palhaços.*)

JOSÉ — Você descobriu petróleo no quintal lá de casa?

MULHER — Descobri uma mina de ouro: um homem honesto.

JOSÉ — Maria, você prometeu não me trair, nem mesmo depois de morto.

MULHER — Ele é do Comando Sanitário.

JOSÉ (*Para o Líder*) — Chegamos tarde. O voto é deles.

ZEQUINHA (*Entrando*) — Pooo-vooo. Pooo-vooo. José da Silva, meu irmão. Porque você me abandonou? Não vamos nos separar nunca mais. Somos como dois irmãos siameses: eu sou teu e o teu voto é meu.

JOSÉ (*Para a Mulher*) — Que é que eu faço?

LÍDER — Eu sou teu e o teu voto ninguém tasca.

ZEQUINHA — Eu vi primeiro.

LÍDER — Eu paguei primeiro.

ZEQUINHA — Ele vai votar em mim porque eu sou honesto.

LÍDER — Vai votar em mim porque eu fui ladrão.

ZEQUINHA — Ser honesto é melhor do que ser ladrão.

LÍDER — Ser ladrão é confessar, é muito melhor do que também ser e não dizer.

ZEQUINHA — Resolve, José da Silva: qual é melhor?

JOSÉ — Quem dá mais?

LÍDER — Isso se diz, José da Silva?

ZEQUINHA — Isso se faz?

JOSÉ — Eleição pra presidente, só daqui a cinco anos.

FEIRANTE (*Entra correndo, excessivamente bem-vestido*) — José me acode, esse daqui quer que eu vote nele.

MAGRO (*Correndo atrás*) — Eu sou a salvação da pátria, você tem que votar em mim. (*Saem correndo os dois.*)

HOMEM (*Nas mesmas condições que o feirante*) — José da Silva, o que é que eu faço? Tenho só um voto pra dar.

MILIONÁRIO (*Correndo*) — Comigo a indústria vai progredir.

JOSÉ — Eles também já te pagaram?

FEIRANTE (*Reentra*) — Deixa eu ver a tua roupa. Em quem é que você vai votar?

MILIONÁRIO — Eu debelarei a fome.

ZEQUINHA — Eu vos darei hospitais...

LÍDER — Eu vos darei escolas...

ZEQUINHA — ... e escolas...

LÍDER — ... e hospitais...

ZEQUINHA — Eu vos darei estradas...

LÍDER — Eu vos darei comida...

ZEQUINHA — ... e comida...

LÍDER — ... e estradas...

MAGRO — Vote em mim pelo amor de Deus.

ZEQUINHA — Vote em mim pelo amor da pátria espoliada.

LÍDER — Vote em mim pelo amor da pátria combalida.

MILIONÁRIO — Vote em mim pela pátria conspurcada.

ZEQUINHA — Vote em mim e nos meus.

LÍDER — Vote nos meus e em mim.

(*Os quatro candidatos cantam, em torno de José da Silva e sua Mulher, a "Canção do vote em mim".*)

CORO DOS CANDIDATOS — Vota em mim
Vota em mim
Vota em mim
É só olhar pra logo vê
De nós quem é o melhó.

Vota em mim
Vota em mim
Vota em mim.

Se eu ganhá você ganhou
E a vida vai melhorá
Porque eu lhe dou
Se eu vencer
O céu, a terra e o mar.

LÍDER — Eu fui um bom ladrão
Mas tenho a alma pura
Roubar é má ação
Mas é linda aventura
Regenerado estou
Imploro o teu perdão
Passado já morreu
Limpei o coração.

ZEQUINHA — Eu nunca fui ladrão
Eu sempre fui bonzinho
Você é meu irmão
Me dá o seu votinho.
Eu sou você
Você sou eu. (*bis*)

E é em mim que você vai votar.

JOSÉ — O que é que eu vou fazer
para todos agradar?

(*Declamando*) Todos são tão poderosos
Mas precisam de mim pra votá.

CORO DO POVO — É preciso tirar a sorte
É preciso tirar vantagem.

JOSÉ — O bom ladrão, o bom Zequinha
O arrebentado e o patrãozinho.

CORO DO POVO — Eu preciso escolher um nome
Que mata melhor a fome
Vota em mim
Vota em mim
Vota em mim.

Se eu ganhar você ganhou
E a vida vai melhorar
Vote em mim
Vote em mim
Vote em mim.

Porque eu lhe dou se eu vencer
O céu, a terra o e mar.

MILIONÁRIO — É em mim
É em mim.

CORO — Que você vai votá
Vote em mim.

MILIONÁRIO — É em mim.

CORO — É em mim
Que você vai votá
Vote em mim.

MILIONÁRIO — É em mim
É em mim
Que você vai votar
Vote em mim
Vote em mim
Vote em mim.

Cena 14
José da Silva cumpre o dever sagrado

Esta cena segue-se imediatamente à anterior. Os quatro candidatos recuam, ajoelham-se. Prezam-se e assistem silenciosos à votação. Material de cena: uma urna.

JOSÉ — Agora eu vou votar.

MULHER — Eu também.

JOSÉ — Em quem você vai votar?

MULHER — Nos dois. Prometi aos dois.

JOSÉ — Mas quem foi que te deu o dinheiro?

MULHER — Os dois me deram dinheiro. E a você?

JOSÉ — A mim também.

MULHER — Vota em quem deu mais.

JOSÉ — Como é que vou saber quem foi que deu mais?

MULHER — E agora?

JOSÉ — É muito simples: a gente não pode votar no homem.

MULHER — Que homem?

JOSÉ — Precisamos votar conscientemente no programa político, na plataforma, nas ideias. Esse é o voto consciente do bom cidadão.

MULHER — Bom, teve um que prometeu escolas, hospitais, transporte e comida.

JOSÉ — E o outro prometeu escolas, hospitais, transporte e comida. Quem é o melhor?

MULHER — Vamos votar nesse...

JOSÉ — Qual? O que prometeu escolas, hospitais...

MULHER — Não. No que prometeu escolas, hospitais, transporte e comida.

JOSÉ — Já sei. Você vota num e eu voto no outro. Assim a gente não pode errar.

MULHER — Então eu voto no que prometeu escolas, hospitais, transporte e comida.

JOSÉ — Não, burra, nesse quem vota sou eu. Você vota no que prometeu escolas, hospitais...

MULHER — É que os programas são meio parecidos. (*Mostrando uma cédula.*) Este é o meu voto.

JOSÉ (*Idem*) — Este é o meu.

MULHER (*Observando*) — Mas o programa deste é escolas, hospitais...

JOSÉ — ... transporte e comida. Então troca. Esse é o meu.

MULHER — Já sei. Eu voto no outro, o que prometeu hospitais, escolas...

JOSÉ — ... transporte e comida. Esse é o seu. Custou!

MULHER — Mas são dois votos.

JOSÉ — Não há jeito de errar. Você vota nesse e eu voto neste. Alguém da família tem que acertar nessas eleições.

MULHER (*Indecisa diante da urna*) — José.

JOSÉ — Que foi?

MULHER — Você lembra que da última vez nós dissemos a mesma coisa?

JOSÉ — Se lembro.

MULHER — Não vamos votar, não. (*Triste.*)

JOSÉ — O bom cidadão vota no programa. O bom candidato que o cumpra. Toma. Esse é o seu candidato, este é o meu. (*Macambúzios, deixam cair as cédulas na urna. Põe a mão no peito.*) Cumprimos o nosso dever de cidadãos. Cumprimos o dever sagrado do voto.

MULHER — Amém. (*Ajoelham-se.*)

JOSÉ — E Deus que nos perdoe.

MULHER — Nós pecamos juntos. (*Levanta-se assustadíssima.*) Corre. Corre.

JOSÉ — Corre por quê?

MULHER — O nosso filho mais velho vem aí.

JOSÉ — Que é que tem?

MULHER — Ele também vota.

JOSÉ — E daí?

MULHER — Vai nos perguntar em quem deve votar.

JOSÉ (*Apavorado*) — Corre, corre. (*Sai correndo de cena.*)

Cena 15
Terminadas as eleições,
José da Silva morre em circunstâncias curiosas

De um lado estão o Líder, o Magro e o Baixinho. Do outro lado, Zequinha, o Milionário e o Jornalista. O Anjo da Guarda ronda. No centro, um garoto com o placar do Estádio do Pacaembu, onde está escrito: Zequinha 0 x Líder 0. Inquietação. Todos falam em sussurro.

LÍDER — Foi uma campanha bonita. Desta vez vou pra cabeça.

BAIXINHO — Eu estava com a razão, nós já ganhamos.

MAGRO — Mas o melhor candidato era eu.

BAIXINHO (*Bajulando*) — O nosso líder é sempre o nosso candidato.

MAGRO — Muito bem. Com ele marchamos para a glória.

LÍDER — O Líder é como um pai, e vocês meus filhos. Somos uma grande família.

BAIXINHO (*Para o Magro*) — Você é muito vaidoso.

MAGRO — Ficando com a Fazenda, me conformo. (*Confraternizam-se.*)

LÍDER — Obrigado, meu amor. (*Dá um beijo na testa do Magro, do outro lado.*)

ZEQUINHA — Foi uma campanha bonita, não foi, não foi? Onde entro eu, disparo na ponta.

JORNALISTA — Nunca vi uma campanha tão limpa: só se falava em detergente.

MILIONÁRIO — Eu estava com a razão: nós já ganhamos.

JORNALISTA (*Para o Milionário*) — Você tem certeza que esse cara não vai nos trair depois?

MILIONÁRIO — Ele está muito amarrado com a gente. (*Mostra papéis.*)

MILIONÁRIO — Vamos ganhar, não vamos?

MILIONÁRIO — Já ganhamos.

JORNALISTA — E o Anjo da Guarda vai anunciar no meu jornal, não vai?

MILIONÁRIO — E eu também.

JORNALISTA — Você é um gênio. Onde é que foi descobrir o Zequinha! Claro que você estava com a razão. (*Dá-lhe um beijo na testa.*) Hhhhuuuuuuuuummmmmmm! (*Do outro lado.*)

LÍDER — Vai começar. Exu das Sete Encruzilhadas, me valei. Eu te compro um alambique, meu Exuzinho, pelo amor de Deus e da Virgem Maria. (*O garoto muda o placar: Líder 1 x Zequinha 0.*)

GRUPO DO LÍDER (*Pulando das cadeiras*) — Gol. Gol. Gooool! (*Levantam-se, abraçam-se, esperneiam, plantam bananeira.*)

LÍDER (*Dançando*) — Já ganhei! Já ganhei! Já ganhei!

MAGRO — Você tinha razão. O Líder está no coração do povo. Eu sou uma besta. Uma besta que vai para a Secretaria da Fazenda sob a égide do grande Líder.

BAIXINHO — O Banco do Estado é meu.

LÍDER — Você merece.

MAGRO — Eu quero também a Viação e Obras Públicas.

LÍDER (*Todos eufóricos*) — Acumular cargo não vale. (*Tudo é dito rapidamente, na palhaçada geral.*)

MAGRO — Vale tudo. Nós estamos ganhando.

LÍDER — Obrigado, meu amigo povo. Eu não vos esquecerei nas próximas eleições. (*Euforia futebolística. O garoto pega um novo número.*) Lá vai ele de novo. Dois a zero. Essa tá no papo.

JORNALISTA (*Que, como todos do seu grupo, ficou olhando cobiçosamente para a alegria alheia*) — Eu sabia que não ia dar certo.

MILIONÁRIO — Espera, está no começo.

JORNALISTA — Eu sabia que ser honesto nessa terra não ganha voto.

MILIONÁRIO (*Irritado*) — Mas quem é honesto nessa joça? Eu sou honesto. Você está acusando a mim? Pensa que eu fiquei milionário como? Fritando bolinho?

JORNALISTA — Não quis ofender.

MILIONÁRIO — Você disse que eu era honesto.

JORNALISTA (*Nervoso*) — Foi uma calúnia que você fez no meu próprio jornal, envenenando a opinião pública. E viu no que é que deu?

MILIONÁRIO (*Furioso*) — Eu aceitei a pecha de honesto, porque pensei que funcionasse. Mas nós estamos num país de analfabetos, de índios botocudos.

ANJO (*Sereno*) — *Good... good...*

ZEQUINHA (*Desata a chorar, cai no chão de joelhos, de mãos postas para o céu*) — Padre Nosso que estais no Céu. Santificado seja o

Vosso Nome, venha a mim o Vosso beneplácito nestas eleições, porque nada tens contra mim que sou temente a Deus, ao Pai, ao Filho, ao Tio, ao Espírito Santo, a toda a Santíssima Família enfim. Prometo que, se ganhar, nunca mais hei de trair o meu povo.

JORNALISTA (*Inconformado*) — Essa história de honestidade é pra país civilizado, nós ainda não estamos à altura. (*O garoto põe 1 x 1. As atitudes mudam imediatamente nos dois grupos.*)

GRUPO DE ZEQUINHA (*Piores que os torcedores do Palmeiras*) — Goooool. Gooooooooool. Empatamos. Um a um. Essa turma não é de nada.

JORNALISTA — Claro que a gente precisa ser original.

MILIONÁRIO — Ser original é ser honesto.

ZEQUINHA — Obrigado, meu bom Deus. Já ganhei.

JORNALISTA — Foi o que eu sempre disse.

MILIONÁRIO — Salvamos a Indústria.

JORNALISTA — Salvamos a Imprensa.

ZEQUINHA — Salvamos a nação.

JORNALISTA — Lá vai ele de novo. Dois a um.

ZEQUINHA (*Para os céus*) — Pelo amor de Deus, Nosso Senhor, não torna a brincar comigo: eu sofro do coração.

LÍDER — Eu só queria saber qual foi esse cretino que votou contra mim. Vai ver foi a minha mãe: ela nunca foi com a minha cara. Mas, se foi um de vocês, se acuse.

BAIXINHO — Ainda está no começo, calma.

MAGRO — Calma, né? A ideia de votar nessa cavalgadura foi sua!

LÍDER — Cavalgadura, eu? Olha que a velha volta ao plenário! (*O garoto põe Zequinha 2 x Líder 1.*)

MILIONÁRIO (*No meio da algazarra geral*) — Onde é que você vai?

JORNALISTA — Conosco ninguém podemo. Conosco ninguém podemo.

ZEQUINHA — Não viu que está dois a um? Agora a vitória é certa.

MILIONÁRIO — Graças a mim.

ZEQUINHA (*Querendo sair*) — Vou redistribuir o Ministério, que não preciso mais de vocês.

MILIONÁRIO — Não faça isso, que nós temos acordos escritos.

ZEQUINHA — E eu com isso? A conjuntura político-econômica mudou, não mudou?

MILIONÁRIO — Zequinha, pelo amor de Deus. Fui eu que elegi você. Não faça isso comigo.

ZEQUINHA — Você me ajudou no passado, mas temos que pensar no futuro. No futuro da pátria e no futuro do meu bolso. Vou comer sobremesa todo dia.

JORNALISTA — E eu? E o meu jornal?

ZEQUINHA — Se quiser uma vaga de *public relations*. Dá uma esfregada no meu sapato que está cheio de poeira. (*O Jornalista joga-se sobre os pés de Zequinha e esfrega desesperadamente com as mãos.*) E você dá uma lambida pra dar brilho. (*O Milionário obedece segurando-se às suas pernas.*)

MILIONÁRIO (*Completamente transformado*) — Quer que eu faça uma cosquinha na sola do sapato, quer?

ZEQUINHA — E você cancan pra me divertir. (*Enquanto o Milionário faz cócegas na sola do sapato de Zequinha, o Jornalista dança grotescamente. Zequinha está feliz.*) Obrigado, meu bom Deus.

MAGRO (*Para o Baixinho*) — Foi por sua causa que nós perdemos.

BAIXINHO (*Intimidade*) — Ah, se eu soubesse...

MAGRO — E eu tinha prometido à minha sogra um emprego na Prefeitura, pra ela parar de me encher.

LÍDER (*Colérico*) — Burro. Era ele que tinha que ser candidato. Você não viu logo que ninguém mais acredita em mim?

MAGRO — Vamos dar uma surra nele? (*Os dois fecham o cerco para esmurrá-lo.*)

LÍDER (*Dobrando-lhe o braço*) — Pede pinico de joelhos.

BAIXINHO (*Acovardado*) — Pinico. Pinico. (*Flash de esperança.*) Olha, lá vai ele. (*O garoto põe 2 x 2.*)

MAGRO (*Com o braço levantado para bater*) — Dá cá um abraço.

LÍDER (*Feliz*) — Meu grande amigo das horas incertas e titubeantes.

BAIXINHO — Obrigado. Dois a dois. (*O garoto muda para Líder 3 x 2.*)

JORNALISTA (*Empurrando Zequinha, que cai da cadeira*) — Hei, gente, tem uma vaguinha pra mim aí? Eu queria fazer uma reportagem. Um anunciozinho, pelo amor de Deus. (*O garoto vai mudando o placar, passando sempre pelo empate. O Jornalista fica feito barata tonta, entre os dois grupos. José da Silva tenta falar com uns e outros e recebe respostas de "sai pra lá, moleque", "não encosta", "some da minha frente" etc.; o garoto vai se afastando com o placar e os políticos caminham atrás dele gritando cada novo escore. José ainda consegue segurar o Jornalista, que é o último a sair.*)

JOSÉ — Seu Jornalista queria dar uma notícia pro senhor.

JORNALISTA — Anúncio pago?

JOSÉ — É uma notícia extraordinária!

JORNALISTA — Sobre quê?

JOSÉ — Uma coisa que nunca se viu. Pelo menos que não se vê desde que eu ainda mamava no peito. Quando eu contar, ninguém vai acreditar. É espantosa!

JORNALISTA — Conta logo.

JOSÉ (*Solene*) — Depois de muitos anos, e graças às últimas eleições, graças às eleições que resolvem os problemas do povo, eu, José da Silva, cidadão local, casado, vacinado, eleitor, vou almoçar, vou comer.

JORNALISTA (*Como repórter*) — Deixa eu tomar nota. (*Escreve.*) A imprensa estrangeira vai mandar repórteres para conhecer o fenômeno. Já se ouviu falar em mulher de duas cabeças, em homem de quatro patas, mas um homem do povo que almoça, isso é completamente inverossímil.

JOSÉ (*Com ingênua dignidade*) — Como os senhores estão vendo, não tenho nada nas mãos nem nas mangas da camisa. (*Deposita a marmita no chão, embrulhada num guardanapo. Abre o guardanapo.*) E deste guardanapo retiro a marmita, no interior da qual os senhores poderão ver arroz, feijão e um pequeno embrulho. Neste embrulho encontra-se embrulhada o que se chama de sobremesa.

JORNALISTA (*Sempre tomando nota*) — Sobremesa... (*Murmura baixinho, algumas palavras ditas por José.*) O homem do povo também vai comer uma sobremesa. Graças às eleições!

JOSÉ — Esta sobremesa tem o nome de marmelada. E aqui estão os talheres. Faca, garfo e colher. Comecemos pelo feijão com arroz. (*Para o Jornalista*) Não é melhor chamar o fotógrafo?

JORNALISTA — Pelo sim e pelo não, vou me afastar um pouco, que pode acontecer alguma coisa. É perigoso ficar perto de José da Silva comendo.

JOSÉ — Atenção. Lá vai a primeira colherada. (*Levanta a colher com comida acima da sua cabeça e depois engole.*) Ahhhhhh.

JORNALISTA — *Consummatum est*!

JOSÉ (*Dá um grito*) — Aaaaiii.

JORNALISTA — Está vendo? Fracassou a experiência?

JOSÉ — Estou morrendo.

JORNALISTA — Tinha veneno? Você foi assassinado? Quem matou você?

JOSÉ — Não é veneno. Entupiu. (*Cai no chão e estrebucha.*)

JORNALISTA — Você vai morrer?

JOSÉ — Já estou morto.

JORNALISTA — Ainda há tempo de rezar. Morre rezando, enquanto eu vou chamar o resto da quadrilha.

JOSÉ (*Sozinho, deitado, ao lado do guardanapo e da marmita*) — Padre Nosso que estais no Céu, perdoai a nós, pecadores, mas não é justo perdoar os nossos devedores... fazei-os pagar. Amém. (*Morre.*)

JORNALISTA (*Reentrando*) — Para essa eleição, pessoal, não adianta mais nada. Acabou a festa. Para com isso. Não interessa quem vai ganhar. (*Entram todos. No meio vêm também espíritos, prostitutas e todos os demais personagens, vestidos cada um do seu jeito. Não fica ninguém fora de cena.*)

LÍDER — Parar a eleição por quê?

ZEQUINHA — Que ideia mais maluca: eu estava na frente.

LÍDER — Era eu que estava na frente.

MILIONÁRIO — Vamos decidir essa parada logo de uma vez.

JORNALISTA — Agora não adianta. Não adianta mais.

ZEQUINHA — Não adianta?

LÍDER — Por que não adianta?

JORNALISTA — Porque não há mais ninguém a governar. José da Silva morreu. (*Pausa.*)

ZEQUINHA — Quem era José da Silva?

LÍDER — Nunca o vi mais gordo.

MILIONÁRIO — José da Silva? Quem era?

MAGRO — Ninguém conhece José da Silva...

JORNALISTA — Sem José da Silva não há eleição. A eleição escolhe quem governa: agora não há quem governar. José da Silva morreu.

LÍDER — Não tem importância: a gente faz a eleição pra escolher quem governa e o que perder fica sendo o governado.

ZEQUINHA — Então eu governo você.

LÍDER — Não, isso não. Eu não quero ser governado. Quero governar você.

MILIONÁRIO — Não. A mim ninguém governa. Eu governo você.

ZEQUINHA — Vamos eleger os governados. (*Protestos gerais.*)

TODOS — Eu sou governante. Eu também. Eu também. Não quero ser governado.

JORNALISTA — Ninguém quer ser governado. José da Silva era governado. Agora que morreu, também não há governante. Até o Anjo da Guarda já foi embora.

LÍDER — Se eu soubesse que ele era tão importante, pelo menos dava-lhe um emprego pra não morrer de fome.

ZEQUINHA — Engraçado: ninguém sabia quem era José da Silva.

JORNALISTA — Já que foi tão esquecido em vida, não podemos enterrá-lo em silêncio.

LÍDER — Você tem razão. E a polícia não pode estar alheia ao sepultamento. Podem me dar a palavra que eu falarei por mim e por nós todos.

TODOS — Mais discurso! Chega de encheção.

LÍDER — É mais que um discurso. É uma encomenda da sua alma às instâncias superiores. E mais do que a encomenda, uma surpresa.

JORNALISTA — Tem, pois, a palavra o Líder, que fará o elogio do falecido e, ousarei mesmo dizer, seu panegírico.

O Líder prepara-se e fala. Seu discurso deve ser demagógico e duro. Deve ser cruel.

LÍDER — Senhor cadáver, aqui presente,
e também alma do defunto
que não deve estar presente

Senhores membros do enterro,
José da Silva, operário,
aqui jaz por nosso erro
Um operário o que é?
Pequena formiga que constrói
Muralhas contra a corrupção
Desta formiguinha, agora morta,
dependeu o futuro da nação
Operário constrói fábrica, pasta de dente,
é ele que faz catedral, bonde, cachorro-quente
Pinga, *vodka*, *whiskey*
é operário que faz...
Pobre Zé da Silva
que ora aqui jaz
Vou fazer revelação:
Sem José, a formiguinha,
o que seria do patrão?
Político faz discurso
Mas é o operário que paga.
Faremos pois uma surpresa:
não o deixemos partir
para as águas do Aqueronte
sem carregar um discurso
e um beijo em sua fronte.
(*Dois membros do enterro levantam José e o colocam em cima de um pedestal, em posição de estátua de mendigo.*)
A surpresa é um monumento.
Túmulo do Operário Desconhecido
E a morte de José vem a propósito
Será o defunto fundamental
Vela não é preciso
basta só uma inscrição
arrancada a duras penas
de dentro do coração.
"José da Silva aqui jaz.
Quem era, quem não era,

Ou por que foi que morreu,
pouco importa, tanto faz,
Já que a Pátria agradece.
Obrigado José da Silva,
pois tu morreste por mim.
Foi duro fazer tanta rima,
mas agora chego ao fim."

ZEQUINHA — Agora compreendo a minha antiga condição. Mas, se é verdade que tudo depende do operário, o que é que vamos fazer, já que esse morreu?

LÍDER — Parece que entramos bem.

ZEQUINHA — Precisamos descobrir outro operário que é pra gente continuar roubando.

LÍDER — Claro que precisamos.

ZEQUINHA (*Observando o coveiro que cuida de José*) — Coveiro é operário?

LÍDER — É. Coveiro é operário.

ZEQUINHA — Então achamos.

Precipitam-se todos atrás do coveiro, que foge assustado. Ficam apenas o narrador do começo da peça e uma atriz. Os dois cantam simultaneamente.

NARRADOR — Morreu de barriga.
Morreu de barriga
Morreu de barriga vazia (*bis*)

ATRIZ — Eu sou pobre, pobre,
pobre de marré, marré de si (*bis*)

NARRADOR — José é um que morreu.
Mas vocês ainda não.
Aqui acaba a Revolução.
Lá fora começa a vida;

E a vida é compreender.
Ide embora, ide viver.

Podeis esquecer a peça
Deveis apenas lembrar
Que, se teatro é brincadeira,
Lá fora... é pra valer.
(*Cantando enquanto sai.*)
Lá se vão os governantes
Aqui não fica ninguém
Fica o homem que morreu
E a mulher que diz amém.
(*A luz sai em resistência.*)

As aventuras do Tio Patinhas[1]

(São Paulo, setembro de 1968 — Paris, dezembro de 1983)

---

[1] A primeira versão da peça foi concluída no Brasil em 1969, com o título *Tio Patinhas e a pílula*. Com o exílio do autor, a peça foi encenada pela primeira vez em Buenos Aires, na tradução de Cecilia Thumim Boal para o espanhol. Pré-estreias aconteceram na sede da Confederación General del Trabajo (CGT), em 8 de setembro de 1971, e, no dia seguinte, na Federación Gráfica Bonaerense, como parte das Jornadas de Arte Popular. Estreia na Sala Planeta, em 28 de setembro de 1971, pela Companhia El Machete. Direção: Augusto Boal. Assistentes de direção: Salo Pasik e Carlos Jerusalinsky. Atores: Luis Barron, Norman Briski, Rudy Chernicoff, Carlos Chiorino, Juana Demanet, Carlos Jerusalinsky, Arturo Maly, Salo Pasik, Mary Tapia e Cecilia Thumim Boal. Cenografia e figurino: Carlos Cytrynovski. Luz e som: D. Arrascaeta e Jorge Schussheim. Maquinista: R. Paul. Divulgação: C. Ulanosky. Fotografia: Tato Alvarez. Design gráfico: O. Smoje. Produção executiva: Rubens Correa.

$
PM

Personagens

Coringa
Tio Patinhas
Deus-moeda
Funcionários
Gerente
Menino
Zé Carioca
Mexicano
Noiva de Zé Carioca
Zorba
Sakini
Gunga Din
Mãe de Gunga Din
Vendedor
Hindu
Azambuja
Benedito
Bonifácio
Estudantes
Presidente da assembleia estudantil
General
Presidente
Mordomos
Ministro
Repórter
Professor Bowles
Doctor Gaunt
Jazub

Bertha Dunkel
Operários
Locutor de TV
Criatura-locutor
Embaixador
Robin
Batman/Bruce Wayne
Alfred
Mandrake
Narda
Policial
Super-Homem
Estranhas Criaturas

Esta peça pode ser feita com cada ator representando um personagem diferente, como pode também utilizar o sistema coringa, em que nenhum personagem é representado pelo mesmo ator em duas cenas sucessivas.[2] Neste caso, são necessários apenas dez ou doze atores. Pode-se ainda optar por uma solução intermediária: os personagens mais característicos podem ser representados sempre por um mesmo ator e todos os demais em rodízio.

O teatro pode ter o palco italiano convencional (como aconteceu na produção argentina), ou a forma de arena (como na Colômbia) ou ainda um espaço fragmentado (Itália) com interpenetração de espaços para espectadores e personagens.

O importante é que as ideias passem, e que o façam da forma mais bonita e mais eficaz possível.

---

[2] O Sistema Coringa foi desenvolvido por Augusto Boal nas encenações do Teatro de Arena durante a década de 1960. Ver Augusto Boal, *Teatro do Oprimido e outras poéticas políticas* [1975], São Paulo, Editora 34, 2019, pp. 173-215 (originalmente in Augusto Boal e Gianfrancesco Guarnieri, *Arena conta Tiradentes*, São Paulo, Sagarana, 1967, pp. 11-56). (N. da E.)

Primeiro ato

1. Introdução

CORINGA — Era uma vez um grande e belo país
onde todos eram felizes.
Os banqueiros e os bancários, patrões e operários,
capitalistas e sem-vintém,
militares e estudantes,
todos eram muito felizes e não havia luta de classes.
Que bom!

Prostitutas e mendigos,
famintos e aposentados,
doentes das doenças mais terríveis,
mais incuráveis, insidiosas,
todos,
todos eram muito felizes,
porque não havia luta de classes. (*Maravilhado.*)
Que bom!

Até que um dia (*Apreensivo.*)
— e há sempre um dia em toda história! —
um dia desceram à nossa querida Terra uns seres estranhos,
cientificamente chamados
STRANGE CREATURES FROM THE OUTER WORLD!
(*Música.*)
Estranhas Criaturas do Espaço Sideral!

Elas chegaram,
estranhamente se esconderam,
e estranhamente ninguém de nada suspeitou.

Como em todos os dias,
todas as pessoas seguiram suas rotinas,
como o Tio Patinhas, o conhecido milionário,
que nada suspeitava e, como sempre,
rezava.

2.

Depósito de dinheiro. Trilhões de moedinhas espalhadas pelo chão, outras voando como inocentes anjinhos. Tio Patinhas está de joelhos diante do seu Deus, uma bela moeda antiga, iluminada. Fundo musical ternamente religioso: a marcha da marinha norte-americana, em órgão. Atmosfera de profunda meditação, de comunhão.

TIO — Meu Deus, meu Deus, que maldição! Cada vez que chega o inverno eu me desespero! Meu depósito de dinheiro encolhe com o frio! Quase um tricentésimo de milésimo de milímetro a menos em cada moedinha! Quase, quase! (*Chora.*)

DEUS-MOEDA — Tem fé, Patinhas!

TIO — Deus Todo-Poderoso, salvai-me, socorrei-me! Eu morro!

DEUS-MOEDA — Ergue-te, filho meu: um homem, *self-made* como tu, nada deve temer!

TIO — Sinto um vento gelado que me percorre a coluna vertebral, sinto o gelo da pobreza, eu me sinto morto, embalsamado, terminado, *kaputt*! Socorro! Socorro!

DEUS-MOEDA — Todos os males do capitalismo têm sempre uma solução, Patinhas, uma solução de força.

TIO — Qual, meu bom Deus, qual, qual?

DEUS-MOEDA — Sempre a mesma, filho meu: tens que aumentar teus lucros!

TIO — Como? Quando? Onde? Quanto?

DEUS-MOEDA — Primeiro, até mesmo no teu próprio país, aqui e agora, e em toda parte, que todos apertem os cintos, com toda austeridade! E, depois, é preciso aumentar o teu Império, ao norte e ao sul, a leste e a oeste, a torto e a direito, para que nele nunca mais o sol se ponha! Invade, ocupa, estende, avança, investe! Tens sempre uma nova solução, Patinhas: a mesma! A força!!!

TIO (*Faz o sinal da cruz, aliviado, reconfortado, comungado*) — Em nome do dólar, do ouro e do *traveller's check*, amém! (*O amém se transforma em continência.*)

3.

Escritórios do Tio Patinhas. Seus funcionários gozam de merecido repouso e lazer durante as horas de trabalho.

CORINGA — E o Tio Patinhas obedeceu à voz de seu Deus! Religiosamente!

TIO (*Entrando no escritório*) — Parem, parem! (*Grita furioso*) Canalhas, parem! Vagabundos, energúmenos, viciosos, parem! (*Pânico.*)

FUNCIONÁRIOS — Que foi? Quem? Eu? Por quê? Meu Deus!

TIO — Traidores! Traidores!

FUNCIONÁRIO — Que foi que aconteceu, Tiozinho? Conta pra gente.

TIO — Mostre esse papel! Mostre! (*Um funcionário levanta um papel Kleenex do chão.*) Usado de um lado só. Quantas vezes tenho que dizer que até o papel higiênico deve ser usado dos dois lados! O papel higiênico usado dos dois lados representa uma economia de exatamente 50%! Astronômica! E essa água??? Por que vocês bebem tanta água desnecessária?

FUNCIONÁRIO (*Assustado*) — A água é grátis!

TIO — Grátis???!!! Ignorantões! Por isso é que vocês não vão ganhar nunca dinheiro na vida! A água é grátis, mas o cano não é!!! Quanto mais água vocês tomarem mais se gasta o cano d'água, mais vocês vão suar e mais papel vão gastar para secar o suor! De hoje em diante está proibido beber água nos meus escritórios! (*Todos se sentam.*) E essa bunda, minha senhora? Para de mexer essa bunda na cadeira.

SENHORA — A bunda é minha, eu faço o que eu quero!

TIO — A bunda é sua mas a cadeira é minha! Pode esfregar a sua bunda na sua cadeira tanto quanto quiser, mas na minha não! Fique de pé. Quer uma prova? (*Examina a cadeira.*) Exatamente o que eu pensava. (*Mede-a com um metro.*) Exatamente, exatamente um décimo de milímetro mais baixa. Isso quer dizer que dentro de dezessete anos eu terei que trocar o assento desta cadeira. Porém se a senhora tivesse mais cuidado, se colocasse a sua desproporcional bunda na minha delicada cadeira com mais ternura, sem trepidar (*Faz a demonstração ele mesmo*), poderia economizar diversos milésimos de milímetros por década, e esta cadeira seria trocada dentro de dezoito anos e não dezessete.

SENHORA — O senhor tem razão!

TIO — O meu dinheiro, o meu dinheiro!!! Passei sono, frio, fome, sofri todos os males, tormentos e tristezas, vivi todas as tragédias para construir penosamente o meu depósito, e todos os invernos, todos, o meu dinheiro encolhe! Ai de mim, ai de mim! Onde está meu gerente!??

GERENTE — Aos vossos pés, senhor!

TIO — Estude a geografia: quero saber onde posso ainda investir!

GERENTE — O senhor já é dono de todas as fábricas do país! Comércio e indústria, ações, eleições e transações, tudo já lhe pertence, direta ou sub-repticiamente, com nome posto ou preposto, aqui e ali já tudo é vosso, Tio Patinhas.

TIO — Não é possível! Alguma bagatelinha ainda deve estar em mãos de mouros. Por exemplo: este café? (*Bebe.*)

GERENTE (*Sorridente, complacente*) — Pertence à MacPato's Coffee Consortium.

TIO — Pensei que era brasileiro...

GERENTE — Tudo é vosso. MacPato's Petroleum Standard, MacPato's Motores de Automóveis, MacPato's Cosméticos, MacPato's Estradas, Portos e Aeroportos, Minérios e Diamantes, MacPato's Hotéis e MacPato's em Lata, MacPato's Etcétera e MacPato's em Geral, MacPato's... (*Continua dizendo coisas, olhando para os espectadores e dizendo todas as coisas que vê sobre eles: roupas, sapatos etc.*) (*Tio Patinhas sofre terrivelmente enquanto escuta.*)

TIO — Basta, basta, basta! Não minta! Existem ainda alguns setores onde eu não entro porque o chauvinismo atávico não me permite!

GERENTE — Qual?

TIO — Imprensa, por exemplo.

GERENTE — Se por outra razão não fosse, é o senhor que manda publicar todos os anúncios! E ainda por cima o senhor é o proprietário exclusivo de todas as agências de informação reunidas no truste MacPato's Misinformation Service. (*Passa um menino vendendo amendoim.*)

MENINO — Amendoim, tá quentinho!

TIO — Menino, eu preciso comprar, está me dando uma coisa, eu tenho que comprar, que continuar comprando, comprando, comprando tudo, tudo que vejo! E esta parece que é a única coisa neste país que ainda não é minha. Me vende o teu carrinho?

MENINO — Não é meu!

TIO — De quem é?

MENINO — MacPato's Carrinhos de Amendoim Association.

TIO (*Grito desesperado, de cortar o coração*) — Que desolação! Todo este país já é meu! Fim de linha! Aqui acabou-se a minha vida, aqui já não posso enriquecer! Havia uma só solução, a mesma, investir: já não tenho onde. É a morte! Meu Deus, meu Deus, que devo fazer?

DEUS-MOEDA (*Acende-se seu halo luminoso*) — O que foi que eu disse? Busca outras terras onde habitem nativos em estado bem primitivo. Trata de explorá-los sem piedade, e traz mais ouro pra tua casa, e assim teu depósito tornará a crescer!

TIO — É isso que eu vou fazer! Reserva já um avião da MacPato's Airlines System, pergunte à MacPato's Travel Agency onde é que fica o país mais distante e mais nativo, com bons selvagens, puros, de bom coração, ainda não corrompidos pela nossa sociedade de consumo, confiantes. (*Acrescentar slogans do momento.*) Quero um belo país em estado primitivo! Um novo continente, um mundo a descobrir! (*Música feroz.*)

4.

Selvas transamazônicas, transandinas, transierras madres ocidentais e orientais e outras sierras e madres. Índios. Gritos de dor e de Carnaval. Cobras e elefantes. Pão de Açúcar, Corcovado, praias, Machu Picchu, Cuzco, El Tigre, Viña del Mar, Punta del Este, Cactus e Sombreros, Llamas e Ponchos. Frenesi. Música: "Yes, nós temos bananas!". Todos correm, rodopiam, dançam, saltam.

VOZES — Vai chamar o Zé Carioca. Chama a polícia. Rabecão. Chama a ambulância. Tem mais jeito não. Chama o médico. Chama você. Estou ocupado, estou descansando. Essa morreu. Passou pra melhor, Zé Carioca.

ZÉ CARIOCA (*Deitado languidamente numa rede*) — Que é que é?

MEXICANO — Sea fuerte, hombre!

ZÉ CARIOCA — Conta de uma vez e deixa eu dormir em paz.

MEXICANO — La verdad es que su novia quiso suicidar-se!

ZÉ CARIOCA — Não me diga!!!

MEXICANO — Y le dejó un mensaje!

ZÉ CARIOCA — Lê pra mim, porque eu estou muito cansado.

MEXICANO — Dice así: (*Lê com sotaque*) "Morro virgem, como nasci. A culpa é o senhor José Carioca que nunca quis dispor do meu corpo como convinha e como eu sempre lhe ofereci. Morro virgem, puta que lo parió! Adeus mundo, adeus José, você me paga! Da tua eterna, Neusa Sueli. Tua, tua, tua, ui, ui, ui...", qué guapa la chica que es requetetuya!

ZÉ CARIOCA — Está bem, agora me deixa em paz.

MEXICANO — Sua novia se está muriendo y usted no hace nada, José?

ZÉ CARIOCA — Que é que eu posso fazer? Estou morto de sono! (*Dorme.*)

MEXICANO — Yo también! (*Dorme.*) (*Algazarra. Entram todos na maior confusão.*)

VOZES — Ela abriu os olhos, parece que já não vai morrer. Como foi o suicídio? Tomou remédio pra formiga. E não morreu? Não, mas deu um festival de diarreia! Puta caganeira. Mostra ela pro Zé. (*Entram com a noiva nos braços, em procissão.*)

ZÉ CARIOCA (*Acordando*) — Que é que você fez, minha boba!?

NOIVA — Eu pensei que você já não gostasse mais de mim, sabe? Fiz todo o possível pra que você dormisse comigo, sabe? Mas, como não adiantou nada, sabe?... pensei que o melhor talvez fosse que eu me matasse... sabe? (*Senta-se num penico que trazem para ela.*)

ZÉ CARIOCA — Mas eu gosto de você, você sabe...

NOIVA — Então vamos nos casar! Vamos nos casar e vamos fazer amor todos os dias, de manhã, de tarde e de noite, antes e depois das refeições, não é verdade? Vai ser maravilhoso, não vai? Não vai? Não vai mesmo? (*Emocionada.*)

ZÉ CARIOCA — Sabe, eu gosto muito de você... mas essa história de fazer amor o tempo todo, sabe... sabe?...

NOIVA — Você não gosta mais de mim?

ZÉ CARIOCA — Gostar, gosto sim. O problema é que... sabe? Fazer amor... olha aqui: a sensação, em si, até que é bastante agradável... mas só de pensar no trabalho que dá... Tanto movimento inútil, pra cima e pra baixo, pra cima e pra baixo, uuuffff!!! Desisto, sabe! É muito desperdício de energia pra quem vive tão cansado. (*Começa a roncar. A noiva desesperada dá um tiro na cabeça e morre. Ele apenas tem um sobressalto e continua dormindo. Todos choram e gritam, mas aparece Tio Patinhas montado em sete cavalos brancos e, como era de se esperar, atrai as atenções gerais.*)

TIO PATINHAS — Quero fazer grande um mísero país! Como a mim mesmo: eu era pobre e miserável e agora sou dono de conteúdos e continentes! Quero dar a todos a mesma oportunidade. Quem está desempregado?

ZÉ CARIOCA — Eu!

TIO — E quem é você? (*Todos dançam "Tico-tico no fubá".*)

ZÉ CARIOCA — Um típico representante desta terra. Indolente, preguiçoso, sempre dormindo a sesta sob o inclemente sol tropical, pobre, miserável, faminto, mas, apesar de tudo isso, sou alegre, jovial, bom perdedor, capaz de ser feliz na maior miséria física e moral etc. Em resumo, sou exatamente a imagem que o senhor tem de mim e de todos os que vivemos nos trópicos! (*Sorriso resplandecente.*)

MEXICANO — Yo también! (*Diz vários "Yo también!" durante a fala de Zé Carioca.*) (*Todos os personagens típicos devem ser apresentados da forma mais típica possível. Essa tipicidade nada tem a ver conosco: tem a ver com como eles nos veem.*)

TIO — Já temos um brasileiro e um mexicano. Mas, para demonstrar que eu não tenho nenhum preconceito, quero que os meus criados sejam de todas as nacionalidades: o mundo inteiro pode servir ao Tio Patinhas, com lealdade e abnegação. Eu estaria mesmo até disposto a aceitar um preto, desde que cheirasse a branco!

ZORBA — Eu! (*Música de* Zorba, o Grego. *Todos dançam.*)

TIO — Eu, quem? Quem é você?

ZORBA — Zorba, o grego! Sou trabalhador, obediente, bondoso, burro, bem nativo, gosto de viver na praia e tomar banho nu como Deus me fez, e necessito desesperadamente do *know-how* estrangeiro. Felizmente não sei fazer nada, a não ser que os estrangeiros me ensinem. Estou pronto para ser colonizado!

TIO — Já são três. (*Música japonesa. Dançam.*)

SAKINI — Eu sou japonês, meu nome é Sakini, eu moro em Okinawa, e sou possuidor de uma profunda, delicada e milenar qualidade, em virtude da minha origem oriental: eu sei viver em perfeita paz e harmonia com os invasores do meu país. Eles são tão bonitinhos, tão bonzinhos, e têm os olhos redondinhos que é a maneira correta de ter os olhos, e não assim como nós, todo enviesado. E tem mais: eles são tão simpáticos, mas tão, tão simpáticos que até me permitem que eu permita que eles ocupem a minha terra!

TIO — Está ficando bom, mas ainda falta um! (*"Hare Krishna" de* Hair. *Dançam como hindus, cheios de braço.*)

MÃE DE GUNGA DIN — Meu filho Gunga Din, escuta a tua mãe moribunda. Nossa fortuna está toda inteira neste saco.

GUNGA DIN — Me dá, mamãe!

MÃE — Espera, meu filho, calma, primeiro quero morrer em paz.

GUNGA DIN — Morre, mamãe, morre. (*Gunga Din é um completo retardado mental, autista, paraplégico e ainda por cima manco e caolho.*)

MÃE — Mas para que eu morra em paz é preciso que você pense na guerra. Nosso país viveu sempre ocupado pelos exércitos estrangeiros, todos falando inglês. Amanhã será a batalha decisiva. Os nossos nativos vão derrotar os ingleses, a menos que eles consigam descobrir onde estão escondidos os nossos exércitos. Amanhã nosso país será livre, mas eu não verei o dia da liberdade, morro agora mesmo, daqui a pouco. Quero a tua promessa, meu filho: luta até a última gota de sangue!

GUNGA DIN — Sim, mamãe, me dá o saco!

MÃE — Adeus, Gunga Din! (*Morre.*)

GUNGA DIN — Minha mãe não sabe que eu sempre sonhei em ser corneteiro do Exército de Sua Majestade, *the Queen*! (*Aparece um vendedor de corneta.*) Ah, se ao menos eu pudesse encontrar aqui neste deserto um vendedor de corneta...

VENDEDOR — Olha a cometa, quem vai comprar?

GUNGA DIN — Que sorte, que coincidência! Me dá uma corneta. (*Compra e imediatamente toca. Mil cornetas respondem. Gunga resplandece.*) O Exército estrangeiro está salvo! Seremos destruídos! Nossa pátria continuará submetida!!! (*As cornetas inglesas continuam tocando. Aparece outro hindu e mete-lhe uma bala na cara.*)

HINDU — Traidor!

GUNGA DIN (*Morrendo*) — Nunca mais serei corneteiro da Rainha! (*Cai.*)

TIO (*Heroico*) — Não, ele não morrerá! Os corneteiros traidores de sua pátria não devem nunca morrer! Aqui está um elixir especial que faz ressuscitar até mesmo os traidores mais infectos e mais úteis! (*Gunga Din ressuscita alegremente.*) Agora sim, o meu *staff* está completo! Um hindu, um japonês, um mexicano, um grego e um brasileiro! Vou construir uma enorme e próspera nação! Cerremos todos fileiras em torno de mim! Com a vossa força e a vossa dedicação, com o vosso empenho e a vossa submissão, com a vossa coragem e sem o vosso desfalecimento, com o vosso trabalho, o vosso suor, as vossas lágrimas, eu, o vosso Tio, construirei o meu império, uma grande e poderosa subnação! (*Todos aplaudem com denodo.*) A minha Águia tem flechas mortíferas em suas patas, porém traz também no doce bico o laurel da paz. E para vos demonstrar todo o meu carinho, toda a minha compreensão, estou disposto a começar com um gesto de boa vontade: quero satisfazer a um vosso pedido coletivo! Falem! (*Os cinco confabulam.*)

ZÉ CARIOCA — Em nome dos meus companheiros e também no meu próprio nome, quero pedir ao Nosso Senhor Patrão que nos conceda a todos quinze dias de férias coletivas antecipadas.

TIO — Para quê?

ZÉ CARIOCA — Porque queremos aproveitar estas bem merecidas férias para dar uma lição ao mundo e cantar uma canção muito instrutiva intitulada "The best things in life are free".

TIO — Concedo. Cantem que as melhores coisas da vida são grátis. Cantem, cantem!

(*Cantam a canção.*)

5.

Plenário de uma assembleia estudantil.

AZAMBUJA — Eu proponho que todos os estudantes acampem diante do Palácio do Governo.

BENEDITO — Primeiro eu quero saber quais são as nossas reivindicações.

AZAMBUJA — Queremos mais dinheiro para as universidades, melhor alimentação nos restaurantes universitários, comissões paritárias nos conselhos universitários, queremos... uma universidade livre e autônoma, e para isso proponho que acampemos diante do Palácio do Governo!

BENEDITO — Se queremos tudo isso, então o melhor não é acampar diante do Palácio, é invadir!

BONIFÁCIO — Calma, companheiros, vamos recolocar a cabeça no lugar! Nós temos que decidir de uma vez por todas se a nossa luta é puramente reivindicatória ou se é uma luta política. Primeiro temos que saber qual é a nossa ideologia, e depois vamos poder decidir qual a nossa estratégia. Bom senso, companheiros: nós, os estudantes, não vamos tomar o poder. Nós não controlamos a produção, as riquezas do país. Podemos ocupar as faculdades e até certo ponto o Governo até que permite, até que gosta: dá a impressão de democracia! Mas quando os operários ocupam as fábricas, aí então aparece milico por toda parte! Nós, os estudantes, não vamos tomar o poder! Nós somos apenas uma força auxiliar! Por isso, proponho: vamos dialogar com o governo. Vamos reduzir as nossas reivindicações a um mínimo aceitável e vamos dialogar com o governo!

BENEDITO — Nós não podemos dialogar com o poder quando estamos sinceramente empenhados em contestar esse poder! Não vamos nos iludir: esse é um poder que monologa! Um poder que só aceita o diálogo da violência!

AZAMBUJA — O companheiro está defendendo a violência pela violência!

BENEDITO — Nós não temos o culto da violência, mas ela deve ser usada sempre que for necessária para destruir a violência da sociedade estabelecida.

BONIFÁCIO — Mas qual é o seu objetivo, companheiro?

BENEDITO — Derrubar o governo! E se todos nós tivéssemos o mesmo objetivo, o governo cairia em 24 horas!

AZAMBUJA — Se ainda não caiu, se continua instalado sem nenhum apoio popular, é porque está bem sustentado pelos seus aparelhos de repressão!

BENEDITO — O regime não cai porque tem a seu favor todos os partidos, até mesmo os de esquerda, e principalmente vocês, reformistas! Vocês que falam em revolução, em sociedade mais justa e guardam o dinheiro no mesmo banco dos capitalistas! Vocês que falam contra a sociedade de consumo e compram no mesmo supermercado dos capitalistas. Vocês...

PRESIDENTE — Hei, hei, hei, espera aí, os companheiros estão se desviando do tema desta assembleia!

BENEDITO — Nós temos que destruir tudo, não se pode construir nada de sadio sem destruir primeiro tudo que está podre! O nosso verdadeiro inimigo é a sociedade capitalista, e o aparelho burocrático é o freio da Revolução!

BONIFÁCIO — Mas, enquanto a Revolução não vem, não custa nada melhorar a Universidade e os restaurantes dos estudantes...

BENEDITO — Mas sempre dentro dos quadros de uma sociedade burguesa. E essa universidade vai continuar preparando os estudantes para se integrarem na sociedade burguesa. É isso que já está acontecendo: as universidades estão cada vez menos humanísticas e cada vez mais tecnicistas! Cada vez mais preparando técnicos com bastantes antolhos de burros pra que só saibam fazer aquilo que têm que fazer, pra que só saibam pensar aquilo que são obrigados a pensar!

AZAMBUJA — Mas o companheiro não entende que, seja qual for a nossa ideologia, não custa nada melhorar o cardápio do nosso restaurante universitário?

BENEDITO — Isso é fascismo! (*Espanto.*)

PRESIDENTE — O que foi que o companheiro disse?

BENEDITO — Eu disse que isso é fascismo!

PRESIDENTE — E dá pra explicar melhor?

BENEDITO — O companheiro acredita que devemos lutar por um cardápio melhor! Muito bem. Mas eu pergunto: por quê?! Por que será que nós, os estudantes, devemos ter um cardápio melhor do que os operários, por exemplo? Porque somos "os estudantes"? Somos uma casta? Isso é fascismo!

BONIFÁCIO — Correto, mas nós podemos lutar também para que os restaurantes universitários sejam transformados em restaurantes para a juventude!

AZAMBUJA — De acordo. Eu apoio inteiramente a tese de que se deve acabar com a distinção entre estudante e operário. Numa sociedade ideal, essa distinção deve desaparecer porque representa uma divisão de trabalho e é injusta!

BONIFÁCIO — Por isso devemos melhorar o cardápio dos restaurantes da juventude!...

BENEDITO — Isso também é fascismo, porque estaremos criando uma outra casta: a juventude! Companheiros: nós temos que lutar contra a fome, que é o problema mais geral, e não só contra os nossos restaurantezinhos. A nossa luta deve ser sempre política, pois do contrário será imoral, reacionária e fascista!

BONIFÁCIO — Vamos com calma: é verdade que nós precisamos destruir a sociedade corrupta e corruptora, de acordo! Mas a "sociedade" em si mesma é uma abstração. Ela está composta de pequenas coisas materiais: restaurantes, quadros-negros, professores etc. Não se pode lutar contra uma abstração. É preciso lutar contra as coisas concretas que existem. Que cada qual lute no seu terreno específico. Os operários na fábrica, os camponeses no campo e nós em nossas escolas! Por isso proponho: vamos acampar em frente ao Palácio do Governo. Hoje esta é a nossa forma de luta. Amanhã pode ser outra!

PRESIDENTE — Os que estiverem a favor permaneçam como estão; os contrários que se manifestem! (*Alguns estudantes gritam "Fascistas!". E saem do Plenário, liderados por Benedito.*) Aprovado pela unanimidade dos que ficaram! Fica suspensa a sessão. Vamos todos ao Palácio do Governo. Esta é uma manifestação pacífica! Obedeçam ao sistema de segurança! Proibido jogar pedras nos milicos!

6.

Uma rua. Confusão. Gritos. Gente correndo. Música de terror de science-fiction.

VOZES — Que é que foi?

— Estamos sendo invadidos!

— Quem está nos invadindo?

— Gente do espaço.

— A Criatura Fantástica da Lagoa Negra!

— Nada disso: são gentes vindas de outro planeta.

— São invisíveis.

— Parece que são apenas espíritos: eles encarnam nas pessoas.

— Roubam os corpos para a danação eterna!

Gritos. Música de terror contínua. Vultos. Sombras. Silêncios. Medos. Pausas. Uma ou outra sirene, longínqua.

7.

Quartel-General e Palácio. Ruídos de Ambulância. Um General com walkie-talkie. *Atende o Mordomo do Palácio.*

GENERAL — Alô, alô, urgente, chame o Presidente. Câmbio.
MORDOMO — O Presidente está dormindo, câmbio.
GENERAL — Acorde o Presidente, câmbio, porra!
MORDOMO — Está ficando louco?! Depois do almoço ele sempre dorme a sesta até a hora do jantar! Câmbio.
GENERAL — Estamos sendo invadidos! Chame o presidente, pelo amor de Deus!
MORDOMO (*Assustadíssimo*) — Presidente, presidente, acorde pelo amor de Deus! (*O Presidente está entretido fazendo contas na cama.*)
PRESIDENTE — 8 e 7/8% em conta a prazo fixo em marco alemão... dá 7 milhões e 38 mil... (*Ao mordomo*) Que é que você quer? (*Para si mesmo*) Trocando em francos suíços, a 4,79...
MORDOMO — Presidente, o assunto é grave: estamos sendo invadidos!
PRESIDENTE — Que é que me interessa? (*Para si mesmo*) Em ações da MacPato Corporation a 17%... Espera aí: aqui o que eu preciso fazer é uma espécie de operação triangular...
MORDOMO — Presidente! Presidente! Trata-se de criaturas estranhas! Estranhíssimas! (*O Presidente continua seus cálculos.*) Câmbio. Meu general, não tem jeito: o Presidente está dormindo outra vez.
GENERAL — Urgente, câmbio, comunique-me com o Ministro das Ciências Espaciais. Câmbio.
MINISTRO — Alô, alô, alô, oba, oba, aqui é o Ministro, câmbio!
GENERAL — Senhor Ministro, acabo de receber uma péssima notícia: os nossos serviços secretos anunciam que acabamos de ser invadidos por Estranhas Criaturas!
MINISTRO — Comunistas?

GENERAL — Não, nada disso, Excelência, também não é assim tão grave. Parece que se trata apenas de Criaturas Estranhas do Espaço Sideral. Ou da Lagoa Negra. Ninguém tem muita certeza mas, seja como for, trata-se de monstros sem nenhuma ideologia visível!

MINISTRO — Comunique-se com o Professor Bowles, o cientista mais caro do mundo, que há vinte anos está em nosso país fazendo uma pesquisa muito importante.

GENERAL — Qual?

MINISTRO — Ele está investigando o que é que o nosso país pode investigar! (*A cena se transfere para um maravilhoso laboratório interespacial bem espaçoso, cheio de retortas, provetas e telescópios, fotografias de astros e estrelas celestes e de Hollywood.*)

REPÓRTER — Professor Bowles, Professor Bowles, o senhor acredita ser possível a invasão da Terra por elementos nocivos oriundos de outros planetas, digamos assim, extraterrestres mesmo?

BOWLES — Não, positivamente, não! Somos nós que pretendemos invadir os outros planetas. A hipótese de invasão da Terra é absolutamente fantástica e fantasmagórica. Nós somos seres superiores, somos os mais superiores do Sistema Planetário!

Numa jaula, o cientista louco, Doctor Gaunt, ruge, baba, vocifera, tremores de terra, raios, tempestades, música concreta.

GAUNT — É mentira! *That's a lie*! *Goddam Mother Fucker Cock Sucker Cunt Lepper and No Good Son of a Bitch, let me out of here*!

REPÓRTER — No mais castiço vernáculo, o *Doctor* Gaunt, o famoso Cientista Louco, acaba de exprimir o seu desejo de ver-se anistiado. Que fará o Mestre?

BOWLES — Podem levá-lo. (*Dois cientistas enfermeiros tentam amordaçá-lo.*)

GAUNT — Ele teme a verdade, por isso estou aqui prisioneiro.

REPÓRTER — Por favor, *Doctor* Bowles, permita que o seu assistente...

BOWLES — Trata-se de um louco, nada mais. Levem-no!

REPÓRTER — Uma palavrinha, *Doctor* Gaunt, diga aqui com as suas próprias palavras, ao microfone na nossa querida emissora: crê o senhor...

GAUNT — Sim, a Terra pode ser invadida. Pode e deve, se é que já não foi. Vai!

REPÓRTER — Existem provas?

GAUNT — Há séculos os nossos inimigos se preparam para a grande invasão! Fria e metodicamente aumentaram os seus arsenais com armas mortíferas e indestrutíveis. Eu sei tudo. Durante as minhas viagens às ruínas de um antigo templo de religiões já desaparecidas ou caídas em desuso, encontrei o Diário de Bordo do Feiticeiro Jazub! (*Magníficos raios de luz iluminam a majestosa figura multissecular do magnífico Jazub, o feiticeiro-mor. Troam trovões.*) Jazub assistiu a uma erupção vulcânica, que libertou do âmago da Terra criaturas sobrenaturais, hediondas, ferozes, letais! Com os seus poderes mágicos, ainda mais sobrenatural que as próprias criaturas, Jazub logrou rechaçá-las e expulsá-las da Via Láctea! (*Música. Risos cósmicos, soluços.*)

JAZUB — Quero desterrá-las da nossa Amada Terra, para que nunca mais sua pestilência nos ameace! (*Sobre as nuvens roxas que circundam Jazub dançam imagens de criaturas cordovesas, asiáticas, jovens, mulheres, operários etc.*)

GAUNT — O Grande Feiticeiro não teve dúvidas de utilizar o seu impiedoso talismã mágico. (*Jazub dispara sua metralhadora automática. As figuras desaparecem, por encanto, a metralhadas.*) Eu avisei o Doutor Bowles: os filhos das criaturas voltarão um dia. Há trilhões de anos-luz tramaram a sua vingança. E o Dia do Ódio chegou: elas aí estão!

REPÓRTER — Está tudo muito bem, *Doctor* Gaunt, mas agora uma pergunta de ordem prática: como poderemos reconhecer essas temíveis *Strange Creatures From the Outer World*?

GAUNT — É impossível! Elas em nada diferem dos estudantes, dos operários, camponeses, das mulheres... Em suma: se você encontra um estudante, por exemplo, ele tanto pode ser um estudante mesmo ou uma *Strange Creature*! Só Deus sabe.

REPÓRTER — Bem, e nesse caso estamos em palpos de aranha: qual é a solução?

GAUNT — A solução é a legítima defesa! Querido telespectador: se numa rua escura você encontrar um estudante ou operário, pode disparar: é quase certo que se trata de uma *Strange Creature* disfarçada. Mate que não é crime!

REPÓRTER — Querido telespectador: dispare sem hesitar. Este programa foi ao ar numa gentileza exclusiva dos produtos de beleza MacPato Sociedade Anônima. Gentil espectadora: seja revolucionária por um fim de semana — use perfume Strange Creature.

8.

Coringa sozinho.

CORINGA — E ninguém via essas criaturas fantásticas. Ninguém as via, mas elas ali estavam. Respiravam, como a luz. (*A luz respira visivelmente.*) Quem era quem, *who's who*, *impossible to know*, impossível descobrir. E a vida continuava. Enquanto isso, no Sindicato dos Metalúrgicos, a famosa socióloga alemã, Doutora Bertha Dunkel, *née* Schwarz, trocava em miúdos uma doutrina extraplanetária: a mais-valia.

9.

No Sindicato. *Diversos subversivos escutam, com as bocas e os corações boquiabertos.*

BERTHA DUNKEL (*Fala bondosamente, como se estivesse entre amigos. Está*) — Todo operário sabe que é explorado. O que talvez não saiba é que essa exploração é própria da natureza mesma do regime capitalista, e que só a eliminação do sistema eliminará a exploração. A mais-valia prova cientificamente que o capitalismo é um sistema injusto, seja quem for o patrão. Não apenas os maus patrões são maus: também são maus os bons! Suponhamos que, para a produção dos seus meios de subsistência (casa, comida, roupa), o trabalhador médio gaste quatro horas de trabalho. No entanto, ele trabalha mais de quatro horas: trabalha oito, dez e até doze. Isto é: ele produz muito mais do que recebe, produz um excedente. E para onde vai esse excedente? Vejamos se vocês descobrem. Isso mesmo: vai para o bolso do patrão, seja ele bom ou mau! Essa diferença tem o curioso nome de mais-valia. Mas um homem não é um boi. E, para conservá-lo na situação de boi, é necessária a violência. De fato, a função da polícia e do exército nos países capitalistas é a de garantir pela força a propriedade privada dos meios de produção, porque são as máquinas que fazem com que os trabalhadores produzam tão mais do que consomem. Em outras palavras: é a classe trabalhadora que mantém as forças armadas que a oprimem e a classe capitalista que a explora. Vocês entenderam bem, meus filhos? (*Ruídos: sirenes, gritos, explosões, alertas civis e militares.*)

OPERÁRIO — Sim, senhora.

VOZES — É a polícia!

— Estão procurando alguém.

— Vamos fugir.

— Para, para, vamos proteger a Bertha.

— Todo mundo se joga no chão. (*Pausa.*)

— Que foi que houve? A polícia foi embora.

— Não era pra nós.

— Estão caçando as Estranhas Criaturas!

— E a Dona Bertha, onde é que foi parar?

— Ela se volatilizou, eu vi!

— Era uma Estranha Criatura! Que medo!

Nesse momento, estudantes em passeata cruzam a cena cantando slogans do momento, como "Militares ao Quartel", "Operários ao Poder", e outras amenidades.

10.

Palácio presidencial. Entra o Tio Patinhas furiosíssimo, gritando mil "quacs" intimidadores. Pálidos de medo e de espanto, os criados respondem flácidos "quacs".

TIO — Estou sentindo uma coisa. Eu vou ter um troço. (*Trezentos criados cuidam-no.*) Me segura, me segura que eu vou ter um troço. Um ataque. Terrível. Uma dor perto do coração, em volta, dentro! Me segura.

MORDOMO — Quer que chame o médico?

TIO — Não, não, não. Já vai passar. Eu me conheço. Eu estou sentindo um ataque de generosite aguda. É uma dor muito forte que quase me obriga a botar a mão no bolso, mas passa logo logo, com perseverança e força de vontade. Quando tenho esse ataque sinto uma tentação estranha de praticar o bem. Quero falar com o Presidente.

MORDOMO — Está fazendo umas continhas, enquanto dorme.

TIO — E depois?

MORDOMO — Depois ele acorda e janta.

TIO — E depois do jantar?

MORDOMO — Depois dorme um pouquinho pra digerir o jantar.

TIO — Eu estou fraco, muito fraco, aceite esta pequena recompensa. (*Dá algum dinheiro ao mordomo.*) Vai chamar o Presidente. (*Pega de volta uma das duas moedas que lhe tinha dado. O Mordomo, célere, fecha a mão e consegue reter a outra.*)

MORDOMO — Imediatamente.

TIO — Estou cada vez pior. Quero dar, dar, dar, dar, dar! E vim cair justamente aqui, no Palácio do Presidente, homem voraz! Ele vai me explorar, estou perdido! Quero dar, dar, dar! (*Entra o Presidente de pijama mas com a faixa presidencial.*)

PRESIDENTE — Antes, porém, receba os meus cordiais cumprimentos, em nome do meu povo e no meu próprio nome. Eu também quero lhe dar as boas-vindas deste país bem conhecido por sua hospitalidade tropical, sua fauna e sua flora, que sempre soube receber os visitantes ilustres com toda a dignidade. Por favor, aceite esta condecoração... e esta cruz de ferro... e este broche de cavaleiro... e este colar de dentes... e um cigarro, e esta banana... (*Vai enfiando tudo ou na boca ou no paletó do inefável Tio.*)

TIO — E não tem aí uma aspirina...

PRESIDENTE — Como não, como não? Vossa Excelência se sente mal, Reverendíssima? Será o calor dos trópicos, a mosca tsé-tsé...?

TIO — Nada disso. É uma doença que, quando me ataca, me dá vontade de dar, dar, dar, dar, dar!

PRESIDENTE (*Assustadíssimo*) — Dar o quê, Magnificência????!!!!

TIO — Dar tudo que não é meu!

PRESIDENTE — Por exemplo, Reverência?

TIO — A você, Presidente, por exemplo... quero dar...

PRESIDENTE — O quê???????????

TIO — Um empréstimo!!! Eu quero lhe dar um empréstimo!!! Você tem que aceitar o meu empréstimo! Nada de modéstia. Eu sou o tio rico: aproveite o parentesco! Não me desiluda!

PRESIDENTE — Bem, nesse caso, dinheiro nunca é demais!

TIO — Um empréstimo fantástico: 200 milhões de moedinhas de todos os tamanhos! (*O coro de empregados e serviçais retira-se discretamente, entoando em coro e em eco: "200 milhões, 200 milhões...".*)

PRESIDENTE — 200 milhões? Mas o que é que eu vou fazer com esse dinheiro todo?

TIO — A minha doença é perfeita. Eu dou o empréstimo, mas com certas condições. Primeiro, o senhor deve me dar provas de seriedade. Quero que o meu empréstimo seja apenas 10% da inversão total. Isto é: o senhor mesmo deve investir 1 bilhão e 800 milhões das mesmas moedinhas.

PRESIDENTE — E o que é que vamos fazer com todo esse dinheiro?

TIO — A minha generosite não falha nunca! Já tenho tudo planejado. Com aquele meu último Mac-Satélite-Espião eu andei estudando atentamente o território do seu país. E descobri que vocês são o país mais rico do mundo. Vamos fazer o seguinte: com esse dinheiro eu vou comprar uma boa parte do vosso país, e depois, unidos, vamos construir Mac-estradas para levar os meus Mac-

-produtos aos meus Mac-portos e Mac-aeroportos, Mac-navios, Mac-aviões, Mac-fábricas, Mac-plantações, Mac-mac, Mac-mac-mac-mac!

PRESIDENTE — Eu já entendi. Nós, os nativos, temos a vantagem de que somos muito inteligentes. Eu faço tudo isso pra você com os meus 90%. Mas vamos às vias de fato: os teus 10% estão aí no bolso? Deixa eu ver!

TIO — Que estúpido, Senhor Presidente! As pessoas ricas não andam nunca com dinheiro no bolso. Você vai dar uma ordem ao Banco Central pra que me empreste esse dinheiro em moeda nacional, eu compro dólares, depois você desvaloriza a sua moeda em pelo menos 30%, eu pago em seguida religiosamente o total do meu empréstimo depois de ter vendido os dólares no câmbio negro e ninguém precisa ficar sabendo de nada! Em resumo: eu entro com o meu sólido prestígio moral e você com o líquido!

PRESIDENTE — Eu amo o meu país. E você?

TIO — *Me, too.*

PRESIDENTE — *Commission*?

TIO — Não ouvi direito.

PRESIDENTE (*Baixinho*) — *Money*? *Nickels, quarters, dimes, how much*? *Commission*? *Did you understand*? *How much*????

TIO — *Nothing.*

PRESIDENTE — É pouco. *Forty per cent*?

TIO — *Nothing.*

PRESIDENTE — Está bem: *twenty*????

TIO — *Ten.*

PRESIDENTE — *Twenty*!!!

TIO — *Ten.*

PRESIDENTE (*Cantando*) — *Twenty for me*!

TIO — *Only ten for you*! (*Canta também. Dançam.*)

Gritos de estudantes que passeiam lá fora ao som dos mesmos slogans e de outros igualmente alusivos.

PRESIDENTE — Que é isso?

MORDOMO — São os estudantes manifestando!

PRESIDENTE — Solta a polícia em cima deles. Carrocinha de cachorro. Fora daqui! Bombas, metralhas, mata, fuzila, esfola! Tortura como nos bons tempos!

TIO (*Calmamente*) — Manda eles entrarem.

PRESIDENTE — O quê?????!!!!!

TIO — É preciso dialogar com a juventude. Pode ir descansar, Senhor Presidente.

PRESIDENTE — Ah, se não fosse este amigo tão amigo, este coração tão cálido, este irmão fraterno...

TIO — Vai dormir, Presidente! Vai embora. (*Sai o Presidente às pressas quando entram os estudantes, correndo.*)

CORO TOTAL — Dotação. Dotação. Dotação.
ESTUDANTE — Pátria sim, Colônia não!
CORO UM — Ação, ação, ação,
para a liberação!
CORO DOIS — Ianques para trás,
os povos querem paz.
CORO UM — Lute, lute, lute,
não deixe de lutar,
por um governo obreiro,
obreiro e popular!
CORO DOIS — Operário e estudante,
unidos vão avante!

CORO TOTAL — Dotação. Dotação. Dotação. (*Não existe mal nenhum em que estes slogans que foram cantados em algum país em algum momento sejam atualizados para o país e o tempo da representação. Mas também não é necessário: são slogans genéricos que, volta e meia, de uma forma ou de outra, aparecem sempre, aqui e ali.*)

TIO (*Cantando também*) — Dotação. Dotação. Dotação. Que bonito! Prestem atenção: vocês assim unidos jamais serão vencidos! É bonito mesmo... ver essa juventude assim... né?

ESTUDANTE — Onde é que está o Presidente? Queremos falar com ele!

TIO — Basta de intermediários. Falem comigo mesmo! Entrem. (*Para o mordomo*) Tome as armas dessa gente e pendure tudo no cabide. Obrigadinho. (*Entram todos respeitosamente pedindo licença e entregando as armas.*) Serve uma bebidinha! Agora falem. O que é que vocês querem?

ESTUDANTE — Queremos mais escolas... Queremos...

TIO — Parem, parem, prestem atenção. A famosa Lei da Oferta e da Procura regula as relações entre os homens desde o começo do mundo! Todos os males deste país frondoso tem sua origem no excesso e nunca na carência! Tudo não passa de uma questão de ponto de vista, uma questão óptica!
Dizem vocês que não existem suficientes vagas na Universidade, que existem poucos empregos, que faltam livros, que falta tudo! Muito bem: vamos ser otimistas e resolver o problema usando a sabedoria da oferta e da procura! Por que existem poucas vagas na Universidade?

ESTUDANTE — Porque existem muitos candidatos!

TIO — E por que existem muitos candidatos?

ESTUDANTE — Porque muitos estudantes se diplomam.

TIO — E por que tantos?

ESTUDANTE — Ora por que...

TIO — Essa pergunta deixa que eu mesmo respondo: tantos estudantes se diplomam porque o ensino primário é grátis. Vamos ser realistas: aumentando o preço do ensino diminuirá o número de candidatos e, por milagre, aumentará o número de vagas relativas na Universidade!

ESTUDANTE — Mas Tio Patinhas, nesse caso milhões de jovens ficarão sem estudar!

TIO — E por que existem milhões de jovens que querem estudar?

ESTUDANTE — Porque milhões de crianças cresceram!

TIO — E por que existem milhões de crianças?

ESTUDANTES — Porque nasceram!!!!!!!

TIO — E por que nasceram?

ESTUDANTE — Ora, porque...

TIO — Deixa que essa eu mesmo respondo: nascem porque nos países subdesenvolvidos como o de vocês os pais não recebem informações necessárias, não existe um adequado *family planning*, os jornais protestam quando nós generosamente misturamos esterilizantes ao leite em pó distribuído gratuitamente e qual é o resultado: nasce mesmo! E qual é a solução: a pílula! Mais pílulas, menos crianças, menos jovens, menos candidatos e mais vagas!

ESTUDANTES — Tio Patinhas, nós viemos também protestar que não existem livros suficientes, e os poucos são caros! Mas já imaginamos qual é a resposta...

TIO — Uma questão óptica. Não faltam livros: o que temos, isso sim, é um excesso de gente querendo ler!!!! Por isso temos a impressão de que faltam livros. Mas eis aqui a solução. (*Mostra.*) Um livro para acabar com todos os livros: *Curso de analfabetização progressiva sem mestre, com os textos completos de Simplesmente Maria* (*Cita ainda duas mais que devem ser bem conhecidas do público — Evitar ataques pessoais!*) e *O amor tem cara de mulher*! Se depois de onze lições você ainda conseguir ler, seu dinheiro de volta garantido!

ESTUDANTE (*Desolado*) — Vão sobrar livros, mas o país vai se encher de analfabetos...

TIO — E qual é a solução?????

ESTUDANTES EM CORO — A pílula!

TIO — A pílula acaba com o analfabetismo, acaba com os excedentes! Acaba com todas as carências! Cantem comigo esta ode em louvor ao Tio Patinhas que soluciona todos os problemas do país!

Todos cantam e todos dançam.

Calados, trabalhem mais, lararalararalá.
Democracia ou tirania
democracia ou tirania,
todos vamos progredir
se pagamos sempre em dia.

Existem muitas colônias
que se tornam florescentes
quando pagam suas dívidas
e ao Tio são obedientes.

Trabalhe sem entender, larararararalá,
dê dinheiro e seja honrado,
pagando somos felizes,
num país escravizado,
escravizado,
escravizado,
escravizado!

ESTUDANTE — Está vendo? Por isso é que eu não sou a favor do diálogo. A gente acaba sempre caindo no diálogo deles!

11.

Coringa. Num restaurante a meia-luz.

CORINGA — O Tio Patinhas de nada suspeitava, seus serviços secretos nada detectavam, mas aquele povo aparentemente pacífico e de boa índole já estava inoculado pelo vírus sideral. E, pouco a pouco, os espíritos do mal iam se encarnando em cada homem, em cada mulher. (*Aparece um jovem casal. Grandes amores, corpo a corpo.*)

ELA — Vamos à manifestação.

ELE — Vou pensar.

ELA — Vamos. Coragem.

ELE — É que ninguém vai ter segurança. Pode vir a polícia. E eu, pra falar a verdade, eu não acredito em mais nada. Lutar pra quê?

ELA — Quanto mais gente vier, maior a segurança.

ELE — O povo não quer saber. Manifestações de estudante, pra quê? Você acha que a gente vai tomar o poder? Não vai, não! O povo não vai sair na rua! Vai ficar em casa vendo televisão! E eu vou me mexer pra quê?

ELA — Porque o povo não está ainda politizado. É preciso politizar!

ELE (*Meio bobo*) — Eu até que tenho boa vontade, até que quero explicar a todo mundo que todo mundo está alienado, que a culpa toda é do imperialismo, mas ninguém consegue me compreender...

Olha, aqui neste país — pelo menos nesta cidade, pelo menos neste bairro, pelo menos na minha rua — todo mundo é classe média! Pelo menos o pessoal que eu conheço. Todo mundo tem geladeira, rádio e televisão, vão ao futebol... Pra eles o imperialismo não existe! Agora, eu penso assim: se eles, que são explorados, não têm consciência dessa exploração, o que é que eu tenho com isso? Eu não nasci pra consertar o mundo! Olha aqui: nós todos somos mesmo é filhinhos de papai!

ELA — Por isso é que a gente tem que criar muitos focos de conscientização. E a manifestação de rua é uma forma de conscientizar.

ELE (*Desanimado*) — Dá tanto trabalho...

ELA — Nós não podemos usar a televisão, que eles não deixam; então a rua é a nossa televisão... É aí que a gente diz o que pensa...

ELE — Mas tem a polícia... (*Explosão do lado de fora. Entram estudantes correndo.*) Que foi isso? Que é que houve?????

ESTUDANTE — Jogaram uma bomba no jornal!

ELA — É bom, pra que aprendam a não ser reacionários.

ESTUDANTE — Mas você está pensando que fomos nós que jogamos? Foi a polícia mesma que jogou, pra botar a culpa em nós e pra aumentar a repressão. Agora sim que vai engrossar! (*Sai.*)

ELA — Você vem amanhã?

ELE — Vamos ver.

ELA — Vem, sim... A gente manifesta, depois você vem pra casa comigo...

ELE — Então eu manifesto!... mas bem no fim da fila...

Mais bombas em ritmo musical. Metralhadores em percussão. Entram cinco atores, de costas para a plateia, num mictório, em plena atividade.

— Que foi que houve?
— Bomba no quartel!
— Que foi?
— Assaltaram mais cinco bancos!
— Que foi?
— Assaltaram o trem pagador!

— Que foi?
— Sequestraram o embaixador!
— Que foi?
— Roubaram dinamite da pedreira!
— Que foi?
— O coronel mandou dizer: vamos almoçar esses terroristas antes que eles nos jantem! (*Aumenta o ritmo bombista.*)
— Que foi? Que foi? Que foi agora???????
— Comeram o coronel no café da manhã!

12.

Estúdio de televisão. Um locutor extremamente asséptico fala com clareza e quase com ternura.

LOCUTOR — Hordas de Fanáticos, liderados por diversas seitas de Bruxas e Feiticeiras, assaltaram bancos, explodiram bombas, sequestraram diversas personalidades do *jet set* internacional, pessoas de bem, e estão agora organizando movimentos de massa contrariando os mais legítimos interesses dessas próprias massas ingênuas e trabalhadoras. O povo não pode permitir que o pânico se apodere do país. Somos gente de boa índole e as tradições do nosso povo são pacíficas e ordeiras. As supremas autoridades do país garantem que todos os bárbaros serão dominados, garantem... isto é... queremos garantir... garantiremos... dizia eu que... que... que... o que é isso, meu Deus????!!!! Socorro!!! Socorro!!! Uma criatura estranha... estranhíssima... indescritível... indestrutível... (*Uma estranha criatura seguida de outras criaturas ainda mais estranhas avançam soezes contra o apavorado locutor, prestes a cair de joelhos ou de quatro.*) Socorro! Os queridos telespectadores são testemunhas audiovisuais desta bárbara e incivilizada invasão inoportuna... Os monstros siderais aproximam-se ameaçadoramente da minha humilde pessoa... já estão mais perto... pertíssimo... ameaçam o locutor que vos fala... Atenção, atenção, pedimos aos telespectadores mais sensíveis... Socorríssimo. Socorro! Ai, ai, ai, grrrrrrrrrr. (*É preso e levado embora.*) Que gente mais sem educação, meu Deus! (*Outro locutor, estranha criatura, tranquilamente se apresenta diante das câmeras estarrecidas.*)

CRIATURA-LOCUTOR — Senhoras e senhores, esta emissora passa neste momento ao controle das Estranhas Criaturas do Espaço Sideral. Advertimos que, muito em breve, toda a nação será controlada pelas mesmas criaturas. Informamos que a situação na Capital Federal é de perfeita desordem e que reinam o medo e a intranquilidade em todo o território nacional. (*Sua voz continua amável, calma, gentil*) Mantenham os seus aparelhos ligados para novas informações. E agora, música para dançar. Dancem ao compasso da nova música jovem e aguerrida. (*Ouve-se a belíssima canção "Guerrilleros, adelante con nuestra guerrilla".*)

PRIMEIRO LOCUTOR (*De fora da cena, grita indignado*) — Cristo Rei! Cristo Rei! Cristo Rei!

13.

De novo no palácio. O Presidente está reunido com o seu ministério.

CORINGA — No Palácio Presidencial, aqui vemos o Senhor Presidente da República, juntamente com a sua horda de Ministros, guiando com mão de ferro os sagrados destinos da Nação!

PRESIDENTE — O que eu tenho medo é da inflação. Eu aqui dou um duro danado e depois o meu dinheiro perde o valor...

MINISTRO — Bota em conta secreta na Suiça.

PRESIDENTE — Mas lá tem inflação também.

MINISTRO — Compra ouro.

PRESIDENTE — Mas ouro não rende juros.

MINISTRO — Franco suíço, yen japonês, deutschmark... o negócio é diversificar!

PRESIDENTE — É duro ser Presidente: a gente não sabe o que fazer com todo o dinheiro que ganha. Quando eu era apenas sargento, eu era feliz: no fim do mês, o salário dava justo pra cobrir as despesas... Mas agora como Presidente, que angústia... O meu sofrimento é uma lição para as classes trabalhadoras e subalternas: não queiram nunca subir na vida!

MINISTRO — Não chore, Presidente: nós, unidos, vamos encontrar uma solução para o vosso problema! (*Entra correndo, esbaforido, nada menos que o Mordomo, com os olhos saltando das órbitas, as calças caindo pelos joelhos mal seguras pelos suspensórios, a língua torta endurecida.*)

MORDOMO — Presidente, preprepreprepsipresidente! Prepreprepresidentezinho. O senhor já foi informado?

PRESIDENTE — Baixaram as minhas ações?

MORDOMO — Pior: as Hordas!

PRESIDENTE — Que hordas?

MORDOMO — Hordas Bárbaras. (*Seriamente*) Como? Não está a par?

PRESIDENTE — Eu não. Ninguém me conta nada. Não sei de nada.

MORDOMO — Hordas de estudantes e de operários, mancomunados uns e outros, e uns com os outros, e até mesmo camponeses, todos mancomunados contra nós! O vírus, excelência, o vírus sideral. Todo mundo inoculado!

ESTUDANTES (*Cruzando a cena, paus e garrafas, pedras e pedras, gritam bem gritado estes e outros slogans*)

Militares ao quartel!
O povo ao Poder!

PRESIDENTE (*Caindo em si, cheio de estupor, pálido de espanto, sentindo-se traído e malquerido*) — Mas o que é que é isso, minha gente????? Esse meu povo nunca teve ideologia!!!!! O que foi me acontecer?????? Meu Deus do Céu, é o Cataclismo, a Hecatombe, o Apocalipse, o Deuteronômio! Eu nem sei ao certo o que é, mas é coisa muito mais grave do que eu pensava.

MINISTRO (*Tentando reconfortá-lo*) — Talvez se trate apenas de um abcesso de democracia temporã...

PRESIDENTE — Socorro! Socorro! Socorro!!! (*Tenta escapar mas é fortemente seguro pelos seus mais imediatos auxiliares.*)

MORDOMO — Coragem, Presidente. Dê o exemplo. Seja um bom católico: enfrente as feras!

PRESIDENTE — Não; pelo amor de Deus, eu estou com medo, sozinho aqui eu não fico! Chama o Embaixador. Chama correndo!

MORDOMO — Alô, alô, alô, Palácio Presidencial chamando! Câmbio.

MORDOMO DA EMBAIXADA — *Friendly Country Embassy at your service.*

MORDOMO — Que *Friendly Country* o quê, Pepe, *soy yo*. Câmbio.

MORDOMO DA EMBAIXADA — É você, Paco? Que é que há? Câmbio.

MORDOMO — Escuta, o patrão de *ustedes* está aí *disponible*, o ianque-mor? Câmbio.

MORDOMO — Está nada, rapaz. O homem está furioso com esse negócio das Estranhas Criaturas. Está indo praí, pra falar com o Presidente. Câmbio.

MORDOMO — Então tudo certo. Câmbio.

MORDOMO DA EMBAIXADA (*Mudando de tom, extrema e perigosamente conspirativo*) — Escuta: você já está sabendo que *hoy a la noche* tem uma reunião secreta no Sindicato dos Mordomos Palacianos? Você vem? Câmbio.

MORDOMO — Claro que *sí*. E a Estranha Criatura, vai vir também? Câmbio.

MORDOMO DA EMBAIXADA — Evidente: foi ela que marcou a reunião. Ela disse que vai trazer 20 mil doses de vírus espaciais: vai todo mundo ficar inoculado! Vai ser um barato! Tchau, câmbio!

MORDOMO — Tchau, está *cambiado*. *Muy cambiado*!

PRESIDENTE (*Desesperado, desvanecido, quase desmaiado*) — Olha, olha só o povo na rua. O meu povo na minha rua. Eu tenho medo. O meu inconsciente está vindo à tona: é por isso que eu nunca quis ser um governo popular — porque tenho medo do povo. (*Joga-se de joelhos.*) Meu Deus, pra que existe povo? Pra quê? Qual a finalidade? Seria tão bom se só existissem as elites dos diferentes países... nós podemos também ter as nossas divergências, mas acabamos nos entendendo sempre. Só as classes mais altas, mais favorecidas, mais ricas, mais aristocráticas. O povo torna feia qualquer nação. É um horror! (*Entra o Embaixador. O Presidente aproveita, que já está de joelhos mesmo, e mais do que depressa beija as mãos e os pés do recém-chegado.*) Meu querido Embaixador amigo, que sorte que você veio!!! Deixe-me beijá-lo!

EMBAIXADOR (*Com algum sotaque*) — Eu estar um pouco desorientado. Na minha país sempre ouvi dizer que o seu povo era de índole pacífica e amante da ordem estabelecida, povo pacato. Que havia aqui um espírito nacional próprio para a inversão de capitais estrangeiros! Um sentimento de patriotismo e de dignidade próprios para se jogar na Bolsa, mão de obra barata etc., e de repente... de repente... é isso aí!

PRESIDENTE — Juro que não se trata do meu povo! São criaturas infiltradas! Ideologias forâneas, alheias à nossa tradição ocidental e ao nosso modo de pensar... Pelo amor de Deus, me ajuda!

EMBAIXADOR — Claro que ajudo! E tenho uma solução, rápida e fácil, sempre a mesma!

PRESIDENTE — Qual? Aquela????!!!!

EMBAIXADOR — Mando o meu exército invadir esta bosta e restabelecer a ordem, a paz, o progresso, a prosperidade!

PRESIDENTE — Isso não, isso não é possível! Com que cara eu ia depois enfrentar o resto do mundo? Um mínimo de dignidade a gente precisa sempre aparentar. A gente não pode ser ajudado assim tão abertamente!

EMBAIXADOR — Hoje em dia já virou costume, ninguém se preocupa mais!

PRESIDENTE — Não, não, não. Não deixo mesmo. Eu sempre demonstrei a minha maior boa vontade. Sempre permiti que o meu país fosse ocupado economicamente, politicamente, culturalmente, tudo tudo que vocês quiserem, sim, senhor, com muito gosto, mas com soldado de uniforme isso assim também já é demais. (*Entra Tio Patinhas furioso, soltando fagulhas, chispas, raios e trovões.*)

TIO — Acabo de receber a notícia de que as minhas minas de ferro e de ouro foram ocupadas pelas estranhas criaturas rebeldes. Que mais de trinta mil escravos das minhas plantações acabam de formar uma liga de proteção aos direitos do trabalhador. E os meus direitos, quem é que protege?

PRESIDENTE — Teoricamente, sou eu...

MORDOMO (*Polidamente, entrando com um rolo de telex*) — Notícias de última hora informam que as fábricas MacPato de artigos eletrodomésticos, tratores, veículos motorizados, distribuidores de gasolina, petroleiros, navios pesqueiros...

TIO — Basta. Basta! Basta!!! Basta!!!!!

MORDOMO (*Impecável*) — Foram todas ocupadas, confiscadas e estão agora administradas pelas curiosas Estranhas Criaturas do Espaço Sideral...

TIO — Precisamos fazer qualquer coisa violenta! Cada segundo que passa com as minhas fábricas nas mãos rebeldes me custa um trilhão de moedinhas!

PRESIDENTE — E a minha comissão, então?...

TIO — Precisamos atacar, esfolar, violar, bombardear, em suma, precisamos da paz!

MINISTRO — Eu tenho uma solução, mais ou menos de índole geopolítica. É mais ou menos assim: nós somos a Terra, a Terra é o centro do Universo, o Universo é o Centro...

TIO — Questão de ordem! Eu conheço a sua teoria, que aliás considero extraordinariamente válida. Mas como é que ela se traduz na prática?

MINISTRO — Guerra! Guerra total, guerra ideológica, guerra bacteriológica, guerra permanente, guerra cataclismática, hecatômbica, apocalíptica! Guerra é guerra!!!

EMBAIXADOR — Eu tenho uma ideia melhor.

PRESIDENTE — Diga, pelo amor de Deus!

EMBAIXADOR — No meu país Superdesenvolvido nós possuímos organizações oficiais para realizar os trabalhos, digamos, limpos. Mas... e os trabalhos, digamos, sujos, quem os faz?

PRESIDENTE — Não tenho a menor ideia! *I have no idea*! Não sei mesmo!

EMBAIXADOR — Exatamente: ninguém sabe! Mas eu sei: são pessoas do mais alto nível moral, intelectual e sobretudo financeiro que ajudam a polícia a combater o crime, o exército a combater os espiões, e a Pátria a encontrar o seu destino de Grandeza! E quem são essas maravilhosas e dedicadas pessoas?

PRESIDENTE — Vai, diz!

EMBAIXADOR — São civis de dupla personalidade!

PRESIDENTE — Será verdade?! Será um sonho?! Será isso que eu estou pensando?!!!!????

EMBAIXADOR — Exatamente: são os Super-Heróis!!! (*Música estonteante, misto disto e daquilo.*)

PRESIDENTE (*Maravilhado, pela quinta vez caindo de joelhos, movido por sincera emoção e justo orgulho*) — Então, é verdade! Eles existem! Será possível? Custo a crê-lo!

EMBAIXADOR — Sempre existiram!

PRESIDENTE — E eu posso pedir um autógrafo como prova cabal de que eles são verdadeiros?

EMBAIXADOR — Calma, *mister* Presidente, vamos primeiro selecionar quais são os Super-Heróis mais bem adaptados ao nosso caso!

PRESIDENTE — Eu quero o Tocha Humana! Eu sempre fui macaca de auditório do Tocha Humana!

EMBAIXADOR — Nada de espetaculosidade, Presidente. O Tocha Humana é muito exibicionista! Já imaginou todo aquele fogaréu voando pelos ares??? Aquele rabo de foguete cortando o céu anil...

TIO — Não vamos perder tempo: cada segundo de hesitação me custa um trilhão...

EMBAIXADOR — Consultemos imediatamente... (*Como um boníssimo animador de circo*) Bruce Wayyyyyyyne e seu amiguinho querido, Dick Grayyyyyyyyyson! São gente com muitas árvores genealógicas, gente fina, educada, *gentlemen*, gente bem, são gente, gente como a gente!

14.

Palacete. Entram dançando "La cumparsita" os dois célebres amigos. Terminado o curto baile, beijam-se simultaneamente as mãos. Adoram-se.

ROBIN — Eu adoro bailar com você, meu caro Bruce. Você tem uma gentileza, uma elegância, um *savoir-faire* que não são comuns nos dias de hoje, tão turbulentos, efervescentes, diria mesmo. Repito: dançar com você, é, como direi? Não sei. E este é o melhor elogio que eu lhe posso fazer.

BRUCE WAYNE (*Sinceramente comovido*) — Igualmente. (*Ligeiríssima pausa de enorme transição.*) E agora passemos às coisas práticas. Alfred. Venha cá, meu fiel Alfred. Vá ver o que diz o nosso energiômetro. Tenho para mim que algo estranho está acontecendo. (*Alfred sai tão discretamente como havia entrado.*) Existem coisas, Robin, que não compreendo. Poucas, mas existem. Por exemplo: por que certas pessoas persistem em seguir os caminhos do crime, apesar de saberem a ciência certa de que estaremos sempre prontos a combatê-las??? Por quê? Por quê? É insensato!

ROBIN (*Pensando penosamente, já que não é esse o seu ofício*) — O crime, a meu ver, é uma enfermidade... uma doença... uma...

BRUCE (*Seriamente pensativo*) — É isso mesmo. Eu creio mesmo que talvez você tenha razão, pelo menos em parte. O crime talvez seja mesmo uma doença. Talvez seja esta uma grande verdade. Dê-me as suas mãos, quero felicitá-lo. (*Um dá as mãos, o outro felicita.*)

ROBIN — Temos nós também a nossa parcela de culpa. Muitas vezes demoramos demasiado em capturar os criminosos e isso os encoraja. Agora mesmo, por exemplo, estamos empenhados em uma luta de morte contra o famigerado Joker, e todavia não sabemos sequer onde se esconde!

ALFRED (*Retomando muito discretamente*) — Com a vossa permissão, senhores, não desanimem. Já o enfrentaram muitas vezes e sempre saíram triunfadores.

BRUCE — Isso é verdade, meu bom e fiel Alfred. Muito obrigado por tamanha adulação. Dê-me as suas mãos: quero felicitá-lo. (*Repete-se o conhecido processo.*) Por favor, atenda ao bat-telefone que está bat-tocando.

ALFRED — Irei num bat-momento.

BRUCE — Minha extraordinária bat-percepção me diz que nosso Embaixador num país amigo necessita de nossa bat-ajuda, do nosso bat-socorro urgente.

ROBIN — Quem será? Qual país?

BRUCE (*Concentrando-se*) — Agora vejo mais claro; minha bat-clarividência me diz que um povo inteiro foi atacado pelas *Strange Creatures From the Outer World*. Elas conseguiram transpor a barreira do Espaço-Som. Foi isso o que registrou o nosso energiômetro. Vamos. Não podemos perder um só instante.

ALFRED (*Trazendo o telefone*) — É para o senhor, Mr. Bruce.

BRUCE (*Condescendente*) — Eu sei, Alfred, eu sei. Já respondi...

ALFRED — Mas... o Embaixador...

BRUCE — Alfred, diga-lhe que sim. E prepare imediatamente o meu bat-avião, bat-móvel, bat-metralhadoras, bat-bombas e bat-napalm! Sempre que a polícia necessitar da nossa ajuda, sempre aí estaremos, sempre, bat-sempre! Vamos, Robin. Mais uma façanha maravilhosa nos bat-espera! Vamos salvar esse desgraçado povo! Os compromissos internacionais do nosso país exigem que socorramos esse povo bat-oprimido! *Sieg Heil*!

CORO — *Sieg Heil*!

15.

Outra vez no Palácio do Governo. Já agora todos revelam um certo otimismo embora perdurem o medo e a insegurança.

MORDOMO — Acabamos de receber uma mensagem telepática: Mandrake e o seu fiel Lothar já estão a caminho. Narda também virá. Ele precisa apenas despedir-se do Rei, seu futuro cunhado.

PRESIDENTE — Eu tenho maus pensamentos, maus agouros. Eu acho que não está certo.

EMBAIXADOR — O quê?

PRESIDENTE — Batman e Robin são burguesões com mordomo e tudo! Mandrake é um latifundiário, amigo do Rei, e pior ainda, Lothar, o seu criado, é Rei ele mesmo na África, porém prefere ser escravo do homem branco... Ora, vamos e venhamos, vocês não podem escolher apenas super-heróis capitalistas e milionários. Escolham pelo menos um que seja proletário!

TIO — Ele tem razão! É verdade! Agora até eu mesmo entendi: eles são todos extraordinariamente ricos e por isso mesmo ajudam a polícia, claro! Todos são gente bem!

EMBAIXADOR — É... que é que se vai fazer? Proletário mesmo não existe nenhum que seja super-herói. Mas quem sabe a gente resolve o problema com alguém que seja da classe média.

PRESIDENTE — Quem?

EMBAIXADOR — Super-Homem! Esse é trabalhador, jornalista, modesto, tímido, míope.

PRESIDENTE — Mas vocês acham que mesmo sendo da classe média ele vai defender os nossos interesses?

EMBAIXADOR — *Of course*! O drama da classe média é shakespeariano: ser ou não ser! Ela não é o que gostaria de ser e, se não tomar cuidado, vai acabar sendo o que não quer ser! (*Faz a demonstração gestual daquilo que diz.*)

MORDOMO — O Sr. Clark Kent, por alcunha Super-Homem, está em missão no espaço. Porém, com a ajuda de sua possante superaudição ouviu tudo o que foi dito nesta sala. Ele manda dizer que aceita o vosso amável convite!

EMBAIXADOR — Está formada a Liga da Justiça Pelas Próprias Mãos!

PRESIDENTE — Eu já me sinto outro homem, já me sinto um homem! Agora sim, perdi o medo, agora sim, agora já quero falar com o meu povo, cara a cara, *face to face*, quero segurar os cornos do meu povo a unha!

EMBAIXADOR — Fale, Presidente! Eduque o seu povo!

16.

Praça. Povo atônito, perplexo e boquiaberto.

PRESIDENTE — Povo, meu povo, vamos agora falar de homem pra homem. Povo: eu estarei sempre do teu lado! Estarei sempre ao lado do povo contra os malfeitores, ao lado do povo contra os estudantes, contra os operários, contra os camponeses, contra as mulheres, contra os jovens, ao lado do povo contra as mães que apoiam seus filhos provocadores, ao lado do povo contra os professores, os bancários, os motoristas de táxi e todas as outras categorias, e classes, e grupos e grupúsculos que pedem aumento de salário, que desequilibram as finanças da nação, ao lado do povo contra os empregados e contra os desempregados, contra os ocupados e os desocupados, contra os ordeiros e os desordeiros, ao lado do povo na defesa intransigente do próprio povo, ao lado do povo contra tudo e contra todos, contra isto e contra aquilo, contra gregos e troianos, ao lado do povo contra o próprio povo se necessário for!

Povo! Escuta bem: eu estou do teu lado! Porém, se tu não estiveres do meu lado, ao meu lado estará a famigerada Liga da Justiça Pelas Próprias Mãos! Ei-los que surgem! (*Entram graciosamente vestidos com suas roupas típicas todos os super-heróis que atenderam ao apelo do embaixador: Mandrake, Narda, Batman, Robin e o inefável Super-Homem.*) Estes maravilhosos jovens vão cantar para vocês uma canção, admirável e bela, canção intitulada "O mundo vai ser livre na porrada", canção com a qual encerraremos a primeira parte deste maravilhoso espetáculo!

"O mundo vai ser livre na porrada"
(*Cantada com sotaque bem carregado*)

Quem quiserrr democrracia
pode bem esperrrarrr sentada!
Já escolhi o regime:
povo livre na porrada!

Quis ser amiga do povo,
mas povo não estarrr preparrada;
quis até deixarrr votarrr
mas povo não estarrr preparrrada;
quis brincar de liberrrdade
mas povo não estarrr preparrrada;
vai-se agorrrra preparando:
povo livre na porrrrada!

Quem quiser democracia
pode bem estarrr sentada;
povo não estarrr preparrada:
povo é livre na porrrrada!

Segundo ato

No entanto, a peça pode ser representada sem nenhum intervalo.

17.

Assembleia estudantil: momentos de crise. Tensões e explosões.

BONIFÁCIO — Nós temos que conseguir a união de todos os estudantes. Só assim podemos vencer!

BENEDITO — Não é verdade!

BONIFÁCIO — O companheiro é um divisionista.

BENEDITO — Vamos desmistificar o conceito de estudante! Ser estudante não significa pertencer a uma classe. Existem estudantes revolucionários, mas também existem os reacionários! Nós devemos lutar somente pela união de todos os estudantes revolucionários! Mas não só dos estudantes, também dos operários! Nós vivemos uma situação pré-revolucionária, companheiros! Em toda parte onde existe opressão é preciso fazer explodir o ódio, é preciso canalizar a violência, é preciso destruir o Estado!

BONIFÁCIO — O companheiro está doente de esquerdismo, a doença infantil do comunismo, como dizia Lênin!

BENEDITO — O esquerdismo é o remédio à doença senil do comunismo!

AZAMBUJA — Eu acho que a nossa luta é reivindicatória. Temos que fazer reivindicações puramente estudantis. Se as classes trabalhadoras, simultaneamente, estão neste movimento de rebeldia, essa é uma coincidência feliz, mas é uma coincidência. Os operários que façam as suas reivindicações operárias! Os camponeses que façam as suas reivindicações camponesas! As nossas possibilidades de sucesso se baseiam em que a nossa luta deve ser mantida estritamente dos limites da vida universitária!

BENEDITO — E se o Governo aceita as nossas reivindicações, o que é que nós vamos fazer? Voltar pra aula?

BONIFÁCIO — Vencida a primeira etapa, vamos colaborar também com as classes trabalhadoras, mas sem a pretensão de liderá-las.

BENEDITO — Mas ninguém vai liderar os operários: eles já estão ocupando fábricas, estão cortando caminhos, ocupando as ruas! E nós não ocupamos nem o mictório da escola... O que é que nós estamos esperando...???? Vamos pra rua, fazer explodir o ódio.

PRESIDENTE — Em vista do adiantado da hora, eu vou ter que fazer votar as propostas. E a única proposta que tenho na mesa é a seguinte: vamos pra rua fazer explodir o ódio! Quem estiver a favor da proposta...

BENEDITO (*Entusiasmado, entusiasmando, entusiasta*) — Aprovada por aclamação. Vamos pra rua! (*Saem quase todos correndo gritando slogans contra o Estado, contra a violência, contra a repressão.*) A luta se bipolariza!

ESTUDANTE (*Bem lentamente*) — Eu não sei por quê, mas eu não estou a favor de uns nem de outros.

ESTUDANTE — Eu também não.

ESTUDANTE — Você... o que é que você pensa?

ESTUDANTE — O que é que eu penso? Sabe que esta é a primeira vez que alguém me pergunta o que é que eu penso? Todo mundo só sabe me dizer, faz isso, faz aquilo. Ninguém nunca me perguntou nada. Sabe de uma coisa? Eu vou pensar! Vou mesmo! Eu vou pensar! Porque eu não estou a favor nem desses nem daqueles.

18.

Palácio do Governo. Mandrake e Narda numa situação embaraçosa.

MANDRAKE — Fale, Narda, fale de uma vez. Devo ir ao encontro do Presidente. O assunto que me leva e traz é do mais alto interesse nacional. Não temos tempo a perder.

NARDA — Quero te confessar um segredo espantoso, Mandrake. Sei muito bem que este não é o momento oportuno! Porém, meu caro Mandrake, que queres que te diga? Sinto tonturas, estou afligida, é espantoso, espantoso! Não quero que penses mal de mim.

MANDRAKE — Minha poderosa mente ultracósmica já pensou todos os pensamentos que podem ser pensados. Tudo que se pode pensar, pensei! Nada me espanta! Mesmo o espantoso! Usando todas as palavras de todas as línguas vivas ou mortas, já fiz todas as análises combinatórias possíveis e, enfim, tudo que pode ser traduzido em palavras já foi pensado por mim, Narda, bela Princesa!

NARDA — Existem coisas que não podem ser reduzidas a palavras, meu caro príncipe.

MANDRAKE — O quê, por exemplo, Princesa?

NARDA — O amor, Príncipe.

MANDRAKE — Ora, Princesa, eu já sabia: sim, sim, sim, um dia nos casaremos. Não sei ainda quando, porém um dia, um dia será. Eu sei que tu me amas. (*Beija-a ternamente no rosto, e sem pensamentos pecaminosos — um beijo puro de noivo antigo.*) Agora devo me ir. (*Faz um gesto elegante e mágico e oh!, uma pomba branca surge nos seus dedos. Principescamente oferece-a à Princesa. Estão entre príncipes.*)

NARDA — Obrigadinha. (*Mandrake sai com sua capa esvoaçante e negra como a noite fria.*) Sim, amo. (*Enigmática*) Sim, amo, amo, amo. (*Ainda mais enigmática*) Estou desesperadamente apaixonada. (*Mais enigmática ainda*) Sinto renascer meu coração, meu corpo, mandíbulas, minhas pernas, minhas coxas e minhas entranhas, sinto renascer minha boca, língua e lábios, renasço inteira, sim, renasço, porque amo, amo, amo! (*Enigmaticíssima*) Porém... oh, segredo espantoso! Amo outro e não Mandrake, como pensam todos! Ai. (*Sai cheia de medo, envergonhada e o enigma fica pairando na atmosfera densa e pesada.*)

19.

Numa porta de fábrica. Alguns operários do lado de dentro. Um policial do lado de fora.

POLICIAL — Vocês estão aproveitando porque nós também estamos em greve. Quer dizer: tem uns maus elementos até dentro da polícia, que não querem trabalhar, fizeram greve também. Os efetivos diminuíram. Por isso vocês estão aproveitando. Mas, poxa, vocês deviam ver a minha situação. Eu sou um profissional. Mandaram baixar o pau, eu baixo. A ordem vem de cima. Se eu fosse padeiro, fazia pão. Eu sou polícia, baixo o pau. E depois vocês dizem que eu não tenho nada na cabeça. O que, em parte, é verdade. Mas tenho três filhos pra sustentar. Qual é o meu erro? Meu filho maior vende jornal, o do meio engraxa sapatos e o menor é muito pequeno. Eu trabalho também, poxa. É um trabalho ingrato, dar porrada. Mas qual é o meu erro? A ordem vem de cima. Isso vocês não reconhecem. Vocês não reconhecem que o meu salário também não chega, no fim do mês sempre fica faltando qualquer coisa. Isso vocês não reconhecem. Se eu fosse datilógrafo, como queria a minha mãe, eu escrevia à máquina. Eu sou polícia, eu dou porrada. Vocês não reconhecem que, se a escola está cara pros filhos de vocês, também está cara pros meus, e os meus nunca foram à escola, vão ficar burros como o pai. Se eu fosse professor, como queria o meu pai, eu ensinava. Vocês não reconhecem que o meu trabalho é perigoso! Seu eu fosse doutor, como eu queria ser, eu curava as pessoas. Mas eu sou polícia. Dou porrada. Mas se eu fosse operário, que nem vocês, eu até que trabalhava. Eu até que fazia greve, que nem vocês. Eu até que protestava. Eu até que ia ter uma porção de amigos. Eu até que ia brigar junto. Eu até que ia ser preso. Eu até que ia apanhar. Mas eu sou polícia, eu dou porrada. E isso vocês não reconhecem.

OPERÁRIO — É. É verdade. Isso a gente não reconhece mesmo!

POLICIAL — Vocês têm razão.

20.

Reunião no Palácio do Governo. O Presidente está acabando de contar dinheiro.

PRESIDENTE — 200, 300, 400, 500.

TIO — Começa ou não começa?

PRESIDENTE — Espera um pouquinho só. Mil, 2 mil, 3 mil...

TIO — Quac! Vamos começar de uma vez. Qual é o plano?

PRESIDENTE — Vai falando que eu estava prestando atenção. 7 mil, 8, 9, 10... (*Continua murmurando baixinho como se fosse uma oração. Fervor religioso.*)

BATMAN — Nós viemos aqui resolver uma situação crítica. O governo está sendo humilhado pelo seu próprio povo, numa inversão radical da ordem natural das coisas. Nós, os Super-Heróis, deixamos os nossos quefazeres habituais, aqui viemos prontos a prestar socorros urgentes e, apesar de tudo, o senhor, o senhor, sim, senhor Presidente, vilmente quer nos impedir de usar os nossos processos habituais, as nossas armas mais tradicionais.

PRESIDENTE — Não é bem assim, vocês não me entenderam direito...

TIO — Cala a boca, Presidente, e deixa ele acabar de falar. Fala, Batman. (*Aparece o mordomo na porta.*)

PRESIDENTE — Está bem, eu calo.

MORDOMO — Excelência, o Ministério está todo reunido aqui fora e pergunta se pode entrar pra reunião.

PRESIDENTE — Não, não pode, não. Diz aí pros Ministros que nós estamos resolvendo assuntos de Estado, coisa séria, ninguém pode ficar sabendo. (*Mordomo sai civilizadamente.*)

BATMAN — Dizia a filosofia chinesa de antes da Revolução que uma flor só é flor se for cheirada, e uma bomba só o é quando explode. (*Enfático, colérico*) Nossa força, que é medonha, tem que ser usada, sem freio nem peias, sem meias medidas. Guerra é guerra!

TIO — Quem mais quer fazer uso da palavra?

MANDRAKE — Eu só posso atuar com carta branca.

PRESIDENTE — 1 milhão, 2 milhões, 3 milhões... Eu dou carta branca, eu dou. Mas dentro de certos limites.

MANDRAKE — Não vejo por que o senhor fica fazendo fita. Já no mundo inteiro ninguém repara. O povo é pra ser tratado com mão de ferro. O povo não conhece outra linguagem! Nós não estamos pedindo nada de extraordinário: queremos apenas fazer aqui o que já fizemos ao nosso próprio país. O povo é uma hidra de sete cabeças: nós não queremos assassinar o povo — queremos apenas cortar-lhe as sete cabeças. Foi o que fizemos em nossa casa, e queremos agora exportar a tecnologia, o *know-how*! Simples!

PRESIDENTE — Super-Homem, meu Super-Homenzinho, por favor, me ajuda. Você que é da classe média, você que está um pouquinho mais perto do povo, por favor, me ajuda, diz qualquer coisa meiga.

SUPER-HOMEM (*Perfeitamente obtuso*) — Eu estou inteiramente de acordo.

PRESIDENTE (*Perplexo, aparvalhado, com dúvida incontida*) — Com quê, Super-Homem? Comigo? Com eles? Com você mesmo? Com quem? Com quem você está de acordo, minha besta, isto é, meu amigo!

SUPER-HOMEM — Eu estou de acordo com tudo que vocês decidirem. Podem contar comigo pra qualquer coisa, pro que der e vier. Mas quanto a isso de fazer planos... peço mil desculpas... fazer planos, pensar... essa nunca foi a minha especialidade... não é o meu gênero.

MANDRAKE — Você se parece muito ao meu fiel Lothar.

SUPER-HOMEM — Ele também voa?

MANDRAKE — Ainda não.

SUPER-HOMEM — Perfeitamente.

PRESIDENTE — Perfeitamente o quê?

SUPER-HOMEM (*Cansado do tremendo esforço intelectual que acaba de fazer*) — Tudo o que vocês quiserem. (*Sua frio. Põe-se ao abrigo de novas perguntas embaraçosas.*)

PRESIDENTE — É ele que não está entendendo ou sou eu?

BATMAN — Por favor, Presidente. Ele é muito sensível. Fique quieto.

PRESIDENTE (*Sorrindo amável, galante, concupiscente*) — E a senhora... quer dizer, senhorita... isto é... seja lá que diabo for, você aí, não quer também dar a sua opinião?

BATMAN — Que falta de tato, Presidente.

MANDRAKE — Eu falo por ela. Sempre.

NARDA — Ele fala por mim. É o meu Príncipe.

MANDRAKE — Em que ficamos?

TIO — Estou ficando de saco cheio, senhor Presidente. Resolve isso duma vez. Daqui a pouco eu não vou ter dinheiro nem pra pagar a sua comissão! (*Supremo argumento. A fortaleza moral do Presidente começa a mostrar fissuras.*)

PRESIDENTE — Não, não, isso nunca, minha comissão é sagrada!

TIO — Queremos carta branca!

PRESIDENTE — Mas eu não posso, eu não posso, eu me mato, eu me suicido, eu vou me queimar vivo... Eu quero, eu juro que sim, eu quero trair o meu povo! Eu estou sinceramente empenhado em trair o meu povo, mas o problema não é de conteúdo, é de forma! Não posso soltar uma manada de Super-Heróis uniformizados na rua matando a torto e a direito!

MORDOMO (*Ao telefone*) — Câmbio, Excelência. O Terceiro Batalhão de Guardas Nacionais que foi enviado para pacificar os operários siderúrgicos acaba de aderir aos revoltosos!

MANDRAKE — Todo o Governo oprimido pelo seu próprio povo tem o direito divino de se autodefender, usando para isso a violência se necessário for.

PRESIDENTE — Vocês prometem que vão bater devagarzinho? Sabe como é... eu tenho uma filha com a idade desses jovens...

MANDRAKE — Na primeira etapa tentaremos a dissuasão; na segunda, dente por dente, olho por olho; na terceira, o *napalm*, a vitória! A paz a qualquer preço!

PRESIDENTE — Eu tenho horror a sangue, às torturas sangrentas...

MANDRAKE (*Com infinita bondade, e não desprovido de inteligência e de macabro sentido de humor fidalgo*) — Meu querido Presidente, o que é a tortura? É a dor, física ou psicológica, que se causa a alguém... e que pode eventualmente conduzir à morte. Porém existem duas espécies de tortura, uma espetacular, teatral, episódica! A outra, quase despercebida, invisível a olho nu, discreta: a fome, a miséria, o desemprego... Meu inefável Presidente: a essa o senhor já está habituado. O que você teme é a outra, o espetáculo, a arara, o telefone, a cadeira do dragão, a latinha, a psicodélica, o tupacamaru... o teatro, em suma!

PRESIDENTE (*Maravilhado diante de tamanha sabedoria*) — Esse Mandrake é fantástico: tem uma resposta pra tudo.

TIO — Não é à toa que ele é Mandrake!

MANDRAKE — Agora, senhor Presidente, vamos preparar o seu discurso à massa!

PRESIDENTE — Eu quero dizer o seguinte...

MANDRAKE (*Interrompendo-o sem brutalidade porém resolutamente*) — Eu vou escrevê-lo. O senhor deve se preocupar apenas com a pronúncia! Clara e máscula! Usarei as três leis da Retórica Política. Primeira: o Governo sempre é vítima! O povo não nos compreende, porém tudo o que fazemos é para o seu próprio bem! Segunda: o bem do povo deve ser expresso em linguagem gloriosa e altaneira. Pátria Grande, Destino Sagrado da Pátria, Concerto das Nações, País do Futuro, Objetivos Nacionais, Mundo Livre Ocidental... (*Usar outros slogans do momento e do país.*) Terceira: devemos usar contra eles as mesmas palavras que usam contra nós. Imperialismo comunista, reacionarismo de esquerda e, no afã de usar todas as suas palavras, devemos até mesmo cometer a blasfêmia de falar em Revolução de Direita!

BATMAN — Mandrake! Até eu, seu rival, dou o braço a torcer. Torça, Mandrake. (*Dá-lhe o braço a torcer.*)

SUPER-HOMEM — Ao seu lado, todos os demais Super-Heróis empalidecem. Estou pálido!

MANDRAKE — Muito obrigado, senhor Presidente e senhores Super-Heróis. Vamos agora dar início às Super-Operações! Presidente, pode contar as suas moedas! Batman e Robin, ocupem-se das operações terrestres! Super-Homem funcionará como um aríete aéreo contra as posições do inimigo. Eu comandarei pessoalmente todas as escaramuças. Adiante, companheiros. Vamos à guerra! (*Música MGM tornada bélica, ameaçadora. Saem todos, menos Narda, que segura Super-Homem pelo braço.*)

21.

O terrível segredo. Narda segura Super-Homem pelo braço e, num átimo de segundo, com sua maravilhosa intuição, ele descobre tudo.

SUPER-HOMEM — Por favor, Narda, deixe-me partir. Minha superintuição me adverte que algo terrível pode acontecer aqui nesta sala.

NARDA — Fique, Super-Homem, fique: quero confessar-lhe o meu terrível segredo.

SUPER-HOMEM — Minha Supertelepatia me faz adivinhar esse segredo terrível: por favor, Narda, saia do meu caminho!

NARDA — Sim, meu bem, você já descobriu tudo, mas eu quero que você o escute da minha própria boca: eu te amo! Mesmo que você não o fosse para todas as outras, para mim você seria sempre o meu Super-Homem, meu, meu, meu Super-Homenzinho!

SUPER-HOMEM — Narda, por Deus, *my God, oh God*! Deixa-me só, deixe-me partir!

NARDA — Não, não, não te deixarei, porque em tudo somos iguais: o amor a mim também me dá superpoderes! Não te deixarei, meu supergatinho! (*Morde-o com feroz doçura, com terna crispação.*)

SUPER-HOMEM — Narda, que diriam os outros heróis se descobrissem o nosso amor???? Que diria Mandrake???? (*Assusta-se e quase cai em si, isto é, em Clark Kent.*) Meu Deus Kriptônio, neste momento sua mente telepática provavelmente já descobriu tudo!

NARDA — Quero beijar-te! (*Ataca como uma verdadeira amazona, embora a pé.*)

SUPER-HOMEM — Sinto uma supertentação, porém é meu dever dizer não! Não!!!

NARDA — Solta as rédeas do teu superdesejo e faz de mim o que você superquiser!!!

SUPER-HOMEM — Não, não, não, isso não nos levará a nada, nada, nada! Não quero, quero, não posso, não devo, mil vezes não!

NARDA — Isso nos levará a uma supercama numa supernoite supercolorida!

SUPER-HOMEM — É impossível!

NARDA — Por quê, meu amor?

SUPER-HOMEM — Eu disse que uma coisa terrível ia acontecer e vai. Vou te confessar tudo. Tudo, tudo!!! Mas não sei se resistirei à emoção! (*Começa a chorar abundantemente mas com fidalga discrição: embora pobre, Super-Homem possui nobres sentimentos.*)

NARDA — Não chores, meu lindo, e conta, conta. Prometo ser compassiva e boa!

SUPER-HOMEM (*Dominando a sua profunda emoção*) — Primeiro quero revelar a minha verdadeira identidade. Eu não sou Super-Homem *full-time*! Seria demasiado, para mim. Fora de serviço o meu nome é Clark Kent, repórter profissional. Tenho até uma noiva que não conhece a minha identidade civil. Mas você, minha cara, você saberá tudo, tudo! Com a minha personalidade de Clark Kent eu sou como qualquer outro homem medíocre, sem nenhum poder especial. Sou até um pouco míope e ligeiramente estrábico. Porém, quando me transformo, aí sim, todo o meu corpo se endurece, todos os meus músculos se endurecem, eu adquiro visão de raio X, supertelepatia etc. etc., mas sobretudo isto: todos os meus músculos se endurecem, todas as partes do meu corpo se endurecem, todas, todas, todas... menos uma!

NARDA — Será essa que eu estou pensando!!!???

SUPER-HOMEM — Justamente! (*Narda profere um terrível, lancinante e direi mesmo dilacerante grito de dor, confundida com piedade, e não sem algum ódio incontido, mas sobretudo muita perplexidade intranquila. Conselho à atriz que interpretar este papel tão cheio de complexidades psicológicas: grita bem forte, minha filha, grita mesmo.*) Que foi? Que foi??? Você está se sentindo mal?????!!!!!

NARDA — Bello Antonio de merda!

SUPER-HOMEM — Desculpe, eu sei que a culpa é minha, mas, procure entender, não é por gosto...

NARDA (*Sem piedade, profundamente ferida no seu amor-próprio, medindo cada palavra para fazê-la mais insidiosa*) — E tudo isso pra quê? Para nada! Tanto músculo reluzente, tanto torso, tanta nádega apetitosa, esses belos olhos azuis, esse chuca-chuca enroladinho na testa, tudo isso para quê? Pura ilusão...

SUPER-HOMEM — Narda, não sejas injusta...

NARDA — A vida é um sonho, e os sonhos são...

SUPER-HOMEM — Eu sirvo para muita coisa, Narda, juro! Sou a alegria das crianças — elas sonham comigo, querem ser como eu, querem perseguir ladrões, criminosos, subversivos! Isso já é alguma coisa...

NARDA — Perdão, foi sem querer. É que essa frustração, assim de repente, sem mais aquela... tanto amor perdido... amor sincero... ardente...

SUPER-HOMEM — Nada podemos fazer...

NARDA (*Iluminada por uma ideia que não é de todo má*) — Talvez Mandrake possa dar um remédio a isso: ele é mágico!

SUPER-HOMEM — Ora, Narda, e quem lhe poderia pedir tamanho favor...???

NARDA — Eu mesma!

SUPER-HOMEM — Revelando assim o nosso segredo? Ora, Narda, não digas tolices... cabecinha louca...

NARDA — Ou então eu mesma! Quem sabe? Eu li num livro...

SUPER-HOMEM — Sejamos realistas, Narda. Minha noiva, Lois Lane, já leu todos os livros, já praticou todas as teorias... e ei-lo imutável, sereno...

NARDA — Parece até que você não conhece a história da Bela Adormecida! (*Apontando para o lugar conveniente.*) Ele é uma Bela Adormecida, eu sou o seu Príncipe Encantado. Quem sabe se um beijo mágico...

SUPER-HOMEM — Se fosse assim tão fácil... Lois Lane...

NARDA (*Outra vez cheia de desgostos e contragostos*) — Quer dizer que você é o contrário de todos os outros homens. Os outros, em geral, conseguem endurecer apenas essa parte!

SUPER-HOMEM — Isto significa que todos os homens são até certo ponto, em pequena medida, super-homens como eu! Que grande alegria para toda a Humanidade. (*Gritos. Gente correndo. Explosões de entusiasmo e de bombas molotov. Entra correndo Robin.*)

ROBIN — Miseráveis. Vocês nos traíram!!!

SUPER-HOMEM (*Assustadíssimo*) — Quem os traiu? Juro que não. Juramos. Estávamos só conversando!

ROBIN — Conversando enquanto nós lutávamos??????

SUPER-HOMEM — Já começou? E eu nem tinha me dado conta...

ROBIN — Batman acaba de ser feito prisioneiro.

NARDA — E Mandrake??????

ROBIN — Destino ignorado! Rápido. Façamos qualquer coisa! As Hordas de Bárbaros Fanáticos estão avançando em todas as frentes! É necessário detê-las! Ei-las. Elas aí estão, encarnadas em pessoas aparentemente pacíficas! É necessário detê-las!

Entram estranhas criaturas encarnadas em estudantes, operários e até mesmo um ou outro camponês. Nada falam: lutam e ganham. Os Super-Heróis, tomados de surpresa, confundidos, deixam-se prender quase sem resistência.

SUPER-HOMEM — Estou confuso!

ROBIN — Como é que vai se confundir agora? Traidor! Fujamos! (*Consegue escapar com Narda. Batman entra logo em seguida.*)

SUPER-HOMEM — Narda, onde você está? Que faremos? Conversemos! Vamos dialogar! Diálogo. Diálogo!

BATMAN — Super-Homem, me ajuda. Eu consegui escapar mas não consigo me comunicar telepaticamente com essas criaturas, que não querem diálogo!

SUPER-HOMEM — Elas me estão drenando a Força Vital! Perdi o contato com meu Deus Kriptônio!

BATMAN — Vamos forçá-los a dialogar! Do contrário, estaremos perdidos!

SUPER-HOMEM — Diálogo, diálogo, conciliação de classes, unidade, nem vencidos nem vencedores, pacificação, olhemos o futuro com otimismo. (*Continua a gritar essas e outras frases do lugar e do momento, porque elas existem em todos os momentos e em todos os lugares. Música dividida: de um lado, hinos e marchas, do outro filmes e TV, porém militarizada. Espécie de Walt Disney bélico. Filmes projetados sobre os atores. Filmes de passeatas, guerra, astronáutica, temas afins.*)

BATMAN — Falem, falem! Dialoguem! (*As criaturas continuam mudas, não aceitam o diálogo. Entram outras mais.*) Vamos fugir, vamos fugir! Fujamos!

22.

Assembleia.

BONIFÁCIO — Companheiros, chegamos num momento decisivo. Antes de continuar, nós precisamos agora discutir o que faremos se um dia tomarmos o poder!

BENEDITO — Primeiro vamos tomar o poder, e depois vamos discutir o que fazemos com ele!

BONIFÁCIO — Vamos prever o futuro, e vamos analisar a situação presente. Vamos formar uma Central Revolucionária!

BENEDITO — Abaixo a burocracia, abaixo os vícios do passado!

BONIFÁCIO — Abaixo o caos, abaixo a anarquia!

BENEDITO — Companheiros, neste momento, qualquer discussão, por mais correta que seja, é uma traição! Nossos companheiros estão na frente de combate, arriscando a vida pela Revolução. Nós não temos o direito de perder o nosso tempo apenas conversando!

AZAMBUJA — Mas temos que saber por que estamos lutando, ou não? Tudo começou porque o feijão do restaurante universitário estava podre! Por que continuamos lutando?

BENEDITO — Se o companheiro não sabe, é melhor que não lute: vai acabar disparando contra nós mesmos!

BONIFÁCIO — Cada país tem a sua própria revolução nacional, e cada revolução tem a sua própria fisionomia! Nós não podemos copiar mecanicamente os modelos de outras nações que já se libertaram, porque as revoluções não se exportam! Pode ser que a fisionomia da nossa revolução seja pacífica e ordeira, e mesmo até certo ponto dentro da lei, por que não?

VOZES DE PROTESTO — Cala a boca reacionário!
— Revolução dentro da lei?
— Desce daí, gorila!

BONIFÁCIO — Basta de sangue!

BENEDITO — Basta de fome, isso sim! Basta de desemprego! E, se para acabar com a fome e a miséria, for necessário mais sangue, então sim, sangue, mais sangue, sempre sangue! (*Chuva de sangue.*)

BONIFÁCIO — Proponho a criação de um Comitê Para o Diálogo e o Entendimento Por Vias Pacíficas Sempre Que Possível.

BENEDITO — Traição! Traição! Traição!

BONIFÁCIO — Os nossos inimigos aceitam o debate: isso já é uma vitória, uma grande vitória: antes eles não queriam nem conversa! Precisamos economizar vidas humanas que devem ser respeitadas!

BENEDITO — Para isso servem as frentes amplas, frentes unidas, frentes da traição unida!

PRESIDENTE — Quem está a favor do diálogo? Quem quer continuar a guerra?

BENEDITO — Que se faça a comissão, mas pelo menos que não cesse a luta...

VOZES CONTRADITÓRIAS — Diálogo, diálogo!

— Guerra, guerra!

AZAMBUJA — Restaurante, restaurante! Melhor arroz, melhor feijão!

PRESIDENTE — Está em votação. Venceu o diálogo. A luta continua. Porém metade de nós vai ser desmobilizada para parlamentar melhor.

23.

Dentro de uma impenetrável esfera de metal, que pode ser mostrada através de uma esfera verdadeira de várias toneladas de peso, como nos bons tempos de Piscator, ou através de slides, o nosso famoso Super-Homem encontra-se em palpos de aranha. Pregaram-lhe uma peça.

SUPER-HOMEM — Pregaram-me uma peça. Com seiscentos mil demônios, por esta eu não esperava! Agora é que a porca torce o rabo. Não sei como me deixei prender assim tão infantilmente. Senão, vejamos: prenderam-me numa esfera metálica, revestida de chumbo, o único metal que, como todos sabem, não me permite enviar ondas de raio X. Por quê? Não sei. Mas não permite! E por baixo, uma camada de kriptônio, uma substância especial do meu planeta natal, que não causa nenhum dano aos habitantes da Terra, mas que representa um perigo mortal para mim. Já estou começando a sentir os seus mortais efeitos. Já me estou debilitando, estou debilitado... Já nem sequer posso tentar sair daqui, já nem posso... nem posso tentar destruir essas paredes forjadas de vil metal, de chumbo, kriptônio...

Sim, sim, eis que tenho uma ideia. Não é das melhores mas, para quem está na minha situação... mais vale um pássaro na mão! É assim, vejam se me seguem, gentis espectadores: esfregando os pés no chão com uma velocidade superveloz, eu poderei teoricamente criar uma enorme quantidade de carga elétrica estática. É tão rápido o movimento que o meu pé parece imóvel, não é mesmo? A corrente elétrica, ao passar pela atmosfera, produz nitrogênio, como era de se esperar. Eu vou super-respirar com muita superforça e o nitrogênio combinado com o oxigênio dos meus superpulmões vai produzir uma supercarga de ácido supernítrico, e o ácido destruirá o metal formando nitrato de chumbo e além disso formará também um enorme buraco através do qual poderei escapar incólume. Claro, é facílimo! Elementar, meu caro Watson. (*Depois do super-raciocínio, Super-Homem parece esgotado. Em slides ou em cinema, seria lindo mostrar, ilustrar, tentar demonstrar a superjusteza dos planos arquitetados; talvez em desenho animado: encontros de átomos e moléculas que se recusam valentemente a realizar as ações e conjunções que preconiza o grande sábio musculoso. Finalmente, as moléculas se veem constrangidas a aceitar a química pessoal do herói, mas sem muita vontade. Dentro da esfera que se rompe [slides] Super-Homem se esforça e finalmente se liberta.*) Estou salvo graças à minha Superquímica!!! Aiô, Silver!

NARDA (*Que aparece no corredor*) — Vem comigo, queridinho. Onde estará o Super-Homem? Eu estou apaixonada por ele, você sabia? Apaixonadérrima, não posso viver sem ele. Amo, amo, amo!

ROBIN — Eu sei, Narda, eu bem o sei.

NARDA — E Mandrake, onde andará? Pobre de mim? Seduzida e abandonada...

ROBIN — Vem, vamos lutar.

NARDA — Não posso, não tenho ânimo, quero morrer. Matem-me, matem-me, matem-me.

ROBIN — O que você tem, minha querida Narda, é um excesso de libido não utilizada! Utilizemos a tua libido em coisas bélicas, brutais e sangrentas! Pois, do contrário, as Estranhas Criaturas do Mundo Sideral se apoderarão da Terra e o seu propósito, bem o sabemos, é o de exterminar a Raça Humana! Com que fim, ninguém sabe! Vamos, Narda, lutemos. (*Ela lança um libidinoso grito de guerra e saem ambos, reanimados.*)

24.

Palácio. Aqui a música se torna totalmente militarizada. As imagens (slides, filmes etc.), idem.

TIO (*No auge do quac quac*) — O quê??? Eles estão ganhando???????

EMBAIXADOR — Parece que sim...

TIO — Chame já o nosso Exército, a nossa Marinha e sobretudo a Aeronáutica! Vamos profissionalizar esta guerra! A situação não está mais para amadores!

EMBAIXADOR — Mas, tio Patinhas...

TIO — Faça o que eu mando! Ordene a invasão. Bombas. Napalm. *Lazy Dogs*. Guerra Química, Bacteriológica, Psicodélica! Ordene a guerra e depois não se esqueça de informar ao Presidente sobre as providências tomadas — quero evitar incidentes diplomáticos! Quero que o mundo venha abaixo, mas quero minhas fábricas desocupadas! Guerra! Guerra! (*Entra uma Criatura Estranha.*)

CRIATURA — Paz. Estamos dispostos ao Diálogo. (*O Tio, que aos gritos ia fugir com medo, faz meia-volta e respira aliviado.*)

TIO — Não acredito!

CRIATURA — É verdade... venceu o bom senso: dialoguemos.

TIO — Ora, ora, ora... por esta eu não esperava. Como não, como não. Convido todos os seus líderes, sem exceção. Venham todos, um a um, uma comissão de altíssimo nível. (*A Criatura sai.*) Rápido.

Preparem-se! Eu sou muito mais Mandrake que o próprio Mandrake. Imaginem a mágica que eu descobri. (*Entram várias Criaturas prontas para o Diálogo.*)

CRIATURA — Viemos dialogar. Não queremos derramar o sangue fraterno. Estamos vencendo, mas preferimos ganhar a guerra na mesa de conferências e não no campo de batalha. É verdade que queremos o poder... ou, se não for possível, pelo menos um governo de coalizão. O senhor é um explorador, um hipócrita. Sanguessuga. O seu lucro é a nossa morte. Mas queremos dialogar, em vista da correlação internacional de forças... Queremos o diálogo...

TIO — Nós também! (*Dispara a sua metralhadora e caem mortos todos os líderes das Estranhas Criaturas.*)

SOBREVIVENTE MORIBUNDO — Mas nós queríamos o diálogo.

TIO — Exatamente. Só que eu comecei a falar primeiro, e cada um fala a língua que entende. Diálogo democrático pra mim é isso. E já que você ainda não morreu de todo, eu vou dialogar um pouquinho mais. Mais diálogo. (*Dá-lhe um tiro de misericórdia.*) Agora, embaixador, vamos falar à plebe ignara pelo rádio e pela televisão. (*Sons de tanques, metralhadoras, bombas, gritos de tortura, soldados e robôs.*)

EMBAIXADOR — Basta de intermediários. Agora com vocês o próprio Tio Patinhas em carne e osso, que fará um pormenorizado relato dos últimos acontecimentos que ensanguentam a nação! Com a palavra, a testemunha ocular da História, o nosso querido Tio.

TIO — Senhoras e senhores, o diálogo continua, agora em termos de franca cordialidade, com cada bando dizendo o que verdadeiramente pensa. Estamos dialogando o máximo que podemos. (*Mais bombas, mais tudo.*) Reconheço que estamos cometendo alguns excessos, que não podem ser controlados em vista dos ânimos que estão exaltados. Mas logo virá a abertura, e nos penitenciaremos todos. Por ora, guerra é guerra! O resultado das conversações preliminares é o seguinte: aproximadamente dois mil mortos, milhares de desaparecidos e exilados. Aí vai um conselho: operários voltem às fábricas e trabalhem pelo bem-estar da nação, sem se perguntarem quem é a nação! Estudantes, metam a cabeça nos livros, e preparem-se para a vida ativa nas indústrias e no campo, preparem-se para a produção e para o glorioso destino da pátria, mas não perguntem quem é a pátria. Nós expulsaremos as criaturas fantásticas dos vossos corpos e voltará a reinar a paz, nas fábricas, nas escolas, no campo e nos cemitérios! Queremos paz, mas não perguntem que paz.

REPÓRTER — Tio Patinhas, nós recebemos muitos telefonemas de muitos telespectadores que gostariam de saber por que foi que tanta gente morreu a metralhada! Por que tantos torturados? Por que tanta gente jogada de helicópteros? Por que inventaram tanta forma nova de tortura?

TIO — Tudo pode ser explicado e para bom entendedor meia palavra basta. Foram os próprios estudantes e operários que, possuídos pelas Estranhas Criaturas do Espaço Sideral, divididos em grupúsculos e grupelhos, não podendo chegar a um acordo cordial, lançaram-se sanguinários uns sobre os outros e utilizaram o mais reprovável dos argumentos: a violência. Nós nada fizemos: apenas observamos com silêncio compungido. Quero, querido repórter, que o senhor divulgue a minha mensagem ao mundo: um fuzil não é um argumento político, principalmente quando não está em nossas mãos. (*Aparecem imagens de Mandrake, Super-Homem, Narda, Robin, lançando bombas molotov, disparando metralhadoras, gritos de dor. Tio Patinhas continua imperturbável, quase religioso.*) Deponham armas. Alguns já morreram, outros estão morrendo e posso assegurar que muitos mais morrerão. Deponham armas, pois do contrário haverá uma inundação de mártires, em todos os escalões!

MANDRAKE — Mata.

BATMAN — Atira.

SUPER-HOMEM — Arranca a pele.

NARDA — Bazucas, bombas, ácidos!

ROBIN — Socorro. Socorro!

BATMAN — Que foi, que foi, que loucura é essa? Robin, o que é que você está fazendo?

ROBIN — Quero morrer. Quero morrer. Matem-me, matem-me, eu quero que me suicidem. (*Enlouquecido, continua com seus gritos desesperados.*)

BATMAN — Que será?

SUPER-HOMEM — Robin enlouqueceu. (*Agarra-o.*) Está louco!

MANDRAKE — Neuroses múltiplas de guerra! Podem levá-lo.

SUPER-HOMEM — Aceitem o conselho de Mandrake: levem-no! Levem-no!

Saem Batman e Robin por um lado, os demais continuam a carnificina.

25.

Lânguida e repousante cama, cheia de veludos rosa e dourados; Robin está sinceramente ofegante.

BATMAN — Descansa, Robin.

ROBIN — O que me terá acontecido?

BATMAN — Naturalmente os ruídos e principalmente o fragor da batalha inclemente... Tudo isso foi um pouco excessivo para os teus nervos jovens. Mas você não deve se preocupar. Você é ainda um belo adolescente. Em parte, devo dizê-lo, os teus encantos derivam desse fato.

ROBIN — Não, eu sei, sei que não foi por isso.

BATMAN — Por que foi então, meu querido Robin. Você deve dizer-me. Por quê?

ROBIN — É algo muito secreto, muito profundo, *deep in my heart*.

BATMAN — Diz, diz, eu estou tão curioso.

ROBIN — Você promete que não fica de mal comigo, seja o que for? Promete, promete??? Prometa!

BATMAN — Prometo, querido. Prometo tudo que você quiser que eu prometa: está prometido, prometidíssimo!

ROBIN — Em poucas palavras: Narda está apaixonada pelo Super-Homem.

BATMAN — Que decepção!!! Essa mulher nunca me enganou! Sim, eu bem o sei, é irmã de um Rei, noiva de Aristocrata, mas existe alguma coisa de vulgar no seu comportamento. É uma jovem mesquinha, ordinária, falsa, uma verdadeira cafona! Para os meus parâmetros, não passa de uma cafona!

ROBIN — Não digas isso!

BATMAN — E por que não? Você também não acha?

ROBIN — Não. Não, senhor. Pelo contrário: eu estou apaixonado por ela. Narda é o meu verdadeiro e único e grande amor! (*Batman heroicamente tenta conter-se, mas prorrompe num lancinante grito de animal ferido no mais profundo de sua alma. Grito de dor sincera, que não deve ser confundido com outros gritos e outras dores.*)

BATMAN — Aaaaaaaaaahhhhhhhhhhhhhh!!!!!!!!!!!!!!

ROBIN — Que foi, meu bem?

BATMAN — E a moral???????

ROBIN — Que moral???????

BATMAN — A moral, ora essa? Onde está a moral???????

ROBIN — Ih, é mesmo: perdão!

BATMAN — E todas as minhas esperanças perdidas! Robin, Robin...

ROBIN — Você me prometeu, você me jurou, você não tem o direito. Não pode brigar comigo, não pode.

BATMAN — Jurei, sim, mas e a moral? E Deus? E a Família? E eu? E eu? E eu?????!!!!!

ROBIN — Que insensatez...

BATMAN — Quebrei a jura que fiz, eu sei... mas não posso suportar esta dor, Robin, não posso... Robin, Robin, eu estou de mal, muito de mal com você... troca, pra sempre...

ROBIN — Você não está sendo justo, Batman. Durante tantos anos, durante todas essas tardes em que passamos juntos meditando, nas longas avenidas enluaradas de Gotham City, quando patrulhávamos, eu sempre me acostumei a ver em ti um amigo, um verdadeiro amigo. Meu único amigo, mais do que um simples amigo: meu irmão mais velho, meu pai, e, por que não dizê-lo? — meu filho e minha mãe!

BATMAN — Não consigo suportar esta dor. Basta!

ROBIN — Sim, é verdade, você sempre foi tudo para mim, meu pai, meu irmão, minha tia...

BATMAN — Mas na verdade nunca fui aquilo que mais desejava ser.

ROBIN — O quê? O quê? Diga, diga.

BATMAN — Teu amor.

ROBIN — Meu amor?

BATMAN — Teu verdadeiro e único, grande e sincero amor.

ROBIN — Mas Batman... você...

BATMAN — Claro que sim, ou o que é que você pensava?! Desde pequeno, desde bebê, eu te cuido, te ensino o bem e o mal, sempre te pus nas melhores escolas, fui eu que te contratei Alfred, o melhor mordomo, e tudo isso por quê? Diga, diga, por quê? No fundo do coração todo mundo é um pouco interesseiro. Diga por quê? Não foi por teus olhos azuis...

ROBIN — Por que foi então?

BATMAN — Por tudo...

ROBIN — Desde que eu era pequenino...?

BATMAN — Desde bebê...

ROBIN — Conta como eu era, conta, conta como você me via?

BATMAN — Desde pequenininho você me cativou. Eu ficava horas e horas perdido ao lado do teu bercinho, vendo a ama-seca trocar as tuas fraldinhas, horas e horas eu ficava absorto olhando a tua piroquinha, fazendo bilu-bilu na tua piroquinha, e já então Robin, confessa, já então você me sorria com esse doce sorriso diabólico e angelical... (*Robin não se pode conter de felicidade e sorri, diabólica e angelicalmente.*)

ROBIN — Batman... eu... eu verdadeiramente não sei o que dizer... Não sei mesmo...

BATMAN — Diz que sim.

ROBIN — Não tenho forças.

BATMAN — Você verdadeiramente é o grande culpado. Maltrataste meu pobre coração. Ninguém tem o direito de fazer isso com ninguém. Você tem que se desapaixonar de Narda. Tem que ser bondoso comigo.

ROBIN — Eu não sei o que dizer, não sei o que será possível...

BATMAN — Entre nós, no nosso Super-Heroico mundo, entre nós tudo é possível.

ROBIN — E a moral?

BATMAN — Temos uma Supermoral!

ROBIN — Batman, agora falando sério: eu, neste momento, não posso dizer nada, não posso te dar nenhuma esperança nem desesperança. Mas prometo que vou considerar com muito carinho o pedido que você me fez... isto é, se posso considerar como um pedido tudo que você me revelou...

BATMAN — Sim, sim, é um pedido; peço, peço.

ROBIN — Vou pensar. Prometo mesmo.

BATMAN — Pensa, pensa. E guarda no seu suave rosto esse enigmático sorriso, angélico e diabólico.

ROBIN — Que é que eu posso fazer? Nasci... assim fiquei... Adeus, querido amigo...

BATMAN — Adeus... e ousarei dizer... até breve...?

ROBIN (*Parado perto da porta, vê-se que luta contra uma atroz indecisão, com o coração transido de emoção*) — Ah, Batman... Bruce... Todo este tempo em silêncio. Quanta ternura, quanta emoção delicada, quanto sofrimento perdido... em vão... Um dia, talvez eu possa dizer-te... *faites de moi ce qui vous voudrez...*

BATMAN — Eu não resisto... espera. (*Voa até a porta, e, num ato impensado, mas nem por isso menos resoluto, beija-o longamente na boca, recua depois aparvalhado diante da sua própria ousadia e temeridade.*) Agora sim... adeus...

ROBIN — Tchau... Que emoção... (*Sai esvoaçante.*)

26.

Estação de Rádio e Televisão. O Presidente, com sincera emoção, segura seus sacos de dinheiro. E, com emoção mais discreta, fala da sua filha.

PRESIDENTE — Eu tenho uma filha na idade desses jovens... Por isso sofro quando tenho que tomar uma decisão contra eles. Podem os pais ficar tranquilos: divido com eles a sua dor. Toda vez que mando um rapaz ou uma moça para o pau de arara, para a cadeira do dragão, pro telefone, latinha, ou qualquer outro processo moderno de interrogatório e persuasão, eu sofro mais do que eles, porque a sua dor é meramente física enquanto que a minha é sobretudo moral. São profundas dores de um pai agoniado. Fiquem todos tranquilos: ninguém vai sofrer mais do que eu! Este governo promete o que jurou, e cumpre o que promete, e jura pela constituição, mais pelo espírito do que pela letra morta! (*Metralhadoras do lado de fora.*)

27.

Nas ruas sombrias, tristes horas da noite, o jogo acabou, e agora? As pessoas vão passando tristes sem se deterem. As frases que dizem também passam e não se detêm.

— Onde está o teu noivo?
— Foi morto.
— Onde está aquele soldado?
— Voltou ao quartel.
— Onde está o teu filho?
— Na barricada.
— E o teu marido?
— Estava fazendo piquete, foi preso.
— E o teu irmão?
— Na prisão.
— E o meu filho? Onde está o meu filho?
— Morreu, minha senhora. Morreu lutando. Lutando. Morreu.

28.

Rádio, Televisão, prefixo musical com metralhadoras sonoras. O Presidente continua impávido o seu colossal discurso.

PRESIDENTE — Encontrei intolerância quando busquei o diálogo. Por isso passamos a viver num clima de intranquilidade, de desordem, e esse clima chegou ao clímax na noite de quarta-feira, e naqueles graves acontecimentos que todos lamentamos. O governo, oprimido pelo seu povo ingrato, retrocedeu até onde era lícito retroceder. Passamos depois à ofensiva. E agora os estamos caçando, um a um, e podemos por isso dizer que o amor (*Agarra-se aos seus sacos de dinheiro*), o verdadeiro amor a todos quer e a tudo vence. Até a próxima semana, queridos ouvintes.

29.

Palácio. Clima de euforia, borbulhos, intensas alegrias. Drinks e salgadinhos. Cigarros de vários fumos.

TIO — Eu estou outra vez desesperado.

PRESIDENTE — Por quê?

MANDRAKE — Que foi que aconteceu?

TIO (*Quase em lágrimas*) — Sim, vencemos, é verdade, vencemos. O povo foi convenientemente derrotado. Porém a economia do país está destruída. O povo nunca esteve tão pobre, tão sem um miserável centavo. Quem é que vai agora comprar os meus produtos?

NARDA — É verdade, quem vai?

PRESIDENTE — Eu não tenho a menor ideia.

TIO — E agora?

TODOS — QUE FAREMOS? QUAL A SOLUÇÃO? QUE MILAGRE???

MANDRAKE (*Sorrindo vitorioso, heroico, galhardo e sobretudo muito elegante e engomado apesar dos percalços da luta que já quase esqueceu*) — Agora, meus senhores, todos ao palco. Eu, Mandrake, darei todas as soluções! (*Fazem um semicírculo como em comédias francesas, todos olhando a plateia diante da iminência do desfecho.*) Sim, é verdade: nós ganhamos a guerra! Derrotamos as estranhas criaturas e as suas ideologias forâneas. Mas o Tio Patinhas viu-se prejudicado, com a destruição de suas fábricas e a perda dos seus mercados. Junto com ele, ficaram pobres todos os outros menores industriais, pois a verdade é que ele ainda não é o único proprietário neste imenso país, ainda há outros, ora se os há. Tio Patinhas é o proprietário gigante, proprietário no mundo inteiro, ao lado de muitos liliputianos minúsculos proprietários nacionais. Qual a solução?

TIO — Isso é o que eu gostaria de saber.

MANDRAKE — Tio Patinhas investirá um pouquinho mais aqui neste país, comprando todas as fábricas e fabriquetas, toda a pequena e média indústria que ainda não lhe pertence, como é de direito!

TIO — Com que dinheiro?

PRESIDENTE — Com um empréstimo, naturalmente.

MANDRAKE — Aprendeu! Logo em seguida, lutaremos contra a inflação, garantindo baixos e fixos salários desindexados aos operários, e altos e móveis lucros ao nosso querido Tio. (*Gritos e aplausos de fúria incontida e ainda maior admiração.*)

SUPER-HOMEM — Mas... e os Super-Heróis?

MANDRAKE — Aqui está a solução: eles nunca mais abandonarão este país!!! Para que aqui nunca mais se instalem as medonhas Estranhas Criaturas do Espaço Sideral, todos nós aqui ficaremos, e, com a licença do nosso amável Presidente, dividiremos o território do país irmãmente entre todos nós. (*Aplausos e orgasmos múltiplos e violentos.*)

PRESIDENTE — Este país é muito hospitaleiro... Fiquem, fiquem, vão ficando... a casa é sua... Mas eu acho que ainda havia alguns problemas de ordem sentimental: nem só de pão vive o homem — também temos coração.

MANDRAKE — Sim, eu sei, porém esses nem o Mandrake consegue solucionar...

NARDA — Não se preocupe, Mandrake: os corações que verdadeiramente se amam, saberão sempre encontrar a verdadeira felicidade, não é verdade, Super-Homem? (*Os dois se dão as mãos.*)

SUPER-HOMEM — Assim é, amada minha. Quando eu vi que não tinha outro jeito, procurei a Bruxa Maga Patalógica e propus uma barganha: ela disse que sim, e trocamos. Agora já não posso voar, perdi a minha visão telepática, meu corpo em geral está flácido, mas a troca funcionou e Narda agora é feliz! Não é verdade, meu amor???

NARDA — Sim, meu adorado superpeito.

MANDRAKE — E vocês dois, ou duas?

ROBIN (*Mãos ternamente dadas ao terno amado*) — Neste adorável país tropical nós finalmente nos realizamos. Fizemos análise de casal e resolvemos nos assumir como somos! Somos!

MANDRAKE — Estamos todos felizes... só eu sinto uma grande e terrível ansiedade nostálgica.

PRESIDENTE — Por quê?

MANDRAKE — Não consigo esquecer o negrão.

PRESIDENTE — Qual deles?

MANDRAKE — Lothar!

NARDA — Por isso é que ele nem pensava em mim?

MANDRAKE — Meu fiel amigo foi pacificar uma de suas tribos e faz agora meses que não o vejo, nem o sinto. Sinto muito a sua falta.

TODOS CONSTERNADOS — Pobre Mandrake, como deve ser terrível a solidão.

PRESIDENTE — Estou disposto a qualquer sacrifício. Vem comigo. Quero te mostrar os meus jardins. Vem, vem, tenho umas amapolas lindas, lindas... (*Saem os dois, de braços dados.*)

CORINGA — E foram todos muito felizes. E todos se casaram, e todos tiveram muitos filhos, e os filhos foram muito felizes e se casaram, e se casaram e tiveram filhos, filhos felizes. E assim venceu a famosa e internacional Liga da Justiça Pelas Próprias Mãos que sem piedade derrotou as Hordas de Bárbaras e Fanáticas Estranhas Criaturas do Espaço Sideral.

Agora sim, podemos todos respirar em paz.

É a liberdade!

(*Pelo cenário e pela plateia tomam subitamente diversos vultos de cadáveres pendurados pelos pés e pelos braços e pelos pescoços. Cruzes e flores. Marchas e contramarchas. Armas e munições. Fogo e fogos de artifício. Música violenta.*)

É a paz.

O silêncio.

Murro em ponta de faca[1]

[1] A peça estreou em 4 de outubro de 1978 no TAIB (Teatro de Arte Israelita Brasileiro), em São Paulo. Foi produzida por Othon Bastos Produções Artísticas, Teatro Vivo Produções Artísticas e os produtores associados Francisco Milani, Beth Caruso e Hélio Goldsztejn. Na montagem, atuaram Renato Borghi (Paulo), Francisco Milani (Doutor), Martha Overbeck (Marga), Beth Caruso (Foguinho), Othon Bastos (Barra) e Thaia Perez (Maria). Na cenotécnica colaboraram Chico Buarque de Holanda (música), Gianni Ratto (organização do espaço cênico), Wagner de Paula (assistente de direção) e Paulo José (direção). (N. da E.)

Personagens

Paulo
Doutor
Marga
Foguinho
Barra
Maria

“Meu caro amigo”
(Chico Buarque e Francis Hime)

Meu caro amigo me perdoe, por favor
Se eu não lhe faço uma visita
Mas como agora apareceu um portador
Mando notícias nessa fita
Aqui na terra tão jogando futebol
Tem muito samba, muito choro e rock’n’roll
Uns dias chove, noutros dias bate sol
Mas o que eu quero é lhe dizer que a coisa aqui tá preta
Muita mutreta pra levar a situação
Que a gente vai levando de teimoso e de pirraça
E a gente vai tomando, que, também, sem a cachaça
Ninguém segura esse rojão.
Meu caro amigo eu não pretendo provocar
Nem atiçar suas saudades
Mas acontece que não posso me furtar
A lhe contar as novidades
Aqui na terra tão jogando futebol
Tem muito samba, muito choro e rock’n’roll
Uns dias chove, noutros dias bate sol
Mas o que eu quero é lhe dizer que a coisa aqui tá preta
É pirueta pra cavar o ganha-pão
Que a gente vai cavando só de birra, só de sarro
E a gente vai fumando, que, também, sem um cigarro
Ninguém segura esse rojão.
Meu caro amigo eu quis até telefonar
Mas a tarifa não tem graça
Eu ando aflito pra fazer você ficar
A par de tudo que se passa
Aqui na terra tão jogando futebol
Tem muito samba, muito choro e rock’n’roll
Uns dias chove, noutros dias bate sol
Mas o que eu quero é lhe dizer que a coisa aqui tá preta
Muita careta pra engolir a transação

E a gente tá engolindo cada sapo no caminho
E a gente vai se amando, que, também, sem um carinho
Ninguém segura esse rojão.
Meu caro amigo eu bem queria lhe escrever
Mas o correio andou arisco
Se me permitem vou tentar lhe remeter
Notícias frescas nesse disco
Aqui na terra tão jogando futebol
Tem muito samba, muito choro e rock'n'roll
Uns dias chove, noutros dias bate sol
Mas o que eu quero é lhe dizer que a coisa aqui tá preta
A Marieta manda um beijo para os seus
Um beijo na família, na Cecilia e nas crianças
O Francis aproveita pra também mandar lembranças
A todo o pessoal
Adeus.

Eu quero cantar *ióiku*

Tempos atrás, o meu amigo Chico Buarque me mandou uma carta-cantada, carta chamada "Meu caro amigo". Chico dizia que as coisas por aí andavam pretas.

E eu fiquei muito contente ouvindo a voz do meu amigo, e muito triste ouvindo as notícias que me dava.

E continuei viajando, esperando que o Carnaval chegasse. Tardava.

Tempos depois, o Fernando Peixoto me pediu que escrevesse uma peça: "Conta as tuas andanças". E eu queria contar mesmo. Não só as minhas, nem principalmente as minhas, mas as andanças de muita gente muito maravilhosa (cada qual no seu feitio) que eu andei encontrando e desencontrando, em tantos aeroportos, gares, no sol ou na neve, correndo ou coçando o saco.

Sentei, chorei um bocadinho — ninguém é de ferro! — e fui juntando lembranças. E raiva também, pode crer, boa raiva de bom tamanho.

Até que um dia — lindo dia! — a Martha Overbeck me telefonou lá para Portugal dando a boa notícia: o pessoal tinha gostado e os ensaios iam começar. Ia começar a arrumação e a desarrumação de malas em cima do palco, as mesmas malas que eu e tantos mais continuamos arrumando e desarrumando por aqui afora. Isso que vocês estão vendo, meus caros amigos, é a vida que nós estamos vivendo. É bom teatro mas não é teatro: é verdade, líquida e certa!

Depois parti para as minhas "*one man* demonstrações" sobre o Teatro do Oprimido. Para Roma, Perugia, Pistoia, Ancona, Sant'Arcangelo di Romagna... Até que cheguei a Helsinki. Perto do Círculo Polar — eu, um carioca da Penha Circular; eu, Rio 40º! Eu, perto da Lapônia! Logo eu!!! Lá me ensinaram que os lapões são poucos e vivem separados por enormes distâncias, imensos quilômetros, compridos e quadrados, brancos quilômetros em todas as direções. E como são poucos, e como estão tão longe, os lapões inventaram uma língua cantada que se chama *ióiku*.

Ióiku — assim se chama a língua-canto. Cantaram pra eu ouvir, e eu ouvi e gostei e quis aprender. Quis muito aprender a falar-cantar *ióiku*. Porque eu estou muito distante de tantas pessoas a quem eu quero tanto bem, distante tantos quilômetros, distante tanto mar, e eu precisava cantar-gritar na língua-canto *ióiku*, porque eu queria dizer ao Paulo José, à Martha, ao Othon, ao Renato, ao Milani, à Beth, à Thaia, ao Chico, ao Gianni, à Sônia, ao Hélio, ao Elias, ao Wagner, à Regina, a todos eles eu queria dizer em *ióiku*, queria cantar em *ióiku*, queria gritar muito obrigado por me terem trazido de volta à minha terra neste *Murro em ponta de faca*, que é meu, que é nosso, que sou eu, que somos tantos.

Eu continuo longe, tão longe, mas agora estou mais perto. Graças a você!

Na língua-canto *ióiku*, "muito obrigado" quer dizer "muito obrigado".

Estou agora procurando no dicionário *ióiku* o que quer dizer "até breve".

Talvez "até breve" queira dizer "até breve".

Talvez as coisas já não estejam tão pretas.

Primeiro ato

Os seis atores estão em cena, sempre. São mais ou menos jovens. Mais ou menos. As malas são a presença mais notável. Servem de mesa, cadeira, servem de cama. Existem muitas. Malas e malotes, malas grandes e malas pequenas. Todas as coisas que os seis personagens possuem estão dentro dessas malas: são tiradas, usadas e repostas dentro das mesmas malas.

Existe um tapete no chão. Por convenção, quando as atores estão fora do tapete, estão fora de cena. Porém não devem sair do palco nunca: devem ser vistos sempre pelos espectadores. A ação passa-se em muitos países, em muitas épocas, em muitas circunstâncias. Quando um ator representa outro personagem que não o seu, ele deve fazê-lo tranquilamente, sem muitas explicações.

Quando o espetáculo começa, Barra está cozinhando, Paulo está dedilhando o violão, Foguinho lendo jornais e recortando notícias, Margarida cuidando de si mesma, Seu Doutor bebericando, Maria ensimesmada, pensando, sempre triste, sempre. Os casais são assim: Paulo e Maria, Barra e Foguinho, Seu Doutor e Margarida.

PAULO — Eu tinha um violão muito melhor do que esse. (*Toca baixinho.*) Meu violão mesmo, o violão que eu tinha desde quando era pequeno, meu violão era muito melhor do que esse. Eu tinha vários violões. Sempre gostei de ter muitos instrumentos. Mas aquele violão que eu dizia "este é o meu violão", "tira a pata de cima do meu violão", "te arrebento com o meu violão na cabeça", quer dizer, o meu violão, meu mesmo, era muito melhor do que esse. Esse é de segunda mão. Serve. Mas não tem o mesmo som, não é a mesma coisa. Ouve só. (*Continua tocando.*) Tá ouvindo? O som é bom... mas é som de segunda mão. (*Toca.*) Eu tinha uma porção de instrumentos. Tinha um berimbau, desses que todo mundo tem, e tinha um berimbau de boca, desses que quase ninguém tem. É um berimbau que você põe na boca e faz um som assim, meio parecido com o berimbau baiano, esse que todo mundo tem. Só que é de boca. Sabe o que é que que eu tinha? Eu tinha marimbas, tinha guitarra elétrica, tinha pandeiros, caxixi, congas, eu tinha uma bateria de jazz completíssima, tinha cuícas, tamborins, reco-recos, triângulos, tinha um alaúde, xilofone, metalofone, acordeon, tinha castanholas, um piano grande, alemão, som maravilhoso e tinha um violão, esse que eu já falei. Mas o meu violão mesmo, o meu era muito melhor do que esse. (*Continua tocando sempre baixinho, bem baixinho.*)

DOUTOR — Sabe o que é que eu tinha? Já contei? Eu tinha uma biblioteca, rapaz, que ia do chão até lá no teto. Uma montanha de livros. Livro na frente e livro atrás, livro em cima e livro embaixo, livro verde e livro azul, brochura e encadernado, livro de bolso e edição de luxo, livro de pornografia e livro sagrado, livro raridade e *best-seller*, livro de mulher pelada e livro de pintura abstrata, dicionários e gibi mensal. Olha aí, rapaz, eu era o cara que mais livros tinha em todo o país! Livros alheios e livros que eu mesmo escrevi, comprados, dados e até roubados. Eu tinha muito livro mesmo. Eu tinha.

MARGA — Tudo cheio de poeira. Dava um trabalho...

FOGUINHO (*Para de ler o jornal e fala*) — Eu tinha muita coisa, eu também tinha. Tinha pouca coisa de cada coisa, mas tinha muita coisa. Tinha livros: poucos, mas tinha. Tinha um violão: som ruim, mas era meu. Tinha milhões de gentes que eu conhecia, milhões de coisas pra fazer, andava correndo o dia inteiro, trabalhando feito doida, agora não tenho nada que fazer e por isso não tenho tempo de fazer nada. Eu tinha um som estereofônico que não era lá grande coisa, mas era estereofônico, parece que era estrangeiro, me deram de presente, parece que a ciclagem era diferente, então ficava todo mundo com voz de mulher.

DOUTOR — E as mulheres?

FOGUINHO — Ficavam com voz de criança.

DOUTOR — E as crianças?

FOGUINHO — Com voz de feto.

DOUTOR — E os fetos?

FOGUINHO — Ainda não tinham nascido, não cantavam.

DOUTOR — Você devia ter respondido que o gato comeu, a água apagou e fugiu pro mato.

MARGARIDA (*Que não prestou atenção*) — Quem fugiu pro mato?

DOUTOR — O gato.

PAULO — O feto.

BARRA — O feito.

DOUTOR — O filho.

PAULO — Da puta! (*Pausa.*) Que raiva, meu Deus! Às vezes me dá uma raiva que me dá vontade de dizer palavrão. Quer dizer: a raiva só passa se disser palavrão ou se der um soco na parede.

BARRA — Palavrão dói menos.

PAULO — Por isso digo!

FOGUINHO — Quando é que você fica mais angustiado?

PAULO — Eu fico mais angustiado quando é país novo e eu ainda não conheço a língua.

BARRA — Eu fico mais angustiado de noite.

DOUTOR — Eu, quando bebo.

MARGA — Eu fico angustiada sempre. Nem de manhã nem de noite, nem mais nem menos, sempre, sempre, sempre! Angústia oral, anal, nasal e metafísica. Angústia! Sempre, sempre! E, pra dizer a verdade, um bocadinho de raiva também...

FOGUINHO — Cheirinho bom.

PAULO — Outra coisa que angustia é quando eu recebo um jornal lá da terra e não entendo a gíria nova.

BARRA — Que é que tem? Aprende. Pergunta.

PAULO — É que eu penso que quando eu voltar a minha gíria vai estar tão desatualizada que eu sou capaz de chegar dizendo "Sossega leão!".

BARRA — Que é que tem? Capaz de relançar a gíria. Vai ver que pega.

PAULO (*Para Barra*) — Sossega leão.

BARRA — Cáspite!

FOGUINHO — Ô, cheirinho bom.

BARRA — Mas olha: acabou esse vidro, não tem mais dendê. Até alguém viajar. Essa é a última moqueca que vocês vão comer.

FOGUINHO — Meu último pirão.

DOUTOR — Farinha pouca, meu pirão primeiro.

MARGA — Cama estreita, eu deitadinha, bem aconchegadinha no meio de todo mundo, gente por cima e por baixo, por todos os lados, eu bem quentinha, bem no meio. Adoro as multidões.

DOUTOR — Na cama!

BARRA — Agora vocês querem saber o que é que eu tinha? Era a minha vez de contar.

MARGARIDA — E eu? Ninguém quer saber o que é que eu tinha?

DOUTOR (*Para Maria, calada*) — E você? O que é que você tinha?

MARGA — Eu tinha um guarda-roupa repleto. Tinha vestido de tudo quanto era costureiro famoso. Eu tinha um Denner, um Balenciaga, eu tinha um montão de Jap, tinha cinquenta Puccis, tinha...

DOUTOR — Pucci, Pucci, Pucci...

MARGA — Como era mesmo o nome daquele fresco?

BARRA — Todos são frescos.

FOGUINHO — Olha aí o machismo. Deixa ela contar.

DOUTOR — Tá boa essa cachaça.

BARRA — É, mas, acabando essa garrafa, acabou a cachaça, até a gente voltar ou até alguém receber visita.

FOGUINHO — Vamos voltar?

DOUTOR — Vai comprar a passagem, vai. Em grupo sai mais barato. Tem desconto.

MARGA — Eu tinha tanto vestido, tanta roupa, tinha uma casa tão bonita, tão cheia de tapetes no chão, na parede, tantas joias, tantos colares, braceletes, tinha tudo que eu queria, pra que que eu fui me casar com você, meu Deus do céu, foi a maior burrada da minha vida. Podia estar lá ainda agora, tranquila no bem-bom da minha casa, pra que que eu fui me casar com você? Pra quê??? Pra quê??? Pra quê??? Pra quê??? Quem vai me responder?

DOUTOR — Prestígio, minha filha: a joia mais bonita que você tinha em sua casa era eu. Prestígio.

MARGA — Vamos voltar? Você não pode, mas eu posso.

DOUTOR — Amanhã de manhã. Vamos em grupo, no primeiro avião!

MARGA — Olha que um dia eu volto mesmo! Já não aguento mais! Um dia eu volto! Olha que eu vou voltar. Estou voltando. Voltei.

PAULO (*Cantando*) — Voltei pro morro. Onde está o meu cachorro, o meu cachorro vira-lata... (*Continua baixinho.*)

MARGA — Eu tinha tantas coisas... ficou tudo perdido por lá... ficou tudo por isso mesmo...

BARRA — Ninguém quer saber o que é que eu tinha?

DOUTOR — Não.

BARRA — Lá na minha casa eu tinha uma cozinha. Na cozinha tinha uma prateleira. Na prateleira, sabe o que é que tinha? Tinha praí bem umas oitenta e sete qualidades só de pimenta! Pimenta de todos os tipos, de todos os países, de todas as cores, de todo feitio! Tinha pimenta-malagueta, pimenta-preta, pimenta-branca, piri-piri, chili mexicano, pimenta de Moçambique, pimenta-da-índia, chinesa, pimenta em grão, pimenta em pó, pimenta-do-reino, pimenta em casca, pimenta em flor, pimenta-doce...

DOUTOR — Contrassenso.

BARRA — Pois tinha! Oitenta e sete qualidades! Um arco-íris! Eu tinha todas essas pimentas e pimentinhas na prateleira da cozinha da minha casa...

DOUTOR — Na minha rua, no meu bairro, na minha cidade, no meu país... Ô, rapaz, nada disso é teu! Agora você está aí, pobre-diabo, sozinho, sem mais pimenta que essa de envelope, tudo acabando, dendê acabando, cachaça no fim, feijão-preto nem se fala, carne-seca não tem, quiabo não existe, sem quiabo não pode fazer caruru...

PAULO — Estou pensando um sambinha.

MARGA — Sobre a solidão?

PAULO — Não. Sobre a carne-seca, feijão-preto... essas coisas...

FOGUINHO — Você podia ter feito caipirinha em lugar de servir a cachaça pura. Rendia mais. Enchia de gelo, rendia mais. Bastante limão.

DOUTOR — E você, Maria, o que é que você tinha?

MARGA — Está muda. Perdeu a língua.

FOGUINHO — Fala, Maria: o que é que você tinha?

BARRA — Fala, se não, não dou moqueca!

MARIA — Eu tinha um amigo.

DOUTOR — Tinha o quê?

MARGA — Fala mais alto que ninguém ouviu!

MARIA — Eu tinha um amigo. Quer que eu fale mais alto? Eu tinha um amigo. Um a-mi-gô! A-mi-gô!

DOUTOR — Só um?

MARIA — Pelo menos esse.

MARGA — E o que foi que lhe aconteceu?

MARIA — Mataram ele! (*Pausa.*)

MARGA — Quando eu voltar, eu sei que muita coisa já perdi. Os vestidos, as traças já comeram. As joias, alguém roubou. Mas a casa ainda deve estar lá inteira! Agora, você, quando você voltar — desculpe eu te dar essa má notícia —, quando você voltar esse teu amigo não vai estar lá no aeroporto te esperando, não! Nunca mais. Mataram, mor-reu!

MARIA — Eu sei.

DOUTOR — Escuta aqui: era amigo só ou era outra coisa?

MARIA — Amigo só. Não pode? Eu não traio ele não. (*Paulo ri.*)

PAULO — Eu sei.

MARIA — Quase irmão. Irmão. Mataram. Morreu.

MARGA — Quando foi?

MARIA — A carta avisando chegou ontem.

MARGA — Xi, desculpe, pensei que era coisa antiga. Não devia ter brincado.

DOUTOR — Que bom que a cachaça está acabando. A Marga está ficando de porre!

BARRA — Bom, agora a gente já sabe o que é que todo mundo tinha.

DOUTOR — Querem saber o que é que eu tenho? Alguém desconfia? Sabe o que é que eu tenho? Sabe o que é?

BARRA — Que é que você tem?

DOUTOR — Tenho fome.

BARRA — Tá pronto. Vão se servindo. Eu avisei que a farinha é pouca.

DOUTOR — E eu avisei que o meu pirão primeiro. (*Vai se servindo.*)

MARGA — E eu avisei que eu deitada no meio: faz o favor de trazer a comida aqui... aos meus pés... gloriosa!

DOUTOR — Por que é que você tinha tanta pimenta em casa? Pra que que precisava?

BARRA — Eu viajava.

DOUTOR — *Globetrotter*?

BARRA — Marinheiro. Já fui tudo nessa vida.

PAULO (*Cantando*) — Quem me vê assim parado pensará que eu não trabaio/ tenho os dedos calejados da viola e do baraio!

DOUTOR (*Comendo*) — De pimenta eu não sentiria falta, não, mas sinto muita falta dos meus livros...

BARRA — Eu sinto falta é das reuniões, porque a gente discutia a sério. Pra quem é assim como eu, pra quem não teve nenhuma instrução, como eu... Eu gostava tanto de fazer reunião que acabei entrando para quase todos os partidos de esquerda, quase todas as organizações de esquerda, mesmo as mais pequeninas: só pra fazer reunião!

DOUTOR — Você é quase analfabeto. Vamos e venhamos: diplomado em analfabetismo! Mas bom cozinheiro...

BARRA — As reuniões pra mim eram muito importantes, porque lá sempre ia gente que sabia mais... aí eu aprendia. Agora só me reúno com gente mais ignorante do que eu... mais estúpida, mais vazia...

DOUTOR — Principalmente a Margarida.

BARRA — Sem querer ofender.

PROFESSOR — Não é ofensa: é um diagnóstico.

MARGA — Ofende não. Atendendo a tua falta de instrução e boas maneiras, e atendendo a que a moqueca tá boa, e atendendo a que arte culinária também é arte...

FOGUINHO (*Comendo*) — Comida também é cultura!

MARGA — E atendendo a que eu estou com fome, e atendendo a que os cães ladram e a caravana continua, e atendendo a que você não merece nem resposta, eu não me ofendo.

BARRA — Eu sinto falta é de viajar.

PAULO — Te engaja num cargueiro aí qualquer...

BARRA — Difícil. Tem o problema dos papéis. Tem que ter tudo legal. E depois tem o problema da ficha. Os caras descobrem a tua ficha, descobrem quem tu é, não te dão o emprego. Depois tem a Foguinho aí, né? Não posso deixar ela sozinha, né? Nem quero. Não posso meter minha mulher de taifeira num cargueiro qualquer, né? Mas sinto falta de conhecer gente... viajar...

DOUTOR — Analfabeto em vários idiomas, não é isso que você quer? Ser analfabeto só em português e espanhol é pouco pra você!

MARGA — Eu sinto falta é das festas. Lá em casa tinha festa todo sábado. A gente dançava. Eu sinto falta de festa, de estar todo mundo junto...

PAULO — Nós estamos sempre juntos, sempre.

MARGA — Mas não é isso. Se a gente pudesse se separar um pouco e depois juntar de novo, então sim, podia ser bom. Mas nós estamos sempre juntos, sempre, sempre, e eu não suporto mais a cara de vocês! Não aguento ver vocês! E tenho que ver! Vocês são feios, horríveis! Tenho que olhar pras mesmas caras que eu já conheço de cor e salteado! E olho, e olho, e vocês me cansam, não aguento mais e sinto falta das festas lá de casa!

BARRA — Ei, pessoal, vamos fazer cara diferente que é pra Marga não se chatear!

MARGA — Se a gente pudesse pelo menos se separar um pouco, uns dias, depois tornava a se juntar, podia até ser divertido, uma festa, podia ser engraçado. Mas sempre juntos, sempre, cara a cara... a mesma cara... a mesma cara...

BARRA — Vamos fazer diferente. Olha. (*Faz careta. Os outros também.*) Tá bom assim? Vê se me reconhece. Agora você, faz. Vamos, faz.

DOUTOR — Isso não tem jeito, não. O único jeito é todo mundo voltar. Voltar e prestar contas à justiça. Vocês eram livres para sequestrarem embaixadores, livres para assaltarem bancos, pra botar bomba... Agora devem ser livres também para responderem pelos seus atos. (*Rindo.*) Liberdade com responsabilidade, não é assim que eles dizem?

BARRA — Eu? Voltar pra quê? Sei que vou ficar numa sala ainda menor do que esta, vou ter que ver outras pessoas, as mesmas pessoas, todos os dias, durante todo o dia. E essas sim, é que vão fazer caras diferentes, todo dia, todos os dias. (*Faz cara de dor. Os outros também fazem caras de dor.*)

DOUTOR — Mais dia menos dia a gente acaba voltando mesmo. Nós aqui não estamos fazendo nada. Então o melhor é voltar e não fazer nada lá dentro mesmo!

PAULO — Você não está fazendo nada!

FOGUINHO — Eu estou recortando jornal. Isso ajuda. A gente informa a opinião pública internacional.

DOUTOR — E você? Está fazendo muito?

PAULO — Faço o que posso. Um sambinha aqui, outro acolá. Agora estou trabalhando nesse: o "Samba da carne-seca".

DOUTOR — Artista não devia sair nunca nem do seu bairro, quanto mais do seu país!

PAULO — Faço de vez em quando um discurso... isso ajuda... Mesa-redonda... Eu denuncio a ditadura. Um pouco a gente mobiliza...

DOUTOR — "*Vaca que cambia querencia se atrasa en la parición!*" Palavras sábias.

BARRA — Lênin?

DOUTOR — Não, Martín Fierro.

PAULO — Não é nada fácil trabalhar no exterior...

DOUTOR — Porque vocês não são da classe operária...

PAULO — Mesmo pros operários, não é nada fácil. Tudo é diferente: a lingua é diferente, os costumes, o divertimento, o futebol é diferente. Mesmo os operários, longe no estrangeiro, eles acabam ficando menos combativos. É por isso que as ditaduras exilam todo mundo: chilenos no Paraguai, paraguaios na Argentina, argentinos no Brasil, brasileiros em toda parte... Todo mundo fora!!!

MARGA — Cala a boca. O que eu não gosto daqui é que tudo aqui é pequeno. Provinciano. Veja só: na cidade inteira só tem uma escada rolante! Se aqui, que é a capital, só tem uma escada rolante, imagina no interior!

BARRA — O país inteiro é assim.

FOGUINHO — Eu subo a pé mesmo.

MARGA — Mas você é CDF, não tem senso de humor. Anita Garibaldi fracassada! Agora, eu não. Eu quero viver em cidade com muitas escadas rolantes. *Tapis roulant*. Tudo rolando, rolando! Pra frente!

PAULO — Eu tenho um amigo que é doido pela escada rolante. Às vezes eu pergunto pra ele — "Onde é que você vai?" e ele me responde que vai dar uma voltinha na escada rolante. Cada um se diverte como pode, não é mesmo? Ele sobe e ele desce... Sobe e desce... Se diverte...

MARGA — Que pobreza. Dar uma voltinha de escada rolante... Indigência mental...

BARRA — Programão.

FOGUINHO — Parece até lá em Bissau que, quando inaugurou o primeiro anúncio a gás neon, veio o Presidente da República pra apertar o interruptor.

BARRA — Verdade mesmo: com discurso sobre a amizade dos povos irmãos! Não deixou por menos... Progresso.

MARGA — Você pode viver num país assim, pode? Você que foi criado numa metrópole, pode? Por mais ideologia que você tenha enfiada na cabeça, pode? Pode não...

FOGUINHO — Cada país tem seu uso, cada roca tem seu fuso. Este país inteiro é assim mesmo: você dá dois passos pra direita, está em cima do Aconcágua! Dá dois passos pra esquerda, se afoga no Oceano Pacífico! Dá cinquenta milhões de passos pra cima, cinquenta milhões de passos pra baixo e não sai do mesmo lugar!

BARRA — País salsicha.

MARGA — Só o que se salva mesmo são os ponchos celestes. E também o lápis-lazúli que é bonito. O resto pode jogar no lixo que não presta.

BARRA — O resto é o cobre, o salitre.

PAULO — É por causa do resto que está essa situação toda aí...

BARRA — A Unidade Popular quer fazer tudo dentro da lei, nada fora da legalidade! Revolução, sim, mas legalista! Dentro da ordem! Eu não consigo ver como é que eles vão querer mudar tudo sem mudar nada!

PAULO — Olha, eu estou começando a achar que já está na hora da gente se mandar, viu? Vamos s'embora que tá na hora. Esse governo não vai durar mais de algumas semanas, alguns dias...

DOUTOR — Eu fico. A situação está controlada. Isso aqui vai ficar assim nesse impasse pelo menos mais uns cinco anos. Até depois das novas eleições. O exército chileno tem uma velha tradição legalista, está compreendendo? É preciso levar em conta o povo. O povo chileno é um povo tranquilo, civilizado. E mesmo pros Estados Unidos não interessa uma nova Jacarta!

PAULO — Quando você diz uma coisa, eu fico certo do contrário! Se você diz "fica!" é mais uma razão pra eu arrumar as malas!

BARRA — Eu tenho uma mala permanentemente de prontidão. Deu a notícia no rádio, agarro a minha mala e em meia hora estou em porto seguro, dentro de uma embaixada, com Foguinho.

DOUTOR — Apavorados! O Allende está com os freios na mão. Isso aqui não vai nem pra frente nem pra trás, fica do jeito que está! Chove não molha! Quatro ou cinco anos mais. Tem que pensar na correlação de forças internacionais e nacionais. Uma mudança violenta não interessa a ninguém! Banho-maria.

PAULO — Quem é que vai lavar os pratos?

MARGA — Eu até nisso sou machista.

PAULO — E o que é que tem a ver?

MARGA — Eu acho que os homens fazem tudo melhor do que as mulheres! Até mesmo aquelas coisas que os homens dizem que são "femininas".

BARRA — Cozinhar é feminino e eu cozinho melhor que a Foguinho!

MARGA — Lavar prato também é feminino, mas quer ver uma coisa? Você, Foguinho, quanto tempo você levaria, você ou eu, pra lavar aquela montanha de pratos?

FOGUINHO — Uma hora, duas horas...?

MARGA — Tá vendo: nós somos inferiores mesmo. Os homens lavam muito mais depressa. Quer ver? Você?

DOUTOR — Eu? No máximo quinze minutos.

FOGUINHO — Não acredito.

MARGA — Pode acreditar, Foguinho: homem é superior mesmo. Vai lá e mostra. (*Doutor mete-se no espaço-cozinha.*)

DOUTOR — É pra já.

MARGA (*Baixinho*) — Calem a boca, não estraguem, que ele vai lavar aquilo tudo só pra mostrar que é superior!

DOUTOR (*Alto*) — Marca o tempo.

MARGA — Tô marcando. (*Pausa.*)

BARRA — A comida estava boa, mas eu estou com uma dor de dentes danada!

PAULO — Vai ao dentista.

BARRA — Com que dinheiro? Vou esperar doer um pouco mais e mando arrancar!

MARGA — Bom, agora que eu estou aqui refestelada, pode cantar.

PAULO — O quê?

MARGA — O "Samba da carne-seca".

PAULO — Não enche. (*Todos insistem.*) Mas ainda não está pronto.

FOGUINHO — Canta assim mesmo. Uma reunião que nem essa tem que acabar com alguém cantando alguma coisa.

BARRA — Porque já é tarde, daqui a pouco vamos embora.

PAULO — Eu avisei, falta acabar. É mais ou menos assim. "Samba da carne-seca". Aliás, o título...

TODOS (*Interrompendo*) — Cala a boca. Canta. Canta. Não explica!

PAULO — Então cala a boca todo mundo. É assim:

Meu bom irmão,
quero te confessar:
faz sete anos que eu ando viajando;
sinto saudades dessas coisas
que deixei;
se é pecado o que fiz
eu já paguei!
Não compreendo porque deva suportar,
essas saudades que ainda hão de me matar!
Sinto saudades do feijão,
veja você,
da carne-seca e do azeite
de dendê!
Da feijoada e da moqueca
que me fazem tanto bem.
Sem caipirinha, eu confesso,
meu irmão: não sou ninguém.
Isto assim não fica bem.

CORO — Também, eu, também eu, olha eu também!
— responde o carioca sem vintém:
feijão-preto e azeite de dendê,

veja você,
é coisa que agora nem se vê!

PAULO — Meu bom irmão
quero te confessar:
faz sete anos que eu ando
viajando;
sinto saudades dessas coisas
que deixei;
se é pecado o que fiz
eu já paguei.
Não compreendo porque deva suportar
essas saudades que ainda hão de me matar.
Sinto saudade dessa praia ensolarada,
sinto saudade da calçada desenhada,
sinto saudade da areia esbranquiçada,
sinto saudade dessa água azulada.

CORO — Eu também, também eu, sinto também,
responde o carioca indignado:
não pense que ao voltar encontrarás
o país que deixaste é já passado!
Calçada e rua já agora não existem,
por toda parte um buraco se cavou;
um dia passará um trem elétrico
que o dinheiro do povo já levou.
Essa praia que tu falas não existe,
água sim, há muita, e amarela:
se tu nadas, meu irmão, desprevenido,
um iceberg te atropela,
fica de sentinela...
Sendo assim, meu irmão,
eu me despeço...
Eu me despeço...

PAULO (*Falando*) — Eu me despeço de vocês também porque eu ainda não terminei nem sei terminar.

DOUTOR — Tá mais ou menos. Trabalha, meu filho, trabalha. Pode ser que um dia... (*Foguinho, que tinha saído no começo da canção, volta assustada.*)

FOGUINHO — Vocês também ouviram a notícia?

PAULO — Não.

FOGUINHO — Quem tem mala pronta, melhor ir andando; quem não tem, melhor se preparar!

DOUTOR — É mesmo?! (*Todos ficam assustadíssimos.*)

FOGUINHO — Acabou de dar no rádio: já estão falando em centenas de mortos!

DOUTOR — Mas... e a correlação internacional de forças...?

BARRA — A correlação internacional foi pras picas... Quando os americanos estão vendo que vão perder mesmo, apelam pra qualquer coisa! Jacarta ou Guatemala, aqui no Chile ou até na casa deles contra os índios e os negros. Não vão entregar a rapadura assim de graça!

FOGUINHO — E o pior é que estão botando a culpa nos estrangeiros. Que o povo aqui é pacífico e que a revolução foi orquestrada no estrangeiro.

MARGA — E que é que nós temos com isso? Nós somos nacionais.

BARRA — Somos nacionais na nossa terra. Aqui não, pô!!

MARGA — Xi, é mesmo...

PAULO — Falou com sotaque, fogo nele!

BARRA — Não era você que nem queria aprender espanhol?

PAULO — Espera, pessoal. Tem uma novidade: nós vamos ter que acompanhar enterro.

MARGA — Todo mundo junto, isso mesmo. (*Estão com medo mesmo.*)

BARRA — Você não estava farta de ver a nossa cara?

MARGA — Se eu aguentei até agora...

FOGUINHO — Pra onde é que nós vamos?

BARRA — Olha na lista telefônica, vê qual é a embaixada que fica mais perto. Corre.

PAULO — Maria, arruma as coisas.

MARIA — O quê?

PAULO — Põe duas cuecas, duas calcinhas, dois pares de meias pra você e dois pra mim, uma calça e um vestido e olhe lá. Livro é melhor não pôr nenhum. Pra eles, livro é subversivo.

MARIA — O violão você leva?

PAULO — Pode ser útil.

MARGA (*Olhando na lista telefônica*) — Tem uma aqui na Huérfanos.

BARRA — É muito central, já deve estar cercada!

DOUTOR — Cadê minha máquina de escrever?

FOGUINHO — Ouviu? (*Ouvem-se tiros lá fora.*)

BARRA — O quê?

FOGUINHO — Isso foi uma rajada.

BARRA — Uma bomba!

FOGUINHO — Vamos, pessoal, quanto mais demorar vai ser pior: depois vão cercar tudo, não vamos poder entrar!

MARGA — Mas eu estou bem assim? Vocês não acham que eu devia mudar de vestido?

PAULO — Escuta aqui, boneca, eu sei que você tem um vestido especial pra cada ocasião, mas esta é uma ocasião muito especial! Vê se te prepara, senão fica pra trás! E tchau mesmo, viu?!

BARRA — Hei, peraí! Ela tem razão. Todo mundo tem que se vestir o melhor que puder. Não vão vocês sair por aí vestidos do jeito de sempre. Se você vai vestido de você mesmo eles te passam fogo. Tem que se vestir de gente bem. Pega aquela malinha ali de executivo. Põe terno e gravata, sapato engraxado. Você, toma aí: colar imitando pérolas!

FOGUINHO — Pra mim, o difícil vai ser andar de salto alto.

DOUTOR — Brinca não. Olha, o melhor é ir todo mundo junto pro mesmo lugar.

MARGA — Quem morreu?

PAULO — Ninguém.

MARGA — Enterro pra que então?

PAULO — Pra evitar morrer. Vamos buscar o caixão.

FOGUINHO — É isso mesmo, minha gente: vão logo botando cara de triste.

MARGA — Não é preciso muito: nós estamos tristes.

FOGUINHO — Mas tem que ser um triste diferente: tem que ser tristeza psicológica, em vez de tristeza histórica, viu, boneca?

MARGA — Que é que deu todo mundo agora de me chamar de boneca?

PAULO — Me ajudem com o caixão.

BARRA — Onde é que você foi arrumar isso?

PAULO — Você não disse que tinha uma mala de prontidão? Pois eu sempre tive um caixão de prontidão. Segura aí. Abre.

FOGUINHO — Vamos distribuir os papéis.

BARRA — Quem é o morto?

MARGA — Cruz credo, te arrenego três vezes!

PAULO — Alguém tem que ser o morto aqui dentro de brincadeira, pra não ser o morto lá fora de verdade! Vão escolhendo o morto e vão entrando.

BARRA — Eu sou o padre.

PAULO — Ih, Barra, desculpe, mas não deu tempo pra arrumar roupa de padre.

BARRA — E agora?

FOGUINHO — Você vai de freira mesmo!

BARRA — Peraí, gente, quem acompanha enterro é padre, não é freira!

PAULO — Nessa confusão, ninguém vai reparar.

FOGUINHO — Te veste rápido. Tá ouvindo os tiros lá fora? Rápido!

BARRA — Eu vou acabar sendo excomungado!

MARGA — Quem é a viúva?

DOUTOR — Melhor que seja a Maria: com essa cara, ela está sempre parecendo viúva mesmo!

FOGUINHO — É. Você vai mesmo de viúva.

MARIA — E viúva como é que se veste?

FOGUINHO — Um vestidinho preto, um xale, qualquer coisa simples. Ela não tinha se preparado para a viuvez, foi uma morte acidental.

MARGA — Então nós somos os amigos da família.

FOGUINHO — Discreta. Discreta!

MARGA — Que é que você quer? Nós fomos avisados no último momento.

DOUTOR — Estamos desprevenidos.

PAULO — Ele não entra no caixão: melhor que seja você a morta!

MARGA — Eu represento o papel de amiga... Como é que se veste um cadáver?

PAULO — A gravata é italiana, que é pra ninguém botar defeito. Presente de aniversário.

BARRA — Olha aqui, pessoal, eu acho que não vai dar, não: esse vestido de freira está ridículo!

PAULO — Também acho!

DOUTOR — Sai pra lá minha gente, que eu vou ver se o defunto era maior. (*Tenta entrar no caixão.*)

BARRA — E o perigo não é só o ridículo: assim os caras podem até desconfiar! Aí o que é que pode acontecer? Vai ser pior pra todo mundo!

FOGUINHO — Se você não mostra a cara, ninguém repara.

MARIA — Mas é também esse jeito de andar... feminino não é...

FOGUINHO — E freira tem que ser feminina???

BARRA — Não quero, não.

FOGUINHO — Você prefere morrer?!

BARRA (*Sem entender*) — Aqui dentro (*Mostra o caixão*) ou lá fora?

DOUTOR — Tá meio apertado pra mim, esse caixão.

BARRA — Quer trocar? Você vai de freira e eu vou de morto.

DOUTOR — Negócio fechado.

MARGA — Por que é que não fazemos a coisa direita?

FOGUINHO — E qual é a coisa direita?

MARGA — Homem faz papel de homem, mulher de mulher. Vocês estão até me dando a impressão de homossexualismo reprimido... tão reprimido que mesmo pra se fantasiar de mulher tem que ser de freira... Assexuada!

BARRA (*Tentando entrar no caixão*) — Pô, isso me dá uma má impressão!

DOUTOR — Quer dizer que eu tenho que ir de freira?

FOGUINHO — Estamos pensando.

MARGA — Faz assim: a Maria vai de freira, que tem cara pra isso.

DOUTOR (*Saltando*) — E eu vou de viúva! Eu tenho cara de viúva???

BARRA — Rápido que o tempo tá passando!

DOUTOR — Vai todo mundo de todo mundo, cada um de si mesmo, não é melhor assim?

BARRA — Na minha opinião...

FOGUINHO — É assim: você vai de morto. Morre. (*Empurra a cabeça de Barra pra dentro, a cabeça sai de novo.*)

BARRA — Me dá má impressão.

FOGUINHO — Morre, diacho! Depois eu te ressuscito. Maria vai de viúva, vocês dois vão de amigos muito chegados e eu vou tentar ir de freira. Dá pra cá o vestido. (*Tenta vestir-se.*)

DOUTOR — E quem é que carrega o cadáver?

BARRA — Porra, isso me dá uma impressão danada... Não tem outro que queira vir no meu lugar?

FOGUINHO — Não faz eu ficar nervosa!! Vai você mesmo!! Porque, se nós continuarmos demorando assim, vamos acabar indo todos nós! E sem caixão: fossa comum!!

MARIA — Eu tenho medo.

PAULO — Todo mundo tem medo.

MARIA — E se a gente ficar?

PAULO — É pior. Se a gente fica, é morte certa. Se vai, tem uma esperança. Se vai já, agora, depressa, tem mais esperança ainda.

MARIA — Vamos.

FOGUINHO — Vamos.

MARGA — Arriscamos? (*Tiros lá fora.*)

DOUTOR — Que merda de correlação!

PAULO — Quem sabe o caminho?

BARRA — Vamos por aqui...

MARGA — Será que a porta está cercada?

PAULO — Ainda não.

MARIA — Tenho medo.

PAULO — Todos nós temos medo.

BARRA — Bato?

PAULO — Toca a campainha.

BARRA — Será que tem porteiro?

DOUTOR — Eu faço o porteiro. (*Transforma-se em porteiro.*)

PORTEIRO — Quem é?

PAULO — Pode abrir, por favor. É gente boa.

PORTEIRO — Está cheio, já. Por que é que vocês não procuram outro refúgio?

FOGUINHO — Cuidado. Se esconde. Olha o carro. Abaixa que tem bala perdida!

BARRA — Porque as ruas estão cercadas!

PORTEIRO — Lamento muito, mas aqui não entra mais ninguém. Lotado mesmo!

PAULO — Mas tem que abrir! Olha que tem mulher aqui. Tem criança!

BARRA — Mulher grávida!

MARGA — Quem?

BARRA — Cala a boca! (*Sentam-se em cima do caixão.*)

PORTEIRO — Grávida é pior: aqui não cabe nem um magro, quanto mais mulher recheada!

BARRA (*Baixo*) — Força. Empurra com o caixão. (*Seguram o caixão e dão com ele na porta. Abrem. Entram.*)

PORTEIRO — Eu disse que não.

BARRA — Desculpe, companheiro, mas não temos outra saída. Fecha.

PORTEIRO — Vocês vão se arrepender. Aqui tem espaço pra cinquenta pessoas, quando muito. Tem mais de quinhentas lá dentro. Aqui não tem banheiros, não tem instalações sanitárias, tem criança com diarreia, tem gente fazendo as necessidades pelos corredores, tá um mau cheiro que pode virar peste, pode dar epidemia. Quando eu disse que não entrava mais ninguém, por favor, entenda a minha posição, eu quero defender as pessoas que já estão cá dentro, compreende? Mais gente significa mais diarreia, mais epidemia, menos tudo. Nós somos os representantes de um país pobre, não temos dinheiro pra ficar sustentando quinhentas pessoas. Aqui vocês vão viver a pão e água. Pode ser que os mais doentes tenham direito a uma laranja, uma fruta, mas o resto é pão e água e um pouco de farinha. Melhor vocês irem embora. Quem é que garante que vocês vão poder sair daqui vivos?! Podem ter que ficar um mês, dois, três, quem sabe? Três, quatro meses com diarreia, fechados com a peste, a epidemia, a pão e água, meio ano sofrendo esses horrores, quem sabe a vida inteira!! Anne Frank ficou anos fechada assim. Depois, foi assassinada. Com vocês pode acontecer a mesma coisa. Até pior! Do jeito que a coisa está, tudo pode acontecer. Tudo. Podem até arrombar isso aqui, passar fogo em todo mundo. Depois pedem desculpas diplomáticas, foi um equívoco, sabe como é. Também se usa, qualquer processo vale. Como é que é? Vocês vão embora? (*Fala sem parar, aos borbotões.*)

PAULO — Nós ficamos.

PORTEIRO — Sejam bem-vindos. (*Muda radicalmente de atitude.*) Podem se arrumar do jeito que for possível. Cama não tem. Cobertor também não tem. Travesseiro não tem. Não tem nada. Sejam bem-vindos. Precisando qualquer coisa, é só avisar. Mas vou avisando: não tem nada! Nada de nada. Sejam bem-vindos. (*Pausa. Vira Doutor outra vez.*)

DOUTOR — Foi isso mesmo que o Porteiro disse.

MARGA — O que eu não suporto é o mau cheiro.

FOGUINHO — Melhor a gente passar fome mesmo.

MARGA — Aquela moqueca está entupida aqui na garganta.

FOGUINHO — Não vamos comer nada, não, companheiros, porque a fila do banheiro dá sete voltas no quarteirão. A palavra da ordem é: fome!

PAULO — Sete vezes sete, que nem na Bíblia...

BARRA — Eu acho que, no fundo, tudo é experiência nova. A gente tem que aceitar e tirar proveito. Tudo é experiência nova. (*Sentam-se em cima das malas, no chão, acomodam-se.*)

DOUTOR — Um dia vão te meter uma bala na cara e você vai achar que é uma experiência nova!

BARRA — Eu já levei um tiro. Vários.

MARGA — E que foi que você ganhou com essa experiência?

BARRA — Descobri que levar tiro dá sede. Não sei qual é a relação, mas sei que dá sede. Tem uma porção de coisas que dão sede. Uma, por exemplo, é levar um tiro. Outra é choque elétrico. Dá sede. Tanta, tanta, que tem gente até que engole a língua. Não sei qual é a relação, mas sei que dá sede. É assim mesmo.

DOUTOR — Eu sei de outra coisa que também dá sede. (*Para Marga*) Você! Sede de vingança!

MARGA — Vingar de mim do quê? Tá ficando louco? (*Salta.*)

DOUTOR — Não sei do quê, mas tenho raiva de você.

MARGA — Por que casou comigo?

DOUTOR — Uma experiência nova. (*Rindo.*)

FOGUINHO — Vocês não acham que estão dizendo bobagens? Melhor calar a boca.

MARGA — O que é que a gente vai dizer, né? Nessa situação...

FOGUINHO — Estou ficando nervosa...

DOUTOR (*Sem agressão*) — É porque não tem aquela jornaiada toda pra ficar recortando, amontoando notícias, editoriais, fotografias!

FOGUINHO — Não posso ficar sem trabalhar. Vai ver, é isso.

PAULO — Ninguém se lembrou de trazer radinho de pilha?

MARGA — Eu esqueci tudo, esqueci até o diafragma e o jonconol, quanto mais radinho de pílulas! Esqueci tudo. Esqueci até de me esquecer desse daí. (*Aponta o Doutor.*) Fica me provocando sem justa causa!

BARRA (*Gozando*) — Melhor serenar os ânimos, minha gente, porque nós ainda vamos ficar juntos por muito tempo, cheirando esse cheiro! Cheirando essa josta!

PAULO (*Para Foguinho*) — Não conta pra Maria, não, viu? Ela é muito impressionável.

BARRA — Do quê?

FOGUINHO — Jogaram um cadáver cá pra dentro.

BARRA — É mesmo, é?

FOGUINHO — Mataram ele lá fora, quando estava escalando o muro. Depois jogaram o cadáver cá pra dentro. Provocação.

PAULO — Não conta pra Maria que ela é muito impressionável.

BARRA — Eu não quero te assustar, viu? Mas a Maria não está boa.

PAULO — Que é que você acha?

BARRA — Sei lá. Conversa mais com ela.

PAULO — Eu converso tudo que posso. Já não sei mais o que fazer.

FOGUINHO — Tem gente que reage assim. Cada um tem a sua maneira de reagir. A dela é essa.

BARRA — E o Doutor reage desse jeito irresponsável!

FOGUINHO — E você reage desse jeito de querer ser juiz de todo mundo. Cada um está sofrendo as coisas do seu jeito.

BARRA — Tá certo, professora. (*Agarra-a, abraça-a.*) Chega de me dar lição de moral e civismo!

PAULO — É... Maria tá ruim... eu sei... O que eu não sei é o que fazer...

BARRA (*Provocando*) — Agora, a Margarida, essa sim: essa é irresponsável.

FOGUINHO (*Beijando-o*) — Você é que é irresponsável, que fica chamando todo mundo de irresponsável!

BARRA — Responde: é ou não é?

FOGUINHO — Parece que é. Coitada. Tudo é uma questão de educação. Ela até que podia ter dado outra coisa. Podia ser uma pessoa bacana. Se é assim, a culpa não é toda dela.

BARRA — Falou o Perdão Universal! Você parece até padre no confessionário: a gente pode até confessar que matou pai e mãe e você perdoa.

FOGUINHO — A gente tem que perdoar. Todo mundo sofre, cada qual à sua maneira. Nenhum de nós é operário ou camponês, nenhum de nós era verdadeiramente revolucionário...

BARRA — É, mas brincar de revolucionário também não está certo! Cada um tem que aguentar as consequências, tem que ser responsável! É verdade que a luta armada estava na moda e todo mundo se dizia revolucionário! Mas, na hora do pega pra capar, mais da metade deu no pé ou deu pra trás! O revolucionário consciente é sempre mais forte! (*Rindo*) Lênin!

PAULO — Vocês dois até que reagiram bem. Pelo menos por enquanto.

FOGUINHO — É, mas a gente sofre também. Muitas vezes a gente só faz de conta. A gente desenha um sorriso na cara... e até esquece... e o sorriso fica aí, sorriso bobo... Olha pra ele! (*Barra está sorrindo, fica sério.*) Eu não disse? Era um sorriso esquecido, não era de verdade.

FOGUINHO — A gente já foi embora e o sorriso está lá... boiando na cara.

PAULO — Que idade tinha o cadáver?

FOGUINHO — Qual?

PAULO — Esse que jogaram pelo muro.

BARRA — Era quase menino. Quinze anos?

FOGUINHO — Dezesseis, sei lá. Quase menino.

PAULO — Não perdoaram nem assim!

MARIA (*Que vem chegando*) — Quem, não perdoaram?

PAULO — Que é que você estava lendo?

MARIA — Eu não consigo mais ler. Estava só olhando. (*Foguinho e Barra ficam namorando; Marga e Doutor estão mais distantes. Maria e Paulo, um instante, ficam sozinhos.*) Lendo em diagonal. É tudo mentira. Todas as notícias, mesmo as verdadeiras, é tudo mentira, porque escondem as notícias que não saem. Eu pego o jornal e quero ler, mas a notícia que eu quero não está lá. Procuro, mas não tem jeito. Não adianta procurar. É tudo mentira.

PAULO (*Como se estivesse lendo*) — Mataram Eduardo, meu amigo.

MARIA (*Lendo*) — Suicidou-se Eduardo de Tal, conhecido facínora!

PAULO — Mataram Gilberto, meu irmão.

MARIA (*Lendo*) — Faleceu Gilberto de Tal, conhecido punguista.

PAULO — Mataram Isabel, meu amor.

MARIA — Prostituta, amásia, amante, vagabunda, meretriz, hetaira, encontrou o destino que merecia!

PAULO — Mas nós estamos vivos.

MARIA — Ainda.

PAULO — Jornal a gente tem que ler ao contrário. Precisa muito exercício. (*Pausa.*)

MARIA — Paulinho, eu não consigo mais viver. (*Pausa.*)

PAULO — Viu?

MARIA — O quê?

PAULO — Eu fiz de conta que nem escutei. Viu? Quando eu não sei o que responder, eu faço de conta que nem escuto. Nem escuto. Repete.

MARIA (*Sorrindo*) — Paulinho, eu não consigo mais viver. (*Pausa.*)

PAULO — Viu?

MARIA — Vi.

PAULO — Eu não escutei.

MARIA — Eu gosto de você.

PAULO — E eu nem se fala. (*Margarida volta do banheiro.*)

MARGA — O que eu não suporto é o mau cheiro. O que eu não suporto são essas crianças mal-educadas que andaram espalhando cocô pelo chão, pintando as paredes com cocô. Tem tão poucos colchões e todos estão mijados, quem é que pode dormir assim? Quem é que aguenta isso? Mais um dia, quem é que aguenta??? Quem é que me ajuda a sair daqui? Quem?? Quem???

DOUTOR (*Tranquilo*) — Faz quanto tempo que a gente está aqui?

BARRA — Menos de um mês.

FOGUINHO — Mais.

DOUTOR — Eu estou com fome.

BARRA — Você conhece aquela do nordestino que ia passando na frente do restaurante? "Ah, quem me dera um pouquinho de farinha pra comer com esse cheirinho"...

MARGA — Cheirinho de mijo... só se for...

PAULO — Quanto você emagreceu?

BARRA — Eu? Uns sete quilos. Mas não tem importância, eu estava gordo mesmo.

MARGA — Eu agora estou em forma, estou na linha.

PAULO — Eu perdi aquele belo salva-vidas que eu tinha na barriga.

DOUTOR — Eu estou com fome. Estou com fome!

FOGUINHO — Estão falando que houve pelo menos trinta mil mortos.

BARRA — Em menos de um mês... Quem acreditava na revolução pacífica, morreu com o fuzil na mão.

PAULO — Mas nós estamos vivos.

BARRA — Maria, eu te acho tão triste...

FOGUINHO — Maria, eu te acho tão bonita...

DOUTOR — Maria, eu te acho tão calada...

PAULO — Maria, tudo que eu acho eu já disse...

MARGA — Bem, eu acho que eu tenho que achar alguma coisa também, né? Está todo mundo achando, então eu também vou achar. Maria, eu te acho muito... como é mesmo que se diz?

DOUTOR — Ensimesmada.

MARGA — Exatamente. É isso aí. Ensimesmada. Mas tem muito jeito diferente de ensimesmada. Eu também sou ensimesmada, mas nós somos ensimesmadas diferentes: você é ensimesmada pra dentro e eu sou ensimesmada pra fora. Dá pra compreender?

DOUTOR — E o Paulo é ensimesmado pros lados, pra cima e pra baixo, pra frente e pra trás! É o ensimesmado mais extrovertido que eu já vi.

MARGA — Mas a única verdadeira ensimesmada mesmo, em si mesma, é a Maria.

PAULO — Olha aí a concordância: ensimesmada mesma!

DOUTOR — Não concordo com essa concordância.

MARIA — Trinta mil mortos?

MARGA — Tá vendo a prova???!! A gente aqui falando em você e você preocupada com trinta mil mortos. Isso é pura ensimesmice! É grave!

BARRA — É crônico.

DOUTOR — É agudo!

MARIA (*Serena*) — Fico pensando em gente estraçalhada. Pensando em cada parte do corpo. No corpo tudo é útil. Começando pelas mãos. Sem as mãos tem uma porção de coisas que a gente não poderia fazer.

MARGA — Para com essa conversa de cadáver.

FOGUINHO — Deixa ela falar. Desabafa, Maria.

MARIA — Sem as mãos você não poderia tocar violão... (*Para Paulo.*)

PAULO — Nem beber chopp. Sem as mãos eu não poderia virar as páginas de um jornal. Sem mãos eu não posso abrir a porta. (*Finge que não tem mãos e mima as impossibilidades.*) Sem mãos fica difícil fazer carinho em você. (*Tenta.*) Sem mãos eu não posso apertar o gatilho pra matar as pessoas que matam as mãos!

MARIA — As mãos são muito necessárias.

MARGA — Conversa de doido, seu!

MARIA — A orelha é muito necessária. É verdade que a gente pode ouvir mesmo sem orelha. Fazendo esforço pode. Mas com a orelha ouve-se muito melhor. A orelha é necessária, as pernas são necessárias...

MARGA — Que cheiro de cocô, meu Deus do céu!

PAULO (*Morbidamente tenta andar como se não tivesse pernas. Maria o acompanha*) — Sem pernas é difícil andar, é impossível correr.

MARGA — Conversa mais sem pé nem cabeça, seu!

PAULO — Porque tem muita gente que não tem pé nem cabeça! Nem orelha, tem mãos cortadas. (*Tudo é mimado, doentiamente mimado, com muita tristeza. Quase repugnante.*)

MARGA — Calem a boca. Silêncio. Eu prefiro ouvir o silêncio.

PAULO — O que a Maria disse é verdade, você tem que ouvir a verdade.

MARIA — Todas as partes do corpo são muito necessárias.

MARGA — Está escuro aqui dentro.

PAULO — Porque, se não fossem necessárias, não existiriam.

DOUTOR (*Quebrando o clima de morbidez*) — Menos o apêndice. O apêndice não é necessário.

BARRA — Tudo é necessário: cabeça, tronco e membros. Tudo. Tarso, metatarso e metacarpo, tudo, tudo.

DOUTOR — Pra que é que serve o apêndice? Não serve pra nada!

PAULO — Serve pra ter apendicite.

MARGA — Conversa mais idiota! Por que é que todo mundo não cala a boca!

PAULO — Porque até eu estou sentindo cheiro de cocô.

FOGUINHO — Você viu se chegou carta?

BARRA — Não chegou nada.

FOGUINHO — Você está esperando alguma coisa?

BARRA — Eu não. E você?

FOGUINHO — Também não.

MARGA (*Retomando a conversa com Paulo*) — E o que é que tem a ver uma coisa com a outra?

PAULO — Porque conversando bobagem a gente se distrai e não sente o cheiro. Só isso, viu?

MARGA — Hoje está insuportável.

DOUTOR — O cheiro não é nada. O que eu tenho medo é da epidemia. Metade desse mundaréu aí tá com diarreia! O ar empesteado... (*Assustando.*) Metade de nós não vai sair daqui vivo!

MARIA — Quanto tempo faz que nós estamos aqui?

MARGA — Mais de dois meses.

DOUTOR — Quase dois meses. Ou três, não me lembro.

MARIA — Que horas são?

PAULO — Quarta-feira.

MARIA — Tão cedo... O tempo custa a passar...

FOGUINHO — Você sabia que o Haiti exporta sangue humano para os Estados Unidos? (*Sempre lendo jornal e recortando notícias.*)

BARRA — Quem é que extrai?

MARIA — Que horas são?

PAULO — Fevereiro... março... mais ou menos...

MARIA — Tão cedo... o tempo custa a passar...

MARGA — Faz quanto tempo que nós estamos aqui?

DOUTOR — Três meses, quatro... não me lembro...

MARIA — E quanto tempo ainda vamos ficar?

FOGUINHO — Só Deus sabe.

MARGA — Sabe mas não diz!

BARRA — Espírito de porco!

MARGA — Não fala assim da divindade! Respeite todas as religiões.

BARRA — Tô falando de você.

MARGA — Espírito de porco, eu?? Por quê???!!

BARRA — Porque eles estavam falando das partes do corpo humano que são necessárias e essa conversa estava me interessando. E veio você e estragou tudo!

PAULO (*Retomando, para Maria*) — Sem pernas eu não posso ir ao teu encontro (*Tenta*), não posso jogar futebol, não posso andar a cavalo, não posso ter você no colo porque teu corpo escorrega, sem pernas eu ia acabar ficando numa cadeira de rodas quase imóvel. Ia ser chato.

MARGA — Chatérrimo.

DOUTOR — Sem pernas você não ia poder abrir!

MARGA — Xiiiii, chatérrimo!

PAULO — Ainda bem que nós todos temos pernas. Mas tem gente que não tem. Tinha, já não tem! A língua também é muito necessária.

MARGA — Conversa de gente doida!

PAULO — Sabe quanta coisa que eu não podia fazer sem a língua? Vou enumerar, presta bem atenção. Sem língua eu não posso lamber. Essa é a primeira coisa, a mais importante. A língua é a única parte do corpo humano capaz de lamber. É mesmo própria pra esse efeito. Ninguém pode lamber com o cotovelo. (*Mostra*) Encosta, mas não lambe. Sem língua, *no* lambida! Sem língua eu não posso falar, mas isso não é tão importante porque eu não digo coisa que preste, nunca, quer dizer que não faz falta. Mas lamber, sim, isso faz muita falta. Sem língua, *no* lamber! Todas as partes do corpo são muito necessárias. (*Maria segue fascinada essa conversa disparatada e doentia.*)

DOUTOR — O biquinho do seio...

MARGA — Isso sim...

PAULO — Tem gente que não tem...

MARGA — Que morbidez. Para com isso. Depois ficam dizendo que eu sou burra, sou atrasada, que não tenho consciência da realidade, e vocês que são inteligentes, maravilhosos, ideólogos, o escambau! Vocês ficam dizendo essas bobagens! Parem com isso! Burros são vocês! Eu não sou nada burra, sou até que razoavelmente inteligente para a minha idade...

DOUTOR — Para a sua classe...

MARGA — Considerando que sou mulher...

FOGUINHO — Paraí, machista!

DOUTOR — Burro, besta... como era mesmo aquela frase que você não conseguia dizer direito nunca? A besta o quê?

MARGA — Agora consigo. Aprendi certinho. Estou evoluindo.

DOUTOR — Diz então.

MARGA — Era assim: a besta é a razão da força? (*Pausa.*)

DOUTOR — É o contrário, minha besta.

MARGA — É o contrário? (*Pausa.*) A razão é a força da besta!

DOUTOR — Essa não tem jeito.

PAULO — Vai de novo que na terceira você acerta...

MARGA — A força é a besta da razão!

DOUTOR — Quem é burro peça a Deus que o mate e ao Diabo que o carregue! Você acertou todas as erradas, só faltou acertar a certa!

MARGA — Então como é que é? Diz você, pombas!

PAULO — É muito fácil. É assim: quem a paca cara compra pagará a paca cara!

MARGA — Me explica. Eu sou burra mas quero aprender.

DOUTOR — A força é a razão da besta, minha besta!

MARGA — Muito profundo. E qual foi o sábio que inventou essa frase?

DOUTOR — Eu não fui. Eu só repeti: autêntico plágio. Vamos dormir?

FOGUINHO — Eu já estou quase... Um pouco mais dessa conversa idiota e eu pego no sono mais profundo...

MARGA (*Baixinho*) — Paulo, você sabe que você é muito bonito?

PAULO — É o que dizem. Muito bonito mesmo. Sei sim senhora.

MARGA — Você quer dormir comigo?

PAULO — Se eu quero fazer o quê com você?!

MARGA — Amor? Comigo? Quer?

PAULO — Não senhora! E, se me ameaçar de novo, eu vou contar. Eu dedoduro você. Cuidado comigo. (*Rindo.*)

MARGA — Você não tem coragem. Conta. Vai, conta. Quero ver. Desafio. (*Pausa.*)

BARRA — Que horas são?

FOGUINHO (*Quase dormindo*) — Te interessa?

BARRA — Não. (*Continua a ler.*) (*Pausa.*)

MARGA (*Perto do Doutor*) — Você está dormindo?

DOUTOR — Cala a boca.

MARGA — Pra que é que eu fui casar com você? Pra quê??? Por quê, meu Deus??? Por quê??? (*Fica sentada ao lado dele, entediadérrima.*)

DOUTOR (*Bocejando*) — Uma questão de centímetros.

MARGA — Grosseirão... Tamanho não é documento... o que vale é a habilidade...

DOUTOR — Eu sou habilidoso... (*Quase dorme.*)

MARGA — Uma vez na vida, outra na morte... conheço todas as tuas habilidades, todas. Estou farta!

DOUTOR — *J'ai lu tous les livres et la chair est triste*... Agora deixa eu dormir... (*Pausa.*)

MARIA — Deixa eu dormir...

PAULO (*Fazendo carinho*) — Você não quer?

MARIA — Não. Deixa eu dormir...

PAULO — Dorme... dorme...

MARIA — Boa noite... dorme você também... dorme... dorme... (*Pausa.*)

FOGUINHO — O banheiro está vazio?

BARRA — Está. Vamos?

FOGUINHO — Vamos. (*Faz escuro. Pausa. Luz. Todo mundo excitado.*)

DOUTOR — É verdade mesmo?

MARGA — Deus queira que sim porque, se não for verdade, eu te mato! Eu te mato! Eu mato alguém! É verdade?

BARRA — Parece que sim.

PAULO — Eu estou te dizendo: é verdade verdadeiríssima!

BARRA — Mas conta inteiro.

PAULO — É só isso que eu sei: pode ir arrumando as malas!

DOUTOR — Pronde é que nós vamos? Trocar de sala?

PAULO — Todo mundo vai ter salvo-conduto. Todos. Agora, pra ir pra onde, ninguém sabe. Cada um vai ter que se virar depois. Quer dizer: eles autorizam a gente a pegar o avião e se mandar. Depois, lá, parece que tem uma organização oficial que arrumou um lugar pra gente ficar, uma espécie de hospital abandonado, um nosocômio — sabe como é? — até que cada um encontre um país acolhedor. Está me entendendo? Por exemplo: um baiano vai ser recebido com todas as honras no consulado da Groenlândia.

MARGA — Isso não interessa: o importante é sair daqui logo de uma vez! Eu já não aguento mais. Tanto cheiro de cocô... nunca mais vou poder ter um filho. Estou esterilizada pra toda a vida. Psicologicamente esterilizada! Não engravido mais.

FOGUINHO — Por quê?

MARGA — Você pode ser muito romântica, minha filha, mas é isso mesmo: filho pequeno é muito bonitinho mas tem cheiro de cocô! Todos têm cheiro de cocô. Bota perfume nisso pra disfarçar.

PAULO — Mas vocês nem parecem que estão contentes?!

BARRA — Eu acho ótimo!

MARIA — Não será uma cilada?

PAULO — O quê?

MARIA — A gente sai lá fora e eles fuzilam.

DOUTOR — Não pode ser. A repercussão internacional ia ser monstruosa. Pense bem: a correlação de forças...

PAULO — Você começa a falar em correlação de forças e eu começo a ficar com medo. Você diz que não, eu começo a acreditar que sim.

MARIA — Seja como for, vamos arrumar a mala.

PAULO — Vamos calçar os sapatos. (*Todos têm um sapato na mão.*) Onde é que eu vou descalçar esses sapatos outra vez! Onde é que eles vão cair da próxima vez?

MARIA — Seja onde for, vai ser uma terra melhor do que aqui. Seja onde for, onde for...

FOGUINHO — Liberdade, ô dona liberdade, me faz um favorzinho?

BARRA — Pode pedir, minha filha.

FOGUINHO — Abre as asinhas aqui em cima de nós, abre, sobre todos nós que estamos bem precisados. Abre depressa. Abre a asinha bem em cima da gente que é pra gente ficar bem quentinha, bem aconchegadinha... Abre, abre...

PAULO — Onde será que eu vou descalçar o meu sapato? O meu sapato está com uma cara triste. Olha para ele. Olha só. Sapato, oi, sapato. *Hold your chin up*! *Coraje, carajo*!

Apaga a luz. Pausa. Torna a acender. Estão noutro lugar. Estão sentados em cima das malas.

MARGA — Eu tenho a sensação de que estou presa. Trancafiada.

DOUTOR — Objetivamente você não está. Pode sair quando quiser. Sai. Olha a porta aberta, Sai, sai. Tchau.

MARGA — Sair pra onde?

DOUTOR — Pronde você quiser. Liberdade de ir e vir. Vai e vem. Vai e não volta nunca mais. Lá fora tem de tudo.

MARGA — Que é que tem?

DOUTOR — Tem restaurante. Ô, rapaz, tem cada bife desse tamanho. *Papa frita* eles te dão tanta que você não consegue comer nem a metade do prato. Porque aqui na Argentina o povo come, viu?! Tem salada e vinho, *carbonada* e *locro* que é uma espécie de feijoada lá deles aí. Tem cada sobremesa do tamanho da mesa. Aqui todo mundo é da classe média, não tem burguês nem operário. Tem de tudo, tudo, tudo!

MARGA — Só não temos dinheiro!

DOUTOR — Sabe o que mais tem? Lá fora?

BARRA — Que é que tem?

DOUTOR — Lá fora tem dois hipódromos que são famosos no mundo inteiro! Tem os jockeys mais anãozinhos! Tá cheio de mulher bonita te dando bola, porque elas aqui são muito mais liberais, compreensíveis. Gente pra frente, tudo joia.

BARRA — Mas não temos dinheiro, né, Marga?

FOGUINHO — Lá fora tem cinema. Tem tantos que parece até que estão dando os filmes de todos os tempos ao mesmo tempo. Todos os diretores, todos os festivais de Gordo e Magro, Buster Keaton, Carlitos, todos os Eisenstein, Pudovkin, Harry Langdon que eu pessoalmente considero igual ao Chaplin, mas ninguém se interessa pela minha opinião abalizada, ninguém me escuta...

MARGA — Lá fora tem tudo de tudo, mas nós não temos dinheiro!

BARRA — Tem futebol. Tudo perna de pau, mas tem futebol. Tem a ditadura mais democrática da América Latina!

MARIA — Pra você que gosta tanto de vestido, Marga, aqui tem mais butiques que na Europa. As ruas do centro até parecem Europa...

MARGA — Escuta aqui, minha filha: não vamos confundir. Pra vocês, tupiniquins, tudo que não é índio parece Europa! Se não tem pluma na cabeça nem tacape, é europeu! Ora, tenha santa paciência. Europa é outra coisa! É outra civilização, outra cultura! Isso aqui não parece Europa coisa nenhuma! O que parece é que são uns nativos muito atrasados querendo imitar a Europa! Calle Florida não é Champs-Elysées! Não é Via Veneto! É *calle* mesmo! E só! Não é nem Carnaby Street, é o cocô do cavalo do bandido perto do Marché aux Puces. Vou logo dizendo que é pra desmoralizar de uma vez. Mania de imitar os outros. Falta de personalidade. Olha aqui: eu estou presa!! Vocês não percebem que eu estou presa??? Eu estou presa!! Me tira daqui!!!

DOUTOR — Não amola. Vai embora.

MARGA — Eu não tenho dinheiro nem pra ficha do metrô. Isso aqui é uma prisão. A porta está aberta mas eu estou presa.

FOGUINHO — Pelo menos aqui já não se sente o cheiro de cocô...

MARGA — Quero ir pra qualquer lugar, quero ir pra Suécia, pra Dinamarca, pra Noruega, pra Terra do Fogo, pro Polo Norte, pra qualquer lugar, mas com dinheiro no bolso!

PAULO — Eu recebi uma carta de um amigo que está na Suécia. Eles me contaram que os patrícios lá estão cantando o maior sucesso da música popular nossa na Suécia. Sabe qual é?

BARRA — Qual é?

PAULO (*Canta*) — Vivo num país glacial
amaldiçoado por Deus
e também pela natureza!
Em fevereiro
em fevereiro não tem Carnaval

não tem Carnaval.
Sou *Aikó* e tenho uma nega chamada Gunila...

BARRA — Barra-pesada...

PAULO — Pra quem não entendeu direito eu explico que Gunila é a Teresa lá deles. Mulata lá é loira e branca é albina!

BARRA — Sou *Aikó* e tenho uma nega...

PAULO — E continuando a explicação: *Aikó* lá é rubro-negro... Primeiro lugar nas paradas dos sucessos. (*Maria vai saindo.*)

PAULO — Que é que você tem?

MARIA — Nada. Estou me sentindo mal.

PAULO — E eu estou atrasado, não posso ficar com você.

MARIA — Não precisa.

FOGUINHO — Eu cuido dela.

MARGA (*Para Barra, baixinho*) — Você quer ir pra cama comigo? Eu estou muito nervosa. Responde logo: quer ou não quer.

BARRA — Está ficando louca?? Claro que não!!

MARGA — Claro por quê? Você é homem, eu sou mulher.

BARRA — Que imoralidade é essa?

MARGA — Que é que tem? Nós estamos viajando, a moral muda. Que moral? Moral de lá ou moral de cá? Moral de antes ou de depois? Moral de turista? A moral não é igual, me entende? Quer ou não quer? Dou-lhe uma...

BARRA — Não quero, não.

MARGA (*Rindo*) — Eu acho que quer sim. Estou vendo nos teus olhos.

BARRA — Para com isso!

MARGA (*Rindo*) — Eu estou só começando com isso! Olha, aquele negócio que eu falei, de ter esquecido o diafragma, era mentira. Está aqui na bolsa. Quer ver?

BARRA — Para com isso. A Foguinho é capaz de te ouvir e pode até levar a mal. Não dá escândalo.

MARGA — Não dou, não. Eu, comparando com as outras, até que sou silenciosa. Não vai ter problema nenhum, ninguém vai escutar nada. Espera eles saírem.

BARRA — Para.

MARGA — Depois a gente fala.

PAULO (*Chegando perto*) — Fala o quê?

MARGA — Onde é que você vai?

PAULO — Fazer discurso, contar as verdades pro povão aí...

DOUTOR (*Explodindo*) — Tá vendo??!!! Você também fica aí provocando! Depois quer voltar. Fica provocando e falando em saudade! Provocando e dizendo que não aguenta mais! (*Berra*) Não provoca! Não provoca!

PAULO (*Calmo*) — Eu não estou provocando.

DOUTOR — E esse discurso??? Esse discurso o que é???

PAULO — Nada do que eu digo é mentira. Eu só digo o que penso. Quero voltar mas não quero ficar mudo.

DOUTOR (*Irritado*) — E você, Maria? Você aprova isso? Tá certo? Você acha que está? Como é?

MARIA — Eu não tenho que aprovar nem desaprovar, cada qual faz o que quer. Ele faz o que ele quer.

DOUTOR — Depois aguente as consequências. Isso não é atitude, não é decente! Doença infantil...

PAULO — Hei, peraí, quem tá se comprometendo sou eu. Eu sou maior.

DOUTOR — Compromete todo mundo. O que você faz é responsabilidade de todos nós. Nós todos corremos risco depois.

BARRA — Olha aqui, o Paulo tem o direito de fazer o que ele muito bem quiser e você não tem direito nenhum de tentar impedir.

FOGUINHO — Ninguém está pedindo pra você dizer as coisas que ele diz, pra fazer os discursos que ele faz. É ele que faz e que diz!

DOUTOR — Mas é toda a coletividade que acaba sendo prejudicada.

FOGUINHO — Em primeiro lugar nós não somos uma coletividade. Nós estamos juntos por acaso. Se não fosse por acaso, nós não estaríamos juntos. Nós somos muito diferentes.

DOUTOR — Ainda bem que você reconhece.

MARGA — Eu já estava aflita.

FOGUINHO — Principalmente nós e vocês. Muito diferentes.

PAULO — A única semelhança é que nós estamos viajando juntos... essa porcaria dessa viagem que não acaba nunca!

DOUTOR — Ainda bem que você reconhece. E, se a coisa piorar, espero que você continue reconhecendo. Não tenho nada que ver com isso. No meu caso foi um equívoco, foi um erro judiciário. Não tenho nada que ver com as coisas que vocês fazem. Não peguei essa doença infantil, essa catapora ideológica! Nada, nada.

BARRA — Nada, nada, nada, nada, nada de nada, nada que ver!

PAULO — Vou andando.

FOGUINHO — Eu vou contigo.

BARRA — Eu vou também.

FOGUINHO — Você não estava com dor de cabeça?

BARRA — Estou.

FOGUINHO — Fica.

BARRA — Melhor que eu vá.

MARIA — Me espera que eu vou também.

DOUTOR — Se vão todos, eu vou junto.

FOGUINHO (*Admirada*) — Pra quê?

DOUTOR — Só pra ver. De longe.

PAULO — Pra me inibir.

DOUTOR — Você nem vai reparar em mim. Vou ficar perdido no meio da multidão. Quanta gente vocês esperam?

PAULO — Umas cinco mil pessoas, mais ou menos.

DOUTOR — Que fiasco? Só?

MARGA (*Para Barra*) — Você também vai?

BARRA — Vou.

PAULO — Vamos. (*Saem todos.*)

MARGA (*Sozinha, cantando*) — "Viverei, num país glacial/ amaldiçoado por Deus etc."

BARRA (*Voltando*) — Oi.

MARGA (*Rindo*) — Voltou?

BARRA — Tá me vendo?

MARGA — Tá com dor de cabeça?

BARRA — Vamos logo de uma vez.

MARGA — Calma. Bem devagar. Vamos devagar, bem devagar. Eu disse que eu sou silenciosa, mas não disse que sou rápida. Por favor, bem devagar.

BARRA — Não me faz ficar nervoso.

MARGA — Nervoso pode até ser melhor.

BARRA (*Tenta agarrá-la*) — Vem cá.

MARGA (*Escapa*) — Vou, sim. Olha. (*Mostra-se.*) É tudo pra você. Mas devagar, bem devagar.

BARRA — Não faz fita.

MARGA — Por que é que você voltou? Pra castigar o meu marido?

BARRA — Cala a boca.

MARGA — Não pensou na Foguinho?

BARRA — Cala a boca.

MARGA (*Rindo*) — Pensou se está correto ideologicamente? Você não vai se arrepender? Não vai fazer autocrítica?

BARRA — Vamos duma vez, pô. Rápido.

MARGA — *Piano, piano*. Você quer mesmo? Olha o perigo, eu sou meio louca, posso contar pra todo mundo depois... Pensou bem? Pensa bem... Olha aí... eu vou contar... não chega mais perto... Agora eu não grito, até gosto, grito depois... olha a autocrítica... olha que ainda é tempo...

BARRA — Rápido. (*Agarra-a.*)

MARGA — Devagar, bem devagar... (*Apaga-se a luz.*) (*Luz outra vez.*)

DOUTOR (*Entrando com os outros*) — Olha, pra mim isso é muito sintomático!

PAULO — Sintoma de quê?

DOUTOR — Foram eles que te convidaram, foram eles que organizaram a festa, foram eles que deram todas as garantias e foram eles que suspenderam o forró.

PAULO — Por falta de garantias.

DOUTOR — Mas quem devia dar as garantias eram eles mesmos! Olha, isso é sintomático!

FOGUINHO — Quer dizer que, na tua opinião, o melhor a fazer é arrumar as malas outra vez?

DOUTOR — A não ser que mude muito a correlação de forças, o melhor é arrumar as malas.

FOGUINHO — Então, se você acha isso, eu vou ficando. O contrário do que você diz sempre dá certo!

PAULO — Mas dessa vez ele tem razão. Governo messiânico a gente já viu que dá é nisso mesmo! Sempre a mesma coisa... Revolução sem sangue acaba sempre virando sangue sem revolução...

DOUTOR — "*There is a time for departure, even when there is no certain place to go!*" Lord Byron nos seus melhores momentos...

PAULO — É... arrumar as malas outra vez não é uma má ideia! Afinal eram cinco mil pessoas que vinham me escutar e não vieram. Veio só o emissário dizer que não havia garantias. Se não há garantias pra poder falar, melhor fazer as malas.

FOGUINHO — Mas a gente não pode se mandar *así no más*! Temos que esperar as cartas de chamada. Nenhum país está convidando a gente... a gente nem passaporte tem. Onde é que pode ir?

DOUTOR — Aqui vai tudo de mal a pior...

PAULO — É, mas o povo parece que ainda acredita...

DOUTOR — Povo, povo, povo! Deixa cair...

PAULO — O povo tem que fazer a sua experiência!

DOUTOR — E o povo lá tem experiência? Tem memória curta.

PAULO — Está experimentando.

DOUTOR — Está se estrepando! (*Estão todos muito tristes, fazendo de conta que não.*)

MARIA — Eu não aguento mais. Eu só queria viver num país tranquilo, um país em paz. Tudo quieto. Mesmo que não tivesse vento. Um país em paz. Sem nem vento, sem nem ar balançando. Tudo quieto. Já não aguento mais.

FOGUINHO — Esse país não existe.

PAULO (*Canta a música de* West Side Story) — Maria, Maria, Maria? Esse país não existe. Tudo balançando, pra lá e pra cá, não para nunca em nenhum lugar. O vento existe.

MARIA — Vamos pra Europa. Lá, quem sabe, venta menos.

PAULO — Pode ser. Mas lembra da carta daquele meu amigo? (*Canta*) "Vivo num país glacial/ amaldiçoado por Deus/ Tenho uma nega chamada Gunila..." Parada de sucessos!

DOUTOR — Cadê a Margarida?

FOGUINHO — Eu é que sei?

PAULO — Deve ter saído. (*Doutor sai. Pausa.*)

FOGUINHO (*Percebendo as ausências*) — Agora, falando sério: cadê o meu marido? Cadê a mulher dele? Cadê os dois??? (*Entram Barra e Margarida.*)

MARGA (*Depois de olhar os outros que os olham*) — Olha aqui, pessoal, nós temos uma revelação sensacional pra vocês. Mas antes de mais nada, porque é que vocês chegaram tão cedo?

PAULO — Não houve reunião.

FOGUINHO (*Percebendo*) — Vamos botar a mesa.

PAULO — O que é que tem pra comer?

MARGA — Temos uma revelação sensacional que vocês vão ter que engolir que nem sapo!

MARIA — Tem um restinho de feijão-preto, um restinho de arroz, um restinho de salada, um restinho de farinha, um restinho de cerveja, um restinho de uns restinhos que tinham sobrado e mais um restinho de qualquer coisa.

MARGA — *Fasten seat belts*! Uma revelação sensacional!!!

BARRA — Por que vocês chegaram mais cedo?

PAULO — Eu já expliquei, meu irmão. Pô, quer que eu explique de novo?

BARRA — Ah, é mesmo, eu não tinha escutado. (*Senta-se sem jeito.*)

PAULO — Escutou agora?

MARIA — Todos esses restinhos somados dão um restinho de um lauto jantar. Muito boa comida, restinho de comida!

MARGA — Olha aqui, minha gente, se vocês não quiserem ver a realidade de frente, se não quiserem pegar os cornos do touro à unha, *face to face*, então o problema é de vocês, cambada de avestruzes. Mas a verdade é a verdade, e a verdade é a seguinte, dois pontos!

MARIA — Precisa explicar?

MARGA — Não precisa, mas eu quero, eu gozo explicando, me faz bem. É o seguinte, dois pontos, dizia eu: eu, e o ilustre senhor vosso marido, muito ideólogo, muito prafrentex politicamente, acabamos de ter uma deliciosa noite de amor em pleno entardecer. E só lamentamos que vocês tenham chegado cedo demais, porque estava muito bom. Quero mais!

BARRA — Putza!

FOGUINHO — Quantos talheres eu ponho?

MARIA — Cinco, né? A não ser que o Doutor volte logo. (*Silêncio.*)

MARGA — Escuta aqui: ninguém vai dizer nada? Ninguém vai me acusar? *No comments*?

MARIA — Pra quê?

MARGA — Bom, a gente fez uma coisa errada, coisa que não devia. Quais vão ser as consequências?

MARIA — Vamos jantar.

MARGA — Olha aqui, olha aqui... A gente fez o que fez, e agora? Não vai acontecer nada?

MARIA — Vamos comer.

MARGA — Você é um pé no saco, Maria. Ou fica aí pelas paredes tristes, calada e muda, ou abre a boca e só diz besteira! Não é com você que eu estou falando. Quero falar com ela, com a vítima propriamente dita! Olha aqui, ô dona vítima Anita Garibaldi anacrônica: o que é que a senhora acha disso tudo???

FOGUINHO — Está falando comigo?

MARGA — Exatamente: com a vítima. Fala, vítima.

FOGUINHO — Eu vou ser franca com vocês: não gostei nada disso não. Não estou nada contente. Mas também quero que fique bem claro que eu não sou vítima coisa nenhuma. Ele fez o que ele quis. Se quiser ficar com você, sinto muito, que fique, problema dele. Depois eu me ajeito. Estou bastante chateada, mas não sou vítima de nada. Não me tirou pedaço. Ele que escolha, que faça o que quiser. (*Barra se levanta.*) Alguém vai querer comer feijão? Tem um restinho...

BARRA (*Sentando-se ao lado de Foguinho*) — Eu quero.

FOGUINHO (*Servindo-o*) — Come que deve estar gostoso.

BARRA (*Comendo*) — Tá ótimo.

FOGUINHO — Quer um pouquinho mais de molho de pimenta?

BARRA — Um pouquinho mais. (*Os dois comem olhando Marga, que fica cada vez mais furiosa.*) Tá bom mesmo. Quem foi que cozinhou?

FOGUINHO — Faz de conta que fui eu mesma.

MARIA (*Para Marga*) — Você não come?

MARGA — Perdi o apetite.

PAULO (*Rindo*) — Eta feijãozinho bom... (*Entra o Doutor.*) Pimentinha doce... Contradição...

DOUTOR — Ninguém me chamou? Está todo mundo comendo nas minhas costas e eu sou o único que não come???

MARIA — Senta. Ainda tem um restinho de tudo.

FOGUINHO — Escuta aqui, Margarida, você ainda faz questão de continuar a conversa?

MARGA — Eu até que queria. Mas, olhando só pra cara dele, acho que nem vale a pena.

DOUTOR — Por que olhando pra mim? De que é que vocês estavam falando?

MARGA — A gente estava falando de umas cartas que chegaram.

DOUTOR — De onde? (*Paulo e os outros se olham surpresos.*)

MARGA — Da Suécia.

PAULO — Verdade???

MARGA — Vocês já viram que eu não minto. Sou incapaz? Eu não sei guardar segredo. Conto tudo, conto mesmo! Não é verdade, Foguinho? Eu não conto? Conto ou não conto?

PAULO — Carta pra quem?

MARGA — Pra nós seis. Chegaram pelo correio da manhã mas, eu, só de sacanagem — porque eu sou muito sacana e não preciso dar mais provas, nem me estender sobre o assunto — eu, só de muita sacanagem, resolvi só dizer agora. Acho que nós vamos ter que continuar juntos um pouquinho mais. Vocês se incomodam com a minha presença?

BARRA — Olha aqui, Marga: vai à merda.

PAULO — Mas antes me entrega as cartas. Quero ver. (*Marga entrega as cartas.*)

MARGA — Toma.

PAULO — São todas iguais.

MARIA — Tudo igual.

PAULO — Estamos todos convidados a conhecer a Aurora Boreal, o sol da meia-noite!

DOUTOR — Estamos todos convidados a ter uma nega chamada Gunila. Vamos todos começar a torcer pelo Aikó Futebol e Regatas!

MARIA — Vamos arrumar as malas. Pode ser que melhore.

FOGUINHO — Vamos todos arrumar as malas. Vamos s'embora pessoal.

DOUTOR — Ainda bem que desta vez nada de correrias. Estamos saindo bastante antes do pega pra capar!

PAULO (*Cantando enquanto ele e todos os demais arrumam malas*) — "Viverei/ num país glacial..."

FOGUINHO — Barra, vem cá. Eu queria te falar uma coisa.

BARRA (*Aproximando-se*) — O que é? (*Ela dá-lhe um tapa na cara. Barra acha graça.*) Falou?

FOGUINHO — Tá falado.

Faz escuro. Se houver necessidade de dividir em dois atos, o primeiro acaba aqui. Se não, reacendem-se as luzes.

Segundo ato

No avião, os seis estão sentados, três de um lado e três do outro: Maria, Paulo e Marga; Doutor, Barra e Foguinho.

MARGA — Que horas são?
PAULO — Setembro, outubro, não sei...
MARGA — Perguntei que horas.
PAULO — Ah, agora entendi.
MARGA — Que horas?
PAULO — Quarta-feira.
MARGA — Tão tarde? (*Para o Doutor*) Você está com sono? (*Todos mais ou menos dormem.*)
DOUTOR — Estou.
MARGA — Posso perguntar uma coisa?
DOUTOR — Pode.
MARGA — Você quer dormir comigo?
DOUTOR — Aqui no avião??? (*Pausa.*) Não.
MARGA — Hei, você é meu marido, você tem a obrigação.
DOUTOR — Estou cansado, não quero, não. Mas não vai te faltar quem queira.
MARGA — Falta, sim. Não é assim tão fácil como parece. Tem que ser mesmo você. Meu marido, só em último caso, mas vai ser. Vai te preparando.
DOUTOR — Espera aterrissar.
MARGA — Demora?
DOUTOR — Pergunta pro aeroboy. (*Vira a cabeça pro lado e dorme.*)
MARGA — Estamos descendo?
PAULO — Lisboa.
MARGA — Quanto tempo ficamos aqui?

PAULO — Escala técnica.

BARRA — Você conhece a última do brasileiro?

PAULO — Não, mas em compensação conheço a próxima do português.

BARRA — Qual é?

PAULO — Conciliação de classes, do trabalho à casa e da casa ao trabalho, pacificação nacional, moeda flutuante, arrocho salarial, austeridade, honrar a dívida externa, apertar os cintos, a Europa está conosco...

BARRA — Hei, pessoal, vocês estão ouvindo? Como é que é? Não querem ficar todos aqui? Portugal é o país mais latino-americano da Europa! Daqui pra frente é tudo Europa mesmo!

DOUTOR — Você tem uma tesourinha de unhas?

MARGA — Tinha. Era tão bonita... Tinha, sim.

DOUTOR — Agora com que é que eu vou cortar minhas unhas?

BARRA — Tem um cortador no chaveiro, quer? (*Mostra um enorme molho de chaves.*)

DOUTOR — Pra que é que você quer tanta chave?

BARRA — Porque com tanta chave no bolso eu até tenho a impressão de que todas as portas que eu deixei pra trás estão todas fechadas. E um dia eu volto e abro todas as portas.

DOUTOR — É, mas ainda vai demorar... voltar você volta, mas por enquanto vamos continuar indo em frente...

BARRA — Não seja pessimista...

DOUTOR — Então você não vê? Nós estamos atravessando uma das crises mais graves de nossa história.

BARRA — Atravessando, pô??? Estamos boiando no meio da crise, estamos flutuando sem ir pra frente nem pra trás! Bem no meio, afundando, indo a pique...

FOGUINHO — Eta viagenzinha que não se acaba!

BARRA — Faz quanto tempo que vocês estão viajando?

PAULO — Eu, faz cinco anos.

FOGUINHO — Nós vai pra sete agora, né?

DOUTOR — Marga faz dois anos e eu agora vou pra doze.

BARRA — Você se assustou cedo demais! Podia ter esperado.

FOGUINHO — Quer dizer que vocês se conheceram na viagem?

DOUTOR — Nas chamadas circunstâncias trágicas: ela estava em lua de mel, casadinha de novo... esquiando nas montanhas cheias de neve... aí ela veio vindo assim meio enviesada... e eu esperando lá embaixo... Foi em Bariloche. O marido voltou sozinho no *charter*. Pô, com que cara ele deve ter enfrentado o resto da família...

PAULO — Quer dizer que ela é uma exilada sexual: se volta, o marido mata!

MARIA (*Sonolenta*) — Faz quanto tempo que a gente está voando?

PAULO — Dez horas? Vinte? Trinta. Mil? Mil trezentas e noventa e sete. Estamos voando a vida inteira. Você gosta de voar?

MARIA — E não chegamos nunca.

FOGUINHO — Eta viagenzinha que não se acaba.

BARRA — Mas eu perguntei a sério: vocês não querem mesmo fazer escala aqui? Pode ser que seja bom. Pelo menos não tem que aprender língua nova.

PAULO — Eu não fico, não. Essa história de austeridade eu já ouvi uma porção de vezes... E sempre tive que acabar correndo...

BARRA — Pensa bem. Pra nós não tem muita saída, não. Pode ser que a nossa melhor saída seja mesmo aqui. O problema é a saída.

PAULO — Você sabe como é que se diz saída?

BARRA — Em que língua?

PAULO — Como é saída em francês?

MARGA — Eu sei.

PAULO — Como é?

MARGA — *Sortie*.

PAULO — Como é saída em holandês?

MARGA — Ninguém sabe.

PAULO — É *huitgang*. E em dinamarquês?

MARGA — Só dinamarquês é que sabe.

PAULO — Eu sei: é *udgang*.

BARRA — *Udgang*??? Quem diria, né?

PAULO — E em sueco?

MARGA — Em sueco? Deixa eu dormir? Pra que é que você quer saber como é saída em sueco? Não tem saída em sueco. Não tem saída!

PAULO — Saída em sueco é *utgang*. Entendeu a diferença?

BARRA — *Huitgang*, *udgang*, *utgang*... viu como eu tenho facilidade pra línguas? Aprendi três línguas nórdicas em três minutos.

PAULO — E como é em inglês?
FOGUINHO — *Exit*!
PAULO — É isso mesmo: *exit*! Saída em inglês é *exit*. E em português?
MARGA — Essa eu não entendi: como é saída em português?
PAULO — Em português saída é exílio. *Exit*, exílio, *exit*, exílio, exílio, *exit*, exílio...
MARGA — Isso é letra de música nova que você está fazendo?
PAULO — Não sei se fujo ou persigo.
MARGA — Muito hermético pro meu gosto.
PAULO — É assim. (*Canta.*)

Eu até que nem gostava
de sair da minha casa.
Agora vivo voando,
parece que tenho asa.

Quero sossego, descanso,
me acomodo, torço o peito;
durmo de lado, sentado,
mas mesmo assim não tem jeito:

eis que surge o inimigo!
Faço a mala, vou andando,
não sei se fujo ou persigo,
só sei que vou caminhando.
Calço meu sapato triste
vou em busca do inimigo
não se fujo ou persigo
mas vou de coragem em riste!

Não sou herói nem covarde,
por isso corro perigo;
tão pouca coisa que eu sou
nem sei se fujo ou persigo!

Nem me vence o inimigo
e eu vencê-lo não consigo:
nesta luta que prossegue,
ele persegue, eu persigo!

Sei que um dia de repente
armados até no dente
um dia a gente se encontra,
cara a cara, frente a frente!

Falta pouco, chega a hora,
busco e fujo do inimigo:
eu sei que vou caminhando,
não sei se fujo ou persigo.

Eu até que nem gostava;
de sair de minha casa:
agora vivo voando,
parece que tenho asa.

BARRA — Sei, mas você não respondeu à minha pergunta: ficamos ou vamos em frente? Quem vota?

FOGUINHO — Maria está dormindo, três já disseram que não, fica você sozinho e mais um voto indeciso.

BARRA — Jardim à beira-mar plantado: tchau mesmo, austeridade!

DOUTOR — Chegamos.

BARRA — Onde?

FOGUINHO — Paris. (*Começam a mover-se como já em casa.*)

MARGA — Olha, se eu ficar aqui dentro mais de cinco minutos, eu não saio nunca mais! Estou cansada, farta, não aguento! Que eu não tenho nada na cabeça mesmo, isso todo mundo já sabe, já é do conhecimento público! Então vocês decidam duma boa vez onde é que vocês querem ficar! Mas onde decidir, está decidido! Eu fico! Não aguento mais pegar avião, mudar de casa, arrumar casa, desarrumar casa, arrumar casa nova, desarrumar, avião, aeroporto, pensão, hotel, alfândega, revista, papéis, documentos, papéis, revista, alfândega, essa viagem tem que acabar, tem que ter um fim! Eu quero voltar pra casa, não me importa pra que casa, quero voltar, quero, quero! Quero uma casa que seja minha! Quero tomar café com leite na minha caneca de barro! Minha, minha! Minha caminha, meu quartinho, mesmo que seja até meu bairrozinho, meu, meu, meu!

DOUTOR — Escuta aqui: você passou a vida dizendo que queria conhecer Paris. Paris está aí mesmo: vai, conhece! Que é que está reclamando??? Paris está lá fora te esperando!!!

MARGA — Já vi tudo e já me decepcionei!

DOUTOR — Você já viu a Torre Eiffel?

MARGA — É igualzinha a um cartão-postal.

DOUTOR — Já foi a Versailles?

MARGA — Igual que na fotografia.

DOUTOR — Já sentou o seu rabinho num daqueles bancos do Luxemburgo?

MARGA — É duro como banco de qualquer jardim. Eu queria vir a Paris, queria visitar, mas isso de morar é outra coisa! Quando você quer vir, você fica sonhando com isso, mas você já estando, já morando, não pode sonhar com isso. Acaba perdendo.

PAULO — Posso tirar os sapatos?

MARGA — Eu vou pra rua. Vou fazer qualquer loucura!

DOUTOR — Vai com Deus! (*Ela sai.*) *J'ai deux amours: mon pays et Paris.*

PAULO — A única coisa triste para mim, nessa viagem, é a hora de tirar os sapatos. Cada vez eles caem num chão diferente. Mas têm sempre a mesma cara triste. São sapatos tristes. Hoje caem aqui: *rue du Bourg Tibourg, le Marais.* (*Cai outro.*) *Paris IVème.* Onde será que eu vou descalçar amanhã? Essa é a única coisa triste.

FOGUINHO — Maria está melhor?

PAULO — Já nem sei. Vive com sono.

DOUTOR — O que tem de bom nessa viagem é que você pode beber bebida nacional e no dia seguinte não acordar com dor de cabeça... Bebida nacional aqui na França é boa mesmo... (*Sai.*)

PAULO — Maria: tem gente que está perguntando se você está melhor.

MARIA — Estou cada vez pior.

PAULO (*Irritado*) — Maria, você também precisa colaborar, poxa! Precisa fazer um esforço! Essa viagem não está sendo agradável pra ninguém! Faz força! Colabora! Não pode ficar todo mundo se preocupando só com você! Isso até é egoísmo!

MARIA — Desculpe. (*Paulo se arrepende.*)

PAULO — Desculpe. Eu falei por falar, sem pensar. Estou nervoso, é isso. Desculpa, viu, desculpa, sim?

MARIA — Eu acho que você tem razão!

PAULO — Não me leva a sério não. Fica triste à vontade.

MARIA — Levo a sério, sim. Vou fazer força pra mudar. Quer ver? Estou fazendo. Estou mudando?

PAULO — Deixa eu ver.

MARIA — Vamos?

PAULO — Vamos o quê?

MARGA — Ora, Paulo, o quê??? O que que pode ser?

PAULO (*Rindo*) — Desculpe, eu não tinha entendido mesmo. Faz tanto tempo que você não me pede... Você está mudada mesmo. Vamos, sim, correndo. (*Saem os dois, rindo.*)

BARRA — Cada um tem uma ideia diferente na cabeça! Se só ficassem juntas as pessoas que só pensassem igualzinho... Aí não se fazia tanta burrada.

FOGUINHO — Ei, isso é racismo ideológico. Nós estamos misturados porque está todo mundo misturado mesmo nesse mundo. Tem que ser assim. Pureza ideológica do jeito que você quer acaba sendo racismo...

BARRA — Racismo? Tá ficando louca!

FOGUINHO — Como nos Estados Unidos: no ônibus nas primeiras filas, lá na frente, os de ideologia pura; no meio, ideologia mestiça, e lá atrás os confusos como a Margarida.

BARRA — Você já está de bem comigo?

FOGUINHO — Eu te suporto. (*Rindo.*) Mas olha lá, hein, da próxima vez te arrebento com as malas na cabeça. Uma a uma. Meu ódio dá pra todas!

BARRA — Da próxima vez faço escondido. (*Foguinho bate nele.*) Que foi?

FOGUINHO — Estou batendo preventivamente. (*Agarram-se.*)

BARRA — Tem alguém naquele quarto?

FOGUINHO — Não.

BARRA — Vamos.

FOGUINHO — Vamos. (*Saem. Voltam Maria e Paulo, tristes.*)

MARIA — Eu não tenho culpa...

PAULO — Nem eu...

MARIA — Não é uma questão de culpa... Nós não temos culpa... Mas eu não consigo. Não consigo ter prazer. Me concentro, faço força, quero te enganar, fico fingindo, quero me enganar, mas não engano ninguém, nem a mim, nem a você. Fico só pensando...

PAULO — Pensando em quê?

MARIA — Fico pensando em pedaço de gente morta, fico pensando em gente morta, gente que eu conheci viva. Morta. Quando você me agarra e me faz um carinho... em vez de eu sentir o carinho... em vez de eu gozar a tua mão... eu fico olhando a tua mão... e vejo que você ainda tem mão... você ainda tem as duas mãos... ainda... ainda tem...

PAULO (*Mostrando*) — Eu tenho as duas mãos. E estou vivo...

MARIA — E tem gente que teve as duas mãos cortadas... gente por aí... sem mãos... Como é que eu posso te explicar? As tuas mãos estão aqui, as tuas mãos me fazem carinho, as tuas mãos existem... mas eu não consigo sentir as tuas mãos... porque fico pensando nas mãos que eu conheci, fico lembrando mãos podres, cheias de vermes, mãos que me fizeram carinho, mãos como as tuas mãos, mãos vivas, mãos mortas, mãos que me deram prazer, que me fizeram gozar... mãos cortadas... É como se, de repente, para mim, ninguém mais tivesse mãos. Todas as mãos cortadas! (*Paulo esconde as mãos dentro da camisa, como se tivesse as mãos cortadas.*)

PAULO (*Triste, baixo*) — Assim?

MARIA — Assim. Como se ninguém tivesse mais o direito de ter mãos. Como é que eu posso gozar com um homem assim, com braços assim? Nós não temos culpa, mas eu não posso gozar.

PAULO (*Insiste em fazer gestos sem mãos*) — Assim?

MARIA — Assim. Nós não temos culpa.

PAULO — Assim? (*Tenta abraçá-la.*)

MARIA — Assim.

PAULO — Assim? Sempre assim?

MARIA — Assim. Assim. Sempre. Quando eu vejo o teu corpo nu tenho vontade de chorar. Antes eu ficava excitada, agora tenho vontade de chorar. Eu vejo o teu corpo nu e me lembro daqueles corpos nus amontoados. Uns por cima dos outros amontoados na mesma fossa. Braços cortados, pernas cortadas, tripas... Os olhos saltados, a língua pra fora... os peitos furados de balas... corpos nus, mau cheiro... tudo podre. Eu vejo o teu corpo nu que antes me excitava e agora me dá medo. Eu tenho medo que você fique nu. Tenho medo. (*Ele tira a camisa.*)

PAULO — As balas... aqui? (*Mostra.*) A língua... assim? Os olhos... furados?

MARIA (*Acariciando-o*) — Podiam ter te cortado essa língua. (*Gesto.*) Podiam ter te furado esses olhos. (*Gesto.*) Podiam ter te cortado todo, aqui e aqui e aqui... retalhos... o pulmão escorrendo pelas costelas... (*Ela começa a tirar a roupa dele e a vesti-la ela mesma: a camisa, a gravata, o paletó, as calças. Tira-lhe a carteira com dinheiro que usa como adorno.*) Podiam ter te assassinado... (*Agarra-se no corpo dele querendo buscar prazer que não vem.*)

PAULO — Podiam... podiam... (*Maria dá um grito e interrompe a cena de amor.*)

MARIA — Para, para, para! Eu não consigo, não consigo! Eu vejo o teu corpo nu e tenho medo. Eu vejo as tuas mãos e tenho medo. Eu vejo os teus olhos e vejo sangue. Eu toco o teu sexo e vejo vermes. Eu te vejo e vejo um morto. Eu não posso, não posso, Nunca mais. (*Pausa comprida. Silêncio comprido.*)

PAULO — É difícil... é difícil... Mas eu te ajudo. (*Recebe de volta a sua roupa e veste-se.*) Eu te ajudo.

MARIA — Eu me olho no espelho... eu estou ficando velha, estou ficando feia, estou ficando gorda... Estou ficando tudo de ruim, tudo de flácido, tudo de mole, tudo de pegajoso... Estou ficando um lixo...

PAULO — Eu sempre te acho bonita, mesmo agora. Mesmo agora que você está feia, mesmo agora eu te acho bonita.

MARIA — Sabe por que é que estou gorda? Por que é que estou comendo tanto? Você até reclamou que a gente está gastando mais do que tem no supermercado. Sabe por quê?

PAULO — Por quê?

MARIA (*Pausa*) — Porque eu estou grávida.

PAULO — Que medo.

MARIA — Você tem medo?
PAULO — Claro. Estou morto de medo.
MARIA — Você quer ter um filho?
PAULO — Você quer ter um filho?
MARIA — Eu perguntei primeiro.
PAULO — Então responde também primeiro: você quer?
MARIA — Não sei, não. Não é isso que você responde sempre?
PAULO — Querer eu quero. Queria. Mas assim... longe de casa... sem ter ninguém pra ajudar... sei não. Não sabemos nem quanto tempo vamos ficar aqui. E, se tiver que ir embora, pra onde? Sei não. Quero. Queria. Será que o dinheiro chega? Viajando assim, fica tudo mais difícil.
MARIA — Posso tirar.
PAULO — Tira não, Maria. Vamos ter.
MARIA — Pra mim tanto faz.
PAULO — Não tanto faz, não. Vamos ter. Você até pode melhorar. Ficar mais interessada nas coisas. Vamos ter. Pensar menos na morte, morte. Pensar também na vida, vida. Vamos ter, vamos sim.
MARIA — Pra mim tanto faz.
PAULO — Não tanto faz, não.
MARIA — Tanto faz, sim. Antes era diferente. Agora...
PAULO — Antes, quando? Antes de viajar?
MARIA — Antes dele morrer. A gente nunca pensa na morte, até que morre alguém. Antes eu nunca pensava; agora não paro de pensar. Eu morro, tu morres, ele morre; nós morremos, vós morreis, eles morrem, vocês também morrem, todo mundo morre, teu pai morre, tua mãe morreu, teu filho morrerá, tua filha morreria se a tivesse tido. Viu como eu sei conjugar verbo? Morte, morte, morte, fim, acabou, não tem mais, fim. Antes eu não pensava, mas agora, quando vejo uma mulher grávida, penso: esse defunto ainda não nasceu.
PAULO — Cadáver adiado que procria.
MARIA — Quando eu quebrei o braço, de repente percebi que todo meu corpo é quebrável. Eu sou quebrável, sou assassinável, sou perecível! Tudo: se eu pego a tua mão, sei que a tua mão é assassinável, tua mão vai morrer. Já não posso beijar tua boca: teus lábios

vão morrer. Teus olhos vão se fechar. Teu corpo vai ficar duro. Este que ainda não nasceu, este que é deste tamanhinho (*Junta dois dedos*), este vai ser um cadáver de bom tamanho, fechado num caixão preto, quatro velas pretas, um padre preto vestido de preto, sacristão preto numa noite preta, na terra preta, com as unhas pretas, vai ser enterrado de preto, com uma enxada preta que vai arrebentar os miolos pretos... Chega. Eu vou dar à luz um defuntinho. Você fica chateado se eu falo assim?

PAULO — Melhor tirar.

MARIA — Melhor tirar. Tiro, não tiro? Dou um tiro? Guerreiro com guerreiro fazem zig zig zag. Bota, tira, torna a tirar!

PAULO — Tira de uma vez. Hoje mesmo.

MARIA — Não fica zangado.

PAULO — Tira.

MARIA — Eu sofro também. Mais do que você.

PAULO — Tira.

MARIA — Às vezes eu nem me aguento, nem eu a mim mesma. Outras vezes penso que não: vou melhorar. Vou ficar boa outra vez. Que nem todo mundo. Mesmo que seja pra ficar idiota que nem todo mundo. Insensível que nem todo mundo. Com os olhos cegos que nem todo mundo. Saudável. Ia ser bom. Tudo podia ser tão bom. Bom mesmo. Mesmo mesmo. Tiro? Não tiro?

PAULO — Você é que sabe.

MARIA — Ah, se eu soubesse alguma coisa. Se eu soubesse com certeza...

Entra Marga, arruma sua mala. Entra o Doutor, arruma a sua mala. Entra Barra, entra Foguinho e começam a arrumar suas malas.

MARGA — Eu não sei dizer adeus, por isso eu vou-me embora sem falar com ninguém.

DOUTOR — Vamos todos embora.

MARGA — Cada um pro seu caminho. O meu até que é o melhor de todos. Sabe o que me aconteceu? Melhor não podia ser. Fui contratada.

BARRA — Você? Mas você não sabe fazer nada.

MARGA — Mas sou magra. Vou ser modelo. Tem coisa melhor do que isso? Andar de lá pra cá mostrando como é que eu sou bonita.

BARRA — Desculpe a pergunta indiscreta: modelo mesmo pra desfilar ou é daqueles que ficam posando paradas dentro da vitrine?

MARGA — Dúvida cruel... Eu já disse adeus?

PAULO — Pra que você está arrumando essa mala?

DOUTOR — Pois é, meu irmão. Essa viagem tinha que acabar um dia. Vou voltar. Seja o que Deus quiser.

BARRA — Cuidado.

PAULO — Tenha medo não. Pode ir.

DOUTOR — Por que vocês não vêm também?

PAULO — Nosso caso é diferente.

DOUTOR — Vocês não fizeram nada. Ou quase nada. Vai. Para de bancar o herói. Se tivessem que prender você, teriam que prender cem milhões piores do que você.

PAULO — Mas eu sou contra e digo que sou contra e sou mesmo e é assim que eu sou. Contra.

DOUTOR — Fica calado, que ninguém te incomoda.

PAULO — Calado! Pra que serve então ser contra?

DOUTOR — Pra que fica aí remando contra a corrente?

PAULO — Questão de consciência.

DOUTOR — Pra que continua dando murro em ponta de faca?

PAULO — Porque eu sou contra.

DOUTOR — Remar a favor da corrente é mais fácil. Pra nós tudo fica mais fácil.

PAULO — Prefiro dar murro em ponta de faca.

FOGUINHO — Pode ser até que com o nosso sangue a gente consiga enferrujar a faca.

MARGA — Anita Garibaldi dos pobres... Se você pudesse desfilar que nem eu, bem que você vinha, minha filha. Não vem porque não pode.

BARRA — É verdade essa história de desfilar?

PAULO — É verdade que vai todo mundo embora?

DOUTOR — Eu volto. Mas quem não quiser voltar vai ter que continuar peregrinando. Aqui não pode ficar.

BARRA — Quem disse?

DOUTOR — Aqui em casa já vieram cinquenta mil vezes: onde trabalha? Cadê os documentos?

PAULO — Fala baixo. Não quero que a Maria escute.

DOUTOR — Falo baixo, falo, falo. Mas pra vocês que ficam a situação está cada vez pior. Ninguém está sendo expulso, isso é verdade. Mas o cerco está aumentando.

PAULO — Poxa, mas eles têm que entender que isso não está certo. Ninguém tem o direito de mandar a gente embora. Isso é uma diáspora. Eles têm que entender que é uma diáspora! Com a dos negros, como a dos judeus! Não podem mandar a gente embora. Nossos pais nasceram aqui e foram embora. Agora nós voltamos. Temos o direito.

DOUTOR — Volta com a gente.

PAULO — Com a gente, quem?

BARRA — Nós também vamos voltar.

PAULO — Vocês? Vocês não têm medo?

FOGUINHO — Medo a gente tem. Mas vamos voltar. Só que não vai ser no mesmo avião que o Doutor.

PAULO — Eu vou ficar sozinho?

BARRA — Tem a Maria.

FOGUINHO — Ela fica contigo. (*Maria se aproxima. Todos se calam.*)

MARIA — Sabe, Paulo. Eu acho que estou ficando melhor. (*Fala com ele como se não tivesse ninguém mais perto deles.*) Eu sei que sou um cadáver adiado que procrio. Mas o importante não é que eu seja um cadáver: o importante é que eu procrio! Nós estamos vivos. Sabe o que é que eu preciso, Paulo? Preciso só de uma coisa: preciso ficar parada num país só. Se eu pudesse viver sossegada num lugar só. Comer num prato só, beber numa caneca só, dormir numa cama só, ter o meu lugar só, sozinha, sempre o mesmo, o mesmo quarto, a mesma cama, os mesmos amigos, a mesma rua, a mesma língua, o mesmo mesmo mesmo mesmo mesmo. Mesmo que eu tivesse a mesma doença, a mesma, sempre a mesma, mesma... Mesmo assim eu acho até que eu podia ficar boa... Alguma coisa minha minha minha minha minha... meu meu meu meu meu meu... Meu marido, meu filho... Eu acho até que eu posso ficar boa... minha casa... minha minha minha... eu acho que eu posso ficar boa... posso posso posso... vou vou vou vou vou vou vou... quero quero quero quero quero quero... queropossovouvouvoupossoqueropossoquerovouvouvouqueropossoqueropossovou... queropossovouvoupossoqueroqueropossoqueroposso...

PAULO — Precisamos de um país mais tranquilo, mais sem vento. (*Marga e o Doutor saíram sem dizer adeus. Assim mesmo; de repente desapareceram.*) Onde está a Marga?

BARRA — Foi embora.

PAULO — E o Doutor?

FOGUINHO — Foi embora.

PAULO — E vocês? Onde é que vocês estão?

FOGUINHO — Estamos a caminho.

PAULO — De onde?

BARRA — Estamos de partida.

PAULO — Pra onde? Pra onde? Pra onde?

MARIA — Onde é esse país sem vento?

PAULO — Maria, esse país não existe! Essa casa que você quer, essa casa não existe! Não existe essa caneca, não existe esse livro, esse quarto, essa cama, não existe nada que seja teu teu teu teu teu meu meu meu meu meu nosso nosso nosso nosso... nada nada nada nada nada nada nada nada nada... eu você você e eu você e eu você e eu você e eu você e eu... você você você eu eu eu eu eu eu...

MARIA — Onde? Onde? Onde? Onde? Que horas são? Que horas são? Que dia é hoje? Que dia é hoje? Que ano? Eu esqueci o ano? Que ano? Que ano?

PAULO — Bissexto. Ano bissexto! Quarta-feira bissexta. Quarta-feira de cinzas bissexta. Sexta-feira à meia-noite bissexta. Quarta-feira de cinzas bissexta. Sexta-feira à meia-noite bissexta. Agosto bissexto. Bissexto. Bissexto.

MARIA — Quando? Quando? Quando? Quando?

PAULO — Estou chegando, estou indo embora! De onde é que você vem? Pronde é que você vai?

MARIA — Não aguento mais, não aguento, não aguento aguento aguento aguento aguento...

PAULO — Referência: eu! Coordenada: eu! Pique: eu! Pedra livre: eu! Olha pela janela do trem: está tudo correndo. (*Imita o barulho do trem.*) Está vendo lá fora? É o trem, é o trem, é o trem. Estou com fome, estou com fome, estou com fome! Tudo passando, tudo correndo, está vendo as árvores? As árvores estão passando, estão correndo, as raízes das árvores estão correndo, estão fugindo! Estão voando. Olha pela janela. Os alicerces dos edifícios estão voando voando voando, os alicerces estão voando voando voando...

MARIA — Eu não aguento mais, não aguento... eu vou embora... todo mundo foi embora e ninguém me disse adeus adeus adeus adeus adeus...

PAULO — Tudo voando. As árvores, os edifícios, tudo voando, correndo, fugindo... Só eu estou aqui, Maria, parado, diante de você! Só eu que tenho pernas, não corro! Só eu que tenho asas, não voo! Só eu que tenho medo, não fujo! Só eu estou aqui diante de você, Maria. Referência: eu! Coordenada: eu! Pique: eu! Pedra livre: eu! Só eu, Maria, só eu! Eu e você!

MARIA — Ninguém disse adeus... nem eu... (*Levanta-se e sai.*)

PAULO — Eu eu eu eu eu eu eu eu... Eu queria ver uma fotografia minha. Eu preciso muito me olhar no espelho!

BARRA (*Que assistiu toda a cena em silêncio*) — Maria está ruim, Paulo. Ruim mesmo.

FOGUINHO (*Idem*) — Você está ruim, Paulo. Ruim mesmo.

PAULO — Eu estou ruim. Nós estamos ruins. Ruins mesmo! Não tem importância: eu estou aqui porque eu quero!

BARRA — Nós vamos embora.

FOGUINHO — Vamos voltar.

BARRA — Ou vamos pra Suécia. Ainda não sabemos.

FOGUINHO — Sabemos só que vamos.

BARRA — Vamos de repente, um dia desses, sem tempo de dizer adeus.

FOGUINHO — O telefone está tocando! (*Pega o telefone, apenas o bocal com um fio solto, pendurado. Volta Maria, também com o mesmo telefone de fio solto, pendurado.*) Alô?

MARIA — Alô. Sou eu. Quero falar com o Paulo.

FOGUINHO — Onde é que você está?

MARIA — Estou aqui num bar. Chama o Paulo pra mim. Depressa que eu quero falar com ele.

FOGUINHO — Maria, te cuida, hein. Vê lá o que você vai fazer.

MARIA — Eu sei o que eu vou fazer. Pensei bastante.

FOGUINHO — Tem gente que precisa de você. Pensa bem.

MARIA — Pensei muito. Pensei pensei pensei pensei... não consigo mais pensar pensar pensar... Chama ele pra mim... chama chama chama... chama enquanto é tempo tempo tempo tempo... chama chama chama...

FOGUINHO — Te cuida, te cuida, te cuida...

PAULO — É ela?

FOGUINHO — É... (*Dá-lhe o telefone.*)

PAULO — Alô. (*Paulo e Maria estão sentados no chão quase que lado a lado. Quase se podem tocar. Mas não se olham. Falam-se pelo telefone. Podiam se tocar mas não se tocam.*)

MARIA — Oi.

PAULO — Você está bem?

MARIA — Eu telefonei pra dizer tchau.

PAULO — Maria, onde é que você vai?

MARIA — Tchau, Paulo. Você sabe que eu não vou a lugar nenhum.

PAULO — Maria, a que horas você volta?

MARIA — Você sabe que eu não volto.

PAULO — Maria, olha aqui, escuta, aqui você tem amigos, tem eu. Tem uma porção de gente que gosta de você. Olha, aqui, Maria, vem pra casa e a gente conversa.

MARIA (*Quase chorando*) — Tchau! (*Toma uma pílula.*)

PAULO — Maria, pelo telefone fica mais difícil. A gente precisa conversar mas tem que ser cara a cara, tem que se pegar na mão.

MARIA — Eu estou pensando em você e é como se eu estivesse vendo. Você está com uns olhos tristes, Paulo, você está mais triste. Sempre teve, mas hoje você está mais triste, sempre triste, que tristeza.

PAULO — É porque hoje eu não estou fazendo de conta que estou contente. Estou triste, muito triste, triste mesmo porque você não está aqui comigo. Vem e eu fico contente, fico alegre, muda tudo, fico feliz! Toma um táxi e manda o motorista vir voando aqui pra casa. Diz onde você está e eu vou voando praí!

MARIA — Você não pode fazer nada. Ninguém mais pode fazer nada! Eu não posso fazer nada! Só posso dizer tchau, só posso tomar essas pílulas... (*Toma outra.*)

PAULO — O que é que você vai fazer?

MARIA — É a quinta ou sexta. Quantas vai ser preciso? Dez, vinte, trinta... o vidro inteiro... (*Toma outra e outra e outra mais.*) Quarenta, setenta... tenho dois vidrinhos cheios... dois vidrinhos cheios... tchau, Paulo.

PAULO — Não faz isso comigo. Maria, comigo não faz isso, não.

MARIA — Eu te amo. Faz tanto tempo que eu não te digo. Eu te amo.

PAULO — Maria, o que foi que eu te fiz? Por que você me castiga?

MARIA — Já tomei sete ou oito... (*Toma outra.*)

PAULO — O que foi que eu te fiz? Volta pra casa! A gente conversa.

MARIA — Você me fez tudo de bom... tudo que você pôde... tudo tudo tudo tudo... meu amor, eu te amo. Meu amor, me desculpa... mas eu não aguento mais... vou tomar o vidro inteiro... você não tem culpa... alguém tem culpa mas você não tem culpa culpa culpa culpa culpa...

PAULO — Meu Deus, que susto! Me diz onde é que você está, me diz! Só falta isso pra eu ser feliz! Que botequim é esse?

MARIA — Eu ainda estou aqui.

PAULO — Meu Deus, que susto! Me diz onde é que você está, me diz! Só falta isso pra eu ser feliz! Que botequim é esse?

MARIA — Eu estou num hotel. O homem não queria me alugar o quarto, tive que pagar adiantado. Coitado... amanhã, quando encontrar o cadáver, vai ficar com uma cara... não quero nem estar aqui pra ver...

PAULO — Maria, eu não aguento mais.

MARIA — Desculpe. Eu não quero fazer você sofrer. Vou desligar.

PAULO — Não, não, não, não é isso, não desliga, pelo amor de Deus, não desliga. Fala, fala, fala, me diz onde você está, vou voando!

MARGA — Agora não dá mais tempo. Daqui a pouco vai começar a fazer efeito. Mesmo que eu não quisesse, agora já seria tarde. Tem gente que toma ácido e começa a ver uma porção de bichos, jacarés e lagostas... Eu não tomei ácido nenhum... mas cada carta que eu recebia fazia o mesmo efeito... eu começava a ver uma porção de braços decepados... braços e pernas... braços e pernas... boiando no ar, sexos e línguas, orelhas, tudo boiando no ar, sangue boiando no ar... eu não aguento mais... não aguento...

PAULO — Maria, tudo se ajeita, tudo tem jeito, dá-se um jeito... Eu estou aqui... Olha, nem sou só eu: a Foguinho está aqui do meu lado... ela está dizendo que gosta de você... tanta gente gosta de você... a gente procura um bom médico... Maria... escuta... (*Começa a chorar e para de falar agarrado ao telefone.*)

MARIA — Minha língua está ficando esquisita. Eu não quero continuar falando com você com a língua desse jeito... não quero fazer você sofrer.

PAULO — Eu tomo um avião e vou aí.

MARIA — Tchau.

PAULO — A gente te ama... tanta gente te ama, meu amor, meu amor...

MARIA — Tchau... minha língua... tchau tchau tchau tchau...

PAULO — Maria... (*Chora e fica em silêncio.*)

FOGUINHO — Deixa eu falar com ela. (*Pega o telefone.*) Maria, sou eu, a Foguinho. Eu gosto de você. Eu preciso de você... (*Maria não responde. Suavemente deita-se no chão. Suavemente morre.*) Maria... Maria... Você não vai dizer onde você está? (*Pausa longa.*)

BARRA (*Entra*) — Você ainda não está pronta? (*Pausa.*) Que foi que houve? Está todo mundo com uma cara...

FOGUINHO — Maria morreu.

BARRA — Poxa! Como é que você sabe?

FOGUINHO — Ela telefonou avisando. Morreu no telefone. Falando com a gente.

BARRA — É, meu irmão, a barra está pesada!

FOGUINHO — Se você quiser, a gente pode ficar com você. Quer?

PAULO — Não. Eu quero ficar sozinho.

BARRA — A gente se encontra por aí.

FOGUINHO — Nalgum outro país, falando alguma outra língua, comendo uma comida esquisita, cruzando uma rua estranha... a gente se encontra por aí...

PAULO — A gente se encontra... (*Barra e Foguinho saem.*)
Eu estou sozinho.
Quiseram que eu me calasse, mas eu falo. Quiseram que eu dissesse amém, mas eu digo não. Quiseram que eu morresse, mas eu estou vivo.

Vivo a minha vida dura. A vida que me foi dada, tive que ganhá-la. Ganhei. Estou vivo.
Vi muitos companheiros que morreram do meu lado. Escapei. Tenho as mãos ainda sujas do sangue dos companheiros que acariciei na hora da sua morte. Meus companheiros já não falam, mas eu falo, eles falam, comigo falam, se eu falo, eles falam. Tenho o rosto sujo de sangue dos companheiros que eu beijei na hora da sua morte. Escapei. Minhas mãos e meu rosto estão sujos de sangue, mas escapei, estou vivo.
Nalguma parte eu existo. Quem sabe você não me vê. Você não me vê. Você que me via, que cruzava comigo na rua, você que tomava café comigo no bar da esquina, você que reclamava ou que até podia gostar de mim, você não me vê. Mas eu escapei, eu existo, eu ainda falo, falo muito, prestando atenção ainda se escuta as coisas que eu digo, reclamo, protesto, eu não me calo. Mesmo que um dia me cale, escutem. Tem sempre alguém que está falando, às vezes de longe, às vezes de perto, às vezes com sangue no rosto, mas sempre com voz muito limpa, sempre um de nós está falando, nalgum lugar, às vezes de perto, às vezes de longe. Mesmo que eu me cale, escutem. Mesmo que se calem todos, escutem o silêncio, o silêncio que fala. Vocês estão vivos, escutem. Estão escutando? Estão me ouvindo? Escutem o silêncio, escutem. Eu estou vivo. Escutem, escutem. Eu não me calo. Eu não me calo. Eu não me calo. Escutem.

Depois de uma pausa, entram todos os outros atores que agora representam outros personagens noutro país, noutra época, noutras circunstâncias. Porém suas características são muito semelhantes.

BARRA — Ô, rapaz, por que é que você demorou tanto? Estamos todos morrendo de fome, está todo mundo querendo comer o prato que eu preparei. Se não fosse a minha autoridade moral, você não ia encontrar nem o cheiro da minha deliciosa Moqueca de Peixe de Viajante. Sabe como é que é? Criatividade, pessoal. As dificuldades naturais de uma viagem tão comprida como esta que nós estamos fazendo, esta viagem que parece que não se acaba nunca, esta viagem faz faltar os ingredientes necessários, então a gente tem que substituir. Moqueca de Peixe de Viajante tem a particularidade de não ter azeite de dendê, que está em falta, também não tem leite de coco que é artigo de luxo importado e, pra dizer a verdade, a Moqueca de Peixe de Viajante não tem nem ao menos peixe, porque existe mas é caro. Mas em compensação tem a soja com o formato de peixe-espada que representa o peixe propriamente dito e tem a soja sem o formato de peixe que representa o acompanhamento, o molho. Imaginação, minha gente, imaginação. Vai um pouquinho de moqueca aí? (*Todos começam a se servir e a comer.*)

PAULO — Você podia pelo menos me apresentar. Eu não conheço ninguém.

BARRA — Nem vale a pena, mas enfim... esse aí é o Doutor Ariovaldo.

MARGA — Eu sou a Angélica e, se quiser maiores detalhes, eu detesto tudo. Detesto esta cidade, detesto estar viajando, detesto falar a língua desses gringos, detesto ficar sem fazer nada... e detesto, o que mais mesmo é que eu detesto?

DOUTOR — Me detesta a mim. Eu sou o marido.

MARGA — Isso mesmo: detesto o meu marido.

FOGUINHO — Eu sou a Mirta. Muito prazer. Eu também detesto tudo isso, mas enfim, melhor do que estar na cadeia.

PAULO — Cadeia também tem o seu lado bom. A única coisa realmente chata é quando você topa com um companheiro que gosta de fazer piada. Tinha um comigo que todos os dias dizia assim: "Antes eu trabalhava muito, estava sempre ocupado. Agora que eu estou preso, tendo todo o tempo livre!". Ouvir isso todo dia enche, né mesmo?

BARRA — E a mim você já conhece. Mais do que devia. Por isso pode me chamar como quiser: João, Manuel, Caboclo, Moreno Baiano, Mulato, Euclides, Eliezer... O que você quiser, eu respondo sempre.

PAULO — E você? Como é que você se chama?

MARIA — Meu nome é Maria. Não é muito original, mas eu também não sou. Eu sou como muita gente.

PAULO — Nós todos somos como muita gente. A gente se parece muito, uns aos outros, e com outros e mais outros. Às vezes dá até a impressão de que a gente está sempre com a mesma gente, mas é gente diferente.

MARIA — Eu me chamo Maria.

PAULO — Posso me sentar do seu lado?

MARIA — Pode.

BARRA — O Paulo, esse meu amigo aí, ele é compositor. Daqui a pouco vai tirar o violão e vai cantar umas coisas aí.

MARGA — Toda reunião como esta acaba sempre com alguém tocando um violão. Que chatice! (*Música de fundo: "Não sei se fujo ou persigo".*)[2]

PAULO (*Sorrindo*) — Ou então acaba com alguém reclamando, e ninguém tocando, e todo mundo comendo...

FOGUINHO — Mas a saudade é a mesma... mesmo sem música...

MARIA — E você, como se chama?

PAULO — Eu?

MARIA — Claro, você. Como é o teu nome?

PAULO — Como é que eu me chamo? Se eu disser você nem vai acreditar.

MARIA — Diz...

PAULO — Eu já nem me lembro... nem me lembro... não sei... Não importa...

Todos comem. A luz se apaga.

---

[2] Referência a verso da canção "Murro em ponta de faca", de Chico Buarque. (N. da E.)

Histórias de nuestra América[1]

1. Felizmente, acabou a censura
2. O homem que era uma fábrica
3. A última viagem da avó imortal

(Buenos Aires, agosto de 1975)

---

[1] A peça teatraliza crônicas escritas no exílio argentino por Augusto Boal, entre 1971 e 1976. Foram publicadas em Lisboa, na revista *Opção*, e também no Brasil, em *O Pasquim*. Em 1977, a Codecri, editora d'*O Pasquim*, publicou as três crônicas junto a outras, formando o livro *Crônicas de nuestra América*, com ilustrações de Jaguar, Henfil, Mollica, Reinaldo, Mariza, Nani, Duayer, Guidacci, Redi e Demo. Sobre as *Crônicas*, ver o prefácio de Valentina Quaresma Rodríguez em Augusto Boal, *Crônicas de nuestra América* (São Paulo, Usina Editorial, 2020, 2ª ed., ilustrações de Claudius Ceccon).

1. Felizmente, acabou a censura

PERSONAGENS

Contador
Toríbio
Redator de xadrez
Redator de polícia
Redator de esportes
Jovem repórter

CONTADOR — Hoje, a gente vai contar uma porção de histórias. A primeira aconteceu na cidade de Três Torrinhas, no estado de São Paulo. Isso aqui é uma redação de jornal. Tem o Chefe de Redação, esse aí. Os outros são redatores: de Xadrez, de Esportes, de Fatos Policiais. E tem esse menino que está aprendendo. Essa primeira história aconteceu em 1982 quando acabou a censura prévia. Assim de supetão: acabou a censura!

Redação de um pequeno jornal, em Três Torrinhas, no interior de São Paulo. Entra Toríbio, o chefe da redação. Estão já trabalhando os redatores de xadrez, esportes, polícia e um jovem aprendiz. Toríbio se senta em sua mesa e tira alguns papéis das gavetas. Olha seus subordinados. Depois de uns instantes, chama.

TORÍBIO — Vem todo mundo pra cá.
VOZES — Que é? Espera. Pra quê?
TORÍBIO — Não posso esperar. É urgente. Urgentíssimo. Vem todo

mundo. E vão sentando e prestem bem atenção! (*Todos mais ou menos se aproximam, alguns sem abandonar suas próprias mesas.*) É o seguinte: hoje é uma data histórica! É o dia mais feliz da minha carreira de jornalista. E olha que eu comecei por baixo, como você aí. (*Aponta o aprendiz.*) Comecei pelo rés do chão, pior não podia ser. Já faz mais de trinta anos. E hoje é o dia mais feliz da minha carreira! "Por quê?", perguntarão vocês. Por quê?

XADREZ — Boa pergunta: por quê?

TORÍBIO — Porque essa cadeira e essa mesa estão vazias e vão ficar vazias para sempre!

POLICIAL — A cadeira do censor?

TORÍBIO — Nunca mais! Acabou a censura!

VOZES — Bravo! Que beleza! Liberdade! Não diga, seu! Não é possível! Que maravilha! Acabou a censura!

TORÍBIO — Exato: felizmente, acabou a censura!

POLICIAL — Mas como é que nós vamos fazer sem um censor? Afinal, a gente já estava tão acostumado. Quem é que vai nos dizer agora o que é possível e o que não é possível publicar?

TORÍBIO (*Depois de uma pequena pausa*) — Meus amigos, silêncio. A figura autoritária e coercitiva do censor já não existe mais. Nós já não vamos mais ouvir que isto se publica e que isto não se publica, que é preciso suavizar tais ou quais artigos, que não se pode mencionar o nome de fulano ou de beltrano, a não ser pra meter o pau. Acabou. Definitivamente. Mas, meus amigos, prestem bem atenção. Aqui mando eu. Estão me entendendo? Hoje eu reassumo a plenitude das minhas funções de Redator-Chefe, tão me entendendo? Chefe. Aqui mando eu! O chefe. Eu, eu, eu!

XADREZ — Dentro de certos limites...

TORÍBIO — Como? Dentro de que limites?

XADREZ — É claro que a decisão final não é sua.

TORÍBIO — Então de quem é?

XADREZ — Do dono do jornal.

TORÍBIO — Claro, a decisão final é dele, que é o proprietário. Ele manda.

XADREZ — Dentro de certos limites.

TORÍBIO — Como? Dentro de que limites?

XADREZ — Ele não pode publicar também assim tudo que ele quiser... Tem que procurar não desagradar os anunciantes...

TORÍBIO — Sim, mas isso acontece em todos os países... O fato de que felizmente acabou a censura, e que o meu poder absoluto de chefe de redação está limitado apenas pelo proprietário do jornal, como é justo, e pelos anunciantes, como é lógico, significa que voltamos outra vez ao concerto das nações livres e civilizadas.

XADREZ — Parabéns.

TORÍBIO — Liberdade, mas com responsabilidade, me entendem? Aqui mando eu!

XADREZ — Dentro dos limites impostos pelo concerto das nações livres e civilizadas...

TORÍBIO — Exatamente. E é por isso que hoje, mais do que nunca, eu preciso de uma boa manchete. Uma extraordinária manchete. Uma manchete histórica. Eu preciso da ajuda de vocês. Vocês são meus companheiros de luta, vão me salvar nesta conjuntura delicada: o censor me telefonou hoje de manhã e me disse assim à queima-roupa que felizmente acabou a censura. E agora como é que fica? Eu não estou preparado pra essa liberdade.

XADREZ — Escuta aqui, Toríbio: você não tem aí nas gavetas uma porção de manchetes que estão na reserva?

TORÍBIO — Tenho. Mas é que eu faço o contrário: eu primeiro escrevo a manchete que seja sensacional e depois fico de tocaia esperando que aconteça a tragédia que justifique a manchete.

ESPORTES — Você não tinha preparado nenhuma pro caso de que acabasse a censura?

TORÍBIO — Quem podia adivinhar???

POLICIAL — Lê aí pra nós as manchetes que você tem.

TORÍBIO — Não se aplicam.

ESPORTES — Lê assim mesmo.

TORÍBIO — Olha essa, por exemplo. *Terremoto*!!! Letras garrafais. Breve. Sucinta. Econômica. Impactante. Explosiva. *Terremoto*. Só isso.

XADREZ — Pena que no Brasil não tem terremoto. Que terra!

TORÍBIO — Olha aqui. No capítulo das catástrofes tem outro aqui que é mais possível, mas que pra hoje não serve!

ESPORTES — Lê.

TORÍBIO — *Chuvas torrenciais ameaçam destruir nossa querida cidade.*

XADREZ — Ontem fez 37 graus à sombra.

TORÍBIO — Tem outra aqui melhorzinha: *Fogo no palácio do governo: teme-se pela vida do presidente, preso entre as chamas.*

XADREZ — Essa é boa. Queima o Presidente!

TORÍBIO (*Lendo, preocupado*) — *Furacão arrasa a cidade.* Não serve. *Violenta explosão sacode o centro espalhando terror e pânico.* Também não serve. Não serve. Não serve, nada serve. Vocês que são meus amigos vão ter que me ajudar...

ESPORTES — Assim tão de repente... ninguém esperava...

TORÍBIO — Por exemplo, você! Agora que o xadrez está ficando na moda, você não tem nenhuma manchete para me dar?

XADREZ — Põe assim, com bastante destaque: *Fischer decide que só disputará o campeonato mundial com Karpov se a Federação Internacional de Xadrez prometer que conservará o título em seu poder qualquer que seja o resultado do match.* Que tal? Gostou?

TORÍBIO (*Desalentado*) — E você? Alguma coisa sensacional, detonante, extraordinária!?

ESPORTES — Pra quando?

TORÍBIO — Pra já, rapaz. Tenho que entregar antes da meia-noite. Falta menos de meia hora.

ESPORTES — Tudo que eu posso aconselhar é o seguinte, e olhe lá. É o melhor que eu posso te aconselhar. Presta bem atenção: *Duelo emocionante pelo terceiro posto da quinta divisão b: Arsenal versus Ferroviária.* É o melhor que eu posso conseguir pra dentro de meia hora.

TORÍBIO (*Caindo desanimado*) — Caramba, não é possível! Uma data tão importante. Um acontecimento tão maravilhoso, mais significativo até do que a própria fundação do nosso jornal e não existe nenhuma manchete digna dessa efeméride? Eu não posso acreditar.

ESPORTES — Bom, só antecipando a realidade.

TORÍBIO — Antecipando como?

ESPORTES — É o seguinte: na semana que vem vai acontecer a grande luta entre Kid Mosca e Tony Malaleche. Talvez daí a gente possa tirar alguma coisa...

TORÍBIO — Malaleche? Aquele da mãe?

ESPORTES — O da mãe, esse mesmo.

TORÍBIO — É, pode ser. Como era mesmo a história desse cara?

ESPORTES — Esse Malaleche tem a mãe na cama, morre não morre. Então ele prometeu que vai ser campeão se ela esperar um pouquinho pra morrer. A gente podia botar uma manchete assim: *Promessa à mãe moribunda: "Juro matá-lo antes do 15º round e consagrar-me campeão, mamãe"*. Tá bom?

TORÍBIO — Ô rapaz, que é isso??? Como é que a gente vai falar em tantas mortes justo no dia em que começa uma vida nova pro jornal? Vocês precisam me ajudar.

XADREZ — A gente está tentando! O problema é que nós não estamos habituados a isso. Praticamente quem fazia as manchetes era ele aí... o ausente...

TORÍBIO — *Vade retro*!

POLICIAL — Olha. Eu sei que não é das melhores, mas eu estive revendo todos os fatos policiais do dia. Tudo coisa de pequena monta, viu? Meia dúzia de estupros, uns trezentos assaltos de correntinha de ouro, incêndios apagados, coisa pouca. A única manchete que talvez pudesse servir, se você não encontrar coisa melhor, seria esta, veja bem: *Original suicídio: ateou fogo às vestes em plena rua*. Não é má. Chama a atenção.

TORÍBIO — Chama a atenção pela vulgaridade!

POLICIAL — Então não sei.

TORÍBIO — Faltam quinze minutos. Eu peço, eu suplico, eu imploro, eu exijo que alguém me ofereça uma manchete pelo menos razoável.

ESPORTES — Que é que você está fazendo?

TORÍBIO — Estou trancando a porta: daqui não sai nem entra ninguém. Eu tenho que ter essa manchete. Eu prometo astronômicos aumentos de salário, tudo, tudo, meu reino e o meu cavalo, a troco de uma manchete que seja pelo menos regular. Quem é que vai ser o primeiro...? (*Puxa o revólver. Silêncio.*)

JOVEM — Eu... (*Todos olham para ele.*) Eu... isto é... Eu não quero que ninguém me leve a mal... Eu conheço muito bem a minha posição: eu aqui não sou nada.

TORÍBIO — Um zero à esquerda.

JOVEM — Menos. Isso já seria alguma coisa: eu tenho perfeita consciência de que sou muito menos que um zero à esquerda. Que ninguém me leve a mal. Não quero que ninguém pense que eu seria capaz de entrar em competição com tamanhas luminárias do jornalismo brasileiro. Eu estou aqui para aprender. Humildemente.

TORÍBIO — Olha aqui, menino, você está me pondo nervoso. O que é que você quer? Desembucha de uma vez.

JOVEM — Não me levem a mal. Eu admiro os senhores desde que comecei a me interessar pelo jornalismo.

TORÍBIO — Você está me matando de angústia!

XADREZ — Fala, meu filho, fala.

JOVEM — Eu sei que eu podia ser seu filho, e é como um filho, com todo o respeito, que eu quero dizer que na minha modesta opinião, eu creio... se vocês me permitem, que a manchete de um dia como o de hoje, um dia tão excepcional, tão carregado de significados políticos, essa manchete deve estar de certa forma relacionada precisamente com a política, e não com outras matérias não menos relevantes, como são as especialidades dos nossos companheiros, que se dedicam ao esporte, ao xadrez e ao crime.

POLICIAL — Ao crime é modo de dizer...

JOVEM — Sem dúvida...

TORÍBIO — E você tem essa manchete??? Responde! Tem???

JOVEM — Vocês não me levem a mal.

TORÍBIO — Eu já sei qual vai ser a manchete de hoje: *Chefe de redação assassina a sangue-frio a periodista irresponsável e enervante que não queria que ninguém o levasse a mal*! Olha aqui, rapaz: se você tem essa manchete, fala. Se não tem, cale-se para sempre!

JOVEM — Tenho, doutor.

TORÍBIO — Não me chama de doutor. Eu sou um miserável chefe de redação...

XADREZ — Que reassume... etc.

JOVEM — Bom, eu vou ler, certo de que ninguém me vai levar a mal. É assim: *Verdadeiro plebiscito: o povo mostrou seu violento repúdio à ditadura votando massivamente nos candidatos da oposição.* (*Longa pausa. Todos se entreolham. O jovem sorri iluminado.*)

XADREZ — É...

ESPORTES — Pois é... né?

TORÍBIO — Como é que é?

JOVEM — Bom... afinal de contas... felizmente acabou a censura... e por isso me ocorreu a ideia de dar nome aos bois...

TORÍBIO — É... felizmente, acabou a censura... mas... afinal de contas... justamente aí começa a nossa responsabilidade...

XADREZ (*Examinando o papel onde está escrita a manchete do jovem*) — Olha aqui... O que é preciso fazer, neste caso, é comer a ditadura...

TORÍBIO (*Alarmado*) — Como, comer??? Ditadura não se come, se engole!

XADREZ — Comer, quer dizer, tirar. Eliminar a palavra. Aí ia ficar uma manchete muito bonita.

TORÍBIO — Como é que ficaria?

XADREZ — Assim: *Verdadeiro plebiscito: o povo mostrou seu violento repúdio ao governo vigente votando massivamente nos candidatos da oposição.*

JOVEM — Eu aceito a sugestão. Eu mesmo não tinha muita certeza se se devia...

TORÍBIO — E eu tenho menos certeza ainda. Tem que comer muito mais aí nessa manchete. Nós não podemos saltar no abismo, pular da censura mais severa e estrita para o verdadeiro caos da liberdade sem freios. Incontida! Liberticida! Não pode ser assim, jovenzinho, temos que ir devagar; com muito cuidado, temos que conquistar essa nova liberdade que nos foi outorgada, jovem, mas devagar, cheios de responsabilidade, de fervor patriótico.

JOVEM — Mas o que é que o senhor acha que a gente deve comer mais?

TORÍBIO — Bom, pra começo de conversa, não se pode dizer que as eleições foram um plebiscito, que o povo julgou o governo. Não é verdade, não foi assim...

POLICIAL — Pode-se pensar que...

ESPORTES — Na minha opinião...

TORÍBIO — Vamos parar de foi-não-foi! Faltam dez minutos. Eu morro!

XADREZ — Então veja esta minha sugestão: a gente põe, em lugar de *Verdadeiro plebiscito*, a gente põe assim: *Vitória da democracia*. Que tal? Ninguém vai me dizer que não foi uma vitória da democracia!

JOVEM — Bom, se não mudar mais nada eu ainda posso concordar... acho que está bem...

TORÍBIO — Você vai ter que continuar concordando? Como é que é possível, no momento em que o governo mostra essa inaudita abertura democrática, falar em *violento repúdio*??? Era o que faltava. Seria uma contradição em termos!

POLICIAL — E além disso pode parecer uma violenta provocação ao governo.

XADREZ — Proponho mudar toda a expressão *mostrou seu violento repúdio ao governo vigente* por outra mais suave, como por exemplo, *mostrou o seu discernimento*.

ESPORTES — E o povo lá tem discernimento, seu?! Como é que vai ter?! O povo? Pois se o povo não faz outra coisa que ficar vendo telenovela o dia inteiro, e quando descansa da telenovela é pra ler fotonovela! O povo tem lá discernimento??? Se acabou a censura é melhor então dizer só a verdade! Eu proponho que fique só assim: *O povo revelou suas preferências*. Já está muito bem.

JOVEM — Isso da televisão não pode ficar assim, não! Nós precisamos discutir com maior profundidade o papel dos meios massivos de comunicação na educação das massas e na difusão das ideias da classe dominante no seio da classe dominada...

TORÍBIO — Essa minúcia a gente discute com mais profundidade mais tarde. Agora o que eu quero é resolver um problema muito mais importante que a comunicação de massas: qual vai ser a minha manchete?

POLICIAL — Eu estou de acordo: eu também prefiro *preferências*.

TORÍBIO — Como é que fica a frase inteira?

XADREZ — Assim: *O povo mostrou suas preferências votando massivamente nos candidatos da oposição.*

JOVEM — Não é a mesma coisa, não é a mesma coisa...

TORÍBIO — Claro que não: está muito melhor. Falta apenas uma pequena cirurgia.

JOVEM — O quê?

TORÍBIO — Falta esclarecer uma coisa muito importante: a palavra *massivamente* se refere ao povo coletivamente, globalmente. Este não é o nosso caso. O país tem mais de cem milhões de habitantes e votaram menos de vinte milhões. A grande maioria do nosso povo é analfabeta ou marginalizada.

XADREZ — Ou as duas coisas...

TORÍBIO — Por isso, falar de votação massiva é uma expressão de desejo e não uma realidade concreta.

JOVEM — Sentido figurado.

XADREZ — Licença literária...

TORÍBIO — Basta de licenças literárias e de sentidos figurados que já é quase meia-noite. Corta a palavra e não se fala mais no assunto. Lê de novo.

XADREZ — Lê você.

JOVEM — Já não é mais a minha manchete.

POLICIAL — Ah, já ia me esquecendo: você está de acordo com a palavra *oposição*?

TORÍBIO — Não reparei: pra ser franco, não reparei. (*Tomado de surpresa.*)

POLICIAL — Porque aqui se fala em Oposição.

XADREZ — Mas não tem importância: essa é a palavra mais inofensiva do vocabulário político.

TORÍBIO — Tudo depende do contexto. Pode ser inofensiva e pode ser altamente perigosa. Neste caso é perigosa, porque dá a impressão de que o povo votou na oposição contra o governo, me entendem? Ele tem razão. A palavra aí restabelece de fato o sentido já cortado com justa causa da palavra *plebiscito*. Quer dizer que não dá pé...

JOVEM — Mas aqui se trata de uma oposição consentida...

TORÍBIO — Consentida ou não, corta. Eu não consinto.

POLICIAL — A gente não pode dizer que o povo votou na oposição consentida, ora!?

XADREZ — E depois cabe a dúvida: a oposição se opõe?

TORÍBIO — Melhor botar assim: *O povo*... etc. etc. *votou nos candidatos de suas preferências*.

JOVEM — Fica reiterativo... São preferências demais...

TORÍBIO — Aqui mando eu!

XADREZ — Dentro de certos limites.

TORÍBIO — Fica linda a manchete, fica uma pérola. Fica assim, quer ver? *Vitória da democracia: o povo votou livremente nos candidatos de sua preferência*. Que é que vocês acham? Eu sei o que vocês acham: está maravilhoso, estupendo, sensacional! Você, garoto, você merece uma recompensa! Você teve uma ideia linda! Você, ainda imberbe, mal saído das fraldas e do regaço materno, você acaba de sugerir a primeira manchete do nosso jornal nesta nova era de liberdade. Porque agora sim, felizmente, acabou a censura! Agora nós podemos publicar tudo que nós quisermos. Liberdade, mas com Responsabilidade!!!

JOVEM — Olha, não é bem assim, doutor. A minha proposta era outra. (*Lendo*) Olha aqui. Eu propus: *Verdadeiro plebiscito: o povo mostrou seu violento repúdio à ditadura votando massivamente nos candidatos da oposição*. Não é a mesma coisa que *Vitória da democracia: o povo votou livremente nos candidatos de sua preferência*. Não é a mesma coisa. Vai me desculpar, mas não é a mesma coisa...

TORÍBIO — Eh, rapaz, um pouco de copidesque não faz mal a ninguém. Isso pertence à essência da tradição jornalística de todos os países livres! Agora, todo mundo alegre. Vamos comemorar. Eu nunca falhei em entregar a matéria antes da meia-noite. Que horas são? (*Entra um operário.*)

OPERÁRIO — Meia-noite. Tá pronta a manchete?

TORÍBIO — Como é que não vai estar? Está aqui. Aqui a manchete e aqui a comemoração. (*Mostra uma garrafa.*) Whisky. Importado! Vai sem gelo mesmo. (*Distribui copos.*) Você primeiro, rapaz.

OPERÁRIO — Eu primeiro porque eu tenho que voltar pra oficina.

TORÍBIO — Toma. (*Operário vai sair.*) Não vai esperar o brinde?

OPERÁRIO — Pode brindar por mim. Oba. (*Engole de um trago e sai.*)

XADREZ — É, rapaz: felizmente acabou a censura. Você não sabe o ambiente opressivo que existia aqui quando ainda havia censura.

ESPORTES — Isso daqui era irrespirável.

POLICIAL — A gente tinha até medo de pensar uma coisa que fosse mais ousada.

ESPORTES — A gente vivia com um dicionário embaixo do braço pra verificar se cada palavra que a gente escrevia talvez não tivesse um segundo sentido escondido, ou arcaico, ou caído em desuso...

TORÍBIO — Vamos brindar à nova era de liberdade! (*Todos levantam os seus copos. Toríbio está no meio.*)

POLICIAL — Era o terror... (*Súbito silêncio. Toríbio fica muito sério. Todos se assustam.*)

VOZES — Que foi? Que é? Conta.

TORÍBIO (*Assustadíssimo*) — Escutem... eu acho que cometi um erro.. Um erro enorme, imperdoável: a manchete ainda não estava totalmente pronta. E agora? Ainda faltava acertar uma coisa...

JOVEM (*Desalentado*) — O que que ainda faltava cortar?

TORÍBIO — Olhem... *Vitória da democracia: o povo*... é isso...

JOVEM — O quê?

XADREZ — O quê?

POLICIAL — O quê?

ESPORTES — O quê?

TORÍBIO — O *povo*... Vocês me digam com toda sinceridade: vocês não acham que a palavra *povo* soa um pouco subversiva???

Os atores, com as mãos no alto, segurando os copos, permanecem uns segundos nessa posição. Depois, um dos atores que é o contador das histórias, que esteve representando um dos personagens, avança para o público e fala.

CONTADOR — Vocês acham que a palavra *povo* soa um pouco subversiva? Nós achamos que não. Achamos até bonita. Muito mais bonita que *população*. Porque *população* quer dizer todo mundo. E *povo* quer dizer só povo. Este é um espetáculo feito com histórias do povo de Nuestra América. Quem usou primeiro essa expressão foi o poeta José Martí. Ele queria dizer todo mundo, preto, branco, índio, imigrante. Gente pobre. Os ricos, ele chamava de Amérika com K. Brasileiro, chileno, mexicano, crioulo de Curaçau, todo mundo. A próxima história se passou em Guayaquil, no Equador. Desemprego. Muita miséria, mas também inteligência. Às vezes, a gente acha um jeito pra tudo. Vejam só.

2. O homem que era uma fábrica

PERSONAGENS

Contador
Bonifácio
Jesualdo
Homem
Sobrinho
Velho
Loira
Doutor
Cônsul
Chofer
Sr. McLuhan
Repórter
Embaixatriz
Embaixador
Menino
Freguês
Senhora gorda
Arquiteto

Um botequim.

BONIFÁCIO — Pra qualquer lugar! Eu vou embora pra qualquer lugar! Pra onde tiver trabalho e comida!

JESUALDO — Mas está tudo pior do que nós. É que você não lê o jornal direito, mas eu estou por dentro. Tá todo mundo querendo ir embora dos outros países também. E a gente que está aqui fica com a impressão de que os outros estão melhores do que nós, mas não é assim, não e não.

BONIFÁCIO — Melhor do que aqui até o Inferno deve ser. E lá pelo menos deve fazer menos calor.

JESUALDO — Os uruguaios estão todos atravessando o rio e indo morar em Buenos Aires. Tudo quanto é argentino está se mandando pro México. Tem mexicano às pampas indo trabalhar na Venezuela por causa do petróleo. Tá todo mundo querendo mudar de país pensando que o seu é pior e pensando que encontra um paraíso em algum lugar, mas não encontra, não. Tá tudo a mesma porcaria, na América inteira, rapaz, tudo igual.

BONIFÁCIO — Mas que paraíso coisa nenhuma. Eu quero só um país onde exista trabalho e comida.

JESUALDO — Aqui tá ruim, é verdade. Mas a tendência é melhorar. Inda mais agora que descobriram petróleo...

BONIFÁCIO — Ih, rapaz, então agora sim é que vai piorar... Eu vou me mandar...

JESUALDO — Mas pra onde você vai?

BONIFÁCIO — Pros Estados Unidos. Que nem todo mundo, que nem esses caras aí... (*Mostra os companheiros de bar.*) Tá todo mundo se mandando pra lá. Eu vejo pelos filmes, rapaz. Só tem cara gordo, sadio, todo mundo mede mais de um metro e noventa, as mulheres são loiras, rechonchudas, têm uns peitinhos lindos, as crianças já nascem dando um sorriso: "Bom dia, mamãe!". Tudo colorido, um arco-íris: os Estados Unidos, pra mim, parecem até filme do Walt Disney!

HOMEM — Mas é bom não ficar fazendo muita fantasia. Esse negócio de mulher loira e homem de dois metros é só lá pra eles, com a gente a coisa é diferente. Pra nós eles pagam só metade do salário, viu? Trabalha a mesma coisa e às vezes até mais, mas ganha metade só.

BONIFÁCIO — Por quê?

SOBRINHO — Pra nós eles pagam menos. E pagam menos também pros mexicanos. E menos pros chicanos, que são os mexicanos que já nasceram lá, e têm a pele meio morena. É claro que pagam menos também pros pretos... e pagam menos ainda pros porto-riquenhos. E menos pros italianos... e menos pros...

JESUALDO — Você fica, rapaz. Enquanto você não conseguir um emprego, não tem importância, eu pago a tua pensão. Amigo é pras horas difíceis.

BONIFÁCIO — Eu já estou te devendo mais de três meses de pensão, tenho até vergonha!

JESUALDO — Pra viajar, precisa uma porção de documentos.

BONIFÁCIO — Precisa o quê?

VELHO — Você tem cédula de identidade?

BONIFÁCIO — Tenho.

JESUALDO — Os gringos já estão fartos de tanto estrangeiro.

VELHO — Você alguma vez pertenceu a algum partido político ou a alguma organização de extrema esquerda, ou de meia esquerda, ou de católicos progressistas, ou de algum clube de ideias avançadas, esteve em alguma manifestação, comício ou ajuntamento de pessoas que manifestaram ideias inconformistas?

BONIFÁCIO — Deus me livre!

VELHO — Tem que ter certificado de boa conduta passado pelas autoridades competentes.

HOMEM — Tem que fazer uma declaração de apoio ao nosso estilo de vida ocidental e cristão, às nossas idiossincrasias nacionais e de repúdio a todos os totalitarismos.

SOBRINHO — Se tiver um certificado de batismo também ajuda. Não é imprescindível, mas ajuda a criar uma boa imagem...

BONIFÁCIO — Tenho tudo. E mais: tenho certificado de reservista com medalha de boa conduta, fui escoteiro, sei judô e caratê, faixa marrom, sei um pouco de datilografia, fui ajudante de enfermeiro...

HOMEM — Escuta: também muita especialidade não é conveniente, porque vais disputar os melhores empregos com os gringos, e isso não pode: tem os sindicatos, sabe como é. Imigrante pode esperar, quando muito, colher laranja e uva na Califórnia ou lavar pratos em Nova York.

BONIFÁCIO — Já tá bom pra começar. Eu vou.

HOMEM — Tá bom, amigo, mas isso são só as preliminares. Depois vem o essencial.

BONIFÁCIO — Tem mais?

JESUALDO — Eles têm que se defender dos imigrantes.

HOMEM — Tem os exames.

BONIFÁCIO — Poxa, que chato. Eu nunca fui muito bom nas matemáticas.

VELHO — Exames de saúde. Pode ser burro, mas tem que ser saudável.

BONIFÁCIO — É justo.

SOBRINHO — Você vai lá, eles te mandam fazer tudo quanto é exame. Te mandam revirar por dentro e por fora, mandam examinar o passado e o presente médico, tudo que se pode imaginar. E se encontram um microbiozinho que seja, o candidato sai reprovado. O microbiozinho mais pequenininho que seja, e o candidato já está no pau.

VELHO — Ficou assustado?

BONIFÁCIO — Fiquei maravilhado. Era exatamente assim que eu imaginava que tinha que ser. Pra mim os Estados Unidos são feito um filme colorido. Claro que eles têm que ter todas essas preocupações. Um microbiozinho, por menorzinho que seja, ia acabar sujando tanta beleza, tantas cores, tantos céus azuis e pastos verdes. Eu quero ir para os Estados Unidos; é o meu sonho. (*O contador se dirige ao público.*)

CONTADOR — Durante uma semana Bonifácio entrou em todas as filas, bateu em todas as portas, implorou a todos os funcionários, subornou todos que pôde e finalmente conseguiu todos os papéis requeridos, pagou todos os impostos e emolumentos, selou, carimbou e autenticou tudo que era preciso e finalmente, feliz e contente, nervoso e com o coração batendo, lá se foi Bonifácio fazer fila na porta do consulado. Pra dizer a verdade, passou a noite dormindo na porta, esperando que abrisse às 9 da manhã. Finalmente foi atendido. (*Uma jovem loira o atende.*)

LOIRA (*Examinando os documentos*) — Bzbzbzbz, certo. Bzbzbzbz, certo. Bzbzbzbz, muito bem. Bzbzbzbz, pra quê?

BONIFÁCIO — O quê?

LOIRA (*Com sotaque ianque*) — Ao consulado não interessa saber o número de gols que o senhor marcou no campeonato de futebol da terceira divisão.

BONIFÁCIO (*Sorridente*) — É só pra causar uma boa imagem...

LOIRA — Bzbzbzbz, certo, muito bem. Agora faltam só os exames.

BONIFÁCIO — Eu estou disposto a qualquer coisa, senhorita, por dentro e por fora. O que a senhora mandar.

LOIRA (*Entregando-lhe alguns papéis*) — Radiografia dos pulmões, aqui está o endereço.

BONIFÁCIO — De frente e de perfil, o que a senhora quiser, senhorita.

LOIRA — Análise de sangue... Análise de urina... Análise de matéria fecal... (*Bonifácio pela primeira vez fica em dúvida.*)

BONIFÁCIO — Senhorita, a senhora vai me desculpar. Eu estou disposto a qualquer coisa, mas essa daqui eu não entendi. Falando aqui entre nós, muito claramente. O que é que vem a ser "matéria fecal"? Porque eu acho que isso, eu não tenho não, senhora...

LOIRA — *Shit, my friend, shit...*

BONIFÁCIO — E, trocando em miúdos, o que é que significa "*shiteamaifredeshit*"? Pode ter confiança em mim; me diga aqui ao pé do ouvido...

LOIRA — Cocô.

BONIFÁCIO — O quê?

LOIRA — É.

BONIFÁCIO — Não me diga??? E vai ser preciso examinar isso também? Bom, eu faço o que a senhora mandar, com muito prazer, como não? Mas eu quero ir logo avisando que desse exame aí vocês não fiquem esperando grande coisa, não. Como a senhora deve saber, aqui no Equador — e eu acho que até mesmo nos Estados Unidos, por que não? — esse "*shiternaifrendeshit*" que aqui atende pelo nome de excremento, isso aqui é feito com os restos daquilo que o organismo não aproveita, está me entendendo? Quer dizer que muito perfumado não pode ser. A senhora por favor transmita aos outros membros aí do Consulado que mandou fazer o exame e eu faço, mas que não fique ninguém com muita expectativa, não, merda é merda...

LOIRA — Quem é o próximo? (*Bonifácio vai para o botequim.*)

VELHO — Esse é o exame mais difícil. É aí que eles reprovam quase todo mundo.

SOBRINHO — O exame de fezes é o mais duro...

HOMEM — Aqui em Guayaquil a água que a gente bebe está cheia de amebas.

JESUALDO — Come o teu ceviche...

BONIFÁCIO — Eu não consigo comer: eu fico olhando pra esse prato e parece que fico vendo os micróbios dançando, rindo de mim. Olha aí!

JESUALDO — Você não pode morrer de fome.

BONIFÁCIO — Eu vou comer carne em lata. Pelo menos eu tenho a certeza que aí não tem micróbio nenhum.

JESUALDO — Por quê?

BONIFÁCIO — Porque é enlatado nos Estados Unidos.

HOMEM — É, mas a carne que eles enlatam pra nós é a carne que eles compram no Haiti. Essa eles não comem, não.

BONIFÁCIO (*Muito triste*) — Então o que é que eu vou fazer? Pra poder examinar o meu cocô eu preciso cagar e, se não como, como cago?

JESUALDO — Eu preparo pra você: tudo fervido! Vamos ver se dá certo.

CONTADOR — E o amigo Jesualdo começou a preparar a comida de Bonifácio, a ferver a água; tratava do amigo como quem trata de um irmão. E assim Bonifácio pôde um dia recolher todas as amostras necessárias, de cocô, de urina e de sangue. E passou mais de uma semana, até que foi chamado ao consulado.

BONIFÁCIO — Será que vai ser preciso botar gravata?

JESUALDO — Põe que dá uma boa imagem.

BONIFÁCIO — Eu quero ir para os Estados Unidos.

JESUALDO — Mas olha aqui: se você não passar, não tem importância, viu? Amigo é pra essas ocasiões. Pode contar comigo: até arrumar um emprego, eu pago a tua pensão...

CONTADOR — Bonifácio ficou sentado na sala de espera, o coração batendo.

LOIRA — Sr. Bonifácio Pérez.

BONIFÁCIO — Padre nosso que estais no Céu; Ave Maria, cheia de graça... Sou eu, sim senhora. Seu criado atento, obrigado. A sorte está lançada. O que foi, diga? Passei? Fui reprovado? Minha senhora, não me faça sofrer mais! O que foi que me aconteceu? Diga, diga, diga!

LOIRA — Bonifácio Pérez. O seu resultado não está aqui comigo.

BONIFÁCIO — Então por que é que a senhora me chamou?

LOIRA — O doutor quer falar com o senhor. Sente, por favor. Não demora.

BONIFÁCIO — Quer falar comigo? Quer me dar essa honra? Quer dizer que eu então passei? Não fui reprovado? Posso viajar??? Quando??? Quando??? Diga!!!

LOIRA — Aí vem o doutor.

DOUTOR — Mr. Bonifácio?

BONIFÁCIO — *Yes, mister*, sou eu mesmo! *Yes, yes, yes*!!!

DOUTOR — Mr. Bonifácio Pérez! *Your shit is beautiful*! *Really beautiful*! *It's a wonder*! *I never saw a shit like yours*!

BONIFÁCIO — O que é que ele está dizendo? (*Quase chorando*) Por favor, me traduz. Eu pago.

DOUTOR (*Com tremendo sotaque*) — O senhor no falar inglês?

BONIFÁCIO — Falar eu falo, mas é o sotaque que me deixa confuso.

DOUTOR — Não tem a menor importância. Um homem com um cocô como o seu, não tem a menor necessidade de falar nenhum idioma. A sua matéria fecal, senhor Pérez, é a mais perfeita que eu tive a oportunidade de admirar nos meus vinte e cinco anos de profissão. É uma autêntica maravilha. Não contém nenhuma impureza: nem amebas, nem vírus, nem micróbios, nada. É pura merda! Foi por isso que eu quis conhecer o senhor pessoalmente. Eu quero que o senhor me explique... enfim, como é que o senhor faz...

BONIFÁCIO (*Recuperando a confiança e com um orgulho nascente irreprimível*) — Escute aqui, cavalheiro... eu, enfim... pra dizer a verdade... francamente, eu tenho a impressão de que eu faço como todo mundo... Isto é, eu entro, eu me sento, fecho a porta, é lógico, e... bem... fico esperando um pouquinho, às vezes com um jornal pra tomar conhecimento das novidades do dia... uma revista de atualidades... enfim..., espero, espero um pouco e... pluft! O que é que o senhor quer que eu lhe diga?

DOUTOR — Quero que me diga como é que se sente?

BONIFÁCIO — Muito bem, muito bem. Muito orgulhoso da minha pátria que finalmente vai ser representada no país de Vossa Excelência, finalmente, por um homem possuidor, como o senhor mesmo diz, de um excelente cocô.

DOUTOR — Eu sou uma autoridade no assunto, cavalheiro, um especialista em matérias fecais. Nos últimos vinte e cinco anos eu tenho trabalhado na mesma coisa...

BONIFÁCIO — E não é monótono?

DOUTOR — Absolutamente, não. Nada. Porque eu trabalho com matérias fecais em diferentes consulados. Estive na Indonésia, na Itália, na França, no Japão, Taiwan, Brasil... E eu posso lhe assegurar, Mr. Bonifácio, que o cocô que o senhor produz é comparável aos melhores do mundo inteiro que, como o senhor sabe, são os dinamarqueses e os escandinavos...

BONIFÁCIO — Não, não sabia...

DOUTOR — Não tenha dúvida! Porque todos os cocôs, por melhores que sejam, sempre têm algum defeitinho...

BONIFÁCIO — É, um defeitinho ou outro, ninguém está livre disso... né?

DOUTOR — Por exemplo: o cocô argentino é muito gordo.

BONIFÁCIO — Não me diga!

DOUTOR — Os cocôs franceses e italianos são muito fermentados. Por causa do queijo.

BONIFÁCIO — Imagino.

DOUTOR — Os brasileiros são muito transparentes e os asiáticos parecem de cabra.

BONIFÁCIO — Doutor, eu nunca vi tamanha sabedoria... É uma erudição sem limites.

DOUTOR — Eu conheço tudo sobre o assunto. Cocôs nacionais e profissionais, civis e militares, e até eclesiásticos, de jovens e de velhos, de homens e de mulheres. Este é um assunto cheio de surpresas extraordinárias.

BONIFÁCIO — Eu nunca pensei que fosse assim tão interessante esse assunto do cocô...

DOUTOR — Interessantíssimo! Por exemplo: o cocô das mulheres. O senhor sabia por exemplo que o grau de liberação feminina de cada paciente determina modificações sensíveis na sua matéria?

BONIFÁCIO — Não, não sabia.

DOUTOR — Pois assim é. Portanto é possível determinar a ideologia do paciente através do exame de sua matéria fecal.

BONIFÁCIO — Isso está muito interessante, doutor, mas eu queria saber uma coisa mais prática: quando é que eu embarco?

DOUTOR — Calma, Mr. Bonifácio. Roma não se fez num dia. O senhor primeiro vai ter que falar com o cônsul...

BONIFÁCIO — Outro exame?

CÔNSUL (*Entrando, com tremendo sotaque*) — Já basta de exames. Uma proposta.

DOUTOR (*Apresentando*) — O sr. cônsul! O sr. Pérez!

CÔNSUL — Sr. Pérez. Claro. Quem é que não conhece o sr. Pérez dentro deste consulado?

BONIFÁCIO — Pode me chamar de mister. Mr. Pérez. Sabe como é, como eu já estou com um pé no navio... (*Começa a falar com um pouco de sotaque.*)

CÔNSUL — Mas antes de embarcar podemos fazer um contrato.

BONIFÁCIO — Cinema? Eu acho que a minha merda não é pra tanto...

CÔNSUL — Por favor: café e biscoitos. Cookies para Mr. Pérez. Não, Mr. Pérez, não se trata de cinema. Televisão. Jornais. Revistas.

BONIFÁCIO — Como? Quanto? Onde? Quando? Quanto? Quanto? Quanto?

CÔNSUL — Falando francamente aqui entre nós, Bonifácio: a pureza do seu cocô tem uma enorme importância para os interesses da Embaixada dos Estados Unidos da América do Norte.

BONIFÁCIO — Cavalheiro, francamente, agora eu acho que vocês estão exagerando. Eu estou começando a ficar desconfiado de que alguma coisa aqui não está certa. (*Nervoso, furioso*) Se vocês me querem dar o visto para ir para os Estados Unidos, muito bem. Se não, boa tarde. Mas eu não vou permitir... (*Chega o café.*)

DOUTOR — O café...

CÔNSUL — Calma, Mr. Pérez, calma. O senhor terá o visto. E graças ao seu excelente cocô, mais do que um visto, se quiser, o senhor terá uma bolsa de estudos numa das universidades mais prestigiosas do meu país, à sua escolha.

BONIFÁCIO — Mas por quê? Será que ninguém caga certo nesta terra, só eu? (*Furioso.*)

CÔNSUL — Exatamente: nós queremos provar que qualquer pessoa pode produzir uma matéria fecal tão boa como a sua, perfeitamente aceitável pelos critérios médicos da nossa Embaixada.

BONIFÁCIO — Pra que isso?

CÔNSUL — Pelo seguinte: ultimamente uma certa imprensa esquerdista anda fazendo uma campanha contra os nossos critérios sanitários. Segundo essa imprensa, ninguém em toda a cidade de Guayaquil está isento de vírus, amebas e micróbios. Segundo essa imprensa subversiva, nenhum cocô guayaquilenho é digno de emigrar para a Califórnia em busca de ouro.

DOUTOR — Está compreendendo agora?

BONIFÁCIO — Mais ou menos.

CÔNSUL — Tudo o que o senhor tem que fazer é aparecer em alguns programas de televisão e, com o exemplo vivo da sua digna matéria fecal, desmentir essa imprensa esquerdista. Deve dar alguma entrevista, gravar alguns jingles, e zás, as portas dos Estados Unidos estarão abertas para o senhor.

BONIFÁCIO — Se o meu coração não fosse tão bom como é, eu não resistiria a tamanha emoção, dr. cônsul. Eu morria aqui mesmo. (*Volta a loira.*)

LOIRA — *You called me?*

CÔNSUL — *Yes, dear. His contract.* O contrato, Mr. Bonifácio.

BONIFÁCIO — Precisa assinar agora?

CÔNSUL — Imediatamente. (*Entrega-lhe algumas notas de dólares. Bonifácio assina tudo sem ao menos ler o que assina.*)

CÔNSUL — É amanhã, começam os ensaios. Meu chofer vai buscá-lo pessoalmente, Mr. Bonifácio Pérez. (*Bonifácio agarra o dinheiro e sai beijando todo mundo, repetindo a dose com a secretária, dando gritos de alegria. Pelo caminho agarra uma garrafa e começa a beber. Está outra vez no bar com seu amigo Jesualdo.*)

JESUALDO — Eu não acredito.

BONIFÁCIO — Pois vai me acreditar: quanto é que eu te devo?

JESUALDO — Deixa ver... em dólar ou em sucre?

BONIFÁCIO — Toma, e toma, e toma mais. (*Dá-lhe várias notas.*) Amigo é para essas horas.

CHOFER — Mr. Bonifácio, o fotógrafo. (*Entram fotógrafos e tiram fotos dele.*)

BONIFÁCIO — E vai me dar uma bolsa de estudos ainda por cima.

CHOFER — Mr. Bonifácio, o sr. McLuhan, especialista em meios massivos de comunicação.

MCLUHAN — Repita comigo: o mundo é uma grande aldeia.

BONIFÁCIO — Enorme.

MCLUHAN — O que é bom para os Estados Unidos é bom para todos os outros países.

BONIFÁCIO — Para todo mundo.

MCLUHAN — Também você, querida telespectadora, pode possuir uma matéria fecal digna de Hollywood. Uma verdadeira joia.

BONIFÁCIO — Um verdadeiro cocô. (*Está se vestindo para o coquetel.*)

CHOFER — Mr. Pérez: os repórteres.

REPÓRTER — Que água o senhor bebe?

BONIFÁCIO — Água mineral Equinócio, com ou sem gás: um alívio para os seus rins.

REPÓRTER — O que é que o senhor come?

BONIFÁCIO — Produtos Swift Sociedade Anônima, isentos de bactérias.

REPÓRTER — Este programa foi ao ar patrocinado por Swift Sociedade Anônima e água mineral Equinócio, que atestam e garantem a pureza dos vossos excrementos.

CHOFER — Um coquetel na embaixada, Mr. Pérez.

BONIFÁCIO — Mas eu já estou bêbedo.

MENINO — Olha, o homem do cocô da televisão.

JESUALDO — Você está ficando famoso. Não pode mais andar na rua sozinho assim não: vai precisar de guarda-costas.

CÔNSUL — A sra. Embaixatriz.

BONIFÁCIO — Muito prazer, minha senhora. Ele se esqueceu de me apresentar, mas eu sou o homem do cocô da televisão. (*Fala com sotaque.*)

EMBAIXATRIZ — Quem é que não conhece o sr. Bonifácio Pérez neste país? O senhor é uma glória nacional, Mr. Pérez.

BONIFÁCIO (*Já meio bêbedo*) — Sra. Embaixatriz, eu tenho a honra de lhe fazer uma proposta. Eu sou uma glória nacional do meu país e a senhora do seu. Em homenagem à integração latino-americana que foi o ideal sonhado por dois grandes libertadores que nesta cidade se reuniram, aliás tem uma estátua dos dois ali no Malecón, à beira-mar, em homenagem à integração dos nossos países, eu proponho um brinde e mais que um brinde: vamos nos oferecer mutuamente uma pequena amostra dos nossos cocôs...

TODOS — Oh!

CÔNSUL — O sr. Embaixador!

EMBAIXADOR — Eu faço uma outra proposta: vamos suspender imediatamente o coquetel, em vista da incapacidade momentânea do nosso convidado especial.

BONIFÁCIO — Incapaz, eu? O senhor sabe com quem está falando, Mr.? Eu sou o cocô mais célebre deste país, quiçá do mundo inteiro. Incapaz, eu? Eu vou já lhe mostrar que sou capaz e muito capaz. Garçom, você aí, por favor: um pinico, já, depressa, aqui no meio do salão! (*Começa a descer as calças.*) Chama o corpo diplomático inteiro!

CHOFER — Sr. Bonifácio, os convidados já se foram. Vamos para casa. (*Ficam só Jesualdo e Bonifácio.*)

BONIFÁCIO — Eu sou um desgraçado. Como é que eu fui fazer uma coisa dessas? E agora? O que é que vai ser de minha vida?

JESUALDO — Não te preocupe, rapaz. Você tem um contrato firmado. Teu dinheiro está garantido, tua passagem, tua bolsa, tudo pra você. Eu guardei pra você.

BONIFÁCIO — É verdade. Eu não sei o que é que eu faria sem você. Não sei o que é que vou fazer sem você, nos Estados Unidos.

JESUALDO — Eu só não entendo por que é que você encucou com essa ideia de ir pros Estados Unidos.

BONIFÁCIO — Primeiro lugar, dinheiro.

JESUALDO — Pois eu aposto que aqui, agora, você podia ganhar muito mais!

MENINO — Hei, moço, o senhor é aquele que apareceu fazendo cocô na televisão?

BONIFÁCIO — Sou eu mesmo.

MENINO — Me dá um autógrafo pra minha irmãzinha? (*Bonifácio dá o autógrafo.*)

BONIFÁCIO — As fábricas estão despedindo todo mundo, onde é que eu vou arranjar emprego? Estamos numa inflação com recessão.

JESUALDO — Você não precisa pedir emprego em nenhuma fábrica. Você é uma fábrica.

BONIFÁCIO — De merda?!

JESUALDO — De merda não: da melhor merda do país. Da merda que o consulado andou fazendo a propaganda em todos os jornais, revistas e canais de televisão. Eu estou pra ver uma merda tão badalada como a tua, tão famosa.

BONIFÁCIO — Isso é verdade.

JESUALDO — Pois é assim: você fabrica o produto mais publicado e mais procurado em todo o país.

BONIFÁCIO — Mas quem vai comprar a minha merda???

JESUALDO — Todo mundo que está na fila do consulado, rapaz.

BONIFÁCIO — Explica melhor que eu não estou entendendo.

JESUALDO — O negócio é o seguinte: todo mundo que está na fila do consulado tem ameba, micróbios e vírus. Você não precisa fazer nada, não. Eu vou lá na fila, explico pro pessoal que eu sou o único vendedor autorizado do cocô da televisão e vendo pra quem quiser, em uma caixinha de fósforo.

BONIFÁCIO — Mas o Doutor vai descobrir!

JESUALDO — Como que vai descobrir? Quem é que vai contar? O comprador do cocô vai ser o primeiro a querer guardar o segredo. E nós também. Eu vou transformar a tua merda em ouro. Vou abrir as comportas dos Estados Unidos para todo mundo que quiser entrar! Vamos ficar ricos, eu e você! Dividimos tudo meio a meio.

BONIFÁCIO — Mas não é justo: você é que vai trabalhar vendendo as caixinhas. E eu vou fazer o quê?

JESUALDO — Comer e cagar, meu irmão. Produzir a matéria-prima!

BONIFÁCIO — Eu sou a minha fábrica!!!

CONTADOR — E assim os dois amigos foram ficando ricos. Bonifácio comia o dia inteiro, não fazia outra coisa que ficar deitado na cama, comendo. E reclamando.

BONIFÁCIO — Pô, eu não aguento mais.

JESUALDO — Toma: uma colherada pra mamãe, outra colherada pro papai; uma colherada pra tia Lucinha e outra pro tio Félix: continua comendo.

BONIFÁCIO — Eu não aguento.

JESUALDO — *Mangia che te fa bene*. Uma colherada pro Cônsul e outra pro Embaixador, uma pra loirinha da porta e outra pro seu Doutor.

CONTADOR — E Jesualdo se especializou em arte culinária. Não fazia outra coisa que cozinhar e vender cocô. Primeiro, timidamente.

JESUALDO — Hei, moço: vai querer um cocozinho aí?

CONTADOR — Depois já com mais confiança.

JESUALDO — Olha quem vai querer
quem é otário não tem vez;
vamos comprar, minha gente,
pouca merda e muito freguês.

FREGUÊS — Quanto é que é?

JESUALDO — Uma caixinha de fósforo, duzentos e cinquenta sucres.

FREGUÊS — Me dá uma.

JESUALDO — Sai uma caixinha de cocô aqui pro cavalheiro.

SENHORA GORDA — Olha, eu tinha vontade de comprar, mas eu acho que isso é uma exploração. Onde é que já se viu, uma caixinha pequenina assim por duzentos e cinquenta sucres?!

JESUALDO — Mas, minha senhora, este é o cocô da televisão, o mais famoso do mundo inteiro. Absolutamente antisséptico. Não contém nenhuma matéria impura, nem bacilos, nem vírus, nem amebas, nem bactérias, nem micróbios.

SENHORA GORDA — Não, mas isso é uma exploração.

JESUALDO — Minha senhora, não diga isso. Este é um cocô valiosíssimo. São as portas de Hollywood que se abrem para a senhora, minha senhora! Por duzentos e cinquenta sucres, a senhora tem o seu futuro assegurado aqui nesta caixinha.

FREGUÊS — Me dá uma aí pra mim também.

JESUALDO — Uma caixinha aqui para o cavalheiro...

SENHORA GORDA — Ah, eu não levo, não. É muito pouca por duzentos e cinquenta sucres.

JESUALDO — Mas, madame, seja sensata. Esta é a quantidade regulamentar.

SENHORA GORDA — Mas é pouca.

JESUALDO — Mas pra que que a senhora quer mais? De que é que adianta que eu lhe dê um quilo de merda, o que é que a senhora vai fazer com o material sobrante? O conteúdo desta caixinha possui a virtude de lhe abrir as portas do grande Império do Norte, mas não posssui nenhum valor decorativo, nem nutritivo.

SENHORA GORDA — É que eu só tenho cem sucres. Então me dá metade da caixinha.

JESUALDO — Não vendemos fracionado. A quantidade que vem é a prescrita pelo Doutor gringo.

SENHORA GORDA — Me dá metade que eu completo com a minha.

JESUALDO — Não pode, minha senhora: vai botar tudo a perder. Onde já se viu uma coisa dessas? Os cocôs finos não se misturam. É como o vinho.

SENHOR — Eu pago. Pago até quinhentos sucres. Mas eu sou como São Tiago: eu quero ver pra crer.

JESUALDO — O que é que o senhor quer ver?

SENHOR — O senhor diz que esse é o cocô da televisão, mas quem é que me garante? Eu pago três vezes o preço, mas quero ver. Faço questão.

JESUALDO — Como?

SENHOR — Quero ver a fábrica fabricando no momento de fabricar.

CONTADOR — Jesualdo achou a ideia boa.

JESUALDO — Boa ideia.

CONTADOR — Porque a produção não podia aumentar e o preço já estava um pouco puxado. Mas pra quem era como São Tiago, esses podiam pagar três vezes mais. Os dois amigos já estavam tão ricos que chegaram a pedir conselho a um arquiteto.

ARQUITETO — Não sei se dá pra entender a planta baixa. É assim: aqui fica uma arquibancada.

BONIFÁCIO — Um estádio????

ARQUITETO — Não vamos exagerar. Podem entrar, quando muito, umas vinte pessoas. É como se fosse um anfiteatro grego, onde se representavam as tragédias, assim em semicírculo. Aqui a gente pendura uns refletores, azuis, porque é mais discreto, e aqui bem no centro da arena, como se fosse um trono, aqui vai se sentar o rei da merda! De costas para a plateia.

BONIFÁCIO — E esse espelho aqui na frente, pra que é que é?

ARQUITETO — Ora, pois então: o protagonista fica aqui sentado de costas para a plateia, mas os espectadores querem ver a cara no momento do clímax, tá entendendo? Assim, nesse instante aumenta uma luz em resistência bem dosada, um lilás, digamos, como se fosse um relâmpago, e uma luz chamada *floodlight* inunda tudo...

BONIFÁCIO — E qual é a música que vai no *background*?

ARQUITETO — Wagner!

BONIFÁCIO — Genial. Genial. Genial. Sabe de uma coisa? Eu estava me sentindo muito sozinho trabalhando lá no banheiro o dia inteiro, recluso. Assim pelo menos vou me sentir mais acompanhado.

JESUALDO — E os espectadores vão reconhecer melhor o teu trabalho, e vamos poder cobrar cada vez mais...

BONIFÁCIO — Eu já estou que não me aguento. Quando vai ser a estreia?

CONTADOR — Não há mal que sempre dure nem bem que não se acabe. O arquiteto começou a construir um formoso banheiro senhorial e, enquanto isso, o pânico se instaurou no consulado.

EMBAIXADOR — Sr. Cônsul, eu recebi uma séria advertência de Washington! Aqui em Guayaquil nós éramos um exemplo quase perfeito, nosso Consulado reprovava todos os candidatos a emigrantes!

CÔNSUL — É verdade, sr. Embaixador.

EMBAIXADOR — Mas depois que aquele Mr. Bonifácio andou falando pela televisão e aparecendo nos jornais, desde então começou a aumentar o número de viajantes. Dois por semana, e dez e vinte. Chegou a trinta e sete num só dia, ontem!

CÔNSUL — Talvez seja o efeito da propaganda: todo mundo começou a se cuidar melhor, a beber água filtrada!

EMBAIXADOR — Agora é uma verdadeira avalancha! Todo mundo passa! Se isso continua assim, vamos ter um problema de superpopulação nos Estados Unidos. O senhor precisa fazer alguma coisa!

CÔNSUL — Já fiz.

EMBAIXADOR — O quê?

CÔNSUL — Mandei vir um microscópio eletrônico com raio laser diretamente de Nova York, capaz de identificar com a maior precisão todas as matérias fecais do universo!

EMBAIXADOR — Identificou?

DOUTOR (*Entrando*) — Excelência, eu acabo de examinar todas as trinta e sete amostras que foram aprovadas ontem!

EMBAIXADOR — E qual foi a sua conclusão, Doutor?

DOUTOR — A minha conclusão e a conclusão do microscópio eletrônico é a de que se trata da mesma merda, Excelência.

EMBAIXADOR E CÔNSUL — A mesma!?!?

DOUTOR — Mr. Bonifácio Pérez! Ele é o autor!

CONTADOR — O dia da estreia do banheiro foi o dia mais triste da vida de Bonifácio. Estava tudo preparado.

PESSOAS — Não empurra. Chega pra lá. Eu estava aqui primeiro. Cuidado. Hei, não sente em cima de meu filho. O espetáculo é proibido para menores. Tira ele daí! Quando é que vai começar? Quando ele tiver vontade. Como é que é? Quem é que vai botar ordem nisso daqui?

JESUALDO — Atenção, atenção, por favor, nós não estamos na feira, meu amigo. Este é um espetáculo imponente, que deve ser assistido com todo o respeito e a dignidade que merece. Antes de mais nada, se exige o maior silêncio no recinto, porque do contrário o espetáculo não terá início. O barulho excessivo provoca a prisão de ventre.

HOMEM — E quando é que vai começar?

JESUALDO — Quando assim o determinar a nossa Mãe Natureza. As coisas devem seguir o seu curso natural. Nada de apressar os desígnios da natureza. E, agora, se os cavalheiros e as damas me derem licença, e enquanto aguardamos a chegada do protagonista deste maravilhoso espetáculo, quero lhes proporcionar algumas informações úteis e necessárias. Menino, tira o pé daí. Minhas senhoras e meus senhores, neste momento o protagonista essencial do nosso espetáculo está comodamente descansando no quarto aqui ao lado. No momento em que ele sentir que o grande momento já se aproxima, Mr. Bonifácio Pérez apertará um botão adrede colocado ao lado de sua cama. Soará então uma campainha. Desde o momento em que soe a campainha e até o momento em que esteja tudo terminado, deve reinar neste claustro, neste senhorial banheiro e anfiteatro grego, digno das maiores tragédias de Sófocles, o mais respeitoso e total silêncio. Mr. Pérez entrará por aquela porta dirigindo-se imediatamente ao trono central. Aqui talvez se detenha alguns segundos. Silêncio: no momento preciso, Mr. Pérez apertará com o seu pé um pedal adrede colocado e os senhores e as senhoras poderão ver maravilhosas luzes azuis e lilases que desvendarão o segredo mais bem guardado da nossa época: como se produz o cocô da televisão! O cocô que é uma verdadeira chave da felicidade para todos aqueles que procuram no formidável império do Norte um bálsamo para as suas carências pecuniárias. E, agora, atenção: quinhentos sucres é o preço módico por cabeça, para assistir a esse maravilhoso e irrepetível espetáculo.

HOMEM — Não era duzentos e cinquenta?

JESUALDO — Não, cavalheiro: duzentos e cinquenta é o preço da caixinha, mas assistir à produção custa o dobro. (*Ouve-se uma campainha.*) Atenção, atenção, paguem, paguem rapidamente. (*Todos pagam excitados. Entra Bonifácio com cara espectral misturada com dor de barriga. Pausa. Música de Wagner como fundo.*) Mr. Bonifácio Pérez se dirige ao trono. Neste momento, Mr. Pérez prepara-se para sentar. Reparem na expressão dolorida do rosto, esse mesmo rosto que fez o encanto de multidões através dos canais competentes da televisão. Neste momento Mr. Bonifácio Pérez vai...

HOMEM — Parem, parem o espetáculo. Parem com isso.

JESUALDO — Para por quê? (*Ruídos, falas* ad libitum.)

HOMEM — Os gringos descobriram tudo! (*Estupor.*) Pois é, descobriram tudo!

JESUALDO — Como descobriram?

HOMEM — Ora, como? O Mr. Bonifácio estava cagando tudo sempre igual. Deu na vista. Eu quero meu dinheiro de volta.

JESUALDO — Negócio fechado é negócio fechado. O dinheiro é nosso e a caixinha é sua!

HOMEM — Mas agora não serve mais.

JESUALDO — Por quê?

HOMEM — Porque os gringos estão distribuindo umas caixinhas lá deles pra cada candidato e quem quiser tem que fazer as suas necessidades lá dentro do consulado e na caixinha que tem uma águia americana desenhada em cima.

BONIFÁCIO — Mas, meus senhores e minhas senhoras, nem por isso o espetáculo deixa de ter um certo interesse... um encanto particular... fiquem sentados... eu vou continuar com a função. Não precisam comprar as caixinhas, mas é uma falta de vergonha se levantar no meio do espetáculo.

HOMEM — Eu quero de volta o dinheiro da entrada.

JESUALDO — Mas como, cavalheiro? O espetáculo continua. Nem tudo é utilitário na vida de cada um. A arte é a arte, é a arte pela arte. O espetáculo também apresenta luzes e música... Wagner... (*Todos se retiram protestando* ad libitum.)

BONIFÁCIO — Esse populacho não sabe o que é cultura...

JESUALDO — É, Bonifácio, pode vestir as calças...

CONTADOR — E foi assim que os dois amigos voltaram ao bar do porto, muito tristes, sem dinheiro...

Estas histórias aconteceram de verdade. Em Nuestra América acontecem às vezes coisas difíceis de acreditar. Por exemplo: foi no Uruguai que um dia, numa pequena cidadezinha do interior, estava um coronel passeando no Jardim Zoológico em companhia de sua esposa e de seus filhos, estava dissertando sobre a elegância dos flamingos, a majestade dos leões, a imponência dos tigres-de-bengala, quando um macaco muito mal-educado, sem levar em consideração as senhoras presentes, começou a estimular o próprio sexo ritmicamente. O coronel não teve dúvidas: pegou o 45 e disparou três vezes matando o macaco instantaneamente. Vai daí que se arma aquela confusão, gritos, correrias e vem o administrador pedir desculpas no seu próprio nome e em nome dos demais animais do zoológico. Mas o coronel não quis desculpar nem ser desculpado: exigiu que o administrador fizesse uma denúncia ao juiz competente, porque ele argumentava assim: "Eu matei cumprindo o meu dever; mas o macaco era propriedade do Estado; teria eu o direito de cumprir com o meu dever???". Como vocês veem era um delicado tema judiciário. Durante o julgamento aconteceram coisas mais incríveis ainda. O advogado baseou toda a sua defesa na premissa de que "ser animal não é atenuante", e o júri acabou absolvendo o coronel e condenando o macaco *post mortem* e além disso condenou também todos os companheiros do macaco que hoje em dia recebem aulas de boas maneiras de um veterinário muito competente, alemão.

Esse foi um caso que ficou famoso no Uruguai. Como na Argentina todo mundo conhece a história daquela família que estava jantando quando de repente estourou a maior bomba perto dali de onde eles estavam. A mãe, coitada, saiu correndo para o quarto da filhinha de dois anos que desatou num berreiro. Daí a pouco voltou a senhora e disse assim, pros outros: "Coitadinha, ela se assustou muito com o estouro dessa danada dessa bomba. Sabe por quê? Porque ela tem muito medo de trovão e pensou que tivesse sido um trovão, coitada... Mas já esta sossegadinha... foi só uma bomba...".

Lá na Argentina acontece muita coisa dessa. Nas ilhas Malvinas um homem trocou a mulher por uma bicicleta e ficou muito contente. Veio um amigo e explicou que ele tinha sido enganado: uma mulher vale muito mais do que uma bicicleta. E fez a prova matemática: nas ilhas Malvinas existem seis homens para cada mulher e existem duas bicicletas para cada homem. Portanto, matematicamente, cada mulher vale exatamente doze bicicletas! O homem quis cobrar as outras onze mas não teve jeito...

A história que a gente vai contar agora, ninguém sabe direito onde foi que aconteceu. Uns dizem que foi no Brasil, em Santos e São Paulo. Outros dizem que foi no Chile, em Santiago e em Viña del Mar. Se aconteceu no Chile, aconteceu durante o governo de Allende, quando naquele país ainda existiam leis. Se agora não existe nenhuma, naquela época era o contrário: existia lei demais.

E justamente porque existiam tantas leis, justo por isso, os parentes da distinta senhora Dona Minerva Gonzáles carregam agora o peso da sua imortalidade não desejada. Sim, porque justo aí está o problema: Dona Minerva morreu, sobre isso não resta dúvida. Mas sabemos também que Dona Minerva é imortal. Como? É isso que nós vamos contar.

A cena mostra uma sala de uma casa classe média, dominada pela presença de um belíssimo caixão, flores, faixas pretas, cadeiras contra a parede etc. O agente da funerária termina seu trabalho.

3. A última viagem da avó imortal

PERSONAGENS

Minerva
Alaíde
Marido de Alaíde
Adelaide
Marido de Adelaide
Gastão
Milena
Mili
Rolando
Gastãozinho
General
Mulher do General
Amiga
Capitão
Padre
Porteiro do hotel
Gerente do hotel
Médico
Advogado
Chofer
Jovens

MULHER DO GENERAL — Essas duas moças, Adelaide e Alaíde, são duas mulheres muito más, não há dúvida. Mas também têm muito bom gosto.

AMIGA — As flores estão preciosas. O crucifixo, tudo está muito bonito.

MULHER — Os dois maridos são o que existe de pior dentro do exército, não há dúvida. O general meu marido vive dizendo isso, são dois carreiristas. Mas a verdade é que deram uma prova de amor filial à sogra comprando esse caixão. Que lindo caixão. Deve ter sido pago em dólar.

AMIGA — Dá gosto morrer assim.

MULHER — São gente muito mesquinha, mas não regatearam nada pro enterro da velha.

AMIGA — Essa bandinha de música aí fora está preciosa, preciosa. São quinze soldados todos uniformizados, camisas engomadas, que elegância.

MULHER — Estão preciosos, não há dúvida. Mas a verdade é que estão um pouco desafinados, não é mesmo?

AMIGA — Quem é que vai prestar atenção à música numa hora dessas? O importante é que os músicos estejam bem limpinhos e engomados e esses estão preciosos, preciosos.

MULHER — Tudo está muito bem cuidado, nos menores detalhes. Por exemplo, aquele velho ali, sabe quem é?

AMIGA — Não.

MULHER — É o advogado.

AMIGA — Pra quê?

MULHER — Ora, minha filha, a velha deixou um montão de dinheiro, uma porção de casas e terrenos...

AMIGA — E esse padre, que será que ele está fazendo?

MULHER — Rezando, ora...

AMIGA — Mas como que vai estar rezando se o cadáver ainda não chegou...?

MULHER — Está fazendo uma espécie de ensaio, não é? Esquentando pra daqui a pouco...

AMIGA — Quando será que vai chegar esse cadáver? Nós estamos aqui já vai pra mais de duas horas e até agora não tivemos a satisfação de ver chegar o cadáver.

MULHER — Vamos perguntar?

AMIGA — Vamos. (*Levantam-se e se dirigem às duas irmãs.*)

MULHER — Nós estamos ansiosas, meninas.

AMIGA — Queríamos tanto que chegasse de uma vez os restos da senhora mãe de vocês...

MULHER — Viemos aqui para dar o último adeus, não é?

AMIGA — Mas sem a presença da principal interessada fica mais difícil.

MULHER — Assim é...

ALAÍDE — Nossa mãe já está a caminho.

ADELAIDE — Não demora.

SENHOR — Eu não tinha entendido bem. Quer dizer que a dona Minerva ainda não chegou para o seu próprio enterro?

MULHER — Assim é...

SENHOR — E aonde é que ela foi?

MARIDO DE ALAÍDE — Foi a um piquenique em Viña del Mar...

MARIDO DE ADELAIDE — Mas não deve demorar...

SENHOR — Não sei, não, o trânsito nas estradas está cada vez pior...

AMIGA — O general acordou.

MULHER — Foi uma boa sesta.

GENERAL (*Aproximando-se*) — Como é que é? O cadáver vem ou não vem?

MARIDO DE ADELAIDE — Está a caminho.

GENERAL — E a que horas vocês esperam que chegue a senhora defunta?

MARIDO DE ALAÍDE — Não tem hora prevista.

MARIDO DE ADELAIDE — Mas eu posso lhe garantir, meu General, que, se fosse um militar que estivesse ao volante, o cadáver da nossa sogra já estaria aqui desde manhã bem cedo, desde antes da morte.

MARIDO DE ALAÍDE — Meu General: este governo não vai...

GENERAL — Muito bem. Mas vocês podiam pelo menos ter começado a convidar os convidados só depois que a defunta estivesse já preparadinha no seu caixão. Eu não vejo graça nenhuma em ficar aqui esperando um cadáver que, pelo visto, não tem pressa nenhuma em receber as nossas despedidas...

MARIDO DE ADELAIDE — Adelaide, vai preparar uma sopinha aqui para o General, que deve estar com fome.

GENERAL — Sim, mas uma sopinha não resolve nada.

MARIDO DE ALAÍDE — Alaíde, na fiambreria aqui da esquina eles fazem umas empanadas muito gostosas. Por que não vão até lá e compram algumas aqui pro General?

SENHOR — E quem não é general, que morra de fome, porque essa sopinha Knorr só serve pra abrir o apetite...

MULHER DO GENERAL — Este é o primeiro enterro sem defunto que eu vi na minha vida...

GENERAL — Bom, vamos esperar as empanadas. Uma meia hora mais e, se não chega o cadáver, boa noite. E da próxima vez façam-me o favor: só me chamem quando a mãe de vocês já estiver aqui deitadinha no seu caixão, prontinha pro enterro. Eu quero que se entenda que isto não é uma desconsideração, mas eu penso que a mãe de vocês é absolutamente imprescindível para o bom enterro da mãe de vocês. É uma coisa que não se pode fazer na ausência do pivô da história.

MARIDO DE ADELAIDE — Como é possível demorar tanto de Viña até aqui?

MARIDO DE ALAÍDE — Saíram de manhãzinha, já deviam estar aqui antes do meio-dia.

MARIDO DE ADELAIDE — Já passaram das 6 da tarde.

ADELAIDE — Deve ter dado uma batida...

MARIDO DE ADELAIDE — Pelo menos isso: é a única desculpa que eu aceito. Que tenham morrido todos.

MARIDO DE ALAÍDE — Com esses três filhos que são três diabos, três capetas, o mínimo que pode ter acontecido é que tenham caído dentro d'água, e tenham todos se afogado...

MARIDO DE ADELAIDE — Desculpem, mas esse irmão de vocês é um degenerado.

MARIDO DE ALAÍDE — Um idiota. Um tarado.

ALAÍDE — Um bobo.

ADELAIDE — Um maricas.

MARIDO DE ALAÍDE — Não. Isso não. Na minha família isso eu não permito. Lhe dava um tiro na testa!

Estão todos falando muito baixinho, obedecendo seus movimentos e suas vozes ao ritual convencional de um velório com o corpo pre-

sente. A ausência do corpo em nada modifica a atmosfera triste, própria destes momentos. Entra o Capitão maestro da Banda.

CAPITÃO — Com todo respeito.

MARIDO DE ALAÍDE — Fale, fale.

CAPITÃO — É um assunto muito delicado, Major. Acontece que os meus soldados da banda de música estão um tanto entediados com a demora. O repertório de músicas fúnebres não é muito extenso, nem muito vibrante... e por isso eu queria pedir permissão, se é que o cadáver não está já muito próximo, queria pedir permissão para tocar algumas musiquinhas mais alegres, mais entretidas, para que os pobres soldados possam se divertir um pouco. Não é justo que fiquem tantas horas seguidas tocando. (*Imita o som de uma marcha fúnebre. Todos sempre falando baixo.*) Mas não queremos de nenhuma maneira faltar ao devido respeito... um cadáver tão ilustre...

MARIDO DE ADELAIDE — Esperem quinze minutos mais. Meia hora.

MARIDO DE ALAÍDE — Se até as 7 o cadáver não chegar, suspendemos o enterro até segunda ordem.

SENHOR — Sim, porque não é muito delicado convidar para o enterro não estando presente o cadáver.

GENERAL — Um cadáver é a condição necessária e suficiente para que se faça um bom enterro. Do contrário, nada feito.

MULHER DO GENERAL — Que gente essa: organizam um enterro tão bonito e não tem o essencial. Que ostentação.

MARIDO DE ALAÍDE — Atenção, senhores, atenção. Nossa família aqui reunida resolveu pedir aos convidados presentes o enorme favor de ter um pouco mais de paciência. Vamos esperar até as 7 horas. Se dona Minerva Gonzáles não chegar até as 7, suspendemos o velório.

MARIDO DE ADELAIDE — E com o maior prazer daremos um novo aviso informando sobre o dia e a hora do novo velório.

MARIDO DE ALAÍDE — Bem, enquanto nós esperamos, nossas esposas vão preparar mais uma sopinha.

ALAÍDE (*Sorridente*) — Dois panelões que a vizinha nos emprestou.

ADELAIDE (*Sorridente*) — Uma com caldo de galinha, para os mais idosos, naturalmente...

ALAÍDE — E outra com caldo de carne e verdura, para os mais robustos, naturalmente...

MARIDO DE ADELAIDE (*Sorrindo e tentando animar todos*) — E enquanto isso, podemos relaxar um pouco... enquanto esperamos a morta...

MARIDO DE ALAÍDE — Sim, porque um velório só é um velório estando o corpo presente... caso contrário, não é nenhuma falta de respeito que se converse de coisas mais alegres... não é verdade, Padre...?

PADRE — Não só é verdade, mas é também oportuna essa sua observação. Eu já estava cansado de tanta reza... faz mais de três horas que estava dizendo o Padre-Nosso...

GENERAL — Tanta reza inútil... vai ter que rezar tudo de novo, não é, Padre...?

PADRE — Inútil não é... Uma oração é dita para Deus, que recolhe sempre as nossas preces... embora nem todos entendam isso... hehehehe... (*Riem. Atmosfera relaxada.*)

CAPITÃO — Bem, se não existe ofensa nisso, eu chamaria os meus soldados para que venham pra dentro confraternizar e tocar uma *cueca*, ritmos alegres... que é que os senhores acham...?

PADRE — Não, não, não pode ser. Não está o corpo mas está o invólucro. (*Mostra o caixão.*) Também merece respeito.

CAPITÃO — Já não está mais aqui quem falou.

PADRE — Mas podíamos aproveitar o tempo pra tentar descobrir como foi que vocês cometeram essa tamanha gafe.

ADELAIDE — A culpa toda é do nosso irmão.

ALAÍDE — Foi ele que nos telefonou ontem à noite pra dar a notícia da desgraça.

ADELAIDE — De manhã cedo, sabe? Eles estavam se preparando para ir a Viña del Mar, fazer um piquenique...

Cena: casa de Gastão e Milena.

MILENA — Assim não é possível! Não sei pra que que a gente faz esse piquenique. Acordei todo mundo às 6 da manhã e já são 7 e ninguém ainda está pronto. Eu quero ir e voltar hoje mesmo, antes de escurecer.

MILI (*Uma menina de doze anos*) — Ih, mamãe está chata hoje...

ROLANDO (*Menino de 7 anos. O ator pode ter 70, não importa*) — Que merda...

GASTÃOZINHO (*Menino de dez anos*) — Eu quero ir pescar...

GASTÃO — Calma, eu estou quase acabando de ler o jornal...

MILENA — Por que é que você não deixa o jornal pra depois? No carro você liga o rádio.

GASTÃO — Não é a mesma coisa. Nos dias de hoje a gente precisa ler nas entrelinhas... a gente precisa interpretar o que dizem esses militares...

MILI — Ih, papai está chato hoje...

GASTÃOZINHO — Mamãe, o leite está queimando no fogão...

MILENA — Era o que faltava.

ROLANDO — Todo piquenique pra mim é uma merda. Não sei por que é que a gente vai.

MILI — Ih, você está chato hoje, Rolando.

ROLANDO — Vai à merda.

MILI — Tô nela, meu filho, tô nela!!!

GASTÃO — Vamos todo mundo embora.

MILENA — Rolandinho ainda não tomou o leite.

GASTÃO — Então pra que é que estava me apressando?... Leitinho pra cá, leitinho para lá, acaba tudo ficando maricas... você estraga os meninos. (*Mili começa a chorar como uma desesperada.*)

MILENA — Que foi, estúpida? Que foi que aconteceu?

GASTÃO — Que foi minha filhinha?

MILI — Não vai ter mais piquenique nenhum, não vai. Ninguém sai daqui.

MILENA — Vai ter piquenique nem que eu tenha que te amarrar pelo pescoço ao pé da cama como um cachorro danado, coisa que você não está muito longe de ser.

MILI — Eu não vou, eu não quero piquenique. Eu não quero ficar aqui sozinha também. Ninguém pode ir. (*Grita, histérica.*)

GASTÃO — Mas que é que você tem, meu amorzinho?

MILI — Meu dente. Meu dente. Meu dentinho de leite. Ai, meu Deus. Ai, meu Deus. Ai, meu Deus, eu não posso mais. (*A histeria é um pouco fingida.*) Tá me doendo muito.

MILENA — Vem cá que eu faço a dor passar de uma vez, não vai doer nada.

MILI — E quem é que acredita em você? Você é uma açougueira! Não vou, não. Me solta. Carrasca. Mamãe é uma carrasca! Me larga.

GASTÃO — Deixa, meu bem, é pro teu bem.

MILENA — Gastão, vai lá dentro e traz uma aspirina que eu dou um jeito nisso aqui num instante.

GASTÃO — Cuidado.

MILENA — Não é nada, eu tenho prática. (*Sai Gastão. Milena muda de atitude e fica muito ameaçadora.*) Você fique aí calada, não solte nem um pio ou eu te arrebento a cara. (*Mili chora mas fica paralisada. Milena lhe mete um fio de linha com violência dentro da boca e a filha solta um grito no mesmo momento em que Gastão retorna com a aspirina.*)

MILI — Ela quer me matar, mamãe quer me matar. Assassina. Carrasca.

GASTÃO — Que foi que ela te fez?

MILI — Me arrancou meu dente com um soco na minha cara.

MILENA — Se você bater na minha filha eu arrebento a cara dos teus filhos...

GASTÃOZINHO — Eu quero ir pescar siri...

ROLANDO — Merda.

MILI — Milagre.

GASTÃO — Que foi?

MILI — Passou a dor. Foi essa aspirina que você me trouxe, viu?

GASTÃO — Mas você nem tomou...

MILI — Mas fez efeito assim mesmo...

GASTÃO — Então está todo mundo pronto?

ROLANDO — Eu estou pronto desde ontem, merda.

GASTÃOZINHO — Eu também estou.

GASTÃO — Então sobe todo mundo no carro. (*O carro pode ser feito de cadeiras ou bancos.*)

MILI — Eu quero ir no teu colo.

GASTÃO — No meu colo? Mas como?

MILENA — Não seja idiota, menina. Como é que o papai vai guiar com uma débil mental de 12 anos no colo? Onde já se viu?

GASTÃO — Essa é uma das poucas vezes que a mamãe tem razão. Você senta aí atrás.

MILI — É um favor que eu estou fazendo, viu? Chega pra lá. Papai, esses dois maricas não querem deixar eu entrar.

GASTÃO — Deixem a irmã de vocês entrar, senão eu baixo daqui e arranco as orelhas de vocês.

ROLANDO — Cão que ladra não morde.

GASTÃO — Que foi que você disse?

GASTÃOZINHO — Ele disse que tá sobrando lugar...

GASTÃO — Essa porcaria desse motor que não arranca... Ah, graças a Deus. Arrancou.

MILI — Espera, espera, espera!

MILENA — Que foi agora, tonta?

MILI — Papai, mamãe está me chamando de tonta. Vê se pode!

GASTÃO — Que é que você quer, minha filha?

MILI — Eu tenho uma razão muito justa. Eu esqueci de fazer xixi. Com licença, com licença... (*Sai.*)

MILENA — A culpa é toda tua...

GASTÃO — O pior é que esse motor é difícil de arrancar...

MILENA — Por que é que você não troca essa porcaria desse Citroën 61 por qualquer outro carro de qualquer época, mas que ande, que tenha essa vantagem, que ande!

GASTÃO — Você não entende nada de carros.

MILENA — Tua mãe, por exemplo, tem aquele Dodge 70 que fica lá guardado na garagem com se fosse num museu.

GASTÃO — Você não entende nada.

MILENA — Mas é melhor do que este, não é?

GASTÃO — Você não entende nada de política, minha filha. Aquele é um carro norte-americano. E com essa política de nacionalizações os norte-americanos vão começar um bloqueio contra o governo da Unidade Popular. Todos os carros norte-americanos vão ficar parados, porque não vão ter mais sobressalentes... Estou muito bem informado.

MILI (*Voltando*) — Agora eu estou pronta, nós todos podemos ir. Com licença. Vão chegando a bundinha pra lá. Vai, chofer. Pode partir.

GASTÃO — Bom, agora vamos. Se possível em silêncio.

Durante todo o tempo Gastão faz o ruído de carro com a boca. Nesse momento entra um táxi que cruza na frente do carro da família: um chofer e uma senhora idosa.

MILENA — Cuidado, desgraçado. Vai matar todo mundo. (*Gastão freia.*)

GASTÃO — Foi ele, você não viu? Filho da puta. E ainda vai querer brigar comigo. Filho da puta!

MILENA — É a tua mãe.

GASTÃO — Mamãe!!!

MINERVA — Desce. Desce todo mundo. (*Desce ela mesmo do seu carro, que arranca. Os outros ficam imóveis. A senhora se aproxima da porta do Citroën.*) Eu sabia que vocês iam me visitar e por isso vim mais cedo. Desce todo mundo.

GASTÃO (*Baixo para a sua família*) — Ai, que azar: eu me esqueci.

MILENA — Esqueceu do quê, infeliz? (*Gastão desce do carro e abre os braços para a sua mãe ao mesmo tempo em que canta alto para que todos o percebam.*)

GASTÃO — Parabéns pra você, nesta data feliz... (*Beija-a.*) Hoje é o aniversário da minha mãe.

MILENA (*Falsa*) — Quantos aninhos?

MILI — E ela lá tem memória pra se lembrar? Tá velha, coitada... Matusalona...

GASTÃO — Quantos mesmo?

MINERVA — Não se lembra, filho ruim? 84.

GASTÃO — É, 84. Eu sabia, pois é. Desde ontem que a gente só fala no teu aniversário. Hoje nós todos nos levantamos de manhã bem cedinho e a gente já estava até impaciente pra ir cumprimentar você. Não é verdade? Milena deu a ideia de que a gente passasse pelo florista pra te dar umas flores de presente. A gente estava pensando em passar pelo mercado e comprar umas empanadas e uns ouriços pra comer com você.

MINERVA — É, é? (*A velha desconfiada repete sempre o mesmo.*)

GASTÃO — Justo quando você chegou, a gente estava discutindo o presente que ia te dar...

MINERVA — É, é?

GASTÃO — É.

MINERVA — E pra que iam levando essa vara de pescar? Na minha casa não tem rios nem peixes...

GASTÃO — A vara? Que vara? Ah, ficou esquecida aí no carro, de ontem...

MINERVA — E pra que é que levavam esses pacotes com milanesas? Que cheirinho bom...

GASTÃO — Pra reforçar o almoço com as empanadas...

MILI — Olha aqui, papai, eu acho que é melhor você dizer logo a verdade. Viu? Você não ia gostar que os teus filhos mentissem pra você, ia? Ia gostar? Ia gostar? Ia? Olha aqui, vovó, o que a gente ia era fazer um piquenique em Viña del Mar e aqui ninguém se lembrou de você, ninguém se lembrou do teu aniversário, mas se você quiser pode vir com a gente.

MILENA — Como vai a senhora? Está boa? (*Pausa.*)

MINERVA — Viña del Mar? Mas eu não posso, menina. Tenho um assunto muito importante.

GASTÃOZINHO — Eu quero pescar siri, eu quero pescar.

ROLANDO — Que merda...

MINERVA — Vamos fazer assim: vocês descem cinco minutos e eu conto a novidade. Depois podem ir ao piquenique. Eu ainda tenho que ir visitar as tuas irmãs.

GASTÃO — Aceito a proposta. E desta vez quem decide sou eu. Cale a boca todo mundo. Desce todo mundo e aproveita pra fazer xixi e cocô e lavar as mãos e fazer o que quiser...

MILENA — A culpa é tua, a culpa é tua...

MILI — Eu não desço coisa nenhuma.

GASTÃOZINHO — Eu vou acabar pescando aqui mesmo no tanque de gasolina.

ROLANDO — Que merda, fazer piquenique dentro do carro...

MINERVA — Não fiquem tristes porque eu trago uma boa notícia. Vocês se esqueceram do meu aniversário e do presente que me deviam dar. Mas eu não me esqueci de vocês, e trago um presente.

MILI — Um presente? O que é? O que é?

GASTÃOZINHO — Eu quero dinheiro para comprar uma vara nova... (*Os dois descem do carro e se atiram em cima da avó.*)

ROLANDO — Que esganados...

GASTÃO — Que presente, mamãe?

MILENA — Ora, não precisava se incomodar. O que é que é, hein?

MINERVA — Eu acho que a minha morte não pode tardar muito. Tenho 84 anos.

GASTÃO — Ih, mamãe, que é isso? Tem gente que vive mais de 100. Tem uns índios norte-americanos ou russos, sei lá, em que todos na tribo têm mais de 150 anos.

MILENA — A senhora está velha mas está bem conservada. Quer dizer, se nota, a gente nota que a senhora já não é uma mocinha...

MILI — A senhora está caindo aos pedaços, sabe, vovó? Mas os pedaços estão muito bem conservados...

MINERVA — Ultimamente eu sinto um ronco no pulmão... E se fosse só o pulmão não seria nada... Mas o maior problema é o meu fígado...

MILENA — Coitada... (*Fala com evidente satisfação.*)

MINERVA — Não posso tomar nem meio copinho de pisco ou de vinho e já fico com a cara toda amarela...

MILENA — Pobrezinha...

MINERVA — Eu não posso me descuidar: ainda não me repus da operação dos cálculos nos rins...

MILENA — Que horror...

MINERVA — Eu não me queixo da idade, mas se os meus rins começam a me falhar, ou o meu fígado, ou os pulmões..., não sei o que vai ser. E nada disso tem me andado bem. A única coisa em que eu confio, em mim, é o meu coração.

MILENA — E mesmo assim não se sabe, não é, minha senhora? O coração é muito traiçoeiro.

MINERVA — O que é que eu posso esperar do futuro?

MILENA — Que futuro?

MINERVA — Se pelo menos não fosse essa maldita asma... Se pelo menos eu não sofresse de artrite, se não tivesse essa inchação nos pés... bem podia ser... Não, meu filho, eu pressinto que não posso durar muito...

MILI — Ih, vovó, vai ser horrível fazer a autópsia em você. Os médicos vão ficar malucos tentando descobrir de que é que você morreu.

GASTÃOZINHO — Qual é o presente, vovó?

GASTÃO — Bom, supondo que você não vai durar muito, que é que acontece? Qual é o presente?

MINERVA — A herança...

MILENA — Quer um pouco mais de açúcar no café?

MINERVA — Sacarina.

MILENA (*Propositadamente descuidada, põe três colheres de açúcar*) — Ih, me distraí, tome assim mesmo. Não vai me dizer que a senhora tem medo de ter diabetes?

GASTÃO — Bom, isso da herança a senhora não precisa se preocupar. Primeiro você morre, e isso é tudo que você tem que fazer. E da herança nos encarregamos nós, eu e as minhas irmãs...

MINERVA — Mas isso eu não quero. O que eu quero é resolver eu mesma quem fica com o quê. Tudo de comum acordo...

GASTÃO — Bom, mas isso já não é questão de cinco minutos...

MILENA — Por que não vem com a gente? Podemos fazer a festa do aniversário em Viña del Mar. E, enquanto isso, vocês podem conversar sobre todas essas coisas... as casas, as ações da companhia têxtil, as da companhia de pesca, sobre esses terrenos baldios que não valem muito mas que alguma coisa devem valer... e claro, não se esqueçam de falar do carro... é um Dodge 70 em perfeito estado... ninguém usa nunca. Quem é que vai herdar o carro...?

GASTÃO — Isso fica pra depois.

MINERVA — Mas aí não tem lugar pra mim.

MILENA — A gente se aperta. Mili pode ir no colo de Gastão e Gastãozinho vem no meu colo.

ROLANDO — Eu sou tão azarado que vou acabar indo no colo da velha... que merda.

GASTÃO — Melhor que a gente não vá...

MILI — Tá ficando louco? Eu vou, sim senhor, de qualquer maneira...

GASTÃOZINHO — Eu quero pescar siri...

GASTÃO — Bom, então Mili vai no colo de Milena porque no meu colo não vai ninguém: eu quero ter a cabeça bem clara e bem fria porque não quero sair roubado por esses meus cunhados... Eu vou com a minha mãe na frente e vocês se amontoem aí atrás, e calem a boca, e obedeçam, e não digam nem uma palavra enquanto nós dois estivermos decidindo o futuro da família. Dessa herança depende o nosso futuro. Calem a boca!

MILENA — Todo mundo cale a boca. Ninguém fala nada.

MINERVA — Bem, se vocês gostam tanto assim de mim e querem ficar comigo o dia inteiro... quantas horas são daqui a Viña?

MILENA — Com este calhambeque nunca se sabe... Espere até que a gente tenha o Dodge 70... Aí a senhora vai ver...

MINERVA — Aí eu não vou estar mais aqui...

MILI — Vovó, pra mim você vai deixar o seguinte: a tua casa inteirinha com tudo que estiver lá dentro. Tudo vai ser meu.

GASTÃO — Você não entende nada disso. Os netos não estão na linha direta da sucessão. Não recebem herança.

MILI — Então que é que me importa se a vovó morre ou se não? Por mim pode continuar viva... dá no mesmo...

GASTÃO — Claro que todos queremos que continue viva, mas se por um acaso lhe acontece alguma coisa com os rins, ou os pulmões, ou o fígado, ou a labirintite que a senhora esqueceu de falar...

MINERVA — É verdade... Eu só confio no meu coração...

GASTÃO — Aos 84 anos não se pode confiar muito... Nesse caso extremo de que ela morra, bem, nesse caso existem propriedades que vai ser preciso dividir... e porque que eu vou querer ficar com a menor parte? Eu não quero me deixar enganar por esses meus dois cunhados, isso não! Está me entendendo, mamãe? Se você tivesse morrido no ano passado, antes que as minhas irmãs se tivessem casado com essas duas múmias, bem, isso a mim me convinha, porque às minhas irmãs eu podia convencer... Mas e a eles???

MILENA — Por que é que vocês não começam pela casa da rua Recabarren?

GASTÃO — Ah, essa fica pra mim. Não tem nem dúvida. (*Estão todos já dentro do carro, na estrada.*) Tenho direito, não tenho? Afinal, sou o único homem da família.

MINERVA — Depende...

GASTÃO — Mamãe, eu não quero que a senhora morra mas, se morrer, eu quero ficar com as três lojas da Alameda... Tenho direito, não tenho? Afinal, sou o mais velho dos três...

MINERVA — Isso depende... depende...

MILENA — Pede o Dodge 70. Pede o Dodge 70...

GASTÃO — Agora, as ações das companhias têxtil e de pesca, bem, essas nós podemos dividir em partes iguais.

MILENA — Eu não sei se eu estou de acordo...

GASTÃO — Olha aqui: com essa onda de nacionalizações, daqui a pouco essas ações não vão ficar valendo mais nada.

MILENA — É, mas os teus cunhados dizem que as nacionalizações vão acabar...

GASTÃO — Eles são golpistas...

MILENA — A culpa é toda tua... (*Entredentes.*)

MINERVA — O que a gente tem que fazer é dividir tudo por três. Quanto vale cada coisa, tudo por três...

GASTÃO — Mas eu sou o irmão mais velho, não sou? Eu sou o único filho homem, não sou? Então? Então? Eu tenho direitos especiais, não tenho?

MILI (*Atirando-se em cima da avó, numa curva mais fechada*) — Vovó, você vai me dar todos os teus vestidos e todas as tuas joias e todos os teus sapatos, se quiser morrer em paz, porque senão a tua alma vai ficar vagando sem descanso até cair de cansada no Inferno, estrebuchando.

GASTÃOZINHO — Se eu não conseguir pescar nenhum siri, vocês vão ter que me comprar duas tartarugas d'água...

GASTÃO — Calem a boca!

ROLANDO — Merda! Pisou o meu pé! Toma, desgraçada! (*Mete a mão na cara da irmã. Ela puxa os cabelos dele. Gritaria. Todos intervêm. Gastãozinho aproveita pra dar beliscões nos dois irmãos.*)

ROLANDO — Solta a minha orelha.

MILI — Larga o meu cabelo.

GASTÃOZINHO — Quem foi que me beliscou?

MILENA — Desgraçada!

GASTÃO — Eu mato esse teu filho.

MILENA — Cuidado. Olha o caminhão! (*Ruídos. Gritos. Derrapagens. A senhora Minerva sofre um convulsivo ataque de asma. O carro derrapa e para na beira da estrada. Todos ficam em silêncio, assustados, aterrorizados. Pausa. Respiram fundo.*)

MILENA — Quase morremos todos... (*O ritmo da respiração de dona Minerva decresce lentamente.*)

GASTÃO (*Em voz baixa e contida*) — O primeiro que disser uma palavra, eu mato. A partir deste momento o primeiro que disser uma palavra, eu mato. Está decidido: vamos a esse maldito piquenique porque afinal de contas as milanesas estão aí mesmo. Mas que ninguém se atreva a abrir a boca porque eu torno a fechar com um bofetão... (*Pausa.*)

MILI — Mamãe pode falar tudo o que quiser. Ela é tua mulher e tem o mesmo direito que você...

GASTÃO — Milena sim, se quiser, pode. Mas ninguém mais. Agora cala a boca, todo mundo!

GASTÃOZINHO — É, mas a Mili já falou e não levou nenhuma bofetada...

GASTÃO — Bem, então a partir de agora ninguém mais fala.

MILI — Então, se eu vejo outro caminhão vindo em cima da gente, eu não falo? Você quer que eu morra, é? Você quer que todo mundo morra?

GASTÃO — Eu não quero que ninguém morra... a não ser, a não ser quem tem que morrer mesmo... quem Deus chama... mas não assim num acidente. Calem a boca. Em casos graves sim, pode-se falar...

MILI — E como é que eu vou saber se o caso é grave ou se não? Eu não quero levar nenhuma bofetada só porque eu me enganei.

GASTÃO — O melhor então é que ninguém fale nada.

MILENA — Todo mundo já falou.

GASTÃO — Então pelo menos que falem baixo.

MILENA — A culpa é toda tua...

MINERVA — Nessa confusão um desses três diabos me deu uma mordida... quem foi?

GASTÃO — Vamos voltar ao assunto do testamento.

MINERVA — É que todos são irmãos... o melhor é dividir tudo por todos... Todos são iguais...

MILI — Olha lá o mar.

MILENA — Estamos chegando.

GASTÃOZINHO — A essa hora não tem mais siri pra eu pescar...

MINERVA — Por que não paramos o carro perto de um restaurante?

GASTÃO — Porque não. É preciso economizar.

MINERVA — Economizar pra quê?

GASTÃO — Vamos fazer um piquenique em cima das pedras.

MINERVA — É perigoso.

GASTÃO — E o restaurante é muito caro, mamãe. A senhora vai ter que se conformar. O país está em crise. Vamos. Aqui. (*Descem todos. Preparam o piquenique em cima das pedras, andando todos com sumo cuidado para não caírem no mar. Estendem a toalha e colocam em seus lugares as milanesas, fiambres, ovos duros, pão etc.*)

GASTÃOZINHO — O mar está bravo. Eu não vou conseguir pescar nada aqui. Vocês vão ter que me dar três peixinhos dourados e mais as tartarugas. (*Mili vem por trás dele e dá-lhe um susto fazendo de conta que vai empurrá-lo dentro d'água.*)

MILI — Uuuuuuu! Vai cair.

MINERVA — Não deixem ela fazer isso, não deixem...

GASTÃO — Mamãe, eu acho que a senhora precisa pensar melhor... eu tenho direitos especiais... claro que tenho (*Mili faz o mesmo com o menorzinho, Rolando.*)

MILI — Uuuuuuu! Vai cair.

ROLANDO — Filha sabe de quem?

MILI — Da mesma mãe que você.

ROLANDO — Merda.

MINERVA — Não deixem a menina fazer essa barbaridade.

GASTÃO — Senta, Mili. É uma ordem.

MILI — Eu prefiro comer de pé.

GASTÃO — Bom, então pelo menos não fica assustando os outros, fica quieta.

MILENA — A culpa é toda tua, é toda tua... Até agora não ouvi você pedir o Dodge 70.

GASTÃO — Mamãe, come essa milanesa. Escuta aqui: em primeiro lugar a gente precisa determinar se eu tenho direitos especiais ou se não. Esse é o nó da questão. Nós vivemos numa sociedade patriarcal, quero dizer com isso que o homem tem muito mais responsabilidades. Um marido tem que sustentar sua mulher. E, além disso, minhas irmãs não têm filhos e eu tenho três. Três demônios.

MINERVA — Isso é verdade.

GASTÃO — Então? Tenho que sustentar todas essas bocas que não param de comer. E aqueles milicos? Hein? Aqui entre nós, muito em segredo, vou lhe dizer uma coisa: os dois estão metidos em assunto gordo. Ganham dois salários: um é oficial e o outro sabe Deus de onde é que vem.. em dólar!

MINERVA — Não se pode provar nada, ainda.

GASTÃO — Minha última proposta concreta: eu fico com todas as coisas físicas — a casa, as lojas, os terrenos baldios e o Dodge 70...

MILENA — Certo.

GASTÃO — E as minhas irmãs dividem lá entre elas todas as ações. Está me entendendo? Se esses golpistas dão o golpe, sobem as ações e ganham eles. Se não, baixam e perdem. Ou tudo ou nada. O que é que você acha?

MILENA — O que é que a senhora acha?

GASTÃO — A mim me parece uma proposta muito inteligente...

MILENA — E honesta.

GASTÃO — O que é que você acha?

MILI — O que é que você acha??? Responde, vovó! Não vai cair dentro d'água... Uuuuuuuuu... (*Faz com a avó o mesmo que havia feito com os irmãos.*)

GASTÃO — Menina, não faça isso. É a minha mãe!

MILI — Ih... que foi, vovó? Olha, gente. A vovó tá fria. Me larga, vovó.

GASTÃO — É o vento.

MILI — Me larga, velha! Eu estou com medo. Papai, me acode. Me solta, me solta!

GASTÃO — Que foi?

MILENA — Que é que ela tem...?

ROLANDO — Essa não tem. Tinha.

GASTÃO — Mamãe, você está me escutando? Olha... Ela está me escutando...

MILENA — Meu Deus do céu... Morreu sem fazer o testamento...

GASTÃO — Vamos embora pra casa. Quem sabe ainda dá tempo... ela pode melhorar...

MILENA — Dá tempo pra enterrar... Não tem jeito, não...

GASTÃO — Vamos sair daqui. Milena, me ajuda: eu estou com medo.

MILENA — Medo de quê?

GASTÃO — Não sei. Alguém pode ver.

MILENA — Então vamos esconder o cadáver.

GASTÃO — Mamãe agora é um cadáver... você tem razão... Mas esconder por quê? Não fomos nós que a matamos. Mamãe morreu de um ataque... um ataque do coração... um ataque nos rins... nos pulmões... sei lá eu... morreu de um ataque... um ataque...

MILENA — Um ataque pelas costas...

GASTÃO — Olha, gente. Vamos tirar o corpo daqui porque a maré está subindo. Uma onda mais forte pode levar o cadáver... e depois? O que é que a gente faria sem o cadáver?

MILENA — Vamos meter o corpo dentro do carro.

MILI — Não põe ela aqui, não, que eu me mato. Tira isso daqui.

GASTÃOZINHO — Eu tenho medo de fantasma.

ROLANDO — Eu sabia que essa velha ia acabar viajando no meu colo.

GASTÃO — Podemos colocar o corpo no porta-malas... Seria uma falta de respeito se ela estivesse viva... Mas, morta do jeito que está, que é que você acha?

MILENA — Eu não sei. A mãe é tua, faz o que você quiser...

GASTÃO — Me ajuda. Olha, dobra as pernas dela. Assim. Cuidado. Upa. Já está quase. Quase. Quase.

MILI — Por que não deixa ela aí fora? Eu também tenho medo de fantasmas.

GASTÃO — Porque é a minha mãe e não é fantasma nenhum.

ROLANDO — Morreu e não te deu nada de presente, hein, papai? Que falta de sorte...

GASTÃO — Olha só a bolsa enorme que ela tinha. Deve estar cheia de dinheiro. Olha só. Está mesmo. Vamos sair daqui. (*Põe a bolsa no braço.*)

MILENA — Pra onde é que a gente vai?

GASTÃO — Tomar providências. Primeiro que tudo, vamos pra um hotel, vamos telefonar pras minhas irmãs, vamos cuidar de despachar o corpo. Aqui. Esse.

MILENA — Não será muito caro?

GASTÃO — Não, não tem importância.

PORTEIRO DO HOTEL — O hotel está lotado, cavalheiro.

GASTÃO (*Desanimado, como todos os outros que já se preparavam para descer do carro*) — Nem um lugarzinho?

PORTEIRO — Tem só a suíte presidencial, mas é muito grande...

GASTÃO — Não tem importância, eu pago! (*Descem todos.*)

PORTEIRO — E as malas?

MILI — Não tem mala nenhuma, não: tem só fantasma. O senhor leva o fantasma lá pra cima?

PORTEIRO — Que fantasma?

GASTÃO — Criancices. Vamos, vamos. Depressa. O carro pode ficar estacionado aqui?

PORTEIRO — Como quiser.

GASTÃO — Preciso falar com Santiago. Este número. (*Dá-lhe um papel.*) Vocês vão subindo. Eu vou em seguida. (*Saem todos os membros da família. Gastão assina o cartão de ingresso no hotel.*) Cavalheiro, uma informação.

GERENTE — Pois não.

GASTÃO — Aqui muito confidencialmente, meu amigo. Eu preciso do telefone de uma transportadora...

GERENTE (*Desconfiado*) — O que é que o senhor quer transportar?

GASTÃO — Uma mercadoria... muito especial... aqui entre nós, confidencialmente.

GERENTE (*Sorrindo*) — Ah, estou entendendo... Mas depende da quantidade.

GASTÃO — Quer dizer... vai um pacote só... aqui entre nós, confidencialmente...

GERENTE — Mas que marca?

GASTÃO — Não tem marca... aqui entre nós... confidencialmente... Um pacote de bom tamanho... do tamanho de uma pessoa...

GERENTE — Olhe aqui, cavalheiro... aqui entre nós, confidencialmente, o que é que está querendo transportar? Dólares ou metralhadoras?

GASTÃO — Confidencialmente...

GERENTE — Confidencialmente o senhor tem que me confiar alguma coisa. Porque, se não, como é que eu vou saber? Os choferes de caminhão já estão se especializando, cada um transporta só um gênero de mercadoria... me entende? Está todo mundo conspirando contra o governo, mas cada um no seu ramo... Dólares ou metralhadoras?

GASTÃO — Um cadáver.

GERENTE — Ah, bom, isso é fácil, não tem nenhum problema. Parente seu?

GASTÃO — Mãe amantíssima.

GERENTE — Afogada?

GASTÃO — Um ataque.

GERENTE — Do quê?

GASTÃO — Pelas costas. Quer dizer, coração.

GERENTE (*Dando-lhe um cartão*) — Este aqui é um homem de confiança. Pode ir lá que ele resolve o seu problema.

GASTÃO — Muito obrigado.

GERENTE — Escute: mas primeiro o senhor tem que conseguir um atestado de óbito. É a lei.

GASTÃO — Como?

GERENTE — Qualquer médico. Aqui dobrando a esquina tem um.

MÉDICO (*Sentado no seu consultório*) — Hoje é domingo. Eu vou atender porque o senhor me garantiu que se tratava de um caso urgentíssimo.

GASTÃO — Um caso de morte, doutor.

MÉDICO — Não é para tanto. Tire a camisa.

GASTÃO — Não é isso, não, doutor. O caso é que eu preciso de um atestado de óbito para poder despachar o corpo da minha mãe para Santiago.

MÉDICO — E onde é que ela está?

GASTÃO — No porta-mala do Citroën.

MÉDICO — E quando morreu?

GASTÃO — Faz algumas horas.

MÉDICO — Olhe aqui: eu não posso ajudar em nada, não. A única coisa que eu poderia fazer é dar um atestado de que a sua mãe está morta, mas se a pobre da coitada da defunta está metida no porta-mala de um Citroën, que não é muito espaçoso, é porque muito viva não está mesmo. Eu posso certificar que a morta está morta, mas não posso explicar do que foi que ela morreu. E é isso que o senhor precisa: um atestado de óbito. Que explique do que foi que ela morreu. Assim é a lei.

GASTÃO — Mas se a morta está morta foi porque a morta morreu. Não é assim?

MÉDICO — É mais complicado: morreu do quê? Morreu ou foi morta? Me entende? Morreu do coração, de um ataque, morreu de velha, morreu de quê? Eu precisaria ter estado presente para poder fornecer esse atestado.

GASTÃO — Mas eu não posso transportar o cadáver sem o atestado. Que é que eu faço?

MÉDICO — Tem duas hipóteses. Primeira, o senhor manda fazer uma autópsia pra que fique bem claro que a velha morreu de velha.

GASTÃO — Autópsia? Mas o enterro vai ser amanhã... Eu não posso deixar que o cadáver apodreça dentro do carro.

MÉDICO — A segunda possibilidade é que o senhor consiga três testemunhas que tenham presenciado o falecimento e vá junto com elas a um advogado ou tabelião, e pode conseguir assim um atestado que é equivalente ao de óbito, para efeitos de transporte. Já para os efeitos do enterro...

GASTÃO — Minha mulher e meus filhos viram...

MÉDICO — Família não serve.

GASTÃO — Por quê?

MÉDICO — Porque podem ter interesse na morte... Mas não tinha por perto nenhum transeunte? Nem um policial? Que estranho...

GASTÃO — Um advogado? Onde é que eu vou encontrar um advogado?

ADVOGADO (*Aparecendo*) — Escute aqui, sr. Gonzáles: neste caso o melhor que o senhor tem a fazer é imediatamente entregar o cadáver. Tem que dar parte à polícia. Mas o que muito me estranha é que o senhor tenha mantido segredo e tenha escondido o cadáver.

GASTÃO — A minha filha mais velha tem medo de fantasma, foi só por isso... não é nada...

ADVOGADO — Porque, se é verdade que a senhora sua mãe morreu na praia enquanto contemplava pacificamente as ondas do mar, se isso é verdade — e eu não ponho em dúvida, veja bem — então por que razão o senhor não chamou um policial pra que se encarregasse de tudo? Compreende? A sua atitude, do ponto de vista puramente policial, é suspeita. Um cadáver não se esconde: um cadáver se exibe a portas abertas, pra que não caibam dúvidas... É a lei.

GASTÃO — Eu não escondi minha mãe...

ADVOGADO — Então onde é que ela está?

GASTÃO — No porta-mala do Citroën...

ADVOGADO — Muito à vista não está...

GASTÃO (*Dirigindo-se a um chofer de caminhão*) — O senhor vai ter que me ajudar. O senhor é a minha salvação. Me ajude.

CHOFER — Olha aqui: eu sou só um chofer de caminhão. E não posso ajudar, não; mesmo querendo, não posso fazer nada.

GASTÃO — Pelo amor de Deus, me diga qual é o preço. (*Mostra a bolsa enorme da sra. Minerva, que leva sempre debaixo do braço.*) Esse cadáver tem que aparecer em Santiago hoje mesmo, para o velório.

CHOFER — O que complica a situação é que se trata de um transporte entre dois estados.

GASTÃO — E daí?

CHOFER — Vai daí que além dos papéis que são necessários pra poder sair de Viña, o senhor precisa de uma permissão especial pra poder ingressar em Santiago com um cadáver... É a lei!

GASTÃO — Mas o cadáver veio de lá.

CHOFER — O cadáver, não: quem veio foi a senhora sua mãe. E quem volta são os restos... aí tem uma diferença... a alma!

GASTÃO — O que veio também já estava nos restos: o pulmão, o coração, os rins, já nada funcionava direito...

CHOFER — Respirava.

GASTÃO — Eu pago o que o senhor quiser.

CHOFER — É muito perigoso, eu não me arrisco... Na estrada estão revistando todos os caminhões, procurando armas... eu não me arrisco.

GERENTE DO HOTEL — Cavalheiro, por favor, o senhor tome conta dos seus filhos que assim não é possível. Os outros hóspedes estão reclamando. Quebraram vidros, arrancaram cortinas, devastaram a suíte presidencial.

GASTÃO — Prepare a minha conta.

MILENA — Até que enfim você chegou! Você é que tem culpa.

GASTÃO — O que foi que aconteceu?

MILENA — Primeiro se jogaram em cima da geladeira e beberam tudo que tinha aí... O pobre Rolando, que é o mais fraquinho, só de raiva bebeu duas garrafinhas de uísque, que foi a única coisa que sobrou. Está na cama, vomitando. (*Ouvem-se os gritos.*) Depois o Gastãozinho e essa desgraçada dessa menina se deram tanto tapa na cara que eu tive que chamar o enfermeiro pra aplicar umas compressas e uns *band-aids*.

GASTÃO — E que vidros quebrados foram esses?

MILENA — Foram as sapatadas que erraram o alvo...

GASTÃO (*Desaba numa cadeira*) — Estou com fome.

MILENA — Eu vou ver se sobrou alguma coisa.

GASTÃO — Vocês já jantaram?

MILENA — Frango assado, calamares, perna de porco, cabrito, ovos estrelados, ouriços, estava tudo tão bom. Toma. Pega esse pão e faz um sanduíche. (*Gastão come e pega no telefone.*)

GASTÃO — Minha chamada pra Santiago.

MILENA — Escuta, você precisa fazer alguma coisa porque a sua mãe está começando a cheirar mal...

GASTÃO — Ela nunca cheirou muito bem...

MILENA — Mas está começado a feder. Larga esse telefone e faz alguma coisa.

GASTÃO — Eu quero dar a notícia às minhas irmãs.

MILENA — Ah, eu já falei com elas. Completaram a ligação quando você não estava e eu contei tudo.

GASTÃO — E qual foi a reação?

MILENA — A reação foi que tiveram que engolir a novidade. Morreu, morreu, está morta, que é que vai se fazer?

GASTÃO — Mas você... eu queria... pelo menos...

MILENA — Olha, meu filho, aqui nesta casa alguém tem que tomar as decisões. Você, a gente já sabe como é. E eu quero esse Dodge 70. Eu fui logo avisando que você tem direitos especiais! É uma coisa que não se discute! Tem, tem e tem.

GASTÃO (*Quase chorando*) — Escuta aqui. Eu não sei o que fazer com o corpo e você fica me falando da herança...

MILENA — Com o teu salário a gente morre de fome, meu filho!

GASTÃO (*Chora*) — Eu já não sei mais o que fazer... o médico não dá o atestado de óbito... o advogado não dá o certificado... o chofer não tem coragem e diz que é perigoso... (*Chora, chora.*) Eu já não sei mais o que fazer... mamãe não podia ter feito isso comigo... não é justo... logo eu, que sou o único filho homem... o único... o mais velho... ela bem que podia ter morrido no ano passado, antes que as minhas irmãs se casassem... tudo teria sido tão mais fácil... eu não sei o que fazer... ai... aiaiaiaiai... (*Milena observa duramente, sem se comover com os gritos do marido.*)

MILENA — Sou eu que vou ter que vestir calças, nesta casa...

GASTÃO (*Num repentino ataque de fúria soluçante*) — Você quer as minhas calças? Toma. Veste. Por que foi que você não disse antes? Toma. Toma. (*Tira as calças e atira-as na esposa.*) Veste as minhas calças, mas leva a minha mãe para Santiago. Fala com o médico, fala com o chofer, fala com o advogado, põe as minhas calças, mas dá um jeito nisso... eu já não sei o que fazer... (*Toca o telefone. Ele atende.*) Sim, senhor, desculpe. Pode preparar a nossa conta que nós já vamos embora. (*Está de cuecas parado no meio do quarto com a bolsa da mãe pendurada no braço.*) Vamos embora daqui...

MILENA — Embora pra onde?

GASTÃO — Para casa, vamos pra casa.

MILENA — E a tua mãe...?

GASTÃO — A gente leva...

MILENA — Dentro do porta-malas???

GASTÃO — Já está embarcada, não está?

MILENA — Estão revistando na estrada.

GASTÃO — Ninguém vai desconfiar de nós. Nós parecemos uma família muito feliz. Papai, mamãe e três filhinhos. (*Entram Mili e Gastãozinho.*)

MILI — Da próxima vez vou te furar os olhos. Dessa vez eu fui muito boazinha, só quase te arranquei uma orelha, mas da próxima vez vou te furar os olhos.

GASTÃOZINHO — Eu só tenho dois *band-aids*, você tem três: quem foi que ganhou?

MILI — Olha lá pra fora, olha. Guarda a paisagem bem na memória: vou te furar os olhos.

GASTÃO — Todo mundo se prepare que nós já vamos embora.

MILI (*Espantadíssima*) — Que é que você está fazendo aí sem calças?

GASTÃOZINHO — Que é que você está fazendo, mamãe?

MILENA — Nada, filhinho, te prepara.

GASTÃO (*Para Mili*) — Te prepara, meu amor. E o Rolando?

MILENA — Vamos ter que levar de maca.

GASTÃO — Todo mundo já fez xixi?

MILI — Eu não.

GASTÃO — Então vai.

MILI — Não, não estou com vontade.

GASTÃO — Todo mundo pra dentro do carro. (*Milena leva Rolando ao colo.*) A conta. (*O gerente do hotel lhe dá a conta e ele paga.*)

GERENTE — Estão chamando o senhor de Santiago.

GASTÃO — Alô. Pois é, veja que falta de sorte. Morrer logo durante um piquenique. Agora nós três estamos definitivamente órfãos, não é mesmo? Ah, sei... E está bonito, é? Muitas flores? Tanta gente assim? Mamãe era muito querida mesmo... ela ia ficar muito contente se pudesse ver... O quê? Mas pra que banda de música...? O quê? O que que você não entendeu? Claro: Milena explicou muito bem. Eu sou o filho mais velho e o único homem e nós vivemos numa sociedade patriarcal. Vivemos ou não vivemos? Me diga se não é verdade??? O quê? Olha, você diga aí pra eles que este ainda é um governo civil... ouviu? Sim senhora, ainda existem leis e tradições... Bom, nós vamos agorinha mesmo. Até já. E controle essa banda de música. Imagino o que é que eles devem estar tocando... (*Desliga.*) (*Para Milena*) Que estupidez! Uma banda de música...

MILENA — Que foi que ela disse?

GASTÃO — Que nós somos todos iguais: eles uns militares golpistas e eu um democrata cristão... todos iguais...

MILI — Ih, eu me esqueci de fazer xixi...

GASTÃO — Azar. (*Pisa no acelerador.*) Até que enfim um pouco de sorte.

MILENA — Qual?

GASTÃO — Arrancou. Esse motor...

MILENA — Não é nenhum Dodge 70...

GASTÃO — Mas está indo bem.

MILENA — Olha: soldados.

GASTÃO — Todo mundo faz cara séria.

MILENA — Não: melhor todo mundo sorrindo.

GASTÃO — Vamos sorrir, minha gente. (*Todos fazem caretas.*)

MILENA — Fez sinal?

GASTÃO — Não. Passamos. Que sorte!

MILENA — O que estraga são esses buracos no meio da estrada.

GASTÃO — O carro aguenta bem. Que sorte.

MILENA — Mas a cara da tua mãe não. Imagino como deve estar inchada a cara dela.

GASTÃO — Cara de defunto não incha. É dura como pedra. Que sorte!

MILENA — Então esse toc-toc é ela?

GASTÃO — Só pode ser...

MILENA — Que vergonha.

ROLANDO (*Meio dormido*) — Eu quero água...

MILI — Eu quero fazer xixi...

GASTÃOZINHO — Eu quero esticar minhas pernas... não aguento mais...

GASTÃO — Pra dizer a verdade, estou com a boca seca...

MILENA — Por que não paramos de uma vez?

GASTÃO — Está bem: cinco minutos. Cada um faz o que quiser: xixi, cocô, bebe água, o que quiser. Quem não ficar pronto em cinco minutos, se estrepa. Eu vou-me embora! Aquele bar parece direitinho...

MILENA — Imagino o banheiro que deve ter...

GASTÃO — É, vai nesse mesmo... (*Mais animado*) Cinco minutos e depois em menos de uma hora vamos estar em casa! (*Para o carro.*)

Vamos, pessoal! O que terminar primeiro ganha um prêmio. Moço, onde é que fica o banheiro?

JOVEM — Ali atrás. (*Saem todos correndo.*) Esse está bom?

COMPANHEIRO (*Que estava sentado com ele jogando cartas*) — Está.

JOVEM — Está aberto com chave e tudo!

COMPANHEIRO — Vamos embora que eles estão com pressa... (*Saem voando no carro de Gastão.*)

GASTÃO (*De costas, no banheiro, fazendo xixi*) — Quando a gente voltar pro carro eu quero só dar uma espiadinha na cara dela pra ver se estragou muito.

MILENA (*Sentada no banheiro ao lado*) — Que importa? O importante é chegar de uma vez e conversar com o advogado!

GASTÃO — Quem acabar primeiro ganha um prêmio...

GASTÃOZINHO — Não quero prêmio nenhum.

ROLANDO — Merda...

MILI — Eu quero ser a primeira, eu quero ser a primeira. (*Saem todos dos banheiros com os gestos característicos.*)

GASTÃO — Onde é que está o carro? Onde é que eu estacionei o carro?

GASTÃOZINHO — Estava aqui...

MILI — Não. Estava ali atrás...

MILENA — Como? Você não lembra?

GASTÃO — Todo mundo tem a obrigação de se lembrar! Onde é que estava o carro?

MILI — Onde é que está o moço que estava aqui?

MILENA — A culpa é toda tua.

MILI — Os dois foram embora.

MILENA — Roubaram o nosso carro... Você tem certeza que o seguro estava em dia?

GASTÃO — Mamãe. Mamãe. Ladrões. Roubaram a minha mãe. Eu quero a minha mãe de volta. Pega ladrão. Mãezinha, eu quero você de volta. Desgraçados, eu quero a minha mãezinha de volta. Me dá a minha mãe... me dá a minha mãezinha... (*Saem todos atrás dos ladrões.*)

MARIDO DE ALAÍDE — Já são 7h10...

MARIDO DE ADELAIDE — O General está dormindo outra vez. Vamos esperar um pouco mais...

PADRE (*Conivente*) — Deixa, deixa ele dormir... Vamos continuar conversando: eu creio que a missa de corpo presente deve ser imponente. Nós temos um coro na igreja, que não é muito afinado mas em compensação é profundamente religioso. Podíamos contar com esse coro. Musicalmente incomoda um pouco, mas é muito emotivo, muito pungente. Além do coro, podíamos também contar com a iluminação, própria dos dias de festa. Naturalmente vai ser preciso substituir umas cinquenta lâmpadas que já estão queimadas. Vai sair um pouco caro, mas em compensação vocês podem economizar nas flores, que ultimamente estão muito baratas. Tudo junto, incluindo alguns ajudantes que eu vou precisar porque esta é uma missa muito especial, pode lhes sair... assim... digamos...

MARIDO DE ALAÍDE — O senhor também não está com sono, Padre?

GENERAL (*Despertando*) — Que horas são?

MARIDO DE ADELAIDE — General, muito consternado, em meu nome e em nome de toda minha família, e em nome da morta que se estivesse viva saberia compreender este gesto de renúncia, quero informá-lo, meu general e demais convidados presentes, quero informá-los que as pompas fúnebres em homenagem à nossa matriarca, ficam suspensas *sine die*. Queremos agradecer a vossa presença e assegurar a todos que os culpados por este transtorno serão devidamente denunciados para que recebam o justo castigo. Muito obrigado.

GENERAL — Muito bem. De qualquer maneira vocês ganharam experiência: quando ocorrer a próxima morte na família já tudo vai ser mais fácil.

ADELAIDE — Queira Deus.

ALAÍDE — Encantada.

MARIDO DE ALAÍDE — Desculpem, desta vez não pôde ser. Vamos ter mais sorte da próxima vez...

MULHER DO GENERAL — Quem sabe ela reviveu...?

AMIGA — Quis nos pregar uma peça... (*Música alegre lá fora.*)

MARIDO DE ADELAIDE — A bandinha já está avisada...

PADRE — Mas não fica bem tocar essas músicas... os símbolos estão presentes... os símbolos são mais importantes ainda que o cadáver...

GENERAL — Quase se podia dizer que foi um enterro com final feliz, não é mesmo?

SENHOR — Quase que podíamos todos dançar...

MULHER DO GENERAL — Nosso tempo já passou...

AMIGA — O coração não envelhece, não é mesmo?

MULHER DO GENERAL — Mas as pernas não aguentam... (*Alguns tentam passos de dança ao compasso da música. O padre circula entre todos.*)

PADRE — Escutem, não fica bem... não fica bem...

ALAÍDE — Olha: um caminhão de porcos.

ADELAIDE — Olha quem vem em cima: Gastão e Gastãozinho...

ALAÍDE — E olha os outros na cabina...

ADELAIDE — Desgraçados. Trouxeram o corpo da mamãe num caminhão de porcos...

ALAÍDE — São todos uns porcos.

MARIDO DE ALAÍDE (*Feliz*) — Ah, finalmente, o corpo chegou! (*Vozes de todos dizendo* ad libitum *coisas como "Chegou o corpo?", "Aí vem o cadáver", "Dá marcha a ré", "O enterro se faz", "Abre o caixão", "Avisa a bandinha pra mudar outra vez de repertório" etc.*)

GENERAL (*Para a mulher*) — Eu temo muito que esses porcos selvagens tenham comido o cádáver...

MULHER DO GENERAL (*Para os parentes*) — Então? Estão satisfeitos? Chegou o corpo? Que sorte, hein?

ALAÍDE — É, menos mal.

AMIGA — Finalmente vão poder dizer o tão esperado último adeus...

ADELAIDE — Assim é... (*Entram Gastão e sua família. Todos juntos, uns apertados contra os outros, assustados. Ninguém se anima.*)

MARIDO DE ADELAIDE — E então?

GASTÃO — Que vergonha, meu Deus, que vergonha!

MARIDO DE ALAÍDE — E cadê?

GASTÃO — Cadê o quê?

MARIDO DE ALAÍDE — O cadáver? O corpo? A defunta? A morta? A falecida? Como "o quê"? Isso. Não era isso que vocês vinham trazendo?

GASTÃO — Que vergonha, meu Deus, que vergonha.

ALAÍDE (*Chorando*) — O que foi que aconteceu com a mamãe...?

ADELAIDE (*Chorando*) — Além de ter morrido, que coisa pior lhe aconteceu? (*Silêncio. Mili, nervosa, ataca.*)

MILI — Se ninguém fala, falo eu! Posso falar?

MARIDO DE ALAÍDE (*Gritando*) — Fala!

MILI — Roubaram a vovó! (*Estupefação geral. Pausa.*) É isso mesmo! Roubaram a vovó! Roubaram a vovó!

MARIDO DE ADELAIDE — Quanto?

MILI — Toda! A vovó inteirinha, roubaram ela! Corpo e alma!

GENERAL — Mas com que finalidade? (*Ouvem-se vozes de "Como?", "Roubaram?", "Quando?", "Onde?", "Por quê?", "Meu Deus do céu, que descalabro!", "Onde nós chegamos? Rouba-se até cadáver...".*)

PADRE — Meu filho, mas isso é uma ofensa a Deus e à natureza! Conte como foi...

GASTÃO — Padre, perdoe. (*Ajoelha-se e beija-lhe a mão.*) Nós vínhamos transportando a nossa mãe, comodamente instalada no porta-malas do Citroën, quando tivemos que parar uns minutinhos num bar... compreende? Xixi, cocô... os meninos... Foram cinco minutinhos... Quando voltamos, o carro tinha desaparecido...

MARIDO DE ALAÍDE — Isso não pode ficar assim!

MARIDO DE ADELAIDE — Vocês têm a obrigação de buscar esse cadáver!

GASTÃO — Buscar onde?

MARIDO DE ADELAIDE — É um imperativo moral!

MARIDO DE ALAÍDE — É uma satisfação que devemos aos nossos convidados.

GASTÃO — O Chile é muito comprido...

ALAÍDE — Vamos botar um anúncio no jornal...

ADELAIDE — No rádio, na televisão...

GENERAL — Que a polícia prenda todos os carros que sejam encontrados contendo cadáveres no porta-malas...

PADRE — Não devem ser muitos...

GENERAL — Que se cortem as vias de comunicação com o Exterior...

PADRE — Mas quem vai querer contrabandear defunto?

MARIDO DE ADELAIDE — Isto é coisa para o Exército, meu general.

MARIDO DE ALAÍDE — Neste país todas as coisas são coisas para o Exército. Estivessem as Forças Armadas no poder e nada disso teria acontecido. (*Entra o Capitão. Lá fora outra vez músicas densamente fúnebres.*)

GENERAL — Bem, eu dei a minha opinião. Vocês façam o que quiserem. Se resolverem enterrar o caixão vazio, podem me chamar que eu dou o meu apoio moral...

MARIDO DE ADELAIDE — Vamos fazer uma reunião de família e muito em breve vamos fazer um comunicado a todos os convidados. (*Vozes de "Adeus, adeus", "Que azar, não é mesmo?", "Até a vista", "Até o próximo enterro", "Meus sentimentos", "Boa sorte", "Adeus, adeus". Saem todos menos os membros da família, o padre e o advogado.*)

ALAÍDE — O que é que nós vamos fazer agora?

PADRE — Em primeiro lugar, apagar as velas. (*Apaga as velas.*)

MARIDO DE ALAÍDE — Bem, eu já tirei as minhas conclusões. Primeira: é inútil procurar o corpo. Quando o ladrão descobrir que tem um cadáver no porta-malas, certamente vai enterrá-lo ou jogá-lo num rio.

ALAÍDE — Nunca vamos ficar sabendo se nossa mãe teve uma sepultura cristã...

PADRE — Este mal pode ser aliviado mandando-se rezar um número duplo de missas pela sua alma...

MARIDO DE ALAÍDE — Segunda conclusão: temos que cancelar o enterro pura e simplesmente e esclarecer a opinião pública através de um anúncio em todos os jornais.

PADRE — E através das missas, naturalmente...

MARIDO DE ALAÍDE — Terceira conclusão: vamos tentar revender o caixão à casa funerária, já que não tem o menor sentido guardar este objeto como lembrança deste dia...

MARIDO DE ADELAIDE — Muito bem.

MARIDO DE ALAÍDE — Quarta e última conclusão: a respeito da herança. Ah... A herança. Creio que já está bem claro que o senhor Gastão não possui nenhum direito especial por ser o irmão mais velho e por ser homem já que ficou provado à saciedade que é incapaz de realizar as tarefas mais triviais, como seja, a de trazer o cadáver de sua própria mãe de Viña del Mar a Santiago. O roubo é a prova cabal de sua inferioridade moral e psicólogica.

MARIDO DE ADELAIDE — Ninguém permite que se lhe roube a própria mãe assim sem mais aquela...

MILENA (*Baixinho ao marido*) — Pelo menos pede o Dodge 70...

MARIDO DE ADELAIDE — Eu estou completamente de acordo com o meu cunhado. E, portanto, como esta é uma solução unânime de toda a família, eu só quero propor ao nosso advogado que se encarregue oficialmente da herança e que os trâmites se façam com a maior rapidez possível. O senhor cobra a sua parte, não há dúvida, mas queremos que nesta terra, onde a justiça é tão demorada quanto ineficiente, queremos que os trâmites se façam com a maior rapidez possível...

ADVOGADO — Muito rápido não pode ser... Pode chegar mesmo a demorar muito...

MARIDO DE ALAÍDE — Por quê, se é uma coisa tão simples?

MARIDO DE ADELAIDE — E quanto tempo pode chegar a demorar?

ADVOGADO — Vinte e cinco anos. (*Espanto geral.*)

CORO — Vinte e cinco anos?????!!!!! (*A família repete a mesma coisa sem atinar a perguntar por quê.*)

PADRE — Mas por que tanto tempo, senhor Advogado? É certo que a justiça é lenta — em nosso país talvez mais que em outros — mas por que tanto tempo? Por acaso são necessários vinte e cinco anos para que se tramitem todos os papéis, para que se sele tudo o que se precisa selar, para que se paguem todos os impostos correspondentes pela defunta senhora Minerva, e pela sua herança? Por acaso não se pode fazer tudo isso em menos tempo?

ADVOGADO — Para fazer tudo isso bastam poucos dias. Talvez um mês.

PADRE — Então qual é a razão dessa anomalia??? Causa espanto... (*Sorri, certo de que tudo se solucionará.*)

ADVOGADO — Tudo pode ser feito com muita rapidez, uma vez que se comece. Mas vamos ter que esperar vinte e cinco anos pra poder começar... Antes disso, nem um selo, nem um carimbo... Essa é a lei...

PADRE (*Tomando sempre a representação da família*) — A lei?

ADVOGADO (*Dirigindo-se a todos que estão sentados, derrotados, mortificados*) — Assim é. Quando não se pode exibir o cadáver como prova de que o morto está morto, a lei presume que o morto está vivo... É por isso não se pode dispor de seus bens...

GASTÃO — Mas a mamãe não está viva. Eu juro.

MILENA — Nós juramos.

GASTÃO — Toda a minha família está aqui de prova: mamãe está morta, bem morta! Com as minhas próprias mãos eu meti a minha mãe dentro do porta-malas do Citroën. Se ela estivesse viva, ela nunca permitiria uma coisa dessas! Mamãe era mulher de princípios, não viajaria nunca no porta-malas de um Citroën.

MILENA — Ela que tinha um Dodge 70... quase novo...

GASTÃO — Eu juro! Nós juramos! Mamãe está morta!

ADVOGADO — Para todos os efeitos legais, a senhora sua mãe está viva. D. Minerva Gonzáles é imortal. Pelo menos, durante os próximos vinte e cinco anos, diante da lei, ela não vai poder morrer. A sua vida está assegurada pela lei. Vai ter que continuar pagando os impostos, vai ter que informar a polícia de mudança de domicílio e em todas as eleições vocês vão ter que justificar o seu não comparecimento. Vocês vão me desculpar, mas D. Minerva Gonzáles, legalmente, é imortal. Boa noite... (*Ninguém responde. Ouvem-se ruídos, suspiros, tentativas de dizer alguma coisa. Todos desistem. Silêncio. Finalmente o Padre, muito timidamente, e preparando-se para sair, pergunta.*)

PADRE — E sobre esse assunto das missas, como é que nós ficamos? Esse assunto da missa com corpo presente, como é que fica...? (*Alguns olham para ele, outros nem isso.*)

GASTÃO — Fica no seguinte: o senhor mesmo trate de buscar o corpo e, se por acaso encontrar, nós lhe pagamos vinte e cinco missas de corpo presente...

PADRE — Eu compreendo... compreendo... é uma situação muito delicada... perdoo... perdoo... Passem bem... (*Perto da saída, dirige-se a Rolando que está deitado, ainda com dor de cabeça.*) E você, meu pequeno? Que é que você diz...?

ROLANDO — Merda de piquenique... Eu, nunca mais...

CONTADOR — E o bondoso sacerdote saiu, em silêncio. E a família aí ficou, sonhando com a herança a que teria direito... dentro de vinte e cinco anos... E assim acabou essa história que se passou num país onde existem tantos cadáveres e onde, no entanto, um caixão ficou vazio... E assim acabam estas histórias de nuestra América. Boa noite.

A lua pequena e a caminhada perigosa[1]

(Colagem, Brasil, 1968)

[1] Dirigida pelo autor, estreou no Teatro Ruth Escobar, como parte da *I Feira Paulista de Opinião*, em 7 de junho de 1968. A Feira reuniu peças de Augusto Boal, Bráulio Pedroso, Gianfrancesco Guarnieri, Jorge Andrade, Lauro César Muniz e Plínio Marcos. Participaram das montagems, como atores, Ana Mauri, Antônio Fagundes, Aracy Balabanian, Cecilia Thumim Boal, Edson Soler, Luís Carlos Arutin, Luiz Serra, Martha Overbeck, Myriam Muniz, Paco Sanchez, Renato Consorte, Rolando Boldrin, Umberto Magnani e Zanoni Ferrite, além de Marcos Weinstock (cenografia e figurinos), Carlos Castilho (direção musical), Edu Lobo, Caetano Veloso, Gilberto Gil, Sérgio Ricardo e Ary Toledo (músicas). Publicada em *Aparte*, nº 1, 1968, sob o título *A lua muito pequena e a caminhada perigosa*. O texto abre-se com uma nota que não consta da edição publicada pela Hucitec em 1990: "Estes são os objetos encontrados com os quais se fará um espetáculo de teatro; a seleção última só será feita durante os ensaios. Algum outro material será acrescentado: fotografias, músicas, mapas etc.". Entre a versão de 1968 e a de 1990, há diferenças significativas, em sua maioria cortes na primeira versão. Na presente edição, os trechos cortados estão registrados em notas de rodapé, sinalizando o ponto em que se encontravam na versão de 1968, doravante citada como V1. Uma edição crítica do texto, considerando outras versões além das de *Aparte* e *Teatro de Augusto Boal*, foi estabelecida pelo Laboratório de Investigação em Teatro e Sociedade. Ver Augusto Boal e outros, *I Feira Paulista de Opinião* (São Paulo, Expressão Popular/LITS, 2016). (N. da E.)

A lua muito pequena e a caminhada perigosa

Colagem de Augusto Boal

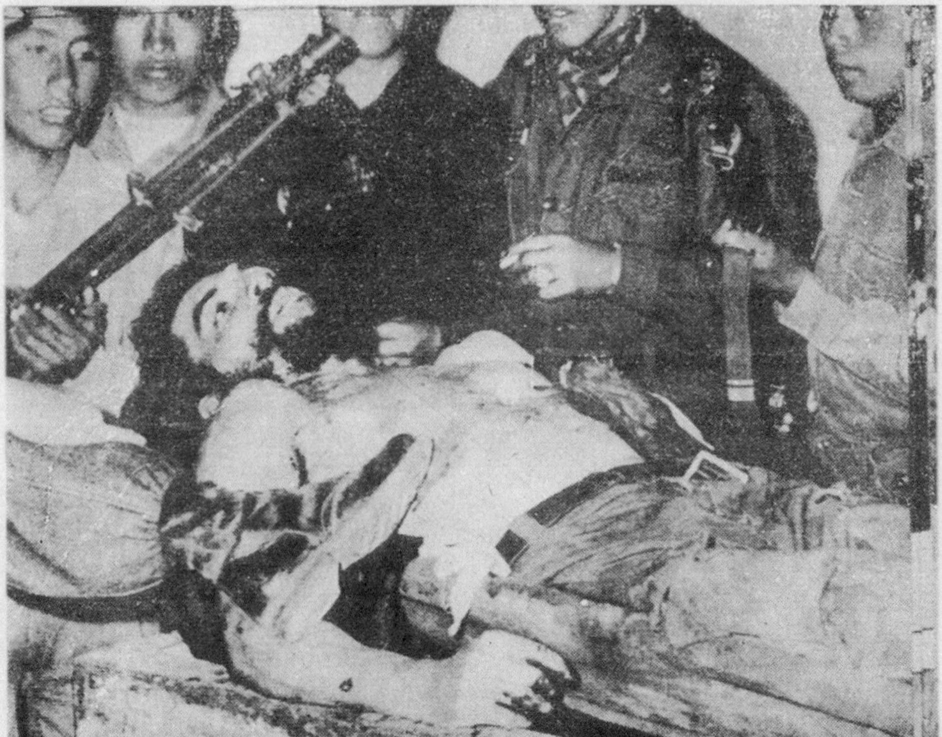

Personagens

Coringa
Comandante
Ator
Antonio Rodríguez Flores
Locutor
Velha das cabras
Capitão
Repórter
Coronel
Tenente
Soldados
Professora
Huasi
Cortázar

Os atores estarão todos em cena durante o transcurso da peça. São narradores de uma história conhecida — isto é, de uma história mal conhecida. Os atores se comovem ao contá-la e ao conhecê-la melhor.

O ator que desempenha o Comandante deve ser sempre o mesmo; os demais atores revezam-se em todos os papéis, quando necessário.

Prólogo

CORINGA — Eu devo começar dizendo que chegamos à conclusão de que a morte do Comandante é dolorosamente certa.

Já muitas vezes foi anunciada sua morte, nunca chegamos a nos preocupar. Desta vez também, no começo, não nos preocupamos, mesmo quando começaram a chegar as primeiras fotos.[2] Depois, notícias, desencontradas: uma cicatriz na mão esquerda e nenhum de nós se lembrava de ter visto qualquer cicatriz na mão esquerda do Comandante. Depois, o tecido pulmonar, as impressões digitais, tudo, tudo podia ter sido forjado, tudo podia ser mentira. Menos a última prova: o seu diário e, nele, seu pensamento. Uma fotografia pode ser retocada; até mesmo o rosto de um homem pode ser desfigurado; porém, o seu estilo não pode nunca ser imitado.

A notícia de sua morte é dolorosamente certa.

Uma atriz avança e canta a "Toada de Manuel Rodríguez", de Pablo Neruda. Esta é a dedicatória da peça.

---

[2] Em V1, a fala do Coringa prossegue com: "Eram sem dúvida fotos de alguém muito parecido. A primeira mostrava o combatente nas selvas, foto escura. Poucos se preocuparam. A segunda mostrava seu corpo inteiro, porém era foto de jornal onde mal se distinguiam as feições. A terceira mostrava o seu rosto. Muitos de nós já começávamos a pensar que talvez pudesse ser ele. Pela primeira vez tivemos a certeza de que o combatente podia ter sido morto". (N. da E.)

"Toada de Manuel Rodríguez"

Señora dicen que donde
mi padre dice dijeron
el agua y el viento dicen
que vieron al guerrillero.

Puede ser un obispo,
puede y no puede;
puede ser solo el viento
sobre la nieve.
Sobre la nieve, ay, si
madre no mires,
que viene galopando
Manuel Rodríguez.

Ya viene el guerrillero
por el estero.

Saliendo de Meliquilla
cruzando por Talacante
pasando por San Fernando
amaneciendo em Pomaires.

Pasando por Yancagua
por San Rosendo
por Cauquenes, por Chena
por Nacimiento,
por Nacimiento, ay, si,
desde Chiricue
de todas partes viene
Manuel Rodríguez.

Pásale este clavel
vamos con él.
Que se apaguen las guitarras

que la Patria está de duelo
nuestra tierra se oscurece
mataron al guerrillero.

En Pilquin lo mataron
los asesinos.
Su espalda está sangrando
sobre el camino.

1.
A despedida

COMANDANTE — Volto à estrada com meu escudo. Há coisa de dez anos escrevi outra carta de despedida.[3] Eu me queixava de não ser

---

[3] A partir deste ponto até o trecho que se inicia com "[...] Em qualquer lugar que me surpreenda a morte, [...]", o texto de V1 é consideravelmente mais extenso: "Pelo que me lembro, eu me queixava de não ser melhor soldado e melhor médico. O segundo já não me interessa e soldado não sou tão mau. Em mim nada mudou, apenas sou mais consciente: creio na luta armada como única solução para os povos que lutam pela liberdade e sou consequente com as minhas crenças. Muitos dirão que sou aventureiro e eu o sou; só que de um tipo diferente: o dos que arriscam a pele para demonstrar suas verdades.

Amei-os muito; mas não soube exprimir o meu carinho. Sou extremamente rígido em minhas ações, e creio que às vezes não me entenderam. Agora, uma vontade que poli com deleite de artista sustentará pernas flácidas e pulmões cansados. Lembrem-se de vez em quando deste pequeno *condottiere* do século XX. Um beijo à Célia, ao Roberto, Juan Martin, e um abraço à Beatriz, a todos.

LOCUTOR — Seu pai era rico: ele nunca teve problemas de dinheiro. Porém, preferiu a guerra. Sabia que enfrentava a morte.

COMANDANTE — Está dentro do cálculo das probabilidades. Se assim for, aqui vai um último abraço. E se um dia eu morrer, saibam todos que medi o alcance dos meus atos, e que me considero apenas um soldado no grande exército do povo.

LOCUTOR — A Humanidade certamente vencerá; porém os soldados mortos não verão o dia da vitória.

COMANDANTE — Que importam os perigos e os sacrifícios de um homem quando está em jogo o destino da humanidade?". (N. da E.)

melhor soldado e melhor médico. O segundo em mim nada mudou, creio na luta armada como única solução para os povos que lutam pela liberdade e sou consequente com minhas crenças. E, se um dia eu morrer, saibam todos que medi o alcance dos meus atos, e que me considero apenas um soldado no grande exército do povo. Em qualquer lugar que me surpreenda a morte, seja bem-vinda: sempre o nosso grito de guerra chegará a um ouvido receptivo, sempre a outra mão se estenderá para empunhar nosso fuzil, e sempre outros homens se apressarão a cantar nossos gritos de guerra e de vitória.

CORINGA — Sempre nos preocupamos com a possibilidade de que este temperamento, este gesto bem seu de estar sempre presente em todos os momentos de perigo, pudesse conduzi-lo à morte e não importa qual o combate.[4]

---

[4] Em V1, a partir deste ponto até o fim da cena 1, à fala do Coringa seguem outras, alternadas, entre este e o Comandante:

"COMANDANTE — Nós, num pequeno ponto do mapa do mundo, cumprimos o dever que preconizamos e pomos à disposição da luta justa aquele pouco que podemos dar: nossas vidas e nossos sacrifícios.

CORINGA — Ele se caracterizou por sua valentia extraordinária, por um desprezo absoluto do perigo, por fazer nos momentos difíceis e perigosos as coisas mais perigosas e difíceis.

COMANDANTE — Eu me despeço com uma mistura de contentamento e dor. Deixo aqui a parte mais pura das minhas esperanças de construtor. Parto para outras terras que reclamam o concurso dos meus esforços. Aos meus filhos e a minha mulher não deixo nada e não o lamento: fico até mesmo contente.

CORINGA — Tivemos muitas vezes que adotar medidas para protegê-lo e para impedir que se expusesse em ações de menor importância. É possível porém que ele, plenamente consciente da missão que ele próprio se indicou, da importância de sua atividade, é possível que ele próprio haja pensado — como sempre pensou — no valor relativo dos homens e no valor irrefutável dos exemplos. Estas coisas faziam parte de sua personalidade." (N. da E.)

2.
O local escolhido

ATOR — Os numerosos insetos, as moscas gigantes e os mosquitos, as aranhas, picam os homens no meio de um silêncio geral.

CORINGA — Na verdade, há sempre um período em que são tantos os que desejam entrar para uma guerrilha que nem sequer existem armas para tanta gente.[5]

ATOR — O pó e as picadas de insetos transformam a pele do ser humano num manto de miséria.[6]

CORINGA — E assim que descobrem que serão obrigados a marchar, a escalar montanhas, a sofrer, a passar fome, muitos se aproveitam da primeira ocasião para largar o grupo. O desertor é sempre um traidor.[7]

3.
O desertor

ATOR — Antonio Rodríguez Flores: o desertor.

---

[5] Em V1, a fala do Coringa é mais extensa: "Existiu um desertor e um desertor é sempre um traidor. Na verdade, há sempre um período em que são tantos os que desejam entrar para a guerrilha que nem sequer existem armas para tanta gente. Entre estes, muitos depois desempenham papéis brilhantes e se transformam em soldados magníficos, em magníficos revolucionários. É lógico que muitos outros se apresentam sem a menor ideia dos sacrifícios que significa estar combatendo". (N. da E.)

[6] Trecho precedido em V1 por: "Mesmo para um homem que tanto viajou, este é um lugar afastado de tudo". (N. da E.)

[7] Em V1, seguem mais três falas:

"ATOR — A vegetação inextricável, seca e coberta de espinhos, torna a caminhada praticamente impossível.

LOCUTOR — Uma fonte de informações geralmente segura declarou hoje ao meio-dia que forças do Exército estão se locomovendo para regiões suspeitas de abrigarem guerrilhas. Parece tratar-se de ações de importância militar excepcional.

CORINGA — Um desertor é sempre um traidor." (N. da E.)

ANTONIO R. F. — Comandante, será necessária a luta armada?[8]

COMANDANTE — Não há um só exemplo na história de uma classe dominante que tenha abdicado graciosamente do poder.

ANTONIO R. F. — Mas nós somos tão poucos. Somos dezoito nas montanhas.[9]

COMANDANTE — Se nós fôssemos somente tantos quantos somos seria melhor desistir. E, se continuássemos, seriamos bandoleiros.[10] Mas nós somos o povo inteiro, por isso vamos vencer.

ANTONIO R. F. — Mas nós nem sabemos guerrear.

COMANDANTE — A arte da guerra se aprende fazendo a guerra. Nenhum povo pode desejar liberdade sem desejar luta. A guerra po-

---

[8] A fala do personagem é mais longa em V1: "Comandante, é certo que existem duas posições válidas diante da luta de libertação dos povos. Existem aqueles que creem na luta armada. Existem aqueles que acreditam na coexistência pacífica entre as nações, entre as classes e entre os homens desiguais. Comandante, será necessária a luta armada?". (N. da E.)

[9] Em V1, a fala continua com: "Um pequeno povo deve se levantar contra seus opressores, mas nós somos apenas dezoito, não estaremos superestimando o nosso valor?". (N. da E.)

[10] O trecho a seguir difere em V1: "Mas nós não somos apenas nós, somos o povo inteiro. Por isso venceremos, porque somos a vanguarda desse povo". A cena continua com mais falas até a do personagem Antonio R. F., "Mas nós nem sabemos guerrear", na versão de 1990:

"LOCUTOR — Oitocentos soldados especialmente treinados para operações na floresta virgem partiram para a cidade de Santa Cruz no fim da última semana.

ANTONIO R. F. — Comandante, por que deve ser necessariamente sangrenta a guerra?

COMANDANTE — O povo deve se libertar. Se isso acontece com muito ou pouco sangue, não depende do povo. Depende da velha sociedade.

LOCUTOR — Uma fonte militar digna de crédito avalia que pelo menos 1.500 soldados especialmente treinados por conselheiros amigos perseguem os combatentes.

ANTONIO R. F. — A guerra será tão menos sangrenta na medida em que nós formos mais fortes. Quem sabe o procedimento correto fosse esperar e mais tarde... quem sabe?

COMANDANTE — Aquele que inicia uma guerra evitável é um criminoso. Mas aquele que não inicia uma guerra inevitável é também um criminoso.

ANTONIO R. F. — Mas nós nem ao menos sabemos guerrear. Nossos poucos soldados nem são soldados: são camponeses sem terra, operários sem emprego, homens destituídos. Nem ao menos sabemos guerrear." (N. da E.)

de começar agora ou mais tarde, mas que ninguém se iluda: nenhum país se libertará sem lutar![11] O ódio como fator de luta, o ódio intransigente ao inimigo que o guerrilheiro leva além das limitações naturais do ser humano. Nossos soldados têm que ser assim: um povo sem ódio não triunfa de um inimigo brutal.

ANTONIO R. F. — Morte.

COMANDANTE — Num combate tantas vezes a morte está mil vezes presente que a vitória é um mito que só um combatente de verdade pode sonhar.

CORINGA — Absolutamente ninguém pode se espantar de ter sido ele um dos primeiros a cair durante o combate — o contrário, sim, teria sido um milagre.

LOCUTOR — Sabemos de fonte segura que o Comandante está vivo, e estamos mais certos ainda de que está cercado.

CORINGA — Um desertor é antes de tudo um revolucionário desmoralizado, ou um pseudorrevolucionário que desejou brincar de revolução.[12]

---

[11] Em V1, entre este ponto até "O ódio como fator de luta [...]", há um longo trecho: "Por isso devemos nos preparar: não será uma guerra de pedras contra gases lacrimogêneos, nem será uma luta em que o povo enfurecido destruirá o poder de poucos. Será longa, cruenta, em que a repressão irá buscar vítimas fáceis, bombardeando aldeias e massacrando populações camponesas. Eles nos empurram para essa luta. Não há mais remédio do que nos prepararmos para ela. O começo não será fácil, ao contrário: o começo será difícil. Nossa primeira tarefa, no início, será sobreviver. Depois atuará o perene exemplo do povo que luta para se libertar, do povo invencível, o exemplo dos combatentes que se ganham ou se perdem, mas que se travam contra o inimigo. A galvanização do espírito nacional, a preparação para tarefas mais duras, para a resistência à repressão mais violenta". (N. da E.)

[12] A fala do personagem é mais longa em V1 e a ela segue outra do Locutor:

"CORINGA — Existiu um desertor. E um desertor é sempre um traidor. Ele oferece ao inimigo todas as informações que possam ser de algum interesse para o inimigo, e ele as oferece imediatamente e sem o menor escrúpulo, sem a menor preocupação, porque um desertor é antes de tudo um revolucionário desmoralizado, ou um pseudorrevolucionário que desejou brincar de revolução.

LOCUTOR — O Comandante está gravemente enfermo, sendo carregado em maca pelos outros combatentes e fortemente protegido. A informação é atribuída ao ex-combatente Antonio Rodríguez Flores, que se apresentou voluntariamente às forças

4.
A velha das cabras

ATOR — A VELHA DAS CABRAS[13]

VELHA — Eu não sei nada. Há muito tempo que não vejo soldados. Os soldados não aparecem por aqui.

LOCUTOR — O Exército cercou os guerrilheiros num vale entre duas colinas cuja extensão ainda não foi definida.[14]

VELHA — O povo aqui não quer a guerra. O povo aqui quer viver em paz. Faz muito tempo isso nós já conseguimos: nós vivemos em paz.

COMANDANTE — Nós, vivemos em paz? Há vinte anos que vivemos em paz. É verdade que as grandes potências não se estraçalharam ainda; o mundo ainda não explodiu. Mas dois terços da humanidade está subnutrida;[15] 60% das crianças do mundo morrem antes de abrir os olhos. Esta é nossa paz miserável. Aqui só se possui doença e fome.

---

armadas acantonadas em Rio Grande logo após o apelo oficial garantindo a vida a todos aqueles que abandonassem a subversão armada contra o governo." (N. da E.)

[13] Fala que substituiu outra em V1: "COMANDANTE — Às doze e trinta aproximou-se de nós uma velha camponesa pastoreando cabras. Ela não nos deu nenhuma informação digna de fé sobre os soldados". (N. da E.)

[14] Neste ponto, em V1, intercala-se uma fala do Comandante: "Ela apenas nos deu informações sobre os caminhos. Fomos depois até a casa dessa velha que tem uma filha inválida. Nós lhe demos dinheiro e lhe pedimos que não contasse nada, mas não temos muita esperança de que ela cumpra a sua promessa". (N. da E.)

[15] O trecho a seguir, até "E a terra, o meu pedaço de terra, a minha terra", difere em V1: "60% dos homens do mundo não têm sapatos. 30% das crianças do mundo morrem antes de abrirem os olhos. Esta é nossa paz miserável. Há vinte anos que não temos guerra, isto é, se a gente conseguir esquecer a Guerra da Coreia, do Vietnã, do Laos, de São Domingos, do Oriente Médio, do Congo...

VELHA — Nós, aqui, vivemos em paz; no mundo eu não sei.

COMANDANTE — Aqui velha, o teu país, a tua cidade, estão cheios de filhas inválidas como a tua. Aqui só se possui a doença e a fome". (N. da E.)

VELHA — E a terra, o meu pedaço de terra, a minha terra.

COMANDANTE — Só é minha a terra que eu rego com o meu sangue.[16]

LOCUTOR — As duas extremidades do vale, que é uma espécie de barranco, foram ocupadas pelos soldados especializados na luta em florestas virgens. Muitos deles foram treinados por conselheiros estrangeiros, alguns dos quais serviram na Guerra do Vietnã.[17]

COMANDANTE — Ao longe, podemos ver duas elevações no terreno e marchamos em direção a esse lugar. Nós somos dezessete e caminhamos sob uma lua muito pequena. A caminhada foi perigosa e nós deixamos muitos traços pelo caminho.

5.
O combate e a prisão

LOCUTOR — O Comandante e seus dezesseis camaradas estão cercados; as altas autoridades afirmam que o Comandante não sairá vivo.[18] O fuzil-metralhadora nas mãos do Comandante atirava há duas horas já, sem parar. Estava quente e ele o segurava por cima do gatilho com um lenço esfarrapado. Como ele, seus dezesseis homens atiravam sem parar. O fim estava próximo.[19]

---

[16] Em V1, intercalam-se entre este ponto até "LOCUTOR — As duas extremidades do vale [...]" uma fala do Locutor e outra do Comandante:

"LOCUTOR — Começou-se a falar de uma região precisa, de um vale de vegetação muito densa, parecido com um barranco, entre duas colinas ou entre dois montes desprovidos de qualquer vegetação — portanto era necessário o deslocamento numa direção ou noutra, em direção a uma saída ou a outra. (N. da E.)

COMANDANTE — A velha cultivava batatas e pastoreava cabras. Ela e sua filha bebiam leite de cabra e comiam batatas. Poucas vezes mudavam a sua alimentação. Às vezes, comiam as cabras." (N. da E.)

[17] Em V1, "Guerra do Genocídio" em lugar de "Guerra do Vietnã". (N. da E.)

[18] O trecho seguinte da fala está em outro ponto da cena em V1. (N. da E.)

[19] Em V1, entre este ponto e "Depois de três horas de luta [...]" intercala-se:

"CORINGA — O combatente sempre está cercado: esta é uma lei natural da guerra pequena. Nós sempre estivemos cercados desde o começo: tínhamos atrás de nós o

ATOR — Depois de três horas de luta, os combatentes tentam um movimento de retirada. O Comandante corre de um ponto a outro, quer atingir o grupo da frente. Uma rajada de metralhadora derruba-o no meio do caminho. Ele estremece, consegue ainda arrastar-se alguns metros, para.

CORINGA — Evidentemente, todos aqueles que conheceram o Comandante sabem, e nós o sabemos, que não existia nenhuma maneira de capturá-lo vivo, a menos que ele estivesse inconsciente.[20]

LOCUTOR — Seus camaradas, ao vê-lo caído, ao vê-lo em perigo, ofereceram um combate de tal maneira prolongado que vai além de qualquer limite nessas circunstâncias.[21]

---

mar e diante de nós as planícies e os arrozais. O combatente está sempre estrategicamente cercado; os cercos táticos são mais perigosos, isto é, quando o combatente se encontra cercado por um cordão de soldados inimigos — mas mesmo assim, em geral, esses cercos podem ser rompidos.

ATORES — Vegetação inextricável, seca e coberta de espinhos.

— o pó e as picadas de insetos transformam a pele do ser humano num manto de miséria.

— os flancos e o fundo do vale são cobertos de uma vegetação muito densa, mas a parte superior é completamente nua.

— isso impede que qualquer fuga passe despercebida.

— seria necessário então atravessar um terreno absolutamente descoberto.

— insetos, moscas gigantes e mosquitos, aranhas, picam os homens no meio de um silêncio geral.

LOCUTOR — O fuzil-metralhadora nas mãos do comandante atirava há duas horas já, sem parar. Estava quente e ele o segurava por cima do gatilho com um lenço esfarrapado. Como ele, seus dezesseis homens atiravam sem parar. Alguns metros à sua frente estavam 180 soldados bem treinados, bem armados, descansados, apoiados por uma divisão de 1.800 homens. O fim estava próximo." (N. da E.)

[20] Fala mais longa em V1, que inclui o trecho: "[...], que estivesse inteiramente incapaz de se mover por causa de um ferimento, que sua arma estivesse destruída, ou, enfim, que ele não tivesse nenhum meio de se tirar a vida a fim de não cair prisioneiro. Qualquer um que o conhecesse não pode por um instante duvidar disso". (N. da E.)

[21] Fala mais longa em V1: "Tudo indica que foi gravemente ferido logo nos primeiros momentos de luta e que ficou caído numa espécie de terra de ninguém. É igualmente evidente que os seus camaradas, ao vê-lo caído, ao vê-lo em perigo, ofereceram um combate de tal maneira prolongado que vai além de qualquer limite nessas circunstâncias: quatro horas segundo alguns, cinco segundo outros, e ainda seis horas segundo terceiros". (N. da E.)

6.
Diálogos em busca da verdade

CAPITÃO — Eu combati contra o Comandante no último dia de sua vida. Eu o fiz prisioneiro. Desde março, você já matou mais de cinquenta soldados. Você é um criminoso.[22]

COMANDANTE — Desde março os soldados mataram mais de cinquenta operários das minas e desde sempre mais de cinquenta crianças morrem de fome cada mês.

REPÓRTER — Qual foi a sua emoção quando descobriu ter capturado o combatente mais famoso do mundo?

CAPITÃO — Eu nem sabia que era ele, nem tive tempo de pensar.[23] Ele estava ferido e quase não podia se mexer. Mas podia falar.

COMANDANTE — Em que país amigo você aprendeu a combater?

CAPITÃO — *Of course... I...* (*Corta.*) (*Pausa.*)[24]

REPÓRTER — O senhor viu algum ferimento no peito do Comandante, bem perto do coração?

---

[22] Em V1, intercala-se aqui o seguinte trecho:

"REPÓRTER — O senhor viu quando ele morreu?

CAPITÃO — Não. Quando eu o capturei ele estava ferido.

REPÓRTER — Mortalmente?

CAPITÃO — Eu não sei. Eu não sou médico. No começo pensei que não fosse nada grave. Nós conversamos. (*Para o Comandante*) Desde março, você já matou mais de cinquenta soldados. Você é um criminoso." (N. da E.)

[23] Em V1, entre este ponto e "Ele estava ferido [...]", intercala-se o trecho: "[...] e continuei combatendo até anoitecer. Matamos seis: uns dez conseguiram escapar. [...]". (N. da E.)

[24] Essa fala substituiu o seguinte trecho em V1: "Ora, claro que eu aprendi. (*Corta. Pausa.*) Claro, eu fiquei muito feliz quando descobri a identidade do Comandante. Fiquei muito orgulhoso do meu batalhão, dos meus mestres e de mim mesmo. Eu nem estava de acordo em que os soldados dividissem os pertences dos combatentes". (N. da E.)

CAPITÃO[25] — Tão dizendo por aí que fomos nós que o matamos. Mas não é verdade. Nós somos soldados, nós não executamos justiça.

REPÓRTER — Mas todo mundo viu um ferimento na altura do coração.[26]

TENENTE — Fui eu que cuidei dele logo depois do combate. Limpei todos os ferimentos. Mas no peito não havia nenhum. Depois o coronel ainda ficou conversando com ele.[27] Eles chegaram até a discutir.

SOLDADO — Isso é verdade, eu vi. Eu fiquei de longe, não consegui ouvir muita coisa.

CORONEL — Isto é seu. (*Mostra abotoaduras ao Comandante.*)

COMANDANTE — É. Queria que fossem entregues ao meu filho.

CORONEL — Vocês são ladrões.[28] Tudo que vocês têm vai ser distribuído pelos meus soldados.

SOLDADO — O coronel ficou muito tempo com o Comandante. Discutiram mais de duas horas sobre o imperialismo. Depois o Comandante se levantou e, sem levantar a voz, deu uma bofetada no rosto do coronel. Depois o coronel se levantou e saiu. (*Mima-se a ação.*)[29]

REPÓRTER — É verdade, Coronel, que o Comandante tratou o senhor de uma forma um pouco descortês?

---

[25] Em V1, a fala do personagem se inicia com "Eu não contei as feridas. Eu sei que estão [...]". (N. da E.)

[26] Em V1, após esse trecho, há o seguinte: "Foram tiradas muitas fotografias. O relatório médico disse que ninguém podia sobreviver a esse tiro no peito". (N. da E.)

[27] Acréscimo de "[...] mais de duas horas." em V1. (N. da E.)

[28] Neste ponto, intercala-se o trecho "[...] Tudo que vocês têm foi roubado. [...]" em V1.

[29] A fala do personagem em V1 é mais simples: "O coronel ficou muito tempo com o Comandante. Discutiram mais de duas horas. Ele perguntava muito, mas o Comandante não queria responder". Mas a ela seguem-se mais três falas:

"CORONEL — Quantos vocês são? Por onde chegam as armas? Quem são os contatos? Quem é o chefe da guerrilha urbana?

CORINGA — Conhecendo a sua extraordinária franqueza e o seu sentimento intransigente de honra, podemos afirmar que, se ele pudesse dizer qualquer coisa em circunstâncias parecidas, ele não diria, nem faria nada que pudesse dar prazer ao inimi-

CORONEL — É um cafajeste.

REPÓRTER — Ele estava ferido: por que não foi transportado para um hospital na cidade?

CORONEL — Eu estava aguardando instruções do governo.[30]

REPÓRTER — Um processo militar seria o procedimento normal.[31]

CORONEL — Ainda bem que ele morreu. Processar um homem desse tipo podia ser um tiro pela culatra.[32]

COMANDANTE — Você é professora?

PROFESSORA — Eu tive medo de ir, tive medo de me encontrar com um sujeito bruto. Mas encontrei um homem de aspecto agradável, de olhar ao mesmo tempo doce e debochado. Eu não tive coragem de olhar diretamente nos seus olhos.

COMANDANTE — Na minha pátria não existem escolas como esta. Isto aqui parece uma prisão.[33]

PROFESSORA — Nós somos um país pobre.

COMANDANTE — Vocês são um povo pobre. Mas os governantes, os chefes militares e os oligarcas possuem Mercedes e palacetes.[34]

---

go. Mas, ao contrário, e com a maior tranquilidade, ele diria e faria as coisas que mais pudessem desagradar.

SOLDADO — Eles discutiram muito sobre o imperialismo. Depois o Comandante se levantou e, sem levantar a voz, com a sua mão direita deu uma bofetada no rosto do coronel. O coronel estava sentado numa cadeira, inclinado para a frente, e o outro lhe deu uma bofetada que pegou bem na boca. Depois o coronel se levantou e saiu. (*Mima-se a ação.*)" (N. da E.)

[30] A fala do personagem é mais longa em V1: "Em primeiro lugar estavam os meus homens. E, depois, eu estava aguardando instruções do governo para saber o que fazer com ele". (N. da E.)

[31] Em V1: "[...] o procedimento normal nessas circunstâncias". (N. da E.)

[32] A fala do personagem é mais longa em V1, completando-se com: "[...] A imprensa internacional, você sabe, acaba descobrindo tudo. E ele era demasiado inteligente para responder a um processo. Por isso ele ficou a noite toda preso numa escola da cidade, esperando que amanhecesse". (N. da E.)

[33] A fala do personagem é mais longa em V1: "Sabe? Na minha pátria não existem escolas como esta. Isso aqui parece mais uma prisão. Como é que os filhos dos camponeses podem estudar num ambiente desses? É antipedagógico". (N. da E.)

[34] Em V1, a fala é completada por "[...] e todas as riquezas. Não é verdade? É contra isso que nós combatemos". (N. da E.)

PROFESSORA — Você veio de tão longe lutar no meu país?

COMANDANTE — Bolívar disse que a nossa pátria é a América Latina.[35]

SOLDADO — Você tem muita raiva deles, não é?

COMANDANTE — Existe um povo, um povo pequeno, que está sozinho. Contra a maior força do mundo ele continua lutando. Nós precisamos entender isto: não se trata de desejar êxitos ao agredido — trata-se de correr a mesma sorte, a acompanhá-lo na morte ou na vida.[36]

SOLDADO — Mas por que lutar também aqui? Aqui tudo está tranquilo, reina a paz.

COMANDANTE — É preciso levantar em armas dois, três, muitos pequenos povos que lutam.[37] O país inimigo do gênero humano consegue dominar a humanidade menos pela força enorme que possui do que pelo medo que sentimos. Se nós conseguirmos vencer o nosso próprio medo, conseguiremos vencer o inimigo.

REPÓRTER — O Comandante foi capturado vivo domingo à tarde. Per-

---

[35] Em V1, a frase é precedida por "Eu sou revolucionário e estive em uma porção de lugares". (N. da E.)

[36] O trecho que vai de "Nós precisamos entender [...]" até "[...] na morte ou na vida" substitui o mais longo de V1: "[...] E a solidariedade do mundo progressista para com esse povo tem sido um pouco parecida à ironia amarga da plebe que gritava estimulando os gladiadores do circo romano: mas ninguém entrava na arena. Nós todos precisamos entender isto: não se trata de desejar êxitos ao agredido — trata-se de correr a mesma sorte, e acompanhá-lo na morte ou na vitória. Existe um país que é o inimigo mortal do gênero humano, e sua força bruta é culpada de agressão e seus crimes são imensos: mas têm culpa também aqueles que no momento da definição hesitaram e, ao invés de correrem em socorro dos irmãos ameaçados, ficaram trocando insultos.

SOLDADO — Muitos têm medo da morte.

COMANDANTE — E muitos hão de morrer, por culpa da sua própria indecisão; outros cairão no duro combate que se avizinha. Novos lutadores e novos dirigentes hão de surgir no calor da luta. O povo irá formando seus combatentes e seus líderes durante a própria guerra". (N. da E.)

[37] Em V1, o trecho entre "É preciso levantar [...]" até "[...] povos que lutam" é mais extenso: "É preciso criar dois, três, muitos levantes de pequenos povos. É preciso forçar o inimigo a lutar em lugares onde os seus hábitos de vida se choquem com a realidade imperante". (N. da E.)

maneceu vivo até segunda-feira de manhã. Pergunto: o que foi que aconteceu durante todo esse tempo?

CORONEL — Alguns aspectos devem ser mantidos secretos por questões de segurança. (*Gritos.*)

SOLDADO — Eu também quero entrar.

SOLDADO — Eu vou na frente.

SOLDADO — Não, você fica com os outros dois.

SOLDADO — Eu tenho o direito.

SOLDADO — Primeiro eu.

O Comandante se levanta. Entra o coronel seguido do soldado.

CORONEL — Senta.

COMANDANTE — Por quê, se você vai me matar?

CORONEL — Não, não vou.

Silêncio. O coronel olha para o chão. Os três soldados fitam o Comandante e o coronel dá de costas, caminha alguns passos distanciando-se do Comandante e dispara três vezes. O Comandante cai. Os soldados paralisados. Depois de alguns segundos os soldados, dando gritos, disparam suas armas.[38]

---

[38] Neste ponto de V1, há uma cena que não consta da versão de 1990: "O transporte de helicóptero":

"ATOR — O ar agitado pelos rotores do helicóptero fazia esvoaçar os amplos cabelos castanhos e os pelos da barba daquele homem morto. Uma testa larga que se ia afinando em direção à fronte. Os cabelos abundantes, não exageradamente longos, o bigode juntando-se pelas extremidades da boca, com a barba que também não era longa. Os lábios semicerrados permitiam que se vissem os dentes que, naturais ou não, eram bons. As sobrancelhas relativamente finas junto aos olhos, mas alargando-se abundantemente à medida que se afastavam em direção aos parietais.

ATOR — Os lábios mostram um ríctus que um jornalista qualificou de cínico. 'Vendo este esgar', disse, 'não há dúvida de que se trata do Comandante.'

ATOR — Os soldados não conseguiam ficar de costas para o corpo do Comandante." (N. da E.)

7.
A morte é dolorosamente certa

ATOR — A morte é dolorosamente certa.

CORINGA — A morte do Comandante é dolorosamente certa.

Nós não queremos tirar vantagens da dúvida, da mentira. O medo da verdade e a cumplicidade de qualquer ilusão, não importa qual a mentira, não foram jamais as armas do povo. Não somos precisamente nós, os revolucionários, que amamos o valor do exemplo, o valor dos princípios morais? Não somos nós, os revolucionários, os primeiros a conhecer o que há de efêmero na vida física dos homens e de durável nas ideias, na conduta e no exemplo dos homens?[39]

O Comandante foi eliminado fisicamente, mas ninguém poderá eliminar o terrível impacto do seu exemplo, da sua conduta, da sua luta revolucionária e heroica. Os imperialistas conhecem a força do exemplo. Por isso é lógico que eles sintam uma profunda angústia.[40]

---

[39] Em V1, o trecho entre "Não somos precisamente nós [...]" até "[...] e no exemplo dos homens?" é mais longo: "Não demos nós, os revolucionários, sermos justamente os que melhor se preparam para todas as circunstâncias, para todas as vicissitudes, e até mesmo para todos os revezes? A história das revoluções e a história dos povos revolucionários estará caracterizada pela ausência de fatos dolorosos? Não serão os verdadeiros revolucionários justamente aqueles que se sobrepõem a esses golpes, a esses revezes, e que não se desencorajam jamais? Não somos precisamente nós, os revolucionários, que amamos o valor do exemplo, o valor dos princípios morais? Não somos nós, os revolucionários, que acreditamos na eternidade das obras dos homens, dos princípios dos homens? Não somos nós, os revolucionários, os primeiros a reconhecer o que há de efêmero na vida física dos homens e de durável nas ideias, na conduta e no exemplo dos homens, pois é este exemplo que inspira e guia os povos através de toda a história?". (N. da E.)

[40] Neste ponto de V1, seguem mais duas falas:

"REPÓRTER — Por que desapareceu o corpo, Coronel?

CORONEL — O importante é não criar uma coisa parecida com um sacrário. Por isso nós achamos melhor fazer o corpo sumir." (N. da E.)

8.
Três exortações[41]

HUASI — O Comandante não quer lágrimas: urgem balas concretas; o pranto em seu nome é uma grande traição.[42] Que não se baixem bandeiras a meio pau: ao contrário, que todas as bandeiras se levantem mais alto do que nunca. Só os assassinos põem luto, pois sua própria morte está agora mais perto e mais próxima. Comandante, você virá conosco a esse funeral.

CORINGA — Se quisermos expressar como desejamos que sejam nossos companheiros, devemos dizer: "que seja como ele!". Se quisermos expressar como desejamos que sejam os homens das gerações futuras, devemos dizer: "sejam como ele". Se quisermos expressar como queremos que se eduquem nossos filhos, devemos dizer sem vacilação de nenhuma índole: "queremos que se eduquem com o seu espírito". Se quisermos um modelo de homem, um modelo de homem que não pertence a este mundo, um modelo de homem que pertence ao futuro, de coração eu digo que este modelo sem nenhuma mancha em sua conduta, este modelo era ele.

CORTÁZAR — Peço o impossível, o mais imerecido: peço que seja a sua voz a que aqui se ouça, que seja a sua mão a que escreva estas linhas. Sei que é absurdo e que é impossível e por isso mesmo creio que ele escreveu isso comigo porque ninguém soube melhor do que ele até que ponto o absurdo e o impossível serão um dia a realidade dos homens, o futuro por cuja conquista ele deu a sua jovem e maravilhosa vida. Usa então a minha mão uma vez mais, meu irmão!

---

[41] Neste ponto de V1 há uma fala do Coringa: "CORINGA — Nós gostaríamos mais de vê-lo transformar-se no forjador das grandes vitórias do povo, ao invés de ser o precursor dessas grandes vitórias". (N. da E.)

[42] Em V1 intercala-se neste ponto o trecho: "Que ninguém chore nem reze. O seu testamento não pede lágrimas nem choro. Ele nos deixa seu fuzil para que lutemos com ele. Nós, que somos os herdeiros do seu fuzil, não podemos chorar". (N. da E.)

De nada lhes valerá que te hajam cortado os dedos.
De nada lhes valerá que te hajam assassinado.[43]
Toma a minha mão e escreve.

Tudo quanto ainda me falta dizer e fazer, eu o direi e farei sempre contigo a meu lado. Só assim terá sentido continuar vivendo.

[43] Em V1, o trecho continua com: "e escondido teu corpo com suas torpes astúcias". (N. da E.)

Torquemada[1]

Relatório

(Buenos Aires, 1971)

para Heleny, assassinada nas prisões de Torquemada

[1] Concebida no Presídio Tiradentes durante a prisão de Augusto Boal e finalizada no exílio do autor em Buenos Aires. Com direção do autor e alunos da New York University, estreou em Nova York em dezembro de 1971. (N. da E.)

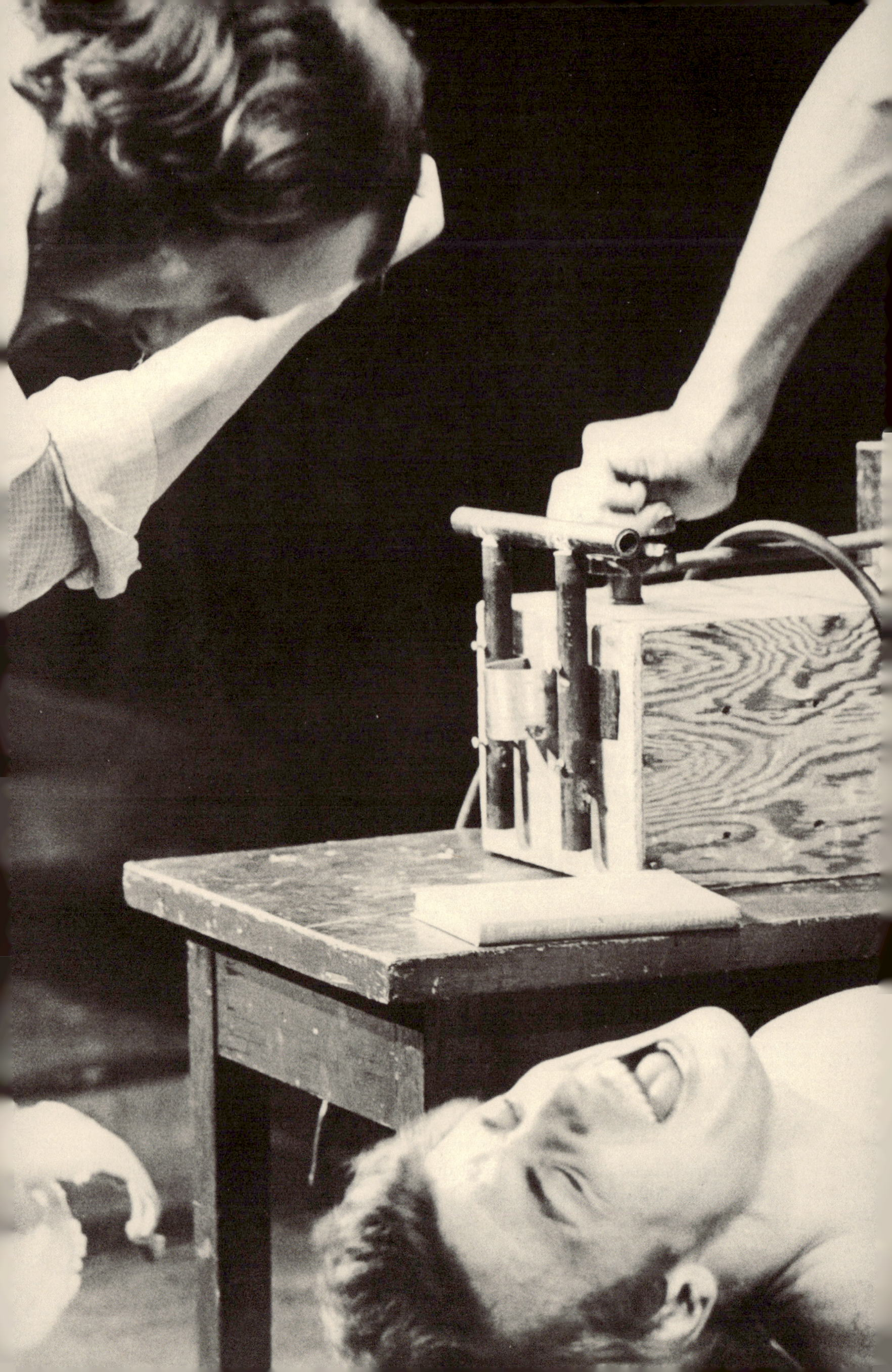

Personagens

Barba
Dramaturgo
Atleta
Baixinho
Frades
Ator
Rei
Torquemada
Presos
Policiais
Homem
Vera
Moça presa
Parente da moça
Pavão
Hirata
Fernando
Mosca
Ismael
Cristina Jacaré
Buda
Oscar
Mestre
Espião
Zeca
Paulo
Irmã de Paulo
Nobres

Carcereiro
Soldados
Industrial
Frade dominicano
Filhos
Mãe
General
Capitão

Cela com cinco beliches: três de frente e um de cada lado. Uma porta com uma grade alta. Os presos estão de calças curtas, bermudas ou shorts e camisas de vários tipos. A ação "representada" tem lugar diante do centro da cela; os atores que não intervêm continuam permanentemente em cena nas suas ocupações habituais de presos: leem, pensam, estudam, vão ao banheiro, escrevem cartas, choram, caçam moscas, passam a ferro, ouvem discos, fazem artesanato, cozinham, comem etc. Estas ações devem ser feitas de tal maneira a não prejudicar a ação central.

O preso transforma a sua cama no seu "mocó", quer dizer, o seu ninho: ali ele guarda os seus livros, discos, roupas etc. A impressão que dá uma cela é a de um depósito: roupas penduradas secando ao lado de linguiças e carne-seca.

O estilo da representação deve ser basicamente realista, mas cada cena em particular deve ser feita segundo o estilo que melhor lhe convenha; em outras palavras: não existe nenhuma necessidade de manterem estilo ou forma de representação única para todo o espetáculo.

Os policiais se vestem de policiais ou de frades. Deve existir uma mistura de roupas históricas e modernas. As roupas e outro material necessário à ação devem ser guardados nos mocós dos presos, sempre que não sejam necessários. Nunca se pode dizer que uma obra de arte seja a transcrição exata da realidade: esta é uma obra de arte, mas pretende ser o mais exata possível. Não foi exatamente assim que sucederam as coisas, mas quase. Tudo nesta peça é verdadeiro: ocorreu realmente. A única ficção é a estrutura da própria peça, que busca a teatralidade.

Prólogo

Uma sala pequena, com uma janela fechada, duas pequenas mesas e algumas cadeiras; um pau comprido no chão e, sobre uma das mesas, uma garrafa de água com sal. Fios, cordas e algemas. Alguns frades estão em cena. Um deles quase dormindo, sentado numa cadeira com a cabeça encostada na mesa. Dois outros ao fundo, no meio de uma conversa interrompida. Outro tira de uma caixa um aparelho elétrico, como um reostato, adaptado de um aparelho de TV. Finalmente, um quinto, com muita barba na cara, tenta tirar uns cadernos e outro material semelhante de uma pasta, e os examina. Depois de alguns instantes entram um frade e o Dramaturgo. Não falam, apenas se ouvem alguns sons. O de barba é o chefe das operações.

BARBA (*Enquanto continua o seu trabalho*) — Aqui todos confessam. Nós temos duas maneiras de descobrir a verdade: primeira, conversando. Tem gente que é compreensiva, fala e abre. Tem até uns que já entram aqui falando. Não dão trabalho. A segunda é aqui. Aqui todos confessam. (*Mostra o caderno.*) Estes cadernos são seus?

DRAMATURGO — São.

BARBA — Começou bem. Agora explica: quem é o Aluísio?

DRAMATURGO — Não sei.

BARBA — O nome dele tá aqui no teu caderno. Como é que não sabe?

DRAMATURGO — Pode ser.

BARBA — Como é que o nome dele veio parar aqui?

DRAMATURGO — Aí tem o endereço dele. Alguém deve ter me dado. Isso é muito comum quando uma pessoa viaja. Tem muitos endereços aí nesse meu caderno que eu não sei de quem são.

BARBA — Então você já decidiu que não vai responder?

DRAMATURGO — Eu já respondi.

BARBA — Pode tirar a roupa.

(*Enquanto o Dramaturgo tira a roupa sem pressa, um outro torturador se aproxima tentando mostrar-se amigo. É forte como um atleta.*)

ATLETA — Fala de uma vez. Aqui todo mundo se abre.

DRAMATURGO — Eu não tenho nada pra falar.

ATLETA — Pra quê, rapaz? Todo mundo fala e isso não é nenhuma vergonha. Todos. Melhor abrir de uma vez do que enfrentar e ter de falar depois. (*Mostra o aparelho elétrico.*) Não é nenhuma vergonha. Como é que é?

DRAMATURGO — Eu não tenho nada pra falar.

BARBA — Eu vou te provar o contrário. Senta aí.

(*O Dramaturgo senta no chão e encolhe as pernas. Barba e Atleta passam o pau de madeira entre os seus joelhos e as suas mãos, que são amarradas uma na outra: posição fetal.*)

BARBA — Pode pendurar.

(*Dois frades assim o fazem. O Dramaturgo fica com a cabeça para baixo, pendurado pelos joelhos. O pau é apoiado nas extremidades das duas mesas. O Atleta faz a ligação elétrica, amarrando um fio a um dedo do pé e a um dedo da mão e liga o aparelho na corrente elétrica da parede. O reostato ainda está em zero.*)

BARBA — Pronto?

ATLETA — Está.

BARBA — Quando foi que você conheceu Aluísio?

DRAMATURGO (*Pendurado*) — Eu não conheço nenhum Aluísio.

BARBA — Começa.

(*O Atleta liga a corrente elétrica alguns instantes. O Dramaturgo grita.*)

BARBA — Onde é que você conheceu o Aluísio, aqui ou em Paris?

DRAMATURGO — Em nenhum lugar.

BAIXINHO — Lá em Paris, na casa do Aluísio, quem é que se reunia com vocês?

DRAMATURGO — Não sei, porque eu nunca estive lá.

BAIXINHO — O Aluísio é casado? Tem filhos?

DRAMATURGO — Eu não sei quem é.

BAIXINHO — Aluísio é nome de guerra ou é nome verdadeiro?

DRAMATURGO — Não sei.

BARBA — Não é que ele não saiba: ele não se lembra. Dá um pouquinho de memória aí pra ele. (*Novo choque elétrico. Novo grito.*)

BAIXINHO — A gente tem provas de que você se encontrava com o Aluísio em Paris.

DRAMATURGO — Eu encontrei muita gente em Paris, mas não lembro os nomes de todo mundo.

BARBA — Está melhor: você se encontrou com o Aluísio mas, quando você entregou os recados, você ainda não sabia como era o nome dele, não é verdade? Ou pode ser também que você não sabia que o Aluísio era ele. Foi isso que você disse?

DRAMATURGO — Não, eu não disse isso. Eu não levei nenhum recado pra ninguém. Mas pode ser que eu tenha me encontrado com uma pessoa chamada Aluísio, ou Pedro, ou Paulo ou José, por casualidade. Foi isso que eu disse. Mas não levei nenhum recado a ninguém.

BAIXINHO — Recado não, mas artigos você levou. Recados, você trouxe, tá lembrando agora? Recados sobre armas pra subversão, barra-pesada. Você se lembra? Você levou artigos e trouxe recados. Tá lembrado? (*Choque e grito.*) Armas!

DRAMATURGO — Não é verdade nem uma coisa nem outra.

BAIXINHO — Então como é que foram publicados tantos artigos difamando o nosso país?

DRAMATURGO — Eu não li nada.

BAIXINHO — Mas os artigos foram publicados! Sim ou não? (*Para o Atleta*) Pergunta! (*Choque e grito.*) Na revista *Les Temps Modernes*. Sim ou não?

DRAMATURGO — Não sei, eu não leio francês.

BAIXINHO — Confessa.

DRAMATURGO — Não sei.

BARBA — Confessa e a gente tira você daí.

DRAMATURGO — Não sei.

BARBA — Mais forte. (*Choque e gritos.*) Porque, se você não confessar, não vai sair nunca mais daí. Vai morrer pendurado.

BAIXINHO — Vai ter que confessar!

DRAMATURGO — Confessar o quê?

BARBA — Confessar que você difama o nosso país quando viaja para o exterior.

DRAMATURGO — No exterior eu apresento os meus espetáculos, as minhas peças. Isso não é difamar.

BARBA — Você difama e tchau. Confessa de uma vez.

DRAMATURGO — Mas como? Como é que eu difamo?

BARBA — Você difama porque, quando você vai ao exterior, você diz que no nosso país existe tortura. (*Há um silêncio. O Dramaturgo, pendurado no pau de arara, não consegue evitar um sorriso.*)

BAIXINHO — Ele está rindo.

DRAMATURGO (*Tentando parar o riso*) — Não, não, eu não estou rindo, quer dizer, eu só ri um pouquinho, quer dizer, como você disse que eu difamava porque aqui não existe tortura... bom, quer dizer, o que é que eu tou fazendo aqui? Isso daqui o que é que é?... Isso é tortura!

BARBA — Manda bala pra que ele aprenda. (*O Atleta vai fazer o jogo normal de ligar o aparelho e desligar imediatamente.*) Deixa, deixa um pouco mais de tempo pra que ele aprenda. (*O Dramaturgo grita continuamente de dor pelo choque elétrico demorado. Depois de uns instantes, o Atleta desliga.*)

BARBA — Claro que isso é tortura. Mas você tem que reconhecer que eu estou te torturando com todo respeito! Não estou te dando porrada na cara nem apagando cigarro acesso na tua boca. Estou fazendo o mínimo indispensável. (*Filosófico*) Estes subversivos falam, e falam e falam, porque o povo, o campesinato, o proletariado, e não sei que mais, e as empregadas domésticas, e os pretos, e toma que eles falam, e falam, e falam, mas ficam no bem-bom na sua casa, tomando uísque importado, e viajam por toda parte, e dão a volta ao mundo, e vão viver na Europa...

BAIXINHO (*Olhando o Dramaturgo*) — Parece que ele tá mal.

BARBA — E eu, que não defendo nem os operários, nem as empregadas, nem o povo, nem ninguém, nem nada, eu que só defendo a democracia, eu não viajo.

FRADE 1 — Sabe que eu nunca viajei de avião? Nunca, nessa merda dessa minha vida. Eu nem sei como é que se faz.

FRADE 2 — Você não tem que fazer nada. Tem que entrar dentro do avião e tchau. O piloto é que faz tudo. Você não faz porra nenhuma.

FRADE 1 — Tá certo, mas como é que o passageiro se prepara pra voar? E qual é a sensação? Deve ser um negócio estranho, ficar assim no ar sem gravidade.

FRADE 2 — Como, sem gravidade? Isso acontece com os russos, com os astronautas.

BARBA — Com os americanos também.

FRADE 2 — Pode ser: a gravidade é igual para todos. Não respeita nacionalidade.

BARBA — Claro: não tem fronteira ideológica.

BAIXINHO (*Sente que o descanso para o Dramaturgo foi demasiado longo. Suas mãos, e especialmente os dedos, estão azuis de sangue, inchando, enormes*) — E então, como é que é? Você quer fazer a gente ficar aqui trabalhando a noite toda?

FRADE I — Eu prometi à minha mulher que ia jantar com as crianças.

BARBA — Vai confessar ou não vai? (*O Dramaturgo não responde.*)

BARBA — Dá uma rapidinha pra ele acordar. (*O Atleta obedece e o Dramaturgo grita.*) Viu? Já acordou.

BAIXINHO — O Aluísio é velho ou é jovem?

BARBA — Ah, você não quer falar? Você gosta de eletricidade?

DRAMATURGO (*Subitamente muito acordado*) — Não, não, não é isso. O problema é que eu já não sinto as minhas mãos. O sangue está inchando os dedos. Eu sinto que vai arrebentar alguma veia.

BARBA (*Sem olhar*) — Vão se arrebentar todas as veias! Não uma, todas! Fala de uma vez e tchau, já vamos embora.

DRAMATURGO — Mas eu não tenho nada que dizer.

BARBA — Você é um passarinho que vai sair daqui voando pela janela, cantando. Você sabe muito bem que tem muito pra confessar. Começa!

DRAMATURGO — Eu confesso que escrevo peças de teatro. Só isso. Pode ser que o governo não goste das minhas peças. Mas são peças de teatro. E aqui existe censura.

BAIXINHO (*Indignado*) — Onde? Aqui? No nosso país? Isto aqui é uma democracia! (*Para o Atleta*) Manda bala. (*Choque e grito.*)

BARBA — Claro que existe censura.

BAIXINHO (*Reparando a gafe*) — Quer dizer, existe e não existe... Depende das coisas que a pessoa diga. Pra certas pessoas existe censura, pros subversivos como você. Mas se você não disser nada de errado, então não existe censura.

DRAMATURGO — Então, pras pessoas como eu, existe censura. Eu escrevo peças. Se o governo não gosta, que mande proibir. Já proibiu quase todas.

BARBA — E a confissão?

DRAMATURGO — Já confessei.

BARBA — O que que você confessou?

DRAMATURGO — Que eu escrevo peças e nenhuma a favor do governo, bem pelo contrário. Isso já é uma confissão.

BARBA — Não, senhor. Este país não é nem Cuba nem Rússia. Aqui não se prendem os intelectuais só porque são intelectuais. Não, senhor. Você não está preso por causa das suas peças. É verdade que eu não gosto delas, mas não é por isso que você está preso aqui.

DRAMATURGO — Você conhece alguma peça minha? Já viu alguma?

BARBA — Não vi e não gostei. Mas esse não é o motivo. O motivo é que você é um subversivo. E é por isso que nós estamos aqui, neste diálogo civilizado, porque se fosse em Cuba ou na Rússia, você já estaria morto, na Sibéria, de frio e de balas. E aqui, no Brasil, você é capaz de acabar escrevendo uma peça sobre a tortura.

BAIXINHO — Subversivo!

DRAMATURGO — O que que eu fiz, além das minhas peças?

BARBA — Nós temos muitas provas contra você.

DRAMATURGO — Quais?

BARBA — Você tinha dólares em casa. De onde é que veio todo esse dinheiro? De Cuba? Da Rússia?

BAIXINHO — Ou de Tchecoslováquia?

BARBA — Confessa!

DRAMATURGO — Dos Estados Unidos.

BARBA — O quê?

DRAMATURGO — Claro, eu representei minhas peças lá, fiz conferências nas universidades, e eles me pagaram, claro, e é por isso que eu tenho os dólares.

BAIXINHO — Mas você vai querer fazer a gente acreditar que os gringos te pagaram em dólar? Nunca que eles iam ser tão estúpidos.

DRAMATURGO — E por que não?

BAIXINHO — Os gringos? Pagar em dólar? (*Com olhar de vencedor.*) O dólar está muito caro, está muito cotado. O dólar é divisa, tá me entendendo? Não é moeda, não é dinheiro propriamente dito.

DRAMATURGO — Mas se é a moeda deles! É o dinheiro que eles usam todos os dias pra comer cachorro-quente.

BARBA — Isso é verdade. (*Para o Baixinho*) Vê se pergunta só coisa sobre o Aluísio.

BAIXINHO (*Sempre vencedor*) — E o Aluísio? Onde foi que você se encontrou com ele pela primeira vez?

FRADE I — E por que é que você foi tantas vezes à Europa?

DRAMATURGO — Só fui uma vez.

BARBA — E pra que você tinha tanta música subversiva? Estava preparando o programa da Rádio Nacional pra depois de tornar o poder? Na tua casa tinha uma fita cheia de músicas subversivas.

DRAMATURGO — Eu tava preparando uma fita pra um espetáculo musical.

BARBA — E por que só música subversiva? Será que só existe subversão na América Latina? Não existe também paz, trabalhadores pacíficos, bons pais de família? É só bombas e manifestações, e montanhas e nada mais? Subversão, subversão? Olha só o Chile. Faz dois meses que o Allende tomou o poder e já começaram as secas.

DRAMATURGO — São músicas populares, músicas do povo.

BARBA — Eu escutei a fita inteira, e só ouvi hinos, canções de guerrilheiros, e por que só isso?

DRAMATURGO — Tem de tudo. *Bagualas*, *vidalas*, *zambas*, *guatemalitos*, tem até um tango.

BARBA — Que tango?

DRAMATURGO — "Cambalache".

BARBA — Esse eu conheço. É subversivo.

DRAMATURGO — Mas como subversivo? Se esse tango é subversivo, eu também sou!

BARBA — Mas claro que é, e é por isso que você tá aqui. Os dois são subversivos, você e o tango!

DRAMATURGO — Eu, eu já imagino por quê. Mas o que "Cambalache" tem de subversivo?

BARBA (*Gritando*) — Porque quando vocês, terroristas, dizem que o mundo foi e será uma porcaria, vocês estão se referindo ao nosso mundo cristão e ocidental, e vocês não dizem nada contra esses comunistas de merda.

DRAMATURGO (*Com alguma ironia*) — Mas esse tango é muito antigo, é de antes de subversão...

BARBA — E a canção em romeno, hein? Que é que você me diz da canção em romeno?

DRAMATURGO — Que canção em romeno?

BARBA — Romeno ou polaco, sei lá eu. Mal e mal, eu só falo português.

DRAMATURGO — Mas como era essa canção?

BARBA — A última. Uma coisa meio assim, de animais, de comunistas. (*Imita o som de* erke, *instrumento musical do norte argentino.*)

DRAMATURGO — Vai me desculpar, mas isso não era voz humana. Isso era um instrumento musical do norte da Argentina, da Quebrada de Humahuaca. Se chama *erke*.

BARBA — E pra que você foi ao norte da Argentina? Taí, pra quê?

BAIXINHO — Foi se encontrar com o Aluísio?

BARBA — Lá naquela porra só tem índio. Que que você foi fazer lá?

DRAMATURGO — Por isso mesmo. Fui gravar música.

BAIXINHO — E antes tinha o Che Guevara. Você soube que o Che morreu?

DRAMATURGO — Claro que sim.

BAIXINHO — E como é que você ficou sabendo? Quem são os teus contatos? Qual é o ponto que você marcou pra amanhã? (*Choque e grito.*) Que armas o Che usava na Bolívia?

DRAMATURGO — Não tenho nenhum contato. Não marquei nenhum ponto.

BAIXINHO — E quem foi que te contou que o Che morreu?

DRAMATURGO — Saiu nos jornais. (*Choque e grito.*)

ATLETA — Confessa!

BAIXINHO — Basta dizer onde foi que você encontrou o Aluísio. Aqui ou em Paris? Como é que se chama o contato? Diz pelo menos um nome pra gente continuar trabalhando. Porra, não custa nada dizer um nome. Você tem que cooperar com a gente. Nós também somos trabalhadores...

BARBA (*Percebe que o Dramaturgo sente dificuldades para respirar e que corre perigo de um ataque mais sério*) — E não vai ficar pensando que, se você não falar hoje, não vai falar nunca mais. Tem muita gente que aguenta bem da primeira vez, mas que depois acaba contando muito mais coisas do que a gente pergunta.

ATLETA — Basta? (*Barba faz que sim com a cabeça.*)

BARBA — Aqui tem uns que aguentam bem a primeira vez, duas vezes, três vezes. Mas nós temos tempo. Trabalhamos nisso, né? Temos todo o tempo do mundo. Ganhamos pouco, é verdade, mas dá pra viver. Hoje você não contou nada. Pode ser que na sessão de amanhã também cale a boca. Mas, quem sabe, pode ser que depois de amanhã, e depois tem outro depois e sempre tem mais depois, até o dia que você resolver parar de frescura e responder tudo que a gente perguntar. Porque eu te avisei, né? Aqui todo mundo confessa.

(*Enquanto ele fala, os outros frades retiram o Dramaturgo do pau de arara e o deitam no chão. Ele está muito mal.*)

BAIXINHO — Parece que ele tá ruim.

BARBA — Não tem importância. Depois ele vai ficar pior. Agora sim, você pode escrever. Agora, se você quiser escrever como é que são os nossos interrogatórios, agora sim, você pode. Mas isso de hoje, isso foi um refresco. Amanhã vai ter mais.

O ator que representa o papel de Dramaturgo avança para a plateia e fala.

ATOR — Esta peça foi escrita na prisão Tiradentes, do estado de São Paulo, Brasil, no ano de 1971. Foi escrita também na Espanha, no fim da Idade Média. Continua sendo escrita no Chile, depois de tantos anos, no Paraguai, em El Salvador. Começa sempre assim.

REI — Padre Tomás de Torquemada, o nosso país de repente progrediu! Nós começamos todos a ficar muito ricos, muito depressa. E o povo quis seguir o nosso exemplo. Mas isso não é possível, não há pra todos. Eu quis ser bom, padre, eu juro, mas quando lhes dava o dedo queriam o braço. Já não sei mais o que fazer. Por isso eu o nomeio inquisidor-mor. Quero que acalme o povo! Que o pacifique. Que o faça trabalhar. Que aceite ser escravo.

TORQUEMADA — Meu rei, eu farei um Milagre. Vamos nos enriquecer cada vez mais e o povo não vai reclamar.

REI — Como?

TORQUEMADA — Minha primeira providência é esta: que se prenda todo o povo. Quero interrogá-lo.

PRESO — A prisão é simples, quase higiênica. Uma pessoa vem andando e se aproximam três. (*Representa-se a prisão de um homem na rua.*)

POLICIAL 1 — Federal. (*Mostra a sua credencial.*)

POLICIAL 2 — Calma, calma.

POLICIAL 3 — Vem conosco.

POLICIAL 1 — Vai precisar de algemas?

HOMEM — Depende de vocês.

POLICIAL 2 — Não, não vai ser necessário, ele é compreensivo.

POLICIAL 3 — Vai buscar o carro. (*O Policial 1 sai.*)

POLICIAL 2 — Contra a parede.

POLICIAL 3 — Que calor!

POLICIAL 2 — É só umas perguntinhas. Hoje mesmo você vai dormir em casa.

POLICIAL 3 — Questão de minutos.

POLICIAL 2 — Não, não, não, não se pode telefonar, não pode telefonar pra ninguém. Telefonar, não, não se pode. Não se pode chamar nem a mulher, nem o amigo. Não, não, não, não se pode.

POLICIAL 3 — Ninguém pode ficar sabendo que você foi preso. É uma questão técnica.

HOMEM — Que bom que eu te encontrei. Que sorte!

VERA — Quem é você?

HOMEM — Você é Vera?

VERA — Sou.

HOMEM — Eu tenho uma notícia ruim pra você, muito ruim. (*Misterioso*) Você precisa tomar cuidado.

VERA (*Assustada*) — Por quê?

HOMEM — Todos os seus amigos estão caindo. Na semana passada caiu o Roberto.

VERA — O companheiro da Sheila?

HOMEM — Esse mesmo.

VERA — E Sheila?

HOMEM — Essa ainda não, mas em compensação caiu o Eduardo.

VERA — E o Rodrigo, o que vivia na rua do Presidente?

HOMEM — Em que edifício?

VERA — No grande da esquina, no último andar.

HOMEM — Esse ainda não. (*Anota*) Mas em compensação caiu o Antônio.

VERA — Meu Deus do céu! Nós dois participamos juntos de tantas ações. Obrigada por ter-me dito. Claro que eu tenho que me cuidar, eles estão chegando perto. E o Horácio?

HOMEM — Qual?

VERA — O caixa do supermercado do meu bairro.

HOMEM (*Anotando*) — Não, esse ainda não... mas em compensação... em compensação... quem acaba de cair agora nesse instante é você. Eu sou o Capitão Miranda, muito prazer. (*Leva a moça presa.*)

PRESO — Às vezes há resistência, violência. Resistência. (*Os atores representam a prisão violenta de um homem na rua, com luta e tiros.*)

POLICIAL 1 — Está morto.

POLICIAL 2 — Que merda. E agora? Como é que nós vamos ficar sabendo?

POLICIAL 1 — Ele está morto.

POLICIAL 2 — Bom, deixa pra lá...

(*Os policiais trazem os presos para o centro da cela. Revistam todos e os ameaçam com as suas armas e batem em alguns. A moça está em uma cela diferente.*)

PRESO — Eu não fiz nada.

PRESO — Eu estava na minha casa.

PRESO — Eu estava passando ali por casualidade. Não tinha nenhum encontro marcado.

PRESO — Eu estava dentro do meu carro parado porque sim. Porque estava cansado. Não estava esperando ninguém.

PRESO — Não, não sei quem é.

MOÇA PRESA — É verdade que eu estava na casa dele, mas eu não sabia que ele era subversivo. Nós sempre fomos muito amigos, mas quem é que ia imaginar? Eu não sabia.

PRESO — Eu não tenho culpa.

POLICIAL — Escutem, escutem bem! Todo o povo é culpado! Até prova em contrário, todo o povo é culpado. Só é inocente aquele que possa provar sua inocência. Por isso é que todo o povo tem que comparecer aqui. Tem que provar que é inocente.

POLICIAL — Antigamente se dizia assim: "*in dubio pro reo*". Mas nós mudamos um pouco: "*in dubio*, pau no réu"! (*Saem os dois policiais e os presos começam a ocupar a cela, trocando de roupa e vestindo-se da maneira que vão ficar durante todo o espetáculo.*)

PAVÃO — Que azar! Puxa vida, que azar!

HIRATA — O quê? Estar preso?

PAVÃO — Não, isso não. Azar que eu não consegui me suicidar. Mas quase, quase.

HIRATA — Como é que foi?

PAVÃO — Digamos que eu sou a quinta pessoa em importância na minha organização. Digamos a terceira. Não, digamos a quarta. Quer dizer, eu sou a terceira pessoa em importância na minha organização. Quer dizer que eu sei muitas coisas. Quer dizer, muitas coisas dependem de mim, muita gente, muitos planos dependem de mim. Então, que foi que eu fiz? Tentei me suicidar. Puxa vida, que azar! Quando eu vi que o tira vinha vindo, quando eu percebi que não tinha nenhuma defesa, nenhuma arma, nada, nada, que foi que eu fiz? Peguei as minhas pastilhazinhas no bolso, peguei as minhas pastilhinhas de cianureto, e que foi que eu fiz?

HIRATA — Que foi que você fez?

PAVÃO — Engoli todas. (*Pausa.*)

HIRATA — E o que foi que aconteceu?

PAVÃO — Bom, eu tô na minha organização já faz muitos anos. Eu tinha essas pastilhas comigo desde o começo da minha militância. Porque eu sou a segunda ou a terceira pessoa da minha organização. As pastilhas já tinham apodrecido. Eu engoli todas, mas... puxa vida, que azar! Estou eu aqui, são e salvo.

FERNANDO — Azar foi o meu. Comigo foi muito pior. Eu não sou a primeira nem a segunda pessoa da minha organização, mas de qualquer maneira alguns segredos eu sabia. Mas como eu não tinha pastilhas, quando o tira veio vindo eu tirei o meu revólver, comecei a disparar e a matar todos que eu podia e guardei a última bala para mim. E, antes que eles pudessem me agarrar, eu me dei um tiro na cabeça.

HIRATA — E o que foi que aconteceu?

FERNANDO — Pois é, azar o meu. Eu errei as contas, dei um tiro na minha cabeça mas o revólver não tinha mais balas. Falta de sorte. Aqui estou eu, são e salvo.

MOSCA — Falta de sorte, falta de sorte... Falta de sorte foi a minha! Eu não tinha nem pastilhas nem revólver. Tinha as minhas mãos limpas. Me agarrei pelo pescoço, me apertei com toda a força que eu tinha, apertei o meu pescoço até sufocar, me apertei, a polícia vinha vindo, eu me apertava mais o meu pescoço, a polícia subiu pelas escadas, eu tava quase morrendo, tava me sufocando e, no último instante, no último momento, entrou a polícia no meu quarto e me salvou. Puxa vida, que azar!

ISMAEL — Meus irmãos, meus irmãozinhos, companheiros! Eu não quero nem contar pra vocês minha falta de sorte, nem quero contar. Comigo aconteceu uma desgraça. Pior do que tudo o que vocês podem imaginar. Foi trágico. Eu tinha tudo, do bom e do melhor, pastilhas fresquinhas, um veneno que funcionava perfeitamente bem, tinha uma metralhadora completamente carregada e tinha as minhas mãos. Pra não cair preso vivo, que foi que eu fiz? Quando eu vi que já não podia escapar, que estava rodeado de tiras por tudo que era lado, que foi que eu fiz?

PAVÃO — Eu não sei.

ISMAEL — Eu engoli inteirinha a caixa de pastilhas de cianureto, uma a uma. Descarreguei todas as balas da minha metralhadora na minha cabeça, uma a uma. E, pra que não tivesse nenhuma dúvida, eu me agarrei pelo pescoço até que não podia respirar mais, sufocado.

PAVÃO — E o que foi que aconteceu?

ISMAEL (*Depois de uma pausa*) — Morri, companheiro, eu morri! (*Ismael solta uma gargalhada. Os outros presos também riem.*)

HIRATA — É, eu tenho a impressão de que nós exageramos um pouquinho. Não muito, mas exageramos. Deve ser a tensão nervosa.

PAVÃO — É, vamos dormir. Vamos descansar, que amanhã começa o interrogatório. (*Um preso se pendura a si mesmo num improvi-*

sado pau de arara. Outro preso lhe aplica descargas elétricas. O preso grita assustadoramente.)

PAVÃO — Que é isso?

ISMAEL — Não é nada, não. Ele tá ensaiando pro interrogatório de amanhã. Todas as noites ele faz um ensaiozinho pra manter a forma.

PAVÃO — E será que faz bem? Não seria melhor ele esperar pro interrogatório a sério?

ISMAEL — Cada louco com a sua mania.

MOSCA (*Deitando numa das camas de cima, olhando pela janela lá pra fora*) — Faz dois anos que eu estou aqui dentro. Dois anos. Eu aqui dentro e a humanidade todinha lá fora. A humanidade sozinha, e eu aqui dentro com vocês. Que sorte! Que sorte a de vocês...

(*Na porta aparece Cristina Jacaré. É um preso comum encarregado da limpeza das dependências externas. É um escandaloso homossexual que se veste alucinadamente.*)

CRISTINA — Olha aí, olha aí, olha aí que loucura! Quantos homens novos!!! E pretos, e brancos, e japoneses. Meu irmãozinho, esta é a casa de vocês. Eu me preocupo muito pra que vocês se sintam aqui como se estivessem em suas próprias casas. Quando quiserem qualquer coisa, é só pedir. Cristina Jacaré está às suas ordens. É só pedir, mas com bons modos. Faço tudo, tudo, tudo que vocês quiserem, mas com bons modos. Eu cozinho, limpo, danço, danço divinamente se me pedirem com bons modos. Dança moderna, expressionista. Eu não gosto de clássicos.

POLICIAL (*De longe*) — Cristina Jacaré, você tem que trabalhar. Não tem que conversar com subversivos. Vai varrer o chão.

CRISTINA — E você, por que é que tá tão triste, menino lindo? Que jovem que você é, e já no mau caminho. Vou dançar pra você ver se gosta. Flamenco. (*Dança. Flashes em diferentes partes do cenário.*)

PRESO — Eu nunca pensei que podia ser preso. Nunca imaginei.

MOÇA — O que me preocupa é o que meu pai vai pensar.

BUDA — Fica à vontade.

PRESO DA MALA — Não, não. Eu não vou ficar aqui. Eu sei. É uma questão de horas. Houve um erro, sabe? Eu não sou subversivo.

Vou me deitar um pouco porque tô cansado. Mas vestido, com roupa e tudo. Porque a qualquer momento eles vão me chamar. Não quero nem dormir. Eu estou aqui por um engano, é questão de minutos.

ISMAEL (*Gritando*) — Tira essa bicha louca daqui. Leva ele embora.

BUDA — Eu não quero contradizer o senhor, mas, quando uma pessoa vem pra cá, nunca é assim por tão pouco tempo. Todo mundo sempre fica mais tempo do que espera.

PRESO DA MALA — Mas no meu caso foi um mal-entendido. Claro que eles vão me soltar logo.

CRISTINA — Por que vocês não gostam de mim?

OSCAR — Aqui não se trepa?

CRISTINA — Por que vocês não gostam de mim? Eu sou boa, sou boníssima. Por que vocês não gostam de mim? Por que eu não sou política? Mas, se nunca ninguém me ensinou, como é que vou ser uma presa política? Sem aprender? Eu não posso ser autodidata. Posso? Ninguém pode aprender política sozinho.

OSCAR (*Bem alto*) — Eu, de bicha não gosto. Mas gosto de trepar. Aqui não se trepa?

CRISTINA — Cavalheiro, o senhor indiretamente se estará referindo à minha pessoa? A minha cela é linda, eu tenho muito bom gosto. Sou uma verdadeira decoradora. Minha cela está cheia de flores, de todas as flores. Eu fiz um curso de ikebana, o que você acha? Sou diplomada.

ISMAEL — Ei, meganha! Leva essa bicha louca embora.

PAVÃO — Eu acho que o principal problema do nosso movimento é que nós estamos divididos. Você, por exemplo, onde é que você militava?

MESTRE — Eu sou do RTP.

PAVÃO — E o que vem a ser o RTP?

MESTRE — Bom, é difícil de explicar, mas é mais ou menos assim: quando o partido se dividiu, a fração menor das três linhas se dividiu em duas, uma um pouco mais à esquerda do que a outra. Mas dentro dessa, depois de alguns meses, houve uma discussão muito violenta na direção, por questões de método, e a dissidência foi inevitável. Eu fiquei com a dissidência, lógico. Mas até aí, dentro da dissidência, havia uns que pensavam em luta armada a longo prazo e outros que eram a favor da luta armada imediata. Quer dizer que, salvo erro, o RTP vem a ser, mais ou menos, o que se poderia chamar de dissidência da dissidência da ultraesquerda da terceira linha da microfração do partido. (*Pausa.*)

BUDA — E o principal problema é que nós tamos muito fracionados.

ISMAEL — Vocês tão muito teóricos, são os teóricos das frações, das dissidências, os teóricos das teorias. Eu, ao contrário, não entendo nada de teoria. Eu sou dialético. Eu, pau de arara, sou dialético. Não entendo nada de teoria.

BUDA — Dialético?

ISMAEL — Claro, dialético.

BUDA — Mas como, dialético?

ISMAEL — Dialético. Eu nunca fui nenhuma direção de nenhuma microfração. Eu sempre pertenci a Grupos Táticos Armados, GTA, ação, tá me entendendo? Ação.

BUDA — Tá certo. Mas por que dialético?

ISMAEL — Ação. Eu assaltava bancos, por exemplo. É muito fácil assaltar um banco, mais do que parece. O assalto a um banco interessa a todo mundo: a nós que assaltamos e aos que são assaltados. Tá me compreendendo? O dinheiro do banco tá no seguro. Por isso, quando tem um assalto, todo mundo "mãos ao alto" muito contentes. A gente leva, digamos, dez milhões. Nós ganhamos dez milhões. O gerente diz que foram vinte, quem é que vai provar? O seguro paga. Nós ganhamos dez, e o filho da puta do gerente fica com os outros dez sem fazer esforço. Assaltar um banco é muito fácil por isso. Mas às vezes aparece um tira mais estúpido e quer defender a grana do seguro. Ele tira o revólver, e eu tiro o meu. O mais rápido no gatilho mata o outro. É dialético. Comigo nada de teoria.

BUDA — É, é dialético...

MOÇA (*Falando com alguém como se numa sala*) — Eu só fico preocupada com o que é que papai vai pensar. Foi a primeira vez que eu saí com esse rapaz, juro. Foi a primeira vez. Eu não sabia que ele era subversivo. Como é que eu ia saber? Não sabia mesmo. A gente estava na cama... foi horrível...

POLICIAL — Cristina, vai trabalhar, filho da puta.

CRISTINA — Oxalá fosse: aqui ninguém me paga. Filho da puta é você, meganha imundo. (*Sai requebrando.*)

POLICIAL (*Para o outro carcereiro*) — Esse daí até que eu tolero! Ele sabe pintar as paredes, a gente aproveita bem. Pintou todo o pavilhão dos corros. Temos aproveitado bem. Pinta as paredes... e quando eu brigo lá em casa com a minha patroa, você sabe, eu gosto de variar. (*Ri como um policial.*) Eu gosto de variar...

MOÇA — Foi horrível. Justo embaixo da cama tinha uma metralhadora. Bem ao lado do chinelo. Que descuidado...

PARENTE DA MOÇA — Escuta, você não se preocupe. Não há de ser nada. Eu já falei com o teu pai. Ele tava muito aborrecido, mas eu garanti que você não tinha nada que ver com aquele subversivo. Que você não tinha nada que ver com a subversão. Que você tava dormindo com ele, mas nada mais. Mas sem saber direito.

MOÇA — É isso, sem saber de nada.

PARENTE — Claro, você não sabia. Como se, por exemplo, você tivesse dormido com alguém com uma doença venérea, mas sem saber.

MOÇA — Eu juro que não sabia.

PARENTE — É como se fosse uma doença. Mas você não se preocupe. Teu pai agora está mais tranquilo. Primeiro, ele quase morreu! Depois, bem, esta história da doença pegou. Ele já tá bem melhor. E toda a família tá se mobilizando. Nós descobrimos o amigo de um vizinho, que tem uma cunhada que vem a ser contraparente de uma pessoa que nós pensamos que está muito ligada a alguém que se suspeita que tem alguma influência com o tio de um ex-professor de teologia da irmã de Torquemada. Isso pode ajudar muito. Tudo é uma questão de influência.

MOÇA — Então parece que as coisas vão bem?

PARENTE — Entre hoje e amanhã. É uma questão de horas...

MESTRE — Pode-se perder uma batalha, mas a guerra, historicamente, quem ganha é sempre o povo.

ISMAEL — Quando luta.

MESTRE — Mas nós estamos lutando.

ISMAEL — Não, nós não. Os que verdadeiramente estavam lutando, de verdade, pra valer, esses não foram em cana. Mataram eles todos.

BUDA — Péra lá. É verdade e não é. Sim e não. Estamos lutando e não estamos. Eles morreram, mas estão bem vivos.

POLICIAL ESPIÃO — Escuta, você ainda é muito moço, sem muita experiência... Essa é a primeira vez que você entra em cana?

JOVEM — Primeira e última, espero.

ESPIÃO — Eu tô falando como teu amigo: confessa. Tudo o que você fez, é melhor confessar. Aqui, os primários são muito bem tratados. Confessa e hoje mesmo você vai pra casa. Agora, se você entra em cana uma segunda vez, aí não. Aí a coisa fica mais séria. Mas da primeira vez, que é que você pode ter feito? Um assalto?

JOVEM — Uma bomba no quarto, só isso. E, claro, alguma coisa mais.

ESPIÃO — Por exemplo, o quê?

JOVEM — Eu tenho confiança em você. Por exemplo, eu escondi gente na minha casa, eu guardei material de guerra, coisas assim.

ESPIÃO — Todos nós temos um anjo da guarda. Quando a gente faz alguma coisa errada, o anjo vai embora por castigo. Foi isso o que aconteceu com você. Você fez alguma coisa errada, o anjo foi embora pra te castigar. Amanhã você confessa tudo, e o anjo volta. (*Afasta-se tomando notas.*)

JOVEM — Ei, escuta. (*O policial espião para.*) Eu esqueci de confessar uma coisa. Jesus Cristo, fui eu que mandei crucificar!

OSCAR — Eu não gosto nada de viado. Eu gosto é daqueles que têm vergonha. Tá me entendendo? Viado, eu não gosto. Eu gosto dos homossexuais que têm vergonha. São mais apertados. Ou então aqueles que nem são homossexuais. É desses que eu gosto.

FERNANDO — Escuta aqui, rapaz, você tá enganado, viu? Aqui nós todos somos presos políticos.

OSCAR — Eu não, eu não.

FERNANDO — Por isso mesmo. Eu quero dizer que aqui nesta cela não tem nenhum Cristina Jacaré, nenhum Miguel Pantera, nenhum Nonô Nanete. Aqui nós todos somos presos políticos. E muito machos.

ISMAEL (*Imitando o Oscar*) — Eu não, eu não.

CRISTINA JACARÉ (*Aparecendo*) — Mas os presos políticos também amam, ou não? Também têm coração, ou não?

OSCAR — Claro, e como é que se ajeitam?

ZECA — Tem jeito pra tudo.

MOSCA — Tem uma lei que permite uma visita higiênica uma vez por semana. Mulher, noiva, amiga, simpatizante, seja lá o que for, alma caridosa... Uma vez por semana.

HIRATA — A mim, se fosse uma vez cada ano e meio, eles já estariam me devendo quatro visitas higiênicas.

FERNANDO — Pois é, a lei não se cumpre.

OSCAR — Então qual é a solução?

ZECA — A solução é o banho higiênico.

ISMAEL — Ah, Jane Fonda...

FERNANDO — O negócio é assim: você entra no banheiro sozinho, concentra o pensamento numa artista de cinema e, se não tiver imaginação, pode levar uma revista de mulher nua. E fica lá no banheiro o tempo que você quiser. E quando tiver terminado...

ZECA — Esse é o banho higiênico.

ISMAEL — Ah, Jane Fonda...

FERNANDO — Não esquece de lavar bem o banheiro com água e sabão pra que o que vá depois de você não escorregue.

MESTRE — Não, não, eu não tô de acordo. Muitos de nós estamos lutando. Mas também é verdade que muitos entraram na coisa sem saber o que tavam fazendo. Claro, é sim e não. Aqui tem de tudo. É muito difícil. É muito difícil começar um movimento. Nós fizemos tudo o que podíamos ter feito, mas parece que era preciso fazer mais.

BUDA (*Olhando o relógio*) — Uma hora.

MOSCA — Hora de silêncio.

BUDA — Vamos dormir.

Cena interrogatório

Entram alguns frades com Torquemada trazendo quatro prisioneiros. Fazem o sinal da cruz. Em BG [background] os demais atores cantam em bocca chiusa *um canto gregoriano. Isso ocorre em todas as cenas de Torquemada.*

TORQUEMADA — Todos nós temos que ser virtuosos. Praticar todas as virtudes. Especialmente a mais alta: a justiça. E o que é a justiça? Alguns dizem que é a igualdade, mas esses se equivocam: a justiça é a proporcionalidade. Seria injusto dar a pessoas desiguais partes iguais. Seria igualmente injusto dar a pessoas iguais partes desiguais. O justo, pois, é a proporcionalidade. E quais são os critérios de proporcionalidade? Alguns pensam que se deve partir de princípios ideais, românticos, e descer até a terra, mas estes idealistas estão equivocados. Os critérios de desigualdade estão na própria realidade, e devemos buscá-los empiricamente na nossa própria vida social, e verificar quais são as desigualdades reais e nelas basear a nossa justiça. Assim, realisticamente, vendo o mundo tal qual é, percebemos a existência de ricos e pobres, homens e mulheres, senhores e escravos. Não se pode dar partes iguais a um senhor e a um escravo, a um homem e a uma mulher, a um rico e a um pobre. Não. Ao senhor, ao homem, ao rico, a eles lhes cabe a parte maior e para eles faremos a nossa justiça: seremos implacavelmente virtuosos. (*Estava de joelhos e se levanta.*) Contudo, a nossa virtude ainda não é completa. Temos ainda alguns restos de democracia. Nossos interrogatórios são democráticos. Aqui a tortura é para todos, em partes iguais. Para ricos e pobres, cristãos e judeus, velhos e crianças, culpados e inocentes. A tortura é o único vestígio democrático em nosso país. Amém. Podem começar.

(*Três presos são pendurados em um pau de arara comum, todos nus.*)

FRADE — Preso nº 1. Acusação: assalto.

TORQUEMADA — Confessa? (*Silêncio.*)

PRESO 1 — Não.

TORQUEMADA — Prossigam. (*Torturam-no.*)

FRADE — Preso nº 2.

PRESO 2 — Confesso. Explodi uma bomba, só isso.

TORQUEMADA — Denuncie seus cúmplices.

PRESO 2 — Não conheço ninguém.

TORQUEMADA — Prossigam até que se lembre. (*Torturam-no.*)

MOÇA — Não, não, não é verdade. Eu fui na casa dele porque eu tava apaixonada. Pelo menos eu pensava que estava. Foi por isso. Mas não sabia direito quem ele era. Eu não sei de nada.

TORQUEMADA — Ela nega.

PRESO 2 — Um pouco mais forte que ela acaba confessando.

TORQUEMADA — Mais forte. (*A moça grita.*)

FRADE — Desmaiou.

TORQUEMADA (*Impassível*) — Preso nº 4.

FRADE — Contra este não existe nenhuma acusação.

TORQUEMADA (*Surpreendido*) — E você? De que é que se pode acusar a si mesmo?

PAULO — De nada.

FRADE — A moça abriu os olhos.

TORQUEMADA — Alguma coisa haverá. Pense bem.

FRADE — A moça está escutando, Padre.

TORQUEMADA — Minha filha, nós estamos em guerra. Portanto, somos todos soldados. Vocês caíram presos. O teu amigo é um soldado honrado. Ele que te sirva de exemplo. Perdeu a batalha honradamente, confessa. Mas você não tem a menor dignidade. Você está mentindo. Você é um soldado indigno. Esta é a tua última oportunidade de dizer a verdade.

MOÇA — Eu não sabia. Eu pensava que gostava dele. Mas, juro, eu não sabia nada.

TORQUEMADA — Ela insiste que não sabia.

PRESO 2 — Mais forte, que ela vai acabar sabendo.

TORQUEMADA — Mais forte. (*Torturam a moça mais duramente. Ela grita.*)

FRADE — A moça morreu.

TORQUEMADA — Em nome do Pai, do Filho, do Espírito Santo, podem levá-la. O soldado digno seja posto em liberdade. Este, que volte à prisão. E você, já sabe do que se pode acusar?

PAULO — De nada.

TORQUEMADA — Como de nada o acusam, nem de nada se acusa você mesmo, pode ir embora. Mas eu ficarei aqui à espera.

(*Levam o corpo da moça, sai o Preso 2, volta o Preso 1 à sua cela.*)

TORQUEMADA — Alguma coisa haverá.

PAULO — Sim, eu me acuso.

TORQUEMADA (*Feliz*) — De quê, meu filho, de quê?

PAULO — Eu sou nobre, como o senhor, como o Rei, mas não estou de acordo.

TORQUEMADA — Com quê, meu filho, com quê?

PAULO — Com a tortura, com os seus interrogatórios. Eu me acuso: eu nego.

TORQUEMADA — À prisão! (*Sai Paulo para a cela.*) Amém.

FRADE — Padre, as ações começaram a subir na Bolsa. Todos os nobres se mostram confiantes em Vossa Eminência.

TORQUEMADA — Três vezes amém.

NOBRE — Nós, os nobres, ajudamos Torquemada a que nos ajudasse. Agora, está terminada a primeira etapa da nossa luta: a subversão foi vencida. Já não necessitamos de sua ajuda. Queremos agora ajudar Torquemada a que não nos ajude mais. O povo já aprendeu a lição!

TORQUEMADA — Quando eu assumi o poder, em nosso país reinava o caos. Se renuncio ao poder, o caos voltará.

NOBRE — Não devemos nos esquecer de que a essência do nosso sistema é profundamente democrática. A essência do nosso sistema liberal é a liberdade.

TORQUEMADA — Senhores, um poder não existe em sua essência. Existe no dia a dia. Quando é difícil ao povo aceitá-lo, o poder se manifesta em seus excessos. Ele se aplica com suavidade ao povo dócil. Com energia ao amotinado. Não é por capricho que o Estado se revela de uma ou de outra forma: é por necessidade, por desejo de se conservar. Em uma democracia como essa, com que os senhores sonham, o povo descontente elege e muda seus governantes. Elege e muda até o próprio sistema. Mas num sistema como este em que vivemos, a impopularidade do governo se vê compensada pela sua força. Os excessos de um sistema são a sua verdadeira essência. E se os senhores lutam pelo retorno da antiga lei, não estarão lutando somente contra os excessos do meu poder, mas contra o poder em si. Para defendê-los, devo exercer meu poder contra todos.

NOBRE 3 — Mas não contra nós mesmos.

NOBRE 1 — Paulo, nosso amigo, está preso, acusado de uma suspeita de dúvida.

NOBRE 2 — Somos seus amigos, suas testemunhas. Podemos afirmar que Paulo jamais teve um pensamento contrário a Deus.

TORQUEMADA — Paulo será ouvido em Tribunal. Se não ficar provada a sua culpa, será libertado.

NOBRE 1 — Por sua honra, oferecemos nossa honra.

NOBRE 2 — Ninguém é menos perigoso do que Paulo.

TORQUEMADA — Existem casos incríveis. Nós estávamos buscando um certo Lucas, perigoso, assaltante, terrorista. Confiei a sua caça ao meu melhor Cardeal, ao mais canino. Lucas era o seu nome de guerra. Quando conseguiu prendê-lo, qual não foi a sua surpresa? Lucas era o seu próprio filho. Todos os dias jantavam juntos, todas as noites se diziam boas-noites. Casos como este aconteceram em demasia. Esposas inocentes de esposos terroristas, irmãos, parentes, vizinhos... É preciso ter cuidado. É preciso duvidar sempre, sempre. Até de nós mesmos.

NOBRE 1 — Eu quase diria que podemos exigir a sua liberdade. O poder que agora tem o Padre Torquemada, ele só o tem para defender os nossos interesses. E Paulo é nosso.

TORQUEMADA — Eu o libero com uma condição.

NOBRE 3 — Por sua honra, oferecemos a nossa honra.

TORQUEMADA — Por sua vida, exijo a vossa. Por sua liberdade, vossa liberdade.

NOBRE 3 (*Indignado*) — Mas, e essa agora!...

TORQUEMADA (*Violento*) — Assim será. Os senhores afirmam que Paulo é inocente. Muito bem: ele vai ser julgado do mesmo modo. Mas a partir de hoje estará livre. Ficam os senhores em seu lugar. Como é inocente, não há problema. Os senhores serão libertados quando se prove a sua inocência. Mas se se prova a sua culpa os senhores serão condenados.

NOBRE 1 — Nós pensamos melhor e cremos que uma vez mais o Padre Torquemada tem razão. Com vossa licença...

TORQUEMADA — Fiquem! (*Entre as camas da cela aparecem frades armados.*)

NOBRE 1 — Está ficando tarde.

TORQUEMADA — Os senhores estão presos. (*Grita*) À prisão! (*Os nobres se aterrorizam. Os frades saltam em semicírculo apontando suas armas. Pausa.*) Mas eu posso libertá-los. Com uma só condição...

NOBRE 2 — Qual?

TORQUEMADA — Libertarei aqueles que aceitem ser testemunhas de acusação contra o vosso irmão Paulo.

NOBRE 1 — Isso não aceitaremos nunca.

NOBRE 3 — Um momento. Antes precisamos saber quais são as suas razões.

NOBRE 2 — Nós acreditamos que Paulo é inocente. Mas também cremos no nosso bom Padre. Que fale, que nos diga qual é a culpa.

TORQUEMADA — Os senhores que a busquem, já que serão seus acusadores, e não eu.

NOBRE 1 — Isso não faremos nunca!

TORQUEMADA — Então aqui serão julgados. E aqui pagarão por seus pecados.

NOBRE 3 — Um momento. A verdade é que todos temos alguma culpa, inclusive Paulo.

NOBRE 2 — Se está preso, alguma coisa fez. Era liberal demais.

NOBRE 3 — Se ele manifestou alguma dúvida, isso já é uma culpa. Creio que deve responder por ela.

NOBRE 2 — Eu devo confessar que ele sempre me dizia que era necessário analisar todas as sentenças para evitar injustiças. Esta é uma culpa de bom tamanho.

NOBRE 1 — Ele sempre duvidou se nós tínhamos direito à riqueza enquanto existe fome. Enorme culpa.

NOBRE 2 — E além disso nunca esteve de acordo em dar ao nosso Padre Torquemada todo o poder que agora tem. Culpa imensa.

NOBRE 3 — Ele dizia que Torquemada só devia exercer o poder militar, porque o poder político competia a nós.

NOBRE 1 — É evidente que ele não compreendia que se trata do mesmo poder.

NOBRES (*Em coro*) — Paulo é culpado. Paulo é culpado. Paulo é culpado. (*Repetem a mesma frase enquanto saem, andando de quatro.*)

TORQUEMADA — Estão em liberdade. (*Saem depois de beijar a mão de Torquemada, que fica sozinho no meio do semicírculo de frades armados. Torquemada diz tristemente.*) Quem será bastante meu amigo pra ir comigo no caixão?

Na cela, os presos estão nervosos, escutando o rádio.

OSCAR — Juro que escutei alguma coisa assim...
MOSCA — Sequestro?
OSCAR — Foi. Um embaixador.
HIRATA — Mas, como sequestro?
OSCAR — Sequestraram o homem, ué. Tava andando na rua, levaram ele.
MOSCA — Tamos evoluindo. Antes só se sequestravam aviões.
ISMAEL — Fernando tá aqui por causa disso.
FERNANDO — Cala a boca.
MESTRE — Sequestrou um avião?
ISMAEL — Pois é, mas ele não tinha muita prática, coitado. Ele tava só acostumado a assaltar bancos. Entrava com a metralhadora e gritava assim: "todo mundo pro banheiro". Quando ele fez a mesma coisa dentro do avião e gritou "todo mundo pro banheiro", o comandante começou a perceber que ele não tinha muita prática.
FERNANDO — Não enche o saco.
MOSCA — Ei, garçom, camareiro! Vem cá! (*O carcereiro se aproxima.*) Escuta aqui. Você ouviu falar alguma coisa dum sequestro? Um embaixador?
CARCEREIRO — A prisão tá toda cercada.
ISMAEL — Por quê?
CARCEREIRO — Porque os terroristas querem fazer uma troca.
ISMAEL — Com quem?
CARCEREIRO — Querem trocar esse embaixador por quinze terroristas.
ISMAEL — Por nós?
FERNANDO — Péra lá. Eu não sou terrorista, eu sou preso político.
ISMAEL — E o governo?
CARCEREIRO — Tá reunido. Parece que vão dizer que sim.

ISMAEL — E quem é que vai ser trocado?

CARCEREIRO — Isso não se sabe muito bem porque vocês, terroristas, têm nome, nome de guerra, apelido... Que é que tem aí pra comer?

ISMAEL — Uma banana e duas laranjas. (*Mostra seu sexo.*)

CARCEREIRO — Me dá uma? (*Alguém lhe dá um pedaço de pão.*)

ZECA — Deste pavilhão tem alguém que tá na lista?

CARCEREIRO — Parece que você está.

ZECA — Sério mesmo? Eu? Por quê? Quantas pessoas são?

CARCEREIRO — Quinze terroristas por um embaixador.

ZECA — Quinze? Mas por que eu? Eu não sou assim tão importante. Quinze iguais a mim por um embaixador...

ISMAEL — Procura lembrar. Que é que você fez pra estar aqui dentro?

ZECA (*Sorrindo*) — Bão, alguma coisa eu fiz. Não muito, mas... Você tem certeza que meu nome tá na lista?

CARCEREIRO — Não, certeza eu não tenho, por isso do nome de guerra que eu disse. Qual era o teu?

ZECA (*Satisfeito*) — Bem, eu tinha muitos: Damião, Isaías, Japonês...

CARCEREIRO — Isso, eu acho que sim, Japonês, parece que é você.

ZECA (*Numa explosão de alegria*) — Claro que tinham que me tirar daqui. Claro que sou eu.

ISMAEL — Calma.

ZECA — Claro. Meus companheiros não iam me deixar aqui por muito tempo. Arriscaram a vida pra me salvar. E sabem por quê? Porque eu... que coisa mais linda...

ISMAEL — Eu conheci um tira que também tinha nome de guerra. Ele era um viadão e tinha a boca assim. (*Torce a boca.*) Um dia sofreu um golpe de ar.

CARCEREIRO — E como é que era o nome de guerra dele?

ISMAEL — "Tá bom aí atrás?" Era assim que ele se chamava. Ele se parecia muito com você, Fernando.

FERNANDO — Deixa eu ler sossegado.

ISMAEL — Mas o teu nome de guerra tinha que ser outro: "Vendi fiado". Olha como é que você tá magro.

FERNANDO (*Explodindo*) — Cala a boca, porra! Não tem mais hora de silêncio nessa merda dessa cela. Se tem um horário de silêncio todo mundo tem que respeitar. Tem gente que sabe ler. Nem todo mundo aqui é burro como o Ismael.

ISMAEL — Burro não, dialético... O que é que você tá lendo?

FERNANDO — Isso aqui é latim pra você.

ISMAEL — Mas diz assim mesmo. Como é que se chama o livro?

FERNANDO — *Penis erectum intra femure tuum*. Esse é o título: *Penis erectum intra femure tuum*.

ISMAEL — Agora me faz um favor. Traduz isso aí em língua de gente. O que que isso significa?

FERNANDO — Caralho! Significa que eu tô com o saco na lua. (*Salta da cama.*) Não se pode ler, o banheiro tá fechado faz mais de duas horas, não se pode cagar, o que se pode fazer nessa merda? (*Bate com força na porta do banheiro. Sai um preso jovem e pálido.*) Que foi que aconteceu, você tá pálido?

ISMAEL — Banho higiênico mais demorado. Com essa cara ele comeu uma edição inteira de *Playboy*. Loira, morena, mulata, chinesa.

JOVEM (*Coçando o sexo*) — Tá me doendo...

ISMAEL — Foda-se.

ZECA (*Que ficou o tempo todo ouvindo o rádio de pilha, grita de alegria*) — Sou eu, sou eu, sou eu! O Japonês sou eu! Vão me trocar! Tchau, companheiros! Quinze por um embaixador! E nem precisavam os outros quatorze! Eu sou perigoso! Quando eu sair daqui é que vocês vão ver! (*Gritando pela janela a um soldado.*) Ei você, filho da puta, milico de merda, vai tomar no rabo! Eu sou o Japonês, tá me ouvindo? Tua mãe tá na zona.

OSCAR — Ei, desce daí, desce daí. (*Todos procuram fazê-lo descer.*) Pra que provocar? Você vai embora, mas nós vamos continuar aqui.

ZECA — Vocês vão continuar? Vão ficar aqui uns dias mais, porque eu volto, viu? A luta continua. Eu volto e vou sequestrar todos os embaixadores e vou tirar vocês todos daqui. Vou sequestrar todos, todos. Ninguém mais vai estar em segurança. O corpo diplomático inteiro já não está mais em segurança.

BUDA — Porra, olha aí. O soldado desceu pra falar com o Sargento.

ZECA — E a mim, que é que me interessa? São filhos da puta ou não? Qualquer um que trabalhe pra ditadura é um filho da puta, ou não é?

BUDA — Claro que é. Mas qual é a vantagem de contar isso pra eles? Pra que serve? Você vai embora mas nós vamos ficar aqui aguentando o tranco.

OSCAR — Olha, você vai fazer o seguinte: se eles vierem aí, você vai dizer que eles te entenderam mal, que filho da puta é você e não eles, quer dizer, diz alguma coisa amável...

ZECA — Eu vou é dizer que eles são uns filhos da puta, que eles trabalham pra ditadura, que eles são mais canalhas do que os imperialistas parque ajudam a oprimir o próprio povo, eu vou dizer tudo o que eu quiser.

BUDA — Eles tão vindo pra cá.

ZECA — Deixa vir, que eu não tenho medo. (*Silêncio, todos vão se deitar.*) E tem mais, eu vou me acusar de todas as coisas que vocês fizeram e que eu sei. Vou limpar a barra de todo mundo nesta cela.

FERNANDO (*Saindo do banheiro*) — Que foi que houve?

MESTRE — Nada.

BUDA (*Despetalando uma flor*) — Bem me quer, mal me quer, bem me quer, mal me quer...

FERNANDO — Que é isso?

MESTRE — Eu quero saber se Torquemada bem me quer ou mal me quer. Hoje é o dia do meu interrogatório.

OSCAR — Com esse negócio do sequestro, capaz que não tenha interrogatório hoje.

PAVÃO (*Dirigindo-se ao preso da mala, que continua com ela na mão, completamente vestido*) — Quer uma sugestão? Tira a gravata e deita um pouquinho.

PRESO DA MALA — Não, eu prefiro estar preparado. (*Os presos estão deitados. Fecham as cortinas dos seus mocós. Entram dois soldados. Zeca está no alto, na sua cama. Soldados abrem a porta e entram. Violenta tensão. Existe medo, mas existe também muita coragem.*)

SOLDADO — Que foi que você disse?

ZECA (*Desce lentamente da sua cama e vem até o centro da cela. Fala com a voz trêmula mas muito clara*) — Eu disse que vocês são uns filhos da puta, que estão a serviço da ditadura sangrenta, que vocês são piores do que os imperialistas, que não têm o direito...

SOLDADO — E por que é que você diz isso?

ZECA — Porque eu sou um revolucionário. Eu sei que eu vou sair do país mas eu vou voltar. Vou lutar a minha vida inteira, contra vocês. Ninguém tem o direito de viver se não luta contra vocês, lacaios do imperialismo. Eu vou lutar como sempre lutei.

SOLDADO — Mas você fez muito pouco.

ZECA — Você não sabe nada do que eu fiz nem do que deixei de fazer. Tem muita coisa que vocês não sabem. A dinamite na pedreira, eu. Aquela ponte que explodiu, eu! O acidente do trem militar, eu! E tem mais, tem muito mais. Seus cachorros! (*Os companheiros olham-no agradecidos.*)

SOLDADO — Mas pra que é que você me conta tudo isso?

ZECA — Porque eu vou embora. O Japonês sou eu. Agora eu confesso porque agora eu vou-me embora.

SOLDADO — O Japonês, esse da troca? Ele é do pavilhão 3. É um homem baixinho. É japonês de verdade... Eu conheço ele... (*Pausa.*)

ZECA — Não sou eu?

SOLDADO — Vem comigo.

ZECA (*Pálido*) — Onde?

SOLDADO — A gente precisa te fazer umas perguntas. Vem embora. (*Alguns presos afastam a cortina para ver. Um deles se levanta, outro senta na cama. Silêncio de morte. Impotência. Os soldados algemam Zeca.*)

ZECA — Tchau, companheiros. *Hasta la victoria, siempre.* (*Ouvem-se alguns tchaus, sai Zeca.*)

PRESO — Caramba!

PRESO — Que os pariu!

CARCEREIRO (*Fechando a cela*) — Eu falei, eu falei. A mim vocês podem dizer o que quiserem, mas não vão falar com o soldado que está de plantão. Que é que vocês tão querendo? Podem dizer a mim que nós somos filhos da puta. Mas não pro soldado. Eu compreendo, mas eles não. E somos, eu sei que nós somos.

PAVÃO — Caramba!

HIRATA — Puta merda!

MOSCA — Ele não volta mais.

BUDA — *Hasta la victoria, siempre...*

CARCEREIRO — Ei, Roberto, pode ir te preparando. Vai ter interrogatório. Não tem nada pra comer?

BUDA — Não.

CARCEREIRO — Quem tem dinheiro? Eu vou lá fora comprar.

MOSCA — Toma. (*Dá-lhe dinheiro.*)

ISMAEL — Ladrão!

BUDA — É preciso tomar cuidado com os nomes de guerra.

ISMAEL — A primeira mulher com quem eu trepei se chamava "Navio-Escola". Ela comia todos os aspirantes. Bastava tocar a campainha da porta e ela já abria as pernas.

PAVÃO — Ismael, chega!

ISMAEL — Por quê, porra? Tá preocupado? Ai, meu cacete! Não existe liberdade de expressão nem aqui na prisão?

BUDA — *Hasta la victoria, siempre*. Vão matar ele.

ISMAEL — Não, pode ser que não. Arrebentam todos os ossos do esqueleto. Mas pode ser que esta noite mesmo ele venha dormir aqui em casa.

MESTRE — Pode ser que não matem ele, mas praqui ele não volta. Vai direto pra solitária.

BUDA — E acabam matando ele lá. Como fizeram comigo. Se eu não tivesse vindo pra cá antes do mês de agosto... mês da tuberculose...

MESTRE — Por que agosto?

BUDA — Pelo frio. Lá, quando termina o mês de agosto, todo mundo fica contente. Vão poder viver um ano mais.

ISMAEL (*Brincando de caubói com Fernando*) — Todos pro banheiro!

FERNANDO — Vai pra puta que te pariu!

ISMAEL (*Agarrando-o pelo pescoço*) — O quê?

FERNANDO — O comandante do avião. Vai pra puta que te pariu, ele.

ISMAEL — Ah, você se salvou. E você, que é que tá fazendo? Vai se encontrar com a noiva?

HIRATA — Eu vou ser interrogado.

ISMAEL — E pra isso precisa gravata?

HIRATA — Pra ser interrogado, antes de mais nada, o acusado precisa se parecer com o juiz. Se você deixa o cabelo comprido, se você se veste do jeito que se vestiu a vida inteira, aí ele te condena.

Mas, se ao contrário, você se veste como se veste o juiz, aí ele te absolve.

MOSCA (*Na porta do banheiro*) — Não tem água?

ISMAEL — Não precisava dizer, se sente o cheiro.

MOSCA — Não tem água, que é que eu faço?

ISMAEL — Quer uma sugestão?

MOSCA — Quero.

ISMAEL — Mude-se para um hotel, tá bom? Sheraton...

(*Entra Cristina Jacaré limpando o chão.*)

PAVÃO — Ei, Jacaré!

CRISTINA — Quem me chama? Quem necessita de mim?

PAVÃO — Vem cá. Escuta uma coisa, mataram ele, é?

CRISTINA — Eu não sei, gritou muito. Depois parou de gritar. Não sei se ele morreu, ou se não. Melhor que tenha morrido de uma vez.

ISMAEL — Cala a boca, viado!

CRISTINA — Eu tou falando sério. Aqueles que eles querem matar, eles matam. Pra que serve esperar um dia mais, um ano mais? É um ano a mais de tortura. Se a pessoa sabe que vai morrer, que morra. Pelo bem dele, eu prefiro que ele esteja morto.

PAVÃO — E você?

CRISTINA — Eu também. Eu sei que eles vão me matar. Estão só na moita, esperando a oportunidade. E enquanto não me matam, me deixam aqui limpando o chão, dançando balé... Mas eu sei que eles todos me odeiam.

PRESO 1 — Por quê?

CRISTINA — Porque são todos homossexuais. Porque me comem, todos eles. E eu não tenho nenhum prazer quando eles me comem. São todos homossexuais e, quando trepam comigo, eles veem a própria cara deles na minha. Porque eles são como eu, eu sou o espelho.

ISMAEL — Que é que é isso? Você andou fazendo psicanálise?

CRISTINA — É verdade. Eu sei que eles vão me matar. Só tá faltando oportunidade. Hoje, amanhã, dentro de um ano, três, mas vão me matar, eu sei. Eu vou estar por aqui, limpando o corredor, ou então pintando uma parede, e eles vão chegar, e pim! Me matam. E o corredor vai ficar sujo, e a parede sem pintar. Pim! Pim! É verdade, eu sei.

ISMAEL (*Imitando música de teleteatro*) — Acabamos de apresentar *A vida amarga de Cristina Jacaré*.

MOSCA (*Na janela*) — Ei, escuta, tão levando ele embora.

PAVÃO — Quem?

MOSCA — O Japonês.

OSCAR — Qual?

MOSCA — O nosso, o Japonês por engano.

BUDA — Ele tá vivo?

MOSCA — Não sei se tá morto ou desmaiado, mas tá indo embora de maca.

HIRATA — Pra onde?

MOSCA — Não sei, tão indo embora, já foram.

PAVÃO — São 3 horas.

BUDA — Hora de silêncio.

OSCAR — Tchau, até as 6.

MESTRE — Vamos fazer três horas de silêncio pelo Japonês-por-engano. (*Começam a ler.*)

Torquemada e Paulo. O padre ceia enquanto Paulo é torturado por frades armados. Os dois conversam como se se tratasse de uma conversação perfeitamente normal, cotidiana, serena. Paulo está pendurado em uma espécie de cruz de cabeça para baixo. Os mesmos frades que o torturam servem a mesa de Torquemada, o vinho e as iguarias, e, com igual impassividade, os dois rituais, tortura e ceia, se confundem.

TORQUEMADA — A tortura está muito desacreditada hoje em dia: devemos restabelecer a sua dignidade. (*Come.*) Dizem que o torturado é capaz de confessar até mesmo o que não fez. Muito bem. Mas o torturador consciente não aceita uma declaração sem provas. A confissão é o começo do processo e não o seu término. Torturar significa vencer certas resistências morais, ideológicas, ou afetivas, que põem o paciente em estado espiritual contrário ao do Inquisidor. Vencidas estas resistências muito compreensíveis, o paciente estará pronto a mostrar a sua boa vontade, sua cooperação.

PAULO — Não digo que não seja eficaz, mas questiono o seu caráter humano. Eu, ideologicamente, penso como o senhor. Comprei até mesmo muitas ações na Bolsa, desde que o senhor assumiu o poder. Mas questiono o aspecto humano.

TORQUEMADA — E o que é "humano"? Humano é tudo aquilo que fazem os homens. Por acaso não serão humanos os canibais? Por que deverá ser humano tão somente a música e as matemáticas? E não o assassinato e a violência? O conceito de humano deve ser muito bem explicado. E eu o explicaria assim: (*Come*) diante de cada problema que o homem enfrenta, deve ser considerada humana a solução mais eficaz. Temos um problema: o povo agora percebe que o desenvolvimento da ciência fará com que o seu trabalho renda dez vezes mais — mas a verdade é que ele não receberá dez vezes mais, antes pelo contrário. O povo não se conforma e quer tomar de assalto os meios de produção. Esse é o problema: humana será a solução mais eficaz.

PAULO — A conquista dos meios de produção pelo povo?

TORQUEMADA — Não, isso não: essa seria uma solução para o povo, mas não para os nobres que nós representamos. Nós, os nobres, somos os homens. Os demais são o povo. Paulo: nós não podemos ser liberais. Temos que ver a nossa cara tal qual é! Nem linda nem feia. É o que é!

PAULO — Humano é tudo aquilo que o homem faz. Mas também é verdade que o homem se transforma. Houve um momento em que a escravidão foi a forma humana de desenvolvimento da sociedade. Hoje em dia seria desumano voltar ao passado. Se existem canibais, o progresso fará com que deixem de ser canibais. Seria desumano o retrocesso. A tortura é desumana. Queremos o lucro, mas não a qualquer preço.

TORQUEMADA — É um ponto de vista. Eu uso a tortura de forma progressista. Tento combinar o mais adiantado desenvolvimento industrial e a escravidão mais retrógrada. A escravidão é retrógrada. Mas a sua utilização neste novo contexto é uma ideia nova. Quer dizer, aqui se trata de uma escravidão re-humanizada. (*Desde o começo da cena um industrial sentado acompanha o diálogo com atenção.*)

PAULO — Também Hitler utilizou escravos nas siderúrgicas do Ruhr, e houve muito progresso... Também houve um *boom* na Bolsa.

INDUSTRIAL — Senhor Torquemada, eu estou inteiramente de acordo com o senhor. Para nós, os industriais, é muito reconfortante ouvir palavras tão sábias, ditas por gente que põe em prática os seus ideais, e não somente fala. Boa noite. E muito obrigado ao senhor também por me haver proporcionado essa discussão tão ilustrativa. (*Sai.*)

TORQUEMADA — É um industrial excêntrico. Ele gosta de assistir aos interrogatórios e às sessões de tortura. E como ele paga...

PAULO — Paga?

TORQUEMADA — Sim, todo esse pessoal necessário, essas máquinas, toda a Inquisição, alguém tem que pagar tudo isso. O dinheiro do Estado não basta. Por isso alguns industriais amigos... (*Ouve-se uma metralhadora.*) O que foi isso? (*Sai um frade assustado.*) Você teria razão em dizer que a nossa crueldade não é humana se nós a estivéssemos utilizando de uma forma anárquica, não racional. A você, por exemplo, ninguém deu nenhum soco na cara, nenhum pontapé. Você foi torturado cientificamente, com toda a dignidade. Nós não somos mais cruéis do que o necessário. Seria desumana a crueldade inútil. Mas a nossa é exatamente útil. (*Entra um frade.*)

FRADE — O industrial. Mataram ele aqui na porta. (*Pausa longa.*)

TORQUEMADA — Busquem na prisão cinco terroristas. Cinco. Matem os cinco. Levem os cinco cadáveres para a rua. Digam que foram eles. Chamem os jornalistas, os fotógrafos, digam que a nossa eficiência os alcançou em poucas horas depois de terem cometido o crime. Que se rendam todos os demais cúmplices. Este é o meu conceito de humanidade: eficiência! (*Grita*) Rápido!

MOSCA — Por que fracassamos? Eu não entendo.

PAVÃO — Nós não fracassamos...

MOSCA — Nós tamos aqui, não estamos?

PAVÃO — É uma etapa... Não se pode dizer que Fidel fracassou em Moncada. Era uma etapa... Ele também esteve preso como nós.

ISMAEL — Boa, Fidel.

BUDA — Houve muita irresponsabilidade.

MESTRE — O caminho é muito comprido.

OSCAR — Os soldados parecem nervosos.

MOSCA — Nós estamos muito divididos.

BUDA — Olha, a minha teoria é que a divisão em si mesma não tá errada.

FERNANDO — Teoria do foco. Isso sim que fez um mal tremendo. Porque um grupinho fazia o seu foco aqui, outro fazia o seu foco ali, e começaram a assaltar banco, matar polícia, e tudo isso sem a menor coordenação.

PAVÃO — Foi uma etapa.

BUDA — Eu não sei, eu faço o que me mandam. Eu não sou dirigente, não sei o que é melhor. Eu quero que me dirijam. Eu faço.

FERNANDO — Olha só o resultado da falta de coordenação. Metade das pessoas que tão aqui dentro foram denunciadas pela outra metade.

TODOS — Ei, péra aí, péra aí.

OSCAR — Aqui tem de tudo.

MESTRE — Teve muita gente heroica também. Lembra da Elvira? Arrancaram o mamilo dos seios dela e ela continuava dizendo "filhos da puta, filhos da puta".

PAVÃO — E a Marta? Davam choques elétricos no nervo do dente aberto e mesmo assim ela não disse uma palavra. Não confessou nem o nome dela.

MOSCA — Antes, eu pensava que heroísmo era andar a cavalo com uma espada e uma bandeira na mão...

FERNANDO — Coordenação é fundamental.

MOSCA — Claro, mas isso vem depois.

FERNANDO — Desta verdade ninguém escapa: é necessário ter um partido. Se esse que tá aí não serve, que se faça outro. Mas que exista. Coordenação. Isso é que é necessário.

MESTRE — Acontece que a gente até agora ainda não percebeu o problema fundamental: não pode existir um partido, um só. Olha a realidade: existem mais de quinze ou vinte grupos atuando. Se a gente olha de uma certa maneira, essa atomização pode parecer uma coisa errada. Mas, se a gente vê a coisa pelo outro ângulo, pode ser até que seja bom que seja assim. Se existem tantos grupos é porque existem tantas táticas. Qual é o problema?

FERNANDO — Coordenação.

MESTRE — Tá bom, coordenação sim. Mas a nível estratégico. O que me parece estúpido é que a gente brigue entre nós mesmos. Eu estou no meu grupo, portanto estou em desacordo com todos os outros grupos. Mas presta atenção: é um desacordo tático. Se vocês tomam o poder, eu tô com vocês. Se vocês precisam da minha cooperação, eu também tô com vocês. Mas se querem a minha opinião, venham pro meu grupo.

FERNANDO — Sem partido a coisa não vai.

ISMAEL — A coisa é assim: dois, três, cinco, dez pessoas se juntam. Já basta. Pra que um partido? Qual é a direção que você precisa? Então será que todo mundo já não sabe o que é que tem que fazer? Explodir um quartel, expropriar armas, dinheiro do povo... Nesta primeira etapa, o partido não serve para nada. Depois, mais tarde, pode ser que sim. Esse grupo de cinco, de dez, vai incorporando gente. Vinte, trinta... Os grupos vão se fundindo. E um belo dia nós vamos ter um partido. De baixo pra cima. Mas sempre partindo da ação prática. Ação, entende? Nada de teoria.

FERNANDO — Como "nada de teoria"? Então você nega a teoria?

ISMAEL — Mas que é que eu vou negar, rapaz? Só que a minha teoria é muito simples: nunca no nosso país o capital esteve melhor remunerado nem o trabalho esteve pior remunerado. Escuta, qual é a teoria que você quer? O que a gente tem é que fazer a revolução logo de uma vez.

MOSCA — Eu queria acrescentar uma coisa que não tem nada que ver com o assunto que vocês estão falando. Posso? Muito obrigado. É o seguinte: quando uma pessoa é torturada, deve fazer muito cocô e mijar tudo o que puder e se possível deve sofrer um ataque de epilepsia, tá me entendendo? Sujar bastante, pelo menos que limpem...

FERNANDO — Claro, não tem nada que ver. (*Ouvem-se gritos e logo gente que canta alto.*)

OSCAR — Tão comendo um preso comum.

BUDA — É aquele lourinho que entrou ontem.

HIRATA — Esta merda é uma fábrica de pederastas.

OSCAR — Me contaram que, lá no pavilhão dos correcionais, tem uma cela chamada "guarda-cu". Os que não querem dar o rabo ficam na cela "guarda-cu". Não tem banheiro. O chão tá todo sujo de mijo, de cuspe, não tem cama, não tem porra nenhuma. E o cara aí tem que ficar de pé o tempo todo pra não se sujar. Mas em compensação a virgindade tá garantida... Quando o cara não aguenta mais a cela "guarda-cu", ele mesmo vai e pede pra mudar de cela.

PAVÃO — Mas por que é que eles cantam tanto?

OSCAR — Porque, quando enrabaram ele hoje de manhã, ele foi se queixar ao diretor. E agora estão comendo ele e ainda por cima dando porrada.

PRESO CORRECIONAL (*Aparece na porta, com cara de facínora*) — Ei, vocês têm jornais?

BUDA — Pra quê?

CORRECIONAL — Pra queimar e esquentar um pouquinho. Tá fazendo muito frio lá.

BUDA — Tem, mas a gente ainda não leu. Volta mais tarde.

CORRECIONAL — E comida?

BUDA — Dá um tomate pra ele.

CORRECIONAL — Cebola?

BUDA — Dá um pouco do que tiver.

CORRECIONAL (*Em voz baixa*) — Escutem, vocês querem fazer um trato? Depende da comida que vocês derem e alguns jornais... Nós temos um rabo novo. Um rabo loiro novinho. Podemos trocar.

BUDA — Muito obrigado.

CORRECIONAL (*Levando a comida*) — De nada, de nada.

MOSCA (*No alto da sua cama imita o Presidente*) — O Presidente disse: "O país estava à beira do abismo, mas veio a Revolução Redentora e demos um passo adiante". Aaaaaaaaiiiii! (*Atira-se lá de cima e cai.*)

MESTRE — Canguru.

FERNANDO — O problema é que não se pode organizar nenhum grupo que trabalhe longe da massa. Ninguém tem o direito de começar fazendo ações se não está trabalhando com a massa.

ISMAEL — Massa, meu cacete. Que trabalhar com as massas o quê! Massa, massa, massa! Eu sou a massa! Não me enche o saco! Vocês vivem falando de massa e quando tão com a massa a um palmo do nariz vocês nem percebem. Eu não tenho que trabalhar com a massa: eu sou a massa, eu sou o povo. O povo ao poder? Eu ao poder, tá me entendendo?

FERNANDO — Não foi isso que eu quis dizer. Claro que você participa da massa. Mas, quando você vai embora da fábrica, aí você já não é mais operário. Por isso é preciso trabalhar com os operários pra dar consciência a eles.

ISMAEL — Eu não gosto de fazer caridade.

FERNANDO — Não é caridade.

ISMAEL — O operário já tem consciência. A maioria já tem. O que falta é uma organização armada. É isso. (*Ouve-se um grito.*)

MOSCA — Que merda!

OSCAR — No último pavilhão é muito pior. Lá, uma vez, iam soltar um preso e revistaram ele antes, né? Sabem o que é que encontraram no bolso dele?

ISMAEL — Um lenço?

OSCAR — Não. Um dedo.

PAVÃO — Um dedo?

OSCAR — É, rapaz, o cara era canibal. E ele confessava tranquilo. Ele dizia que as partes do corpo de que ele mais gostava eram a bunda e o braço. Já tinha comido uma porção de gente.

MOSCA — A bunda eu entendo, porque deve ser macia. Mas o braço, por quê?

OSCAR — E eu sei lá. Eu tenho cara de canibal?

MOSCA — Olhando aqui desse lado, até que tem. (*Dá um grito e sai correndo.*)

ISMAEL — Um grupo tático armado é invencível. Se alguém vai em cana é porque houve algum erro. Se ninguém comete nenhum erro, o GTA é invencível.

FERNANDO — O problema é que sempre existem erros.

ISMAEL — Quando eu sair daqui, a primeira coisa que eu vou fazer é formar um GTA bem pequenininho. Não precisa de muita gente. Uns cinco caras de coragem, bem treinados, dez no máximo. Invencível. Pouca coisa. Uma ação por semana, duas no máximo. Depois, com a minha experiência, eu largo esse grupo sozinho e vou formar outro. E depois outro, e outro, e outro. Ah, quando eu sair daqui...

OSCAR — Quando eu sair daqui, a revolução que me perdoe, mas eu volto pra casa da mamãe. Ela, sim, me entende.

FERNANDO — Eu acho que cometi um erro muito grande. Quando eu sair daqui, torno a entrar pro partido.

ISMAEL — Igual que nem ele. Pra casa da mamãe, pro partido. Pra que partido você vai entrar? O partido já acabou, rapaz, não existe.

FERNANDO — Então vou pro partido de um outro país. Mas eu preciso de um partido. Eu não posso viver sem partido. Sem reuniões de comitê. (*Rindo*) Não existe vida fora do centralismo democrático. (*Pausa longa.*)

PRESO DA MALA — Eu tenho a impressão de que vou tirar a gravata. (*Todos aplaudem.*)

TODOS — Bravo! (*O preso da mala tira a gravata e se senta.*)

PRESO — Eu realmente quero sair daqui, mas eu não sei o que é que eu vou fazer quando sair.

CRISTINA (*De fora*) — Quando eu sair daqui, que lindo prostíbulo vou fazer pra mim. Cheíssimo de flores de todas as cores. Só pra clientes politizados. Se é de direita, não entra.

PAVÃO — Eu quero sair daqui.

MOSCA — Eu quero ir pra casa.

PRESO 4 — Mamãe! Mamãe! (*Fazem grande algazarra.*)

FERNANDO — Ei, ei, ei, parem com isso. Aqui dentro a gente tem que manter a moral elevada. Silêncio, porra.

ISMAEL — Tão brincando, deixa pra lá.

MESTRE — O que mais me enche o saco é não saber quanto tempo mais eu vou ficar aqui. Se eu soubesse que vão me condenar a 150 anos, eu ficaria tranquilo. Porque aí eu tinha uma certeza. Bastava esperar 150 anos. Mas assim, sem sentença, quando é que eu vou sair? Hoje, dentro de um ano, de dez anos? Quando? Isso é que me desespera.

ISMAEL — Vem cá, vem cá correndo.

MESTRE — Que foi?

ISMAEL (*Apontando pela janela*) — Tá vendo aquele buraco que tão fazendo lá na rua? Vão construir um estação de metrô aí. Escuta o que eu tou te dizendo: você daqui vai sair de metrô. (*Riem.*)

MESTRE — Quando eu sair daqui... tanta coisa que eu deixei de fazer.

PRESO (*Dando pulos na grade, como um macaco*) — Quando eu sair daqui, eu juro que nunca mais vou levar meu filho no Jardim Zoológico. (*Entram soldados, drogados. Silêncio.*)

SOLDADO — Você. (*Aponta para Ismael e outro soldado o algema.*) Você. (*Aponta para um segundo preso que também é algemado. Terror.*) Você também. (*Aponta para Cristina.*)

SOLDADO 2 — Mas esse é um preso comum.

SOLDADO 1 — Não interessa.

SOLDADO 2 (*Tentando evitá-lo*) — Torquemada disse cinco.

SOLDADO 1 — Ou seis, dá no mesmo. Você! Você! Você!

SOLDADO 3 (*Com a metralhadora, dando gritos*) — Pode correr, pode correr, pode correr. (*Os presos algemados escapam. Ismael tenta atacar um soldado e é morto à queima-roupa. Muitos disparos. Os soldados continuam atirando contra os que correm. Gritos selvagens. Um soldado tem um ataque.*)

SOLDADO 1 — Digamos que cada um de nós matou um deles. Fazendo as contas, este é o meu número 18.

SOLDADO 3 — O meu é o 27.

SOLDADO 2 — Aquele ali ainda está vivo. Atiro?

SOLDADO 1 — Não, deixa ele ir embora. Deixa ele escapar. Deixa ele fazer o seu grupinho. Nós vivemos disso. Deixa ele escapar... (*Saem.*)

MOSCA — Antes, eu acreditava que heroísmo era andar a cavalo com uma espada e uma bandeira na mão. Foi isso que me ensinaram na escola. Um cavalo, uma espada e uma bandeira. (*Olhando os presos ensanguentados.*) Mas não é assim... O heroísmo é anti-higiênico. É feio.

Cena explicação

ATOR — Torquemada diz que o seu país é o país do futuro. E tenta fazer com que todos os outros países sejam como o seu. Experimenta com dados econômicos e métodos policiais da mesma maneira que durante os preparativos da Segunda Guerra Mundial na Espanha se experimentaram as armas que iam depois ser usadas. Claro, o problema de Torquemada é um problema nacional. Mas as Nações são feitas de homens. O problema de Torquemada nos concerne a todos, porque todos somos humanos. O conceito de Nação não pode ser maior que o conceito de Humanidade. Com o pretexto de preservar a autodeterminação dos seus negócios internos, teremos nós o direito de permitir em silêncio que um povo seja exterminado?

Terceiro episódio
Cena 1

ATOR — Em nossa prisão, havia muitos sacerdotes presos. Um deles era muito nosso amigo e à noite nos contava histórias. Esta é uma das histórias que nos contou esse frade dominicano.

FRADE DOMINICANO — Na sua luta contra o Imperialismo Romano, Jesus Cristo se preocupava muito com a quantidade de lutadores patriotas que eram descobertos pelos policiais romanos e depois torturados e mortos. Porque muitos não resistiam e delatavam os seus companheiros para escapar à dor. Um dia Jesus Cristo chamou os seus apóstolos e lhes deu como exemplo a história dos sete irmãos Macabeus e de sua mãe. É uma história do Velho Testamento. Os romanos invadiram a casa dos Macabeus e ali sequestraram os sete irmãos. Todos os sete lutavam pela libertação de seu país. Começaram os interrogatórios. Os policiais queriam saber onde estava o líder da resistência macabeia, Judas Macabeu. Todos os sete irmãos sabiam.

FILHO I — Não sabemos.

GENERAL — Aqui todos dizem a verdade e nós pagamos um preço. Onde está Judas Macabeu? O preço é a vossa vida e nós pagamos esse preço.

FILHO I — Seria a morte de Judas. Não sabemos.

GENERAL — Também a mentira tem um preço: a morte. E esse preço vocês o pagam. Não confessar significa a morte.

FILHO I — Será a vida de Judas. Não sabemos.

SOLDADO — Meu general, esta velha é a mãe dos sete irmãos. Podemos matá-la diante deles para que confessem.

CAPITÃO — Tenho uma ideia melhor: vamos matar cada um deles diante dela. Com as suas súplicas, com as suas razões de mãe, ela vai saber convencê-los para que denunciem Judas Macabeu.

MÃE — Os sete são meus filhos.

SOLDADO — Queres que teus filhos vivam?

MÃE — Que vivam honrados.

SOLDADO — Queres que teus filhos morram?

MÃE — Que morram com glória.

CAPITÃO — Que cada um fale com a sua mãe e que a mãe, com as suas súplicas, salve as vidas que ela mesma lhes deu. Queremos Judas: uma só vida. Aquele que entregar Judas, salvará sete vidas. Que venha primeiro o filho mais jovem.

FILHO I — Mãe, eu tenho uma dúvida: eu disse que não sei, mas ele tem razão. Eu sei onde está Judas e, se confesso, pela vida de Judas salvarei sete. Salvarei a minha. Caí prisioneiro e, como estão as coisas agora, creio que é a minha vida contra a dele.

MÃE — Não é verdade. Eu tenho sete filhos, mas a vida de Judas Macabeu vale mais do que a vida dos meus sete filhos. Se morre, deixará de lutar, ele e todos os que estão com ele. Se te matam, defendendo o teu líder, salva-se Judas e te salvas a ti. Com Judas, vive ou morre uma condução da luta. Contigo vive ou morre um soldado. Morre um soldado com glória ou vive uma infâmia, uma traição. Tenho sete filhos e a vida de Judas vale mais do que a de sete famílias.

SOLDADO — Qual é a tua resposta?

FILHO I — Não.

MÃE — Bendito sejas.

SOLDADO (*Como um professor dando aula a outros soldados, que aprendem*) — Primeira tortura: pau de arara. Pendura-se o prisioneiro pelos joelhos até que morra. (*Torturam-no e ele grita.*)

SOLDADO — Segundo filho!

FILHO 2 — Mãe, eu tenho uma dúvida. Agora que me prenderam eu vejo tudo mais claro. Eu sei que cometi um erro, entrando nesta luta. Tem gente que sabe lutar, que gosta; que pode. Mas tem gente que não sabe, não pode, não gosta. Eu entrei na briga sem saber muito bem o que estava fazendo, sem compreender direito, sem conhecer o perigo. Agora que eu estou preso, mãe, agora eu sei, sei que cometi um erro, quero voltar atrás. Quero a minha liberdade para começar outra vez. Eu não sou um revolucionário. Por que devo morrer como um herói?

MÃE — Quando alguém decide entrar nesta guerra da libertação, decide dar a sua vida e não pode pedi-la de volta. Ninguém pode dizer: "sim, eu quero lutar até que me prendam, e aí então termina o jogo". Não é um jogo. Se queres abandonar a luta, sim, é possível, mas só depois que te soltem ou que te matem.

SOLDADO — Qual é a tua resposta?

FILHO 2 — Não.

SOLDADO — Segunda forma de tortura: a cadeira do dragão. O preso é colocado em cima de uma cadeira de metal com fogo aceso embaixo. A cadeira esquenta, quando tenta soltar-se, o próprio preso liga um aparelho elétrico e recebe choques elétricos até que morre. (*Faz a demonstração com o segundo filho, que grita.*) Terceiro filho!

FILHO 3 — Mãe, eu tenho uma dúvida: eu acho que a verdade é que nós estamos fazendo terrorismo, como eles dizem. E isso não leva a nada. Eu acredito sinceramente que devemos terminar com a resistência. Pensando assim, creio que é meu dever denunciar Judas. Assim, mais depressa terminará a resistência e mais cedo poderemos começar as negociações de paz com o inimigo.

MÃE — O povo começou a luta armada, e não você. Você se uniu ao povo, o povo não se uniu a você. O povo, e só o povo, pode decidir quando e como deve terminar esta luta. Você pode decidir entrar na luta do povo, mas não tem nenhum direito a decidir que o povo termine a sua luta.

SOLDADO — Vossa resposta?

FILHO 3 — Não.

SOLDADO — Terceira forma de tortura: bater todos os dias, sem muita força, em determinadas partes do corpo durante meses: joelhos, tórax, rosto, cabeça... O preso morre sem muitos sinais evidentes exteriores. (*Faz a demonstração com o terceiro filho, que grita.*) Quarto filho! É um homem casado. Tem mulher e filhos. Que venham todos.

FILHO 4 — Mãe, eu tenho uma dúvida: agora eu entendo o meu erro. Claro, eu sonhei com uma vida melhor. Mas eu tenho família, tenho um filho pra criar. Eu devia ter ficado quieto. Se não tivesse feito nada, ninguém me teria perseguido. Não teria lutado pela vida com que eu sonho, mas poderia viver uma vida possível.

MÃE — E vale a pena viver uma vida possível? Será isso vida? Não será viver, lutar por uma vida melhor? Não fazer as coisas que te parecem justas e não lutar por elas, isso te parece vida? Morre hoje aqui lutando: esta é a tua vida.

FILHO 4 (*Ao soldado*) — Não.

SOLDADO — Quarta forma de tortura: torturar um filho e a mulher diante do pai e do marido. Ela é pendurada no pau de arara e com um aparelho elétrico se destrói a sua vagina. Ao filho também se pendura queimando-se com fogo. Esta forma de tortura se chama "*galeto al primo canto*". Quinto filho! (*As torturas são sempre demonstradas e interrompidas. Cada vez que se pratica uma nova tortura alguém toca um tambor e durante alguns segundos todos os demais, torturados e torturadores, repetem a demonstração e os gritos.*)

FILHO 5 — Mãe, eu tenho uma dúvida: alguma coisa me parece injusta. Nós estamos lutando para transformar o sistema. Queremos criar um sistema novo. Mas as pessoas que estão agora no poder lutaram honestamente dentro das regras do jogo. Somos nós os que queremos mudar as regras do jogo. E isso no meio da partida. E não me parece que seja justo. Como estamos perdendo, queremos mudar as regras por outras com as quais a gente possa ganhar. Isso talvez seja egoísmo, e é injusto.

MÃE — Nós sabemos que as regras são injustas. Por isso nós as queremos trocar. Não para nós. Mas para todas as gerações que virão depois de nós. Nossa geração não ganhará nada, porque, quando se trocam as regras do jogo, a geração que faz a troca é a mais sacrificada. Estamos lutando pelos que virão depois de nós.

FILHO 5 (*Ao soldado*) — Não.

SOLDADO — Quinta forma de tortura: ação combinada. Telefone: bate-se com força sobre os dois ouvidos até romper os tímpanos. Espetam-se pedaços de madeira embaixo da unha, dando marteladas sobre os dedos. Sexto filho! (*Em cada representação, se escolhe uma sexta e uma sétima formas de dúvida e as consequentes respostas da mãe, e também formas de tortura utilizadas no lugar da representação. Por exemplo, castrar; tortura psicodélica: dentro de uma cela pequena sons violentos e luzes de todas as cores; afogamentos em água ou em urina; execução simulada; abuso sexual, especialmente diante do marido etc.*)

MÃE — Pela segunda vez dei a vida aos meus sete filhos. Agora que estão todos mortos, sou duas vezes mãe de cada um.

FRADE — Jesus Cristo costumava contar esta história pra evitar a delação entre os soldados populares que lutavam contra os romanos. Conta-se que as pessoas se convenciam com as suas palavras e também se conta que, depois de ouvir Jesus, ninguém nunca mais denunciava. É uma história muito linda e verdadeira.

ATOR — Torquemada tentava criar uma boa imagem de seu país. Propícia à inversão de capitais. Buscava a pureza. Começou matando todos os subversivos e depois aqueles que os ajudaram. E depois aqueles que não ajudaram mas que eram amigos dos subversivos. E depois os que não eram amigos nem ajudaram, mas que talvez tivessem certa simpatia pelos subversivos. Cada vez a cidade estava mais pura e cada vez mais subiam as ações na Bolsa. Finalmente, começou a perseguição aos próprios nobres que não se mostravam suficientemente cruéis. A nobreza estava encantada com a feroz pureza de Torquemada. E a Bolsa deu um salto. (*Paulo está fazendo exercícios, depois de ter sido torturado. Um frade o ajuda. Sua irmã também.*)

PAULO — E a mamãe?

IRMÃ — Passou pela Bolsa pra ver se traz alguma boa notícia antes da última sessão.

PAULO — Continua subindo?

IRMÃ — Cada vez mais.

PAULO — Sinto que vou morrer. Mas conta, conta tudo.

IRMÃ — Você comprou mais ações da siderúrgica, não é assim? No fim da semana subiu até 21. E você comprou em 17, não foi?

FRADE — Eu avisei. Tinha que ter descansado um pouco mais. (*As ações se tornam cada vez mais retorcidas nas mãos de Paulo.*)

PAULO — Tenho que resistir. Não posso morrer. Não posso! (*Grita quando lhe aplicam o choque elétrico.*) Nossa cidade está purificada. Meu lucro, minha vida...

TORQUEMADA — Será ainda mais pura com a tua morte. (*Falam todos como se estivessem rezando.*)

PAULO — Eu tenho que ganhar, eu quero, eu vou. De 15 a 21 em menos de uma semana, talvez 25, talvez 26.

TORQUEMADA (*Como um sacerdote*) — Se você morrer, pode subir até 27, talvez em poucos minutos. No instante mesmo em que se conheça a notícia da sua morte, 28. Os jornalistas estão aí fora. A notícia vai-se espalhar em poucos segundos. 28, talvez 29. Em segundos, num instante, já. (*Novos e mais violentos choques e gritos.*)

PAULO — Eu quero viver.

IRMÃ — Nosso bom Padre tem toda a razão. Quando se soube que o teu rim esquerdo ficou inutilizado por causa dos choques elétricos, essa foi a primeira grande subida da Bolsa. De 15 a 28 em um minuto. O nosso Padre tem toda a razão.

PAULO (*Feliz*) — É verdade. Escutem. O meu fígado também está doente. É necessário que todos saibam. E não digo nada dos meus braços e das minhas pernas. Já não posso nem andar, vocês são testemunhas. Minhas mãos só conseguem agarrar minhas ações. Já nem posso comer. É necessário que todos saibam. Meu coração às vezes para de repente. É preciso que se saiba na Bolsa. Mas eu quero viver. Eu tenho que viver...

TORQUEMADA — Pelo contrário, não tem, não deve viver. Nossa cidade tem que ser pura. Temos que eliminar toda suspeita, toda dúvida, toda suspeita de dúvida. A sua morte prova nossa pureza. De 15 a 28 em menos de uma semana. Talvez 29. (*Entra a velha mãe com emocionado entusiasmo.*)

MÃE — 30! 30! (*Mostra as ações.*) 30, meu filho, bem-amado. Os jornalistas ouviram teus gritos e a notícia da tua provável morte fez subir ainda mais as ações. Benditos gritos, bendito filho! (*Todos se abraçam comovidos.*)

PAULO (*Gritando para fora, para que se escute*) — 30! 30! Estou morrendo! (*Para a mãe*) Talvez assim escutem. Não chegará a 31?

TORQUEMADA — Com a tua morte, 35.

PAULO — Eu quero viver, quero os lucros. Quero morrer, quero morrer. 35, 35, 35. Mais, mais, quero mais. (*Mais choques, mais gritos.*) No coração, no coração. Avisem na Bolsa. No coração! Digam que eu já morri. Quanto? Quanto? Estou morto. Estou morto! Quanto? Quanto?

MÃE (*Exultando, sem soltar as ações, que, como toda a família, aperta em suas mãos*) — Bendito sejas. Ele está morto. Bendito sejas.

IRMÃ (*Agarrando suas ações*) — Cumpro com o doloroso dever de informar que o meu irmão acaba de falecer. (*Todos gritam com eufórica felicidade.*)

TORQUEMADA — Agora sim, nossa cidade é a pureza absoluta. Com a Virgem Imaculada, o Sagrado Coração de Jesus, como a Santíssima Trindade. (*A mãe e a irmã rezam agarradas às suas ações.*) Ele está morto: era inocente.

TORQUEMADA — Nós acabamos de mostrar a verdadeira cara do nosso sistema. Demonstramos que a essência de um regime está nos seus excessos. Se o capital deve dar lucro, que seja o máximo. Se o homem é vulnerável, que seja mantido no limite extremo de sua resistência física. Que receba o mínimo indispensável para a sua existência animal. Assim se conseguem os maiores lucros. Por que devemos dar mais se, com a violência, fazemos com que um operário se contente com menos? Por que permitir que se discutam opiniões livremente quando o sistema tem a sua própria e única opinião? Por que mentir que consideramos todos iguais, quando a essência verdadeira do nosso sistema é a profunda desigualdade? Eu lhes mostrei que o nosso sistema funciona perfeita e rapidamente, desde que funcione totalmente, sem contemplações. Não nos devemos permitir nenhuma hipocrisia. Não existe crueldade moderada, crise suave. Existe o que existe. Se há guerra, que seja extermínio. Boa noite. (*Sai.*)

Última cena

Os presos estão nos seus mocós. Um deles avança e diz:

PRESO — Torquemada nos matou. (*Vários presos repetem a mesma frase.*) Torquemada nos matou um a um. Alguns morreram de bala, outros de covardia. Alguns morreram lutando, outros morreram de medo. E todos foram morrendo. E o país inteiro se transformou num imenso cemitério, onde o povo saiu de suas casas e cada homem entrou na sua sepultura e os que já estavam mortos ali mesmo apodreceram e os que estavam morrendo ali se endureceram. E todos estão mortos, profundamente mortos. O rigor do medo endureceu as pernas de cada homem e elas deixaram de andar. Subiu o rigor do medo pelo corpo e pelos braços, e eles deixaram de fazer. Subiu ainda mais pelos rostos, e os rostos endurecidos deixaram de sorrir e de chorar. Mas existem entre nós alguns que não estão totalmente mortos. Entre nós existem alguns que ainda com sua boca podem dizer baixinho: "eu estou vivo". Alguns ainda não morreram e, se disserem baixinho, bem baixinho, primeiro "eu estou vivo!", talvez aconteça o milagre, talvez se espante o silêncio profundo do cemitério, talvez se espante o passarinho numa árvore, talvez se espante o medo, e talvez, dizendo um pouquinho mais alto "eu estou vivo?", talvez se espantem os mortos, e talvez os mortos possam gritar "eu estou vivo!", talvez aconteça o milagre, o povo inteiro gritando alto, muito alto "eu estou vivo! eu estou vivo?", e talvez aconteça o milagre, talvez estejamos todos vivos, todos vivos gritando "eu estou vivo! eu estou vivo!". (*Todos os presos começam a sair dos seus mocós, falando cada vez mais alto "eu estou vivo! eu estou vivo!", gritam cada vez mais desesperadamente "eu estou vivo". E é verdade: eles estão vivos. Todos. Todos.*)

José, do parto à sepultura[1]

Peça em dois atos

Puédese esta llamar vida,
a la qual se entra llorando,
que se pasa suspirando,
la muerte es la su salida?

Por lo qual yo, sin ventura,
con gran cuita, he deseado
que huviera sido llevado
del parto a la sepultura.

Tal esperanza perdida,
yo no sé, loco, trás que ando,
voyme así devaneando,
entre la muerte y la vida.

Francisco de Sá de Miranda

---

[1] Estreia no Teatro Oficina em 1961, com atuação de Alberto Uriarti, Celia Helena, Clovis Bueno, Dora Miari, Emilio di Biasi, Etty Fraser, Fauzi Arap, Francisco Martins, Jairo Arco e Flexa, Ronaldo Daniel e Wolfram Gunther, além da colaboração de Antonio Abujamra (direção), Alberto Uriarti (cenário e figurinos) e Roberto Ribeiro (música). (N. da E.)

JOSÉ, DO PARTO À SEPULTURA

DE AUGUSTO BOAL

CADERNOS DE OFICINA

Personagens

José da Silva
Mãe
Avó
Pai
Professor
Padre
Sargento
Marechal
Operário
Patrão
Garçom
Mulher
Homem
Secretário

Primeiro ato

Legenda:
De como se fabrica um cidadão perfeito

Esta legenda deve permanecer visível durante todo o Primeiro ato. A legenda de cada cena deve permanecer visível apenas durante a cena respectiva.

Cena 1
De como José da Silva, pela primeira vez, abriu os olhos e, logo a seguir, a boca

Uma cama, duas cadeiras. Estão em cena a Mãe de José, este ainda por nascer, e a Avó. A primeira está deitada, grávida, fazendo tricô. De vez em quando acaricia a sua expressionista barriga. De vez em quando dá um grito rotineiro, sem nenhuma dor, apenas para se manter acordada. A Avó trabalha nos seus afazeres caseiros, às vezes cantando, às vezes assobiando.

AVÓ — Modéstia à parte, eu estou com 79 anos. E em matéria de homem não posso me queixar. Eu estou velha, mas graças ao bom Deus, estou viva. Eu me sinto como uma criança, sempre aprendendo. Por isso é que eu te digo, minha filha, conta a verdade para o teu marido.

MÃE — Ele nunca repara em mim, mamãe.

AVÓ — É, mas agora não dá mais pra continuar escondendo. (*A bar-*

riga mexe sozinha.) Faz um carinho nele e confessa. Os homens gostam tanto de carinho Ele vai acabar se conformando.

MÃE — O meu marido tem um gênio horrível. Daqui a pouco ele chega, vai bater a porta, reclamar, comer feito um porco, dormir.

AVÓ — No que, aliás, faz muito bem.

MÃE — Sem nem reparar em mim. Sem nem perguntar se eu estou com dor de cabeça ou não.

AVÓ — Você está com dor de cabeça?

MÃE — Não, mas ele pode perguntar, não é?

AVÓ — Chegou o teu marido. (*Entra o Pai.*)

PAI — O quê? Deitada a uma hora dessas? O que é que você tem que vive dormindo? Tanta roupa pra lavar, comida pra fazer, dinheiro pra ganhar.

MÃE — Senta aqui, meu bem, que eu quero te fazer um carinho. Você trabalhou muito hoje?

PAI — Trabalhei feito uma besta, mas conservei o sorriso na face.

MÃE — Ah, se todos fossem como você...

PAI — O patrão instalou música na fábrica. Agora nós produzimos muito mais, o que prova que a arte musical é um fator de progresso no mundo capitalista. Os nossos movimentos são mais suaves, os operários se transformaram em bailarinas. A música se chama "Sinfonia do burro de carga". Amanhã as paredes vão ser pintadas de verde pra descansar os nossos olhos e, ao mesmo tempo, pra tirar qualquer ideia radical da nossa cabeça. Verde é esperança e, portanto, é uma cor inofensiva.

AVÓ — Pergunta se ele falou com o patrão.

MÃE — Falou?

PAI — Falei. Pedi aumento e ele me deu um pontapé na bunda, o que aliás é muito justo. Eu, porém, mantive o sorriso. Em conclusão: eu sou um operário conveniente, que teve um dia normal.

MÃE — Você é um exemplo de abnegação.

PAI — Sou um exemplo que tem fome. O jantar está pronto?

AVÓ — Comida não tem, mas tem uma surpresa pra você. Uma surpresa. Você nem vai acreditar.

PAI — Surpresa? Pra mim? Eu já não me surpreendo com mais nada. Nesse mundo tudo é possível. Tudo.

MÃE (*Tímida, medrosa e alegre*) — Você...

PAI — Eu...

MÃE — Vai ser pai.

AVÓ — Carinho, minha filha. (*Para o genro*) Você vai ser um papaizinho.

PAI — Olha aqui, mulher, não te faz de besta comigo.

AVÓ — Calma, calma. Você vai ser pai, mas dá-se um jeito, não precisa ficar nervoso. Isso, um dia, quando menos se espera, acaba acontecendo.

PAI — Então é verdade? Você esta grávida?

MÃE — Desculpe, né.

PAI — E por que é que você não me avisou antes?

MÃE — Eu pensei que você descobrisse sozinho. (*A barriga mexe.*) Mas você nunca repara em mim...

PAI (*De novo com bom humor*) — Bem, não tem importância. Eu conheço um médico...

AVÓ — Pode tirar o cavalo da chuva que o caso é pra parteira mesmo, viu?

PAI (*Revoltado*) — Eu tenho a certeza que foi a senhora, com os seus maus conselhos, que botou essa ideia de ter um filho na cabeça dela.

AVÓ — Ah, quer dizer que eu é que tenho culpa? Porque vocês dois...

PAI — A senhora é a autora intelectual desse crime.

MÃE — Que crime?

PAI — Um filho. Era o que me faltava.

AVÓ — Pois é, agora não falta mais nada.

PAI — Pra que é que serve um Zé da Silva a mais no mundo?

AVÓ — Enquanto você pensa, eu vou preparar tudo pro nascimento, que não deve demorar. Vai ser preciso uma bolsa de água quente. Não sei pra quê, mas sei que vai. Vou pedir emprestada pra vizinha.

MÃE — A vizinha saiu, mamãe.

AVÓ — Por isso mesmo: empresta sem reclamar. (*Sai.*)

MÃE — Essa minha mãe não tem moral mesmo, poxa.

PAI — Como é? Isso sai ou não sai?

MÃE — Mas que coisa, também. Há pouco tempo você não queria ter filho nenhum, e agora já quer?

PAI — Se ele tem que nascer, põe ele pra fora duma vez só pra ver a cara do infeliz.

MÃE — Pensa que ter filho é assim, é? Homem é gozado. Faz um servicinho muito de leve, e depois deixa o trabalho pesado pra nós, mulheres. Queria que tu fosse mulher, pra ver a dureza que é.

PAI — Deus me livre e guarde. Pra isso existe Deus lá no céu, pra me ter feito nascer homem. E eu acredito em Deus, graças a Deus...

MÃE — Será que ainda demora?

PAI — Se fosse comigo, ele já tinha nascido a toque de caixa. Na minha casa eu não admito preguiça, nem pra nascer. Esse daí já tá começando muito mal.

MÃE — Poxa, você só vê o lado ruim das coisas.

PAI — Se eu soubesse que ia ter um filho, a minha vida inteira eu tinha ficado virgem.

MÃE — Credo!

PAI — Nenhum prazer do mundo vale esse desassossego.

MÃE — Não exagera... tem uns que valem...

PAI — Me responde uma pergunta: quanto é que vale uma criança?

MÃE — Você só pensa em dinheiro.

PAI — Todo mundo só pensa em dinheiro. Quanto é que vale uma criança?

MÃE — Não sei, mas eles são tão engraçadinhos...

PAI — E eu faço filho pra rir? Eu estou com cara de quem está achando graça?

AVÓ (*Entrando*) — A vizinha não estava e eu aproveitei o que pude. Trouxe até um sanchuíche pra você.

PAI — E tem mais essa: se ele acabar nascendo mesmo, no dia seguinte expulso a sua mãe de casa. Não quero que ele aprenda a roubar e outras coisas... (*Pegando o sanduíche da Mãe.*) É de que esse sanduíche?

AVÓ — Pão com mortadela.

PAI — Quero que meu filho seja honesto. (*Come.*) A vizinha não tinha sobremesa?

AVÓ — Depois eu dou um jeito...

PAI — Ah, como eu queria morar nos Estados Unidos... Aquilo, sim, é que é um país civilizado. Se fosse lá eu rezava pro menino nascer com três cabeças. Abria uma tenda num parque de diversões e ficava capitalista. Mas aqui nesta terra, deformidade não dá dinheiro pra ninguém...

AVÓ — Olha quem vem chegando: o professor.

PROFESSOR (*Entrando*) — Ouvi dizer que a vizinha aí ia ter um filho.

PAI — Isso é um problema dela.

PROFESSOR — Pois é, eu ouvi uns gritos aí, então resolvi entrar. Pra dizer bem a verdade, eu ia ao cinema, ver um bangue-bangue. Mas eu sou tarado por um bom parto. Especialmente quando a mulher grita bastante.

MÃE — Ah, é engraçado? Eu queria que o senhor estivesse aqui pra ver qual é a graça que tem.

PROFESSOR — Sabe que eu nem tinha me apercebido? Há quanto tempo que a senhora está nesse estado lastimável?

MÃE — Vai pra dois anos e meio.

PROFESSOR — Não diga...

MÃE — Pra que o senhor veja o trabalho que está me dando...

PROFESSOR — Eu, com a minha pouca experiência, sempre ouvi dizer que filho fica na barriga por muito menos tempo.

MÃE — Nove meses é pra quem pode.

PROFESSOR — Pode, como?

MÃE — Pra fazer um bichinho desses precisa se alimentar bastante. Eu não tenho dinheiro nem pra dar de comer a mim sozinha, quanto mais pra fazer um outro.

PROFESSOR — Ah, então foi a comida racionada que fez demorar tanto, está explicado...

MÃE — E se não é aquele salário mínimo, que eu aproveitei pra comer até estourar, demorava muito mais.

PROFESSOR — Se a minha mulher engravidar, dou bastante comida. Quem sabe, em quinze dias liquida o assunto.

MÃE — De qualquer maneira, estou começando a ficar preocupada...

PROFESSOR — Dois anos e meio, não é pra menos...

PAI (*Que estava fazendo umas contas*) — Eu resolvi o seguinte: se o meu filho nascer normal, eu te largo, lavo as minhas mãos. Mas se nascer com três cabeças, embarco pra Nova York.

PROFESSOR — Três cabeças? Isso foi alguma promessa? Olha, se quer um conselho, não se meta com Exu.

PAI — Três cabeças é a única maneira de criança dar lucro. Os filhos são a praga do casamento. É a falência, a bancarrota, a fome, Orós, Hiroshima. Eu sou um infeliz.

PROFESSOR — Ora, ora, criança não dá despesa.

PAI — Ah, não? E onde é que eu vou arranjar dinheiro pra dar comida a esse estrepe? Vai ser um inferno quando aparecer um pão aqui em casa: eu, minha mulher e meu filho, brigando a navalha, pra ver quem é que come.

PROFESSOR — Mas já não é assim?

PAI — É, mas eu sou mais forte do que ela, ganho sempre.

PROFESSOR — E, depois, sempre tem umas sobras na cozinha do restaurante, umas bananas machucadas na quitanda... E sem falar em lata de lixo de casa rica, que é sempre uma inesgotável fonte de surpresas...

PAI — Você está querendo consolar...

PROFESSOR — Quem dá despesa é filho de rico.

PAI — Por quê?

PROFESSOR — Porque filho é uma inversão de capital. Se você não gasta nada com ēle, quando crescer o menino vai ser um operário, um cantor de rádio, um jogador de futebol. Rico gasta fortunas porque quer transformar o filho num belo doutor ou então num gracioso playboy...

MÃE — É mesmo...

PROFESSOR — Mas também o filho do rico é muito mais perfeito. Até no crime o rico se mostra superior. Pobre, qualquer coisa que faça, a polícia logo descobre e trancafia o criminoso. O rico não. Ele tem arte. Quando resolve matar alguém, comete sempre o crime perfeito e a polícia nunca descobre o assassino. O crime do Morumbi, o crime do Sacopã, são obras-primas da criminologia moderna. É preciso muito dinheiro pra se fabricar um criminoso desse quilate.

PAI — Quer dizer que o menino tanto pode dar despesa como não dar?

PROFESSOR — Claro.

MÃE — Quanto mais dinheiro a gente gastar, melhor ele fica.

PROFESSOR — Isso mesmo.

PAI — Estou quase mudando de ideia. Só falta um detalhe: que lucro esse trambolho pode me dar?

PROFESSOR — Criança, em princípio, pode ser utilizada de duas maneiras; primeiro, a maneira honesta.

PAI — Me explica a segunda.

PROFESSOR — A maneira prática é trabalho de parceria, você e ele.

PAI — Como?

PROFESSOR — Bater carteira, bolsa de senhora, roubar loja na cidade...

PAI — Mas isso é desonesto.

AVÓ — Se o problema é esse, pode ter o filho sossegada, que ele acaba concordando.

PAI — O senhor me tirou um peso da consciência, professor. Eu vou ser pai. Eu vou ficar rico. Eu quero ser um pai verdadeiro. Um pai que ama a esposa, o filho...

AVÓ — ... a sogra.

PAI — ... a sogra.

MÃE — O que é isso, mamãe? (*A Avó está acabando de descarregar um cesto cheio de mantimentos.*)

AVÓ — Nada não. Eu fui até a igreja, dar uma rezadinha. Tinha uma quermesse lá. Aproveitei e trouxe uma lembrancinha. Podem ir se servindo. (*Passa a bandeja com doces. Todos se servem.*)

MÃE — Na igreja, mamãe? Com religião não se brinca.

PAI — Por falar em igreja, ser pai é uma espécie de sacerdócio.

PROFESSOR — Por quê?

PAI — Porque é na cama que o homem serve ao Reino Animal. Serve à Pátria e não esquece Deus.

PROFESSOR — Quem diria?

PAI — Serve ao Reino Animal porque reproduz a espécie humana.

AVÓ — Muito bem. Apoiado.

PAI — Serve à Pátria porque fabrica cidadãos. E a Pátria depende do cidadão. É ele que faz tudo, faz estrada, petróleo, avião, chiclete, bomba atômica...

AVÓ — Esquenta água pra nascer outro cidadão...

PAI — Ser pai, isto é, fabricar um cidadão, é um verdadeiro ato de heroísmo. Eu mereço uma medalha.

MÃE — E eu uma estátua.

PAI — O governo devia criar a Ordem dos Reprodutores. Todo mundo que fosse saudável, assim como eu, forte, inteligente, bem-apessoado, recebia um salário só pra fazer filhos. E podia escolher mulher à vontade.

MÃE (*Feliz*) — O meu cidadão está quase pronto.

PAI — Você é muito lenta. As mulheres deviam ter um filho todas as terças, quintas e sábados. A Pátria anda muito necessitada. Eu me sinto orgulhoso de mim mesmo, sabe? Descobri que na cama o homem realiza o ato mais nobre da existência humana.

PROFESSOR — Você disse que servia a Deus... E o que é que Ele tem a ver com isso?

PAI — Não foi Ele quem disse "Crescei e multiplicai-vos"? É dele essa frase. Nasce, meu filho, nasce com uma cabeça só, mas faz a fortuna do teu pai. Vamos trabalhar em parceria.

AVÓ — Advinha quem vem aí? O padre da paróquia.

MÃE — O padre?

AVÓ — Vem batizar o menino.

MÃE — Ah, dessa vez você não me escapa: antes de batizar, você vai ter que casar comigo.

PROFESSOR — Vocês não são casados, não é?

AVÓ — Essa ligação de vocês dois, até eu estou começando a achar imoral. E olha que pra me escandalizar não é fácil.

PROFESSOR — Que engraçado!

PAI — Qual é a graça que você está achando?

PROFESSOR — É que eu e minha mulher também não casamos.

AVÓ — Eu casei, graças a Deus.

PAI — Basta o amor. E eu sou um homem que ama. Nasce, meu filho, vamos trabalhar.

AVÓ — Casar é um sacramento muito importante. É preciso sacramentar a união dos bens. Se não, você usa o menino, ganha dinheiro só pra você e o que é que vai ser da minha filha?

PAI — Pra casar precisa gastar muito dinheiro...

MÃE — Isso eu já combinei com o padre: batizado e casamento no mesmo dia, ele faz desconto.

AVÓ — Saiu a mim essa minha filha. Meu marido também não queria casar comigo mas, quando ele estava na hora da morte, eu peguei o padre pelo braço e disse pra ele: "Antes de sapecar a extrema-unção, casa nós dois". Foi bem em cima da hora, o meu marido quase não tinha mais força pra dizer que sim, mas casei com a bênção de Deus. E fiquei com a herança.

MÃE — Que heresia, meu Deus do céu.

PADRE (*Entrando*) — Esta é uma casa santificada. Eu nunca entro aqui sem que se esteja falando no nome do Criador.

PAI — Seu Padre, desculpe, mas eu acho que não vamos mais precisar do senhor.

PADRE — Morreu o anjinho?

PAI — Ainda nem nasceu, mas acho que não convém batizar.

PADRE — Quer que ele vá pro Inferno pagar?

PAI — Entre viver aqui na Terra ou ir pro Inferno, acho que ninguém mais nota a diferença.

PADRE — O sofrimento na Terra termina com a morte. No Inferno não termina nem com o arrependimento.

PAI — E casar? O senhor acha que precisa?

PADRE — Como não? Duas pessoas que se amam devem permanecer unidas, com o uso da força espiritual, se necessário for.

AVÓ — O senhor tem resposta pra tudo, hein, Padre.

PADRE — Vamos pela ordem: vamos começar pelo casamento. O senhor é o noivo?

PROFESSOR — Sou, sim. Mas eu e a minha mulher ainda não vamos casar, não.

PADRE — Por quê?

PROFESSOR — Porque nós ainda não temos nenhum filho.

PADRE — Mas também não é preciso esperar nascer o primogênito. A espera em demasia também é pecado, passível de punição.

MÃE (*Alarmada*) — O noivo é aquele. Segura ele, ele vai fugir.

PROFESSOR (*Segurando o Pai*) — Que é isso?...

PAI — Olha aqui, pode batizar quem vocês quiserem, mas casar eu não caso.

AVÓ — Vem cá, vem, Padre, vem falar comigo. (*Fica entretendo o Padre.*)

MÃE — Ah, meu Deus, que vida amargurada a minha.

PROFESSOR — Não sei por quê.

MÃE — Pois nem meu marido, que é meu marido, quer casar comigo. Quem vai querer?

PROFESSOR — Melhor pra senhora.

MÃE — Melhor pra mim?

PROFESSOR — Então? Não casando, quando o menino nascer, fica sendo só seu. A senhora pode fazer o que quiser do bichinho.

MÃE — Mas fazer o quê?

PROFESSOR — Tudo, engraxate, office boy, jornaleiro. Tudo que não dá despesas. E o lucro fica sendo todo seu. Filho pobre é a coisa mais rendosa que existe.

PAI — É, mas o pai sou eu: pelo menos cinquenta por cento do lucro vai pro meu bolso.

PROFESSOR — Casando sim, não casando, não.

PAI — O que é que o senhor acha, Padre?

PADRE — Eu acho que todo homem deve reparar o malfeito.

PAI — O senhor tem razão, Padre, reparai o mal. Mas, por favor, anda bem depressa com isso.

PADRE (*Batendo palmas*) — Os candidatos que se apresentem.

MÃE — Lá vou eu. De pé, dói um pouco mais. Olha, Padre, se na hora que o senhor perguntar se eu aceito, eu der um grito, não é desacato, não, viu? É dor mesmo.

PADRE — Eu sou muito compreensivo: se você gritar, eu entendo que aceita.

AVÓ (*Entrando afobada*) — Eu achei uma espécie de véu ali. Agora só falta a grinalda.

MÃE — Achou onde?

AVÓ — Na casa da vizinha, dentro de um baú. Espera que eu vou ver se acho mais alguma coisa. (*Sai saltitante. Depois volta e põe a bolsa de água quente na cabeça, em lugar de grinalda, um lençol como cauda do vestido de noiva da Mãe, cheio de quinquilharias perduradas. A Mãe avança com a sua enorme barriga para a po-*

sição da cerimônia. Apesar do ridículo, está inteiramente emocionada.)

PAI — Já está demorando muito.

MÃE — Depressa, Padre, depressa.

PADRE — Também não pode ser assim. Primeiro tem que falar umas coisas em latim.

MÃE — Pergunta duma vez se ele quer casar comigo.

PADRE — Fulano de Tal aceita Fulana de Tal por legítima esposa?

PAI — Depende.

PADRE — Depende de quê?

PAI — Olha, Padre, eu estava vendo essa cerimônia aqui e, de repente, me deu um ataque de sinceridade. Pro senhor eu vou confessar.

PADRE — Confesse, meu filho, eu estou habituado.

PAI — Padre, eu só vou casar mesmo porque vou ter um filho. O meu ordenado é a coisa mais miserável que o senhor pode imaginar. E eu preciso explorar esse meu filho. Preciso fazer ele render muito dinheiro. Por isso é que eu disse que depende.

MÃE — Não fala assim, meu bem, o Padre está ouvindo.

PAI — Claro que está ouvindo, pois é só com ele que eu estou falando. (*Os dois permanecem em posição de noivos, com o Padre à frente.*)

PROFESSOR — Olha, velho, se eu fosse você...

PAI — Que é que você está falando? Você também não casou?

PROFESSOR — Mas eu não tenho filho.

PADRE — Como é? Eu não posso ficar esperando uma decisão.

PAI — Tá certo. Vai de uma vez. Seja o que Deus quiser.

PADRE — Parabéns. Fulano de tal aceita...

PAI — Espera aí, Padre. É mesmo... Por que é que você não teve filhos?

PROFESSOR — Porque que não tinha condições. Casa logo.

MÃE — Eu estou começando a ficar nervosa.

PAI — Um momentinho, Padre. Pode ir dizendo o que tem que dizer em latim, que eu não entendo mesmo, que eu volto já. (*Para o Professor*) Que condições? Você não disse que ter filhos é um negócio lucrativo? (*O Padre murmura em latim.*)

PROFESSOR — É um bom negócio. É um ótimo negócio. Mas todo bom negócio precisa de um emprego de capital inicial.

PAI — Despesas?

PROFESSOR — É. No começo, eles nascem muito fraquinhos... É preciso alimentar uns quatro ou cinco anos.

PAI — Mas não tem banana machucada na quitanda? Não tem lata de lixo?

PROFESSOR — Como você é desumano... precisa dar leitinho de vez em quando...

PADRE — Mas leite não é muito caro, não. É verdade que subiu um pouco ultimamente...

PROFESSOR — Maizena pra fazer mingau também subiu.

PADRE — E o pão? E o vinho? E o trigo pra fazer a hóstia? Está tudo pela hora do Juízo Final.

PROFESSOR — Mas sempre dá-se um jeito, não é, Padre?

PADRE — Pelo menos quem é solteiro, como nós...

MÃE — Padre, quer fazer o favor de não dar a sua opinião?

PADRE — Já ia me esquecendo. Onde é mesmo que nós paramos?

MÃE — Ele tinha acabado de dizer que sim. E o senhor ia perguntar a mim. E eu não guardo segredo. Eu quero casar, de qualquer maneira. Eu quero casar.

AVÓ — Como convém a toda mulher honesta.

PAI — Você não disse...

PROFESSOR — Eu disse que era um grande emprego de capital. Eu não emprego o meu capital porque não tenho. Senão, abria uma creche. Punha a garotada toda trabalhando pra mim.

PAI — Esse homem me iludiu duas vezes, Padre. Ele me disse que filho não dá despesa. Maria, vai me desculpar, mas dá marcha a ré aí no menino.

MÃE — Como que eu vou dar marcha a ré?

PAI — Problema seu. (*Mãe dá um grito.*)

PADRE — Aceita. Vamos agora proceder à bênção.

PAI — O senhor entendeu mal, Padre, o grito foi de dor mesmo.

PROFESSOR — Deixa de ser intransigente, a Pátria precisa de você.

PAI — Eu sou um moralista. É imoral eu ter que gastar o meu dinheiro pra fabricar um cidadão que a Pátria vai usar, e não eu.

PROFESSOR — Isso é apenas uma divisão de trabalho: os pais invertem o capital, criam o menino, usam algum tempo e depois a sociedade usa.

PAI — "Divisão de trabalho", você está me dando uma ideia.

MÃE — Me explica uma coisa: posso ou não posso dar à luz?

PADRE (*Comendo*) — Desculpe mudar de assunto, mas esses doces da senhora são iguaizinhos aos que eu faço.

AVÓ — Que coincidência.

PADRE — A senhora usa fubá?

AVÓ — Eu não posso escolher muito, eu uso o que tem.

PAI — Minha mulher, a sociedade é sábia: divide o trabalho de acordo com a vocação de cada um. E ninguém melhor do que a mulher, esse santo animal, tem vocação pra criar filhos. Você cria e a sociedade usa.

MÃE — E você?

PAI — Eu vou continuar cumprindo a minha vocação sagrada de fabricar mais cidadãos. Passem bem.

MÃE — Segura, segura ele.

PADRE (*Atônito*) — E o casamento? Falta a bênção que é o mais importante.

PAI — Conheço uma mulata que tem una vocação louca pra criar cidadãos. Vou já cumprir o meu dever sagrado para com a Pátria. Vou fazer mais operários, mais camponeses e, se alguma grã-fina der sopa, até mesmo um criminoso de alto coturno. Boa noite. (*Sai.*)

"Canção do dinheiro"

PROFESSOR — Se eu fosse você, eu não tinha esse filho.

MÃE — O seu conselho é muito bom, mas já veio muito tarde.

PROFESSOR — Ainda dá tempo. Quer ver? Eu pensei até num plano. Eu seguro um martelo e fico escondido. Assim que o menino nascer, pego ele desprevenido e dou-lhe uma martelada na cabeça.

MÃE — Vai dar martelada na cabeça de quem, né?

PROFESSOR — É melhor morrer agora, duma vez, do que morrer de fome depois.

MÃE — Amor de mãe vale muito. Meu filho não vai morrer de fome.

AVÓ (*Entrando com o Padre*) — Agora, ravióli é mais fácil, porque já vem em lata.

PADRE — Essa visita pra mim foi muito útil. Aprendi umas receitas novas e pra um homem solteiro, que vive quase sozinho, é muito importante saber fazer ravióli, feijoada e virado à paulista. Principalmente se já vem em lata.

AVÓ — Olha, Padre, o senhor disponha, viu? Aqui na minha casa eu sou muito religiosa, aqui quem manda é sempre Deus, e o senhor por carambola.

PADRE — Então, que Deus benza tudo aqui nesta casa, as pessoas e as coisas.

AVÓ — Vê se benze minha bolsa, que já está ficando tão vazia...

MÃE — Espera mais um pouco, Padre. Pra não perder a viagem. Vê se faz o batizado.

AVÓ — Não é falta de respeito, mas eu acho melhor guardar o dinheiro do batizado pra comprar alguma coisa pro menino comer. Ele há de nascer com muita fome.

MÃE — Ai!

AVÓ — Que foi?

MÃE — Tá doendo. Agora é ele. Sai da frente, gente, que o menino vem aí. O meu herdeiro. O meu herdeiro. (*Levanta os braços, feliz e gritando. Os outros borbulham em torno* ad libitum *na algazarra.*)

PROFESSOR — Cinco. Quatro. Três. Dois. Um. Já!

TODOS — Nasceu! Ah, deixa eu ver. Não empurra. Sai da frente. Faz fila. Sobe aqui.

AVÓ — Nasceu! (*Afastam-se todos, no meio do circulo está José da Silva. Veste uma fralda, usa cabeleira de cachinhos. É o mesmo ator adulto que representa o papel. Olha invocado para todos os presentes. Não chora mas, quando necessário, berra, grita, protesta.*)

PROFESSOR — Mas que menino mais feio.

MÃE — É a coisinha mais linda que eu já vi.

PROFESSOR — Que cara tão enrugada, isso nunca mais vai desenrugar.

AVÓ — Não liga pra ele, não, minha filha. Quando você nasceu era bem pior e olha agora que belezinha que você é.

MÃE — Eu fiz o que pude, cumpri o meu dever. O dever da mulher: dar à luz o mais que pode.

PROFESSOR — Parabéns por este novo cidadão.

PADRE — Parabéns por este novo temente de Deus.

AVÓ — Parabéns, minha filha: são mais dois braços pra trabalhar.

MÃE — Agora, vou fazer meu testamento.

AVÓ — Que foi? Está se sentindo mal?

MÃE — Depois de ter José da Silva, a minha vida não me interessa mais. É como se eu morresse. Agora, eu que se dane. Vou testamentar. Atenção.

AVÓ — E eu? O que é que eu vou herdar?

PADRE — Lembre-se de Deus Todo-Poderoso: não se esqueça de lhe dar uma esmolinha.

MÃE — O meu testamento não dispõe de riquezas, porque eu não tenho um tostão que seja meu. A única coisa minha... sou eu. Só posso testamentar o que eu sou. E o que é que eu sou? Eu sou defeitos, eu sou ignorâncias, eu sou pecados. A única coisa que eu tinha de boa já saiu de mim, esta aí no chão, olhando com cara de quem não entende as coisas do mundo. Esse é o meu testamento: "José da Silva, eu te dou a ti mesmo. Faz de ti mesmo o que melhor te aprouver, podendo te alienar, vender, emprestar, alugar, dar em troca". E a vocês meu testamento não dá nada e pede muito. Eu só aprendi uma coisa certa na minha vida: eu estou errada. E porque sou tão assim, eu sofro e passo fome, e meu marido não casa comigo, e minha mãe me rouba, e meu pai eu não conheço. Porque eu sou assim é que o mundo é tão assim. Agora eu já não posso mudar, não posso consertar tanto desconserto. Mas meu filho pode, meu filho ainda não é nada. Ele vai ser o que vocês fizeram, vocês, as três Fadas Boas. E eu quero que vocês façam de José da Silva o Cidadão Perfeito.

AVÓ — As três Fadas Boas trouxeram cada uma o seu presente. (*O Professor, o Padre e o Sargento que entra, perfilam-se diante de José da Silva, e cada um diz o presente que trouxe.*)

SARGENTO — Eu trouxe a virtude da obediência militar.

PROFESSOR — Eu trago a virtude da obediência cívica.

PADRE — Eu trago a virtude da obediência espiritual. Amém.

MÃE — Obrigada. Três Fadas Boas. São presentes muito bons e necessários. (*O Sargento sai.*)

PROFESSOR — A senhora falou deveras bem. Estou comovido.

MÃE — Padre, começa o batizado.

PADRE — Não. Pra que ele seja o perfeito cristão, precisa conhecer primeiro as virtudes necessárias ao homem.

MÃE — Só as necessárias, Padre? Eu quero que ele seja perfeito. Ensina também as desnecessárias.

AVÓ — Se começar agora, eu posso também aprender algumas virtudes de que careço.

PADRE — De pequenino se torce o pepino. E, pra torcer bem torcido, vamos começar agora mesmo. É preciso explicar ao menino os perigos, as ciladas e as emboscadas que o Diabo e todas as suas coortes lançam em nosso caminho.

PROFESSOR — Pra que tanta pressa? Não adianta falar de bem e mal se o Zezinho ainda nem sabe que é um membro da sociedade. Ora, todos nós sabemos que uma criança, quando nasce, precisa ser socializada.

PADRE — *Vade retro*, Satanás.

PROFESSOR — Descansa, Padre. Não tem nada a ver com o comunismo. Isso quer dizer, precisa aprender a viver no meio dos outros.

AVÓ — Que tal se a gente, em vez de complicar a cabeça do menino, com tanta ideia de pecado, virtude, sociedade e ordinário marche, esperasse primeiro nascer um dentinho?

PROFESSOR — Minha senhora, um cidadão neste estado embrionário é o ser mais perigoso que existe para a sociedade e para o regime. Toda criança é besta-fera.

AVÓ — Criança, para mim, é anjinho.

PROFESSOR — Se ele não for educado o mais depressa possível, é bem capaz de trazer uma ideia nova, uma resposta imprevista. E as ideias novas são indesejáveis. É melhor deixar tudo como está. Nós vivemos da melhor maneira possível no melhor dos mundos imagináveis.

AVÓ — É, por mais que a gente sofra, sempre tem uma distraçãozinha, um futebol, um golpe, uma revolução.

PROFESSOR — A senhora parece que está descontente?

AVÓ — Não, eu estou muito satisfeita.

PROFESSOR — Cada macaco no seu galho. Existem os que estão por cima e os que estão por baixo. Essa é a divisão mais racional que pode haver.

AVÓ — Tá tudo certo, tá tudo ótimo. A única coisa que me dá raiva é que eu estou por baixo. Ideia nova é ruim pra quem está por cima. Vai. Pode educar o menino à vontade que eu não dou mais palpite.

PROFESSOR — Primeiro eu vou provar que criança não tem educação, não tem nenhum respeito cívico pela propriedade privada. Vamos fazer uma experiência. Eu tenho este pão. Ganhei com o suor do meu rosto, como manda o Livro, dando aulas, ensinando a nossa juventude a não roubar. Vocês já estão domesticados, querem ver? De quem é esse pão?

PADRE — É seu.

PROFESSOR — Algum de vocês seria capaz de me roubar este pão?

AVÓ — Eu, pelo menos, não. Agora, o Padre já não sei.

PROFESSOR — Por que a senhora não roubaria?

AVÓ — Porque é meu lema. Respeito à propriedade privada.

PROFESSOR — Vê-se que a senhora foi muito bem-educada. Vamos agora ver o recém-nascido. (*Põe o pão perto da boca de José.*) Vai meu filho, coragem. (*José pega o pão e tenta mastigá-lo.*) Viram? Ficou provada a besta-feridade do menino. Agora devolve o meu pão, acabou a experiência. (*Tenta recuperá-lo. O menino dá-lhe uma mordida e grunhe feroz.*) Aaaaaaiiiiii. Ele me mordeu.

AVÓ — Nasceu o dentinho.

MÃE — Já? Tão depressa.

AVÓ — Morde a vovó, morde, querido. (*José, que já perdeu o pão, morde.*)

MÃE — Que gracinha, que belezinha.

AVÓ — Morde o Padre, morde.

PADRE — Eu acredito, minha senhora, não sou como São Tiago.

MÃE — Que São Tiago?

PADRE — Aquele que precisava ser mordido para acreditar. Vem daí a célebre frase "Morder para crer".

AVÓ — Agora que nasceu o dentinho, não demora muito e ele já está falando.

PROFESSOR — Depressa, vamos ensinar mais alguma coisa.

MÃE — Que lindo!

AVÓ — Ensinar o quê?

PROFESSOR — Olha pra ele. É possível ele continuar assim?

AVÓ — Assim, como?

PROFESSOR — De quatro. Isso é um absurdo! O que seria da civilização se os homens andassem de quatro?

AVÓ — Não é mais do meu tempo mas ouvi dizer que, muito antigamente, era assim que se andava.

PROFESSOR — Mas isso foi antes de Cristo. Naquele tempo ainda não existia religião, pátria, família. Hoje em dia a posição só quadrúpede é inconcebível.

AVÓ — Por quê? Deve descansar mais.

PROFESSOR — Por muitos motivos. Por exemplo, as roupas modernas são desenhadas para a posição ereta. Não se pode admitir um professor andando de quatro. (*Estão todos de quatro, fazendo gracinhas em José.*)

MÃE — Olha, ele falou.

PROFESSOR — Que foi que ele disse?

MÃE (*Radiante*) — Ele disse "mamãe".

AVÓ — Que "mamãe". Eu ouvi muito bem: disse "vovó".

PADRE — Ou eu muito me engano ou ele pediu a bênção.

MÃE — Fala de novo, Zezinho, fala. Fala "mamãe".

AVÓ — Fala "vovó".

PADRE — Recita a Ave-Maria.

AVÓ — Silêncio. Ele vai falar.

TODOS (*Baixinho*) — Fala, fala, fala. (*Pausa.*)

JOSÉ — Proletários do mundo inteiro, uni-vos.

MÃE — Ih, Zezinho, não é por nada, não, mas por hoje chega.

PROFESSOR — Padre, acho que nós chegamos atrasados.

PADRE — Meu filho, por que é que você não pensou uma coisa mais bonita pra dizer, uma coisa espiritual?

JOSÉ — Porque eu estou com a barriga vazia. Primeiro eu quero comer, depois eu digo tudo de espiritual que vocês quiserem.

AVÓ — Eu não quero ser de mau agouro, mas esse menino está perdido. Já nasceu com fome...

MÃE — Eu queria tanto que ele dissesse uma coisa bonita.

PROFESSOR — Eu tenho solução pra tudo. Uma coisa bonita, pois não. É muito simples. "Pão" passa a se chamar "mamãe".

AVÓ (*Excitada*) — "Marmelada" passa a se chamar "vovó". (*Pega um pedaço de marmelada.*)

PADRE — "Água" passa a se chamar "titio".

PROFESSOR — Fala agora, Zezinho, o que é que você mais quer neste mundo? (*Cada um estende a sua oferenda.*)

JOSÉ — Quero a minha família inteira. (*Pega tudo de uma vez, voraz.*)

AVÓ — Professor, ensina a ele que, mastigando bem, a comida rende mais.

MÃE — Padre, daqui a pouco eu vou embora. Se o senhor quiser, pode levar o menino lá pra dentro e começar desde já os ensinamentos santos. Vai, Padre, transforma o meu filho no temente perfeito.

AVÓ — Cuidado...

PADRE — Vem, meu filho, eu quero te dar o meu presente. Eu quero te ensinar os prazeres do medo de Deus, a alegria da renúncia, o amor do sofrimento, o espasmo da dor.

AVÓ — Devagar, Padre... (*Saem o Padre e José.*) Olha, minha filha, você está pondo o menino no mau caminho...

MÃE — Quem é perfeito não sofre, e meu filho não há de sofrer.

AVÓ — Perfeito é Deus Nosso Senhor, e mesmo esse já está lá no Céu, aqui na Terra não quiseram ele, não...

MÃE — Mamãe, nós fomos feitos à imagem d'Ele. E quanto melhor a gente conseguir imitar Deus, mais feliz nós vamos ser.

AVÓ — A gente é imagem? Mas imagem piorada. Olha eu, por exemplo. Eu tenho erisipela. Você pode imaginar Deus adoecido, mesmo que seja com erisipela divina? Deus tem a pele lisa, morena, queimada de tanto sol, porque no Céu nunca é de noite, é sempre dia. Uma erisipela, por mais divina que seja, sempre dá um pouquinho de comichão. E fica feio Deus se coçar.

MÃE — Ele não se coça porque não é doente, mas essa é a única diferença.

AVÓ — Você já viu a minha cara, quando eu acordo? Tenho que limpar as remelas. Você já imaginou uma remela celeste?

MÃE — Não diga esse pecado, mamãe. Deus está sempre de olho aberto. Está sempre de olho bem aberto, olhando para cada coisa que a gente faz. Olhando pra senhora nesse instante. E amarrando a cara de tanto desgosto.

AVÓ — Se é verdade que ele existe, e se é verdade que está me olhando, então está meio quase rindo pra mim. Tá rindo pra mim e dizendo: "Vovó, você é que está com a razão. A gente deve ser bom, mas brincadeira tem hora. Tem hora pra tudo. Pra ser bom e pra ser mau, pra ser honesto e desonesto, pra salvar a vida de alguém e pro Inferno". Minha filha, é isso que ele está me soprando aqui no ouvido.

MÃE — Ah, mamãe, se a senhora soubesse quanta força ele está fazendo lá em cima pra tapar os ouvidos e não ouvir tanta besteira. Quanta força ele não deve ter feito pra não descer aqui já agora e dar uns tapas bem merecidos na senhora.

AVÓ — Deixa a perfeição pra Deus que está no Céu. Nós tamo aqui na Terra. Nós temos uma parte animal e dessa parte Deus carece. Pra mim, que ainda estou viva, essa é a parte mais importante. Eu vou continuar vivendo, torta como eu sou, e contente. Vou continuar fazendo a coisa errada, cada qual por sua vez, no seu momento.

MÃE — Eu quero que José da Silva faça só aquilo que é bem certo.

PROFESSOR — Então vai ter que aceitar a minha proposta. É a única maneira de ganhar dinheiro pra fazer um cidadão perfeito. Eu tenho uma solução pra todos os problemas.

MÃE — Tá certo, Professor, eu aceito. (*Entra José da Silva, agora vestido de menino de calças curtas. Vem correndo, assustado. O Padre vem atrás.*)

AVÓ — Seja tudo o que Deus quiser... (*O menino assusta-se mais ainda e corre para debaixo da mesa.*) Que foi? Que aconteceu com o menino?

MÃE — Vem cá, meu filho.

AVÓ — O que é que o senhor fez, Padre?

PADRE — Nada.

AVÓ — E por que é que o menino está assim tão assustado?

PADRE — Porque eu acabei de lhe ensinar os primeiros temores a Deus.

AVÓ — Vem cá, Zezinho, vem cá. (*Tira José de baixo da mesa.*) Como ele está assustado. Você está doentinho? Meu Deus do céu! (*José, que já estava saindo, torna a fugir.*)

PADRE — Agora ele já é um temente perfeito.

AVÓ — Temente, Padre? Esse menino esta é apavorado com Deus. Basta falar no santo nome e ele corre pra baixo da cama. Não se assusta, não, que não é tanto assim.

MÃE — Deus também tem o seu lado bom, meu filho.

AVÓ — Tá vendo? Isso é só o começo da perfeição. Zezinho, que foi que o Padre disse, hein? Quem é Deus?

JOSÉ — É um homem mais ou menos igual a nós, só que muito mais forte e mais velho. Então, quando a gente faz alguma coisa errada, na hora ele não fala nada, mas depois, quando a gente morre, ele vai à forra de todos os pecados de uma vez, e dá o nosso corpo pro diabo fazer picadinho.

AVÓ — Pode ficar descansado que alguns pecados ele deixa passar.

JOSÉ — Assim eu não gosto de Deus, não.

MÃE — Não diga essa barbaridade.

JOSÉ — Ele podia pelo menos avisar que está errado, antes de eu cometer o pecado. Mas na hora ficar calado e depois tirar vingança, isso não está certo. Quando eu morrer, vou discutir esse assunto com Ele.

PADRE — Ainda é muito rebelde esse menino. Mas, enfim, já cumpri a minha obrigação. A parte espiritual do seu filho já caminha para a perfeição.

MÃE — Espera aí, Padre, eu vou com o senhor. Zezinho, vem cá. Eu vou te deixar sozinho com a tua avó. Pode esquecer de mim, eu fico triste, mas pode esquecer. Quero que você lembre uma coisa, só uma: o mundo está certo, quem está errada sou eu. Vai, José da Silva. Eu quero que você seja perfeito, só isso. Perfeito filho, pai, marido, cidadão, soldado, operário. E, se o mundo é assim tão certo, quem é perfeito é feliz nesse mundo assim tão certo.

JOSÉ — Pode ir descansada, mamãe. Eu vou ser o homem mais obediente que o mundo certo já conheceu. (*Saem todos, menos José. Entra o Sargento. Durante a sua fala, José veste roupa de soldado.*)

SARGENTO — Soldado José da Silva. Por sua causa eu vou ser rebaixado. Até agora fui incapaz de incutir na sua cabeça um mínimo de obediência militar. A obediência é um dogma militar. É preciso obedecer sem perguntar por quê!

JOSÉ — Não é verdade, Sargento. A minha mãe mandou e eu quero obedecer. Quero ser perfeito.

SARGENTO — Isso você já conseguiu: você é a cavalgadura perfeita.

JOSÉ — Mas o senhor há de convir que é muito difícil obedecer, ao mesmo tempo, a lei de Deus e a lei do Sargento.

SARGENTO — São leis complementares, animal.

JOSÉ — O Padre disse que, quando alguém me der uma bofetada na face, eu devo dar o queixo e o traseiro também. O Padre me disse que matar é pecado, que a nossa vida foi Deus que deu e é Deus quem tira. Eu não quero ir pro Inferno. Matar eu não mato.

SARGENTO — Está certo, mas quando o Sargento manda matar, ele se responsabiliza perante os seus superiores e perante Deus, diante da Corte Marcial e diante do Juízo Final.

JOSÉ — Eu queria que o Padre estivesse aqui pra ouvir essa barbaridade na sua boca.

SARGENTO — Pode ficar descansado que nós temos um capelão para santificar os nossos assassinatos, isto é, os nossos atos de bravura. Matar é o dogma da bravura.

JOSÉ — Mas eu não preciso ser bravo, porque eu não tenho inimigo.

SARGENTO — Todo mundo tem inimigo. O homem é inimigo do homem. Isso é um dogma. O inimigo é uma entidade abstrata.

JOSÉ — Olha, em vez de matar essa entidade abstrata, eu acho que prefiro matar esse dogma.

SARGENTO — Você prefere obedecer. Obedecer tudo que eu disser, nos mínimos detalhes. Porque de um "à direita, volver" depende a segurança da Pátria. Se eu disser "à direita, volver" e você virar à esquerda, o que é que acontece?

JOSÉ — Dou de cara com o outro soldado.

SARGENTO — Exatamente, supondo que ele vire certo.

JOSÉ — Então eu dou de cara com ele, a gente se cumprimenta, pergunta como é que vai...

SARGENTO — E o inimigo passa fogo em nós três.

JOSÉ — Mas o inimigo também não tem um padre lá do lado deles, pra dizer que é pecado matar quem está do lado de cá?

SARGENTO — Claro que tem: a guerra é santificada dos dois lados.

JOSÉ — Poxa, que alívio, agora eu fiquei mais tranquilo: todo soldado vai pro céu.

SARGENTO — Vai pro céu mas, se virar à esquerda, vai mais depressa.

JOSÉ — Ver os anjos, Nosso Senhor, bater um papinho com a Nossa Senhora.

SARGENTO — E não precisa nem virar, basta um olhar de soslaio e a guerra estará perdida.

JOSÉ — Se eu fizer assim, por exemplo. (*Pisca como quem pisca para uma morena.*)

SARGENTO — Perdemos a guerra. O soldado não tem nenhuma responsabilidade, a não ser a de executar ordens. Se eu disser "Atacar", você ataca, mesmo que eu esteja errado, mesmo que você morra. O responsável sou eu.

JOSÉ — Obrigado, Sargento. Pra mim o senhor é um verdadeiro pai.

SARGENTO — Você morre, mas a Pátria continua viva.

JOSÉ — Isso é o que importa...

SARGENTO — Vou dar um exemplo: o homem pode ter um braço, uma perna decepados, e continuar vivo, não pode?

JOSÉ — Poder, pode, mas não convém.

SARGENTO — E a cabeça? O que é que acontece se ele tiver a cabeça decepada?

JOSÉ — Ele morre.

SARGENTO — Justo. Todo animal morre quando se lhe corta a cabeça.

JOSÉ — Não é desobediência, mas tem animal que não. A minhoca.

SARGENTO — Que minhoca?

JOSÉ — Qualquer minhoca.

SARGENTO — Mas, justamente por isso, a minhoca é um animal invertebrado. Um animal inferior. E tão inferior que algumas minhocas ignoram de que lado têm a cabeça. Se a gente cortar uma minhoca pelo meio, as duas metades continuam vivendo, porque pensam que estão de posse da cabeça. Entendeu esse raciocínio sutil?

JOSÉ — Acho que entendi direitinho. Quando o senhor cortar a minhoca, eu viro à esquerda.

SARGENTO — Minha besta, então cada vez que eu quiser dar uma ordem vai ser preciso cortar uma minhoca?

JOSÉ — Ah, eu também estava estranhando: é minhoca demais pra um Exército só.

SARGENTO — Agora pensa comigo.

JOSÉ — Posso pensar?

SARGENTO — Só desta vez. O Exército é um animal superior, no qual se verifica a presença de cabeça, tronco e membros. A cabeça é o Comando, isto é, dos Sargentos para cima. O tronco é o Ministério e os membros são os soldados. Os membros podem ser amputados, a cabeça jamais. Quem é a cabeça do Exército?

JOSÉ — O senhor.

SARGENTO — Certo. E você o que é?

JOSÉ — Eu sou a unha do dedo mindinho.

SARGENTO — José da Silva, você está quase pronto pra ir pra guerra.

(*Entra o Marechal. Velho de mais de cem anos, rígido, duro, mexe-se com movimentos retos e bruscos, quase automáticos.*)

MARECHAL — Guerra? Quem falou em guerra? Onde? Onde? Onde é a guerra?

SARGENTO — Marechalíssimo, fui eu, mas não é verdade.

MARECHAL — Quem é esse morto?

SARGENTO — Ele ainda não morreu, Marechal. Ainda é um soldado em fase de instrução.

MARECHAL — Pra mim, todo soldado é um morto, não importa em que grau. A morte em combate é o único fim digno de um militar. Quem é esse morto?

JOSÉ — Soldado José da Silva. Eu queria dizer, Marechal, que aqui eu me sinto muito bem. Aqui só se fala em morte, sangue, guerra. Eu me sinto quase a caminho do céu.

MARECHAL — Pronto para o combate?

JOSÉ — Que combate?

MARECHAL — Ele não sabe?

SARGENTO — Senhor Marechal.

MARECHAL — Não me chame de Marechal. Eu sou um mero Generalíssimo, com louvor. Marechal só em tempo de guerra. E a última guerra de que eu participei, lá se vão tão longos anos, foi a bendita Guerra do Paraguai. Ah, meus filhos, eu vi. Que escaramuças pelas ruas e sarjetas. Foi uma luta espiritual, quase divina. As forças estavam igualmente divididas: de um lado, o garboso exército descalço do Paraguai; do outro, Brasil, Uruguai, Argentina. Os soldados paraguaios, com pés alígeros, fugiam da carga dos nossos tanques alados. Matamos os soldados inimigos, um a um, cobrindo as suas famílias de glórias... e de fome.

JOSÉ — É lindo isso...

MARECHAL — Basta de sonhos. Você vai ser incorporado à tropa, soldado José da Silva. Neste momento solene, eu quero fazer um discurso.

SARGENTO (*Preocupado*) — Marechalíssimo, por favor, talvez não valha a pena. Afinal, se trata de um soldado só. E o senhor fica tão excitado...

MARECHAL — Soldado ou batalhão, eu tenho um discurso para cada ocasião. Sentido! (*Os dois se perfilam, o Sargento ajudando José. Pausa breve.*) Soldados! Infelizmente ainda não vos posso dar a boa-nova de uma guerra. A boa-nova de uma guerra...

SARGENTO — Marechal..., eu acho que na sua idade... a sua saúde..., não convém...

MARECHAL (*Excitando-se à medida que fala*) — Infelizmente, já se fala à boca pequena que as guerras podem ser evitadas. E eu desgraçadamente já vivi demais pra ouvir esse absurdo. Se a guerra pudesse ser evitada, para que existiriam os tanques e a artilharia, para que os marechais e as condecorações, para que a bravura e o heroísmo? A paz eterna seria uma verdadeira catástrofe, uma hecatombe; as nações seriam iguais, os homens seriam iguais. Mas temos uma grande esperança: o completo silêncio das agências telegráficas. Quando um governo afirma que não intervirá, no dia seguinte, e isso é um bom sinal, invade. Talvez neste período sem notícias belicosas, esteja sendo fermentada a terrível, a mais sanguinolenta guerra, desde que honrosa e galhardamente vencemos o Paraguai. Devemos conservar a nossa fé na próxima eclosão de um conflito armado, se possível em escala mundial. Soldados, o dever de um militar é oferecer o seu sangue à Pátria; porém, no momento a Pátria não carece do nosso sangue. E um soldado sem guerra é como uma piscina sem água. Ah, desventura, viver nesta paz calamitosa. (*Começa a chorar convulsivamente.*)

SARGENTO — Marechal... Generalíssimo... Sossegue...

JOSÉ — Descansa... fica em paz...

MARECHAL — Até o meu inferior me ofende.

SARGENTO — Ninguém ofendeu...

MARECHAL — Ele falou em paz.

SARGENTO — Foi sem querer...

MARECHAL — Eu quero morrer... mas não em casa, não na cama... Eu quero morrer na guerra. Quero que uma bomba atômica caia sobre a minha cabeça, sobre a minha só e a de mais ninguém.

JOSÉ — Obrigado.

MARECHAL — Eu quero ver luta.

SARGENTO — Se o senhor quiser, a gente briga.

MARECHAL (*Em espasmos*) — Quero. Quero. Uma escaramuça. Uma briguinha, pelo amor de Deus.

SARGENTO — Vem, José da Silva. Vamos brigar para acalmar o Marechal.

JOSÉ — Devagar, hein? (*O Marechal uiva de prazer enquanto eles brigam.*) Ui, você me pegou.

MARECHAL — Quebra a cara dele. Mata. Tira sangue. Fura os olhos. Sangue. Sangue.

JOSÉ — Socorro, Socorro. (*Sargento derruba José e põe o pé em cima.*)

SARGENTO — Pronto, Marechal, missão cumprida.

MARECHAL — Sargento, o senhor não devia ser assim tão pouco cruel.

JOSÉ — Puxa, ele quase me quebra a cara, e isso ainda não foi crueldade bastante?

MARECHAL — O senhor devia tê-lo morto. O soldado vencido sobrevive à sua derrota, é um homem desmoralizado. (*Para José*) Mau filho não és.

SARGENTO — Sabe, Marechal, eu não matei pelo seguinte: esse daí nunca vai dar um soldado que preste. Acho até que deve ser dispensado.

JOSÉ — Boa ideia, eu estou de acordo.

SARGENTO — Esse daí é burro demais. Quer obedecer todo mundo.

MARECHAL — Se quer obedecer, Sargento, não é burro: é um soldado exemplar.

JOSÉ — Eu quero o Padre, o Professor, o Sargento, o senhor e o inimigo, obedecer.

SARGENTO — Ele nem sabe o que é o inimigo...

JOSÉ — Inimigo? Isso não é nada. Eu nem sei o que é guerra.

MARECHAL — Meu filho, vem cá. Inimigo é todo aquele que nos causa dano.

JOSÉ — Agora entendi: é o comerciante, o político, o dono de terras, o dono de fábricas, o...

MARECHAL — Não, imbecil! Esses são os verdadeiros sustentáculos do regime. Pra simplificar as coisas: o inimigo é todo mundo que veste uma farda diferente da sua, a farda conspurcada do país adversário.

JOSÉ — Entendi, Marechal. Mas dentro da fábrica está o comerciante, o dono de terras, o...

MARECHAL — Não seja estúpido. Para fins militares não interessa saber quem está dentro da farda. Interessa apenas que é preciso matar a farda e, se possível, o homem.

JOSÉ — Mas, Marechal, pode ser que dentro da farda esteja um homem igual a mim. Eu queria matar, desde que lá dentro estivessem os exploradores, os magnatas, os...

MARECHAL — Esses não são soldados.

SARGENTO — Eu já expliquei que eles são a cabeça, são os guias espirituais da nossa civilização, mas ele me vem com uma história de minhoca...

JOSÉ — Ah, Marechal, por favor, me deixa eu escolher os meus inimigos. O senhor vai ficar contente: eu vou matar gente que não acaba mais...

MARECHAL — Este homem é um anarquista, um comunista, um trotskista...

SARGENTO — Foi o que eu pensei. Ele vive pensando...

MARECHAL — Soldado José da Silva, de hoje em diante você está absolutamente proibido de pensar. Ao mais leve sinal do mais imbecil pensamento, você será fuzilado. Não pense, José da Silva. Fique olhando a ponta do seu fuzil e repetindo comigo: "Devo obedecer. Devo obedecer. Devo obedecer".

JOSÉ (*Obedecendo*) — Devo obedecer, devo obedecer...

MARECHAL — Dois e dois, quantos são?

JOSÉ — Antigamente, eu tinha a impressão de que eram quatro. Agora já não sei.

MARECHAL — Ótimo. Eu sempre fui favorável às drásticas militares. Olha que belo exemplo. Soldado José da Silva, quem é o inimigo?

JOSÉ — É todo mundo que o senhor mandar eu matar, nem que seja a minha mãe.

MARECHAL (*Feliz*) — É assim, Sargento, que se incute a disciplina militar. Vamos agora a uma aula prática. Soldado, sentido. Imagina que o inimigo vem atacando. Ele vem avançando. Ele vai nos matar a todos. Eu ordeno: "Atacar". O que é que o senhor faz?

JOSÉ — O senhor me proibiu de pensar. Eu não consigo ver o inimigo sem pensar um bocadinho.

MARECHAL — Muito bem, José, isso é obediência. Me faz de conta que o inimigo sou eu. E o inimigo é sempre feroz. Tem cara de Boris Karloff, em filme colorido. (*José treme.*) Ele avança. Boris Karloff avança.

JOSÉ (*Tremendo*) — Marechalzinho, por favor, mande o inimigo embora...

MARECHAL — Ele não vai embora. Ele se aproxima. Ele aterroriza. Lembra, José da Silva, é necessário aniquilar o inimigo. Se você não o fizer, será o aniquilamento da nossa Pátria, o massacre dos nossos filhos, a escravidão das nossas mães, o estupro das nossas filhas, a violação das nossas mulheres...

JOSÉ — Marechalzinho... (*Quase chora.*)

MARECHAL — De repente, vem a ordem superior. Lembra, José, superior. (*Fala como um hipnotizador.*) E a ordem é atacar. A ordem é fuzilar. José, o que é que você faz? A ordem é "Fogo!" (*José, hipnotizado, atira à queima-roupa no Marechal e larga o fuzil de medo. O Marechal cai em agonia.*)

SARGENTO (*Apavorado*) — José da Silva, o que é que você fez? Matou a nossa última relíquia da Guerra do Paraguai!

MARECHAL — Eu morro. (*Agoniza.*)

JOSÉ — Eu obedeci... eu obedeci...

MARECHAL — Morro coberto de glória.

SARGENTO — Eu avisei, Marechal.

MARECHAL — Morro como sempre sonhei.

SARGENTO — Desculpe contrariá-lo, Marechal, nesses seus últimos instantes, mas não é verdade. O senhor queria morrer no campo de batalha.

MARECHAL — E Deus atendeu às minhas preces. Morri no campo de batalha em plena luta contra a estupidez humana. Eis que faleço. Minhas forças falecem. Falece a Pátria, o seu mais digno soldado. Adeus, Adeus, Pátria, adeus batalhão, adeus inferiores, Abençoo os ignorantes, os burros, os embrutecidos, porque deles depende a vitória na guerra. Morro. (*Morre.*)

SARGENTO — Soldado José da Silva, eu sou obrigado a pedir a sua arma.

JOSÉ — Aí está, leva.

SARGENTO — Considere-se preso. Pode até mesmo se considerar fuzilado. Dessa você não escapa.

JOSÉ — Ele mandou, eu obedeci como um bom soldado, sem pensar.

MARECHAL (*Ressuscitando por instantes*) — Ele tem razão, Sargento. Esse soldado não é digno de punição mas, pelo contrário, deve ser promovido. O bom soldado obedece a qualquer ordem, por mais absurda que seja. José da Silva agora é o soldado perfeito. (*Volta para as sombras do Hades.*)

SARGENTO (*Apertando a mão do Marechal*) — Obrigado, Marechal, o senhor me elucidou nesse ponto. (*O Marechal torna a morrer.*) Soldado, sentido! (*José obedece.*) Meia-volta, volver. Plantaaaar bananeira. Sentido. José da Silva, você pensa?

JOSÉ — Não, senhor.

SARGENTO — Dois e dois? Quanto é?

JOSÉ — Quanto o senhor quiser.

SARGENTO — Perfeito. Dois e dois é quanto o Sargento quiser. Agora você é o soldado perfeito, o cidadão perfeito. Está pronto para ser desmobilizado, pronto para enfrentar a vida, para enfrentar o mundo. Um, dois, um, dois, um, dois. (*José obedece hipnotizadamente e sai de cena, como um robô.*)

Segundo ato

Legenda:
O cidadão perfeito entra pelo cano na sociedade imperfeita

Entram José da Silva e o Sargento. A cena é contínua, a partir do final do Primeiro ato. O sargento continua inspiradamente dando as suas ordens militares.

SARGENTO — Um, dois, um, dois. Ordinário, alto! (*José para.*) Descansaaaaar. (*José senta no chão.*) Zezinho, por enquanto, o que a Pátria precisava de você, já conseguiu. Você está desmobilizado.

JOSÉ (*Perfilando-se*) — Às ordens, Sargento.

SARGENTO — Vai, meu filho. O mundo está à sua espera. Vai conquistar o mundo. Vai ser um *self-made man*.

JOSÉ — *Self-made man*, Sargento. (*Fala militarmente.*)

SARGENTO (*Indignado*) — Soldado José da Silva, você está brincando comigo? Você não respeita mais o seu superior? Considere-se trancafiado. (*Toda vez que se move, José o segue.*)

JOSÉ — Trancafiado, Sargento.

SARGENTO — O que é que deu em você?

JOSÉ — Estou obedecendo, Sargento.

SARGENTO — Então obedeça esta ordem e desgruda de mim! (*José afasta-se amedrontado.*) Uffff. Até que enfim. Adeus, José.

JOSÉ — Sargentinho, por favor, eu não quero ficar sozinho.

SARGENTO — Todo homem é um homem só, José. Isso é um dogma.

JOSÉ — Todos, menos eu.

SARGENTO — Por quê?

JOSÉ — Porque, desde que entrei pro Exército, só sei obedecer. Como é que um homem sozinho pode obedecer? Quem vai me ordenar?

SARGENTO — Tem ordem pra tudo nesse mundo, desde os Dez Mandamentos até não pisar na grama. Ordem não falta. O que falta é progresso.

JOSÉ — Sargento, me dá uma ordem, uma ordenzinha, pelo amor de Deus. Manda eu fazer alguma coisa.

SARGENTO — Ah, Marechal que estais no Céu, o que é que eu faço com esse infeliz?

JOSÉ — Sargento, ordene que eu me suicide.

SARGENTO — José, você tem duas soluções. Primeira: voltar ao ventre materno.

JOSÉ — Segunda?

SARGENTO — Arranjar um tutor pra você.

JOSÉ — Minha avó. (*Entra a Avó.*)

AVÓ — Sou eu mesma, sim senhor, em pele e osso.

SARGENTO — Avozinha, eu lhe trago uma encomenda. É o seu neto soldado.

AVÓ — Ih, eu até pensei que ele tivesse morrido. Estava agora mesmo rezando uma novena em intenção da alminha dele.

SARGENTO — Pois agora fique alegre.

AVÓ — Alegre? Eu estou é chorando o dinheiro que gastei com tanta vela. Ter muita fé é pior do que não ter fé nenhuma. Como se gasta dinheiro inútil. (*Reparando José em posição de sentido.*) Mas o que é que deu nele?

SARGENTO — Coragem, avozinha. O seu neto é um herói.

AVÓ — No mínimo levou uma granada na cabeça e isso daí é o cadáver embalsamado do menino.

SARGENTO — Cadáver, por quê? Ele mexe. (*Mexe no braço de José.*)

AVÓ — Porque herói bacana mesmo é o herói morto. O melhor certificado de heroísmo é a morte.

SARGENTO — Seu neto matou o Marechal.

AVÓ — Ah, minha filha, queria que você estivesse aqui pra ver no que é que deu tanta perfeição...

SARGENTO — Esse é o problema, vovó. Seu neto é perfeito demais.

AVÓ — E o que é que eu faço com ele agora?

SARGENTO — Minha senhora, qualquer coisa que a senhora quiser fazer, não peça, ordene. E verá que tentação possuir um neto perfeito. A senhora não vai ficar decepcionada. Não custa absolutamente nada. É uma oferta grátis das nossas Forças Armadas.

AVÓ — Se experimentar e não gostar, posso devolver?

SARGENTO — Só em caso de guerra.

AVÓ — Está entregue. Zezinho, dá até logo pro Sargento.

SARGENTO — Não é assim, vovó. Ele só entende ordens. Ordens.

AVÓ — Zé, dá até logo, volver! (*Fala enérgica.*)

JOSÉ (*Militar*) — Até logo, Sargento! (*Continua em posição de sentido.*)

AVÓ — Poxa, isso me dá um nervoso. Parece assombração. (*Observando.*) Ah, descobri por quê. Vocês puseram uma medalha no peito dele.

SARGENTO — Claro, é um herói.

AVÓ (*Tira a medalha, José relaxa*) — Já melhorou.

SARGENTO — É mesmo...

AVÓ — Vamos experimentar tirar o dólman. (*Tira.*)

JOSÉ — Vovó, que saudade da senhora... (*Abre os braços, feliz.*)

AVÓ (*Contente*) — Ele já reconhece os parentes. Até parece gente outra vez. Tira as calças, netinho, tira as calças. (*José tira as calças.*)

JOSÉ (*No auge da cena do reconhecimento*) — Vovó, cadê a mamãe? Cadê o papai? Cadê o gatinho da vizinha? Ah, vovó, eu quero dormir no teu regaço...

SARGENTO — Desculpe interromper, mas eu tenho que voltar pro quartel.

AVÓ — Fica mais um pouco.

SARGENTO — Eu tenho que cumprir a minha missão: ensinar recrutas.

AVÓ — Quem sabe o senhor também não quer tirar as calças?

SARGENTO — Querer, eu queria...

AVÓ — Não pode por quê?

SARGENTO — Eu já não me lembro quando vesti essa farda pela primeira vez. Se eu tiro a roupa, é bem possível que aqui dentro eu só tenha cartuchos, culatra e gatilho.

AVÓ — Pelo menos jante com a gente. Eu cobro bem barato.

SARGENTO — Obrigado, vovó, mas eu só como do cardápio militar; pólvora, balas e algidão. Adeus, José. Adeus, vovó. Desculpe o mau jeito. (*Sai.*)

AVÓ — E agora, José?

JOSÉ — Agora, vamos jantar. Não tem comida?

AVÓ — Pra mim tem. E pra você? Tem dinheiro? (*Ele faz que não com a cabeça.*) Pois é, Zezinho. Só come quem trabalha.

JOSÉ — Não tem importância. Agora que eu já me desipnotizei, vou procurar trabalho.

AVÓ — O que é que você sabe fazer?

JOSÉ — Muitas coisas: eu sei que pecados é preciso não cometer, sei as virtudes que é necessário possuir, eu temo a Deus, eu respeito a propriedade privada, não piso na grama, não fumo no trem, eu obedeço aos meus superiores, eu sou o cidadão perfeito.

AVÓ — Mas o cidadão perfeito está com fome e não há pecado nem virtude que encha uma barriga vazia. Ah, se você tivesse ficado comigo, quanta coisa eu ia te ensinar...

JOSÉ — A senhora só podia me ensinar pecados e minha mãe me ensinou virtudes. Eu quero provar que minha mãe tinha razão.

AVÓ — Então, começa. (*Come o seu jantar.*)

JOSÉ — O difícil é começar. (*Olha guloso.*)

AVÓ — Também não quero fazer pirraça. No testamento da tua mãe, tinha muito conselho que não enche barriga, e essa roca de fiar, que pode servir.

JOSÉ — Era boa minha mãe. A roca que me deixou de herança vai ser de grande valimento.

AVÓ — Terminei. Agora vou trabalhar.

JOSÉ — Pelo que eu me lembro, o seu trabalho nunca foi dos mais honestos...

AVÓ — Eu me defendia. Tem lugar que sempre sobra comida: padaria, açougue, armazém, igreja da paróquia. Tem vizinha pra pedir dinheiro emprestado e esquecer de devolver. O meu grande erro foi não ter mudado pra um bairro mais rico... aqui todo mundo está cada vez mais miserável... (*José vai fiando.*)

JOSÉ — Vovó, eu não tenho mais ninguém no mundo. A senhora não quer trabalhar comigo? Trabalho honesto.

AVÓ — Ah, meu menino, eu estou muito velha pra mudar.

JOSÉ — Olha, vovó, as coisas que eu já fiei (*Mostra várias peças de roupa*) enquanto a gente conversava. Vamos fazer um trato. Eu faço a roupa e a senhora vende.

AVÓ — Aceito. Vai continuar tudo a mesma coisa. Não vou mudar nada.

JOSÉ — Como "a mesma coisa"? A senhora vai ser uma comerciante.

AVÓ — Foi o que eu disse: vou ser uma comerciante, não vai mudar nada.

JOSÉ — Começa. Leva o que já tem. (*A Avó pega a roupa e leva para o outro lado do palco.*)

AVÓ (*Cantando*) —

Eu, que era uma ladrona,
hoje sou mulher de bem.
Me tornei comerciante
e muito honesta também.
Vendo tudo necessário
vendo roupa de operário,
cartola pra milionário,
vendo quépi pra polícia
e o boné do ladrão,
bordado com muito carinho
em roca de estimação.

OPERÁRIO (*Entrando*) — O que é que você vende?

AVÓ — Tudo que for de uso pra cobrir o corpo do homem, a cama do homem, a mesa do homem, a mulher do homem, o filho do homem. Tudo bordado com muito carinho em roca de estimação.

OPERÁRIO — Eu trabalho numa fábrica. Cada máquina vale mil operários, vale mil rocas de estimação. Velha, volta pra casa. Já não existe mais roca. (*Sai. Avó volta pra perto de José.*)

JOSÉ — Avó. (*Ela olha para ele.*) Eu estou com fome. (*A Avó senta em silêncio.*)

AVÓ — Agora falta pouco.

JOSÉ — Falta pouco pra quê?

AVÓ — Pra eu morrer.

JOSÉ — A senhora não vai morrer. A senhora está muito bem conservada. Parece uma mocinha.

AVÓ — Eu não tenho medo da morte, mas queria ser feliz antes de morrer.

JOSÉ — A senhora não é feliz?

AVÓ — Falta uma coisa, só uma. Sabe, José? Tem mulher que sonha em ser Rainha de Sabá. Eu nunca quis ser rainha de lugar nenhum. Tem mulher que sonha em ser Lucrécia Bórgia. Eu nunca quis ser filha de papa. Nunca procurei Príncipe Encantado. Nada. Eu só queria uma coisa.

JOSÉ — O quê, vovó?

AVÓ — Uma dentadura postiça. Tudo o que eu quis sempre busquei emprestado e nunca devolvi, mas como é que eu vou roubar uma dentadura?

JOSÉ — A senhora nunca tentou?

AVÓ — Tentar, eu tentei, mas nos tempos que correm todo mundo é tão ganancioso que dorme com os dentes cerrados. É difícil roubar os dentes de alguém com a boca fechada, que é que você pensa?

JOSÉ — O primeiro dinheiro que eu ganhar vai ser pra comprar a sua dentadura. Pode ficar descansada.

AVÓ — Nem precisava ser nova. Bastava ter uns quatro ou cinco dentes.

JOSÉ — Se o operário na cidade produz mil vezes mais, então ganha também mil vezes mais. Eu vou ganhar muito dinheiro. E vou agora, já. Vou comprar à vista quantas dentaduras a senhora quiser. (*Aparece o Patrão.*)

PATRÃO — Não tem vaga.

JOSÉ (*Entusiasmado*) — Patrão, o senhor nunca viu um operário tão dedicado. Tão merecedor da sua confiança, tão capaz de trabalhar 25 horas por dia. Tão forte que não rejeito nenhum serviço, nem peço férias, nem quero descansar aos domingos, coisa que nem Deus abdicou, se é que o senhor está bem lembrado e ia à missa aos domingos.

PATRÃO — O que é que você sabe fazer?

JOSÉ — Esse é o meu ponto fraco. Só aprendi virtudes e obediências. Só sei fiar nesta minha roca de estimação. Sei cerzir, sei costurar.

PATRÃO — A sua roca me interessa mais do que seu trabalho.

JOSÉ — A minha roca não vendo, Patrão. É roca de estimação.

PATRÃO — Me vende a tua roca e vem trabalhar na minha máquina.

JOSÉ — Obrigado, Patrão. Trabalhando na sua máquina vou ganhar mil vezes mais.

PATRÃO — Quem te ensinou, ensinou errado. Você ganha a mesma coisa.

JOSÉ — Mas se em vez de uma cueca eu faço mil cuecas, pra quem é que vai o lucro?

PATRÃO — O resto é progresso, José. Vou erguer catedrais, construir estradas, escolas, navios, submarinos, tanques de guerra...

JOSÉ — Patrão, como é que o senhor ficou rico assim?

PATRÃO — Porque o resto vai pra mim... Porque eu comprei todas as rocas que havia. Queimei uma a uma, por mais de estimação que fossem, e construí a minha grande roca. Vem trabalhar na minha fábrica, vem usar o meu fio, vem comer a minha comida, vem a mim, José da Silva. (*José senta-se num banco e começa a trabalhar mecanicamente, ritmicamente.*)

JOSÉ — O resto vai pra ele, e assim é que está certo. É o progresso. Afinal, foi o Patrão que me educou. Foi ele quem fez escolas pro professor me ensinar. Foi ele que fez exército pra que eu pudesse me adestrar. Foi ele que construiu igreja pra que eu pudesse aprender a santa virtude da paciência. O resto é dele. (*Trabalhando com a alavanca.*) Um, dois, um, dois, um, dois. Estou sentindo uma coisa esquisita. Deve ser a alegria de estar trabalhando. Um, dois, um, dois. É o progresso. O progresso. (*Aparece um garçom.*) Poxa, que bom, chegou a hora do almoço.

GARÇOM — Que é que você quer pra comer?

JOSÉ — Não sei. Posso escolher no cardápio?

GARÇOM — Aqui tem todas as iguarias que você quiser.

JOSÉ (*Lendo*) — Vitamina A pra fortalecer os músculos e trabalhar melhor; vitamina B pra fortalecer a vista e enxergar o trabalho que está fazendo; vitamina C pra melhorar o reflexo condicionado e trabalhar mais depressa...

GARÇOM — Escolheu?

JOSÉ — O que é reflexo condicionado?

GARÇOM — O prato da casa.

JOSÉ — Quê?

GARÇOM — Reflexo vitaminado: serve pra tudo de uma vez. (*Dá uma pastilha a José, que a engole.*)

JOSÉ — Tem um gosto bom e está muito bem temperada: o senhor pode dar parabéns ao cozinheiro, mas não encherá a barriga.

GARÇOM — Claro, falta a sobremesa.

JOSÉ — O que é que tem de sobremesa?

GARÇOM — Levanta o braço.

JOSÉ — Pra quê?

GARÇOM — A sobremesa e uma injeção contra o sono. Faz você trabalhar alegremente e produzir mais rapidamente. (*Aplica a injeção.*)

JOSÉ — Agora, se fosse possível, eu ando me sentindo muito mal ultimamente. Eu queria que o senhor me desse um remédio, um remédio assim como feijão com arroz... e goiabada...

GARÇOM — Que sintomas você tem?

JOSÉ — De tanto mexer nessa alavanca, meu braço está começando a ficar duro, meu olho fica vesgo e vira pra trás... assim...

GARÇOM — Aproveita e vê se vem o chefe de seção.

JOSÉ — Minha mão vira alavanca, meu olho periscópio. Eu começo a sentir umas coisas, umas ânsias de perfeição. (*Faz o movimento ritmado: um, dois, um, dois.*)

GARÇOM — Você vem com a gente?

JOSÉ — Vou. Aonde?

GARÇOM — Hoje tem uma reunião.

JOSÉ — Quem vai se reunir?

GARÇOM — Os operários.

JOSÉ — Pra quê?

GARÇOM — Pra tomar a fábrica.

JOSÉ — Por quê?

GARÇOM — Porque a gente quer ficar com o resto.

JOSÉ — Mas o resto é do Patrão. O resto é o progresso. É o tanque de guerra, a igreja, o navio.

GARÇOM — Quem faz o progresso somos nós. Quem faz as máquinas somos nós. O resto é nosso. Quando o resto for nosso, José da Silva, você já pensou? Já pensou na dentadura da tua avó? Todas as avozinhas vão ter as suas dentadurinhas.

JOSÉ — Vou encher a minha avó de dentaduras. Ela vai usar uma diferente pra cada tipo de comida. Uma com dentes bem macios pra comer a sobremesa, uma com dentes bem duros e afiados, para morder o meu patrão. Eu vou com você.

GARÇOM — Avisa também os outros. (*Sai.*)

JOSÉ — O resto é nosso. O resto é nosso. O resto é nosso. (*Cai em si.*) Mas que pecado mais mortal eu estou acabando de cometer. Minha Virgem Maria, rogai por nós pecadores, especialmente por mim. José da Silva, como você é burro! O que foi que te ensinaram a vida inteira? Virtude. E você pensa em vingança. Ensinaram obediência, e você pensa em revolta. Ainda bem que eu me dei conta a tempo. Ah, mas se não desse, quanta coisa eu não ia fazer... eu e mais aqueles que estão lá reunidos, a gente ia fazer o torto ficar direito, o doente virar sadio, o milagre existir por toda parte. Patrão, eu quero me suicidar. (*Aparece o Patrão.*)

PATRÃO — Por quê, José da Silva? A vida é tão boa.

JOSÉ — O dinheiro que o senhor me paga não chega nem pra comprar palito, quanto mais pra sujar os dentes.

PATRÃO — Seja um *self-made man*, comece por baixo.

JOSÉ — Mais por baixo do que eu não é possível começar. O difícil é ir subindo...

PATRÃO — Meu pai era um imigrante pobretão e hoje eu sou um milionário. Siga o exemplo. Veja os filmes de Hollywood: lá, todo mundo sobe na vida. São personagens riquíssimos, cheios de mulheres, whiskey... Por que você quer jogar fora esse futuro cheio de esperanças, de *pin-up girls*.

JOSÉ — Porque o Padre disse que a vida é sofrimento mesmo, depois, sim, é que vai ser bom. Eu quero conhecer esse depois já. Quero ver qual é a surpresa que está reservada pra mim, lá em cima.

PATRÃO — Ele também não disse que, quanto mais você sofrer aqui na Terra, mais feliz será no Céu?

JOSÉ — Disse. E o pior é que eu acreditei.

PATRÃO — Então firma na brocha. Persevera. Sofre da melhor maneira possível. E, pra sofrer, nada melhor do que trabalhar pra mim. O patrão e o operário — nós fomos feitos um para o outro. Eu vou pro Inferno, você vai pro Paraíso. Então, é justo que eu me divirta enquanto estou vivo.

JOSÉ — Eu também acho, Patrão. O senhor não vai conhecer as delícias do Paraíso, que nem eu e os meus companheiros. Então é justo que se divirta. Mas nem todo mundo pensa assim... Tem gente que acha que o resto é nosso...

PATRÃO — Quem?

JOSÉ — Patrão, tem gente por aí dizendo que todo mundo ia ser feliz aqui na Terra mesmo se o resto fosse nosso.

PATRÃO — Seria o fim do mundo. O que é que vocês iam fazer com o resto?

JOSÉ — Comprar umas coisinhas aí.

PATRÃO — Vocês iam parar de trabalhar, seria o caos. Se não houvesse um patrão, quem havia de governar? Se em lugar de uma cabeça pensando e mandando, houvesse tantas mil, cada uma ia querer fazer uma coisa diferente. Logo, o inimigo estaria aqui estraçalhando cada um de nós...

JOSÉ — Ah, não me fala no inimigo...

PATRÃO — Os homens são diferentes, pensam diferente, querem coisas diferentes. É preciso mão de ferro, dizendo isto é o certo, isto é o errado. Eu estou certo. Vocês estão errados.

JOSÉ — Eles acham que não é verdade, que, se o resto fosse deles, todo mundo pensava a mesma coisa, a fábrica produzia muito mais, havia fartura de tudo...

PATRÃO — Haveria fartura e entulho, José. O mundo ficaria entulhado de bens patrimoniais. E a fartura excessiva conduz à baixa do preço, e a baixa do preço conduz ao desemprego, e o desemprego conduz ao excesso de população, e o...

JOSÉ — Como é que foi aí? O desemprego aumenta a população?

PATRÃO — Claro. Porque ninguém pode condenar um desempregado por passar as suas horas de lazer na cama, em confraternização eufórica com a sua companheira e amiga. E você sabe que de qualquer descuido nasce um filho...

JOSÉ — Agora entendi.

PATRÃO — E o excesso de população conduz à guerra!

JOSÉ — E a guerra, uma vez perdida, conduz à violação de nossas mulheres, ao massacre das nossas mães, ao sangue dos nossos filhos... O resto eu sei.

PATRÃO — Você é um moço bom e obediente.

JOSÉ — Patrão, o senhor me convenceu. Vou até contar quem está querendo roubar o que é seu. É Fulano, Beltrano e Sicrano. Porque é preciso acabar com essa ideia de mudar o mundo. Toda vez que eu penso que o mundo está errado, vem alguém e me mostra que ele está certo. Na vida é assim mesmo: tem gente que come e gente que passa fome, tem gente que dorme na cama e gente que dorme na rua...

PATRÃO — É tudo uma questão de livre-iniciativa. É como uma corrida de cavalos: os mais fortes chegam na frente. E você não vai dizer que os cavalos estão errados. Afinal, eles também são criaturas de Deus.

SARGENTO (*Entrando*) — Pronto, Patrão. Os revoltosos foram todos presos.

PATRÃO — José da Silva. Você é um herói civil. Foi um gesto de muita nobreza a sua, delatar os seus próprios companheiros.

JOSÉ — Eu só fiz a minha obrigação.

PATRÃO — Você vai ser condecorado.

JOSÉ — Ih, Patrão, eu tenho uma alergia a medalha... Não põe medalha em mim, não. (*Patrão o condecora.*)

SARGENTO — Que é que eu faço com os prisioneiros?

PATRÃO — Põe no olho da rua. Quero que eles sofram a fome que mata a curiosidade e às vezes o próprio corpo. E você, José, como prêmio, terá dez minutos de férias remuneradas.

JOSÉ — Obrigado, Patrão, o senhor é tão bom pra mim... (*Saem o Patrão e o Sargento.*)

AVÓ (*Entrando*) — Você não está trabalhando?

JOSÉ — Estou de férias. Tenho dez minutos, vovó, eu estive fazendo umas contas.

AVÓ — E qual foi o bicho que deu?

JOSÉ — Foi o seguinte. Eu somei. Somei tudo. Tanto pra condução, tanto pra botar uma roupa no corpo e não andar nu pela rua, tanto pra tomar café sem pão nem manteiga, pra comer feijão com arroz em vez de injeção, tanto pra pagar o Instituto.

AVÓ — Instituto pra quê?

JOSÉ — Instituto é muito útil: se um dia eu ficar doente, eles tratam do enterro. A senhora nem precisa se incomodar. Sabe quanto deu a soma?

AVÓ — Não.

JOSÉ — O dobro do meu salário.

AVÓ — É... o jeito mesmo é trair os amigos de vez em quando.

JOSÉ — Ah, se eu fosse Deus...

AVÓ — O que é que você ia fazer?

JOSÉ — Eu fazia um pão se transformar em meia dúzia de peixes, tirava vinho de cabra e fazia correr leite da bicha...

AVÓ — O tempo de mágica já passou, meu filho. Hoje em dia, quem quiser comer pão e peixe tem é que ir comprar no mercado mesmo, e pagar os olhos da cara.

JOSÉ — Se eu fosse Deus Nosso Senhor, bem que salário mínimo dava pra viver remediado... Eu fazia manolita virar abobrinha...

AVÓ — Pois é, mas como nem você nem ninguém é Deus, o que precisa ser feito somos nós que vamos fazer. E tem muita coisa errada que é preciso consertar.

JOSÉ — Não fala assim que eu delato a senhora também...

AVÓ — Se você acha que está tudo certo, então como é que você não vive com o teu salário?

JOSÉ — Eu não sei por que eu não sou instruído. Mas o Patrão sabe, eu tenho certeza, e o Professor também. O Professor tem solução pra tudo. Mas é mesmo. Se tudo está certo, como é que o salário mínimo está errado?

PROFESSOR (*Entrando e rindo*) — José da Silva, é verdade?

JOSÉ — O que é verdade?

PROFESSOR — Você ainda não...? (*Ri.*)

AVÓ — Conta a piada que é pra eu rir também.

PROFESSOR — Você ainda não casou?

JOSÉ — Ainda não tive tempo de procurar mulher. Eu sou, infelizmente, um homem virgem.

AVÓ — Virge Maria!

PROFESSOR — Mas não se trata de mulher pra ir pra cama. É mulher pra casar!

AVÓ — E o que é que mulher tem a ver com salário mínimo?

PROFESSOR — Mas claro que o motivo é esse. Matei a charada. E a senhora, vovó, me admiro muito, dizendo que o mundo está errado. Comporte-se. Na sua idade. Não faltava mais nada. É por isso que esse país não progride. Quando alguma coisa estiver errada, Vovó, procure o erro de si mesma. A sociedade é uma maravilha, o homem é que não presta. Ignóbeis.

JOSÉ (*Tímido, diante da súbita fúria social do Professor*) — O que é que o meu casamento tem a ver com a minha fome? Tá certo: eu passo fome porque sou solteiro, mas explica melhor. Eu não sou instruído, como o senhor.

PROFESSOR — Primeiro, deixa eu beber um pouco. Quero honrar a indústria nacional — Três Fazendas. A cachaça é o maior orgulho da nossa capacidade produtora.

AVÓ — Deixa de entusiasmo e conta logo que o menino está louquinho pra pegar uma mulher e ver se a fome passa.

PROFESSOR — Atenção. O homem é um animal gregário.

AVÓ — Isto é?

PROFESSOR — Um animal acompanhado.

JOSÉ — O Sargento disse que o homem é só. E isso é um dogma.

PROFESSOR — É só, mas gosta de infernizar a vida dos outros. Por isso inventou o casamento.

AVÓ — Pra encher a paciência um do outro?

PROFESSOR — Exatamente. Porém, antes da civilização cristã do mundo ocidental, os homens viviam numa bacanal que vocês nem queiram imaginar!

AVÓ — Bons tempos aqueles... Eu sempre achei que essa história de progresso às vezes atrapalha, viu?

PROFESSOR — Porque, naquela época, não existia a propriedade privada. Então a mulher — não é mulher de fulano, nem mulher de sicrano — é de quem pegar primeiro.

AVÓ — Foram os tempos do frenesi... Você não está entusiasmado, Zezinho?

JOSÉ — Não, eu tô é com fome, Vovó. Eu tô com fome.

PROFESSOR — Depois o homem se civilizou. Se a terra era de todos, dividiu-se a terra. Se a colheita era de quem trabalhava, dividiu-

-se a colheita com os homens de maior iniciativa. Em última análise...

AVÓ — Ficou uma porção de gente sem colheita, sem terra e sem mulher.

PROFESSOR — Aí cada um passou a casar com cada uma e só com essa. Acabou-se a farra. Cada homem ficou dono do seu pedacinho de terra, da sua esposa e da sua colheita. E os filhos foram herdando dos pais e os netos dos filhos... e eis o mundo moderno... Pra dizer bem a verdade, houve uma época em que os casamentos eram feitos entre grupos. Dez homens eram donos da mesma terra, então dez homens casavam com dez mulheres. Podia trocar à vontade.

AVÓ — Eu peguei esse tempo.

PROFESSOR — Isso foi antes de Cristo, minha senhora.

AVÓ — Lá em Campinas eu peguei um clube que era igualzinho assim...

PROFESSOR — Bem, isso foi uma reprise em pequena escala, não conta.

JOSÉ — Professor, essa historia que o senhor contou é muito bonita, mas o que é que eu faço com o meu estômago? Minha barriga está doendo de tão vazia. Dá umas pontadas que o senhor nem calcula.

PROFESSOR — Casa.

JOSÉ — E o que é que vai adiantar?

PROFESSOR — A sociedade imaginou o homem acompanhado e não o homem sozinho, o que além de imoral é anti-higiênico. Casando, diminui a despesa, porque o casal é uma só carne, um só espírito...

JOSÉ — Mas são duas bocas. Eu acho que aumenta tudo.

PROFESSOR — Pensa comigo: a mesma cama serve pros dois. O mesmo lençol, o mesmo cobertor. Na hora do almoço, se um come o pão, o outro bebe a água; se um come arroz, o outro come feijão.

JOSÉ — O senhor tem razão. Eu vou me casar e vou provar que a minha mãe tinha razão.

AVÓ — Não começa a me assustar. Toda vez que você fala assim, pode contar que vem desgraça.

JOSÉ — Vou me casar com a primeira mulher que aparecer, tirante os parentes, é claro. Vou me casar e vou ficar rico. Ah, se me aparecesse agora uma mulher vinda do céu... (*Batem na porta.*)

AVÓ — Claro que tinha que aparecer. Vai abrir, Zezinho. É a tua Princesa Encantada. (*José abre a porta e aparece a Mulher.*)

JOSÉ — Entra, mocinha, entra. (*Ela entra.*) Pode sentar.

MULHER — Onde?

JOSÉ — Levanta daí, Professor, deixa ela sentar.

AVÓ — Que menina linda. Onde é que você trabalha?

MULHER — Prendas domésticas.

AVÓ — Professor, vamos andando porque, em matéria de dinheiro e amor, a juventude se entende com a juventude. (*Saem os dois.*)

MULHER — Meu pai foi despedido da fábrica e eu estou correndo uma lista.

JOSÉ — Você quer casar comigo?

MULHER — Eu vim pedir uma contribuição, não vim pedir esmola.

JOSÉ — Mas você vai resolver todos os meus problemas. Eu estou apaixonado por você. Vai ser uma economia louca. Nós seremos uma só carne, um só espírito e uma só boca.

MULHER — Eu sei que você está apaixonado por mim, mas casar assim tão de repente... Todo mundo vai pensar que eu estou grávida.

JOSÉ — Se você quiser ficar, não faça cerimônia, eu sou muito prestativo.

MULHER — Preciso tempo pra pensar.

JOSÉ — Pensa depressa porque eu preciso voltar pro trabalho. As minhas férias estão quase terminando. Pensa depressa. Eu, de meu, não tenho dinheiro, não tenho nada, tenho só duas medalhas.

MULHER — Você esteve na guerra?

JOSÉ — Estive e matei um Marechal feroz, com cara de Boris Karloff.

MULHER — Poxa, que homem que você é. Claro que eu quero casar com você, meu amor.

JOSÉ — E a segunda medalha eu ganhei traindo os meus próprios companheiros.

MULHER — Na fábrica?

JOSÉ — Teu pai.

MULHER — Pelego. Ordinário.

JOSÉ — Ele é que era um desordeiro, um agitador profissional!

MULHER — Eu não casava com você nem que você fosse o último homem numa ilha deserta.

JOSÉ — Vamos usar o mesmo cobertor, o mesmo lençol, você come arroz, eu como feijão, você bebe a água, eu como o pão.

MULHER (*Seduzida*) — Pode tirar o cavalo da chuva porque, pra eu casar com você, precisa me cantar muito.

JOSÉ — Resolve duma vez. As pelanquinhas já estão aparecendo aí na sua cara. Se não casar comigo, pode ir escolhendo o sobrinho, porque você vai ficar pra tia.

MULHER — Melhor pra mim.

JOSÉ — Não é, não. Se tiver que escolher entre a virgindade eterna e um traidor numa noite de bastante frio, eu acho que a gente acaba casando.

MULHER — Eu sempre pensei em casar: você é o primeiro homem que tem coragem bastante. Isso que você falou, me tocou o coração.

JOSÉ — Isso o quê? Que eu te amo?

MULHER — Não. Essa história de dividir o feijão e o arroz. Eu sou uma sentimental.

JOSÉ — Então...

MULHER — Se a gente casasse, como é que ia ser?

JOSÉ — Aqui ia ser o nosso quarto. (*Põe um cobertor no chão.*) Aqui a gente dorme. De manhã eu acordo e vou trabalhar. Você varre o chão, limpa a soleira da porta, põe a vassoura atrás, porque dá sorte, faz comida, come metade, no dia seguinte, a mesma coisa, depois a mesma coisa, depois a mesma coisa, até que um dia a gente morre. Aí a gente vai pro céu, porque lá nós vamos ser felizes. Deus vai recompensar a nossa vida.

MULHER — Eu queria ser feliz aqui em casa, com você.

JOSÉ — Um pouco você vai ser: a mulher e a rainha do lar.

MULHER — Como é o teu nome?

JOSÉ — José da Silva. E o teu nome é Maria. (*Os dois se aproximam perigosamente. Entram a Avó e o Padre.*)

PADRE — Eu acho admirável o ímpeto amoroso da juventude. Podem ir assinando. Agora eu vou dizer algumas palavras e quero que vocês respondam que sim.

AVÓ — Assim que vocês dois se olharam, eu fui correndo chamar o Padre. Coração de avó não se engana.

JOSÉ E MARIA — Sim.

PADRE — Não precisa tanta pressa. Um de cada vez. (*Os dois respondem um de cada vez.*) Vocês ouviram? Então, vão agir como procuradores. Eu vou fazer a cerimônia lá fora, enquanto eles se divertem aqui dentro. Vocês são os procuradores. Quando eu perguntar, vocês respondem o que ouviram da boca das vítimas.

AVÓ — Fiquem bem à vontade.

PROFESSOR — Desejo uma família numerosa.

PADRE — E, quando for necessário, um batizado, uma extrema-unção ou qualquer outro sacramento. Não se esqueça de procurar a minha paróquia. Preços módicos.

JOSÉ — Vovó, não esqueça de me chamar daqui a cinco minutos. Eu tenho que voltar pro trabalho. (*Saem os três, pausa longa. Expectativa.*)

MULHER (*Vencendo a timidez, num rompante*) — Enfim... sós...

JOSÉ — É.. Você tem um lápis?

MULHER (*Perdendo a bossa*) — Pra que lápis?

JOSÉ — Eu quero ver se é verdade mesmo o que o Professor disse.

MULHER — E isso é hora de fazer contas? (*José começa a somar.*)

JOSÉ — Nha, nha, nha, nhã, nhãm, nhão. (*A mulher vai se impacientando. Deita e pega o travesseiro. Abraça e acaricia o travesseiro. José está imerso em suas contas.*) Está difícil fazer essa conta de chegar.

MULHER — Vem dormir primeiro e amanhã você acorda com a cabeça refrescada.

JOSÉ — Você se incomoda de não comer nos fins de semana?

MULHER — Não.

JOSÉ — Isso já facilita. A sobremesa é coisa muito fora de moda. Posso cortar, não posso?

MULHER — Pode.

JOSÉ — Você é a Maria mais Amélia que eu já conheci. Dentro de casa a gente pode andar nu que é pra não gastar roupa, não pode?

MULHER — Claro que pode. A partir de agora, se você quiser.

JOSÉ — E pode andar descalço mesmo na rua... Agora só falta somar...

MULHER — José... (*Num frenesi desesperado.*)

JOSÉ (*Somando*) — Que foi?

MULHER — Nada não.

JOSÉ — Deu. A minha mãe tinha razão. O Professor tinha razão. Somando o meu salário e o seu, racionando roupa, casa e comida, a gente pode continuar vivo. Pode continuar vivo, meu amor!

MULHER — Que bom, não é? Vamos continuar vivos.

JOSÉ — Só que temos que fazer um programa de austeridade. A gente aperta o cinto, come só de vez em quando, em casa anda-se nu, na rua descalço, e vamos ter que trabalhar muito serão extraordinário. Mas, enfim, a Pátria pode se orgulhar de um casalzinho como nós dois, que está disposto a qualquer sacrifício. E o Patrão pode continuar com o resto.

MULHER — Posso pedir um favor?

JOSÉ — Pode, rainha do lar.

MULHER — Você já sabe o que é.

JOSÉ — Por mais que pense, não me alembro.

MULHER — Adivinha.

JOSÉ — É um automóvel que você quer? É máquina de lavar roupa? Não é?

MULHER — Eu vou acabar dizendo porque você, sozinho, não adivinha mesmo.

JOSÉ — O que é? Se não for caro, pode.

MULHER — Todas as minhas amigas casadas me disseram que a noite de núpcias é uma coisa maravilhosa. Eu queria ver onde é que está a maravilha.

JOSÉ — Eu acho que estou começando a entender...

MULHER — Eu vou explicar melhor. Só é rainha do lar quem é mãe. E eu quero ser mãe. E não adianta me enganar, que eu sei que cegonha não existe.

JOSÉ — Poooooxa, meu bem, mas que ideia boa você teve. Hoje é a nossa noite de núpcias. E, além de continuar vivo, a gente pode ser feliz. Pode brincar à vontade, como dois cabritinhos. Poxa, como está certo o mundo. Como é que você lembrou disso, hein?

MULHER — Desde pequenina que eu não penso noutra coisa. Hoje chegou o meu grande dia. Eu estou feliz. Esta é a minha noite.

JOSÉ (*Cheio de pruridos éticos*) — Mas você está disposta mesmo? Você não se opõe? Porque eu não quero, por nada deste mundo, desagradar você. Se quiser tempo pra pensar.

MULHER — Não, eu não me oponho, não. Eu sou tua. Faz de mim o que você quiser.

JOSÉ — Então, está bem, eu vou fazer. Mas olha lá, depois não se arrependa.

MULHER — Ótimo. Pode dar saída.

JOSÉ — Chega um pouquinho mais pra cá, eu quero beijar a tua boca.

MULHER — Vem buscar a minha boca.

JOSÉ — Assim eu tenho que passar por cima de você.

MULHER — Passa.

JOSÉ — Olha, que eu peso muito. E eu não quero...

MULHER — Acho que você é quente, Zé da Silva... Aperta a minha costela.

JOSÉ — Maria! Espera um pouco. Ih! É mesmo. Eu pensei numa coisa.

MULHER — Não pensa! Faz!

JOSÉ — Nada feito, Maria! Nos não podemos.

MULHER — Mas como, nada feito? Agora você não pode voltar atrás com a palavra dada.

JOSÉ — Eu vou chamar o Professor. Ele tem uma solução pra tudo, ele tem que resolver este caso.

MULHER (*Quase histérica*) — Se o professor entrar por aquela porta, eu me mato, Zé da Silva, eu me mato. Eu me mato! Eu me mato! Eu ponho fogo nas vestes, eu bebo álcool.

JOSÉ (*Nervoso*) — Você já imaginou se a gente tiver um filho, o que é que acontece?

MULHER — Já, já imaginei. Vai se chamar José, que nem o pai. Vai ter o nariz arrebitado, que nem a mãe.

JOSÉ — Não vamos ter filho nenhum. Nós não podemos.

MULHER — Por quê? Por quê?

JOSÉ — Porque estoura o orçamento!

MULHER — O orçamento que vá pro inferno!

JOSÉ — Eu quero o Professor! Ele tem que me explicar! Não adiantou nada o casamento! Professor! Professor!

MULHER — Burro! Estúpido! Perfeito imbecil! Cavalo! Boi!

JOSÉ — Me desculpa, Maria, eu também quero, eu estou com uma vontade danada de você mas a gente não pode...

MULHER — Não fala mais comigo.

JOSÉ — Uma coisa eu prometo a você: no dia em que eu receber um abono de Natal, a gente vai pra cama!

MULHER — Eu queria hoje, eu queria agora... Eu sou a tua cabritinha...

JOSÉ — Por enquanto, a única coisa que eu posso fazer com força...

MULHER — José da Silva... Zezinho... Zezinho... me aperta...

JOSÉ (*Relaxando*) — Me larga... me larga... me larga... (*Sua voz é quase inaudível*) é apertar a tua mão...

MULHER (*Envergonhada, mas querendo*) — Aperta, aperta...

JOSÉ — Aperto, sim... aperto com força... com força...

MULHER — Com mais força... mais força...

JOSÉ — Está bom? Você está gostando?

MULHER — Está bom, eu estou gostando... com força...

JOSÉ — Pra mim foi tão bom... e pra você?...

MULHER — Podia ser melhor...

JOSÉ — Descansa, Maria... dorme... (*Há uma breve pausa. Entra a Avó, saltitante, feliz.*)

AVÓ — Café da manhã. Café da manhã... Café da manhã...

PROFESSOR — Ó do quarto. Ó do quarto. Pode-se entrar?

AVÓ — Os dois pombinhos estão descansando.

PROFESSOR — Coitados. A festa do casamento foi muito puxada.

AVÓ — Que foi que aconteceu? Vocês estão com uma cara tão desenxabida...

JOSÉ — Não aconteceu nada.

AVÓ — Viu, Professor? Eu bem que queria passar a noite aqui com vocês dois. Ficava sentada num canto e só falava se vocês pedissem uma explicaçãozinha. Na noite de núpcias, uma avó é sempre muito necessária.

JOSÉ — Não aconteceu nada. Só que eu não posso ter filho. O orçamento não dá.

PROFESSOR — Claro que não podia dar...

AVÓ — Mas o senhor mesmo não disse?

PROFESSOR — Eu disse que dava pra casar, mas não pra seguir o sábio conselho das Escrituras do cruzai-vos e multiplicai-vos. Pra isso tem que pensar numa solução.

AVÓ — E o senhor é o homem das soluções.

JOSÉ — Chora comigo, vovó.

PROFESSOR — A solução é arranjar outro emprego pra tua mulher.

JOSÉ — Copeira, arrumadeira, lavadeira, tudo que o senhor quiser.

PROFESSOR — Isso não é solução. O ordenado é muito pequeno. Pra ter um filho não dá.

JOSÉ — Qual é então?

PROFESSOR — Só tem a solução aritmética. Mas é claro que você não vai aceitar, como honrado marido que é.

AVÓ — Que solução é essa?

PROFESSOR — Vocês vão dizer que não, mas mesmo assim eu vou contar. Eu tenho o mundo na mais alta conta. O mundo está certo. É uma maravilha. É tão maravilha que possui caminhos e descaminhos.

AVÓ — Vá dizendo.

PROFESSOR — Claro que você vai dizer não, o que aliás é muito justo, é justíssimo. Entretanto a aritmética não erra, a aritmética é uma ciência mais exata do que a moral. Os descaminhos são sempre mais lucrativos. Por quê?

AVÓ — Porque não paga imposto?

PROFESSOR — Não. Porque a livre-empresa é um belo achado. O homem que é livre é aquele que possui os meios de produção. O operário não é livre, porque a máquina não é dele. O operário aluga a sua força. E o resto é do patrão. Mas, de acordo com a solução aritmética, a mulher de vida airada é uma mulher livre! Ela é a dona de si mesma. E portanto dona da máquina.

AVÓ — O senhor explica tudo com uma graça tão leve...

PROFESSOR — Mas eu concordo que a aritmética é uma ciência profundamente imoral. É uma coisa corrompida, porque ensina a arte de ganhar dinheiro e viver. Diante dessa proposta indecorosa de aritmética, você vai responder honradamente “não!”.

JOSÉ (*Para a Mulher*) — Maria, não adianta nada ser copeira, arrumadeira, engraxadeira, cozinheira... não adianta nada... se você quiser ter o nosso filho, só tem uma solução...

MULHER — Eu quero ter o nosso filho...

JOSÉ — Então vai com o Professor. Ele vai te mostrar o descaminho da perdição e do dinheiro.

MULHER — José, você está me mandando, a mim...

JOSÉ — Eu não estou mandando nada. O mundo está certo. É assim mesmo. Só tem uma solução, e essa é científica! Não tem que escolher. Eu sou um cidadão perfeito, Maria. Já não acho graça nem choro. Vai.

PROFESSOR — Você não se incomoda que eu seja o iniciador desta nova fase de felicidade financeira do casal, pois não?

JOSÉ — O senhor é o nosso melhor amigo. É muito bom que comece pelo senhor. Olha, tenha muito cuidado e muito carinho. Ela é uma moça inexperiente.

PROFESSOR (*Mostrando uma nota*) — Deus queira que esta abobrinha dê sorte. (*Passa o braço na cintura de Maria e saem.*) É a primeira de uma longa série de aventuras.

AVÓ (*Excitada, arrumando a mesa*) — Ih, José, como estou contente! Você já imaginou? Eu vou ser uma mulher feliz!

JOSÉ — Quem vai te dar a dentadura?

AVÓ — A tua mulher. Ela prometeu comprar com o primeiro dinheiro que ganhar. E vai comprar à vista. A tua mulher, sim, tem livre-iniciativa...

JOSÉ — Era eu que queria te dar esse presente...

AVÓ — Só uma vez na vida estive tão feliz como agora: foi quando conheci o meu primeiro amor!

JOSÉ — O vovô?

AVÓ — Que vovô?

JOSÉ — O meu.

AVÓ — Eu nem sei quem é o teu avô...

JOSÉ — Como não sabe?

AVÓ — A tua mãe nasceu numa época em que eu andava tão ocupada, mas tão ocupada, que eu nem tive tempo de averiguar quem foi o responsável pelo nascimento.

JOSÉ — Quer dizer que, entre outras coisas, eu não tenho avô?

AVÓ (*Indignada*) — Claro que tem, o que é que você pensa da sua avó?

Eu sou uma mulher muito inteligente. Tirei par ou ímpar e obriguei um dos meus apaixonados a registrar a tua mãe.

JOSÉ (*Vendo a mesa posta*) — Onde é que a senhora arranjou tanta coisa?

AVÓ — Por aí, por aí... Hoje eu me sinto... um cisne. Estou até com vontade de cantar.

PROFESSOR (*Entrando satisfeito*) — Eu não disse? Eu não disse? Foi a maior verdade que já saiu da minha boca. Eu tenho uma solução pra tudo.

AVÓ (*Excitada*) — A dentadura? A dentadura?

PADRE (*Entrando*) — Está aqui, está aqui comigo. Vamos fazer uma festa.

PROFESSOR — Meu amigo, você se casou com uma mulher excepcional! Extraordinária. Vamos fazer uma festa.

JOSÉ — Onde é que ela está?

PROFESSOR — Ela não pôde vir. Mandou lembranças. Disse que está com muita saudade de você.

JOSÉ — Ela tem passado bem?

PROFESSOR — No começo custou a se habituar, mas hoje em dia está muito contente com a nova profissão.

AVÓ — A gente se habitua com qualquer coisa.

SARGENTO (*Entrando*) — José da Silva, você é um homem feliz. Alegria. A sua esposa é uma grande mulher. Vocês dois são um casal admirável.

PROFESSOR — Você é o orgulho do nosso bairro.

SARGENTO — Da nossa cidade, do nosso país!

AVÓ — Do nosso hemisfério livre!

JOSÉ — Eu tenho muito orgulho de mim mesmo.

SARGENTO — Agora vamos proceder à cerimônia da inauguração da nova dentadura. Senhores, tomem assento. Vamos ouvir um maravilhoso discurso a ser pronunciado pelo magnífico pastor de almas da nossa bela paróquia. Atenção! Com a palavra, o nosso guia espiritual.

PROFESSOR — Silêncio, silêncio.

PADRE (*Depois da conveniente tosse*) — Eu não vou fazer um sermão. Vou dizer uma palavra de agradecimento a esta boa mulher, cujo aniversário natalício hoje se comemora. Foram 97 anos de privações, de trabalho, de serviços prestados ao Criador. Falta pouco tempo para que esta digna senhora bata as suas não menos dignas botas. Botas que significam sacrifício, amor ao próximo, que significam, sobretudo, debilidade mental. E graças a esta característica, não podemos duvidar, nem por um instante, de que esta velha e carcomida senhora subirá aos céus. E eu, guia espiritual deste rebanho de ovelhas negras, que conduz duramente até o fim as suas vidas inúteis, quero, em nome desse rebanho, prestar uma homenagem que é uma retribuição. Desta senhora avó aprendi muita coisa de alto conteúdo espiritual, e aprendi várias receitas culinárias. A homenagem que presto é a prova de que sempre fui um bom aluno, que sempre tirei proveitosos ensinamentos dos maus costumes da velha homenageada. Esta homenagem é um caramelo. Um caramelo, minhas ovelhas. Esta é a prova provada de que, mesmo das mais estúpidas e ignorantes criaturas pode-se sempre extrair valiosas lições morais e práticas. Aquilo que aprendi é o conselho que vos dou: tende fé na natureza humana. Esta velha achou a graça divina porque tinha fé nos homens. Tende fé na natureza humana, porque ela é o próprio espírito do Criador que conosco partilha a sua imortalidade. Tende fé na natureza humana. Confiai. Crede. Amém.

SARGENTO — Parabéns. (*Efusões gerais.*) E agora ouçamos a resposta da velha carcomida, como tão lindamente se expressou o nosso guia. Com a palavra, a velha!

AVÓ (*Muito sincera*) — Eu nunca soube dizer as coisas; eu só aprendi a fazer. Fiz muita coisa ruim em 97 anos. Essa bota que o Padre falou, foi roubada. Essa dentadura é bom nem falar, como é que veio parar tão certo na minha boca. Eu sou uma pobre de espírito. Nunca conheci ninguém que não fosse, e esse elogio estendo a todos os membros da nossa paróquia, inclusive ao nosso guia. E o que é que o pobre de espírito faz? Vai levando? E eu fui levando. E agora notei que está na hora de morrer. Eu vou morrer, minha gente, mas enquanto estiver viva, vivi cada minuto da minha vida. Vivi sem pensar, vivi sem saber, mas vivi. Agora chegou o fim: ter dentes e morrer. Eu não quero contrariar o Padre mas, se quisesse, eu dizia que não confio na natureza humana, porque todo mundo é tão perverso, porque todo mundo é tão lobo como lobo. Se eu quisesse contrariar o Padre, eu dizia que o homem nasce gente e morre bicho. Porque só quem é bicho sobrevive. Só quem é lobo come lobo. Eu só quero dizer: obrigada. Obrigada, meus amantes, pela minha felicidade. Obrigada, meus amigos. Aos meus inimigos quero só dizer uma palavrinha: vão todos pro raio que os parta. Foi meio duro viver mas, se eu pudesse, começava tudo outra vez. Tenho dito.

SARGENTO — Belíssimo, belíssimo.

PROFESSOR — Nem eu que estudei retórica...

PADRE — Ainda bem que eu falei primeiro...

JOSÉ — Estava muito bonito.

AVÓ — O Zezinho está tão triste...

JOSÉ — A gente se habitua.

PROFESSOR — Lembra, José, o homem nasce gente e morre bicho.

SARGENTO — Vamos à inauguração. Hoje é dia de festa.

PROFESSOR — Vovó, aqui está a dentadura.

PADRE — Vovó, aqui está o caramelo.

SARGENTO — Vamos fazer um ritual. A senhora segura a dentadura perto da boca. O Padre segura o caramelo. Como não tem champanhe, eu seguro uma garrafa de cerveja e o Professor estoura um saco de papel. José dá o sinal. Entenderam?

AVÓ — Entendi. Aí o que é que acontece?

SARGENTO — José dá o sinal, a senhora mais do que depressa põe a dentadura na boca, o Padre põe o caramelo na dentadura, eu abro a garrafa e o Professor estoura o saco de papel. Nesse momento, a senhora mastiga com força e se transforma numa velha sorridente.

AVÓ — Ai, ai, ai, ai. Eu estou tão excitada. É o momento mais emocionante da minha vida. Vou ser uma velha feliz. Uma velha feliz.

SARGENTO — José: dá o sinal pra felicidade da vovó. Atenção. Um, dois, três, já!

JOSÉ — Pum. (*Todos fazem o combinado. A Avó bate com os pés no chão. Nesse momento, é a mulher mais feliz que pode haver. Exclamações* ad libitum.)

AVÓ (*Não se contendo*) — Eu sou uma velha feliz. Eu sou uma velha feliz. Eu sou uma velha! (*Em transição com raiva*) Eu sou uma velha carcomida! Eu sou uma velha! Porcaria!

TODOS — Que foi, vovó? Que aconteceu? Por que esse choro? Conta pra nós!

PADRE — Esta senhora naturalmente está chorando de felicidade.

AVÓ — Quando eu estou feliz, eu rio, não choro, seu... Padre.

PADRE — O que terá sido, então?

AVÓ — Que porcaria é essa que o senhor pôs no caramelo?

PADRE — Eu segui as suas instruções ao pé da letra.

AVÓ — Quebrou a minha dentadura nova... (*Chora.*)

SARGENTO — Que tragédia.

PROFESSOR — Que catástrofe!

AVÓ — Caramelo nunca pode ser assim tão duro, o senhor está mentindo! Que porcaria é essa que o senhor botou aqui?

PADRE — Eu gostaria de me confessar.

AVÓ — Confessa, Padre.

PADRE — É muito difícil pra mim.

AVÓ — Fala de uma vez, homem!

PADRE — Eu... eu disse tudo aquilo no meu sermão... mas não acredito na natureza humana...

AVÓ — E o que é que a natureza humana tem a ver com o caramelo?

PADRE — Tem a ver porque, na minha opinião, todo comerciante rouba no peso.

SARGENTO — O senhor deu uma bela definição de comércio.

PADRE — Se a gente paga um quilo, eles dão meio. Por isso, quando fui comprar grude pra fazer o caramelo, pedi dois quilos de tão desconfiado que eu sou. E o comerciante era honesto, meu bom Deus. Deu dois quilos certos e o caramelo ficou mais duro que o coração dos homens.

PROFESSOR — É inacreditável.

SARGENTO — O senhor tem toda razão, Padre. Foi um acidente.

PROFESSOR — Claro, ninguém podia supor que esse comerciante fosse honesto.

SARGENTO — A culpa é do comerciante.

PADRE — Eu também acho que eu não tenho nada com isso. Eu fiz o que a minha consciência mandava. E a minha consciência me manda desconfiar de tudo e de todos. Quer dizer, tudo, menos da bondade do Criador. Eu creio, descrendo.

AVÓ — Acabou a festa. Pode ir todo mundo embora.

PADRE — Prometo doravante confiar um pouco mais nos homens.

PROFESSOR — A gente nunca sabe quem está certo e quem está errado.

AVÓ — Quer um conselho, Professor?

PROFESSOR — Eu sou bastante humilde pra dizer que sim.

AVÓ — Quando a gente está com a barriga cheia, está certo. Quando está com fome, está errado. Quando a gente não tem homem, tá errado. Quando está feliz, está certo. Pra mim não me interessa saber onde é que eu arranjo homem ou comida. Interessa que eu quero sempre ser feliz. Interessa que esse meu neto é uma cavalgadura.

PADRE — A gente deve ser feliz, mas só quando isso for possível. Se não formos na Terra, nós o seremos no Céu.

AVÓ — Eu quero ser agora e, se houver algum depois, eu quero ser também. Mas depois são outros quinhentos.

PADRE — Quando a multidão teve fome, Jesus não roubou nem invadiu as propriedades alheias. Jesus multiplicou os pães e os peixes, e manteve as mãos limpas de qualquer ato confiscatório.

AVÓ — Quando o senhor encontrar com ele, dá parabéns mas avisa que o tempo da mágica acabou. Hoje em dia, só come pão quem tem coragem.

PROFESSOR — Eu estou muito triste com o episódio do caramelo.

SARGENTO — A minha última grande tristeza foi o afundamento do *Baependi*. Oxalá viesse uma guerra, pra gente poder tirar vingança.

AVÓ — Então, some daqui. Eu fico alegre à toa, mesmo desdentada, mas com tanta gente mugindo perto de mim, daqui a pouco eu dou um grito.

PADRE — Vovó, eu confesso que nunca entendi nem a sua pessoa, nem as suas respostas.

AVÓ — O senhor quer fazer todo mundo entrar dentro de dez leis, Padre, e não há Cristo que aguente caber lá direitinho.

PADRE — Por isso o Paraíso é tão deserto! Só o Criador se enquadra nas suas leis.

AVÓ — E se ele baixa aqui na Terra, não sei, não.

SARGENTO — Só o Marechal obedecia aos seus decretos.

PROFESSOR — E, nas coisas que eu digo, nem eu mais acredito.

AVÓ — O mundo ficou diferente. É preciso pensar diferente. Vão com Deus, vão...

PADRE — Se Deus existe, e eu não ponho dúvidas, ele há de preferir a sua companhia. (*Saem os três.*) Nós vamos sozinhos.

AVÓ — Em que é que você está pensando?

JOSÉ — Na minha mulher. No meu colega da fábrica. Em mim...

AVÓ — Sabe, José? Me deu uma vontade de morrer...

JOSÉ — Está na hora de tomar algum remédio?

AVÓ — Não, meu neto. Está na hora de embarcar duma vez. Essas três fadas boas me dão vontade de sumir. E, pra qualquer lugar que a gente vá embora, sempre tem três fadas boas. Menos num lugar.

JOSÉ — Qual?

AVÓ — No Céu. Lá elas não entram. É pra lá que eu vou agora. Se tivesse um caixão por aí, já me deitava nele pra dar menos trabalho.

JOSÉ — Tem esse caixote de bacalhau.

AVÓ — Será que eu preciso me entortar muito pra caber aí dentro?

JOSÉ — É quase do seu tamanho. Encolhe as pernas que...

AVÓ — Põe aqui em cima da mesa. Me ajuda a subir. Ai, que defunta mais deselegante...

JOSÉ — Quando eu bater o prego em cima, ninguém mais vai ver a senhora.

AVÓ — É, mas eu sou mulher, e por isso tenho que ser vaidosa. Não quero que ninguém me veja assim tão torta. Me faz um favorzinho: pega minha bolsa, ali.

JOSÉ — Essa?

AVÓ — Olha, eu não tenho muito tempo a perder. Enquanto faço as minhas últimas orações, vai passando batom na minha boca.

JOSÉ — Sim, senhora. (*Começa a pintá-la.*)

AVÓ — Ave Maria, cheia de graça. Nosso Senhor, cheio de graça. Espírito Santo, cheio de graça. Anjinhos, cheios de graça. Tende pena de tantos desgraçados. Engraçai-nos, Senhor.

JOSÉ — Assim a sua cara fica mais bonita.

AVÓ (*Feliz*) — Você acha?

JOSÉ — Quando a senhora tinha setenta anos menos, devia ser muito atraente.

AVÓ — Sabe, José? Agora que eu estou aqui aconchegada no meu caixão, eu estou pensando no meu primeiro homem. Ele gostava tanto de pôr a língua na minha orelha, bem dentro do meu ouvido...

JOSÉ — Coisas de sexo eu não entendo, Vovó. Embora casado, eu ainda sou inocente.

AVÓ — Meu corpo se arrepiava todo, até a unha do dedo mindinho eu sentia diferente. Era tão gostoso...

JOSÉ — É... deve ser bom... Quando a minha mulher voltar, vou pedir a ela pra fazer isso comigo.

AVÓ — Você não sabe o que está perdendo... Eu sofri demais nesses quase cem anos, mas toda vez que estou sofrendo me lembro da língua dele no meu ouvido... aí, fico feliz outra vez.

JOSÉ — A senhora fica feliz tão à toa...

AVÓ — O Padre tinha razão: Deus está querendo falar comigo. Assim que eu morrer, penteia meus cabelos. Vai na loja da esquina, rouba uma água de colônia bem cara e derrama inteira em cima do meu corpo. Quero morrer bem cheirosa. Quero que lá no Céu todo mundo saiba que eu estou chegando, só de sentir o cheiro. Promete?

JOSÉ — Prometo.

AVÓ — Promete esquecer o conselho da tua mãe? Promete esquecer as três fadas boas?

JOSÉ — Prometo.

AVÓ — Eu vou morrer com um sorriso, José. Na hora da morte é bem capaz de doer alguma coisa e o sorriso se desfazer na minha cara. Na hora da alma sair do meu corpo, é bem capaz de dar um esbarrão no meu sorriso. Conserta o meu sorriso, José. Promete?

JOSÉ — Prometo. (*Pausa.*) A senhora já morreu?

AVÓ — Ainda não. Antes eu vou cantar. Senta e ouve a "Canção da morte satisfeita". (*José senta. A Avó canta a "Canção da morte satisfeita".*)

JOSÉ — A senhora já morreu?

AVÓ — Estou quase... já... já morri...

JOSÉ (*Consertando o sorriso da Avó*) — O sorriso eu conserto, o teu cadáver eu escondo. A reza necessária eu rezo. Tudo que prometi, eu faço. Menos a promessa da imperfeição. O teu cadáver está lindo, vovó. Nunca nenhuma avó teve um cadáver tão bonito. Adeus, vovó. (*Tira a mesa e o caixão de cena.*) E agora? Eu estou com fome. Não adianta voltar pro trabalho, porque eu continuo com fome. Eu não quero roubar, eu não quero greve, eu não quero revolução. Então eu só tenho uma solução.

Aparece um homem, um balcão, um luminoso: Sociedade Protetora dos Animais.

HOMEM — O senhor está maluco? A nossa sociedade só protege os animais.

JOSÉ — Eu sei latir, como um cão. (*Late.*) Eu sei miar como um gato. (*Mia.*) Eu sei dar coices melhor que um cavalo. (*Escoicea.*)

HOMEM — A pata é idêntica.

JOSÉ — Sei cornear como um boi. (*Corneia.*)

HOMEM — Que chifres admiráveis.

JOSÉ — Sei cantar como um rouxinol. (*Canta.*)

HOMEM — Continua, continua.

JOSÉ — Sei apanhar chicotada, sei levar pontapé. Sei fazer carinho no pé do meu dono. Sei sofrer calado, sem gemer e sem berrar. Sei comer capim, sei sofrer humilhação. Conheço o gelo e o fogo, conheço a sede e a fome.

HOMEM — A nossa sociedade só protege os animais. Só dá comida aos animais.

JOSÉ — Pra mim eu só peço uma jaula.

HOMEM — Você é homem, José. E homem tem alma. Carrega a tua alma nas costas e volta pro trabalho. (*Sai o Homem. José volta pro trabalho. Começa a executar a sua tarefa mecânica.*)

JOSÉ — Um, dois, um, dois, um, dois. Estou de novo sentindo ânsias de perfeição. Um, dois, um, dois...

PATRÃO — José, mais depressa. Eu vou vender a fábrica, e preciso que todo mundo trabalhe mais depressa. Mais depressa.

SECRETÁRIO (*Anunciando*) — O novo proprietário.

(*Entra a Mulher de José da Silva, vestida de nova proprietária.*)

JOSÉ — Um, dois, um, dois, um, dois, um... (*Segue falando baixinho.*)

PATRÃO — Madame, eu queria lhe dizer...

MULHER — Quanto rende?

PATRÃO — Milhões, minha senhora, milhões. Foi uma bela compra.

(*José continua cada vez mais fracamente. O ritmo dos seus braços, no entanto, é vigoroso, seu corpo parece uma máquina.*)

MULHER — Que barulho é esse?

PATRÃO — É um dos meus operários, isto é, dos seus. Seu nome é José da Silva. Um empregado exemplar.

MULHER — Eu conheci muitos José da Silva.

PATRÃO — Madame, a fama das suas viagens pelo mundo afora é bastante conhecida. Que bela vida agitada. Então, fazemos o negócio?

MULHER — Esse barulho me incomoda. (*José continua.*)

SECRETÁRIO — Patrão, desculpe muito, mas parece que José da Silva morreu...

PATRÃO — Ora, que contratempo... Mas não tem importância...

MULHER — Como não tem importância? Vai ser preciso enterrar. Vai ser preciso pagar pensão à viúva. Vai ser preciso gastar tanto dinheiro... Como não tem importância?

PATRÃO — Madame, esta é a grande vantagem de uma fábrica moderna como a minha. Esta fábrica é uma visão do futuro... No futuro tudo será perfeito e os lucros serão maiores. Aqui, quando os operários morrem, não são enterrados. Quando morre um operário, isto é uma grande alegria para mim.

MULHER — Que é que se faz, então?

PATRÃO — Os seus corpos já se habituaram tanto ao trabalho rotineiro que continuam executando a mesma tarefa como se nada tivesse acontecido. Aqui, só quando morre, ele se transforma no operário perfeito.

MULHER — Então... eles são mais lucrativos depois de mortos...

PATRÃO — Exatamente.

JOSÉ — Um, dois, um, dois... (*Continua o mesmo movimento ritmado.*)

MULHER — Mas esse barulho me incomoda...

PATRÃO (*Para o Secretário*) — Coloque um pouco de algodão nas delicadas orelhas da madame. Ou por outra. Coloque um pouco de estopa na boca de José. (*O Secretário obedece.*) Pronto, madame. Agora já não se ouve mais nada. Então?

MULHER — Está fechado o negócio.

Saem todos deixando apenas o corpo de José, que continua maquinalmente executando a sua tarefa perfeita.

SEGUNDA PARTE

O logro[1]

Ritual

[1] Estreia no Teatro São Paulo em 22 de maio de 1953, com direção de Silva Ferreira e interpretações de Léa Garcia, Aparecida Rodrigues, Abdias do Nascimento, Claudiano Filho, Marcilio Faria e outros. (N. da E.)

TEATRO EXPERIMENTAL DO NEGRO

APRESENTA A PEDIDOS –

HOJE ÁS 21 HORAS

DOMINGO: VESPERAL ÁS 16 HORAS

(Preços reduzidos)

— no —

TEATRO SÃO PAULO

"O IMPERADOR JONES"

●

de EUGENE O'NEILL

Cenografia de CLOVIS GRACIANO

Direção e interpretação de ABDIAS NASCIMENTO

Com: LÉA GARCIA — PAULO COSTARD — CLAUDIANO FILHO — MARCILIO FARIA e outros

●

O FILHO PRODIGO

De LUCIO CARDOSO

Dias 8 - 9 - 10 Maio

O LOGRO

De AUGUSTO BOAL

Dias 22 - 23 - 24 Maio

SORTILEGIO

De ABDIAS NASCIMENTO

Dias 15 - 16 - 17 Maio

Convites no MUSEU DE ARTE - MUSEU DE ARTE MODERNA e LIVRARIA JARAGUÁ

Personagens[2]

Bárbara
Conceição
Marido de Conceição
Joana
Marido de Joana
Jerônimo
Mulher
Homens
Filho
Menina
Coro

[2] Os nomes dos personagens foram sugeridos pelo sincretismo católico-fetichista. (Nota do autor)

Ato único

Cenário: um terreiro.

Antes de se levantar o pano, o teatro às escuras, ouve-se um bater monótono e depois furioso, cada vez mais furioso, dos atabaques, como se fosse numa ópera a "ouverture". Depois as vozes entoam cânticos a Xangô. E o mesmo ritmo se reproduz: os atabaques ora soam lentamente, ora com fúria, para depois, esgotados, voltarem à lentidão. O pano se abre. Penumbra. Sessão de macumba que não precisa, nem deve ter todas as características de uma macumba autêntica. Dos músicos, apenas dois ainda tocam. Os outros estão deitados no chão, adormecidos, exaustos. No centro, um homem caracterizado de Xangô dança, parecendo insensível aos que o cercam. Apenas ele e uma moça dançam. Ela apresenta visíveis sinais de esgotamento. Sua roupa está rasgada, seu cabelo desgrenhado, sua face pálida. A cada momento parece que vai cair. É ainda jovem, quase uma menina. O homem dança à sua volta, como um selvagem, soltando urros. Seu rosto está desfigurado como se sofresse um ataque de apoplexia. É Jerônimo, o pai de santo. No fundo, distantes, vários assistentes que formam o coro parecem petrificados observando a cena. Os dois músicos, um depois do outro, também desistem e caem extenuados. Ao lado esquerdo, perto do barracão, Bárbara, mulher de Jerônimo, assiste impassível. A seu lado estão duas mulheres: Conceição, a mais nova, e Joana, a mais velha e mais forte. Jerônimo na sua dança aproxima-se da menina. Vai tomá-la nos braços. Bárbara intervém.

BÁRBARA — Não. Chega. (*Segura-o pelo braço. Ele cai no chão, ofegante. Bárbara faz um sinal para as duas mulheres que permanecem imóveis.*) Leva. (*Elas se aproximam da menina e levam-na para dentro do barracão. Bárbara se ajoelha e acaricia o esposo. Uma senhora idosa destaca-se dos assistentes e aproxima-se de Bárbara. Atrás dela vem um rapaz, seu filho, que fala num tom amigável.*)

MULHER — Outra vez!

BÁRBARA (*Sem compreender*) — Outra vez? (*Convicta*) Sempre!

MULHER (*Insistente*) — A senhora não deve desanimar.

BÁRBARA — Desanimar? Por quê?

MULHER (*Confusa*) — Por quê? Por... isso. (*Amável*) Eu tenho certeza que ela melhora. Isso passa. A senhora vai ver.

FILHO (*Timidamente*) — Quem sabe se levando ao médico...?

BÁRBARA (*Compreendendo*) — Ah! Vocês também não acreditam? (*Mãe e filho se entreolham rapidamente.*) (*Com decisão*) Ele é Xangô! (*Os dois recuam um pouco. Os assistentes, saindo lentamente, se aproximam do proscênio. Falam um de cada vez.*)

CORO DE ASSISTENTES

— Você viu?
— Pouca vergonha!
— Você viu o que ele fez com a menina?
— Na nossa frente!
— Um cara desses o que é que merecia?
— Cadeia!
— Coitada da menina!
— Não tem pai nem mãe...
— Não acontece nada!
— Se lhe nascer um filho, que se dane!
— Pobre de quem é só neste mundo!
— Alguém devia fazer qualquer coisa!
— Você.
— Eu não! Tenho nada com isso!
— A polícia!
— Devia fechar isso aqui!
— Prender esse cara!
— (*Explodindo*) Mania de querer ser Xangô!
— Doido, isso é o que ele é!
— Doido! Ele é doido!

Sai o coro. Nesse ínterim, as mulheres voltaram, sacudiram os músicos deitados. Estes acordaram sobressaltados e saíram, um a um. Agora carregam para dentro o próprio Jerônimo, que se deixa conduzir sem opor a menor resistência mas também sem procurar facilitar a tarefa. Bárbara fala cheia de convicção.

BÁRBARA — Foi cavalo de Xangô desde menino. Xangô sempre gostou dele. (*Lenta*) Agora resolveu ficar morando pra sempre no corpo dele. (*Recuam mãe e filho.*) (*Gritando*) Jerônimo morreu! Jerônimo é Xangô! (*Mística*) Eu sou mulher de Xangô.

MULHER (*Já distante*) — Boa noite. (*Sai.*)

FILHO (*Numa última tentativa*) — Quem sabe se... (*Diante da firmeza de Bárbara, desiste.*) Boa noite. (*Sai. As duas mulheres voltam. Não há mais o que fazer. Param diante de Bárbara.*)

BÁRBARA — Ninguém acredita.

CONCEIÇÃO (*Conciliadora*) — Deixa estar.

JOANA (*Inconformada*) — Eles pagam. (*Pausa.*) A gente devia obrigar! Todo mundo tendo que acreditar.

BÁRBARA — Não. Assim não.

JOANA — Mas se é verdade!?

CONCEIÇÃO — Eles queriam uma prova. Aí então, sim.

BÁRBARA (*Divagando*) — Uma prova...

CONCEIÇÃO — Uma cura. Uma cura que ninguém acreditasse.

BÁRBARA (*Meditando*) — Uma cura.

CONCEIÇÃO — Não se curou ninguém mais aqui desde... desde que...

JOANA — Ninguém mais teve confiança. Ninguém mais veio aqui, a não ser pra ver ele dançar... e...

BÁRBARA — Pra ver ele dançar. Depois vão embora.

CONCEIÇÃO — Era preciso uma cura.

BÁRBARA — Qualquer coisa assim. (*Tendo uma ideia.*) Essa mulher — essa que estava falando comigo —, ela tem um filho, sem ser esse. Menino ainda, de seus seis ou sete meses. Menino bonitinho, forte, cheio de vida. Nunca lhe aconteceu nada. Se ele sumisse — se sumisse uns tempos — a mãe ficava desesperada. A mãe? A família toda, a rua inteira, todo mundo que conhecesse. E todo mundo, quase, conhece. Se depois a gente descobrisse, se Xangô dissesse onde ele estava, se fossem lá e achassem o menino, então todo mundo começava a acreditar. Vinham fazer consultas. Aí então Xangô podia mostrar o que ele sabe. (*Pausa.*) (*Meditativa*) Se o menino desaparecesse... (*Para Conceição*) Teu marido pode fazer isso!

CONCEIÇÃO (*Para Joana*) — Ou o teu. Ele faz o que tu pedes. O meu me batia se eu pedisse. Me bate sempre, mesmo não pedindo nada. Quando venho aqui, quando ele sabe que eu venho aqui, me espanca. Porque disseram a ele que eu sou amante do...

BÁRBARA (*Interrompendo, áspera*) — Sei que disseram. Dizem. Mas tu não é amante dele. (*Com desprezo*) Te toma, às vezes. (*Para Joana*) Tu, então! Fala? Fala com teu marido?

CONCEIÇÃO — Ele te obedece. Também disseram a ele que tu...

BÁRBARA (*Interrompendo*) — Eu sei.

CONCEIÇÃO — Mesmo assim ele te obedece. Parece que tem medo.

JOANA — Ele tem medo! Por isso me obedece. Tem medo que eu vá embora, tem medo que... (*Enigmática*) Mas se pudesse um dia se vingar... se vingava! Me olha de um jeito, às vezes, como... como se... (*Aparecem dois homens na porta do barracão. São os dois maridos. O de Joana é tímido e retraído como Conceição e o desta é forte e voluntarioso como Joana.*)

BÁRBARA — Tu fala?

CONCEIÇÃO (*Notando-os*) — Olha. (*Elas agora reparam nos homens. Conceição refugia-se perto de Bárbara, que a desampara com o gesto.*)

BÁRBARA — Vai. (*O marido de Conceição toma-a pelo braço, violento, e saem ambos. Bárbara fica sozinha no centro do palco enquanto Joana se aproxima do seu marido.*)

MARIDO (*Consultando o relógio de pulso*) — Já acabou?

JOANA (*Sem lhe dar a mínima atenção*) — Quero que você me faça um favor.

MARIDO (*Entendendo mal*) — Não! Não! Não! Só vou m'imbora com você! Não adianta! (*Tolamente*) Esta semana você ainda não dormiu em casa! Nem um dia! Nem um dia! (*Numa transição, com ódio*) Ainda acabo matando esse Xangô! Esse teu amante!

JOANA (*Sem ouvi-lo*) — Conhece a dona Filomena? A nossa vizinha?

Aquela do lado? Conhece. Ela tem um filho, você sabe, pequenininho. Quero que você apanhe ele, ainda hoje, e esconda num lugar.

MARIDO (*Depois da surpresa*) — Você está doida?

JOANA — Me faz isso?

MARIDO — Não! (*Pausa.*) Pra que você quer o menino? Pra quê? Foi ele que mandou? Foi? Você pensa que eu recebo ordens dele? Pensa? Do teu amante? (*Sai Jerônimo do barracão, sonolento.*)

JERÔNIMO — Bárbara! Hei! Bárbara! (*Vendo Joana apoia-se nela, lubricamente.*) Onde está Bárbara?

BÁRBARA — Aqui.

JERÔNIMO (*Para Joana, abraçando-a*) — Você também. Vem. Você mesmo serve!

BÁRBARA — Ela não. Ela fica.

JERÔNIMO (*Abraçando Bárbara*) — Bárbara!

BÁRBARA (*Docilmente*) — Hein? O que é que você quer, hein? (*Ele, meio tonto, tropeça e se segura no corpo de Bárbara, sensualmente.*)

JERÔNIMO — Bárbara! Vamos lá pra dentro. Bárbara! (*Saem.*) Bárbara! (*Não se ouve mais.*)

MARIDO (*Explodindo*) — Porco! (*Com ódio*) Você mesmo serve!

JOANA (*Ardilosa*) — É por isso!

MARIDO (*Surpreendido*) — O quê?

JOANA (*Iludindo-o*) — Estou farta!

MARIDO (*Querendo acreditar*) — Mentira!

JOANA — Quero que a culpa caia nele. Depois a gente diz onde o menino está. A gente diz que viu, que foi ele. Vem a polícia e prende. Leva ele pra cadeia. Depois então eu durmo todo dia em casa. (*Convencendo-o*) Se você quiser fazer isso pra mim. Você faz?

MARIDO (*Com uma cara infantil de felicidade*) — Eu faço!

Trevas.

Longa pausa. Primeiro, num sussurro, os atabaques começam tocando. Depois vozes cantam um "ponto" de Xangô. Ilumina-se tenuemente o palco, permitindo apenas divisar os bustos nus de vários negros formados em semicírculo. Cantam. Seus braços se levantam, num lamento. Dentro do semicírculo está Jerônimo, agachado, numa pose mística. E à sua frente a mulher, numa pose suplicante. O tom das vozes que invocam Xangô decresce um pouco e Jerônimo se levanta, majestoso, com os olhos perdidos longe, parados. Sua figura domina a cena toda. Sua voz é pausada e grave.

JERÔNIMO — Foi Exu! No morro tem uma encruzilhada! (*Sacudindo-se.*) Foi Exu! Foi Exu! No alto do morro tem um buraco no chão. (*Curvando-se, como que confidencialmente*) Exu botou ele lá! Pela mão... pela mão... não posso dizer de quem. (*Lentamente*) Botou ele lá dentro do bercinho. O bercinho está todo coberto de renda. (*Possuído*) Vamo saravá, meu pai! Vamo saravá!

MULHER (*Em êxtase*) — Xangô! Xangô! Tu é Xangô! (*Ao lado desta cena agora se percebe que estão os dois maridos; o de Joana, sentado numa pedra, pensativo, angustiado; o de Conceição, de pé à sua frente, duro.*)

MARIDO DE JOANA — Foi você! Foi você!

MARIDO DE CONCEIÇÃO — Fomos nós! Fomos nós! (*Os dois estiveram e continuam alheios à cena que se passa ao lado. As vozes dos negros abafam todos os ruídos, num crescendo. Trevas. Lentamente vai morrendo o som do ponto cantado. Ilumina-se uma cena no fundo do palco: um homem deitado, com as mãos mergulhadas num buraco que está sobre uma pequena elevação do terreno. Embaixo, o filho, na expectativa e ansiedade. Circunstantes.*)

HOMEM — Estou vendo. Estou vendo o bercinho. O bercinho dele, todo rendado. (*Subitamente*) Espera!

FILHO (*Aflito*) — Ele está aí? Ele está aí?

HOMEM (*Lento*) — Está.

FILHO (*Inquieto*) — Ele não chora? Por que ele não chora?

HOMEM (*Lento*) — Porque está morto.

A cena dos dois maridos iluminada. O marido de Joana desesperado.

MARIDO DE JOANA — Pra que ele fosse o culpado... Fomos nós! Fomos nós!

MARIDO DE CONCEIÇÃO (*Calmo*) — Mas ninguém sabe.

Trevas. Mesma cena da prece de Xangô. O resto desapareceu. Em lugar de dona Filomena, seu filho.

FILHO (*De joelhos*) — Conta! Pela mão de quem? Pela mão de quem?
JERÔNIMO (*Místico*) — Foi Exu! Foi Exu!

Os pretos fecham o círculo em torno de Jerônimo e durante toda a cena seguinte seguirão cantando baixinho, bem baixo, sussurrando cânticos. Do lado direito do espectador o coro de assistentes. A menina atravessa a cena, o filho vem se juntar ao coro de assistentes.

CORO (*Agora em tom amistoso*)
— Olha a menina.
— Veio de novo.
— Xangô tá esperando.
FILHO (*Magoado*) — Ninguém se dói por ela?
CORO
— Doer por quê?
— Claro! Por quê?
— Conheço muita dona querendo estar na pele dela.
— Muita honra.
— Claro! Muita honra.
(*As vozes aumentam um pouco e depois decrescem.*)
FILHO (*Sem discutir*) — Ela não tem pai nem mãe.
(*Do lado esquerdo do espectador aparecem Bárbara e as duas mulheres.*)
JOANA (*Triste*) — Eu tive culpa. Eu disse que era pra fazer mal a ele. Eu disse que era pra Xangô ser preso. Ele acreditou e matou.
CONCEIÇÃO (*Timidamente*) — A mãe se queixou à polícia?
BÁRBARA — Por enquanto não. Mas acabam sabendo. Então vou dizer quem foi. (*Elas não têm nenhuma reação.*) Assim a gente se livra deles de uma vez.
CONCEIÇÃO — Coitados.
BÁRBARA (*Severa*) — Você tem pena?
CONCEIÇÃO (*Assustada*) — Não, não tenho.

BÁRBARA — Você prefere que Xangô seja preso? Prefere? Que vá pra cadeia?

CONCEIÇÃO (*Amedrontada*) — Não, não! É bom que diga. Assim eu me livro dele de uma vez.

(*Saem Bárbara e Joana. Conceição senta-se pensativa. Entra seu marido. Puxa-a pelo braço. Ela se levanta.*)

MARIDO — Eu não sabia que você estava aqui. Vamos! (*Ela obedece mansamente, ele repara em Jerônimo. Admira-se. Fica desapontado.*) Não lhe aconteceu nada? Ele não foi preso, nada assim?

CONCEIÇÃO (*Vagamente*) — Por quê?

MARIDO — Matou um menino.

CONCEIÇÃO (*Evitando o olhar do esposo*) — Não foi preso, não.

MARIDO (*Impaciente*) — A polícia não soube?

CONCEIÇÃO — Nem vai saber. (*Fitam-se.*) Ou vai. Vai saber quem foi... de verdade!

MARIDO — Quem foi?

CONCEIÇÃO — Você!

MARIDO (*Tomado de surpresa*) — Eu?

CONCEIÇÃO — Vão dizer que foi você. Que foi você que o matou.

MARIDO — Não fui... eu só...

CONCEIÇÃO — Teve a ideia. E obrigou...

MARIDO (*Enfurecido*) — Quem disse? Quem sabe? Quem sabe?

CONCEIÇÃO — Ninguém. Ninguém ainda. A não ser Bárbara...

MARIDO — Ela...?

CONCEIÇÃO (*Com pena*) — Prometeu contar.

MARIDO — À polícia?

CONCEIÇÃO — Foi.

(*Aparece o marido de Joana, cada vez mais abatido.*)

MARIDO — Fica. (*Ela não entende.*) (*Gritando*) Vai embora, lá pra dentro! Some! (*O marido de Joana se aproxima lentamente.*) Vem cá.

MARIDO DE JOANA (*Sofrendo*) — Eu tenho remorsos!

MARIDO DE CONCEIÇÃO (*Com asco*) — Remorsos!...

MARIDO DE JOANA (*Trêmulo*) — Ele nem chorou. Ele nem abriu os olhos. (*Pausa breve.*) Só depois de morto.

MARIDO DE CONCEIÇÃO (*Irritado*) — Cale essa boca!

MARIDO DE JOANA — Quando já não podia mais ver.

MARIDO DE CONCEIÇÃO — A polícia já sabe. Já sabe do tudo. Já encontraram o menino.

MARIDO DE JOANA (*Doloroso*) — Dentro do bercinho rendado.

MARIDO DE CONCEIÇÃO (*Sem querer ouvi-lo*) — Disseram que fomos nós.

MARIDO DE JOANA — Fomos nós.

MARIDO DE CONCEIÇÃO (*Gritando*) — Foi Xangô. (*Corrigindo*) Xangô?! Foi esse doido, Jerônimo!

MARIDO DE JOANA (*Para si mesmo*) — Eu me lembro. Ele estava dormindo. A boquinha aberta...

MARIDO DE CONCEIÇÃO (*Para si mesmo*) — É preciso contar aos outros. É preciso que todo mundo saiba que foi Xangô! (*Afasta-se em direção ao coro. A menina volta vestida para a dança. Quando passa perto do filho, ele a toma pelo braço.*)

FILHO — Eu não posso. Eu não posso ver isso. (*Suplicando*) Não vai!

CORO

— Deixa!
— Que ideia!
— Larga ela!

FILHO (*Mesmo tom de súplica*) — Volta! Volta pra casa, pra qualquer lugar. Se você não tem pra onde, vem comigo! Eu te levo! (*Aumentam as vozes.*)

MENINA (*Estupidamente*) — Eu tenho que dançar...

FILHO — Dançar?! Isso é dança?

MENINA (*Bronca*) — Eu sou cavalo de Xangô!

FILHO — Ele matou meu irmão! Ele é um assassino!

CORO

— Mentira!
— Não foi ele!
— Foi Exu!
— Ele disse!
— Ele não mata!
— Ele é Xangô!

(*As vozes chegam ao máximo sem abafar o diálogo.*)

MARIDO DE CONCEIÇÃO — Ele matou!

CORO

— Se matou ou não, ninguém sabe!

— Ninguém viu!

— Ninguém pode ter certeza!

MARIDO DE CONCEIÇÃO — Eu tenho!

CORO

— Você?

— Quem te disse?

MARIDO DE CONCEIÇÃO — Minha mulher. (*Risos.*)

CORO (*Entre risos*)

— Sabe quem é a mulher dele?

— Sei.

— Todo mundo sabe!

MARIDO DE CONCEIÇÃO — Eu sei. Eu também sei o que ela é. Amante desse Xangô. (*Solene*) Ela me disse.

FILHO — Que foi que ela disse? (*Bárbara e as mulheres escutam.*)

MARIDO DE CONCEIÇÃO — Tua mãe duvidou dele. Ele então matou-lhe o filho.

CORO

— Isso foi.

— Duvidou.

— Me lembro.

MARIDO DE CONCEIÇÃO (*Para o de Joana*) — Vem. Conta. Conta pra eles! Tua mulher também sabe. Ela também disse. O que foi que ela disse?

MARIDO DE JOANA — Estrangularam o menino. Ele estava dormindo, com boquinha aberta. Nem teve tempo de chorar.

MARIDO DE CONCEIÇÃO (*Excitado*) — Viu? Foi assim. Foi assim que Xangô matou. Com a boquinha aberta! Não foi? Não foi? Diz se não foi!

FILHO — Está vendo? Eu sabia... Não acreditei nele, nunca. Vem comigo, te levo pra casa. Eu tenho mãe. Ela vai gostar. Tenho irmãs.

MENINA (*Sempre tola*) — Eu sou cavalo.

CORO

— Vocês acham que é verdade?

— Não sei.

— É bem capaz.
— Olha Bárbara. (*Ela está se retirando.*)
— Tem andado desconfiada.
— (*Decidido*) Se foi, a gente deve tomar providências!
— Quem sabe se de fogo?
— Vamos dar parte?
— Vamos chamar a polícia?
— Vamos prender ele?
— Vamos! Vamos!

(*Um dos homens perto dos negros cantores descobre a ausência de Jerônimo.*)

CORO

— Ele não está aqui.
— Tem que estar.
— Está onde então?
— Ele fugiu! Ele fugiu!
— Vamos atrás. Vamos.
— Por aqui. Por aqui. (*Saem.*)

MARIDO DE CONCEIÇÃO — Acho que sei onde ele está. Vamos.

MARIDO DE JOANA — Não quero saber dele. De ninguém. De nada. Só queria me vingar!

MARIDO DE CONCEIÇÃO — Depois nós vamos ser presos mesmo. Eles acabam sabendo quem foi. Você quer que ele fuja? Você quer? (*Tirando do bolso um punhal e levantando-o no ar diante do fascinado marido de Joana.*) A mim ele não escapa. Vamos!

MARIDO DE JOANA (*Dócil*) — Aonde?

MARIDO DE CONCEIÇÃO — Por aqui.

(*Saem. Ficam apenas os cantores. As vozes decrescem de intensidade, decrescem e só silenciam com as trevas. Pausa. Mutação cênica. Cenário: uma árvore. Sugestão de floresta. Noite. Entra Jerônimo e logo após, Bárbara. Vêm arquejantes.*)

BÁRBARA — Volta. Volta, Xangô!

JERÔNIMO (*Voz de louco*) — Eles me pegam. Eles me matam.

BÁRBARA — Por que você fugiu? Eu ia gritar. Eu ia contar.

JERÔNIMO — Eles me matam.

BÁRBARA — Não foi você!

JERÔNIMO — Me matam. (*Cai sem forças.*) Me põem as mãos no pescoço. Eu não quero! Eu não quero!

BÁRBARA (*Acariciando-o*) — Volta.

JERÔNIMO (*Estremecendo*) — Me larga.

BÁRBARA (*Deixando-se cair também*) — Xangô! Xangô!

JERÔNIMO (*Incoerente*) — Eu tenho uma corda.

BÁRBARA (*Sonolenta*) — Uma corda pra quê?

JERÔNIMO (*Obsedado*) — Me põem as mãos no pescoço. Me matam.

BÁRBARA — Agora temos que dormir aqui. Já é noite. (*Está deitada no chão.*)

JERÔNIMO (*Trôpego*) — Árvore. Onde tem uma árvore? Ali. Ali tem uma.

BÁRBARA — Vou sentir frio. Vou sentir frio esta noite. Te encosta perto de mim. Me esquenta.

JERÔNIMO — Eu tive um sonho. Tenho medo do meu sonho. Dois olhos me perseguindo, dois olhos pequeninos me perseguindo em toda parte. Mesmo acordado. Mesmo agora. Os teus olhos. (*Encarando-a*) Os olhos deles todos são pequeninos e me perseguem. E estão fechados. (*Está de joelhos.*)

BÁRBARA — Estou com sono.

JERÔNIMO — Vai aonde eles estão. Diz que venham cá.

BÁRBARA — Vou. Vou depois.

JERÔNIMO (*Levantando-se*) — Agora. (*De pé.*) Diz a todos que venham. (*Rindo*) Quero que todo mundo veja Xangô. (*Retificando*) Xangô, não: Jerônimo. Quero que vejam Jerônimo de novo. (*Aproxima-se da árvore, estranho.*) Eu vou-me embora. (*Perto da árvore Jerônimo amarra a corda. Seus movimentos tornam-se lentos até que se detêm.*) E se fosse com veneno? (*Resoluto*) Tem que ser agora. (*Indeciso outra vez*) No meio deste mato talvez não me encontrem... (*Sacode a mulher adormecida.*) Bárbara!

BÁRBARA (*Acordando*) — Ahn!...

JERÔNIMO — Faz o que eu te disse? Jura! Jura que me faz!

BÁRBARA (*Sonolenta*) — Faço qualquer coisa...

JERÔNIMO (*Como se despedindo*) — Chama todo mundo!

BÁRBARA — Tá frio, te encosta! Te encosta!

JERÔNIMO (*Largando a mulher*) — É preciso que me encontrem... que me vejam... que acreditem... (*Hesitante*) Não devia ter vindo pra tão longe... Devia ter ficado!

BÁRBARA (*Debilmente*) — Eu tou com frio...

JERÔNIMO — Não! Eles me matavam! (*Indeciso*) E se eu...? E se me matassem... (*Desanimado*) Não... Não... Não... (*Caminhando para a árvore.*) É preciso mesmo que eu... Assim eles acreditam... (*Dá o nó.*) Assim eles acreditam... que eu fui embora! Eu vou m'imbora!

BÁRBARA (*Quase adormecida*) — Eu devia ter trazido um cobertor. (*Ele amarra a corda na árvore.*) (*Lembrando-se*) Você vai embora? Você vai pra onde? (*Ele põe a cabeça no laço. Enforca-se. Não grita: grunhe. Ela se volta, rápida.*) Ahn! (*Aproxima-se como que fascinada e com medo.*) (*Murmura*) Xangô! Xangô! (*Tocando o corpo*) Aonde você foi? Aonde que não me levou? Aonde? Aonde? Xangô? E eu? E eu? O que é que eu faço agora? (*Lembrando*) "Vai aonde eles estão. Diz que venham cá." (*Tristemente*) Xangô! Eu queria ir contigo pra onde você fosse!... (*Como se uma voz falasse pela sua boca*) "Vai aonde eles estão." (*Afasta-se.*) "Diz que venham cá." (*Sai. Trevas no palco todo com exceção da árvore onde se concentra toda a luminosidade. Pausa longa. De novo a luz se espalha pelo resto do palco. Entram os dois maridos, cansados.*)

MARIDO DE CONCEIÇÃO (*Com o punhal na mão*) — Olha. É ele. É ele sim. (*Balançando o corpo.*) Está morto! (*Contemplam.*) Está morto! E agora?

MARIDO DE JOANA — Agora já não posso me vingar.

MARIDO DE CONCEIÇÃO (*Dando-se por vingado*) — Ele está morto. Enforcou-se. (*Com um medo vago.*) Vamos embora. Vamos.

MARIDO DE JOANA — Não posso me vingar... (*Possesso*) Posso! Ainda posso! (*Toma-lhe o punhal e crava-o no peito do cadáver.*)

MARIDO DE CONCEIÇÃO (*Que em vão tentou impedi-lo*) — O que tu fez? Pra quê? Pra que se ele já estava morto?

MARIDO DE JOANA (*Com um riso de bêbado*) — Eu me vinguei! Eu pude!

MARIDO DE CONCEIÇÃO (*Assustado*) — Eles estão procurando. Eles vão nos achar. (*Astuto*) Vão saber que foi você. Foge!

MARIDO DE JOANA (*Indiferente*) — Vão saber que fomos nós! (*Pausa.*)

MARIDO DE CONCEIÇÃO — Vem, me ajuda. Vamos enterrar o corpo. (*Desata o laço e o cadáver cai.*) Vamos depressa. (*Saem com o cadáver.*)

CORO (*Fora do palco*)

— Hei! Alguém achou?

— Onde vocês estão?

(*Entra Bárbara e dois homens do coro. Parecem fatigados.*)

BÁRBARA (*Cansadíssima*) — Foi por aqui. Eu me lembro.

PRIMEIRO HOMEM — Olha.

SEGUNDO HOMEM — O quê?

PRIMEIRO — Uma corda.

SEGUNDO — Uma corda?

PRIMEIRO — Ali. Naquela árvore ali.

BÁRBARA — Foi ali! Foi ali! Eu me lembro... (*Parece adormecer. O segundo homem a sustém. Ela está sentada com a cabeça nos braços do homem.*)

PRIMEIRO — Mas ele não está. Só a corda! (*Entra o coro aos poucos.*) (*Para o coro*) Ele enforcou-se aqui, mas não está.

CORO

— Não está?

— Enforcou-se aqui?

— Enforcou-se aqui? Tem certeza?

PRIMEIRO — Nessa árvore. (*Aponta.*) Só tem a corda. Vazia!

CORO

— Não pode ser.

— Se foi aqui tem que estar.

— Não está. Essa é boa!

— Procura! Vamos procurar.

— Por perto. Tem que estar por perto.

— Vamos.

(*Entram os dois maridos. Parecem perseguir alguém.*)

MARIDO DE CONCEIÇÃO — Acharam?

CORO — Achamos a corda.

MARIDO DE CONCEIÇÃO (*Fingindo surpresa*) — Corda.

CORO

— Ele se enforcou

— Mas não está mais aqui.

— Sumiu.

— Desapareceu.

MARIDO DE CONCEIÇÃO (*Fingindo espanto*) — Não é possível. Nós ouvimos a voz dele, ainda há pouco. Viemos atrás. Viemos correndo.

CORO

— A voz dele?

MARIDO DE CONCEIÇÃO — A voz dele. Até falei pro companheiro. Não foi? Era uma voz que vinha de longe...

MARIDO DE JOANA (*Com um* humour *trágico*) — Debaixo da terra!

MARIDO DE CONCEIÇÃO (*Nervoso*) — Parecia chamando. (*Retificando*) Se despedindo!

CORO

— Era a voz dele?

— Parecida?

— Era parecida?

MARIDO DE CONCEIÇÃO — Era a voz dele.

CORO

— Debaixo da terra?

— Vinha debaixo da terra?

— Te disse.

— Tu disse que vinha...

MARIDO DE JOANA (*Assentindo*) — Debaixo da terra!

CORO

— O que foi que ele disse?

— O que foi? O que foi?

MARIDO DE CONCEIÇÃO (*Confuso*) — O que foi...? O que foi que ele disse...? Ele disse... Ele disse assim, assim: "Eu sou Xangô! Eu sou Xangô! Jerônimo está morto!". Foi assim que ele disse! Foi assim!

MARIDO DE JOANA (*Sem que os outros ouçam*) — Está. Está morto... com uma faca no peito!

CORO

— Vocês acreditam?

— É meio difícil.

— Mas ele sumiu!

— Desapareceu!
— Será que pode?
— Poder acho que sim... Senão o corpo aparecia.
— A gente deve procurar.
— Hoje pra mim chega. Ele que se arrume.
(*Ouve-se um trovão e um relâmpago. Ilumina-se o palco.*)
— (*Com medo*) É Xangô!
— Deixa de ser bobo! (*Trovão.*)
— Bobo por quê?
— Xangô é deus do raio!
— E da chuva! Da chuva também!
— Do trovão e do raio!
— Ele estava entre nós.
— Meu Deus, que frio!
— Tempo tão bonito fez hoje de manhã!
— Ele estava entre nós e foi embora.
— Podia se pedir tudo.
— Ele disse onde estava o menino.
— Disse e acertou.
— Agora foi embora.
— Por nossa causa.
— Eu bem que não queria.
— Eu bem que estava ao lado dele.
— Por nossa causa. Por nossa culpa!
— Minha não! Tenho lá nada com isso!
— Xangô fugiu!
— Foi embora!
— Por causa de quem?
— Nossa!
— Deles! Por causa deles!
— (*Acusando de frente*) Por causa de vocês!
— Foram vocês!
— Podia-se falar com Xangô!
— Ele estava entre nós!
— Agora foi embora!
— Por causa de vocês!

— Meu Deus! Que tempo!
— Hoje de manhã eu fui até a praia! Agora é isso!
— (*À parte*) Você acha? Você acredita?
— Não sei. Não sei. Aí vem chuva. Vem chuva da grossa.
— No meio desse mato estamos perdidos.
— Vem chuva! Vem chuva! Vem chuva das grossas!
(*De frente, segurando o marido de Conceição pela camisa.*)
— Por causa de vocês!
— Duvidamos por causa de vocês!
— Você contou mentira!
— Calúnias!
— Por que ele tomava sua mulher!
— Foi despeito! (*Na cara*) Despeitado!
— Foi ciúme! (*Na cara*) Assassino!
— Você matou! Você matou, merece a morte!
— (*À parte*) Que tempo! Que tempo! Meu Deus! Que tempo!

MARIDO DE CONCEIÇÃO (*Apavorado*) — Eu só, não. Não fui eu só! Ele também!

MARIDO DE JOANA (*De acordo*) — Eu também!

MARIDO DE CONCEIÇÃO — Porque era amante da mulher dele! Foi ele quem matou o menino. Foi ele! Foi ele!

MARIDO DE JOANA (*Inteiramente de acordo*) — Fui eu! (*Silêncio.*) Fui eu que matei! Matei estrangulando, assim! (*Gesto.*) (*Doloroso*) Ele nem abriu os olhos! Ele nem chorou, nem disse "ai"! Como se estivesse concordando em morrer, como se estivesse achando tudo muito certo! Eu quero morrer com ele! Quero que me matem, que me estrangulem assim, de olhos fechados! Só quero isso! Só peço isso! Não peço mais nada! (*Silêncio. O filho destaca-se do coro e se aproxima. Ele se ajoelha e o filho aperta o seu pescoço. O coro cerca os dois executando ao mesmo tempo mímica de horror. Pausa. Os personagens do coro, juntos e lentamente, fitam o marido de Conceição.*)

MARIDO DE CONCEIÇÃO (*Aterrorizado*) — Não! (*O filho caminha calmamente para ele.*) Não! (*Fugindo.*) Não! (*É perseguido. Pausa. Ruído de luta. Gritos do marido de Conceição. Voltam o filho e os homens que o acompanharam.*)

CORO

— Acabou!
— Foi castigado!
— Teve o castigo que merecia!
— Acabou!

BÁRBARA (*No seu sonho*) — Xangô! Xangô!

CORO

— Não há de ser nada!
— Tinha que ser!
— Todo mundo um dia morre!
— Deixa! Ela está dormindo! (*Falam perto de Bárbara.*) (*À parte*) Você acredita mesmo? É uma coisa que não me entra!
— Acredita o quê?
— Qu'ele era Xangô?
— Xangô manda no raio. (*Relâmpagos completam seu pensamento.*)
— E no trovão e nas chuvas!
— (*Descrente*) Um homem como outro qualquer.
— Ele era Xangô! Ele pode castigar! Pode te castigar!
— Sou como São Tomé! (*Os trovões e raios redobram de intensidade. Reúnem-se todos no centro do palco.*)
— Duvidaram outra vez!
— E agora? No meio desse mato o que é que a gente vai fazer?
— Vamos rezar! Vamos orar a Xangô!
— Fez sol hoje de manhã! (*Iniciam juntos uma oração a Xangô. O tempo piora.*)
— E vem chuva! E vem chuva!
— Eu vou é dar o fora!
— A gente se perde no meio desse mato!
— Melhor do que morrer aqui! (*Falam aos gritos.*)
— Vou dar o fora!
— Eu também!
— E eu!
— Vamos!
— Quem leva dona Bárbara?
— Traz. Traz ela você!

— (*Gritando*) Maldito o que duvidou de Xangô!
— (*Vários*) Maldito! Maldito!

Saem todos. Fica apenas o corpo do marido de Joana, inerte, à chuva que se aproxima, ao vento. E a corda sozinha balançando na árvore.

O cavalo e o santo[1]

Drama em cinco fragmentos

[1] Estreia no Marlin Theatre de Nova York, com um grupo amador e a atriz profissional Gertrude Mae Hill — a documentação do arquivo Augusto Boal não permite precisar a data dessa montagem americana. Apresentada como parte da programação do *I Festival Paulista do Teatro Amador* em 17 de novembro de 1954 no Teatro Colombo em São Paulo. Datiloscrito do Fundo Miroel Silveira no Arquivo Público do Estado de São Paulo, submetido em 4 de novembro de 1954 por Geraldo Campos de Oliveira, diretor da montagem, à Divisão de Obras Públicas da Secretaria de Segurança Pública. Como principais atores, são relacionados Maria José dos Santos, Áurea Maria Campos de Oliveira, Raul Silva Martins, Hevelson de Oliveira, Maria José Ferraz e Auta Ribeiro. Liberada para encenação em 13 de novembro de 1954, com impropriedade até 14 anos de idade e cortes da censura nos trechos aqui indicados entre colchetes. (N. da E.)

the H O R S E A N D T H E S A I N T

one-act negro play

****

*

CHARACTERS :

JORGE

MARINA

MOM

DIDI

SEVERINO

the action takes places in BRAZIL .

A really poor home which is not a house
but a little more than a hut .

There is a table, only one chair and this
one is very old . There are two boxes made of
out of wood ; those boxes are used as chairs.
There is a cabinet to keep glasses . But
unfortunately there is no glass to keep.
Two doors; one window .
Misery .

* * * * * * *

Personagens

Mãe, preta velha
Marina, a filha
Jorge, o irmão
Severino, macumbeiro
Dudu, criada
Médium, macumbeira

Primeiro fragmento

Marina só, lendo um romance, sentada. Usa um turbante quase ridículo.

MÃE (*De dentro*) — Marina, você não vem? (*Gesto impaciente, marca o livro, fecha-o e põe em qualquer lugar. Entra a mãe trazendo quatro pratos e uma toalha. Tem qualquer coisa de ridículo, mas humana, nas atitudes.*) (*Repreensiva*) Marina, você não me ajuda? Sozinha assim eu não posso. (*Desanimada*) Me põe essa toalha, Marina. Eu já não pedi?

MARINA (*Bocejando*) — Uhm!... Estou com sono...

MÃE (*Dando-lhe os pratos*) — Toma. Faz pelo menos isso. (*Estende a toalha.*)

MARINA — Pra que tanto prato?

MÃE (*Tímida*) — Hoje tem visita.

MARINA (*Ríspida*) — Quem?

MÃE (*Lacônica*) — Amigo do Jorge.

MARINA (*Estranhamente excitada*) — E vem assim, sem mais nem menos... não avisa nem nada...

MÃE (*Servil*) — Jorge me avisou. (*Apanha os pratos.*)

MARINA (*Retendo o último prato*) — Eu não janto.

MÃE (*Dolorosa*) — Marina!

MARINA (*Explodindo*) — É isso mesmo! Não janto! Já disse! (*Furiosa*) Que se dane!

MÃE (*Meiga*) — Marina! Escuta... Você não pode...

MARINA — Por quê? Por que eu não posso?

MÃE (*Desorientada*) — Se foi por sua causa...

MARINA (*Interessada*) — Ah!

MÃE (*Consertando*) — Quer dizer, nossa; vem, pra conhecer a família; naturalmente...

MARINA (*Que não ouviu*) — Por minha causa por quê?

MÃE — Nossa, Marina, nossa.

MARINA — Jorge nunca trouxe amigos. O que é que esse vem fazer agora?

MÃE — Ora, Marina, sei lá. (*Vaga*) Visitar...

MARINA (*Insistente*) — Só? Só isso? Hein?

MÃE (*Descontrolada*) — Você quer que eu diga, não quer?

MARINA — Diz logo.

MÃE (*Perdendo a coragem*) — É que... Jorge...

MARINA — Jorge que é que tem?

MÃE (*De um jato*) — Ele... ele acha que você não está muito boa não. (*Pausa.*) É isso.

MARINA — Me acha doida?

MÃE (*Com remorso*) — Não! (*Lenta*) Acha que você tem estado um pouco nervosa... Só isso... Um pouco nervosa... demais.

MARINA — Pensa que eu estou maluca.

MÃE (*Arrependida*) — Marina! Que ideia! Ele só quer que você conheça gente diferente. Você quase não vê ninguém, não conversa... A não ser essa sua amiga Dudu, quem mais você conhece? E não é só isso, Marina. Você quase não sai de casa. Afinal você já não é mais uma criança. Você já tem idade, Marina, e, pensando bem... (*Marina levanta os olhos.*) Pensando bem... já podia estar casada...

MARINA — E esse amigo...?

MÃE — Não sei, não. Não estou dizendo isso. Mas... quem sabe? Pode ser que tenha visto você da janela, que tenha gostado...

MARINA (*Incrédula*) — De mim?

MÃE (*Amável*) — Pode ser. (*Pausa.*) Se chama Severino. Você conhece?

MARINA (*Distante*) — Não...

MÃE — Sujeito importante. (*Feliz*) Diz Jorge que tem uma porção de casas... terreiros...

MARINA (*Espantada*) — De macumba?

MÃE (*Sem jeito*) — É...

MARINA — Ele... é essa coisa... pai de santo?

MÃE (*Evasiva*) — Parece...

MARINA (*Com um ríctus*) — Pode ter gostado... (*Com raiva*) Pai de santo! Jorge acha que foi "coisa" que me fizeram! Não é isso? Não? Diz se não é verdade!

MÃE (*Sucumbida*) — É. Ele acha!

MARINA (*Tomada de surpresa*) — Mas eu pareço maluca, pareço? Eu faço coisa de maluca, faço?

MÃE — Faz, Marina, faz. (*Ela se deixa cair numa cadeira, sem forças.*) (*Com piedade*) Mas só às vezes... só uma vez ou outra. (*Exaltada*) O seu cabelo, por exemplo. Queimou assim por quê? Você quis que ficasse loiro como o das brancas. Mas você é preta, Marina, preta como eu, como tua mãe, Marina! Isso não é vergonha! (*Excitada*) Isso é de doida, Marina, isso é de doida! (*Marina, silenciosa, vai até a mesa e depõe o último prato.*) Desculpe. Só disse isso pro seu bem, minha filha! Desculpe! (*Ruído na porta. Agitação. Entra Jorge. Só.*)

JORGE — Que é que houve?

MÃE (*Disfarçando*) — Nada. (*Pausa breve.*) Ele não veio?

JORGE — Vem já. Ficou de passar em casa. (*Senta-se, desdobra um jornal e começa a ler.*) Marina já sabe?

MÃE — Já.

JORGE (*Com admiração*) — Pois é, um grande cara!

MARINA (*Simples*) — Você acha que ele me cura? (*Jorge levanta os olhos surpreso. Depois fita a mãe contrariado. Ela tem um gesto de culpa e se retira.*) (*Pausa.*)

JORGE — Não sei... Às vezes pode até nem ser nada...

MARINA — Alguma coisa tem que ser...

JORGE — Aí eu garanto. Se foi "coisa" que fizeram, ponho a minha mão no fogo: ele te cura. (*Marina sente os olhos úmidos.*) Você não vai chorar, vai?

MARINA — Não, não vou.

JORGE (*Justificando-se*) — Você me compreende? Assim não é possível. Você tem coisas de crianças, coisas que ninguém entende... Por exemplo...

MARINA — Já sei: o cabelo.

JORGE — E não é só. O seu gênio, Marina... é preciso dar um jeito. Você parece... parece... selvagem! Não é sempre, eu sei, mas às vezes você fica. Ninguém te aguenta! Essa sua amiga Dudu, quantas ela não atura!

MARINA (*Dura*) — Dudu não tem vergonha. Eu sei o que ela quer... Vem aqui por sua causa...

JORGE (*Interessado*) — Por mim? (*Dando de ombros*) Uhm! Deixa disso. (*Distante*) Mas o que interessa não é isso. É que...

MARINA — Você estava falando do Severino.

JORGE — Pois é, macumba é coisa em que pouca gente acredita — você mesma — mas é negócio que dá certo.

MARINA — Isso você acha agora. Antigamente você dizia que macumba era coisa de preto.

JORGE — Eu sou preto. E você também.

MARINA — E Severino?

JORGE — É branco. Mas se interessa. É um cara que dá duro o dia inteiro. É rico, nem precisava. Mas trabalha como ele só. É um exemplo.

MARINA (*Sorrindo*) — Pensei que você quisesse me casar com ele.

JORGE — Não faltava mais nada. (*Riem.*) Vem só pra conhecer você, saber como é que você está. Ele é capaz de achar melhor você assistir umas sessões. (*Ela vai protestar.*) Marina, é pro seu bem. Ou, pelo menos, mal não pode fazer nenhum. Não custa nada. Também não sei se ele vai querer. É só uma ideia minha. Só acho isso: o que ele resolver é bom a gente fazer logo. O homem está do nosso lado, Marina. A gente deve ir aproveitando o interesse dele. Não custa nada. Então, você topa?

MARINA — Você resolve tudo por mim e pergunta se eu topo. (*Recriminando-o*) E ainda por cima me chama de selvagem. (*Batem à porta. Jorge levanta-se. Marina tenta retirar-se.*)

JORGE — Fica.

MARINA (*Nervosa*) — Eu volto depois. (*Sai.*) (*Jorge abre a porta e entra Severino. Tipo sofisticado que não deve inspirar muita confiança. Baixo, vestido de branco.*)

SEVERINO — Demorei muito?

JORGE (*Que adotará sempre um tom servil*) — Que nada. Chegou bem na hora.

SEVERINO (*Procurando*) — E... a sua irmã?

JORGE — Está se arrumando. Mamãe vem já também. (*Pausa breve.*)

SEVERINO — Pois é, pois é! Um caso sério. Se é como você diz... (*Balança a cabeça.*) Posso sentar?

JORGE — Claro. (*Sentam-se.*)

SEVERINO — A gente precisa agir rapidamente. Não se pode facilitar muito não. (*Pausa.*) Ela já sabe quem eu sou?

JORGE — Já.

SEVERINO — Não devia, mas em todo caso... Você disse o quê?

JORGE (*Confuso*) — Elogiei, não é? Disse que talvez fosse preciso assistir uma sessões. Disse por dizer, isso é lá com o senhor.

SEVERINO (*Raciocinando*) — Sessões... Bem, não sei... Acho que não... É meio difícil...

JORGE — O senhor é quem sabe.

SEVERINO (*Satisfeito*) — É, fez bem, fez bem! E ela?

JORGE — Ela está compreensiva.

SEVERINO — Ótimo! Assim é que é bom. (*Pausa.*) Escuta: que idade ela tem?

JORGE — Vai pra 29.

SEVERINO — Isso influi. Idade tem muita influência. Olha aqui: ela namora? Nunca teve um namorado?

JORGE (*Indeciso*) — Não sei... Que eu saiba não...

SEVERINO — Não tem ninguém assim... que se interesse por ela?

JORGE — Tem. Tem eu, minha mãe... a família.

SEVERINO — Eu digo, mais ninguém?

JORGE — Não. (*Pausa.*) Mas se é por causa do dinheiro o senhor pode ficar descansado. Eu...

SEVERINO — Não. Não. (*Outra atitude*) Bem, quer dizer... Em todo caso... Me parece que não vai sair tão caro assim... É capaz de demorar, isso é. O problema é insistir, insistir bastante, e ter paciência. O resto vai fácil.

JORGE — Não seja por isso.

SEVERINO — Que nada. Um caso assim, até de graça eu me oferecia. É um dever. Moça como ela, estragando a juventude sem mais nem menos... Aliás, eu acho... (*Entra Marina, tímida.*)

JORGE — Minha irmã. "Seu" Severino.

SEVERINO — Encantado. (*Marina luta contra o nervosismo mas não responde.*) (*Pausa embaraçosa.*) Pois é. Tempo horrível que tem feito.

JORGE — É mesmo.

SEVERINO — E você, Marina, que é que acha?

MARINA (*Nervosa*) — Acho que sim.

SEVERINO — Às vezes chove, no mesmo dia faz um sol de rachar... Um horror... (*Autoritário, para Jorge*) Me deixa só com ela. (*Jorge afasta-se para sair.*)

MARINA — Jorge! (*Ele para e volta-se por um momento. Sai.*)

SEVERINO — Pois é... (*Senta-se.*) Sei de uma porção de casos de gente sofrendo dos nervos. Isso hoje em dia é tão comum! (*Num tom doutoral*) Pra mim é a guerra. (*Pedante*) A situação internacional... assim... meio instável, isso não pode fazer bem a ninguém não... Aliás, eu soube de um caso, uma senhora fina, de sociedade, distinta, distintíssima. Pois você não queira saber. Quando tinha crises a mulher fazia o diabo em casa. Era por demais. Não tinha médico que desse jeito. Eu me dava muito com a família, sabe? O marido dela andou pedindo que eu me interessasse e coisa... Pois se curou. (*Em segredo*) Sabe de uma coisa? A dona era cavalo.

MARINA (*Admirada*) — Cavalo?

SEVERINO — Sim, cavalo.

MARINA — Mas como?

SEVERINO — Você não sabe? Cavalo é o seguinte: quando o santo vai baixar precisa de ter alguém no terreiro para falar por ele, não é? Então escolhe uma pessoa e pronto: essa pessoa fica sendo o cavalo. É mais ou menos isso, pra você ter uma ideia. Quase sempre ela escolhe mulher.

MARINA — Mas é obrigado?

SEVERINO (*Sempre indeciso*) — O quê? A ser mulher? Não, obrigado eu acho que não, não. Mas em geral é assim, sabe? Já é praxe.

MARINA (*Interessada*) — E depois?

SEVERINO — Depois? Bem, depois, nas festas — quer dizer, macumba —, quando o santo quer falar com alguém, baixa nos cavalos. É assim que eles falam.

MARINA — E ela era cavalo?

SEVERINO — Pois é. Os médicos todos falando em doenças dos nervos, sistema nervoso e não sei mais o quê, e quando acaba, uma coisa tão simples.

MARINA — E qual é a vantagem?

SEVERINO (*Desnorteado*) — Vantagem? Ora essa! Vantagem tem muita. A pessoa não sente mais nada, não tem crises. A não ser nas festas, quando baixa o santo.

MARINA (*Insistente*) — Mas o que é que ela lucra?

SEVERINO — Lucra isso, não é?

MARINA — Mas ele não fica gostando mais da mulher que é cavalo do que das outras?

SEVERINO — Quem? O santo? Bem... Claro, não é? Isso é lógico.

MARINA — E atende pedidos?

SEVERINO — Depende muito também da força de vontade... Com força de vontade o cavalo faz o que quer...

MARINA — O senhor acha que eu sou cavalo?

SEVERINO (*Perto dela*) — Pode me chamar de "você".

MARINA — Acha?

SEVERINO (*Indeciso*) — Eu penso que... (*Firme*) Acho. Acho, sim.

MARINA — Mas como é que se pode ter certeza?

SEVERINO — Você tem que ser preparada primeiro. Olha, você vai lá em casa um dia... Se quiser pode levar seu irmão. Você vai lá, fica conhecendo umas donas que já foram iniciadas, é muito mais fácil pra você. Agora, tem uma coisa: difícil é. Não é para qualquer um, não.

MARINA — Demora muito?

SEVERINO — Depende. Depende tudo da força de vontade. É preciso que você queira.

MARINA — Eu quero!

SEVERINO — Então? Você vai lá em casa? Você precisa conhecer aquelas donas que eu falei. Elas te ensinam uma porção de coisas. Hein? (*Tentando abraçá-la num gesto apenas esboçado.*) Você está disposta [a tudo? A tudo]?

MARINA [(*Afastando-se sem contrariedade e como se estivesse acordando*) — Não... (*Baixo*) A tudo não...] (*Perto da porta*) Jorge!

Jorge! (*Entram Jorge e a mãe.*) (*Depois de uma pausa, desajeitada*) O jantar está pronto?

MÃE — Quase, minha filha, quase.

JORGE (*Perto de Severino, baixo*) — Então?

SEVERINO (*Um pouco contrariado*) — Não vai ser fácil não, como eu pensava. Mas com o tempo... (*Seguro*) Com o tempo e paciência... principalmente paciência... Vamos ver...

JORGE (*Apresentando*) — Minha mãe.

SEVERINO (*Curvando-se exageradamente*) — Muito prazer, minha senhora.

Segundo fragmento

Mesmo cenário. Em cena Jorge e a mãe, com um vestido novo, um pouco fora de moda. Dias depois.

JORGE (*Excitado*) — Mas por que isso tudo?

MÃE — Você não sabe? É que... é que ele prometeu vir hoje... Vem visitar Marina.

JORGE — Ele, quem?

MÃE — Ele... Severino.

JORGE (*Entredentes*) — Macumbeiro dos diabos!

MÃE (*Perplexa*) — Jorge! Você dizendo isso?! Mas se foi você mesmo que...

JORGE — Fui! Eu sei que fui eu! Só faço besteira nessa vida!

MÃE — Jorge! O que é que você tem? (*Noutro tom*) Ou ele... O que é que você soube?

JORGE — Nada! Não soube de nada! Só soube que esse Severino, esse macumbeiro, é um canalha!

MARINA (*De dentro*) — Mamãe!

MÃE — Jorge! Que foi que ele fez?

MARINA — Mamãe, vem aqui correndo. Um instantinho só. Depressa! Depressa! (*Pausa. A mãe acaba saindo.*)

MÃE (*De dentro, espantada*) — Marina! Você está doida? (*Entra Marina e a mãe logo atrás. Marina está escandalosamente pintada, turbante vermelho, batom e rouge em exagero. Jorge está paralisado.*)

MARINA (*Tentando um tom "vamp"*) — Estou bonita? (*Ele não responde.*) Sabe quem vem hoje aí? Aquele seu amigo...

JORGE — Onde é que você arranjou isso?

MARINA — Comprei, ora essa!

JORGE (*Agressivo*) — Sabe o que é que você está parecendo, sabe? (*Cheirando-a*) Você está fedendo, Marina.

MARINA (*Indignada*) — É perfume! (*Noutro tom*) Até que foi bem caro.

JORGE (*Com piedade*) — Marina... Afinal, eu nem posso falar; fui eu que tive a culpa...

MARINA — Você deu sorte. (*Evocativa*) Da última vez, você nem imagina, ele falando todo sem jeito de um amigo que se casou, de outro amigo que também se casou... todo sem jeito... você nem imagina... Jorge, ele me ama! Sabe? Eu acho que ele...

JORGE — Marina! Fui eu que trouxe ele aqui... não estou reclamando nada de você... Mas eu não conhecia ele direito... (*Veemente*) Ele não presta, Marina, ele não vale nada!

MARINA (*Decidida*) — Eu gosto dele!

JORGE — Gosta porque não conhece. Eu sei. Ele é um cara que impressiona, mete vista. Eu também gostava. Ninguém falou melhor dele do que eu. Mas depois, Marina, eu soube coisas.

MARINA (*Inflexível*) — Eu gosto.

JORGE (*Irritado*) — Com você só mesmo a gente dizendo tudo de uma vez! Escuta uma coisa: o que que é que você pensa que ele quer de você, hein? Casar? Hein? Não seja boba, Marina. Me contaram a vida dele toda. Já esteve preso uma porção de vezes. Sempre pelo mesmo motivo. Ele é um cara sujo. (*Forte*) Por sedução, Marina. [De menores.] Você era a primeira dona, mulher assim, que ia cair na conversa dele. (*Descontrolado*) Isso é para você ter vergonha. (*Sarcástico*) Pensou que ele te achasse bonita. Uma "miss" qualquer coisa. Foi isso, não foi?

MARINA (*Simples*) — E daí?

JORGE — Daí o quê?

MARINA — O que interessa?

JORGE — Ah! Não interessa nada, não?

MARINA — Não.

JORGE (*Sem apoio*) — Está ouvindo, mamãe?

MÃE (*Baixinho*) — Estou. Estou ouvindo.

JORGE — E não é só isso... (*Confuso*) É que... é que... ele é assim, mas não é por prazer... (*Gritando*) É a profissão, Marina! Ele vive disso! Ainda se fosse pra ele, está bem. Não devia, mas vá lá... Ainda passa. Mas viver disso?!

MARINA — Acho melhor você ir mudar de roupa.

JORGE — Escuta, Marina. Você acha que eu vou deixar ele entrar aqui? Você está pensando isso, está?

MARINA (*Segura*) — Claro! Eu convidei.

JORGE — Isso tudo que eu contei, você pensa que é mentira?

MARINA — Isso não tem importância.

MÃE (*Grave*) — Marina! Você... você gosta dele?

MARINA (*Quase patética*) — Eu amo Severino.

JORGE — Mesmo sabendo o que ele quer de você? (*Explodindo*) [Dar pros outros, Marina!] É isso que ele quer (*Marina sorri*). Marina, você quer ser uma (*Descontrolando-se estala uma bofetada no rosto da irmã. Ela dá um grito. A mãe não tem tempo de intervir. Jorge recua e a sua atitude muda bruscamente.*) Marina! Desculpe. Desculpe. Foi sem querer. Pode se pintar à vontade. Eu não tenho nada com isso. Desculpe. (*Marina, que o fitava com ódio, agora o fita quase com ternura. Ele não compreende essa mudança.*) Marina!

MARINA (*Sorrindo*) — Não tem importância. Eu fui boba mesmo. (*Com as mãos tenta tirar a pintura que se espalha pelo seu rosto todo. O turbante está caído sobre os ombros. A sua figura neste momento é grotesca.*)

Terceiro fragmento

Mesmo cenário. Dudu e Marina.

DUDU (*Exagerada*) — Aí eu cheguei perto dela e perguntei: "Vendo o destino, madame?". Ela nem me respondeu. Então eu disse assim: "Aposto como eu sei de quem é. Daquele rapaz...". Ela estava concentrada, acho que nem me ouviu. Mas eu, que não sou boba, cheguei pro lado dela e tornei a perguntar: "Qual é o destino dele, madame?". Aí ela se levantou com uma cara assim, meio esquisita de não sei o quê, deu um risinho, virou-se pra mim e disse... imagina o quê, menina? (*Imitando*) "O destino dele é aquela cama ali!" Agora você veja, dizer isso pra mim. Em que situação que eu não fiquei!

MARINA (*Tentando indiferença*) — Ela podia estar pensando noutra pessoa.

DUDU — Outra pessoa... Eu não me engano assim não. Era dele, era do Jorge que ela estava falando. Ainda se fosse só por isso... Mas não. Ela me pergunta sempre como é que ele vai. Sabe que eu me dou com vocês. E como ela pergunta! Se desmancha toda, minha filha. Imagine! Até os clientes reparam! Então às vezes ela tem crises, fica nervosa, é um inferno. Tudo por causa dele.

MARINA — Clientes?

DUDU — Ela é médium.

MARINA — E você?

DUDU — Eu? Eu não. Eu só ajudo. Madame tem uma confiança em mim!... Eu sou o braço direito dela. Paga mal, isso também eu reconheço. Mas tem uma confiança que dá gosto... Do Jorge ela vem me contar tudo o que se passa. Eu fico até envergonhada, minha filha. Não por ele, que homem é assim mesmo, mas por você...

Me conta cada coisa... Um conselho eu dou a você: trate de convencer o Jorge porque madame não é boa pessoa não.

MARINA (*Com raiva*) — Você deu em cima dele, ele nunca te ligou... Agora fica inventando.

DUDU — Inventando? Eu, minha filha? Você me acha o quê?

MARINA (*Sem gestos*) — Uma ordinária! Dá o fora! E já!

DUDU — Por esta luz que me alumia! Juro que, se eu estiver mentindo, quero ver a minha mãe morta. (*Marina se abranda.*) (*De novo num tom confiante*) Ora, minha filha, então você pensa que o Jorge nunca... [Homem nessa idade] pode ser o melhor do mundo! Até se você quiser posso fazer uma coisa: um dia você aparece por lá, feito quem vai fazer uma consulta... Taí, pronto! Aí você pode ver, minha filha. Se você não se convencer então, eu desisto. Combinado? Eu tenho que ir andando porque madame se irrita quando eu chego tarde. É muito boazinha, mas chegando a hora e eu não estando lá... nem sei. (*Ruído na porta.*) Vai ver que é ele. (*Entra Jorge. Dudu fica "vamp".*) Alô, como vai? Não me viu ainda?

JORGE (*Indiferente*) — Alô. (*Atravessa a sala.*)

DUDU — Bem, Marina, então até logo, ouviu? (*Beija-a nas faces. Marina se contraria.*) Até logo, Jorge. (*Ele responde com um gesto.*) Ah! Sabe quem perguntou por você? Madame.

JORGE (*Aborrecido*) — Lembranças. (*Ela faz um gesto cômico de desprezo.*)

DUDU — Sua mãe está lá dentro? (*Chamando*) Dona... (*Aparece a mãe na porta.*) Eu já vou embora, sabe? Boa noite.

MÃE — Boa noite. (*Dudu sai.*) Marina, o jantar já está pronto. Vê se me ajuda a pôr a mesa. (*Sai.*)

MARINA — Você se dá com essa madame?

JORGE (*Incomodado*) — Me dou não: conheço.

MARINA — De onde?

JORGE (*Evasivo*) — Me apresentaram.

MARINA — Sabe que ela é médium?

JORGE — Sei...

MARINA — Você também anda metido nisso agora?

JORGE — Tem nada de mais.

MARINA — Ninguém está dizendo... só que... Como se muda!

JORGE (*Seco*) — A gente evolui.

MARINA — Sabe de uma coisa? Isso tudo é besteira!

JORGE — Besteira? Eu também achava, também não acreditava muito não. Um dia eu assisti uma sessão e ela me disse cada coisa, Marina, qu'eu fiquei besta!

MARINA — Disse o quê?

JORGE — Tudo. Contou meu passado, meu futuro...

MARINA — Teu futuro também?

JORGE — Tudo.

MARINA — Sabe o que a Dudu esteve me dizendo? (*Pausa.*) Que a madame é tua amante!

JORGE (*Surpreso*) — Madame? Era o que faltava... (*Pausa.*) (*Sorrindo*) Dudu disse isso? (*Apreensivo*) Mas você não acreditou, é claro?

MARINA — Quis dar na cara dela.

JORGE — Só por isso?

MARINA (*Com severidade inesperada*) — Só! Só por isso. E não sei por que não dei.

JORGE (*Esboça um gesto de protesto mas desiste*) — O jantar...

MARINA — Madame dá consultas a qualquer um?

JORGE — Por quê? Você...?

MARINA — Quero. Qualquer dia desses...

JORGE — Claro. É só marcar a hora. Com bastante antecedência porque ela tem muitos clientes. Se você quiser eu marco.

MÃE (*Aparecendo na porta*) — Marina! (*Desanimada*) Pelo amor de Deus, Marina. Sozinha eu não posso...

Quarto fragmento

Casa da Médium. Jorge só, sentado. Entra Dudu, cautelosamente.

DUDU — Psiu! A madame não está? Que bom! Assim eu posso descansar um pouquinho.

JORGE — Foi bom eu encontrar você aqui. Escuta uma coisa: o que é que você andou dizendo à minha irmã, hein?

DUDU (*Admirada*) — Eu? Não disse nada!

JORGE — Essa história de amante. Quem é que é amante da madame, hein?

DUDU (*Mesmo tom*) — Vem perguntar a mim?

JORGE (*Indignado*) — Você disse que sou eu!

DUDU — Eu? Eu ia dizer uma coisa dessas?! Logo de quem! De você, Jorge! Te conheço tão bem...

JORGE — Não, não vem com essa não. Você disse mesmo. E vai ter que repetir aqui na frente dela.

DUDU (*Apavorada*) — Não! Eu só disse uma coisa. Disse e repito em qualquer lugar: (*lenta*) a madame anda de banda pro teu lado.

JORGE — Você diz isso na frente dela?

DUDU — Bem... Ela me punha na rua, não é? Mas se você quiser eu digo. (*Dominando*) Você não tinha reparado ainda não? Puxa, meu filho, é uma coisa como eu nunca vi! (*Fitando-o de alto a baixo*) Também... não é pra menos...

JORGE — Você acha, é?

DUDU — O que eu acho é que você está bobeando muito.

JORGE — Bobeando como?

DUDU — Ora, uma dona como ela ganhando dinheiro que Deus me livre, te dá uma bola dessas e... (*"Vamp"*). A não ser que você esteja achando ela muito velha... (*Suspirando*) Ah! Não sei não... Isso quem resolve é você...

JORGE — Você está sonhando, não está não?

DUDU — Ah! Se você conhecesse a madame como eu conheço...

MÉDIUM (*Entrando*) — Lá dentro a cozinha está uma imundície, os pratos amontoados, o chão sujo, e você aqui dentro sem fazer nada, conversando... é pra isso que eu te pago ordenado? Pra ter eu mesma que fazer o serviço?

DUDU — Já vou, madame, já vou. Estive aqui um instantinho só. (*Sai.*)

MÉDIUM — Essas empregadinhas de hoje não fazem nada, não trabalham e só falta tirarem a pele da gente. Pago um absurdo pra ela não fazer nada. (*Pausa.*) Então?

JORGE — É que a minha irmã...

MÉDIUM (*Lendo uma revista*) — De novo?

JORGE — É... Ela queria marcar uma consulta...

MÉDIUM (*Aborrecida*) — Ela vive tão complicada que achava melhor levar a um médico.

JORGE (*Espantado*) — Médico?

DUDU (*De dentro*) — Madame! Madame!

MÉDIUM (*Explodindo*) — Me põe maluca essa pequena! Me põe maluca! (*Indo ver.*) O que é que você quer, diabo? (*Sai por um momento.*) (*Voltando e falando para dentro, mal-humorada*) Faz como você quiser! Não me amola! (*Para Jorge*) Não mexe uma palha sem me perguntar onde é que vai pôr! É um inferno!

JORGE (*Timidamente*) — Ela está cada vez mais magra...

MÉDIUM — Do que ela precisa eu sei do que é. (*Decidida*) Precisa de homem! É disso que ela precisa! (*Ele se levanta.*) [E não é só ela não. Todas! Todas precisam! (*Tenta ler*).]

JORGE — Bem... acho que vou-me embora.

MÉDIUM (*Sempre contrariada*) — Já? Tão cedo...?

JORGE — Acho que perdi meu tempo.

MÉDIUM (*Levantando-se também*) — Perdeu seu tempo? Quem manda você ser burro?

JORGE (*Perplexo*) — Burro, eu?

MÉDIUM — Burro! Burro! É isso mesmo! Um bestalhão é o que você é!

JORGE (*Abalado*) — Mas... que foi que eu fiz?

MÉDIUM (*Aproximando-se, sensual*) — Nada. Ainda não fez nada. Porque é burro!

JORGE (*Compreendendo*) — Ah!

MÉDIUM (*Ridicularizando-o*) — Parece uma donzela, uma menina virgem... (*Súbito, transformada, torna-se grotescamente doce.*) Você ainda...? Você nunca...? Ah! Que gracinha! Vem cá, vem meu amor.

JORGE (*Protelando*) — Escuta. Olha aqui.

MÉDIUM (*Aproximando-se*) — Você tem medo de mim, tem?

JORGE (*Num rompante*) — Medo coisa nenhuma. Eu não sou criança. (*De novo tímido*) É que... sabe? Andam dizendo...

MÉDIUM (*Abraçando-o*) — E você se incomoda que o digam?

JORGE — Por mim não. Eu sou homem. Mas é que a senhora...

MÉDIUM (*Apertando-o*) — Querido!

JORGE (*Desnorteado*) — Eu já sim... Olha! A Dudu...

MÉDIUM — Quem é Dudu? Eu, meu amor?

JORGE — Não. Essa moça. Ainda há pouco estava aí. Vai ver que ela não fechou a porta... Escuta... Primeiro deixa eu fechar a porta...

MÉDIUM (*Abandonando-se nos seus braços*) — Você é homem ou não é? Hein? (*Dudu e Marina entram furtivamente e observam. Quando Jorge olha em direção à porta elas avançam, Marina na frente.*)

DUDU — Eu não disse? (*Marina está parada, muda. Logo que a notam eles dois se recompõem.*) Está vendo? Eu estava mentindo, estava? Posso ser o que for, mas mentirosa não sou. É ele sim, o Jorge!

MÉDIUM (*Furiosa*) — Imbecil!

JORGE (*Avançando, lento*) — Marina...

DUDU (*Sarcástica*) — Diz qualquer coisa, meu bem. Dá conselho. (*Marina mete-lhe a mão na cara, ela retrocede atordoada.*) Tu me paga, bandida! (*Marina sai, quase chorando.*)

JORGE (*Seguindo-a*) — Marina.

MÉDIUM (*Segurando-o*) — Fica. Fica comigo. Deixa que ela sabe voltar sozinha pra casa. Jorge! Você se chama mesmo Jorge?

DUDU (*Choramingando*) — Eu quero meu dinheiro.

MÉDIUM — Dinheiro?

DUDU — Vou-me embora desta casa.

MÉDIUM (*Assustando-a*) — E depressa!

DUDU — Eu quero as minhas contas.

MÉDIUM (*Ameaçadora*) — Ah! Quer, não quer?

DUDU (*Fugindo*) — Minha mãe vem aí se entender com a senhora! Vai ver só! Espírita! Minha mãe vai dar queixa à polícia; pra vir aí fechar essa droga!

MÉDIUM — Espera aí, sua... (*Ela foge.*) (*Extenuada*) Oh! Que trabalheira! Que trabalheira, meu Deus! (*Doce*) Jorge... Espera! Que olhos lindos você tem! (*Desesperado, ele toma uma decisão: abraça-a, beija-a violentamente. Sofregamente.*)

JORGE (*Respirando descompassadamente*) — [Onde é o teu quarto?]

Quinto fragmento

Cenário: casa de Severino. Marina está só. Entra Severino. Admira-se. Pausa breve.

MARINA — Sou eu.

SEVERINO — Seu irmão... não veio?

MARINA — Não. Eu estou sozinha.

SEVERINO — Ah! (*Pausa.*) Sente. (*Ela obedece. Pausa.*) Veio... me visitar?

MARINA (*Confusa*) — Não sei... (*Decidida*) Vim. Vim visitar.

SEVERINO — Foi ele que mandou...?

MARINA (*Com ênfase*) — Não.

SEVERINO (*Imitando-lhe o tom*) — Por que não?

MARINA — Ele não sabe que eu vim aqui.

SEVERINO — Não sabe?

MARINA — Nem queria.

SEVERINO — E você veio assim mesmo? Por quê?

MARINA — Não sei... vim só visitar, saber como o senhor está...

SEVERINO (*Com um riso interior*) — Ah!

MARINA (*Levantando-se*) — Mas já vou embora. (*Ele está entre Marina e a porta.*)

SEVERINO — Já?

MARINA — É que... É tarde... Já é muito tarde... e eu... eu tenho que... (*Tenta alcançar a porta. Severino num gesto brusco a atrai pela cintura e a prende.*)

SEVERINO — Fala. Você veio fazer o quê? (*Ela chora e ele larga, quase carinhoso. Marina torna a sentar-se, escondendo o rosto com as mãos.*) Você está chorando? Por quê? Por minha causa?

MARINA (*Levantando o rosto úmido de lágrimas*) — Eu não estou chorando!

SEVERINO (*Acariciando-lhe o queixo*) — Você é bonita... assim... chorando. (*Há nessa carícia qualquer coisa de repugnante, mas atraente, forte.*) Por minha causa?

MARINA (*Mudando de assunto*) — Onde estão aquelas donas?

SEVERINO — Donas?

MARINA — Aquelas que o senhor falou?

SEVERINO (*Corrigindo*) — Você.

MARINA — As que iam me ensinar. As iniciadas.

SEVERINO — Não vieram. Não vieram hoje. Eu estou sozinho.

MARINA (*Como um eco, tristemente*) — Não vieram...?

SEVERINO — Você resolveu? Você já quer?

MARINA — Eu sempre quis.

SEVERINO — Era ele então? (*Ela concorda com a cabeça.*) Daquela vez que você me convidou pra jantar em sua casa... e eu não fui... Não pude ir, estava preso. Estava na cadeia. Sabe quem deu parte?

MARINA — Sei.

SEVERINO (*Depois de uma pausa*) — Ele. E você veio agora. (*Ela tenta se levantar.*) Senta. Eu estou aqui. Você está comigo. Senta. (*Ela obedece.*)

MARINA (*Timidamente*) — Eu queria ir embora. Tenho que ajudar mamãe a pôr a mesa.

SEVERINO — Você não quer ser como as outras?

MARINA (*Vaga*) — As outras... (*Nota-se que quer fugir.*)

SEVERINO — As iniciadas? Não quer? Elas não estão mais aqui. Foram embora, foram viajar... Você também, também pode ir. Mas só depois... (*Perto dela*) Só depois de ser cavalo...

MARINA (*Com medo*) — Ir embora? E mamãe...? E Jorge...?

SEVERINO — Jorge? Jorge...

MARINA (*Noutro tom*) — Tem uma amante!

SEVERINO — Ah!

MARINA — Uma espírita.

SEVERINO (*Compreendendo*) — Foi por isso?

MARINA — Foi!

SEVERINO (*Prático*) — O que é que você quer?

MARINA (*Selvagem*) — Quero me vingar.

SEVERINO — Dele?

MARINA — Também! E dela! Ela tem a maior culpa. Foi ela que...

SEVERINO — Você quer se vingar?

MARINA (*Mística*) — Quero!

SEVERINO — Você quer que ele morra?

MARINA — Que morra? (*Pausa breve.*) Quero! (*Arrependida*) Não. Não é preciso! Eu quero só que...

SEVERINO — Mas só depois. Leva tempo. Leva muito tempo. E é difícil. Depois você mesma escolhe o castigo. (*Dominando*) Agora você não vai poder voltar pra casa.

MARINA (*Levantando-se de novo*) — Mas eu preciso. Já é tarde!

SEVERINO — Marina. (*Abraçando-a*) Você se lembra das coisas que eu dizia a você antes de... antes de ser preso... por causa dele? Lembra?

MARINA — Lembro...

SEVERINO — Era verdade. Era tudo verdade. Nós podemos ir embora, depois. Podemos viver longe... os dois. (*Larga-a.*)

MARINA — Eu queria sim... mas... escuta... Eu... Eu... (*Afasta-se um pouco em direção à porta.*)

SEVERINO — Marina! Fica! (*Ela para. Ele se aproxima por trás sem tocá-la.*) Você quer? Nós dois?...

MARINA (*Irresoluta*) — Eu...

SEVERINO (*Subitamente rindo*) — Eu sei que você quer. (*Sério*) Vem. (*É uma ordem.*)

MARINA — Não. Eu volto... depois.

SEVERINO (*Autoritário*) — Agora. Vem. (*Ela obedece mansamente.*)

MARINA — E se eu fosse para casa? E seu eu voltasse depois?

SEVERINO — Você não vai mais voltar para casa. Não pode. Precisa ficar morando [comigo] aqui. Por uns tempos. Vou te ensinando as coisas. Aos poucos. Precisa de força de vontade. Muita. Você precisa me obedecer. Depois o santo atende ao que você pedir. Tudo que você pedir ele atende.

MARINA — Tudo?

SEVERINO — Depois. Mas isso demora... É preciso muito sacrifício. Muito. (*Tenta beijá-la. Ela o evita sem violência.*)

MARINA — Não.

SEVERINO (*Detendo-se*) — Não? (*Quente*) É preciso, Marina. É preciso.

MARINA — Você tem certeza que o santo depois atende? Você tem certeza que ele faz o que eu pedir? Qualquer coisa?

SEVERINO — Claro. (*Beija-a na boca. Suas mãos apertam nervosamente a cabeça, os cabelos de Marina. O turbante cai.*) Que foi isso no cabelo?

MARINA (*Totalmente entregue*) — Nada. Não foi nada. (*Ele a aperta e a beija de novo.*) (*Gemendo*) Ai!

SEVERINO (*Agarrando-a*) — Vem! Eu sou o teu santo!

Filha moça[1]

[1] Datiloscrito localizado por Geo Britto no Fundo Miroel Silveira do Arquivo Público do Estado de São Paulo. Apresentado em 23 de janeiro de 1956 por Geraldo Campos de Oliveira à Divisão de Diversões Públicas da Secretaria de Segurança Pública de São Paulo. A peça seria apresentada no Teatro João Caetano, para sócios do Teatro Experimental do Negro, com data de estreia prevista para 28 de janeiro de 1956. Sob a direção de Geraldo Campos de Oliveira, participaram da montagem os atores Cinthia Bastos, Maria Aparecida Rocha, Dalmo Ferreira e Jane de Sousa. O censor Raul Fernandes Cruz vetou integralmente o texto, emitindo parecer em 27 de janeiro de 1956. Nele, argumenta que a peça "[...] não pode ser levada à cena, porquanto seu argumento prega a dissolução dos costumes, perverte a moral, o respeito ao lar, aos pais, à sociedade. Ofende frontalmente o Decreto 4405-A de 1928 e as cominações do nosso Código Penal. Não há, na peça em apreço, sequer um final que fosse o alevantamento do nível de seu desenrolar; um prêmio, por pequeno, à virtude". Por concessão "especial e provisória" do diretor da Divisão, no dia em que estrearia a peça teve uma prévia à qual compareceu o referido censor. Em relatório de 30 de janeiro, ele reiterou os argumentos anteriores, acrescentando que "o público recebeu a peça com risotas, por vezes gargalhadas, risos significativos, o que vem provar, sobejamente, as acertadas razões por mim invocadas [...]". Um segundo parecer foi emitido em 1º de fevereiro pelo censor Márcio de Assis Brasil nos mesmos termos do primeiro. Para ele, "a peça, de fato, nada tem de interessante ou de aproveitável. Não comporta cortes parciais, impondo-se, isso sim, sua impugnação total como medida de profilaxia moral. Somos de opinião que a Censura devia ir além, e, quando outro motivo não existisse (e nesta peça existe), para essa impugnação, bastaria o fato da linguagem ali adotada, num CASSANJE horrível, que a ninguém aproveita, para que aquela medida fosse aconselhável. O teatro é escola. E nessa peça tudo é negativo. Precisamos aprimorar os costumes. Aprimorar os sentimentos. Aprimorar a linguagem. Não será com peças desse estofo que se vai conseguir tal aprimoramento". A pedido do diretor da Divisão, um terceiro parecer foi emitido em 1º de fevereiro pelo censor José Américo Cesar Cabral, reiterando os termos dos dois primeiros. Diz ele que

joias modernas

Casa Bento Loeb

rua 15 de novembro, 331

São Paulo, 28 de Janeiro de 1956 — às 21 horas

O TEATRO EXPERIMENTAL DO NEGRO DE SÃO PAULO

EM ESPETACULO DEDICADO AOS SEUS ASSOCIADOS

APRESENTA

"ONDE ESTÁ MARCADA A CRUZ"

Drama em 1 ato de EUGENE O'NEILL — Em tradução de ABDIAS NASCIMENTO

Personagens por ordem de entrada:

Nat Bartlett .... SAMUEL DOS SANTOS
Doutor Higgins .... ELOI EDSON
Suzana Bartlett .... AUREA CAMPOS
Cap. Isaiah Bartlett .... GENTIL DE OLIVEIRA
Silas Horne .... ADAUTO BORGES
Cates .... JOSÉ D. BROCHADO
Jimmy Kanaka .... FLORIVALDO RODRIGUES

"FILHA MOÇA"

Drama em 1 ato de AUGUSTO BOAL

Personagens por ordem de entrada:

Mãe .... CINTHYA BASTOS
Filha .... APARECIDA ROCHA
Pai .... DALMO FERREIRA
Vizinha .... JANE DE SOUSA

Direção de GERALDO CAMPOS DE OLIVEIRA

Assistentes de direção DALMO FERREIRA e JOSÉ DAS DORES BROCHADO.

Torne-se sócio do TEATRO EXPERIMENTAL DO NEGRO DE S. PAULO. Secretaria: Praça Carlos Gomes, 153, 3.o andar, sala 31. Contribuição mensal: Cr$ 20,00.

FABRICAÇÃO ESPECIAL DE CHOCOLATES

CHOCOLATES KOPENHAGEN

LOJA MATRIZ: Rua Dr. Miguel Couto, 41 - Fone: 33-3406. Lojas em São Paulo: R. Dr. Miguel Couto, 28 - Fone: 33-4527 — R. B. de Itapetininga, 92 - Fone: 34-3946 — R. S. Bento, 82 - Fone: 32-6733 — Av. Ipiranga, 750 - Fone: 36-3478 — Praça Patriarca, 100 - Fone: 33-3607 — Praça João Mendes, 11 - Fone: 36-7596 — R. Augusta, 2435 - Fone: 8-9848 — R. D. José de Barros, 89 - Fone: 37-7652 — Av. Celso Garcia, 332 — R. X. Toledo, 200 — R. D. Moraes, 384. — **FILIAIS EM: RIO DE JANEIRO — SANTOS — BELO HORIZONTE — PORTO ALEGRE — CURITIBA — CAMPINAS.**

PERFUMARIAS FINAS

Casa Fachada

NACIONAIS E ESTRANGEIRAS

PRAÇA PATRIARCA, 27

Personagens

Mãe
Filha
Pai
Vizinha
Jorge

"é lamentável que o Teatro Experimental do Negro só escolha peças com temas que ofendem a moral e os bons costumes para apresentar a seus sócios, compostos em sua maioria de pessoas humildes e sem a devida compreensão, conforme pude verificar por ocasião de um de seus espetáculos". Na imprensa da época chegou-se a noticiar que Pietro Maria Bardi cedera ao Teatro Experimental do Negro o auditório do Museu de Arte de São Paulo para apresentações da peça, com direção de Abdias do Nascimento e os atores Léa Garcia, Marcilio Faria, Aparecida Rodrigues e Jacy de Souza. (N. da E.)

Ato único

Sala pobre de uma casa pobre. Porta para a rua, porta para um quarto, janela. A mãe olhando para fora, inquieta, nervosa, como se fitando alguém. Num esforço desesperado consegue libertar-se e olha para dentro, com uns olhos tristes e cansados, dolorosos. Nesse instante exato entra a filha. Um tipo vulgar, sensual, humano. Fitam-se um momento procurando a melhor atitude de uma para com a outra.

FILHA (*Com um sorriso irônico*) — Lá, lá, lá... Lá, lá... Lá, lá... (*Assovia, senta-se. Cose um vestido vermelho que trazia na mão.*)

MÃE — Si preparando pra quê?

FILHA (*Na anterior atitude de deboche*) — Lá, lá, lá... Lá, lá... Lá, lá...

MÃE — Ondi é qui tu pensa que vai?

FILHA (*Francamente debochada*) — Vô à missa! Missa do galo. Missa da meia-noite.

MÃE — Qui horas tu voltô ônti? (*Não obtém resposta.*) Qui horas?

FILHA (*Num tom hostil*) — Não mi lembro!

MÃE — Tu chegou quasi de madrugada. Qué saí de novo?

FILHA (*Quase cantando*) — Hoji é outro dia... (*Estica o pescoço, irônica, procurando qualquer coisa além da janela. Claro que não pode ver nada, mesmo porque a mãe está de sentinela.*)

MÃE — Pois hoje tu não vai não. Pode ir guardando esse teu vestidinho novo purque hoji tu não vai, não. Pode pô otra veis a rôpa de casa.

FILHA (*Superior, mas com medo*) — Tem graça! (*Pausa. A mãe olha furtivamente para fora. Evita que a filha note. Torna a olhar mais demoradamemte, procurando alguém. Não encontra. Satisfeita, abandona seu posto. senta-se. A filha repara e sorri, debochando, cantando.*) Adeus, amor, eu vô partir... (*Noutro tom*) Sabe onde está a linha vermelha?

MÃE (*Mais senhora de si*) — Sei de linha alguma! (*Começa a coser também.*)

FILHA (*Exasperada*) — Pensa qui faz favô, pensa? Favô coisa nenhuma! (*Procura a linha numa pequena cesta. Acha, espeta o dedo, sugando o sangue.*) Qui droga! Diabo, também!

MÃE — Teu pai tá aí.

FILHA (*Respondona*) — Já vi!

MÃE — S'intenda com eli.

FILHA (*Explodindo*) — Tenho nada que mi intendê com ninguém! Vô saí e tá cabado!

MÃE — Eli é qui sabe...

FILHA — Eh! Eh! Sabe alguma coisa, eli? Coitado...

MÃE — S'eli deixá...

FILHA — Vô saí cum Jorge.

MÃE — Tenho nada cum isso...

FILHA — Eli é meu noivo, não é? Intão, pronto!

MÃE (*Dando de ombros*) — Noivo!

FILHA — Manda mais im mim qui a sinhora. Manda mais até qui o papai. (*Revoltada*) Já tô grandi dimais, já tô moça, não tô aqui pra obedecê ninguém. Trabalho, ganho o meu dinheiro... S'inda tô morando aqui eu pago. Não pago? Não sô nenhuma criança... Obedeço o Jorge purque quero. Eu gosto.

MÃE — Diz isso pra teu pai.

FILHA — Purque qui não digo? Pensa qu'eli mi mete medo, o papai? (*Ri.*) Fogo di palha... Não digo purque tenho pena. (*Refletindo*) E respeito assim mesmo. Mas olha qui não sei, não...

MÃE — E a mim tu não respeita?

FILHA (*Dando de ombros*) — Hum!...

MÃE — Tu não mi respeita?

FILHA (*Acusando*) — Quem é qui tava lá fora inda há pouco? Quem é qui a sinhora tanto olhava? (*Irônica*) Papai? (*Noutro tom*) Tanajura, aquele cara qui trabalha na venda! Não era eli? (*Satisfeita diante da desorientação materna.*) Tanajura... Isso é nome de genti?

MÃE — Perguntei si tu não mi respeita!

FILHA — A sinhora acha qui eu posso?

MÃE — O qui é qui tu pensa?

FILHA — Não penso nada; vejo as coisa.

MÃE — Qui coisa tu viu? Mi viu na janela. Ou o qui é qui tu pensa? Tu pensa qui eu... É isso qui tu pensa?

FILHA — Penso nada.

MÃE — Qui é qui eu posso fazer?

FILHA — Não sei, nem m'interessa.

MÃE — Tu viu alguma coisa... qui eu fizesse para tu não mi respeitá? Tu viu?

FILHA — Tô dizendo nada.

MÃE — Si eli faz isso, si fica lá fora m'isperando, si quando vê você na rua mi manda recado, si manda recado por todo mundo que vem aqui im casa, eu tenho culpa, tenho? Algum dia já respondi, já? Si eu respondesse, sim, tava certo, tu podia não mi respeitá, ti dava razão. Mas eu respondo? O qui é qui eu respondo? Não. Não. Não. Não. (*De negativa peremptória, "não" se transforma quase numa súplica, num espasmo de amor.*) Eli foi embora... tá vendo? (*Fala da janela*) Purque eu digo sempre não, não, não...

FILHA (*No fundo com piedade*) — Ih! Chega!

MÃE — Qui é qui tu qué qu'eu faça? Qui conte pro teu pai? É isso?

FILHA (*Lenta*) — Quando quisé conta, deixa qui eu conto...

MÃE (*Depois de uma pausa*) — Tu tinha coragem?

FILHA (*Levantando-se*) — Cabei! Puxa, que trabalheira (*Veste o vestido já pronto.*) Qui droga isso ficô, ô! Vai assim mesmo, não tenho tempo (*Anda um pouco; até a porta do quarto, levanta os braços, procurando acomodar-se dentro do vestido. Volta.*) Pertado. (*Assim que volta a porta se abre e entra o pai. Ela o fita e deixa os braços caírem lentamente.*)

PAI (*Com cara de sono*) — Toda chique pra ficá im casa! Vistido vermelho é vistido tu sabe di que, não sabe? Tire essa droga!

FILHA — Im casa, eu? Hoje é domingo!

PAI — Manhã é segunda!

FILHA — Vô no cinema. Vô numa festa, não sai bem. Vô cum Jorge.

PAI — Cunheço Jorge nenhum.

FILHA — Meu noivo.

PAI — Noivo, não é? (*Subitamente violento*) Tu vai é sentá nessa cadeira e ajudá tua mãe a cosê meia. (*Gritando*) Senta!

FILHA (*Obedecendo com medo*) — Sento agora, mas o Jorge vem aí daqui a pouco.

PAI — Não mi fala mais nesse Jorge e vê se cala essa boca si não quisé levá um cachação nessa cara.

FILHA — Cachação coisa ninhuma. N'sô mais criança pra tá levando cachação, não sinhô.

PAI — Qui foi qu'eu falei? Não mandei calá a boca?

FILHA — Não calo. Eu ia cosê, ia obedecê o sinhô, agora mesmo é qui (*Tenta levantar-se mas torna a sentar-se com um tapa na cara.*) Ai!

PAI — Ti senta! Dá agulha pra ela! (*A mãe obedece.*) E esse pano. Cose!

FILHA — Faz isso agora... Vai vê quando o Jorge chegá...

PAI — Tu tem qui obedecê a mim qui sô teu pai.

FILHA — Eli é muito homi, muito homi, o sinhô vai vê! (*Faz o gesto de quem vai jogar o pano fora, mas não joga.*) Tem nada qui cosê aqui. (*A mãe rapidamente dá outra coisa qualquer: meia ou camisa.*)

PAI — E daqui a pouco venho vê o qui é qui tu já fez.

FILHA (*Contendo soluços ainda*) — Espera o Jorge chegá. Espera o Jorge.

JORGE (*De fora*) — Tô aqui. Qu'é qui há?

FILHA (*Enxugando as lágrimas na roupa que estava cosendo*) — Pronto! Tá aí! Agora quero vê.

PAI (*Já sem a mesma autoridade*) — Pega essa agulha. E esse pano. Cose.

FILHA — Jorgiiiiiiii... (*Com as mãos nas cadeiras.*)

JORGE (*Sempre de fora*) — Vamo s'imbora.

PAI — Faz o qu'eu ti mandei.

FILHA — Eu vô numa festa. Eli é meu noivo. Taí fora, m'isperando.

PAI (*Ameaçador*) — Cose!

FILHA — Intão si u sinhô acha que eu não vô, intão eu não sei. Resólvi cum eli.

MÃE (*Tentando timidamente contornar a situação*) — Senta. Tu vai amanhã.

FILHA — Mas eli é meu noivo; eli tá mandando eu i cum eli; eu tenho qui obedecê.

PAI — Fui eu qui ti criei; é a mim qui tu tem qui obedecê!

FILHA — O homi da gente manda mais qui o pai!

PAI — Homi? Disgraçada! (*Vai bater-lhe.*)

FILHA (*Apavorada*) — Jorge! (*O pai desiste.*)

JORGE (*Com sua voz grossa*) — Vamo s'imbora.

PAI (*Justificando-se a si mesmo*) — Não sei purque não quebro essa tua cara...

FILHA (*Sarcástica diante da desistência do pai*) — Dá um pulinho aqui, dá, meu bem. (*O pai está entre ela e a porta.*)

JORGE — Tá na hora, já vamos chegá tarde.

FILHA — Um instantinho só, sim... (*Afetada*) Querido!

JORGE — Qui é qui tu qué?

FILHA — É o papai...

JORGE (*Arrastando as palavras*) — Qu'é qu'eli tem?

FILHA — Não qué deixá eu saí. (*Pausa.*)

JORGE — Não qué, é?

FILHA — Pois é...

JORGE — Mas purque, hein?

FILHA — Eli qué qu'eu fique im casa cosendo meia.

JORGE — Ora não amola. Vamo s'imbora.

FILHA — Intão vem mi buscá.

JORGE (*Decisivo*) — Vâmo duma vez, deixa de besteira!

FILHA — Tá bem, si tu tá mandando eu vô. Intão eu vô, fica por tua conta. (*Lentamente passa perto do pai. Ele está de costas para a plateia e não tem a mínima reação visível.*) (*Sarcástica*) Té logo! (*Para o namorado, enquanto sai*) Alô! Tu tem andado sumido, meu bem... (*Pausa. O pai se volta. Fita a mãe.*)

MÃE (*Que o compreende*) — Já sei. (*Recomeça a coser.*)

PAI — E não é tu a culpada?

MÃE — Sô.

PAI — Não foi essa a iducação qui tu lhi deu?

MÃE — Foi.

PAI — Não é di ti qu'ela aprende a sê assim? Não é di ti qu'ela copia? (*A mãe não responde.*) É o teu retrato. Im tudo. Tudo qui agora aconteci a ela, aconteceu a ti.

MÃE — A nós dois. Esse noivo...

PAI — Sou eu.

MÃE — Como tu ia mi buscá na minha casa eli vem aqui. Tudo igual. Depois... Depois eli foge como tu fugiu...

PAI — E um dia eli volta como eu voltei.

MÃE — Mas não pra casá; num casa.

PAI — Volta pobre como sempre foi.

MÃE (*Absorta*) — Junta.

PAI (*Absorto*) — Sem dinheiro...

MÃE — Sem amor...

PAI — Amor? Quem pode tê amor... nessa miséria? Qui homi foi qui já aqui teve amor? Amor não si tem. A gente vê uma mulhé. Vê i gosta. Leva ela pro samba... e dança cum ela... e traz ela di volta, à noite... — todo mundo dorme — nas ruas sem luz... as coisa acontece... É isso o amor. Foi assim, não foi? (*Sem esperar resposta*) E é assim cum todo mundo. E há di sê assim cum ela. Depois eli fogi, como eu fugi...

MÃE — E ela fica sozinha e vem mi contá tudo como eu contei à minha mãe. A meu pai, não; tava durmindo quando eu cheguei.

PAI (*Da janela, para si mesmo*) — Tô cum sono. (*Pausa.*)

MÃE (*Refletindo*) — E depois? Depois quando ele — casá, não — quando vié morá junto — o qui é qui acontece? Quando já não gostá mais um do otro, quando passá a vida pondo a culpa um no otro das coisas qui acontece? (*Suplicando uma resposta*) Qui acontece?

PAI — Depois não sei (*Pausa breve.*) Pode acontecê muita coisa... Pode não acontecê nada (*Outra pausa.*) Tô cum sono, vô durmi. (*Entra no quarto. Arruma a roupa. Batem na porta.*)

VIZINHA (*Entreabrindo a porta*) — Cum licença, cum licença.

MÃE — Vá entrando.

VIZINHA — Venho lhi incomodá!

MÃE — Incômodo coisa nenhuma.

VIZINHA — Qué qui lhi ajude?

MÃE — Obrigada. Já cabei meu trabalho. Já ia até deitá.

VIZINHA — Pois é, disculpe.

MÃE — Ora, vá sentando. Café não lhi ofereço purque isquici di mandá comprá pó.

VIZINHA — Tem importância não.

MÃE — A minina foi imbora, foi cum o noivo a uma festa...

VIZINHA — Tá na idade. Quando a gente vai ficando velha, como eu tô ficando...

MÃE — Velha coisa nenhuma...

VIZINHA — Cada um é qui sabe...

MÃE (*Vagamente impaciente*) — A pessoa fica velha é pensando nisso.

VIZINHA — Im qui é qui uma como eu vai pensá? Ah! Dona, depois qui o falecido se foi, nem minha comida tem o mesmo gosto. Ah! O falecido...

MÃE — Pur que não casa otra vez?

VIZINHA — A gente não era casada não.

MÃE — Pur que não junta, intão? Mais fácil...

VIZINHA — Dona, cum quem?

MÃE — Tanto rapaz im condição...

VIZINHA — Ah! Cumo aquele, dona, tem ninguém nesse mundo di Deus, não... Cumo aquele!... Quando eu tô durmindo di noite, sozinha na cama, eu penso nele, eu sonho cum eli... (*Confidencialmente*) Eu inda sinto a quentura d'eli, dona!

MÃE — Inda tá muito nova...

VIZINHA (*Cética*) — Eu, dona?

MÃE (*Amável*) — Inda precisa dum achegozinho...

VIZINHA (*Falando a esmo*) — Sabe Deus...

MÃE (*Falando a esmo*) — Essa vida...

VIZINHA (*Falando a esmo*) — Si é... (*Pausa. Baixo.*) Seu marido tá im casa?

MÃE — Durmindo.

VIZINHA — Ah!

MÃE — Pur quê?

VIZINHA — Lhi mandô um recado.

MÃE (*Nervosa*) — Quem?

VIZINHA — Tá durmindo mesmo?

MÃE — Tá.

VIZINHA — Quem pudia sê?

MÃE — Seu irmão?

VIZINHA — Eli. (*Vai até a porta e cola o ouvido. Volta.*) Não si dão bem, não é?

MÃE — Pior.

VIZINHA — Meu irmão me disse. Não fosse pur isso também não vinha. Acho qui mulhé deve tê só um homi. O qui Deus lhi deu e ela topô. Como eu. Eu tive o falecido. Nada é pecado. Não lhi conto o qui a gente fazia. Mas eu gostava do falecido e eli gostava de mim. A gente si gostava tanto... Pois s'inda hoje sinto a quentura deli! (*No ouvido dela*) A sinhora também precisa dum achegozinho... (*Noutro tom*) Cum alguém qui lhi queira bem. (*Rindo*) Quem qui não precisa?

MÃE — O recado?

VIZINHA — Logo mais, quando fô bem di noite, eli lh'ispera aqui im frente da sua casa. É esse o recado. (*Pausa.*) Si a resposta fô "não", eu vô m'imbora e aviso pra eli e eli fica im casa e nunca mais lhi manda dizê nada.

MÃE (*Quase inaudivelmente*) — Nunca?...

VIZINHA — Si a resposta fô "sim", fico aqui cum a sinhora e quando eli vié fico sozinha pra lhi abri a porta quando volta. Sendo "não" eu vô m'imbora, sendo "sim" eu fico aqui. (*Pausa. A mãe hesita e se afasta.*) Intão, dona?

MÃE — Acho qu'inda sobrô um poco di pó. Vô lhi fazê café. (*Sai.*)

Quando o palco torna a se iluminar, a mãe e a vizinha estão sentadas em torno da mesinha na qual estão, agora, uma cafeteira e duas xícaras.

VIZINHA (*Impedindo-a*) — Obrigada. Café tira o sono.

MÃE (*Tomando mais um gole*) — Tira. (*Bebe o resto da sua xícara.*)

VIZINHA (*Da janela*) — Tá lá fora ainda, eli.

MÃE (*Nervosa*) — Melhó í imbora.

VIZINHA (*Surpresa*) — Dona...

MÃE — Tenho qu'isperá minha filha. Não posso í assim.

VIZINHA — Vamo isperá.

MÃE (*Fervorosa*) — Meu Deus! Fazei cum que ela venha agora. (*Pausa.*) (*Noutro tom*) Ainda está?

VIZINHA (*Segura*) — Eli ispera!

MÃE (*Aflita*) — Passa da meia-noite?

VIZINHA — Muito.

MÃE — É quasi madrugada...

VIZINHA — Inda não... (*Pausa.*)

MÃE — Foi com o namorado, ou noivo...

VIZINHA — S'isquecem do tempo...

MÃE — Noivo qui ninguém conhece direito...

VIZINHA — Imagine!

MÃE — Nem ela. (*Pausa.*) Vai vê qui agora já conhece milhó: chegando em casa a essa hora da noite...

VIZINHA — A sinhora discunfia?

MÃE — Quem sabe? Nessa idade...

VIZINHA (*Sentenciosa*) — Nessa idade pode acontecê tudo.

MÃE — Não adianta aconselho.

VIZINHA — Filha moça é terrível!

MÃE — Eu qui o diga.

VIZINHA — Quando elas senti lá por dentro aquela coisa... sabe Deus cumo é qui ficam... Sabe Deus o qui é qui fazem...

MÃE — Prefiria tê filho homi: não m'importava cum eli.

VIZINHA (*Absorta*) — É como se o diabo tomasse conta delas. É como si baixasse o santo; elas não sabem o qui fazem!

MÃE — É isso; o santo toma conta delas e depois faz o qui qué. O santo, esse tá de Jorge, noivo dela.

VIZINHA (*Concordando*) — Filho homi é milhó. S'eu tivé filho um dia, há di sê homi. (*Batidas tímidas na porta. A mãe abre, entra a filha, meio ébria.*)

MÃE — E eli? Ondi'stá? Veio ti trazê?

FILHA (*Debochona, mas quase chorando*) — Tá lá fora, isperando a senhora. Mas não é eli, o Jorge. Esse mi largou sozinha, no caminho...

VIZINHA (*Maternal*) — Pur quê, minha filha?

FILHA (*Atirando-lhe o hálito no rosto*) — Pur isso! (*Ri.*)

VIZINHA — Tá bêbada. (*Indignada*) Não vale o seu disassussego! Vai dona. Vai duma vez.

FILHA — Não tá cum pressa? Vai logo qui eli não ispera muito pela genti. (*Refletindo*) Isperam! Antes elis isperam! Inquanto a gente não s'intrega. Inquanto a gente vai si guardando. Depois largum a genti... (*Chorando*) Isso o qui é, mãe? É covardia! Elis fogi, nós não. Não somos covardi.

MÃE (*Que não resiste mais*) — E tu?

VIZINHA (*Condescendente*) — Tomo conta... Ajudo a deitá...

FILHA — Vai, mamãe, vai. (*A mãe sai afobada pela porta aberta. A vizinha vai e fecha e fica olhando da janela com uma expressão de encantamento. Rindo num crescente histerismo.*) Quem não é covardi é sempre outra coisa.

VIZINHA (*Alheia*) — Ninguém... (*Sorrindo*) Já s'incontraram. E vão di braço... correndo.

FILHA (*Numa súplica*) — Pra ondi?

VIZINHA (*Envergonhada*) — Nossa casa é pequena. Moramos eu e o meu irmão. Casa, modo de dizê — barraco. Um cômodo só. Pur isso tô aqui.

FILHA (*Que se afastou, batendo na porta do quarto do pai*) — Pai! Papai!

VIZINHA (*Aturdida*) — Que é isso? Chamando seu pai?

FILHA (*Batendo*) — Pai! Papai!

VIZINHA (*Tapando-lhe a boca*) — Tá doida. (*Afastando-a da porta.*) Sua vagabundinha! Si faz uma coisa dessas?

FILHA — Pai. Pa... pai!

PAI (*Com voz de sono*) — Qui é? Quem é?

VIZINHA (*Depois de largá-la*) — Sua... sua... sua... (*Da porta*) Não preciso ti rogá uma praga purque o teu distino tu sabe qual é! Tá marcado! Todo mundo sabe! (*Abre-se a porta do quarto do pai. A filha apenas consegue sorrir, ofegante.*) Sua... (*Fecha a porta violentamente. Entra o pai, cambaleando de sono.*)

PAI — Quem foi qui saiu? Tua mãe? (*Ela chora.*) Qui é qui tu tem? (*Ameaçador*) Tá chegando agora?

FILHA (*Fitando-o, desamparada*) — Tô!

PAI (*Segurando-a pelos cabelos*) — Discabelada! (*Cheirando-a*) Cheirando a...

FILHA (*Deixando sua cabeça cair no peito dele*) — Papai!

PAI (*Duro*) — Tu... cum certeza... Não! Si isso fosse verdade... eu ti matava!

FILHA (*Histérica*) — Intão mata! (*Ele se volta, terrível.*) Mata! A mim só, não!

PAI (*Desorientado*) — Ondi stá tua mãe?

FILHA (*Sarcástica*) — Na cama! (*Ele não compreende.*) Mas não na tua! (*Ele deixa-se cair numa cadeira, vencido.*) Tanajura! (*Ele chora.*) Mata! O sinhô disse qui matava! Vamos! (*Abre a porta.*) Vamos! (*Ele corre para a porta e fecha, com medo.*) Mata ela... e a mim também. (*Senta-se chorando.*)

PAI (*Suplicando com voz de dor*) — Fale baixo!

FILHA (*Sarcástica*) — Os vizinhos podi ouvi! Podi acordá!

PAI (*Como anteriormente*) — Mas si tu falá baixo elis não ovi, nem acordam. (*Lento*) Si elis não soberem di nada... e fô mi deitá... (*Concluindo*) não houve nada! Quando acordá amanhã, tua mãe já deve tá durmindo do meu lado...

FILHA — Mas hoje! Agora!

PAI (*Que, não obstante, sente-se culpado*) — Quantas vezes tenho pesadelo... e acordo pior do que vô acordá amanhã...

FILHA (*Vendo-o entrar no seu quarto*) — Jorge! (*Ele volta.*)

PAI — Jorge?

FILHA — O sinhô é igualzinho a eli. Foi até bom qui fugisse, qui fosse imbora, o covardi.

PAI — Ti largô? Ondi stá?

FILHA (*Violenta*) — Casasse comigo, fosse meu marido, fazia cum eli o qui mamãe tá fazendo cum o sinhô.

PAI — Tu fazia? Pur quê? (*Ela esconde o rosto no peito do pai sentando.*)

FILHA — Mintira! Eu não fazia, não! Eu respeitava! Eu era só tua! Eu era só de Jorge si eli quisesse... eli fugiu de mim, papai.

PAI (*Com ternura*) — Um dia eli volta.

FILHA (*Com ternura*) — Não volta não... nunca mais... teve medo. Papai... eu e eli...

PAI — Eu sei.

FILHA — Não volta não...

PAI — Eli ti levô prum baile?

FILHA — Pruma festa. Uma casa qu'eu nunca vi, nem me lembro mais ondi, si quisé voltá. Uma casa grandi, num quintal... Não si dançava na sala, nem dentro di casa; era na terra, do lado di fora. E não era dança assim... di um cum um... Todo mundo fazia roda, batia palma, cantava sempre a mesma coisa. Às vezes um homi, às vezes u'a mulhé, iam pru meio da roda e dançavam sozinhos... Tudo estava animado, cada vez tava mais... E si bebia... Quasi sem dá conta...

PAI — Tu bebeu também...?

FILHA — E depois... nem sei como foi...

PAI — Tu foi pro meio da roda.

FILHA — Dizem qui quando tem alguém dançando... i os canto param... i fica a pessoa sozinha no meio da roda... dançando... si fô mulhé... apanha filho! (*Como se possuída pela recordação, como se possuída pela atmosfera encantatória da dança, ela canta e os seus braços, os seus ombros tremem convulsos, as palavras que pronuncia não se distinguem, apenas se sente o ritmo que os versos forçosamente sugerem. Canta duas, três vezes.*) Segura o coco, seu Mané./ Segura o coco, seu Mané./ Segura o coco,/ Que o coco vai caí! (*Num espasmo*) A genti não senti o corpo da genti!

PAI (*Compreensivo*) — Jorge não dançô?

FILHA — Eli, não. Me tirô da festa, me levô prum canto. Pensô qui eu fosse... uma vagabunda... Depois, quando vinha me trazendo... deve tê ficado cum medo... Mi largô e foi imbora.

PAI (*Numa esperança*) — Um dia eli volta.

FILHA (*Numa angústia*) — Papai... e agora? (*Ele fita-a.*) (*Envergonhada*) Se... se... eu acho... Tem gente que... quando é assim, no começo... tomando coisas... Dizem que é fácil... (*Suplicando*) O sinhô sabe?

PAI — Sei. Quando tua mãe quis o qui tu qué, eu procurei. Tua mãe tinha vergonha, tinha medo... foi deixando, até que eu deixei ela sozinha na casa da família dela... A genti qué fazê as coisas, tem vontade... mas acaba sempre não fazendo... E tu nasceu! Ela tava sozinha como tu, na casa dos pais dela. Quando voltei tu já tava grandinha, mas não falava ainda. Voltei a tempo di ti insiná a dizê "papai". Foi a primeira palavra qui tu aprendeu. (*Pausa.*) Amanhã, si tu ainda quisé... Ou na semana qui vem... Daqui a um mês ou dois... Agora vai durmi. (*Levanta-se e afasta-se.*)

FILHA (*Timidamente*) — Boa noite.

PAI (*Desabituado a cumprimentos dessa natureza*) — Boa... noite. (*Pausa breve.*)

FILHA — E mamãe?

PAI — Ela também volta. Todo mundo volta. Às vezes na vida a genti tem vontade de saí. Todo mundo tem. Uns saem, outros não saem. Uns se matam... e os qui não si matam voltam sempre... arrependidos... Amanhã, quando eu cordá, ela deve tá durmindo do meu lado. (*Sorrindo*) Roncando... (*Ela também sorri. Sai o pai. Pausa. Ela contém um soluço.*)

MÃE (*Entrando, desalinhada e nervosa*) — Qui foi qui tu fez? (*A filha não responde.*) Ondi tá teu pai?

FILHA — Durmindo!

MÃE (*Sem compreender*) — Durmindo? (*Verifica, volta-se.*) Minha filha... eu tô... cherando... a alguém? (*Aproximando-se*) Olha! Cheira!

FILHA — Não...

MÃE (*Impaciente*) — Si eu mi deitá agora... ao lado do teu pai... será qui eli dá conta?

FILHA (*Contendo o choro*) — Não...

MÃE (*Agradecida*) — Minha filha... boa noite... (*Desde a porta, retrocede um pouco.*) Tu já tá milhó?

FILHA (*Como anteriormente*) — Tô... (*A mãe entra no quarto e fecha a porta. A filha vai até a mesinha e apaga a vela; vindo as trevas se ouve o seu soluçar abafado.*)

Laio se matou[1]

Tragédia em um ato

[1] Datiloscrito localizado por Geo Britto no Fundo Miroel Silveira do Arquivo Público do Estado de São Paulo. Apresentado por Geraldo Campos de Oliveira em 14 de maio de 1958 à Divisão de Diversões Públicas do Departamento de Investigações da Secretaria de Segurança Pública de São Paulo. Estreia prevista para 28 de maio de 1958 no Teatro João Caetano sob o patrocínio da Comissão Organizadora do evento "O Ano 70 da Abolição". Certificado de 21 de maio de 1958 libera a encenação para maiores de 18 anos. (N. da E.)

ganizadores de "Abolição"

do Negro — Adesão de ...poio oficial e de diversas ...rama realizado

na Folc-
'lorestan
ção do
de Clas-
'o, "Os
Escravi-
ões, "O
o Pau-
o desen-
alto do
oi reali-
onferen-
critor e
Carneiro
rabalha-
', no dia
8 horas,
ia por
Carlos
oncellos
III Pro-
aio".
ira, às
Benja-
sessão
ão com
e Geo.
o, onde
os se-
Dr. Al-
orador
Histori-
S. Pau-
Pedro
Ribeiro
uiz Ga-
ião Pa-
re "A
- Prof.
Barbosa,
A Aboli-
o Bra-
de Sy-
é Boni-

facio, o Patriarca e a Abolição". — Geraldo Campos de Oliveira, discorrera sôbre "O Ano 70 da Abolição" — Declamação da poesia "Pai João", pela Srta. Léa Surian. A parte artistica esteve a cargo do Orfeão dos Professores do Departamento de Educação.

Dia 13, terça-feira, às 18 horas, missa votiva por intensão das almas dos escravos e dos abolicionistas, em colaboração com a Irmandade de Nossa Senhora do Rosario dos Homens Pretos, na Igreja do Largo do Paisandu. Às 20,30 horas, sessão civica no Teatro Municipal, sendo desenvolvido o seguinte programa: Abertura dos trabalhos por um representante da Comissão Organizadora de "O Ano 70 da Abolição".

Conferencia do escritor e jornalista Fernando Góes, subordinada ao tema "O Abolicionismo em São Paulo".

Audição de canto pelo Coral Paulistano da Municipalidade, colaboração da Secretaria de Educação e Cultura da Prefeitura Municipal.

São Paulo, com mais de 3 milhões de habitantes é a segunda cidade da America do Sul, estimando-se para 1960 uma população superior a 3,5 milhões.

O MUTIRÃO

Ano I | São Paulo, Maio de 1958 | N. 1

As Grandes Realizações do Teatro Experimental do Negro

Dificuldades encontradas — Falta de apoio dos proprios negros — "LAIO SE MATOU" a colaboração para "O Ano 70 da Abolição"

Nascido de um movimento iniciado em Campinas, teve como fundadores, Lino Guedes, Geraldo Campos e o saudoso ator Agnaldo Camargo entre outros.

Foram arduos os primeiros anos deste grupo, dificuldades de todas as especies foram enfrentadas para encenações de textos que na maioria das vezes constituem um martirio para todo aquele que se inicia em teatro.

Dentre as peças encenadas, uma das primeiras foi «Todos os Filhos de Deus têm Asas», deste notável dramaturgo norte-americano, Eugene O'Neill — isso em 1951 no velho Teatro S. Paulo, os atores eram Samuel dos Santos, José das Dores Brochado, Aurea Campos e outros. Dir. Geraldo Campos. Em Junho de 1952, isto é, um ano depois da primeira apresentação, voltava o TENSP à mesma casa de espetaculos, desta feita com o «Filho Pródigo» de Lucio Cardoso. Com Hevelon de Oliveira, José Brochado, Samuel Santos, Aurea Campos, Helena Molnar e outros. Direção de Geraldo Campos.

Muitas apresentações viriam porteriormente, «As Coéforas», de Esquilo, direção de N. Charatzaris, «O Cavalo e o Santo» de Augusto Boal, «O Imperador Jones» de Eugene O'Neill, «João sem Terra» de Hermilo Borba F.o, «Onde está Marcada a Cruz», de O'Neill, «Filha Moça» de A. Boal, «O Mulato» de L. Hughes. O coral de poesia e musica folclorica do TENSP apresentou «Alma do Eito», com quinze pessoas em cena, dividindo entre si os versos e entoando as musicas de nosso regional.

O poema — NEGRO — com poucos participantes e em Maio de 1957 em comemoração ao 13 de Maio — foi apresentado o poema «Africa» de Herculano Pires, com dezenove pessoas distribuidas no palco do Teatro João Caetano vestidas com trajes africanos cumprindo um programa organizado pela ACN.

Para as comemorações do «Ano 70 da Abolição», foi encenada no T. Leopoldo Fróes, a tragedia «Laio se matou» de Augusto Boal.

DALMO FERREIRA

...SMO INCOMUM NA "III PROVA PEDESTRE 13 DE MAIO"

...por um grande numero de esportistas, culminou com o maior acontecimento ...ivo do mês — Alfredo de Oliveira Junior o vencedor — Na classificação por ... Paulo, 1.o colocado, ficou com o Troféu "O Ano 70 da Abolição", ofertado ...issimo Sr. Governador do Estado — Visita ao cemiterio da Consolação — Homenagens prestadas a varios lideres abolicionistas do passado

...le pes-
... caloro-
... Prova

itinerario: partida do largo do Arouche, Sete de Abril, Consolação até à rua Ma-

O CAMPEÃO

Alfredo de Oliveira Ju-

Edgar Freire com o tempo de 20'25" 3/10. A quarta colocação, pertenceu com bri-

Personagens

Laio
Jocasta
Édipo
Pélope
Detetive chefe
Detetive inocente
Detetive obtuso
Primeiro negro
Segundo negro
Crisifo
Filha de Omolu
Homem de chapéu
Moça
Negros e negras

Primeira parte

Quintal de uma casa suburbana com todas as características de um terreiro "caboclo". À direita, fundos da casa de Laio, esposo de Jocasta, "mãe de santo". Pegada à casa, bem visível, uma meia-água com apenas uma porta. À esquerda baixa, um pedaço de cerca que ocultará o coro de detetives e Laio, nos momentos oportunos. Árvores espalhadas irregularmente. É noite. Silêncio.

O coro de detetives entra pela direita, furtivamente, tomando todas as precauções para não fazer barulho, e dirige-se para trás da cerca. É constituída por três detetives vestidos semelhantemente: chapéu de abas mais largas que o normal e jaquetão também mais comprido do que o comumente usado. O que vai na frente é o detetive chefe, o que toma todas as iniciativas e que ostenta uma atitude apática em relação aos que o cercam. Apatia e indiferença. Representa a autoridade legalmente constituída, a sua opinião, um pouco cega mas eficiente e, sobretudo, obediente às leis e à disciplina. O segundo detetive representa a opinião de uma certa minoria extremista, apóstolo da força e da violência. É o detetive obtuso, para diferenciá-lo dos demais. Finalmente, o terceiro, novo ainda no ofício, desconhecendo inteiramente tudo o que se refere ao ritual, ao terreiro etc., representa a plateia leiga, digamos assim. É o detetive inocente.

O detetive inocente tropeça com ruído.

DETETIVE CHEFE — Cuidado. (*Chegam atrás da cerca.*) Aqui.
DETETIVE INOCENTE — E agora?
DETETIVE CHEFE — Espera.
DETETIVE OBTUSO — Se ao menos pudesse me sentar...
DETETIVE CHEFE — Senta no chão. (*Ele assim o faz.*)
DETETIVE INOCENTE — Vamos esperar muito?

DETETIVE CHEFE — Depende.

DETETIVE OBTUSO — Pelo jeito, parece que vai ter macumba.

DETETIVE CHEFE (*Concordando*) — Sexta-feira...

DETETIVE OBTUSO (*Indignado*) — E nós vamos assistir?

DETETIVE CHEFE — Parece. (*Pausa.*)

DETETIVE OBTUSO — Não faltava mais nada... (*Pausa.*)

DETETIVE INOCENTE — Afinal de contas é a religião de preto.

DETETIVE OBTUSO — Religião? Ah! Ah! Bem se vê que você é novo nisso. Religião coisa nenhuma. Meio de vida, isso sim. E dos bons. Dos que dão dinheiro a um sujeito esperto, que saiba mexer direito com o negócio!

DETETIVE INOCENTE (*Discordando*) — Eles têm fé.

DETETIVE OBTUSO — Fé... Fé têm os estúpidos que pagam, os que sustentam essa cambada de vagabundos.

DETETIVE INOCENTE — Ouvi dizer que tem uns que nem cobram.

DETETIVE CHEFE (*Distante*) — Candomblé nagô.

DETETIVE INOCENTE — Mas são poucos também.

DETETIVE OBTUSO (*Vitorioso*) — Viu? Quando é fé no duro não vão pra frente. (*Perverso*) Fosse eu que mandasse, punha um ninho de metralhadoras em cada terreiro, deixava a macumba começar, deixava o santo baixar, ah! ah! dava ordem de fogo. Só assim acabava com essa praga.

DETETIVE INOCENTE — O que vale é que você não manda.

DETETIVE OBTUSO (*Entredentes*) — Sorte deles. (*Pausa.*)

DETETIVE INOCENTE — Branco é católico, é aquele negócio de Bíblia, de cantar no meio da rua... Isso é pior; atrapalha o trânsito. Agora, preto, preto é macumbeiro.

DETETIVE OBTUSO — Há muito branco metido nisso.

DETETIVE INOCENTE (*Inocentemente*) — Então? Mais um motivo...

DETETIVE CHEFE — Não é por causa da macumba que Laio vai ser preso.

DETETIVE INOCENTE — Laio?

DETETIVE CHEFE — O tal cara.

DETETIVE INOCENTE — O que é que ele faz na vida?

DETETIVE OBTUSO (*Admirado*) — Você não conhece?

DETETIVE INOCENTE — Não...

DETETIVE OBTUSO — É um patife!

(*Um negro tinha saído da casa. Aproxima-se da cerca.*)

DETETIVE CHEFE (*Notando*) — Silêncio.

(*O negro afasta-se.*)

DETETIVE OBTUSO — Mas o que é que ele fez desta vez?

DETETIVE CHEFE — Há coisa de uns meses ele ia ser preso.

DETETIVE OBTUSO — Me lembro! Fui eu até que dei a batida.

DETETIVE CHEFE — Mas deu tão mal que ele acabou fugindo. Fugiu para a Bahia. Lá ele tinha uns amigos, um tal de Pélope. Pélope ou Pelópe não sei bem. Era dessa tal nação nagô. Lá ele fez a última. Imagina que Pélope tinha um filho. Menino assim dos seus dez anos.

(*Outros pretos entram e um deles aproxima-se da cerca. O detetive inocente nota.*)

DETETIVE INOCENTE — Psiu...

(*O negro abaixa-se e apanha qualquer coisa no chão. Os detetives observam. É um galo morto. O negro deixa-o de novo onde estava, afasta-se e entra de novo na casa. Entram os tocadores de atabaque, uns após outros, e começam a tocar descompassadamente e baixinho, numa espécie de prelúdio.*)

DETETIVE INOCENTE — Você viu?

DETETIVE OBTUSO — O quê?

DETETIVE INOCENTE (*Atento*) — Um galo morto.

DETETIVE CHEFE (*Que estava olhando*) — Morto?

DETETIVE INOCENTE — O que quer dizer um galo morto antes da festa?

DETETIVE OBTUSO — Não sei.

DETETIVE CHEFE — Pensei que eles matassem na hora. (*Pausa.*)

DETETIVE OBTUSO (*Reatando a conversa*) — Está vendo aquela meia-água ali? (*Aponta.*)

DETETIVE INOCENTE — Do lado da casa?

DETETIVE OBTUSO — É. Pois ali é o quarto de Laio. E da mulher, Jocasta.

DETETIVE INOCENTE — Como é que você sabe?

DETETIVE OBTUSO — Foi ali que nós o cercamos. Eu e mais três. Assim mesmo Laio fugiu. Nós tivemos que voltar com as mãos abanando. Imagina como eu estou agora!

DETETIVE CHEFE (*Achando graça*) — Esse Laio é meio estranho. Dizem que às vezes, no meio da festa, ele apanha a mulher, mãe de santo, e carrega lá pra dentro...

DETETIVE INOCENTE (*Meio aéreo*) — E fazem o quê?

DETETIVE OBTUSO (*Rindo*) — Éh! Éh! (*Irônico*) Rezam! (*Riem.*)

DETETIVE INOCENTE — Ah!

DETETIVE CHEFE — Mas até hoje não tiveram nenhum filho.

DETETIVE INOCENTE — É? Por quê?

(*Aproximam-se negros conversando.*)

DETETIVE CHEFE — Silêncio. (*Acomodam-se.*)

PRIMEIRO NEGRO — Tu reparou no Pélope?

SEGUNDO NEGRO — Não... (*Pélope aparece na porta.*) Olha ele lá.

PRIMEIRO NEGRO — Acho que o cabra anda meio doido.

SEGUNDO NEGRO — Também, o que fizeram dele...

PRIMEIRO NEGRO — Toda hora ele tá rindo. Parece que tá contente.

SEGUNDO NEGRO — Quem tá triste é Laio.

PRIMEIRO NEGRO — Aconteceu coisa com ele.

SEGUNDO NEGRO — Deve tê acontecido.

PRIMEIRO NEGRO — Ouvi dizer que ele hoje vai fazer um pedido.

SEGUNDO NEGRO — Laio?

PRIMEIRO NEGRO — Ao orixá Omolu.

SEGUNDO NEGRO (*Ponderando*) — Laio, me parece, não tem muita fé não.

PRIMEIRO NEGRO — Me parece também...

SEGUNDO NEGRO — Essa história de fazer pedido...

PRIMEIRO NEGRO — E vem Pélope. Vamos perguntar?

SEGUNDO NEGRO — Ele é que deve saber...

DETETIVE INOCENTE (*Em surdina*) — O que é orixá?

DETETIVE OBTUSO (*Aborrecido*) — Espécie de santo.

DETETIVE INOCENTE — E Omolu?

DETETIVE OBTUSO — Sei lá!

DETETIVE CHEFE — É um santo curador. Quando têm alguma coisa, os pretos apelam para ele. (*Pélope aproxima-se.*)

DETETIVE INOCENTE — Esse Pélope é mesmo da Bahia?

DETETIVE OBTUSO (*Aborrecido*) — É!... (*Pélope chega-se ao grupo.*)

PÉLOPE — Ôces, que tão fazendo aqui?

PRIMEIRO NEGRO — Tamos te procurando.

PÉLOPE (*Olhando bem*) — A mim?

PRIMEIRO NEGRO — Queremos saber duma coisa.

PÉLOPE — Pergunta.

SEGUNDO NEGRO — Verdade que Laio vai fazer um pedido hoje?

PÉLOPE (*Rindo*) — (*Consigo mesmo*) Se vai!...

SEGUNDO NEGRO — A Omolu?

PÉLOPE (*Afirmativo*) — Éh! Éh!

SEGUNDO NEGRO — Pra pedir o quê?

PÉLOPE (*Sempre rindo de gozo*) — Pra tê um fio. Ele qué tê um fio e vai perguntar o que precisa fazê.

PRIMEIRO NEGRO (*Rindo grosseiramente*) — Uai! Ele não sabe?

PÉLOPE (*Severo*) — Laio é estéril! Foi doença. Ele não era assim mas ficou! Pra quem não acredita nos orixás nagôs, que fique sabendo que Laio é estéril. Não era mas ficou.

SEGUNDO NEGRO — Como foi? Conta pra nós. Dizem que tu tá metido nisso...

(*Aparece Laio, que sai de casa acompanhado de vários negros. Todos servis a seu lado. É mulato formidável, musculoso, forte, mas com o olhar triste, que logo se nota. A seu lado está Jocasta, que se faz notar pelo contraste com o esposo. É magra, miúda, e o seu olhar não expressa coisíssima alguma. Desprovido de personalidade. Sua face está permanentemente contraída num riso idiota. Entra também Crisifo, um negrinho de seus dez anos, endiabrado, filho de Pélope.*)

PÉLOPE — Olha ele aí. Pede a ele que te conte. (*Afasta-se rindo.*)

(*Laio, silencioso, aproxima-se do galo morto e o empurra com o pé. Crisifo acocora-se a seu lado.*)

LAIO (*Com voz grave e dura*) — Quem foi que matou?

CRISIFO — Ih! Ih!

LAIO (*Fuzilando-o com o olhar*) — Foi tu?

CRISIFO — Ih! (*Uma bofetada de Laio atira-o ao chão e interrompe-lhe o riso. Pélope corre para perto do filho e consola-o. Crisifo chora.*)

LAIO — Cala a boca! (*Ele chora baixinho. Entre os outros negros alguns confabulam em sinal evidente de protesto.*) Pélope! (*Como um cão ele levanta os olhos para o dono.*) Tu não sabe o que tem que fazer? (*Pélope levanta-se com esforço e encaminha-se para a porta da casa, onde entra. Crisifo continua chorando baixinho.*) Demônio! (*Afastando-o com o pé.*) Tu não cala essa boca? (*Pausa.*) (*Para Jocasta, que até agora não teve o menor gesto*) Tu acha que ele atende?

JOCASTA (*Sempre de cabeça baixa*) — Parece que tu não tem fé.

LAIO (*Falando baixinho*) — Não tenho mesmo. Tu sabe que não tenho mesmo!

JOCASTA — Assim, milhor até nem começá.

LAIO — Se estou aqui é culpa tua. Tu sabe que macumba nenhuma m'ingana. Tu sabe que macumba nunca m'inganou. (*Pausa.*) Mas eu queria ter um filho. Nunca quis tanto uma coisa como tou querendo esse filho. Juro que se der certo... Juro até que... que me converto nagô. Nagô feito esse que tá aí. (*Aponta Pélope que vem entrando com um galo vivo para o sacrifício a Omolu.*)

Inicia-se a festa. Primeiro a matança ao som dos cânticos e das danças sagradas. Depois o "despacho" de Exu. Depois as cantigas e as danças especiais de Omolu e uma filha fica possuída por esse orixá. Dança. Jocasta aproxima-se e faz o pedido que a plateia não necessita ouvir.

FILHA DE SANTO (*Dirigindo-se a Laio, quase aos berros*) — Tu não vai ter filho não!

LAIO (*Furioso para Jocasta*) — Tá vendo? Eu sabia. (*Baixo para a filha de Omolu. Envergonhado com os negros que observam.*) Faço o que for preciso! Até me converto nagô se for preciso!

FILHA DE OMOLU (*Sempre alto*) — Pois é por causa dum nagô que tu não vai tê filho não. Tu não se alembra da maldição de Pélope? (*Os negros murmuram.*)

LAIO (*Transfigurando-se*) — Chega! Se não pode, deixa.

FILHA DE OMOLU (*Como anteriormente*) — Ele disse assim: "Laio, Laio, tu nunca vai tê um filho, mas se tiver ele vai ser teu assassino!". Foi assim que ele disse.

(*Os atabaques soam baixinho como um eco vindo de longe enquanto os negros observam Laio num silêncio mortal.*)

LAIO (*Com raiva concentrada*) — Já disse que chega!

FILHA DE OMOLU — Essa foi a maldição de Pélope. Tu tem que carregar com ela a vida toda. Tu se alembra do que fez com Crisifo?

LAIO (*Possesso*) — Chega! Leva essa dona antes que eu meta a mão na cara dela!

PÉLOPE (*Que se manteve respeitoso até agora*) — É com orixá Omolu que tu tá falando!

LAIO (*Para Jocasta*) — Leva o orixá pro Inferno! E vocês todos! Estão fazendo o quê aqui? A festa acabou! Todo mundo pra fora! Já! (*Os negros se movem. Jocasta e outras negras conduzem a filha de Omolu para dentro. Laio está embriagado.*) Todos pro diabo que os carregue!

FILHA DE OMOLU (*Antes de sair, ao passar pela frente de Laio*) — Tu vai ter um filho sim! Mas tão desgraçado que há de chorar o dia em que nasceu! Te lembra da maldição de Pélope? Pois vai ser pior, vai ser muito pior!

LAIO (*Fazendo uma carícia feroz no pescoço de Jocasta*) — (*Quase doce*) Se tu ficar grávida, te mato, Jocasta. Te mato!

FILHA DE OMOLU (*Com um riso selvagem*) — Jocasta já tá grávida! Jocasta vai ter um filho! (*Saem Jocasta, a filha de santo e algumas negras.*)

LAIO (*Com ferocidade contida, percorrendo com o olhar todo o terreiro*) — Já não falei pra todo mundo ir embora? Já não mandei? (*Para os tocadores de atabaque*) Não mandei parar com isso? (*De um golpe para os atabaques*) Fora! (*Os negros vão se afastando com murmúrios.*)

(*A um sinal do chefe, os detetives saem e cercam Laio de revólver em punho.*)

DETETIVE OBTUSO (*Irônico*) — Nós também?

LAIO (*Voltando-se*) — To... (*Ia dizer "todos". Os negros se detêm e voltam.*)

DETETIVE OBTUSO — Se lembra de mim? Daquela vez você fugiu, mas hoje vai pagar os teus pecados!

DETETIVE CHEFE — Revista.

DETETIVE OBTUSO (*Revistando-o*) — Desta vez não há santo que te salve. (*Para os negros*) Hei! Cambada! Vocês querem saber que história de maldição é essa? (*Com um carinho sarcástico*) Conta, Laio, conta pra eles. (*Laio tem movimentos lerdos e tensos de uma fera encurralada.*) E tu também, negro, conta o que tu sabes. (*Pélope aproxima-se.*) Um dia Laio ia ser preso. Aqui mesmo, neste terreiro. Fui eu quem deu a batida. Ele me escapou. Não sei como, mas escapou. Estava escondido ali naquele quarto. Fugiu. Foi pra Bahia. Lá ele tinha amigos. Tinha Pélope.

PÉLOPE (*Com esforço*) — Eu era pai de santo dum candomblé nagô. Laio veio com fome. Veio corrido. Me pediu por tudo mais sagrado pra deixar ele morando lá. Lá morava todo mundo junto. Até Crisifo, meu filho.

LAIO (*Com os olhos brilhando*) — Então Pélope pediu que eu ensinasse o filho dele. Não foi, Crisifo, não foi?

CRISIFO — Foi.

PÉLOPE (*Para si mesmo*) — Morava todo mundo junto.

LAIO — Mas Crisifo era tão bom menino, tão bom menino, que eu resolvi voltar com ele. (*Imperceptivelmente vai se afastando em direção à casa.*) E trouxe pra minha casa. Então Pélope me amaldiçoou. Como foi, Pélope, que tu disse? (*Curva-se e fala ao ouvido de Crisifo.*)

PÉLOPE (*Quase em lágrimas*) — Laio, Laio, tu nunca vai ter um filho, mas se tiver vai ser seu assassino! (*Antes que termine Laio foge com Crisifo, correndo atrás dele escudando-o. O detetive obtuso nota a fuga e faz pontaria.*)

DETETIVE CHEFE (*Impedindo-o de atirar*) — Cuidado com o menino! Vão atrás dele. Rápido!

PÉLOPE (*Ainda emocionado*) — Mas se tu tiver ele vai ser seu assassino.

DETETIVE CHEFE — Cala a boca, velho! (*Abanando a cabeça enquanto o detetive obtuso cruza a esquina da casa.*) É isso! Quer contar vantagem, depois não sabe como ele fugiu! (*O detetive inocente não diz nada. Os negros se dividem.*) (*Sorrindo*) Pra que correr, não é? Cansar à toa. Laio vai ser preso mesmo, mais cedo ou mais tarde. Ainda mais um caso desses. Complicações com menores é o diabo. Caso de cadeia na certa. Cadeia por muito tempo.

PÉLOPE (*Soluçando perto do filho que volta*) — Vai ser teu assassino, Laio, teu assassino!

DETETIVE CHEFE (*Saturado*) — Cala a boca, velho!

Segunda parte

O mesmo cenário, bastante envelhecido. A cerca foi derrubada, as árvores assumiram formas diferentes etc., mas a meia-água ao lado da casa continua imutável. Negros espalhados por toda a cena, principalmente ao fundo. Num grupo, Crisifo, que apesar da idade conserva um ar infantil e efeminado, conversa com um mulato de chapéu, que está de braço com uma moça também escura. Seus gestos delicados, macios, contrastam com os gestos rudes e bruscos dos demais personagens. Noutro grupo, dois negros observam numa mímica expressiva, de repugnância.

MOÇA (*Mordaz*) — Você está nervoso, está?

CRISIFO (*Com voz aveludada*) — Então?! Estou que não em aguento! Só vim cá fora porque estava mesmo precisando tomar um pouco de ar fresco.

HOMEM DE CHAPÉU — Sabe que tem gente aí que não está topando muito essa história?

CRISIFO — Não sei, por quê?

HOMEM DE CHAPÉU — Filho de santo...

CRISIFO — Não sou o primeiro. Nem serei o último, você vai ver.

HOMEM DE CHAPÉU (*Fazendo troça*) — De que santo você é filho?

MOÇA (*Rindo*) — Iansã. (*Riem.*)

CRISIFO — E sou mesmo. Não vejo nada de mais.

HOMEM DE CHAPÉU (*Batendo concupiscentemente nas costas da Moça.*) Tu... hein?!

MOÇA (*Rindo, sensual*) — Mas é mesmo. Não ouviu ele dizer?

CRISIFO (*Sem se importar*) — Acho a coisa mais natural do mundo.

MOÇA (*Irônica*) — Nós também, não é mesmo?

CRISIFO — Uhm! Vocês hoje não sei o que é que têm. (*Pausa.*) Bem, vou lá pra dentro. Minha vontade era tomar qualquer coisa com álcool. Estou precisando bem. (*Afasta-se.*)

MOÇA (*Mordaz*) — Eu sei o que você está precisando!...

HOMEM DE CHAPÉU (*Apertando-a*) — Tu não presta.

MOÇA (*Sensual*) — Eu? Tu é que faz maldade de tudo.

HOMEM DE CHAPÉU — Ele está precisando da mesma coisa que tu, nega!

MOÇA — Fica quieto. Olha meu irmão ali. (*Crisifo passa em frente dos dois negros que o observam. A Moça e o Homem de Chapéu com os seus risos e gestos durante o ato todo.*)

PRIMEIRO NEGRO (*Depois de Crisifo ter passado*) — Pouca vergonha!

SEGUNDO NEGRO — Antigamente havia mais respeito.

PRIMEIRO NEGRO — Quando Jocasta era mãe de santo. Havia mais respeito.

(*Pélope aparece, envelhecido, recurvado. Sai da casa e aproxima-se lentamente.*)

SEGUNDO NEGRO — Tenho pena é do pai. Esse sim, deve sofrer.

PRIMEIRO NEGRO — Doido não sofre.

SEGUNDO NEGRO — Quem disse que ele é doido?

PRIMEIRO NEGRO — Só tu é que não sabe? Basta olhar, logo se vê.

(*Chega Pélope e fica olhando os negros em silêncio.*)

PRIMEIRO NEGRO — Então? Ele tá nervoso?

PÉLOPE — Pergunta pra ele.

PRIMEIRO NEGRO — Tu é pai, deve saber...

PÉLOPE — Pergunta pra ele que não m'interessa.

SEGUNDO NEGRO — Tu não vai assistir?

PÉLOPE (*Depois de uma pausa*) — Tenho vergonha nessa minha cara.

SEGUNDO NEGRO — Foi por tua causa que Jocasta consentiu.

PÉLOPE (*Murmurando*) — Pouca vergonha!

SEGUNDO NEGRO — Em atenção a ti, tu que é pai.

PÉLOPE (*Como anteriormente*) — Pouca vergonha!

PRIMEIRO NEGRO — Antigamente havia mais respeito.

SEGUNDO NEGRO — No tempo de Laio. (*Um homem entra pela direita. Quase sem ser notado. Para e observa. Pélope fita o negro que falou em Laio. Explode numa gargalhada.*)

PÉLOPE (*Rindo*) — No tempo de Laio havia mais respeito. Mas o tempo de Laio passou. Acabou-se Laio. Acabou-se Laio há vinte anos. Agora é o tempo de Jocasta. De Jocasta sem filhos. (*Os negros trocam olhares entre si e afastam-se.*) Êh! Êh! No tempo de Laio havia mais respeito...

HOMEM (*Dando de cara com ele*) — Tu acha? (*Pélope levanta os olhos para ele. Depois de um momento de espanto, fala.*)

PÉLOPE — Tu?

HOMEM — Não me esperava?

PÉLOPE — Já passaram vinte anos? (*É Laio. A sua fisionomia pálida, anêmica, mostra os estragos causados por vinte anos de cadeia. Fala roucamente.*)

LAIO — Parece que ninguém me esperava. Parece que já tinham me esquecido. (*Olhando em torno.*) Tá com cara de que ia haver festa...

PÉLOPE — Vai.

LAIO — Acho que essa gente vai voltar para casa daqui a pouco sem assistir festa nenhuma. Pode assistir à pancada, isso depende... (*Esta fala soa um pouco falsamente pois é dita com um tom que não combina com o seu físico devastado.*) Como está mudado... Como está tudo mudado... Só aquele quarto. Aquele quarto — pelo menos por fora — parece igualzinho ao dia em que fui preso. Lá dentro tinha uma cama. Minha e de Jocasta. Será que ainda tem?

PÉLOPE — Não entro lá.

LAIO — Com certeza está com o mesmo lençol de quando eu fui embora.

PÉLOPE (*Irônico*) — Com certeza.

LAIO — Que foi que aconteceu desde que eu saí? Que é que tem acontecido?

PÉLOPE (*Irônico*) — Nada. Não aconteceu nada desde que foi embora. Tudo tá a mesma coisa...

LAIO (*Irritado*) — Só que tu ficou mais doido do que já era. E só que... só que Jocasta...

LAIO — Fala!

PÉLOPE — Só que Jocasta teve um filho.

LAIO (*Com medo nascente*) — Um filho? Ah!... (*Com um fio de esperança*) De quem?

PÉLOPE — Teu! De quem podia ser? Mulher casada pode ter filho de quem? Do marido. Jocasta teve um filho teu.

LAIO (*Lívido*) — Um filho meu...

PÉLOPE (*Cruel*) — Era até a tua cara. Escritinha. Era tua cara escritinha.

LAIO (*Numa esperança maior*) — Era? Tu disse "era"?

PÉLOPE — Era? Disse? (*Triste*) Disse!

LAIO (*Feliz*) — Morreu de quê?

PÉLOPE — Ficou doente ninguém sabe como. Então Jocasta pediu que eu levasse ele pra casa de uns amigos. Pra casa de Mãe Mérope. Disse que o ar fazia bem. Menino tão fortezinho. Mandaram dizer que tinha morrido.

LAIO — Graças!

PÉLOPE — Menino tão fortezinho.

LAIO — Eu até tava com medo. Se lembra o que disse teu orixá naquela noite?

PÉLOPE (*Selvagem*) — Omolu não mente! Ninguém viu o cadáver! Daqui de casa ninguém viu!

LAIO (*Forte*) — Mas disseram! Não disseram? Disseram que ele tinha morrido! Mãe Mérope não mente! (*Pausa.*) Quem é Mãe Mérope?

PÉLOPE — Um dia ele volta! Omolu não mente! Não souberam nem quando foi o enterro! Não souberam nem se houve enterro!

LAIO — Mas Mãe Mérope não disse que ele morreu? Então morreu. Deve ser alguém de confiança de Jocasta. (*Pausa.*) Perdi vinte anos de minha vida na cadeia. Não vou perder mais tempo, querendo saber de que foi que ele morreu. Mãe Mérope disse, stá acabado! (*Pausa.*) Perdi vinte anos... Ah! Mas eles voltam. Durante essse tempo todo, enquanto eu trabalhava como uma besta, preso, eu pensava nisto aqui. Agora sei o que vou fazer. Vou ficar rico. Está ouvindo, Pélope? Vou ficar rico! Aquela coisa de querer ser bom, de querer ter fé, tudo isso a cadeia me tirou. Eh! Pélope, tu que acha? (*Pélope murmura qualquer coisa incompreensível.*) Às custas dessa cambada de negros. Eles querem festa, eu dou festa. Mas eu quero dinheiro; eles têm que dar. Macumba de graça só na tua terra. Perdi vinte anos mas agora vou ficar rico! Tu que acha, Pélope?

PÉLOPE — Eu não sei, não. Eh! Eh! Mas acho que não vai ser assim tão fácil, não. Acho que não vai ser bem assim, não.

LAIO — Tu não acredita nessa gente? Esses negros têm fé.

PÉLOPE (*Rindo*) — Eu sei que têm. Eu sei que esses negros têm fé. Só que acho que tu não vai mais ser pai de santo, não.

LAIO (*Sério*) — Eu preciso.

PÉLOPE — Sei disso. Eh! Eh! Mas já tem outro...

(*Por um momento Laio contempla mudo a face risonha do velho, depois fala penosamente.*)

LAIO — Jocasta...?

PÉLOPE — Isso não sei, não. Isso é lá com eles. Só sei que pai de santo já tem outro... E dá-se muito bem com esses negros que têm fé.

LAIO (*Lento*) — Você disse que Jocasta tem um amante?

PÉLOPE — Isso não disse, não. É lá com eles. Nunca vi os dois entrarem naquele quarto. Eh! Eh! Mas pai de santo isso tem. Quase um menino ainda. Deve ter tantos anos de vida como tu de cadeia.

LAIO (*Que se animou com a juventude do rival*) — Quebro-lhe a cara!

PÉLOPE — Será que quebra mesmo? Eh! Eh!

LAIO — Assim que cair nas minhas mãos tu vai ver pra onde ele vai, Pélope, tu vai ver!

PÉLOPE — Olha que ele é mais forte. Olha que ele é muito mais forte do que tu.

LAIO (*Pegando o velho pela camisa, confidencial e violento ao mesmo tempo. No ouvido dele, quase*) — Escuta, Pélope. Tu vai lá dentro, se é que ele tá aí dentro, tu vai lá e diz pra ele que vá s'embora! Tu diz pra ele ir s'embora porque, se fica, morre. Te dou minha palavra, Pélope, que mato ele. Tu sabe quem eu sou. Tu sabe as que eu fiz. Posso ser preso depois e não viver mais um dia solto. Vai lá dentro, Pélope... Depois, quando eu morrer, ele pode voltar. Pode ficar até com Jocasta se ele quiser. Mas só depois, agora não. Agora quero ser eu sozinho. (*Com um sorriso*) Eu e esses negros que tu diz que têm fé... Vai, Pélope...

PÉLOPE — Tu pensa que ele quer a mesma coisa que tu. Ele também tem fé e não vai s'embora, não. Ele tem fé, Laio.

LAIO — Tu... tá muito carinhoso com ele.

PÉLOPE — Tou! Crisifo, meu filho, tu me perdeu. Agora tenho esse. Tenho orgulho dele.

LAIO (*Forte*) — Faz o que eu disse!

PÉLOPE (*Observando Jocasta que sai da casa*) — Pede Jocasta.

LAIO (*Voltando-se*) — Jocasta? (*Olha-a.*) Tá velha... (*Jocasta aproxima-se e se espanta ao reconhecer Laio.*)

JOCASTA — Tu aqui?

LAIO — Tá me vendo.

JOCASTA — Fugiu?

LAIO — Acabou meu tempo. (*Irônico*) Eram só vinte anos. (*Pausa.*) Por que não me visitou nunca?

JOCASTA — Não podia.

LAIO — E carta, por que não mandou?

JOCASTA — Quase não tinha nada a dizer...

LAIO (*Mordaz*) — Tudo correu sempre bem?

JOCASTA — Quase tudo...

LAIO — Teu parto foi feliz?

JOCASTA (*Depois de levantar os olhos para Pélope*) — Tu disse?

PÉLOPE — Sei que tu não queria que se soubesse...

JOCASTA — Disse também que morreu?

LAIO — Que ninguém viu o cadáver. Quem era essa tal Mãe Mérope?

JOCASTA — Amiga.

LAIO (*Súbito*) — Nagô? (*Ela concorda com a cabeça.*) (*Excitado*) Tu não devia. Essa gente não gosta de nós. Vê, Pélope?

JOCASTA — Foi ele que levou Édipo.

LAIO — Quem?

JOCASTA — O menino se chamava Édipo.

LAIO — Édipo. Nome bonito... Bonito demais para ser de preto. Ele era preto?

JOCASTA — Escuro.

LAIO — Dizem que às vezes preto tem filho branco. Está no sangue. Mas, se ele era preto, tu podia pôr outro nome qualquer. Sebastião, por exemplo. Também é bonito e é nome de gente de nossa cor.

JOCASTA — Chamei assim.

LAIO — Mas, se ninguém viu o cadáver, como é que tu pode ter a certeza que ele morreu?

JOCASTA — Mérope é minha amiga.

LAIO — Tua amiga...?

JOCASTA — Não ia mentir.

LAIO — É tão difícil...

JOCASTA — É fácil. Matar uma criança é fácil. Criança morre por qualquer coisa. Mesmo quando é fortezinha.

PÉLOPE — Como era Édipo. Levei ele porque não sabia o que tu tinha mandado fazer com ele. Não sabia que tu tinha coragem.

LAIO — Que foi?

PÉLOPE (*Emocionado*) — Pensei que você ia dar o filho pra ela. Mãe Mérope não tinha filhos. Não podia ter. E tu mandou matar ele! Tu mandou matar teu filho! (*Os dois ouvem em silêncio respeitoso.*)

LAIO — Mandou?

JOCASTA — Mandei! (*Pausa longa.*)

LAIO (*Em tom severo*) — Pelo que tou vendo, hoje ia ter festa.

JOCASTA — É...

LAIO — Quem ficou em meu lugar?

JOCASTA — Primeiro, ninguém...

LAIO — E depois?

JOCASTA — Eu tou ficando velha...

LAIO — Tá.

JOCASTA — Precisava de alguém que tivesse coragem. Alguém que se fizesse respeitar.

LAIO — Então tu arranjou um amante.

JOCASTA (*Depois de uma pausa*) — Não. Ele não é meu amante. Disse que não tinha coragem de deitar comigo, sendo tu vivo.

LAIO — Tu gosta dele?

JOCASTA — Como dum filho.

LAIO — Só? (*Ela o fita.*) Nunca pensou em mais nada?

JOCASTA (*Pausadamente*) — Pra mim tanto faz...

LAIO — E ele diz que não tem coragem? (*Dá uma gargalhada.*) Não tem coragem porque te acha velha! Não sei como tu é tão burra que não entendeu ainda. Tu é burra mesmo. (*Jocasta fica tensa.*)

Tem te explorado esse tempo todo e tu sem dar conta. Ainda sendo um moço. Ah! Ah! Jocasta, não te enxerga? Ah! Ah! Ah!

JOCASTA (*Tensa*) — Não queria te dizer, mas fica sabendo que ele foi meu! Foi comigo para tua cama! Dormiu comigo!

LAIO (*Sério e feroz*) — Dormiu?!...

JOCASTA (*Desesperando-o*) — Só não quis que eu tivesse filho.

LAIO — Fala, Jocasta! Na minha cama!

JOCASTA — Só não quis ter filho... enquanto tu fosse vivo.

LAIO — Ah! Então ele quer me matar?

JOCASTA — Ele quer que tu morra.

LAIO — Sei que depois eu vou ser preso de novo. Mas esse teu menino vai aprender que na cama de Laio ninguém se deita. Onde tá ele?

JOCASTA — Já vem.

LAIO (*Justificando-se*) — A culpa foi tua, Jocasta. Não quero mal nenhum a ele, mas a culpada foi tu.

JOCASTA — Sei.

LAIO — Mexeu em casa de maribondo. Agora o maribondo chegou. (*Aparecem vários negros na porta, entre os quais um mulato de seus vinte anos, extraordinariamente desenvolvido para a idade, aproxima-se lento do grupo. A agressividade de Laio desaparece aos poucos.*)

JOCASTA (*Desafiante*) — É aquele.

PÉLOPE (*Desafiante*) — O mais forte, o do meio.

LAIO (*Rindo consigo mesmo*) — Eu tava pensando que... Eh! O rapaz até que é inteligente... Pegou mulher, dinheiro, tudo de uma vez. Sabidão.

PÉLOPE (*Provocando-o*) — Não vai mais querer dar nele?

LAIO (*Esquecendo sua fraqueza*) — Não. É muito novo ainda. Mais do que eu pensava. Vou dar uma oportunidade. Pode ser que ele queira ir por bem.

PÉLOPE (*Como anteriormente*) — Acho que não quer, não.

LAIO (*Com medo, mas rindo*) — Será que ele não quer não, hein, Pélope? (*Batendo-lhe nas costas amigavelmente.*) Tu não acha isso, hein? Pode ser que queira... (*O rapaz entra no grupo.*)

RAPAZ — Vamos começar?

JOCASTA — Tu é que resolve.

RAPAZ — As filhas já estão prontas. Crisifo também.

LAIO — Crisifo teu filho?

PÉLOPE (*Com amargura*) — Agora é filho de santo.

LAIO — Daqui?

PÉLOPE (*Afirmativo*) — Uhn!...

LAIO — E tu permite isso?

JOCASTA (*Indiferente*) — Ele é quem resolve. (*Mostra o rapaz com o gesto.*) Quis assim em atenção a Pélope.

RAPAZ (*Que não gostou da observação de Laio*) — Tá te incomodando? (*Laio dá um riso desagradável de mofa e de medo.*) (*Pausa.*) Tu é novo aqui.

LAIO (*Cutucando Pélope*) — Diz pra ele. Diz se eu sou novo aqui.

RAPAZ (*Vigoroso*) — Se tu é tão novo que ainda não sabe que neste terreiro ninguém discute o que eu mando, então fica sabendo. (*Laio ri de novo com seu riso curto e desagradável.*) Não gosto de gente que vive rindo. Doutra vez procura outra festa, não me apareça aqui.

LAIO (*Sério*) — Tu não sabe o que diz! (*O Rapaz crava nele o seu olhar. Laio muda de tom.*) Mas tem razão. Tu é ainda um menino.

RAPAZ (*Contendo-se*) — Tu parece que está querendo coisa.

LAIO — Capaz...

RAPAZ (*Para Jocasta*) — Tu sabe quem é ele? Tu sabe o que tá querendo aqui?

JOCASTA — Sei.

LAIO (*Forte*) — Tou querendo te dizer que filho de santo homem eu não consinto. Não gosto de ver.

RAPAZ (*Altivo*) — Mas quem te perguntou se tu gosta ou não? Eh! Eh! Agora quem ri sou eu.

LAIO — Eu tou querendo evitar briga.

RAPAZ (*Ironicamente doce*) — Mas não deve. Se tá com vontade de brigar, acho que deve resolver duma vez. (*Noutro tom*) E acho bom ir logo dando o fora, porque senão quem acaba com vontade sou eu. Já disse que neste terreiro homem aqui sou eu!

LAIO (*Enchendo o peito*) — Tu sabe quem sou?

RAPAZ (*Avançando*) — Nem tou querendo saber. Tu some daqui que já te mandei embora. (*Negros começam a cercar o grupo.*)

LAIO — Tu sabe quem eu sou? Sou Laio! (*O efeito da revelação é praticamente nulo. Apenas um ou outro negro se detém e cochicha.*)

RAPAZ — Já te disse uma vez que te fosse embora. E repetir não repito.

LAIO — Tu sabe quem é Laio? O marido dessa aí, da tua amante. (*O Rapaz, que estava de costas, volta-se. A sua face deixa transparecer a angústia, o ódio, os sentimentos confusos e desencontrados que sente. Por um instante ninguém fala. Um atabaque soa, solitário, o Rapaz murmura.*)

RAPAZ — Então... é tu?

LAIO (*Vitorioso*) — Sou Laio.

RAPAZ — Tu esteve preso?

LAIO — Me soltaram hoje.

RAPAZ (*Quase doce*) — Sabe que eu sempre quis te matar? Nunca matei ninguém, nunca desejei a morte de ninguém. Tu foi o primeiro cara que eu quis ver morto. Mas tu tava preso, tava longe. Agora que tu está mais fácil, agora que tu está aqui na minha frente (*Avança um pouco e Laio recua quase imperceptivelmente*), eu não tenho coragem. Parece que falta um motivo.

LAIO (*Com medo*) — Agora que tu sabe quem eu sou acho bom ir embora.

RAPAZ (*Aconselhando*) — Não. Quem vai é você. E faça o possível para não voltar.

LAIO — Tu sabe que está na minha casa? Tu sabe que deitou com minha mulher? E ainda quer me mandar embora? (*Tentando a ironia*) Não quis ter filho de mulher casada, hein?

RAPAZ (*Explodindo, empurra-o*) — Cala a boca! (*Num movimento reflexo, Laio o esbofeteia. O Rapaz recua com a mão no rosto e o atabaque não para sua música monótona. Saca um punhal e avança para Laio.*) Eu não tinha motivo. Mas agora tenho. Tu vai pro Inferno, Laio. (*Estas frases são ditas enquanto combatem. Laio limita-se a lançar grunhidos e os negros a formarem roda em torno dos dois. O Rapaz, rápido, vibra o punhal no peito de Laio na altura do ombro esquerdo. Ele cai e é amparado.*)

LAIO — Aiiiii...

RAPAZ (*Petrificado*) — E... E... Ele... morreu?

LAIO (*Com dificuldade*) — Ainda não.

PÉLOPE (*Ajudando o Rapaz a vencer a crise*) — Tu parece que está com medo. Ele morre, sim, não te incomode. Se ele ficasse vivo, sim, tinha perigo. Não que ele seja homem para ti, mas ele "era" covarde! Não te assuste.

LAIO — Tu me matou, canalhinha! Ahn!... Tu paga! Todo mundo paga o que faz nesta Terra.

PÉLOPE — Tu sabe disso melhor do que nós, Laio. (*Jocasta, que andou de um lado para outro, afobada, acaba saindo em direção à casa para buscar qualquer coisa para o moribundo.*) Tu fez o que fez e Jocasta matou o teu filho. Mas Omolu não falha. (*O Rapaz não desprega os olhos de Laio, trêmulo.*) Às vezes demora mas não falha. Manda outro no lugar.

RAPAZ — Ah! Se Mãe Mérope fosse viva!

PÉLOPE (*Trêmulo*) — Quem? Tu disse um nome! Mérope?

RAPAZ (*Sem compreender*) — Minha mãe!

PÉLOPE — Ah! Desgraçado! (*Pélope cai desmaiado no meio dos negros que o amparam.*)

RAPAZ (*Cada vez mais aturdido*) — Por que... Por que ele desmaiou? (*Laio, num esforço supremo, levanta-se ajudado pelos negros. Sua voz é grave e procura ser firme.*)

LAIO — Tu disse que é filho de quem?

RAPAZ (*Trêmulo*) — Mérope! Ela tinha um terreiro na Bahia...

LAIO (*Iluminando-se*) — Tua idade?

RAPAZ — Faço vinte agora. (*Quase num grito e num soluço*) Mas por quê? Por quê?

LAIO — Porque sendo tão novo tu não pode te lembrar... Pélope.

RAPAZ — Pélope desmaiou sem mais nem menos.

LAIO — Ouviu falar o nome de tua mãe. Foi amante dela.

RAPAZ — Da minha mãe! Ela era honesta!

LAIO — Até ficou doido. Foi uma surra que levou do teu pai.

RAPAZ — Me lembro de minha mãe, de meu pai... eles eram felizes.

LAIO — Tu é inocente. Não repara nas coisas. Não vê que Pélope sempre te tratou como filho. Ele gosta de ti como de um filho. É porque tu lhe lembra Mérope. Por causa de Mérope ele ficou doido. Não vê que ele te trata como um filho? Por isso te chamou desgraçado.

RAPAZ (*Vencido*) — Sou mesmo...

LAIO — Conta a tua história. Por que tu deixou Mérope e deixou teu pai? Tu vivia feliz, com certeza... Até que um dia...

RAPAZ — Até que um dia, no meio duma festa, Omolu baixou e quis falar comigo. Disse que eu ainda havia de chorar o dia em que nasci... Que meu destino era casar com Mérope...

LAIO — Disse Mérope?

RAPAZ — Disse minha mãe. Mas antes disso eu ia matar meu pai. Eu não quero matar meu pai! Não quero!

LAIO — Então tu fugiu de casa?

RAPAZ — Nessa noite mesmo. Quis casar com a primeira mulher que me aparecesse. Mas eu tava pobre e não tinha emprego. Até que cheguei aqui. Jocasta me recebeu. Foi como u'a mãe pra mim.

LAIO — E tu não quis ter filho porque eu era vivo, não foi? Agora tu pode ter filho.

RAPAZ — Agora eu vou ser preso. Vou para a cadeia.

LAIO — Não. Tu ia se eu não fosse bom. Te acho tão desgraçado que te perdoo. Tu não vai ser preso, não. Mas só te peço uma coisa em troca.

RAPAZ — Pede.

LAIO — Manda Pélope embora.

RAPAZ — Pélope?

LAIO — Jura que manda?

RAPAZ — Por quê?

LAIO — Foi amante de tua mãe.

RAPAZ — Mando.

LAIO — Então tu pode ser feliz agora. Pode ter filhos com Jocasta. Me dá o punhal.

RAPAZ — Pra quê?

LAIO — Tu vai ver. (*O Rapaz dá o punhal que conservou apertado na mão até agora.*) E pode ter a certeza de que o que eu faço é pro teu bem. (*Com um sorriso estranho*) Pro teu bem e de Jocasta. (*Apunhala-se duas vezes no mesmo lugar, cambaleia e cai morto. Os negros olham aterrorizados.*)

RAPAZ — Laio! (*Jocasta, que vinha entrando, aproxima-se rapidamente. Silêncio.*)

JOCASTA — Que houve?

RAPAZ — Laio se matou. (*Pausa.*) Disse que foi pro nosso bem. Pra gente poder casar, poder ter filhos.

JOCASTA — E a polícia?

NEGRO — Ele não pode ser preso. Não tem nada com isso. Laio se matou.

RAPAZ — Pro nosso bem, Jocasta. Hoje não tem festa. Vamos entrar que hoje não tem festa. Jocasta! Ele disse que a gente agora pode ter filhos. E tu vai ter. Agora tu vai ter filho meu.

NEGRO (*Contemplando o cadáver de Laio*) — Merecia um enterro de primeira.

NEGRO — Feito enterro de branco importante.

RAPAZ — Eu dou. Todo o meu dinheiro vai pro enterro de Laio. Quero muitas flores. Caras... e roxas.

NEGRO — Tu faz bem.

NEGRO — Se matou pra tu ser feliz.

NEGRO — Tu e Jocasta.

NEGRO — Agora vamos embora, deixar o casal sozinho.

NEGRO — Alguém fica velando o corpo de Laio.

NEGRO — Pode ir tu e Jocasta.

RAPAZ — Vamos. (*Passa o braço em torno da cintura de Jocasta e afastam-se lentamente. Crisifo está entre os negros e também dá passagem.*)

NEGRO — Casal feliz.

NEGRO — Fosse eu assim com minha mulher.

PÉLOPE (*Recobrando os sentidos*) — Édipo! Édipo!

NEGRO (*Zangado*) — Tem Édipo nenhum aqui.

PÉLOPE (*Levantando-se*) — Édipo! Onde está Édipo? (*Nota o Rapaz e Jocasta já quase dentro da casa. Tenta avançar mas os negros, à frente dos quais está Crisifo, barram-lhe a passagem.*) Édipo!

NEGRO — De quem tu tá falando?

PÉLOPE (*Fuzilando-o com o olhar*) — Sai da frente, Crisifo! (*Alto*) Édipo! (*Entram na casa.*)

NEGRO (*Empurrando-o*) — Cala a boca. Te meto a mão na cara se tu continua falando. Todo mundo calado, só tu não se conforma! Se é maluco, o que é que os outros têm a ver com isso?

NEGRO — Que vá pro hospício.

NEGRO — Ouviu? Você quer ir pro hospício, quer?

NEGRO — Se tu não estivesse sem sentidos, ia ouvir a promessa que fez.

NEGRO — Prometeu te mandar embora.

NEGRO — Foi Laio quem pediu.

NEGRO — Ele conhece as tuas estripulias com Mãe Mérope.

PÉLOPE — Eu ia mesmo... (*Para o filho e depois de um momento de hesitação.*)

NEGRO — Quanto pra mais longe, melhor.

NEGRO — Foi o Laio que pediu.

PÉLOPE (*Afastando-se sozinho*) — Édipo!... (*Suas lágrimas caindo parecem afagar o nome.*) Édipo!...

NEGRA — Quem é esse Édipo que ele tanto fala?

NEGRA (*Uma das que andam o tempo todo com Jocasta*) — Filho de Jocasta.

NEGRA — Jocasta teve um filho?

NEGRA — Psiu!... Ela não quer que se saiba.

NEGRA (*A primeira*) — Morreu. (*Pausa.*) Morreu anjinho.

NEGRA (*A segunda*) — Mas não se fala. Ela não quer que se fale.

NEGRO (*Que estava perto*) — Mesmo hoje não é dia... Hoje só se deve pensar em Laio. Porque pelo bem dos outros Laio se matou.

NEGROS — Se matou...

Pélope desaparece ao longe e a porta do quarto se fecha enquanto os negros velam o corpo de Laio.

TERCEIRA PARTE

Suave canção[1]

Drama em três atos

(Tradução do inglês de Iná Camargo Costa)

[1] Escrita para o curso de John Gassner na Universidade Columbia, Nova York, em 1953. (N. da E.)

CHEVROLET
Canadian Club
Admiral
TELEVISION
APPLIANCES
Pepsi-Cola

Personagens

Cristine
Lucas
Pai
Silvia
Gera
Senhora
Jô
Garçom
João

Primeiro ato

Cena 1

Sala de estar diante do Escritório da Gerência. A palavra "Banco" aparece na porta de entrada.

Lucas, um jovem de cerca de 23 anos, magro, nervoso. Gera, poucos anos mais novo, tipo esperto e enganador. Jogam baralho. Lucas não presta atenção ao jogo; está olhando para a porta do escritório. Gera rouba no jogo e depois chama a atenção dele.

GERA — Anda, Lucas. É sua vez. Aposte. (*Lucas joga. Gera joga e sorri.*) Perdeu.

LUCAS — Na verdade, sempre roubam de mim, de algum jeito.

GERA (*Indignado*) — Eu não roubei!

LUCAS — Não?

GERA — Ah, não. Não desta vez.

(*Lucas se levanta e vai em direção à porta.*)

LUCAS — Ele não fala nada.

GERA — Ele está preocupado.

LUCAS (*Olhando pela fechadura*) — Maldito seja! (*Volta e senta.*)

GERA (*Embaralhando as cartas*) — Outra rodada?

LUCAS — Vamos.

GERA — Por que você não vai para casa e volta amanhã?

LUCAS — Ele me disse para passar aqui hoje cedo. Ele disse que me daria uma resposta definitiva, sim ou não.

GERA — Lucas, aqui eles não estão precisando de contador. Por que você não começa mais por baixo, como zelador, por exemplo?

LUCAS — Eu?

GERA — Bom, você ainda podia fazer coisa pior. Falando nisso, com que dinheiro você está vivendo?

LUCAS — Com o meu! (*Pausa.*) Trabalhos esquisitos...

GERA — É outro motivo para eu achar que você não consegue emprego aqui ou em qualquer outro lugar onde te conheçam.

LUCAS — Você não está insinuando que eu sou ladrão, está?

GERA — Sua vez. (*Lucas joga.*) Perdeu.

LUCAS — Como sempre.

GERA — Coincidência.

LUCAS — Espera um pouco! (*Puxa o braço de Gera e tira-lhe uma carta da manga.*) Como VOCÊ conseguiu este emprego?

GERA — Bom...

LUCAS — Devolve o meu dinheiro.

GERA (*Indignado*) — Tá brincando?

LUCAS — Você roubou!

GERA — Foi a primeira vez na vida que roubei de você! Não vou te devolver todo o dinheiro!

LUCAS — Ah, não? Se eu não tivesse perdido antes, você jamais me roubaria. (*Embolsa todo o dinheiro que Gera ganhara dele.*)

GERA (*Dando uma de criança*) — Merda, é por isso que não gosto de jogar com você! Não jogo mais! (*Continua na criancice.*)

LUCAS — Veja bem: você trapaceou, eu te peguei e você ainda quer ficar com meu dinheiro?

GERA — Mas não precisa de violência.

LUCAS — Então estou errado em recuperar meu dinheiro, é isso?

GERA — Não quero falar com você. Você não presta. Você roubou uma velha no mês passado. São esses os seus trabalhos esquisitos.

LUCAS — Roubei, é verdade. E daí?

GERA — E daí? Daí que você é um ladrão mesmo, se não se importa que eu diga.

LUCAS — E você é outro.

GERA — Você é um criminoso!

LUCAS — Roubar não é crime.

GERA — Ah, não? Como você pode dizer uma coisa dessas? Tá maluco.

LUCAS — Matar é crime. Estrangular, esfaquear, assassinar: isto é crime. Eu não matei a velha. Apenas tirei algum dinheiro da bolsa dela e devolvi a bolsa. Simples assim.

GERA — Roubar é mais que crime: é pecado mortal.

LUCAS — Nem acho que a velha ficou magoada.

GERA — Não é a opinião dela que conta, é a opinião de Deus.

LUCAS (*Levanta-se*) — Se a velha não se importou, tendo que se virar sem o dinheiro, você não acha que Deus... (*Atento ao ambiente*) Ele sabe que tenho o coração limpo. Ele me perdoou.

GERA — Pode ser, mas ele não vai te dar um emprego.

LUCAS — Teu patrão vai.

GERA — Duvido.

LUCAS — Por que ele me chamaria aqui bem cedinho se não tiver emprego para mim?

GERA — Para se fazer de importante.

LUCAS — Mas por que isso?

GERA — Ele está encrencado. Encrenca doméstica.

LUCAS — Senta aí.

GERA — Não vou mais jogar.

LUCAS — Por que não?

GERA — Porque você não é honesto.

LUCAS — Quem é?

GERA — Tá vendo? É por isso que ninguém gosta de você.

LUCAS — As pessoas gostam de mim, sim senhor.

GERA — Eu gosto porque de alguma forma te entendo. Você é um trapaceiro. Eu sei que também sou, mas eu trapaceio por necessidade. Comprei um calhambeque velho e tenho que cuidar dele. Ele bebe mais que teu pai.

LUCAS — Você não vai mesmo jogar mais?

GERA — Só se você devolver meu dinheiro.

LUCAS — Quanto você quer?

GERA — Todo o dinheiro que ganhei honestamente. É tudo, menos o da última mão. Esse pode ficar com você.

LUCAS — Muito obrigado. (*Devolve o dinheiro a Gera.*)

GERA — Me devolva as minhas cartas.

LUCAS — Você pretende continuar roubando?

GERA — Presta atenção! Atenção ao jogo. (*Esconde uma carta na manga. Embaralha.*)

LUCAS — A mulher largou dele, ou coisa do tipo?

GERA — Foi. Ela o esculhambou, xingou aqui mesmo, na frente de todo mundo. Ele está meio deprimido.

LUCAS — Estou começando a achar que não vou conseguir esse emprego.

GERA — Desconfiando? Pois eu tenho certeza. Vá para casa. Eu tenho que trabalhar. Não gosto de jogar na hora do expediente, mas não consigo não jogar com você.

LUCAS — É a minha última chance. Eu preciso desse emprego. Qualquer emprego. Desde que fui... dispensado do Exército, só circulo por aí, sem fazer nada. Você precisava ver como eu e meu pai ficamos o dia inteiro azucrinando a minha mãe, pedindo dinheiro. Ele precisa de dinheiro para beber e eu... (*Perde de novo, Gera recolhe o dinheiro.*)

GERA — Mas por que de contador?

LUCAS — Eu gosto de trabalhar com dinheiro.

GERA — Pois aqui vai um conselho: não tente desfalcar este banco.

LUCAS (*Lentamente*) — Eu não estava pensando nisso.

GERA — Um banco como este não é muito difícil de desfalcar. Por isso eu pensei que você andava com ideias. (*Tenta puxar a carta da manga.*)

LUCAS — Fácil!

GERA — Ok, perdi desta vez. Admito. Eu sou honesto.

LUCAS (*Pegando seu dinheiro*) — Está vendo? Quando todo mundo joga limpo, eu ganho. Tenho dó de quem trapaceia demais.

GERA — Dó? Tudo depende do ponto de vista. Para o maior trapaceiro é bom que o mundo não seja honesto. Lucas, você devia se alegrar muito: trapaceia o suficiente para abrir caminho na trapaça. (*Abre-se a porta da entrada. Silvia aponta a cabeça.*)

SILVIA — Lucas! Posso entrar?

LUCAS — O que você está fazendo aqui?

SILVIA — Vim te mostrar uma coisa. Posso entrar?

GERA — Claro que pode.

(*Ela entra. Está com um vestido xadrez vistoso.*)

SILVIA — Que cê acha?

GERA — Adorei. Adorei. (*Corre na direção dela.*) É lindo. Deixa eu experimentar. (*Agarra-a.*)

SILVIA — Me solta. Me solta. (*Livra-se dele.*) Você não precisa pegar num vestido para gostar dele.

(*Lucas é apaixonado por Silvia. Tem vontade de quebrar o pescoço de Gera, mas limita-se a olhar para eles com tristeza.*)

LUCAS — Minha mãe te mandou vir aqui?

SILVIA — Ela tem uma surpresa para você. Um bolo recheado.

LUCAS — Ele ainda não me recebeu.

SILVIA — Não?!

LUCAS — Parece que hoje não vamos comer bolo.

SILVIA — Bom, então capriche. Ela vai ficar muito chateada se você não conseguir esse emprego...

LUCAS — Eu também!

SILVIA — Claro. Todo mundo vai. Faça todo o esforço. Seja legal com ele. Anime-se. (*Começa a sair.*) A gente se vê.

GERA — Ei, nem beijinho de despedida?

SILVIA — Não se faça de besta. (*Sai.*)

GERA — Uma hora vou te contar uma história dessa menina. De quando você estava no Exército. Ela e seus amigos, namorados, isto é... Ah, você não liga para isso, né?

LUCAS — Continue. O que você fez?

GERA — Eeeuuu? Ora, não fiz nada. Essas meninas não me levam a sério. Elas gostam de mim, mas não fisicamente. Quando digo alguma coisa, elas acham que estou de brincadeira. (*Lucas ri.*) É por isso que te odeio. É, você tem um grande futuro pela frente. (*Provocando*) Eu me lembro de uma noite que o namorado deixou a Silvia plantada, ela ficou furiosa com ele, e se vingou comigo. Essa é a única noite da minha vida que eu quero lembrar. Por isso nós ficamos tão chegados. Você não percebeu?

LUCAS — Percebi.

GERA — Ela quis se vingar e quem aproveitou fui eu. Ah, as coisas que fizemos nos bancos do parque, por toda a cidade... Ela se vingou mesmo.

LUCAS (*Tristemente*) — Por que você me diz essas coisas?

GERA — Porque sei que você a ama.

LUCAS — Supondo que seja verdade, você acha que fico feliz ouvindo essa sujeira?

GERA (*Envergonhado*) — Me ouve, Lucas, ela não serve para você.

LUCAS — Ninguém serve para ninguém. Se acontece de a gente gostar de uma moça, a gente tem que se conformar com um monte de coisas.

GERA — Tem certeza que gosta dela? Lucas, você faz qualquer coisa por dinheiro, não é? Pois bem, a tia dela tem. Eu te conheço, Lucas, você é um ladrão. É a sua natureza. Você não pode confiar em seus sentimentos. (*Pausa rápida.*) Detesto falar assim, mas nunca mentiria para você. Eu trapaceio no jogo, mas não minto para você.

LUCAS (*Irritado*) — Preste atenção, seu filho da puta: eu preciso de algum dinheiro para cair fora desta maldita cidade imunda. Preciso de dinheiro para dar o fora. É tudo o que peço.

GERA — É melhor calar essa boca, você se irrita muito fácil, mas... você não quer sair da cidade, nada disso, o que você quer é abandonar os seus pais. Esta é a verdade.

LUCAS — Está certo.

GERA (*Sempre ligeiramente cômico*) — É muito triste, Lucas. Eu sinto muito por você, de verdade. Você é um ladrão e isto é um pecado mortal. Você não honra pai e mãe e isto são dois pecados capitais, um para cada um. Acho que você vai pro Inferno.

LUCAS — Quem te disse que não respeito meus pais? Eu gosto muito deles. Eles também me amam e nós somos uma família feliz. O que acontece é que nós não combinamos, só isso.

GERA — Acho que você tem razão. Sua mãe, por exemplo, é muito esquisita.

LUCAS — É melhor fechar essa boca, pois você vai acabar falando alguma bobagem sobre minha mãe e eu quebro a tua cara.

GERA — Eu só disse que ela é meio esquisita e acho mesmo que é muito esquisita!

LUCAS — Ela tem que ser.

GERA — Quando você não é igual a todo mundo, alguma coisa está errada com a sua cabeça. Melhor ir ao médico.

LUCAS — Minha mãe não precisa de médico. Para de falar nisso. Você não sabe que ela já foi pianista? E das boas. (*Eles "dedilham" um piano.*) Ela me ensina a tocar piano. Ah, está horrível. Não nasci para isto. Meus dedos não acham as teclas certas.

GERA — Mas eles acham os bolsos certos. (*É o tipo do comentário que irrita Lucas.*)

LUCAS — Você sabia que minha mãe conheceu Puccini pessoalmente?

GERA — Ela conheceu muita gente, não é? Quero dizer, pessoalmente.

LUCAS — Você quer dizer este cara? (*O gerente.*)

GERA — Por exemplo.

LUCAS — Eles namoraram por um tempo. Ela me disse para falar disso com ele e eu falei. E ele pensou que eu estava de sacanagem com ele; ele não se lembrava de nada. Não admira, pois isso deve ter acontecido antes de eu nascer.

GERA — Se é que aconteceu.

LUCAS — Eu dizia à minha mãe que ela era uma péssima pianista. Ela levava numa boa. Mas tive que mentir sobre ele. Tive que inventar mentiras. Ela acha que todo mundo que alguma vez tenha flertado com ela ainda se lembra dela. E ainda diz às mulheres deles que eles querem manter suas fotografias à vista. Não é verdade. Eles se esqueceram dela. Talvez seja por isto que você acha ela esquisita.

(*Entra uma senhora quarentona que lembra vagamente Mae West.*)

GERA (*Amável*) — Bom dia, minha senhora, como vai? Eu vou bem, obrigado.

SENHORA — Ele está?

GERA — Sim, mas... acho que...

SENHORA — Caras novas?

GERA — É um amigo meu. Pediu emprego aqui.

SENHORA — Boa sorte para você. (*Tira uma linha de Lucas.*)

GERA — A mãe dele tem um piano.

SENHORA — Verdade?

GERA — Ela conheceu Puccini pessoalmente. Sabe quem foi Puccini, senhora?

SENHORA — Tem a ver com música, não é?

GERA — Sim, senhora. Era muito famoso.

SENHORA — Boa sorte, meu filho. Um bombom? (*Joga para ele um bombom da caixa que traz. Segue para o escritório.*)

GERA — Acho melhor a senhora não entrar agora... Ele está de mau humor.

SENHORA — Não me diga!

GERA — É a mulher dele, sabe? Ela descobriu tudo sobre vocês. (*Fazendo graça*) Tudo! Não tenho a menor ideia de quem pode ter contado a ela.

SENHORA — Não quero nem saber do humor dele. (*A Lucas, com suavidade*) Eu também tenho o meu gênio. Quando fico furiosa, meu jovem... cuidado comigo. (*Entra.*)

LUCAS — Você acha que o gerente gosta dela?

GERA — No que você está pensando?

LUCAS — Nada, nada.

GERA — Ele apenas a suporta. Bombons... Nunca vi mulher comer tanto bombom...

(*Gritos no escritório. A Senhora sai.*)

SENHORA (*Furiosa, a Gera*) — Não olhe para mim, seu filho da... (*Abre a porta do escritório.*) Seu filho da puta! (*Fecha de novo, rápido.*)

GERA — Eu avisei, senhora.

SENHORA (*A Lucas*) — Ele me trata como se fosse a esposa dele! Não me respeita. (*Indignada, como se fosse uma líder sindical*) Uma amante tem que ser paparicada a vida inteira para continuar com o mesmo homem. Mas ele não entende isto. Pensa que sou sua esposa, pensa que tenho que suportar seu gênio. (*Sorrindo*) Como você se chama?

GERA — Lucas.

LUCAS — Prazer, Lucas, como vai?

SENHORA (*Senta-se a seu lado*) — Você podia me convidar para sair uma noite dessas.

GERA — Ele não ousaria!

SENHORA — Ah, não? Que amor! Você precisa fazer coisas de que tem medo, coisas que não pode fazer. Ousar. Ser audacioso, Lucas... Acho que você devia dormir comigo só pra deixar o cara maluco!

LUCAS (*Ávido*) — Quando?

SENHORA (*Dá-lhe um tapa na cara*) — Eu disse "devia"! Não disse que vou. Você me ouviu dizer que vou?

GERA — Não, senhora, a senhora disse que devia. Foi o que a senhora disse.

SENHORA (*Acariciando a cara dele*) — Eu devia... e seria tão legal... (*Movimento de saída.*)

LUCAS (*Avidamente outra vez*) — Escute... (*Ela sai.*)

GERA — Meu Deus! Por que você não perguntou "quando" de novo?

LUCAS — Ela teria me estapeado de novo, é por isso.

GERA — Está doendo?

LUCAS — Se ela fosse mais nova, não doeria. Venho aqui atrás de um emprego e acabo estapeado. "Seja audaz." Tá bom, vou ousar! (*Abre a porta do escritório.*) Sou eu, senhor, meu nome é Lucas.

VOZ DO GERENTE — Saia daqui.

LUCAS — Senhor, o senhor me disse para comparecer de manhã bem cedo. (*Um pouco confuso*) Imaginei que o senhor precisasse de um zelador...

VOZ DO GERENTE — Ponha-se daqui para fora!!!

LUCAS (*Fecha a porta*) — Filho da puta! (*Gera põe uma carta na manga.*)

GERA (*Embaralhando*) — Mais uma?

LUCAS — Acho que não tenho mais chance... Que fazer agora?

GERA — Sente-se e jogue. (*Eles jogam.*)

LUCAS — O que vou dizer para minha mãe?

(*Gera rouba de novo.*)

LUCAS — Ela fica tão chateada com essas coisas. Preparou um bolo para mim. Tá bom, você ganhou de novo. (*Pausa.*) O que você está esperando? Pegue seu dinheiro!

GERA — Roubei de você.

LUCAS — É mesmo?

GERA — Você viu.

LUCAS — Vi?

GERA — Você viu, sim. Tenho certeza. (*Pausa breve.*) Não consigo te enganar. Eu roubei, você viu e finge que não viu. Você gosta de ser roubado, Lucas?

LUCAS — Vai à merda.

GERA — Se você quer, para mim está bom assim. (*Dá as cartas.*)

LUCAS — Claro que não gosto de ser roubado. Por que você pensa isso? Eu só não quero ir para casa agora. Minha mãe está me esperando. Você conhece ela. (*Jogam.*) Você é um escroque. Vagabundo. Eu te desprezo, Gera. Tenho nojo de você!

GERA (*Sorri*) — Não estou nem aí.

LUCAS (*Sorrindo também*) — Mas a gente se dá bem. Só não diga que minha mãe é esquisita. (*Jogando.*) Não gosto que as pessoas roubem de mim, mas sempre sou trapaceado. E se você disser outra vez que minha mãe é esquisita, não vou gostar e não vou aceitar. (*Agarra-o pela camisa.*) Quebro o teu pescoço, com toda a certeza. Entendeu? Continue com isto. (*Gera joga.*) Pare de falar da minha mãe.

GERA (*Contente*) — Você perdeu.

LUCAS — Vou tentar outra vez.

Cena 2

Casa de Lucas. Sala de jantar. Dá para ver parte do jardim. A família de Lucas é de classe média (estrato superior do proletariado). Há um contraste ostensivo entre os elementos supérfluos e caros (flores, bricabraque, porcelana, piano, espelho bonito) e a pobreza dos necessários, como o armário, a mesa, cadeiras, sofá etc. Um fogãozinho. Algumas latas vazias espalhadas no jardim e outros sinais de desmazelo. A fotografia de Puccini na parede frontal. Cristine, a mãe de Lucas, se olha no espelho. Está com um chapéu extravagante, mas não sabe como usá-lo. Busca instruções na caixa. Olha-se de novo. Pai e Silvia entram. Ele parece bêbado, está meio apoiado no ombro dela. Cristine olha para eles por um tempo e depois fala.

CRISTINE — Graças a Deus, vocês chegaram!

SILVIA (*Baixinho*) — Ele estava num bar... Acho que não está se sentindo bem.

CRISTINE — Você está bêbado?

PAI (*Com dificuldade*) — Estou, minha querida.

CRISTINE — Eu não te pedi "hoje não, por favor, hoje não"? Não pedi?

PAI — Sim, querida... pediu...

CRISTINE — E agora? O que eu faço com você? Vou te prender no quarto e deixar dormindo. Vá tomar um banho! Um rapaz está interessado no quarto. (*Para Silvia*) Sim, querida, vamos ter que alugar o quarto de Lucas. Ele vai ter que dormir aqui no sofá. Você não acha que está bom? Ele é bem confortável. (*Pressiona bastante o sofá e ele oscila.*) Ai, meu Deus, vamos ter que consertar. Passou aqui um policial atrás de Lucas. Parece que roubaram alguma coisa esta noite e eles mandaram um aqui, pelo sim pelo não. Ele disse que é rotina.

SILVIA — Lucas não fez nada na noite passada.

CRISTINE — Que cê acha do meu chapéu novo, Silvia?

SILVIA — É lindo.

CRISTINE (*Tentando prendê-lo direito*) — Acho que posso usá-lo de qualquer jeito, e você? (*Tenta de outro jeito.*) Mas tenho certeza de que tem um que é certo e o outro errado. Você acha que Lucas falou de mim para o gerente?

SILVIA — Acho.

CRISTINE — Os meninos sempre acham que o pai é o único cara que a mãe namorou. Esses meninos...

(*O Pai se senta, meio dormindo.*)

CRISTINE — Vá tomar um banho! Precisamos nos aprontar para esperar Lucas. Adivinhe para onde vamos, Silvia? Visitar sua tia para lhe contar que Lucas finalmente conseguiu um emprego. Ela vai espalhar a notícia, tenho certeza. Anda, pai. Rápido. (*Ela sai.*)

SILVIA — Do que vocês riram quando eu falei do Lucas?

PAI (*Muda de atitude completamente: ele não está bêbado. Imita Silvia*) — Lucas não podia ter feito nada esta noite. Ele ainda não te pediu em casamento?

SILVIA — Ele estava muito nervoso ontem. Mas tenho certeza que ele me ama.

PAI — Pois eu acho que ele ama seu dinheiro.

SILVIA — Eu não sou bonita, é isso?

PAI — Você é legal. Se alguma coisa está errada, não é com você.

SILVIA — Deve ser tão bom casar! Ter um homem para toda a vida: Lucas.

PAI — Você me assusta.

SILVIA — Desde que ele voltou do Exército, nunca mais saí com aqueles bastardinhos da vizinhança. Eles estão com saudade de mim. Com certeza. (*Ri.*) É maravilhoso se sentir "desejada".

PAI — Por que você não pede para casar com ele e acaba com isso?

SILVIA — Por que não é a mulher que pede o homem em casamento.

PAI — Às vezes elas pedem.

SILVIA — Ela pediu?

PAI — Ela não pediu, implorou. Implorou que eu me casasse com ela.

SILVIA — Não acredito!

PAI — Não precisa.

SILVIA — Você é cruel com ela.

PAI — Eu? (*Eles falam e se comportam como crianças.*)

SILVIA — Por que você se finge de bêbado? Porque quer fazê-la sofrer. É isso!

PAI — Não. Não. Ela é quem quer sofrer. Está sempre procurando alguém ou alguma coisa para culpar. Como eu a amo, eu finjo que estou bêbado para ela me detonar. Sou um marido apaixonado, mas você não entende isso. Ela fica tão triste quando vai tudo bem...

SILVIA — E por que você não bebe para valer?

PAI — Eu não tenho dinheiro. Ela recebe a minha aposentadoria e não me dá um centavo. E é fácil fingir que estou bêbado: antes de casar com ela, eu era um beberrão. (*Pausa.*) (*Lentamente*) Ainda me lembro daqueles tempos... às vezes pego uma garrafa de água, bebo e bebo fingindo que é um destilado. Eu sei que é água mineral, mas acredito que é destilado. E realmente fico bêbado. Eu gosto do mesmo jeito. Quase. E no dia seguinte não fico de ressaca. Imaginação, querida, é o maior dom que Deus concedeu à humanidade.

SILVIA — Me alegra saber que Lucas não herdou isso.

PAI — Mas ele tem suas próprias manias.

SILVIA — Que eu adoro.

PAI — Você gosta demais dele. Você devia ter medo de que alguma coisa aconteça.

SILVIA — Medo? Eu tenho esperança. (*Ri. Mas ri com um certo exagero. É um riso sincero, cordial e caloroso; mas ainda assim exagerado.*)

PAI — Não fale assim.

SILVIA — Por que não? Tem que acontecer mais cedo ou mais tarde. Eu sonho com isso. Quer saber com o que eu sonho?

PAI — Não, de jeito nenhum. (*E se prepara para ouvi-la.*)

SILVIA (*Com um gesto*) — Vejo Lucas apagando as luzes.

PAI — Ai...

SILVIA — Então ele liga o som. Música. Ouço música.

PAI — Com música é melhor mesmo.

SILVIA — Então vejo os lábios de Lucas beijando os meus. É tudo o que vejo em meus sonhos. Como você pode pensar que eu... faria amor antes de casarmos?

PAI — Fico contente de saber que não.

SILVIA — Eu não disse que não faria. Mas só por bons motivos. Terapêuticos. Tratamento de choque, sabe? Isto lhe faria muito bem. Ele está precisando de um choque. Às vezes precisa acontecer alguma coisa de repente, não acha?

PAI — Quando ele era pequeno eu costumava aplicar-lhe um choque de vez em quando: dava-lhe umas chicotadas. (*Olhando para o corpo dela.*) Vale a pena crescer.

SILVIA (*Alegre*) — Não é? (*Lucas entra. Pausa.*)

LUCAS (*Incomodado*) — O que vocês estão olhando?

PAI — Senta aí. (*Pausa.*) Acho que não preciso dizer nada.

LUCAS — Não se preocupe. Cadê o bolo?

PAI — Ela superou problemas piores.

LUCAS — Eu tentei um emprego, não foi? (*Tira o bolo do armário.*) Eu superei, por que ela não pode? (*Chamando*) Mãe! (*Come bolo.*) Celebremos o fato de que vou ficar nos meus empregos. (*Entra Cristine.*)

CRISTINE — Querido, o que você está fazendo? Por que não me chamaram? (*Sorridente*) Eu queria te receber com música. Silvia, por favor, os discos. (*Silvia vai ao aparelho e liga.*) O que se passa? Você parece tão triste! Lucas, você não...? (*Ela desliga o som.*)

LUCAS — Tranquila, mãe. Está gostoso. Você mesma assou?

CRISTINE — Mas, afinal, o que aconteceu? Você não falou de mim para ele? Não? (*Ele come.*) Você não vai...

LUCAS (*Atalhando-a, berrando*) — Não!

CRISTINE — Entendi: ele te pegou roubando alguma coisa, é isso?

LUCAS — Não, eu não roubei nada porque eles nem me deram a chance. Teria roubado qualquer coisa, mas não deu! Na mesa dele tinha um belíssimo enfeite, uma bailarina, dançando assim. (*Imita*) Se tivesse a chance, teria roubado para te dar de presente. Tenho certeza que você ia adorar.

CRISTINE (*Ficando nervosa*) — Ele pelo menos te explicou por que não te contratou?

LUCAS (*Ficando nervoso também*) — Não e nem me interessa. Estou começando a desconfiar que você tem certo prazer maligno ao saber dos meus fracassos!

CRISTINE (*Atônita*) — Prazer maligno??? Eu só quero saber dos detalhes!

LUCAS — Do meu fracasso, é exatamente isso que quero dizer. Você se delicia.

CRISTINE — Me delicio? Não entendo o que aconteceu com você.

LUCAS — Isto faz você sentir que não é a única fracassada.

CRISTINE — Então eu sou um fracasso? Essa é boa!

LUCAS — Não? Olhe para este piano. Você acha que alguém neste mundo gosta do que você toca? Do barulhão que faz? Você inferniza a minha vida e a do papai, e a da Silvia, quando ela aparece por aqui. Como ela é legal com você, você faz ela ficar ouvindo esses seus discos velhos e horríveis. (*Ela fica muda.*) Você quer que eu aprenda a tocar piano, por quê? Porque você sabe que não sou capaz, para ter em casa alguém que toque ainda pior que você, se é que isto é possível. Você sabe perfeitamente que eu não tenho talento.

CRISTINE — Você tem talento...

LUCAS — O que eu tenho, mãe, é uma enorme habilidade... (*Gesticula com as mãos.*) Você não pode chamar isto de "talento".

CRISTINE — Não me atormenta!

LUCAS — Não estou atormentando ninguém. Só estou explicando porque não me dou bem: roubar é ilegal. Mas me imagine trabalhando no serviço secreto como espião: eu seria um herói. Ou mesmo um detetive. Daria certo. É por isso que não me envergonho dos meus fracassos como você. (*Indicando o aparelho de som.*) Você acredita que a gente distingue a música do ruído?

CRISTINE — Mas você aplaude!

LUCAS — Claro que nós aplaudimos, porque temos que aplaudir: você é minha mãe. Eu te aplaudo por respeito. E tem mais: não te aplaudir é pecado mortal, foi o que disse o Gera.

CRISTINE — Pecado mortal? Se você não gosta das minhas gravações, se não gosta das peças que interpreto ao piano, não precisa aplaudir. Isto não é pecado mortal!

LUCAS — É sim. Foi o Gera que disse. (*A Silvia*) Pergunte pra sua tia. (*A Cristine*) E este não é o único pecado mortal que cometi. Já pequei muito. Assim como você e papai. Todo mundo nesta casa cometeu muito pecado mortal. A única certeza para todos nós é que nos encontraremos no Inferno. Pela primeira vez uma família feliz vai se encontrar lá.

CRISTINE — Responda à minha pergunta!

LUCAS — Que pergunta, mãe? Que pergunta?

CRISTINE — Você acha que eu fracassei?

LUCAS — Esquece. A felicidade é feita de pequenas coisas: um bolo recheado — meus parabéns, ele está delicioso — todos em volta de uma mesa, fazendo piadas... Coisas assim.

CRISTINE — Você não responde à sua mãe quando ela faz uma pergunta?

LUCAS — Tá bom!

CRISTINE — Por que você diz que eu fracassei?

LUCAS — Vamos analisar a pergunta. Você queria ser pianista, certo? Você estudou com afinco, mas nunca se deu bem porque uma coisa você não tem, que é talento. Pelo menos não o suficiente para ser boa pianista. Por isso eu disse que fracassou. Mas não tem que se preocupar com isso. Você pode se dar bem ou mal. Fracassar é outra coisa.

CRISTINE — Não sou mais boa pianista, admito. Mas já fui.

LUCAS — Quando?

CRISTINE — Quando era jovem!

LUCAS (*Cortando*) — Já sei: Puccini!

CRISTINE (*Enfática*) — Giacomo Puccini! Ele me reconheceu como grande pianista!

LUCAS — Mas esse senhor está morto!

CRISTINE — Ele era um gênio!

LUCAS — Não sei se ele era um gênio mas, se era, não dá para acreditar que ele prestou atenção em você!

CRISTINE (*Chocada*) — Oh!

LUCAS — Quando ele morreu? Vamos fazer uma verificaçãozinha nas datas.

CRISTINE (*Nervosa*) — Você está insinuando que sua mãe é mentirosa?

LUCAS — Não estou dizendo que minha mãe é mentirosa. (*Devagar*) Mas, sim, que com muita frequência ela manipula a verdade imprudentemente.

CRISTINE (*Quase desmaiando*) — Imprudentemente...

LUCAS — Vamos verificar agora de uma vez por todas. (*Procura o nome em um dicionário.*) Puccini. Como se escreve? P, né? U, C. Ai, nem consigo achar esse nome. Se ele era tão famoso, deve ter morrido há séculos. Já estou começando a duvidar que teve um compositor famoso com esse nome. Não consigo achar. Acho que nem existiu um Puccini. Puccini não existiu! Você nos enganou esse tempo todo e nem ao menos existiu Puccini!

CRISTINE — Mentiroso! Você é um mentiroso! (*Pega o dicionário para procurar.*) Vou te mostrar. (*Berrando*) Puccini! Giacomo Puccini! Ele existiu! Escute bem: (*Lendo o verbete triunfalmente*) "Giacomo Puccini, compositor de óperas italiano. Nasceu em 1858, morreu em 1924". (*Encarando Lucas, que está meio envergonhado.*) Agora verifiquemos as datas. Ele morreu em 1924. Quantos anos tinha sua mãe? (*Com postura digna*) Você não merece nem saber a idade de sua mãe.

LUCAS (*Perverso*) — Você não leu isso, inventou tudo.

CRISTINE — Lucas! Está aqui na sua cara! Leia!

LUCAS — Suponhamos que ele te conheceu. Suponhamos que ele era um dos seus amigos mais chegados. E daí? Estou pelas tampas com Puccini e...

CRISTINE (*Depois de uma pausa rápida*) — E comigo?

LUCAS — Pelas tampas. (*Começa a sair.*)

CRISTINE — Lucas. (*Ele para.*) Isso é pecado. Pecado mortal.

LUCAS — Eu já vou pro Inferno mesmo...

CRISTINE (*Quase implorando*) — Volte aqui. Admita que perdeu. Leia aqui em voz alta. (*Ele continua saindo.*) Lucas! Você tem que pedir desculpas e ler em voz alta! (*Ele sai da sala, vai para o jardim e se senta. Lá dentro, Silvia e o Pai evitam olhar para Cristine.*)

CRISTINE (*Lendo devagar e com tristeza*) — "Compositor de óperas italiano. Escreveu *Madame Butterfly*, *Tosca*, *La Bohème* e muitas, muitas outras." (*Segurando o choro*) Ele existiu!

PAI — Claro que ele existiu, mãe. Eu me lembro de ter lido sobre ele nos jornais.

CRISTINE — Você! Seu pudim de cachaça!

PAI — Desculpa, mãe. Eu sei que você não gosta de me ver sempre bêbado. Juro que esta foi a última vez que bebi.

CRISTINE (*Em tom de romantismo cansado*) — Você nunca cumpre suas promessas, pai.

PAI (*Senta no chão, perto dela*) — Desta vez vou cumprir. Juro que vou. Se você me perdoar só mais esta vez. Mãe, você perdoa? Eu sei que não mereço.

CRISTINE (*Cada vez mais nervosa*) — Perdoo. Perdoo de novo. Eu perdoo...

PAI — Você quer alguma coisa?

CRISTINE — Traga o Lucas aqui.

PAI — Ele não vai me atender, mãe. Como não te atende (*Pausa rápida*), ele atenderia a Silvia.

CRISTINE — Silvia.

PAI — Silvia é boa moça. Nós gostamos dela como se fosse filha, não é, mãe?

CRISTINE — É, é claro que sim. Silvia.

SILVIA — Sim, mãe.

CRISTINE — Traz o Lucas para cá. Ele te atende. Faça-o ler em voz alta. Traga ele aqui.

SILVIA — Sim, mãe.

CRISTINE — Leve um pedaço de bolo para ele. (*Silvia começa a sair.*) Silvia, eu te amo como se amasse a minha própria filha. Traga ele aqui. (*Silvia sai. A luz diminui na sala. Mas ainda vemos o Pai acender o cigarro de Cristine.*)

LUCAS (*Depois de um tempo*) — Tanta confusão por nada. (*Olha ao redor.*) Parece dia de eleição. (*Nervoso*) Odeio quando as pessoas se envolvem nos meus problemas. Odeio!

SILVIA — Ela te ama.

LUCAS — Me ama porque sou seu filho. Ela me fez; tem orgulho disso. (*Pausa.*) Honestamente, não sei por quê...

SILVIA — Pega leve.

LUCAS — Acho que eu...

SILVIA — Você pensa demais. Esse é o seu problema.

LUCAS (*Bravo*) — Não teria problemas se me deixassem em paz.

SILVIA — Ela não tem culpa. Você é tão estranho, tão diferente. Você faz coisas que ninguém entende.

LUCAS — Em que sou tão diferente?

SILVIA — Bom... em muitas coisas. (*Pausa breve.*) Por exemplo: por que você não come manteiga?

LUCAS (*Depois de um tempo*) — Mas o que tem minha mãe a ver com o fato de que não como manteiga? Por que você lembrou disso agora?

SILVIA — Responda.

LUCAS — Me dá espinhas!

SILVIA — Eu te conheço desde que somos deste tamanho e nunca, nunca na vida vi uma espinha na sua cara. E você não come manteiga por causa das espinhas. Espinhas que não existem.

LUCAS — Elas não existem porque não como manteiga!

SILVIA — Você já viu alguma espinha em sua cara?

LUCAS — Eu sinto por dentro, empurrando a pele para cima, tentando entrar em erupção como um vulcão. Me lembro de quando era menino, à noite, às vezes eu acordava e até ouvia o barulho... poimmm! Espinhas! Toda manhã corria para o espelho, com o coração batendo. O dia em que visse uma espinha nova florescendo era um dia perdido para mim.

SILVIA — Você disse que fracassar é uma alternativa. Pois bem: ficar feio também é. Por que se preocupar com isso?

LUCAS — Então eu sou feio.

SILVIA — Não, mas também não é bonito. Você é simplesmente um homem, nada mais que isto, e nós nos preocupamos com você. Não temos como te deixar em paz.

LUCAS — Nós? Isso te inclui, imagino.

SILVIA — Evidente. E minha tia também. Sabia que hoje ela rezou por você a manhã inteira? Ela é muito religiosa.

LUCAS — Acho que religião é uma ideia importante. Ajuda a criar os filhos. Gostaria que minha mãe também fosse religiosa. (*Entra Jô. Jovem forte, de uns 30 anos. Nem muito burro nem muito inteligente.*)

JÔ — Boa noite. Sou a pessoa que se apresentou hoje de manhã para alugar o quarto.

LUCAS — Faça o favor de entrar.

JÔ — Obrigado, muito obrigado. (*Entra.*)

LUCAS (*Depois de um tempo*) — Silvia, quero falar a sério com você. (*Pausa.*) Tem essa filosofia do sucesso que diz que, quando uma porta se fecha, outra abre. Por isso não se deve olhar para trás. (*Pausa.*) Hoje se fechou uma porta para mim. (*Outra pausa.*) Mas não tem nada a ver. (*Olhando para ela*) Nós praticamente fomos criados juntos, para nós é difícil falar a sério.

SILVIA — Mas nós estamos falando a sério.

LUCAS — O que estou tentando dizer é que acho que te amo.

SILVIA — Acha?

LUCAS — Amo o suficiente para querer casar com você, é isso.

SILVIA — Depende de mim?

LUCAS — Quer casar comigo?

SILVIA — Evidente.

LUCAS — Mesmo sabendo que... sou um ladrão, Silvia? (*Pausa.*) Mas eu quero mudar. Tudo o que preciso é começar de novo.

SILVIA — Um choque?

LUCAS — Isso. (*Pausa.*) Então... acho que temos que nos beijar. (*Beijam-se.*) Mas tenho que ser honesto e dizer uma coisa que você não vai gostar. É verdade que te amo, mas amo ainda mais a minha mãe e isto não vai mudar depois de casarmos. Você tem alguma coisa contra?

SILVIA — Vamos entrar.

LUCAS — Para quê? Está bom aqui.

SILVIA — Você quer manter segredo?

LUCAS — Mamãe está muito brava comigo.

SILVIA — É só você pedir desculpa que ela fica contente de novo.

LUCAS — Pedir desculpa e ler em voz alta aquele verbete sobre Giacomo Puccini.

SILVIA — Ela vai ficar tão contente se você fizer isso.

LUCAS — Tá bom. Vamos lá. (*Entram. Luzes se acendem de novo. Cristine e Jô voltam do quarto de Lucas.*)

CRISTINE (*Evitando olhar para Lucas*) — Silvia, quero que conheça o sr. Jô. Ele vai morar aqui conosco. (*Para Jô*) Esta é a Silvia, uma vizinha, e aquele ali é meu filho. Espero que vocês se deem bem.

Lucas (*Saindo*) — Vou desocupar o seu quarto.

(*Cristine olha para ele e depois para Silvia. Silvia entende.*)

SILVIA — Lucas!

LUCAS — Tá bom! (*Volta.*) Mãe. (*Seu rosto se ilumina.*) (*Bem devagar*) Quero dizer que estou arrependido por... (*Nervoso*) por tudo. Estou muito arrependido, mesmo.

CRISTINE (*Ajudando*) — E você?

LUCAS — Peço desculpas.

CRISTINE (*Encenando severidade*) — Eu te perdoo!

LUCAS — Muito obrigado mesmo. (*Começa a sair de novo.*) Já volto.

CRISTINE — Lucas.

LUCAS — Que foi?

CRISTINE (*Sorrindo nervosa*) — Você não vai ler?

LUCAS — Ah, mãe...

CRISTINE — Coragem! Você errou e tem que corrigir. (*Entrega-lhe o dicionário.*) Lucas, Lucas, meu filho, por favor, leia.

LUCAS (*Lendo*) — Giacomo Puccini, compositor de óperas italiano. Escreveu *Madame Butterfly* e *Tosca*. Nascido em 1858, morreu em 1924.

CRISTINE (*Sonhadora*) — 1924. Eu tinha acabado de fazer dezessete em 1924. Agora pode ir, meu querido. (*Ele sai.*) Meu filho estuda música. Você gosta de música?

JÔ — Sim, gosto. (*Embaraçado.*) Gosto muito mesmo.

CRISTINE — Eu ensino piano para ele. Está se saindo muito bem, mas seria melhor se ele se concentrasse. É disto que ele precisa, concentração. Mas as pessoas que não conseguem se concentrar têm a cabeça cheia de pensamentos, não é?

JÔ — É verdade.

CRISTINE — Você consegue se concentrar fácil?

JÔ — Sim, senhora. (*Lucas volta.*)

LUCAS — O quarto é seu.

JÔ — Estou meio cansado, acho melhor...

CRISTINE (*Cortando*) — Mas por que não fica mais um pouquinho? Meu filho Lucas vai tocar alguma coisa de boas-vindas à nossa casa.

LUCAS — Mas mãe, eu já li em voz alta, não chega?

CRISTINE — O que você vai tocar, meu bem, só para me alegrar?

LUCAS — "Suave canção", é claro, para você ficar contente.

CRISTINE (*Sorridente*) — "Suave canção" é o nome de uma pequena composição minha. (*Para Lucas*) É tanta bondade e consideração. (*A Jô*) Eu a compus especialmente para o meu mestre.

LUCAS (*Aborrecido*) — Puccini, o tipo sobre o qual acabei de ler.

CRISTINE — Sentem-se, senhores. Por favor, Silvia, o bolo. (*Ela serve bolo a todos.*) Lucas, querido, pode começar. (*Lucas senta-se ao piano e corre os dedos sobre o teclado.*) (*A Jô*) Por favor, desconte o aspecto harmonia.

JÔ (*Rápido*) — Claro, minha senhora. (*Lucas começa a tocar. Faz sonoplastia bem suave para a fala dela.*)

CRISTINE — Eu tinha acabado de fazer dezessete anos quando compus essa música. Apesar de minha juventude o *signor* Puccini ficou simplesmente encantado com ela. Ele elogiou a minha sutil e delicada percepção de como a música deve ser tocada. Ele me amava mais que todos os seus alunos. (*Sorrindo*) Isto é, o meu talento. (*Excitada*) Sabe como ele me chamava? A Rainha de Unhas Encardidas.

JÔ (*Educadamente*) — É mesmo?

CRISTINE — Eu adorava aquilo. Era tão jovem. Minha pobre mãezinha me levou para a Itália, mas estava tão doente que ficava na cama o tempo todo. Ela mal podia me ajudar e eu fazia todo o trabalho sozinha. Não admira que minhas mãos às vezes ficassem sujas... Por isso ele me chamava de Rainha de Unhas Encardidas. (*Arrebatada*) Mas a música é etérea. Música são os sons! Eu entendo os sons, sua música, por mais sujas que estivessem as minhas mãos! E eu compus "Suave canção" especialmente para ele. E toquei para ele. Quando terminei, ele me deu sua fotografia (*Pega-a da parede e mostra para todos*) e beijou as minhas mãos. É, beijou mesmo! Minhas mãos sujas, minhas unhas encardidas. (*Segurando o choro*) Ele chorava, chorava de emoção e amor quando curvou seu corpo velho e doente para me beijar as mãos. (*Olhando para as mãos*) Eu as lavei com suas lágrimas!

JÔ (*Olhando a fotografia*) — Ele esqueceu de autografar.

CRISTINE (*Tomando-a dele, ligeiramente irritada*) — Pois é, esqueceu. (*Pausa.*) O camarim dele estava tão cheio de gente que ele nem pôde autografar. (*Lucas contraponteia seu discurso ao piano.*) (*Novamente entusiasmada*) Mas ele falou! Falou comigo! Por horas e horas falou comigo. Sua voz era música. A música mais bonita que já ouvi. E ele escreveu isto, não basta? Não? "À Cristine, a Rainha de Unhas Encardidas". (*Escreve na foto.*) Seu Giacomo, com amor!

(*Lucas acaba de tocar nas últimas palavras de Cristine. Como num ritual já ensaiado e bem conhecido, ela aplaude. Silvia põe seu prato de bolo na mesa e também aplaude. Depois o Pai também aplaude. Jô observa, muito confuso, e também começa a aplaudir. Lucas se levanta, desajeitado, e se curva. Os aplausos se intensificam.*)

Cena 3

A cena é a mesma de horas atrás. Lucas e Silvia conversam, às vezes sussurram. Escuro e silêncio; todos os demais dormem. Às vezes se ouve uma tosse ou movimento na cama. Silvia disse alguma coisa e está esperando a réplica.

LUCAS (*Irritado*) — Muito legal da sua parte, mesmo... Belíssimo gesto. (*Pausa breve.*) Mas amanhã... Amanhã você vai se arrepender. (*Barulho lá dentro.*) Escute.

SILVIA — O quê?

LUCAS — Tem alguém chorando.

SILVIA — Sua mãe?

LUCAS — É o Jô. Por que será?

SILVIA — De onde vem esse cara?

LUCAS — Não sei. (*Ela está olhando para a lua. Pausa.*)

SILVIA — Bom...

LUCAS — O quê?

SILVIA — Você não respondeu à minha pergunta.

LUCAS (*Envergonhado*) — Silvia, você não deve me fazer esse tipo de pergunta!

SILVIA — Mas, se eu faço, você não deve me dar esse tipo de resposta.

LUCAS — Que mais você quer que eu faça? (*Eles se encaram.*)

SILVIA (*Esperta*) — Por que não?

LUCAS — Porque amanhã... amanhã você vai se arrepender!

SILVIA — Não vou me arrepender.

LUCAS (*Sussurrando*) — Não precisa gritar.

SILVIA (*Sussurrando também*) — Não estou gritando.

LUCAS — Você gritou!

SILVIA — Bem que gostaria.

LUCAS — O que você gostaria de gritar?

SILVIA — Lucas foi meu! Lucas é meu! Lucas...

LUCAS — Você é louca!

SILVIA — Você é um fracote!

LUCAS — Só Deus sabe a força infernal que estou fazendo!

SILVIA — Pensei que você fosse homem!

LUCAS (*Comicamente indignado*) — Eu sou homem! Sou homem! As mulheres têm muitas ideias erradas sobre como um homem deve se comportar em relação a... isso.

SILVIA — Isso não convém a um homem.

LUCAS — Pelo amor de Deus, o que convém a um homem?

SILVIA — Uma mulher convém a um homem. Eu sou essa mulher. Por favor, seja esse homem.

LUCAS — Você vai acordar todo mundo.

SILVIA — Vou mesmo, se você não disser que sim. Vou gritar! Vou gritar!

(*Ele tenta fechar sua boca, mas ela escapa e não grita, só finge que vai gritar.*)

SILVIA — Vai responder sim? Vai?

LUCAS — Ai, meu Deus.

SILVIA — Vou chamar Jô, vou dizer para todo mundo uma grande mentira sobre você. (*Chama em voz baixa*) Jô.

LUCAS — Não! (*Corre atrás dela.*)

SILVIA (*Correndo e rindo*) — Jô, Jô. (*E deixa que ele a agarre.*)

LUCAS — Por favor, quer se sentar e ficar quieta? Quer, por favor, calar a boca? (*Ela finge cansaço e respira profundamente em seus braços.*)

SILVIA — Ai, estou tão cansada!

LUCAS (*Soltando-a*) — Vamos falar sobre isso.

SILVIA — Se você me soltar, eu vou lá em cima, acordo todo mundo e conto uma grande mentira sobre você. (*Ele a segura de novo.*)

LUCAS — Que mentira?

SILVIA — Uma terrível. Vou dizer que você... você... (*Olhando-o nos olhos. Pausa.*) Lucas, você devia me agradecer.

(*Eles ficam abraçados. Então ele fala num tom completamente diferente.*)

LUCAS — Que mentira? (*Ela não responde, olha para ele e sorri, alegre pois sabe que venceu. Pausa.*) Amanhã você vai se arrepender. Ou na semana que vem, na outra, no mês que vem, algum dia... Você vai se arrepender. (*Barulho lá dentro.*)

SILVIA — Não ligue, é o Jô de novo.

LUCAS — Mas por que cargas d'água ele fica chorando? (*Pausa.*) O que você fica olhando o tempo todo?

SILVIA — A lua.

LUCAS — A lua?

(*Silvia fica poética e consequentemente abobalhada.*)

SILVIA — A lua é uma espécie de espelho. Uma mulher olha para a lua e se vê.

LUCAS — Você consegue se ver?

SILVIA (*Sonhadora*) — É uma lua de virgem. (*Beijam-se.*)

LUCAS — Mas não por muito tempo.

SILVIA — Não faça barulho. Não podemos ficar aqui. Venha para a minha casa. Titia é surda como uma porta e completamente míope. (*Sorrindo*) Ela não ouviria a nossa voz. (*Sussurrando*) Nem vozes nem gritos. Nem beijos nem gritos. (*Ele a beija; ela tenta se soltar, mas ele segura as mãos dela.*) Apague a luz.

LUCAS — Que luz? Não posso desligar a lua. (*Cristine entra na sala, liga o som e põe um disco. A música soa como se viesse de longe.*) Você está ouvindo a música?

SILVIA — "Suave canção"... (*Cristine olha para eles do escuro.*)

LUCAS — Suave canção é uma canção de amor... (*Eles começam a sair.*) (*Apalermado*) Obrigado, Silvia, seu gesto é muito bonito. Agradeço mesmo.

SILVIA — Bonita é a lua. Olhe. Olhe. Ela está nua como uma mulher. Ela é branca e lânguida. É uma lua de virgem. (*Ele olha assustado.*) Se você me soltar, eu grito.

(*Ela o conduz pela mão, como se ele fosse cego. Ele parece uma criança e ela parece sua irmã mais velha. Saem.*)

Cristine fica frustrada porque não pode assistir. Mas antes de cair o pano ela sorri, feliz.

Segundo ato

Cena 4

Mesma cena, no dia seguinte. Lucas varre o chão. Silvia espera.

LUCAS — Pronto, agora pode passar.
SILVIA — Você pelo menos podia ter me dado flores.
LUCAS — Por quê?
SILVIA — Porque hoje é meu aniversário.
LUCAS — Meus parabéns.
SILVIA — Você é um ingrato.
LUCAS — Veja bem, eu tenho que trabalhar e estou esperando o Gera. Vá de uma vez e vou ficar com você em um minuto.
SILVIA — Comigo?
LUCAS — Claro.
SILVIA (*Entendendo*) — Mas e a titia?
LUCAS — Põe para dormir.
SILVIA — À tarde?
LUCAS — Basta dizer a ela que ela parece muito doente, que ela precisa descansar. Você sabe.
SILVIA — Vou tentar. (*Riso.*) Mas não posso prometer. (*Cristine entra quando ela sai.*)
LUCAS — Flores... (*Tira moedas do bolso e conta.*)
CRISTINE (*Com ironia*) — Ela está bem alegrinha hoje, né?
LUCAS — Ela precisa parar de rir daquele jeito.
CRISTINE — Qual o problema com a risada dela?
LUCAS — Eu me sinto ridículo, é por isso. (*Põe o dinheiro no bolso.*) Mãe, quanto você disse que me daria para varrer o chão? Quanto

você me daria por uma xícara de chá bem legal? Você quer um chá agora, não quer? Quanto?

CRISTINE — Você devia ter vergonha de pedir dinheiro por fazer um favor à sua mãe. (*Senta-se, acende um cigarro, pega um livro para ler.*)

LUCAS — É mesmo? Sinto muito, mamãe, mas então acho que você não vai tomar chá.

CRISTINE — Mas estou com vontade.

LUCAS — Quanto você me dá para... limpar o quarto do Jô?

CRISTINE — Ele ainda não reclamou.

LUCAS — Mas está horrível. Você passou por lá? Precisa de uma limpeza em regra. Eu deixaria tudo limpinho. Quanto? (*Sem resposta.*) Ai, não se pode fazer negócio com a própria mãe. (*Varre o chão.*) Vamos mudar de assunto. Mãe, acho que quando se ama alguém é preciso aceitar um monte de coisas. Você concorda?

CRISTINE — Eu sempre tentei mudar as pessoas que amo.

LUCAS — Imagino que você tentou mudar o papai, não foi?

CRISTINE — E consegui. Ele era um beberrão quando o conheci.

LUCAS — ERA?

CRISTINE (*Meio confusa*) — Quero dizer que ele bebia muito mais. (*Sorrindo*) Talvez, se você se casar com aquela menina, você mude alguns dos seus modos.

LUCAS — E consiga um emprego?

CRISTINE — Quem sabe?

LUCAS (*Largando a vassoura*) — Tente enfiar isto na sua cabeça: meus modos não dependem de mim. Nesta cidade maldita em que todos me conhecem! Eles têm empregos e precisam de empregados, mas eles me conhecem. Veja o Jô: chegou ontem e já está trabalhando.

CRISTINE — Você disse mesmo a ele que é meu filho?

LUCAS (*Indo em direção ao fogão, em voz baixa*) — Disse. (*Pega uma panela.*)

CRISTINE (*Como quem não quer nada*) — Lava primeiro, meu bem. (*Ele lava.*) Bom.

LUCAS — O problema lá é completamente diferente. Aquilo é um banco. Eu me candidatei a contador e eles não estão precisando.

CRISTINE — Ele não disse nada a meu respeito?

LUCAS — Disse. (*Acende o fogão.*)

CRISTINE — O quê, exatamente?

LUCAS — Ele foi muito simpático comigo, especialmente depois que mencionei seu nome. Na verdade, de início ele nem queria falar comigo, mas quando eu disse que sou seu filho... Quer dizer, Gera falou, e ele foi bem legal. Ele disse que gostaria de me ajudar, mas que agora é impossível. Eles não têm vagas, como poderia me contratar?

CRISTINE (*Sorrindo*) — Está certo.

LUCAS — Uma impossibilidade material.

CRISTINE — Mas sobre o que você falou?

LUCAS — Sobre muitas coisas, o tempo... Conversamos por quase uma hora. (*Observa a expressão dela.*) E evidentemente falamos de você. Sobre... sabe como é... muitas coisas... Itália... Viena... Música...

CRISTINE — Viena?

LUCAS — É.

CRISTINE — O que ele disse de Viena? Imagine! Eu tinha esquecido que a gente se encontrou na Europa!...

LUCAS (*Terminando de fazer o chá*) — Você quer forte, médio...

CRISTINE — Não estou me lembrando direito do episódio de Viena.

LUCAS (*Fingindo de bravo*) — Não quero falar disso.

CRISTINE — Por quê?

LUCAS (*Com severidade*) — Você sabe muito bem, não tem que me perguntar por quê. Devia ter vergonha.

CRISTINE (*Espantada*) — Lucas! Estou tentando imaginar o que ele te contou...

LUCAS — Ainda bem que você esqueceu. Infelizmente, ele não. Beba seu chá, mãe, este é de graça. É um favor do seu filho.

CRISTINE (*Com doçura*) — Lucas, não quero que tenha ideias erradas sobre sua mãe. Não sei exatamente o que ele te contou, mas tenho certeza que exagerou algum incidente que possa ter ocorrido entre nós. Mas você não tem motivo para ficar bravo, meu bem. (*Pega algum dinheiro.*)

LUCAS — Eu disse que este é de graça, não? (*Conta e embolsa o dinheiro.*) Está bom.

CRISTINE — Você não pode julgar sua mãe quando moça pelo mesmo critério que julga uma mulher adulta. Não pode.

LUCAS — É verdade. Quando alguém é jovem, é preciso descontar algumas fraquezas.

CRISTINE — O que você está insinuando?

LUCAS — Estou tentando contar uma novidade de modo educado.

CRISTINE (*Sorrindo*) — Vai me contar aquilo?

LUCAS — Aquilo o quê?

CRISTINE — Você não tem ideia de quanta coisa sei a seu respeito, Lucas, mas sei. Eu te entendo e perdoo. Fraquezas, é a palavra certa.

LUCAS — Quero te contar que agora decidi virar... imagine só. (*Pausa.*) Um gigolô.

CRISTINE — Lucas!

LUCAS — É uma ótima profissão, especialmente para um jovem "bem-dotado", como acho que sou.

CRISTINE (*Severa*) — Lucas, você pode fazer qualquer coisa neste mundo, eu estou dizendo qualquer coisa, que não me importa. Mas, por favor, não ganhe dinheiro com isso. É imoral! É indecente!

LUCAS — Eu só quero ganhar dinheiro e não conheço outro meio mais fácil.

CRISTINE — Seja o que quiser. Continue um ladrão! Me dói dizer isto, porque sei que, não importa o que faça, você tem o coração puro. Seja um ladrão, faça o que fez na noite passada com todas as meninas da vizinhança... Mas não aceite dinheiro por isso.

LUCAS — Então a música... era você?

CRISTINE — Não, Lucas, não.

LUCAS — Então me dê algum dinheiro para começar! É isto que eu quero!

CRISTINE — Começar onde?

LUCAS — Você não entendeu que eu quero sair desta casa?

CRISTINE (*Ferida*) — Não é legal dizer uma coisa dessas, Lucas.

LUCAS — Não é legal, mas é o que estou sentindo. A gente sente muita coisa que não é legal.

CRISTINE — Por "sair de casa" você quer dizer me abandonar e a seu pai?

LUCAS (*Nervoso*) — Só sinto ter levado tanto tempo para entender isto: pais como vocês são uma desvantagem. Vocês se transformaram em obstáculo para mim. Tenho que me livrar de vocês. (*Pausa.*) Eu poderia ficar e levar numa boa, fazer piada com você — você é muito engraçada, é bom dizer isto — eu podia ficar e desfrutar. Só não quero te enganar. E, se eu tiver que escolher, prefiro ser gigolô.

CRISTINE — Então eu sou um obstáculo; mas quando você precisa de emprego é a mim que recorre.

LUCAS (*Com tristeza*) — É, mas ele me ofereceu um emprego. E eu recusei!

CRISTINE — Por que às vezes você é tão burro?

LUCAS — Tenho certeza que não conseguiria trabalhar com ele...

CRISTINE — Por ciúme?

LUCAS — Prefiro ficar em casa e varrer o chão. (*Pega a vassoura.*)

CRISTINE (*Segurando a mão dele*) — Que foi que ele te disse sobre Viena? (*Repentinamente*) Papai está chegando, comporte-se agora. (*Pai entra.*)

PAI (*Depois de um tempo*) — Você acha que tem algum dinheiro sobrando?

CRISTINE — Estávamos conversando sobre o futuro de Lucas, pai.

LUCAS — Quer calar a boca? Ele não precisa saber de nada.

PAI — É verdade.

CRISTINE — Solteirões velhos gostam de ter um gato e um cachorro para terem companhia. Eu tenho um marido e um filho. Sinto-me uma solteirona. Vocês dão na mesma, porque brigam como gato e cachorro.

PAI — Nós não gostamos do jeito um do outro. É só isso.

LUCAS — Não ligo a mínima para o seu, pai.

PAI — Pois eu ligo para o seu.

LUCAS — E por quê? Não te peço dinheiro, peço? Um pai tem que se preocupar com o filho quando paga as contas dele. Você não precisa se preocupar comigo.

PAI — Eu me preocupo com você porque gosto da Silvia.

LUCAS — De mim você não gosta?

PAI — Você ama essa moça? Por que não se manda?

LUCAS — Porque não tenho dinheiro.

PAI — Mãe, por que não dá dinheiro a ele e acaba com isso?

CRISTINE — E de onde você acha que vou tirar o dinheiro?

PAI — Minha aposentadoria.

CRISTINE — Ele disse que a ama.

PAI — Amor, amor... Você não sabe do que está falando. Amor é uma palavra que as pessoas usam demais. Você a ouve, escolhe, repete, sem sentir merda nenhuma por dentro. Por que tanto falatório a respeito dela?

CRISTINE — Falatório é para mim, imagino.

PAI — Desculpe, querida.

LUCAS — Talvez você a ame mais que eu, quem sabe?

CRISTINE — Lucas, não seja bobo.

LUCAS — Você não se livra de mim assim fácil, pai, estou avisando. Agora sou um homem.

PAI — É mesmo?

LUCAS — Eu me lembro que quando criança você me prendia no quarto e me batia. Isso agora você não pode mais fazer.

PAI — Se eu quiser, eu faço de novo.

LUCAS — E por que não tenta?

PAI — Você ia ficar irritado, envergonhado, mas não lhe faria bem.

LUCAS — Mas faria bem a você: você se sentiria o máximo.

PAI — Não se superestime. (*Sai.*)

LUCAS — Ele me deixa tão humilhado! Ele quer que eu vá embora... que o deixe só... com você, imagino.

CRISTINE (*Sorrindo*) — Vamos acabar a nossa conversa?

LUCAS — Mãe, você às vezes me aborrece até às lágrimas.

CRISTINE — Já tinha percebido.

LUCAS (*Falando apressado*) — Ele me falou de uma vez quando te encontrou na Itália, imagino que falou com você e meio que te raptou. Você se lembra deste episódio em especial?

CRISTINE — Vagamente.

LUCAS — Se você não se lembra, de que adianta falar? Ele te levou a muitos lugares e você se machucou em Viena. Alguma lembrança? Numa cervejaria?

CRISTINE (*Confusa*) — Continue.

LUCAS — Os dois se embebedaram.

CRISTINE — É disso que você acha que eu tenho que me envergonhar?

LUCAS — Tem que se envergonhar do que aconteceu depois. Mas ele me disse que te respeitou, não pôs a mão em você.

CRISTINE (*Confusa*) — Não que eu me lembre.

LUCAS (*Sonhador*) — Depois ele te levou à praia, para dançar no terraço à luz da lua... Tinha uma orquestra, o salão de baile completamente vazio... Era muito tarde, quase madrugada. Ao ar livre... palmeiras, eu acho... O barulho do mar, tudo tão romântico... Ele pediu ao maestro que tocasse algumas valsas que Puccini compôs especialmente para você.

CRISTINE — Não estou entendendo!

LUCAS — Então, no terraço enluarado, ele te beijou. Ele só fez isso, não avançou mais. Levou você de volta para a Itália, onde te encontrou.

CRISTINE — Quanto tempo durou essa conversa?

LUCAS — Horas. (*Pausa.*) Por quê?

CRISTINE — Porque eu quase acreditei em você.

LUCAS — E por que não?

CRISTINE — Ele nunca compôs valsas, nem para mim nem para ninguém.

LUCAS — É mesmo? Eu tinha certeza de que alguém ficou famoso por compor valsas. Devo ter confundido com Puccini.

CRISTINE — Confundiu mesmo.

LUCAS — Você está brava comigo, mãe?

CRISTINE — Estou com vergonha. Se você não respeita nem sua mãe, nada é sagrado para você, nada. E lamento por você.

LUCAS (*Tentando minimizar*) — Para evitar problemas, peço desculpas agora mesmo.

CRISTINE (*Severa e furiosa*) — Pedir desculpas? Você tem que expiar esta culpa.

LUCAS — Perdão, mamãe, não queria te aborrecer. Só achei que você queria ouvir coisas legais a seu respeito.

CRISTINE — Gosto de ouvir coisas legais que sejam verdadeiras!

LUCAS — E você acha que todas aquelas coisas que nos conta... (*Desiste.*) Ah, mãe, como posso expiar uma coisa que fiz tentando ser legal? Você não está sendo justa. Não vou expiar coisa nenhuma.

CRISTINE — Como você pode pensar em sua mãe se embebedando em cervejarias vienenses com um homem que ela nunca amou? Que alto conceito você tem da sua mãe!

LUCAS — Eu estava de brincadeira. Nunca acreditei que você faria uma coisa dessas.

CRISTINE — Uma cervejaria... em Viena! Evidente que eu não me lembraria.

LUCAS — Não quis te ofender e, de minha parte, caso encerrado. (*Gera entra no jardim e chama. Lucas sai.*)

GERA (*Com um buquê de rosas*) — Ela disse que seu tempo de receber flores já passou. Mas disse para te aconselhar a levá-la para jantar. (*Sorrindo*) Ela disse: "Vamos jantar, só isso. Depois... a gente vê o que acontece".

LUCAS — Eu gastei todo o meu dinheiro nestas flores. Mas onde é?

GERA — Eu te levo lá.

LUCAS — Espere um pouco. (*Silvia entra.*)

SILVIA — Você não vem?

LUCAS (*Entregando-lhe as flores*) — Eu queria te fazer uma surpresa. Está vendo como não sou mal-agradecido?

SILVIA — Obrigada, Lucas. É a primeira vez na vida que recebo flores.

GERA — Esses rapazes filhos da puta com quem você se divertia são todos quebrados, não é?

SILVIA — É, como você. Venha, Lucas, ela está dormindo. Ela não queria...

LUCAS — Silvia, escute... ah, não, vai.

SILVIA — Que foi?

LUCAS — São lindas rosas, né?

SILVIA — Eu te amo.

LUCAS — Gastei nelas todo o meu dinheiro.

SILVIA — Gastou?

LUCAS — Um cara que trabalha no banco e tem muita influência me convidou para jantar com ele hoje à noite. Acho que devo pagar a conta, não acha?

SILVIA — Vou perguntar à minha tia. (*Ri.*) Primeiro ponho para dormir e agora acordo.

LUCAS — Você é um amor, Silvia. (*Ela sai.*) Você, espere um pouco.

GERA — Ok. (*Sai. Lucas entra.*)

LUCAS (*Depois de um tempo, murmura para si*) — Não vou expiar nada, você vai ver. (*Pausa.*) É preciso ser muito bom para não ter problemas. É preciso ser muito bom para ser feliz.

CRISTINE — Eu sou sua mãe, como poderia ser feliz?

LUCAS — Você é feliz apesar de tudo.

CRISTINE — O que é "tudo"?

LUCAS — Eu, papai e você. Você é feliz apesar de nós três, especialmente apesar de você. Você ainda sonha demais. (*Brincando com ela.*) Não digo que você mente, mas às vezes você fala de coisas que não aconteceram e passa a viver como se tivessem acontecido. Às vezes você diz coisas que me chocam. Você adora isso. Pode ser que atrás dessas mentiras existam verdades ainda mais chocantes.

CRISTINE — É muito provável.

LUCAS — O problema é que você acredita nas mentiras que inventa. E nós meio que somos levados a acreditar também. Mesmo sabendo perfeitamente que você está mentindo.

CRISTINE — Essa palavra me aborrece tanto! Não a diga de novo.

LUCAS — Tudo que eu digo te aborrece...

CRISTINE — Você não, seu pai.

LUCAS — Você se arrependeu de casar com ele?

CRISTINE — Não havia outra opção.

LUCAS (*Incomodado*) — Acho melhor não prosseguir com intimidades.

CRISTINE — Por que não? Somos mãe e filho.

LUCAS — Porque não te perdoaria se alguma coisa tivesse acontecido... antes. Perdoaria.

CRISTINE — Alguma coisa?

LUCAS — Você disse que não tinha opção. Só posso pensar...

CRISTINE — E me perdoaria? Muito obrigada.

LUCAS — Não tem de quê.

CRISTINE (*Acendendo um cigarro*) — Talvez tenham acontecido coisas que você não perdoaria. (*Instigando-o*) Alguma verdade chocante.

LUCAS — Vamos nos entender sobre este ponto antes de prosseguir: é melhor não entrar em intimidades. (*Pausa.*) Acho que você amava papai. (*Pausa.*) Não?

CRISTINE — É claro.

LUCAS — Então, e está claro que você ama. Não: está mais que claro. Nós... Afinal, somos uma família feliz. Mesmo quando discordamos em algumas questões. Fundamentais.

CRISTINE — De que tipo?

LUCAS — Por exemplo: não acho que papai goste de te ouvir falar em Puccini o tempo todo. (*Grotesco*) É uma coisa que nenhum homem aprecia: sua mulher falando o tempo todo de outro homem.

CRISTINE — Por favor, não se meta com Giacomo.

LUCAS — Está bem. E você também deve fazer isso. Não há motivo para você falar dele o tempo todo. Eu vejo como papai reage quando você fala "Giacomino, Giacomino"...

CRISTINE — Ele não liga.

LUCAS — Liga sim.

CRISTINE (*Continua fumando*) — Então não me importa se ele liga ou não.

LUCAS — Acho que, mesmo antes de se casar, vocês tinham que se importar um com o outro. Quando as pessoas se amam, elas prestam atenção nos respectivos gostos e desagrados.

CRISTINE — Meu jovem, não venha me dar instruções sobre o amor, isso não!

LUCAS — Se te interessa, às vezes fico incomodado.

CRISTINE — Eu e seu pai nos demos muito bem por mais de vinte anos.

LUCAS — Está bem, mas tenho certeza que nem tudo foi tão bem por todo esse tempo. E o único motivo é este: você não se importa com o que ele gosta ou não. (*Pausa.*) Você tem que se lembrar de que teve um filho com ele. (*Pausa.*)

CRISTINE (*Nostálgica*) — Tem certeza?

LUCAS — Outra vez?

CRISTINE — Você me ouviu: tem certeza?

LUCAS — Mãe, pelo amor de Deus, não fale assim.

CRISTINE (*Relaxada*) — Acho que é uma questão muito boa. Quem mais, além de mim, pode ter certeza de uma questão tão pessoal?

LUCAS — Escute aqui, mãe! Quando eu era criança, os meninos costumavam se xingar de filho da puta. Eles se xingavam de filho da puta porque não sabiam o que isto queria dizer. Se alguém me xingasse de filho da puta eu quebraria seu pescoço, porque sabia o que significa. (*Carinhoso*) Mas não posso quebrar seu pescoço, não é, queridinha? (*Pausa rápida.*) Você está tentando me punir pelo que fiz? Está se vingando?

CRISTINE — De maneira nenhuma, meu amor.

LUCAS — Mas está ultrapassando o sinal, de uma forma ou de outra.

CRISTINE (*Escondendo um sorriso*) — Eu diria que ULTRAPASSEI...

LUCAS — Vamos parar de falar nisso? Vamos?

CRISTINE — Se não quer respostas, não faça perguntas.

LUCAS (*Exaltado*) — Eu não imaginava que você diria que papai não é meu pai!

CRISTINE — Eu não disse que ele não é seu pai: eu só disse que sou a única pessoa que pode ter certeza absoluta.

LUCAS (*Ligeiramente alegre, bem devagar*) — Por certo eu não gosto dele, mas fico contente de saber que ele, e não qualquer outro, é meu pai.

CRISTINE (*Concluindo o raciocínio*) — Mas, se é isso que quer saber, não é. (*Pausa.*)

LUCAS (*Enfurecido com ela*) — Muito bem! E você esperou todo esse tempo para me contar que ele não é meu pai! Por quê? Por que você não me disse antes? Se ele não é meu pai, eu usaria argumentos melhores nas nossas discussões! (*Ela se dirige ao piano.*)

CRISTINE — Você nunca me perguntou isso antes. (*Toca.*)

LUCAS — Eu sei que você está me gozando, mas vamos desenvolver a hipótese. (*Segurando suas mãos para ela não tocar.*) Quem, se me permite a pergunta, é meu pai?

CRISTINE — Ora, por favor, não me faça perguntas constrangedoras. (*Solta-se e toca novamente.*)

LUCAS — Acho que tenho o direito de ficar minimamente curioso, não? Quem é? (*Ela toca "Suave canção".*) Puccini?

CRISTINE — Quem sabe? Ele me chamou de Rainha, não chamou? Ele mesmo com certeza era um rei.

LUCAS — Quem sabe? Isso quer dizer que você nem tem certeza?

CRISTINE — Não se preocupe, meu bem. Eu tenho um diário. (*Sorrindo*) A expressão só quer dizer que me horroriza fazer uma afirmação clara sobre a sua paternidade. Odeio afirmações claras.

LUCAS (*Em tom ressentido*) — Gera disse que você é muito esquisita. Eu quase bati nele por causa disso. Esquisita? Você é louca varrida. Me perdoe por dizer, mãe, mas você não é boa da cabeça. (*Gera entra e chama.*)

LUCAS — A gente se ama, mamãe, evidente que sim, mas a gente se apronta coisas que não devia. Mãe, você tem que fazer um exame de consciência para entender que há coisas que não se tem o direito de dizer porque elas ferem as pessoas. (*Pausa rápida.*) Você diz mentiras em que acredita e isto é horrível. (*Gera chama de novo.*) Tô indo. (*Triste*) E agora... como acreditar que ele é meu pai? (*Começa a sair.*) Há coisas que você não tem o direito de dizer.

CRISTINE — Ou fazer! (*Lucas nem consegue olhar para ela.*)

LUCAS — Eu e papai...

GERA — Você e papai o quê?

LUCAS — Somos tão diferentes, não? Não somos?

GERA — Completamente.

LUCAS — Escute aqui, seu filho da puta: de hoje em diante... Preste atenção: de hoje em diante, se você tiver vontade de dizer que minha mãe é esquisita, pode dizer. Não me importa mais. Simplesmente não me interessa.

GERA — Mas ela é uma mulher legal. (*Saem. Cristine ouve um barulho lá dentro.*)

CRISTINE — É você, pai?

PAI (*De dentro*) — Lucas ficou tão triste...

CRISTINE (*Sentindo-se culpada*) — Tive que castigá-lo. Você ouviu o que ele disse sobre as cervejarias vienenses? Ouviu?

PAI — Ouvi.

CRISTINE — Ele mereceu.

PAI — Você sabia que era mentira.

CRISTINE — Era mentira, mas tinha sentido. Fiquei tão feliz... Lucas falando sobre aquelas coisas... Enfim... Eu acreditei nele.

PAI — Por favor, eu conheço todas as suas histórias. Não recomece. Me deixe dormir. (*Ela entra. A plateia ainda ouve seu diálogo, mas não entende as palavras.*)

(*Silvia e Jô entram; ela tem dinheiro nas mãos.*)

SILVIA — Continue, é tão emocionante!

JÔ — Mulheres são monstros. São verdadeiros monstros. Estou te contando a história da minha vida, a minha tragédia! E você acha que é muito emocionante. Você gosta de ouvir essas coisas?

SILVIA — É melhor que ler romance.

JÔ — Mas aconteceu comigo: minha mulher me largou.

SILVIA — Então é por isso que você estava chorando à noite?

JÔ — É. Eu me lembrei da minha lua de mel. Ela foi tão carinhosa, carinhosa demais, eu diria.

SILVIA (*Ávida*) — Conte-me, conte-me.

JÔ — Ela estava tão feliz. Não me deixava dormir. Me acordava e dizia: "Estou tão feliz. Estou tão feliz!". Ela disse "É bom demais casar". (*Pausa.*) Ela jurou ao padre que jamais me deixaria. Eu quero a minha mulher de volta.

SILVIA — É assim mesmo. Os casais são muito felizes até que aparece outro e lá se vão. Você tem que se acostumar.

JÔ — Me acostumar a dormir sozinho... enquanto ela... (*Infantil*) Eu quero a minha mulher! Quero que a minha mulher volte para mim!

SILVIA — Mas o que eu posso fazer? O quê? (*Ela está muito aborrecida e fala como se ele fosse criança.*) Quer fazer compras comigo? Quer? Amanhã cedo?

JÔ — Quero... Talvez eu esqueça dela...

Cena 5

Sala de jantar reservada em restaurante. Tudo é velho, desgastado e ensebado. Até o Garçom. Este sabe perfeitamente que é de terceira num restaurante de terceira; mas se comporta como se ele e o restaurante fossem muito melhores. Evidentemente tudo fica muito grotesco: o modo como ele se inclina, como serve, como fala. Mas ele tem uma espécie de pose extremamente engraçada.

Entram Gera e Lucas.

GERA — Pare com isso. Anime-se. Você não pode ficar assim. Você tem que se animar.

LUCAS — Estou mesmo muito animado.

GERA (*Ensinando*) — Anda, anda, vamos ver. Sorria! (*Lucas não sorri.*) Assim. (*Sorri.*) Está vendo? É fácil.

LUCAS — Não estou com vontade de sorrir.

GERA — Eu também não. (*Bravo*) Mas você tem que ficar alegre!

LUCAS — Estou triste, não tem jeito.

GERA — Ela não tem nada a ver com a sua tristeza.

LUCAS — Ah, minha mãe estragou tudo. Não vou dar conta disso.

GERA — Ela só não está interessada nos teus problemas domésticos. Você tem que entender isso.

LUCAS — Tem que haver uma saída.

GERA — Outra saída? Então você está pensando em roubar o banco?

LUCAS — Não foi isso que eu disse.

GERA — Mas pensou, né?

LUCAS — Eu penso em tudo neste mundo.

GERA — Eu te disse que sei qual é seu problema e como sair dele, não disse?

LUCAS — É melhor eu voltar para casa. Não estou com ânimo.

GERA — Quer cooperar? Eu fiz alguns planos. Te dou todo o dinheiro necessário, se você colaborar. Lembre-se, Lucas, você foi trapaceado.

LUCAS — Disso tenho certeza.

GERA — Meus planos são um pouco arriscados. Têm a ver com o banco onde trabalho, claro. Tenho certeza que você vai fazer direitinho. Nós precisamos de três pessoas: você, eu e... bom, nós temos que manter o gerente fora do escritório dele por um ou dois minutos. Se sua mãe aceitar em ir com a gente para conversar com ele sobre os velhos tempos... Sabe como é... fazer qualquer coisa com ele, não importa... Até transar com ele... (*Lucas bate em Gera.*)

LUCAS — Minha mãe?

GERA — Não precisa me bater! Não precisa me bater!

LUCAS — Isso é por seus planos envolvendo a mãe dos outros. Tem mais alguma coisa a dizer?

GERA — Só estava tentando te ajudar. Sou seu amigo! Seu amigo! Você sabe disso.

LUCAS — Desculpe. Mas não ia funcionar mesmo.

GERA — Ia sim!

LUCAS — Mas é ilegal. Eles disseram que vão me prender mesmo, se me pegarem de novo.

GERA — Isso também é ilegal.

LUCAS — É?

GERA — Tem que ser.

(*Entra o Garçom e anuncia a Senhora.*)

GERA — Faça-a entrar. (*Lucas se levanta e Gera manda-o sentar-se.*) Você fica aí. (*Sai o Garçom.*) Lembre-se disto: seja legal com ela. Diga alguma coisa simpática sobre sua aparência adorável. Por exemplo: (*Imitando*) "Ah, que vestido bonito! Rosa e azul" (*Explicando*) ou outras cores... "as cores que mais gosto".

LUCAS — Acho melhor...

GERA — E em hipótese nenhuma entre direto no assunto. (*Entra a Senhora.*) (*Ele educadamente*) Madame, espero que esteja satisfeita. (*Ela lhe passa uma gorjeta.*) Tenho certeza que a senhora vai gostar muito desta noite. (*Conta o dinheiro.*) Mas, madame! Se a senhora imaginasse a dificuldade que foi convencê-lo a vir...

SENHORA (*Ofendida*) — Dificuldade?

GERA — Veja bem, hoje é o aniversário da noiva dele. Tive que tirá-lo de uma festa de aniversário. Eu nem devia cobrar desta vez. (*Ela lhe dá mais dinheiro.*)

SENHORA (*Sussurrando*) — Cai fora.

GERA — Obrigado, madame, muito, muito obrigado. Eu sabia que a senhora ia entender. (*Ele sai e ela se senta.*)

SENHORA — Veja só! (*Pausa.*) A gente nem se cumprimentou ainda.

LUCAS (*Rapidamente*) — Boa noite.

SENHORA — Como tem passado? (*O Garçom acaba de servir e sai.*)

LUCAS — Este lugar é estranho, não? A senhora já veio aqui antes?

SENHORA — Por quem você me toma?

LUCAS — Eu só achei...

SENHORA — Espero que aquele rapaz, o Gera, sei lá, tenha te explicado as minhas exigências.

LUCAS — Como assim? Suas o quê?

SENHORA — Salvo engano, você está disposto a me seduzir, certo?

LUCAS (*Constrangido*) — Bom... Eu... Que belo vestido o seu! Rosa e azul, as cores que eu adoro. (*O vestido não é rosa e azul.*)

SENHORA (*Alegre*) — E meus brincos? Não são lindos? Presente. É, eu ganhei dele. Ontem à noite. Ele foi me visitar. Foi tão gentil, ontem à noite. Me sinto um pouco culpada de estar aqui...

LUCAS (*Olhando os brincos*) — Eles são de ouro?

SENHORA — Com certeza.

LUCAS — Ah, quase me esqueço: tenho um presente para a senhora.

SENHORA — Quanta consideração! Adoro ganhar presentes.

LUCAS — É. O Gera me contou.

SENHORA (*Cheirando as flores na mesa*) — Nem me lembro mais da primeira vez que fui seduzida com flores. Quando eu tinha 15 anos... é, 15 anos, se me lembro bem, costumava ser seduzida com bombons. Depois que despertei para o amor, passei a ser seduzida com flores. Esta é a etapa mais romântica e bela na vida de uma mulher. Flores. Depois, joias, peles, casacos de mink. (*Abre o pacote.*) Casacos de mink, peles, joias, flores de novo. Agora o círculo se completa: bombons outra vez. (*É o conteúdo do pacote.*)

LUCAS — Achei que a senhora gostava de bombons.

SENHORA — Gosto.

LUCAS — Então estou acertando, espero.

SENHORA (*Encarando-o*) — Seria ainda melhor se você fosse sincero.

LUCAS — Em relação a quê?

SENHORA — Lucas, eu tenho espelho. Toda mulher sabe se está feia ou bonita. E acho que a mesma coisa acontece com os homens. Eu sei que não sou bonita, enquanto você...

LUCAS — Eu sou?

SENHORA — Não, mas tem alguma coisa de excitante.

LUCAS — Gostaria de saber o que é.

SENHORA — Você pode conseguir coisa melhor. Por que não fez?

LUCAS — Por quê? O que quer saber?

SENHORA — Na verdade não importa. Nestas coisas, quem tem que dar desconto é a pessoa mais velha.

LUCAS (*Indignado*) — Não estou pedindo desconto e não sei o que quer dizer. Não comece a ter ideias, não me interessa o seu dinheiro. Por Deus que não. Não o seu dinheiro, entendeu? Não sou um gigolô! A senhora se pergunta por que não consigo coisa melhor. Eu sei que poderia. Acho que tem direito a uma explicação. Que quer dizer com isso? Moças mais jovens? Mais bonitas? É isso?

SENHORA (*Que o encarou durante todo o discurso*) — É, Lucas, bonitas e mais jovens.

LUCAS — O problema é que as jovens que conheci até agora são muito idiotas. É difícil conversar com uma jovem, pode crer. Ela não sabe nada, não entende nada. Falar com uma moça assim é o mesmo que falar sozinho. A gente faz perguntas e não tem resposta. É horrível!

SENHORA — E comigo você obtém respostas?

LUCAS — De alguma forma. (*Ele está com vergonha e fica falando para não se embaraçar ainda mais.*) Por exemplo, a senhora não acredita em mim. Se uma moça concorda com tudo o que digo e até com o modo como digo, isto significa que sua cabeça é vazia, não é?

SENHORA — Com toda a certeza. (*Ele a olha furtivamente.*)

LUCAS (*Baixando a voz*) — Ir para a cama com uma mulher idiota é horrível. Uma mulher idiota é uma mulher... morta por dentro. Mas que diferença é uma mulher inteligente! O brilho dos seus olhos quando, por exemplo, dou um beijo. Sinto que existe alguém do outro lado. Que não estou sozinho. (*Triste*) Ir para a cama com uma mulher idiota é uma espécie de jogo de paciência, para dizer de modo leve.

SENHORA — Paciência? Duas pessoas? Não estou entendendo.

LUCAS — Paciência, sim! A senhora não entende que o ato físico em si mesmo é espiritual? O ato físico é uma relação espiritual.

SENHORA (*Confusa*) — Espiritual? Lucas, você está falando bobagem e sabe disso!

LUCAS — É espiritual se formos seres humanos e não animais!

SENHORA (*Tentando atraí-lo*) — Se estamos à mesa, sem fazer nada, ou apenas comendo e conversando, você pode chamar de relação espiritual...

LUCAS (*Triste*) — Comendo?

SENHORA — Por outro lado, se formos para a cama com a intenção de cometer um pecado, para usar uma expressão leve, como pode ser uma relação espiritual?

LUCAS (*Desistindo*) — Está bem, que seja. Se é assim que você quer, ir para a cama é apenas um ato físico.

SENHORA — Não sou eu que quero assim, se bem que goste muito da ideia, pois foi assim que Deus nos fez.

LUCAS — Por favor, não o responsabilize.

SENHORA — Você é um rapaz confuso e estou entendendo por quê: você pensa demais.

LUCAS — Em resumo, eu tentei começar pelo lado cerebral e não funcionou.

SENHORA (*Feliz*) — Experimente o físico.

LUCAS — Você gosta dos filmes de Valentino?

SENHORA — Gosto. Mas não acho que hoje ele faria o mesmo sucesso que fez naqueles tempos.

LUCAS — Como assim?

SENHORA — Hoje a autoimitação não funciona mais.

LUCAS — Mas ele tinha que falar, embora o filme fosse mudo.

SENHORA — Tem que haver uma mistura. Só com as palavras também não dá certo. Por que você não tenta me seduzir por mímica?

LUCAS — Não sei fazer isso.

SENHORA — Experimente.

LUCAS (*Tentando*) — Assim?

SENHORA — Falta romantismo.

LUCAS (*Tenta de novo*) — E agora?

SENHORA — Melhorou. Suas mãos parecem estar pedindo alguma coisa. Espero que seja eu, mas seus olhos... Os olhos de um apaixonado têm que suplicar, têm que pedir alguma coisa e os seus parecem pedir para dormir. Ah, agora parece que você está esgrimindo.

(*Ele conclui esta pequena pantomima abraçando-a, prestes a beijá-la. Entra o Garçom. Lucas rouba os brincos da Senhora.*)

GARÇOM (*Curvando-se*) — Com licença!

SENHORA — Oswald! Você sempre entra na hora errada! Não admito mais isso!

GARÇOM — Perdão, madame!

SENHORA — Estou cansada, enjoada de suas desculpas. Saia daqui!

LUCAS (*Embolsa os brincos*) — Se precisarmos, tocaremos a sineta.

GARÇOM — Mas não existe sineta aqui, senhor. Por outro lado, sugiro que batam palmas sempre que precisarem de mim. Assim: uma (*Bate palma*) e duas (*Repete*). Com sua licença. (*Curva-se e sai.*)

LUCAS — Oswald... A senhora disse que não conhecia o lugar.

SENHORA (*Ficando nervosa*) — Oswald é um velho amigo. Ele não teve culpa: você demorou demais para decidir.

LUCAS — Tentemos de novo.

SENHORA (*Animada*) — Não sei por quê, mas você é o primeiro homem que me provoca tanto desconforto!

LUCAS (*Animado também*) — Note que estou fazendo o máximo esforço!

SENHORA (*Ofendida*) — Ah, meu bem, você não precisa se esforçar demais se não quiser. Não se esforce, que importa? Mas, pelo amor de Deus, faça alguma coisa depressa! (*Achando que ele pode ficar bravo, suaviza*) Você está me fazendo sofrer, Lucas, terrivelmente. Terrivelmente. Primeiro com sua ideia de como o amor físico é espiritual, quando sabe muito bem que não há nada de espiritual. Faz parecer que sou eu quem está querendo te seduzir e não o contrário. (*Olha-o furtivamente, esperançosa.*)

LUCAS — É um pouco o que está acontecendo.

SENHORA — É mesmo?

LUCAS — Está bem, agora vou te beijar.

SENHORA — Parece que é a primeira vez que você beija uma mulher. (*Encara-o.*)

LUCAS — Parece?

SENHORA (*Depois de uma pausa, encarando-o*) — Diga a verdade, Lucas! É a primeira vez que você beija uma mulher? Faça-me feliz, mas diga a verdade!

LUCAS — Você não acha que tenho o direito de ficar nervoso?

SENHORA (*No auge da felicidade*) — Claro, meu bem, claro! Mas diga outra vez: você nunca dormiu com uma mulher?

LUCAS (*Fingindo vergonha*) — Claro que não.

SENHORA — Isto explica tudo, não é? Seu modo desajeitado, sua relutância, sua espiritualidade! Ah, meu querido, preciso te ajudar.

LUCAS (*Entrando no jogo*) — Por favor, faça isso.

SENHORA — Não é difícil.

LUCAS — Estou tremendo de emoção.

SENHORA — Não precisa ter medo.

LUCAS — Tenho muitos motivos para ter medo. Afinal, este é o dia mais importante na vida de um homem.

SENHORA — Você não deve exagerar. Devagar. Deixe eu pôr meu braço no seu ombro, você tem que se acostumar com este calor. Quando ficar tenso, relaxe. Não se excite, entregue-se. (*Excitada*) É a primeira vez que me acontece uma coisa dessas, quase em fim de carreira! Que glorioso, glorioso final feliz!

LUCAS — Escute, você não quer saber de onde eu venho?

SENHORA — Claro, claro, por quê? Por que você veio a mim?

LUCAS — Eu queria te roubar! Tá me ouvindo? Te roubar! Você não se assustou?

SENHORA — Claro que estou terrivelmente assustada! Me roubar? Que emocionante! Mas, querido, não tenho nada para você roubar... E você tem a coisa mais preciosa que um homem pode perder. (*Baixinho*) Muitas vezes esta perda ocorre em circunstâncias tão deprimentes! Ah, estou tão feliz por você ter se preservado por tanto tempo! Você está em ótimas mãos, queridíssimo.

LUCAS — Acho que sim.

SENHORA — Agora quero beijar tua boquinha linda. Não, é você que tem que fazer isto. Um homem deve conquistar! Ouse! Seja audacioso! Seja meu diabinho!

(*Ele a beija. Pausa. Afasta-se dela e lentamente encara a plateia. Parece uma criança que lambeu sal em vez de açúcar.*)

SENHORA (*Ainda de olhos fechados*) — Me beija de novo, Lucas, me beija de novo, meu diabinho.

LUCAS (*Lentamente*) — Se você quiser que eu te leve para casa, eu levo porque sou um cavalheiro. Mas chega de beijos!

SENHORA — Me levar para casa? Eu vivo com minha mãe e ela desaprova isto. Vamos para outro lugar, um hotel ou coisa assim. (*Olhando-o*) Lucas, meu querido, o que aconteceu? (*Rindo*) Você não gostou?

LUCAS (*Censurando-a*) — Você não escova os dentes!

SENHORA (*Séria*) — Lucas!

LUCAS — Tem gosto de doce estragado.

(*Ela lhe dá um tapa na cara; depois de um tempo, ele devolve o tapa. Entra o Garçom e se curva.*)

GARÇOM (*Sorrindo obsequioso*) — Sobremesa?

LUCAS — Ponha-se daqui para fora!

GARÇOM — Mas, senhor, tenho certeza de que ouvi duas palmas (*Bate palmas duas vezes*), uma e duas. Exatamente como combinado.

SENHORA — Saia, Oswald, por favor, saia.

GARÇOM (*Compreendendo*) — Sim, madame, eu entendo. Esse tipo de coisas acontece até com gente casada e feliz. Na semana passada, estava neste mesmo reservado um cavalheiro alemão e sua jovem esposa francesa. Bom, antes que eu servisse a sobremesa, o cavalheiro me chamou e... (*Lucas encara-o.*) Sim, senhor, sim, senhor. (*Curva-se e começa a sair.*) Na próxima vez, é melhor me chamar. Meu nome é Oswald. (*Sai.*)

LUCAS (*Como se pedisse desculpa*) — Você me machucou. Fiquei transtornado.

SENHORA — Você machucou meu coração.

LUCAS (*Pensando*) — Gigolô... Não acredito. Se você não sente nada por ela, não adianta tentar, não depende de você. O homem tem que amar a mulher com quem transa.

SENHORA — Você não me ama?

LUCAS — É evidente que não.

SENHORA (*Orgulho ferido*) — Meu amante é um banqueiro! Um banqueiro! Ele gosta dos meus beijos!

LUCAS — Ele te expulsou do escritório.

SENHORA — Mas pediu perdão! Veio me visitar e trouxe flores e um presente. Ele me deu estes brincos de ouro! (*Passa os dedos nas orelhas.*) Cadê os meus brincos de outro?

LUCAS (*Devolve-os*) — Não ia mesmo ficar com eles.

SENHORA (*Furiosa*) — Se eu fosse uma virgem e entrasse aqui, não teria mais tanta certeza! Seu ladrãozinho! (*Pausa rápida.*) (*Amável, suplicante*) Você não quer mesmo tentar de novo?

LUCAS — Sabe que eu não como manteiga porque me dá espinhas? Sinta meu rosto... veja como é macio...

SENHORA — E daí?

LUCAS — Todo mundo tem que fazer sacrifícios na vida! Por que você também não faz? Olhe seu corpo... (*Belisca-a.*) Acorde quinze minutos mais cedo, faça exercícios. E, por favor, não coma tanto chocolate. Você disse que ele te trata como esposa. É porque você parece uma esposa, não uma amante! Sinto muito. Adoraria continuar com isto, mas não aguento. Não posso.

SENHORA (*Se recompõe*) — Seu ladrãozinho! Vou mandar a polícia te pegar.

(*Ela sai. Pausa. Entra o Garçom.*)

GARÇOM — Ela não esperou a sobremesa?

LUCAS — Traga a minha sobremesa e cale-se. O que é isso?

GARÇOM — A conta, senhor. (*Deixa-a na mesa e sai.*)

LUCAS (*Tirando dinheiro do bolso*) — Mal dá para uma gorjeta!

(*O Garçom volta, serve a sobremesa e fica à porta.*)

LUCAS — Quero mais café. (*Garçom serve o café.*) E um copo d'água. (*A água está ali.*) Acho que vou comer a sobremesa.

GARÇOM — Perfeitamente, senhor. (*Sai. Lucas olha pela janela: é muito alta. Olha para a porta: entra Gera.*)

LUCAS — Gera! Isso é que é um amigo!

GERA — O que aconteceu com ela? Estava chorando quando topei com ela agora mesmo.

LUCAS — Emoção! Vou me encontrar com ela em um minuto.

GERA — Te levo de carro, é minha parte.

LUCAS — Não se preocupe, eu sei chegar lá. Escute, o garçom vai trazer a sobremesa. Que tal? Vem cá, senta aqui. Isto é a gorjeta, não passe a mão nela.

GERA — Ô, Lucas, você me conhece!

LUCAS — Por isso mesmo. Acho melhor esperar por ele.

GERA — Lucas, você está me ofendendo! Anda, cai fora.

LUCAS — Está bem. Venha depois para a minha casa, que eu preciso conversar com você.

GERA — Vamos nessa.

LUCAS — Agora não, que estou com pressa.

GERA (*Sorrindo*) — Tô entendendo. (*Lucas levanta.*) Que sobremesa você pediu?

LUCAS — Tricolor perfeito. (*Sai.*)

GERA — Ótimo. (*Pega a gorjeta e embolsa. Entra o Garçom.*)

GARÇOM — Com licença, onde está seu amigo?

GERA — Não te interessa.

GARÇOM — Aqui está a conta, senhor. O senhor vai...

GERA — Eu? (*Quase se engasga.*)

GARÇOM — Só ficou o senhor, de modo que tenho razões para acreditar que...

GERA — Claro, por que não? Mas primeiro sirva-me um café. (*O Garçom serve.*) Isto é, um copo d'água. (*O Garçom serve.*) (*Nervoso*) E quero mais uma sobremesa.

GARÇOM — Perfeitamente, senhor. (*Vai até a porta e chama*) João!

GERA — Quem é João?

GARÇOM — O novo cozinheiro.

(*Entra João. É um homenzarrão. Está comendo um sanduíche de linguiça. As mãos estão engorduradas.*)

GARÇOM — Só fique aqui, João. (*Sai.*)

(*Pausa. Gera tira a gorjeta do bolso, põe sobre a mesa e conta.*)

GERA (*Com medo*) — Acho que é pouco, não é? (*O cozinheiro ri, divertido-se muito com a piada.*) Senhor... Senhor... Se... caso o senhor queira que eu lave alguns pratos, estou disposto a...

(*O cozinheiro arregaça as mangas. Gera senta-se em pânico.*)

Cena 6

Cenário: casa de Lucas outra vez, na mesma noite. Palco em semiobscuridade. Cristine lê um livro, Silvia dorme no sofá de Lucas, Lucas está por ali.

LUCAS — Mãe, não foi você quem disse que meu coração é puro, não importa o que eu fizer?

CRISTINE — Mudei de ideia.

LUCAS — Eu descobri isso hoje. (*Pausa.*) Por que acreditei que era um ladrão? Porque todo mundo me dizia. Você acha que o que os outros dizem podem mudar uma pessoa? (*Sem resposta.*) Imagine um cara bem legal. E as pessoas dizendo o tempo todo: você não presta, Lucas, você é ladrão. Você tem que ir para a cadeia. (*Pausa.*) Ir para a cadeia... Tenho medo de acabar lá. Mas sou puro de coração. Sou bom com o próximo. (*Imitando*) Lucas, você vai parar na cadeia. (*Violento*) Filhos da puta, os que me disseram isso! (*Lembrando*) Uma vez roubei o dinheiro de uma mulher e devolvi a bolsa a ela. Hoje não consegui fazer isso. (*Olha para Silvia.*) É uma moça legal. Ela me ama. (*Olha para o corpo dela.*) É bom tê-la por aqui. Você acha mesmo que eu devo me casar com ela?

CRISTINE — Se você acha que pode tomar conta dela o dia inteiro... é problema seu.

LUCAS (*Ressentido*) — Você não sabe do que está falando. Desde que voltei do Exército somos apenas namorados. Você quer que eu seja cruel com ela como foram com você!

CRISTINE — Ninguém foi cruel comigo! Às vezes não me entendiam, só isso.

LUCAS — Tanto faz, dá na mesma. Ei! Acorda! (*Pausa.*) Ela podia escolher à vontade e me escolheu. Tenho orgulho disso. (*Olha-se de novo.*) O mais importante é que ela tem dinheiro. Acorda, querida, eu te amo! (*Sacode-a.*)

SILVIA (*Sonhando*) — Jô... é você?

LUCAS — Sua putinha.

CRISTINE — Eles ficaram juntos o tempo todo enquanto você saiu.

LUCAS — Ela acabou de dizer que me ama, que quer casar comigo, o mais cedo possível. Ela faz questão.

CRISTINE — Acredito.

LUCAS — Não se pode confiar nas mulheres. (*Gera entra. Tem um olho roxo.*) Que foi, Gera?

GERA — Seu filho da puta! (*Lucas vai a seu encontro.*)

CRISTINE — Você o quê? (*Ele se esconde atrás dela.*)

GERA — Não quis ofendê-la, senhora, foi ele... Conta para ela. Conta o que me aconteceu!

LUCAS — Por acaso eu sei?

CRISTINE — Foi você que fez isso?

LUCAS — Claro que não, ele é meu amigo.

GERA (*Berrando*) — Conta o que aconteceu no restaurante! Depois que você e aquela puta da sua amante me deixaram lá! Eles comeram feito porcos, saíram, me deixaram lá e foram dormir! Tive que pagar a conta!

CRISTINE — Lucas...

LUCAS — Eu te pedi dinheiro, não é? E você me deu? Mas não fui dormir com ela. Não pude. Bem que eu tentei.

GERA — O que a Silvia está fazendo aqui?

LUCAS — Tire essas mãos de cima dela.

GERA — Meu, como ela é bonita. Nunca a tinha visto dormindo. Lembra aquela noite que eu te contei, quando ela e...

LUCAS — Eu já disse para ficar longe dela. Ela é bonita, mas é minha! É a minha namorada!

GERA — Talvez agora ela seja sua, mas já circulou muito por aí. É isso mesmo, Lucas, meu amigo, eu não minto para você. (*Fica em guarda, com medo de que Lucas bata nele.*) Ah, é mesmo, eu vim aqui para acertarmos nossas contas.

LUCAS — Vai à merda.

CRISTINE — Gera, obedeça por favor. (*Amorosa, para Lucas*) Então você não conseguiu?

LUCAS — Estou cansado, quero dormir.

CRISTINE — No meu colo, Lucas. (*Ele senta no chão e põe a cabeça no colo da mãe.*)

LUCAS — Saia daqui.

GERA — Posso olhar?

LUCAS — Olhar o quê?

GERA — Minha mãe é diferente. Ela não me faz carinho, ah, não mesmo. Ela me bate na cabeça. Só não largo dela porque ela não me cobra nada pelo quarto. E ela não cobra porque me quer por perto para me bater de vez em quando. (*Senta no chão, no canto. Olha como um animalzinho.*)

LUCAS — Mãe, estou num dilema horrível. A mãe dele é pior que você, mas mesmo assim... você podia ser muito melhor. Você nunca me ajudou, mãe. Você só pensa nos amantes que teve e que poderia ter tido se quisesse. Você me deixa escolher sozinho. Um jovem sempre gosta que seus pais o aconselhem, para poder poder pôr a culpa neles por tudo o que acontecer. Você só pensa nos homens que conservam sua fotografia no quarto. Sinto que fui logrado por ter uma mãe como você.

CRISTINE — E eu também não fui lograda?

LUCAS — Pode ser. (*Pausa.*) Eu nunca fiz nada de bom. E ainda assim acho que fui logrado! Nós dois fomos completamente trapaceados, mãe. (*Pausa.*) Às vezes fico pensando que esta sociedade é uma merda, pois não tem espaço legal para um jovem que não presta e uma mãe que também não presta muito. Tinha que haver lugar para gente como nós. (*Pausa.*) (*Vagamente*) Mãe, estou num dilema terrível...

GERA (*Do canto*) — Talvez ela possa te ajudar a sair dele, Lucas. Lembra?

LUCAS — Você quer que eu deixe teu outro olho roxo?

GERA (*Baixinho*) — Talvez ela possa!

CRISTINE — Talvez eu possa!

LUCAS — Estou encrencado, mãe. Encrenca pra valer. (*Olha para ela.*) Você poderia? (*Afunda a cabeça em seu colo.*) Ah, eu me odeio!

Terceiro ato

Cena 7

Cenário: o mesmo, no dia seguinte; fim de tarde. Silvia está falando. Jô carrega vários pacotes e Lucas está ouvindo, mortalmente aborrecido.

SILVIA — Está me escutando?

LUCAS — Não tem outro jeito, você está gritando.

SILVIA — Então nós fomos almoçar, você pediu camarão. Eu olhei e disse que estava esverdeado. Eu cheirei e disse: "Jô, não estou gostando deste cheiro". Ele disse... O que você disse?

JÔ — Eu disse que eu também não estava.

SILVIA — Ele disse que também não e então nós chamamos o garçom.

JÔ — Eu chamei.

SILVIA — É. Eu disse para ele chamar o garçom. Ele chamou. O garçom veio e disse "Mas, senhorita, é assim que ele deve cheirar". E eu disse e Jô disse "Mas nós não gostamos da aparência dele". E eu disse "O cheiro é horrível". Não fui eu que disse isso?

JÔ — O cheiro é horrível? É. Foi você.

SILVIA — "Mas são camarões frescos, recém-pescados", disse o garçom. E eu disse... eu disse... Que foi que eu disse?

JÔ (*Imitando-a*) — "Diga alguma coisa".

SILVIA — O que você disse?

JÔ — "Mas nós não gostamos do jeito nem do cheiro deles."

LUCAS (*Mortalmente entediado*) — O que respondeu o garçom?

SILVIA — Que não tinha autorização para trocar o prato.

JÔ — Então eu disse: "É melhor você chamar o gerente, porque eu não pago por comida que não como e não como quando não gosto da aparência nem do cheiro".

SILVIA — Ele chamou o gerente. O gerente veio e a história se repetiu inteirinha. "Sim, senhorita." "Eu não gosto deste cheiro." "Mas é o cheiro que deve ter." "Nenhum camarão é esverdeado." "Este não está esverdeado." "Ah, está sim!"

JÔ (*Imitando-a*) — "Diga alguma coisa!"

LUCAS — Espera um pouquinho. Vamos ver se adivinho. Então foi você quem falou.

JÔ — Certo.

SILVIA — E o que ele falou?

LUCAS — "Não pago por comida que não como e não vou comer coisa da qual não gosto nem do cheiro nem da aparência."

SILVIA (*Muito contente*) — Absolutamente certo.

LUCAS — Então você disse: "É melhor chamar o gerente".

SILVIA — Nada disso, nós ficamos quietos e não dissemos mais nada.

JÔ — Mas eu disse!

SILVIA — Disse o quê?

JÔ — "Não vou pagar! Não vou pagar! Não vou pagar!"

SILVIA — Isso mesmo, ele disse "Eu não vou pagar!" três vezes, mas acho que o gerente não ouviu.

JÔ — Mas ele mudou o pedido.

SILVIA — Então nós pedimos lagosta. (*Bem devagar*) Se os camarões estavam esverdeados, a lagosta estava totalmente verde! E tinha um cheiro pavoroso!

JÔ — Mas nós comemos.

SILVIA — Eu não comi. Não comi. Só experimentei, fiquei ofendida e disse... disse... Que foi que eu disse?

JÔ — "Vamos embora daqui!" Então nós pagamos — ela pagou — mas não demos gorjeta. Depois fomos a uma lanchonete e pedimos cachorro-quente.

SILVIA — Eu tomei um milk-shake de chocolate e ele um sorvete.

JÔ — De coco.

LUCAS (*Bem devagar*) — E então, se existe no céu um Deus que tem piedade de mim, vocês vieram direto para casa.

SILVIA — Não, não, então nós fomos...

LUCAS — Gente, está ficando tarde.

SILVIA — Nós vamos para algum lugar?

LUCAS — Não. É que está escurecendo. Sua tia pode estar te esperando.

SILVIA — Pode ser. Jô, você me ajuda a levar estas coisas?

JÔ — Claro.

SILVIA — Ele é um amor. Jô é um tremendo ajudante. Me ajudou até a escolher a lingerie. Comprei um monte de coisas, amor. Calcinhas. Ah, você não gosta de falar dessas coisas? É para o nosso casamento! Você devia se interessar por isso! (*Ri.*) Lucas, não tem jeito: é assim que eu rio. Você vai ter que se acostumar. Ninguém mais se incomoda. Jô, por exemplo. Você se incomoda, Jô?

LUCAS — Vocês dois combinam bem.

SILVIA — É mesmo, não é?

LUCAS — Desde que vocês começaram a sair, você parou de chorar à noite.

JÔ — Isto te incomoda?

LUCAS — Não, claro que não. Por aqui tem muito barulho com que a gente tem que se acostumar, não é mesmo?

SILVIA — Mas nós não começamos a sair, Lucas, não seja cretino. Vamos, Jô. Você não vai me ajudar? (*Começam a sair.*) Ele não quis te ofender, Jô. Não mesmo. (*Olhando para trás.*) Ele é assim! (*Saem.*)

(*Lucas entra. Cristine está acabando de se arrumar para sair. Ela está excepcionalmente feliz. Está cantarolando uma canção. Sobre a mesa está o vestido de noiva de Silvia. Cristine pega-o e ajeita alguma coisa nele.*)

LUCAS — Larga isso aí, por favor, mãe. (*Depois de um tempo*) Mãe, você quer mesmo... Isto é, você não tem que fazer isso, você sabe.

CRISTINE — Mas eu quero. (*Sorrindo*) Estou contente porque vou te ajudar, uma vez na vida.

LUCAS — Obrigado. (*Pausa.*) Isso que vamos fazer é meio ridículo. Nós não parecemos gangsters.

CRISTINE — É. Não parecemos. (*Entra o Pai com um chapéu horrível de Cristine.*)

PAI — Você vai usar isto?

CRISTINE — Não seja ridículo!

PAI — Se você quer seduzir um gerente de banco, deve se preocupar mais com sua aparência.

CRISTINE — Lucas! Que foi que você disse a seu pai?

LUCAS — Nós não estamos nos falando.

PAI — Você está certíssimo. Estou acostumado a cuidar do que falo.

CRISTINE — Não pretendo seduzir ninguém. (*Pausa rápida.*) Seduzir... (*Ambos olham para ela.*) Apenas vou tirá-lo do escritório por um ou dois minutos, só isso. (*Pausa breve. Ela está perturbada com as palavras do Pai.*) Vamos chegar lá alguns minutos antes do banco fechar, assim todo mundo sai. É um método muito antigo, mas acho que ainda funciona. É isso. Talvez a coisa demore mais que dois minutos, se começarmos a falar dos velhos tempos... Então você arranca seu amigo Gera de lá, para que ele não fique sob suspeita, e vocês fogem. E eu volto para passar com você o resto da minha vida, papai. (*Pausa.*) Seduzir. É um pouco de falta de respeito, pai, falar assim comigo. (*Arruma o vestido.*)

LUCAS — Vou pegar o Gera. Anda logo, mãe. (*Sai.*)

CRISTINE (*Ao Pai*) — Por favor, feche o zíper para mim. (*Ele fecha, desajeitado.*) Você anda estranho, ultimamente. Não dá para descansar um pouco?

PAI (*Nervoso, berra*) — Eles dormiram juntos!

CRISTINE — Isso não é nada demais hoje em dia.

PAI — Aposto que é.

CRISTINE — Explique-se, meu bem.

PAI — Você mudou de ideia.

CRISTINE — Você quer me lembrar de coisas que esqueci?

PAI (*Imitando*) — Não esqueci dos seus olhos me olhando suplicantes!

CRISTINE — Suplicantes?! Você sabe mesmo me deixar nauseada com você!

PAI — Antigamente eu sabia te fazer feliz.

CRISTINE — Você fracassou, querido, não é?

PAI — Não no comecinho, quando eu não era tão velho. Você sabe que se parece um pouco com a Silvia? As duas adoram criar problemas. (*Olha para ela.*) E quando você era mais nova, meu Deus!

CRISTINE — Devo entender esse "meu Deus" como um elogio?

PAI — Exatamente como a Silvia, buscando encrenca. E você conseguiu! Lembra, mãe? Lembra? Você entrou em todas. Agora estou acostumado.

CRISTINE — Esta foi a coisa mais amável que você disse em séculos, meu bem.

PAI (*Sonhador*) — Você costumava dizer "Nós somos malucos, pai, loucos!". As coisas maluquíssimas que faríamos. Tudo esquecido... Como se pode esquecer?

CRISTINE — Eu me esqueci.

PAI — Pois está na hora de começar a lembrar. Quando a gente fica inútil, é hora de lembrar.

CRISTINE — As palavras que você usa são simplesmente chocantes!

PAI — Por inútil, quero dizer quando a gente não mais...

CRISTINE (*Ameaçadora*) — Pai! Eu não sou tão velha assim!

PAI — Não?

CRISTINE — Você é, mas eu não, pai!

PAI — Mas você é velha o bastante para sair de circulação.

CRISTINE — Você está meio confuso. Agora mesmo achava que eu ia seduzir um homem.

PAI — Achei que você ia tentar. Disputar com as outras mulheres que o assediam.

CRISTINE — Eu não disputo.

PAI — Faz muito bem.

CRISTINE — Tenho plena consciência de que não posso concorrer com outras mulheres. (*Desenvolve seus pensamentos bem devagar.*) Isto é, não posso competir com elas em seus termos. Não sou mais nenhuma jovem, e jovens, pelo simples fato de serem jovens, são desejáveis. Além disso, não sou muito atraente. DESTE ponto de vista, bem entendido. Mas posso concorrer porque tenho uma coisa que jovens não têm: (*Alegremente*) Sou sutil. (*Pausa breve.*) Amor entre jovens é uma coisa ampla, enquanto entre os mais velhos é sutil. Ele adquire sentido. O amor jovem não tem sentido. (*Nostálgica*) Ambos acabam dormindo juntos, porque depois que isto acontece não há nada mais a fazer. (*Sonhadora*) Eu sou muito diferente. Eu sei perfeitamente o que é o amor. Agora eu o entendo, e mesmo assim... (*Olhando para ele*) para quê?

PAI (*Sem malícia*) — Querida, de vez em quando você não se acha um Napoleão Bonaparte?

CRISTINE — Bonaparte?

PAI — Você tem delírios de grandeza!

CRISTINE — De que delírio você está falando?

PAI — Saber perfeitamente o que é o amor...

CRISTINE — Teoricamente eu sei, sim. Só gostaria de poder te mostrar.

PAI — Acho melhor você escolher outra pessoa.

CRISTINE — Escolher... Não entendo suas palavras.

(*Este diálogo prossegue em voz baixa, bem suave, como se eles estivessem flertando.*)

PAI — Quero dizer que, se você ainda tem tanta disposição, vai ter que arranjar outro homem.

CRISTINE — Acho melhor você me poupar dessas horríveis insinuações. Se eu saí de circulação, para usar sua frase indelicada, foi apenas por respeito a você, e pela memória dos dias felizes...

PAI — E noites!

CRISTINE — Lembranças de noites felizes que passamos juntos, e não por simples indiferença, como você deve achar. Eu não sou indiferente, pai, e espero que não se esqueça disso.

PAI — O que passou, querida, passou mesmo, e jamais voltará.

CRISTINE — Mas está aqui! Não passou!

PAI — Pior para você.

CRISTINE — Você devia agradecer os sacrifícios que fiz por você! A felicidade de que desisti.

PAI — Eu sei de alguém que deve ser grato por sua eterna fidelidade.

CRISTINE — Não é você?

PAI — Você sempre me acorda, à noite, quase me sufocando com seus beijos e gritos!

CRISTINE — Eu sofro de sono intranquilo. Tenho pesadelos.

PAI — Pelas coisas que você fala, não parecem pesadelos.

CRISTINE — O que eu grito?

PAI — Pelo menos podia ser meu nome. Por que você não tenta me ver nos seus sonhos?

CRISTINE — Você não é fotogênico e meus sonhos parecem filmes.

PAI — Tenho que me conformar com isso. (*Pausa.*) Fique em casa esta noite. Lucas já vai voltar e eles serão felizes... com o dinheiro dela.

CRISTINE — Você não conhece essa moça. Alguém tem que sofrer. Não posso permitir que seja Lucas. Lucas é Lucas. É meu filho, tenho que ajudá-lo.

PAI — Por que você continua nesse trabalho? (*Ela deixa de lado o vestido de Silvia e arruma o seu.*)

CRISTINE — Por favor, arrume meu chapéu, querido.

PAI — Arrume você.

CRISTINE — Pai!

PAI (*Imitando-a*) — Pai! Pai! (*Irritado*) Já disse: arrume você!

CRISTINE — Estou te dizendo...

PAI — E eu estou dizendo que não arrumo!

CRISTINE — Que mal pergunte, por que não?

PAI — Porque estou enjoado de você.

CRISTINE — Enjoado de mim? Mas eu te dediquei a vida inteira...

PAI — Não seja idiota! A única coisa que você me deu foi o filho de outro!

CRISTINE — E o que obtive em troca? Um bafo de bêbado na cara!

PAI — Bêbado? Desde que nos casamos, eu nunca mais bebi! Você sabe disso! Sempre soube.

CRISTINE — Claro que sabia. Só fingia acreditar que você estava bêbado porque você queria me fazer sofrer. Acreditei em você por amor. Fingia sofrer e, porque fingia, sofria mesmo.

PAI — Você é muito complicada, querida. Você pensa demais e acaba fazendo exatamente o que todo mundo faz sem pensar mesmo. Anda, vai seduzir o gerente do banco ou o porteiro.

CRISTINE — Pois vou seduzi-lo. Vou! Cadê meu chapéu? Complicada? Esta vai ser a coisa mais fácil do mundo.

PAI — Você é simples como todo mundo, e tão idiota quanto. Mas a sua idiotice é muito complicada, está além da minha compreensão.

CRISTINE — Vou levá-lo para a cama. Está entendendo? E engravidar! Cadê meu chapéu? (*Põe o chapéu, tira o batom da bolsa. As mãos dela tremem. Está horrivelmente maquiada. Encara-o.*) Eu já te amei. Não amo mais. Adeus, querido!

PAI (*Imitando-a*) — Adeus, amor. E boa sorte.

(*Ela segue para a saída. Lucas e Gera chegam. Gera amarrou latas em uma corrente, como um colar.*)

GERA — Oi, senhora. Nunca imaginei que Lucas ia te envolver nesta.

CRISTINE — Oi, Gera, como vai?

GERA — A senhora está passando bem? (*Observa-a.*)

CRISTINE — Estou ótima! Me sentindo jovem! Gera, querido, por favor, arrume meu chapéu.

GERA — Claro. (*Sobe numa banqueta, pois ela é muito mais alta que ele.*) A senhora se lembra de uma vez que bateu na minha cabeça? E disse que eu não prestava para ser amigo de Lucas, lembra? Agora vamos os três roubar um banco, que acha?

LUCAS — Não se exalte, mãe. Fique fria.

CRISTINE — Vamos, crianças. (*Eles saem. Entram Silvia e Jô.*)

JÔ — Naquela noite ela me abandonou. Ela era adorável. Queria beijá-la novamente. Só mais uma vez. (*Olha para ela.*)

SILVIA — Ah, não. Não vou deixar você me beijar. Não sou a sua mulher!

JÔ — Você é linda.

SILVIA — Eu? É de morrer de rir. (*Ri.*)

JÔ — Eu gosto do seu jeito de rir.

SILVIA — Ela vai...

JÔ — Não.

SILVIA — Sim.

JÔ — Esqueci de te contar uma coisa. Ela morreu.

SILVIA — Morreu? (*Quase contente*) Então acho que posso deixar você me beijar. Só uma vez, promete? Uma vez e nada mais. E não conte para ninguém, por favor. (*Beija-o, gosta e fica em seus braços por um tempo.*) Jô... me solta...

JÔ — É você que está me agarrando.

SILVIA — Estou? (*Solta-o.*) Era eu?

JÔ — Era. (*Pausa.*)

SILVIA — Quer mais um?

JÔ — Se você quiser.

SILVIA — Então sua esposa morreu. (*Beija-o.*) Não é? (*Ansiosa*) Não morreu?

JÔ — Morreu.

SILVIA (*Afasta-se dele*) — Chega. Chega.

JÔ — Mesmo?

SILVIA — O que não vão dizer? Eu estou noiva, não posso fazer isso. (*Entra, chama baixinho*) Lucas. Lucas. (*Percebe o Pai.*) Oi, pai. Cadê todo mundo? Cadê Lucas?

PAI — Quero conversar com você, Silvia. Você vai me ouvir? Vai?

SILVIA — Sobre o quê?

PAI — Você vai ouvir o papai?

Cena 8

Cenário: o mesmo, algumas horas depois. Pai está meio bêbado e muito contente. Lucas está prestes a chorar, Gera está preocupado.

PAI — Vamos, Lucas. Filhinho, alegre-se!

LUCAS (*Irado*) — Tínhamos que nocauteá-lo.

GERA — Agora a polícia está atrás de nós.

LUCAS — E ainda por cima não tivemos tempo de roubar nada. Gera é um covarde. Ele ficou com medo.

GERA — Não estou acostumado a roubar banco!

LUCAS — Traste inútil!

GERA — É mais seguro ser um traste inútil.

PAI — E o que aconteceu com a mamãe?

LUCAS — Conta para ele o que aconteceu com a minha mãe.

GERA — Veja bem, pai, ela foi longe demais. O plano era ela só contar uma história sobre crianças famintas e um marido bêbado. Desculpa essa. Mas ela... sua mulher... quer dizer... É melhor você contar, Lucas, ele é seu pai, não meu.

LUCAS — Ela tentou seduzi-lo.

PAI — E conseguiu?

GERA (*Disfarçando o riso*) — Outra vez? (*Contendo-se*) Não quero dizer que ela está velha, mas... Enfim, não conseguiu.

PAI — Então pelo menos está tudo certo. (*Bebe.*)

LUCAS — Tudo certo? Eu vou para a cadeia.

PAI — Vai?

LUCAS — A menos que eu escape e rápido.

GERA — Temos um plano.

LUCAS — Por causa da Silvia, sabe? Não posso ir para a cadeia.

GERA — Aquele cara, o Jô, tem dinheiro.

PAI — E você quer roubá-lo?

LUCAS — Espero que você entenda, pai, é só por causa da Silvia.

PAI — O Jô foi embora agora mesmo. Ele me pediu para apresentar suas despedidas a você e a sua mãe. Ele disse que gostou muito de ficar conosco.

LUCAS — Foi embora?

PAI — É.

LUCAS — Para onde?

PAI — Sinto, filhinho, não posso te dizer. (*Lucas se levanta.*)

LUCAS — Cadê a Silvia? (*Sai em busca, chamando-a.*)

GERA — Que houve, pai? Silvia também foi embora?

(*Entra a mãe. Está extremamente angustiada.*)

PAI (*Bêbado*) — Cristine, querida, que aconteceu com você? Você não está passando bem? Você parece tão triste! (*Acaricia-a, tenta fazê-la sorrir.*) Você não vai me dizer o que aconteceu com a minha querida esposa? Não vai?

CRISTINE — Sua querida esposa está triste.

PAI (*Acende um cigarro para ela*) — Você descobriu alguma coisa sobre você? Ultimamente todo mundo está descobrindo coisas sobre si mesmo.

CRISTINE — É, eu descobri.

PAI — Vem cá, vem cá, não chora. Conta pro papai o que aconteceu.

CRISTINE — Tenho vergonha.

PAI — Vou te ajudar. Você achava que era uma rainha.

CRISTINE (*Iluminando-se*) — De mãos sujas e unhas encardidas, mas assim mesmo uma rainha. (*Triste*) Não são só as mãos que estão sujas.

PAI — Acredito, mas que importância tem isso? Eu não sou muito melhor que você. Sou um beberrão. De verdade, outra vez. A minha respiração fede.

CRISTINE — É verdade, querido, ela fede.

PAI — Não sou melhor que você e te amo. Caso de novo com você. Hoje estou feliz. Como no dia em que casamos. Vamos fazer de conta que nos casamos hoje. Vamos ficar só os dois, como era no começo.

CRISTINE — Só os dois? E Lucas?

PAI — Evidentemente ele vai para a cadeia. E ele não é seu filho, é? Você sabe dessas coisas. Não, não é seu filho. Vai ser como no começo, ou no fim. Você vai se sentar ao piano e sonhar com os velhos bons tempos em que tocava bem. Eu fico no chão, perto de você, deixando você me acariciar, acariciar a minha cabeça como se eu fosse um gato e você uma solteirona. (*Senta-se a seu lado e ela acaricia sua cabeça.*) E você? Qual o problema?

GERA — Eu vou para a cadeia.

PAI — Lucas também. Alegria!

GERA (*Indignado e engraçado*) — É, mas ele não tem um nome a zelar, como eu. Ele fez exatamente o que se espera dele. Mas e eu? Amanhã vão falar nas ruas: "Gera, lembra dele? Um rapaz tão bom. Ele parecia um rapaz tão bom. Quem havia de imaginar. Um ladrão. Um ladrão, como Lucas!".

PAI (*Passa-lhe a garrafa*) — Tome um gole, é disso que você precisa. Você também, mãe.

CRISTINE — Não, obrigada, já bebi. (*Soluça. Lucas entra, devagar.*) Lucas, querido.

LUCAS — Não fale comigo. Eu te odeio. (*Sem muita convicção.*)

CRISTINE — Eu me esforcei ao máximo, Lucas. Fiz o que me pediu.

LUCAS — Eu pedi para agarrá-lo?

CRISTINE — Lucas! Eu sou sua mãe!

LUCAS — Te pedi para tirar a roupa dele?

CRISTINE — Só desfiz o nó da gravata, nada mais.

LUCAS — E por que você não o segurou por alguns minutos, só alguns segundos? Por quê?

CRISTINE — Ele se desvencilhou de mim. Ele me chamou de mala velha. Lucas, ele me chamou de mala velha.

LUCAS — E foi por isso... (*Desiste.*) Perdoe, mamãe.

CRISTINE — Eu sei que não estava linda. Eu sei disso muito bem. Mas mala velha... É isso mesmo que eu sou. É isso mesmo, Lucas, você está certo.

LUCAS — Não mãe, você não está tão mal assim. (*Beija-a.*) De jeito nenhum.

PAI — Você até é bonita. Estou dizendo.

CRISTINE — Olhe para a minha pele.

PAI — É. Está meio gasta.

CRISTINE — Olhe para o meu corpo, meu jeito de andar... (*Dá alguns passos, tropeça nos móveis sujos, senta-se.*)

PAI — Mas veja os seus olhos!

CRISTINE — Estou velha e feia.

PAI — Seus olhos não mudaram. São os mesmos olhos lindos que me enfeitiçaram. Agora que você parece tão triste, são os mesmos belos olhos feridos que você tinha na nossa noite de núpcias, feridos e felizes.

CRISTINE — Feridos mesmo.

PAI — É nossa noite de núpcias. (*Põe o diadema de Silvia na cabeça de Cristine.*)

GERA — Lucas, o que você está olhando? É a lua? Você está olhando para a lua? Qual o problema com a lua?

LUCAS (*Desesperado, levanta e berra.*) — Sua filha da puta!

GERA — A lua?!

LUCAS — Esse é o problema dela! É uma lua filha da puta. Mas eu teria me casado com ela... Eu teria...

PAI (*Chamando*) — Venham ver a mãe. Venham. (*Ele pôs nela o vestido de noiva de Silvia.*) Ela não está linda? É a nossa noite de núpcias. (*Confidencialmente*) Lucas, espero que tenha o bom senso de dormir fora esta noite. Tenho algumas coisas para conversar com a sua mãe, entendeu?

LUCAS — Tudo bem, vou dormir fora.

PAI — Estou tão animado! (*Beija-a.*) Sinto-me jovem outra vez. Mas, mesmo me sentindo jovem, tenho os meus escrúpulos: vamos à igreja. Vamos fazer a coisa certa.

GERA — Mas vocês já são casados, pai.

PAI — Claro que sim. Mas nós temos que passar por algum tipo de cerimônia. Vamos na casa da tia! Está certo. Vamos à casa da tia da

Silvia. Ela vai nos abençoar. Vamos, levante-se, minha querida noiva. É o nosso casamento. (*Pensando*) Mas tem alguma coisa diferente. O que é? Eu sei, eu sei. (*Sai procurando alguma coisa.*)

LUCAS — Mãe, esqueça o que eu disse.

CRISTINE — Mas como esquecer o que eu fiz?

LUCAS — Foi um acidente. A culpa é minha. Eu fiz um barulhão, ele me ouviu...

CRISTINE — Você mentiu para mim.

LUCAS — Não menti.

CRISTINE — Ele não se lembrava de mim. Eu disse que sou Cristine. Ele ouviu muito bem, mas não se lembrou de mim.

LUCAS — Ele é um cara muito importante, é por isso. Ele tem uma mulher que não ama, porque ama você. Ele precisa manter as aparências. Não pode ser visto por aí com mulheres bonitas, dá para entender?

CRISTINE — Aparências?

LUCAS — Juro por minha felicidade: ele te ama desesperadamente.

CRISTINE (*Implorando por uma resposta afirmativa*) — É mesmo?

LUCAS — Desesperadamente. Ele sofre. É terrível amar uma mulher e não poder abraçá-la, beijá-la uma, duas, um milhão de vezes. (*Abraça-a e beija-a.*)

CRISTINE — Não conte nada pro pai. Não quero que ele sofra. Eu também sou casada: e tenho que manter as aparências. (*Tristemente*) Mas posso jurar que ele não se lembrou do meu nome.

LUCAS — Se ele não te amasse, por que te raptaria e levaria para terraços vienenses à luz da lua?

CRISTINE — Mas era mentira!

LUCAS — Claro que era, mas tente se lembrar! Tente! Não consegue se ver?

CRISTINE (*Tentando lembrar*) — Em Viena...?

LUCAS — No terraço vazio... à noite... quase madrugada... as ondas quebrando na praia... está lembrando agora?

CRISTINE — A brisa do mar fazendo meu vestido dourado esvoaçar... (*Sonhando*) Estamos dançando... a música... As valsas. (*Tristemente*) Estou ouvindo as valsas...

LUCAS — Não interessa quem as compôs. Alguém compôs! Só interessa que ele te amava.

CRISTINE — Papai tem sido tão bom para mim. Não vou falar mais dessas coisas. Não para ele, só para você.

LUCAS — Eu vou para a cadeia.

CRISTINE — Vou te visitar todos os dias, prometo. Vou ficar com você o dia inteiro, sentada no chão, falando sobre Pucc... Psiu! Não mais. Nós diremos os seus nomes muitas, muitas vezes, mas não aqui. Vamos conversar e rir. Ficaremos tão felizes que todo mundo, os guardas, vão rir conosco.

LUCAS — Claro, mãe.

PAI (*Voltando com um travesseirinho*) — Consegui. Era o que estava faltando.

(*Põe o travesseiro sob o vestido de noiva de Cristine para que ela pareça grávida.*)

PAI — Agora sim, querida, você está se parecendo como no dia em que casei com você! Este é o nosso casamento. Estou feliz outra vez. Vamos para a casa da tia da Silvia. (*Bebe.*) Música. Música. Lucas, você faria o favor de tocar alguma coisa no casamento dos seus pais? (*Lucas toca "Suave canção".*) Está ouvindo? Está ouvindo? Ele está te chamando do túmulo. A música dele ilumina a sua face. Eu sou feliz mas sou um corno! Sou o corno mais feliz da terra. Ele está tocando para você: eu vou dançar! (*Dança grotescamente e para.*) Prometo que não vou interferir no caso que vocês têm. Só te peço que me deixe beber como antes. Agora ele está morto e você é minha! Ela é minha! Inteirinha, tudo para mim! Finalmente! (*Beija-a muitas vezes.*)

CRISTINE — Nunca me deixe, pai. Promete? Jure! Nunca me deixe só! Nunca!

PAI (*Bebendo*) — Você aí, tire fotos!

(*Gera finge que está fotografando. Noivos posam, sorrindo grotescamente.*)

PAI — Chega de fotografia. Agora segure o vestido dela. Vocês são as madrinhas dela. À igreja. Vamos para a igreja!

(*"Suave canção" vira "Marcha nupcial". Eles desfilam em frente à casa e tomam a direção da casa da tia de Silvia. Gera amarrou as latas nas costas do Pai, pega a barra do vestido de Cristine e saem, lentamente.*)

(*Lucas para de tocar, vem para a janela e sorri. De alguma forma ele se parece com Silvia. Seu sorriso vai ficando idiota.*)

LUCAS — A lua é nua como uma mulher... uma mulher bem branca e nua... bem branca em sua cama branca. (*Luz diminuindo; a casa parece uma prisão.*) Merda! Me enganaram outra vez!

O amigo oculto[1]

Bulevar político-cultural em um ato e vários desmaios

[1] Leitura dramática, sob direção do autor, no Teatro Casa Grande, Rio de Janeiro, com a participação de, entre outros, Aderbal Freire Filho, Joana Fomm, Rosamaria Murtinho e Tônia Carrero. Estreia em 16 de junho de 2000, no Teatro do SESI, Rio de Janeiro, sob a direção de Marília Pêra, com atuação de Claudio Ghieffe (Milord), Débora Olivieri (Eudóxia), Esperança Mota (Mariana), Fafy Siqueira (Rosa), Françoise Fourton (Elvira), Mário Cardoso (Robertão), Reinaldo Gonzaga (Barão) e Silvia Aderne (Dona Flor). (N. da E.)

Por que esta peça?

O amigo oculto é bulevar. Já usei o estilo de histórias em quadrinhos para falar do golpe de 1968 no Brasil (*As aventuras do Tio Patinhas*) e o estilo James Bond — sexo, sangue e violência — para falar do golpe de 1976 na Argentina (*A deliciosa e sangrenta aventura latina de Jane Spitfire, espiã e mulher sensual*). Agora, em bulevar, quero falar do Brasil de hoje, ano 2000.

A decoração — bulevar não tem cenário, tem decoração — é a sala de jantar de Rosa, refúgio de quem estuda e trabalha, que ficará totalmente desfigurada e colorida com a decoração natalina.

Os atores devem interpretar seus personagens com total e absoluta convicção, vivê-los e não apenas mostrá-los. Isto não é uma chanchada.

Embora farsa, desejo que a peça seja emocionante.

Pode o elenco inspirar-se nos atores de bulevar, tiques e truques, mas devem também ser stanislavskianos, sinceros, emocionais, verdadeiros, humanos. Devem-se ouvir, atentos; devem-se olhar fundo nos olhos, como não costuma acontecer no bulevar. Devem-se interrelacionar. O espetáculo, humanizado, deve funcionar como relógio.

Teatro, como o amor, faz-se a dois.

Rio de Janeiro, 16 de março de 2000

Personagens

Dona Flor — Senhora centenária, padece de distúrbios psíquicos, físicos e psicossomáticos.

Rosa — Leitora frenética de escritores revolucionários.

Mariana — Empregada doméstica, religiosa às raias da loucura.

Milord — Jovem filho de Elvira e Robertão, meigo e doce, mas não dócil.

Elvira — Foi capa de revistas eróticas; o tempo inclemente atropelou-a; hoje, observa rigoroso recato voluntário, regado a vinho e outros álcoois mais nutridos.

Robertão — Não se conforma em ter uma só esposa; pretende converter-se ao islamismo e oficializar as outras três esposas às quais terá direito.

Barão — Joga na Bolsa de Valores, trabalha no governo, não distingue lícitos de ilícitos, o que facilita sua vida, não a dos outros.

Eudóxia — Mulher do Barão, pragmática — "a sociedade é como é, vamos aproveitar" —, esteio da família, último bastião da moral e dos bons costumes.

Joaquim — Pessoa simples, sabe dirigir tratores e caminhões, mas não pessoas.

Ato único

Rosa lê livros e jornais. Toca o telefone. Ela atende.

ROSA — Não é aqui, não. (*Volta à leitura, o telefone toca outra vez.*) Escute aqui, minha senhora, se quer falar com o Juvenal, telefone pra ele, porque aqui não é! (*Volta à leitura. O telefone torna a tocar.*) (*Berrando*) Já lhe disse, aqui nunca morou nenhum Juvenal, pare de me amolar!!! (*Atira os jornais no chão.*) Só tem anúncio de máquina de lavar americana, boneca chinesa, computador coreano, uísque paraguaio, Pokémon japonês... Pra que Jesus Cristo foi nascer? Só pra inventar essa bobagem: Natal! (*Entra a empregada, puro estilo bulevar, espanando móveis.*) Pra que serve o Natal, Mariana?

MARIANA — Pra mandar cartões da Unicef, pra desejar Boas Festas e Próspero Ano-Novo...

ROSA — E não podia ser no meio do ano? Se a gente deseja Feliz Natal no dia 24 de dezembro, podia muito bem desejar a mesma felicidade no 1º de maio: matavam-se dois coelhos com uma paulada só!

MARIANA — Por quê? 1º de maio também é o aniversário de alguém?

ROSA — Natal dia 8 de março, pra ver se pessoas como você começariam a pensar nalguma coisa que não fosse missa das sete e novela das oito. Ou 7 de setembro, pra quem ainda tem memória, ou 4 de julho, pros alienados! Natal pode ser qualquer dia.

MARIANA — Desculpe: não pode, não. (*Explicativa*) Natal é a noite do dia antes de nascer o menino Jesus: nascimento tem dia certo. Já a Paixão, que é a morte, essa varia, cai sempre na sexta porque senão seria Quinta-Feira ou Sábado da Paixão... Mas mesmo sendo sexta, em cada ano é uma sexta diferente, porque a Paixão é quarenta dias depois do Carnaval e, como Carnaval não tem data certa, a morte de Cristo fica na dependência do Carnaval. Todo ano o Cristo fica esperando o Carnaval pra saber em que em dia ele vai morrer nesse ano. Agora, Natal é 25!

ROSA — No começo da Revolução Cubana, Fidel Castro adiou o Natal pra fevereiro, pra não atrapalhar a colheita da cana.

MARIANA (*Indignada*) — Fidel é um herege! Não sei o que o Papa foi fazer em Cuba, beijinho pra cá, beijinho pra lá! Não se pode misturar as coisas: fevereiro é Iemanjá. (*Cantarola*) "Dia dois de Fevereiro, dia de festa no mar..." (*Toca o telefone. Rosa vai atender com raiva, Mariana se adianta.*) Deixa, que é pra mim. (*Atende.*) Feliz Natal pro senhor também. Está sim. Um pouco mal humorada, como sempre, acordou com o pé esquerdo, como sempre, mas isso passa, como sempre. Venha sim, claro que pode, a casa é sua, como sempre! Ela vai ficar contente... como nunca!

ROSA — Não pode, não: eu não quero ver ninguém! Hoje é Natal! Hoje, eu sou eremita!

MARIANA — Já está aqui embaixo, no orelhão? Por que não subiu logo? Que timidez coisa nenhuma, família não tem vergonha. Quer dizer, não é preciso ter vergonha entre familiares, foi isso que eu quis dizer. Venha logo, ela está mandando beijinhos pro senhor também... Na bochecha! (*Desliga.*)

ROSA — Quem é a patroa aqui?!

MARIANA (*Decidida*) — Natal não tem patroa, todo mundo é igual perante Deus: patroa é só pro resto do ano — hoje é dia santificado. Além disso, se esse menino veio, é porque estava combinado.

ROSA — O que estava combinado? Que menino? Por que você me desobedeceu? Quem manda aqui?

MARIANA — Péra lá: uma pergunta de cada vez. Primeira: quem é ele?

ROSA — Quem é?

MARIANA — Seu sobrinho, o Milord!

ROSA — Visitar família no dia de Natal é a coisa mais cafona que pode acontecer nesse dia. Ainda bem que o resto da parentela nem sequer telefonou: graças a Deus! Esse daí, espero que vá logo embora. Boas Festas e até mais ver. Quero ficar sozinha!

MARIANA — Não é o que está combinado...

ROSA — Combinado o quê?! Com quem?! (*Toca a campainha, Mariana abre.*)

MILORD (*Entrando*) — Feliz Natalzinho.

MARIANA — Pro senhor também.

MILORD — Feliz Natal, Rosinha de Luxemburgo!

ROSA (*Raivosa*) — Próspero Ano-Novo... e até o ano que vem. Adeus!

MILORD — Estou precisando mesmo, pros-pe-ri-da-de: este ano que está acabando, está acabando é comigo, quase fui a falência e ainda faltam sete dias! Bancarrota!

ROSA — Falência?! Você não trabalha...

MILORD — Descobri que meus amigos me roubam. Vão dormir lá em casa, dou guarida, dou banho, comida, e me esvaziam a carteira... Pode uma coisa dessas?

MARIANA — Hoje é Natal, pense só em coisas boas. Olha só pra ela, não está bonita? É a patroa mais linda que existe... no bloco B do condomínio.

ROSA — Menina, cala essa boca!

MILORD — Menina, vai botar esse pacote embaixo da árvore.

ROSA — Que árvore? (*Mariana descobre uma árvore de Natal.*) Mariana! Que árvore é essa? Onde é que você foi arrumar essa porcaria? (*Explosiva*) Você não sabe que eu detesto Natal, detesto dia dos pais, das mães, dos avôs e das avós, dia dos namorados, dos casados, desquitados, amigados, dos amantes e das concubinas, dia da criança, do recém-nascido e dia do moribundo, dia do raio que os parta? Detesto!

MARIANA (*Calma*) — Sei!

ROSA (*Enérgica*) — Você não sabe que eu odeio essa exploração sentimentaloide que faz as pessoas comprarem porcarias de que ninguém gosta, mas todo mundo recebe o presente e diz (*Ridicularizando*) "Que bonito! Eu estava precisando mesmo! Estou ansiosa pra usar amanhã à noite! Como é que você adivinhou?", quando todo mundo sabe muito bem que esse livro você não vai ler nunca, esse CD você nunca vai escutar, essa camisola você vai jogar no lixo, esse broche horroroso você vai dar pra empregada (*Mariana murmura "Muito obrigada".*) Você é minha empregada há quinze anos, sei lá, vinte ou trinta, a vida inteira você foi minha empregada, nasceu no quarto da empregada e no dia seguinte já começou a botar a mesa pra mim, você, minha empregada, eterna e vitalícia, compactua com o comércio varejista e compra essa coisa escandalosamente feia e de mau gosto, que ainda por cima me dá alergia, porque é feita de plástico envenenado!

MARIANA — Com o dinheiro que a senhora deu só pude comprar essa de plástico envenenado, porque a outra, muito mais bonita, era mais cara, não ia dar pra comprar a árvore e o bife do seu regime, os dois não dava, e a senhora ia desconfiar se eu não comprasse o bife. Assim, a senhora não está desconfiando de nada, viu?

ROSA — Não tinha que comprar nem cara nem barata, nada!!!

MARIANA — Eu só fiz o combinado. (*Arruma a árvore.*) Olha como é linda.

ROSA — Combinado? Quem combinou o quê? Com quem?

MARIANA — E eu sei, dona Rosa? (*Enérgica*) A senhora pensa que alguém aqui me diz alguma coisa? Aqui eu sou tratada pior que empregada doméstica!

ROSA — Ô, Milordezinho!!! Que raio de combinação é essa? O que é que você veio fazer na minha casa?

MILORD — Primeiro, mais respeito com o meu heterônimo. Eu me chamo My Lord, para os íntimos, Milord, mas nunca Milordezinho. É aviltante! Só faltava me chamar de Milordezinho de merda!

ROSA (*Enérgica*) — Olha aqui, seu merda de Milordezinho: com que direito você pensa que pode entrar na minha casa numa data funesta como esta... Sobrinhos, sobrinhos, privacidades à parte...

MILORD — Alto lá, data funesta! (*Entusiasmado*) Natal é manjedoura, nascimento, presépio, burricos... Coisas belas, camelos, Reis Magos, um deles bem pretinho... Democracia racial! Isso é Natal!

MARIANA — Epa!!! Reis Magos, 6 de janeiro, não misture santos e datas.

MILORD — Funesta é Sexta-Feira da Paixão, bom ladrão, mau ladrão, sepultura... É melhor não pensar em morte, principalmente agora que a vovó não está nada boa e eu fui o primeiro a desaconselhar, disse que ela não devia sair de casa, não pode nem ir até à sala ver televisão, como é que vai andar de táxi?! Mas combinaram assim, está combinado, quem sou eu pra dizer que não: nossa família é muito autoritária, sabe? Cada um quer mandar mais que os outros, prepotentes. (*Sem transição*) O Juvenal já chegou?

ROSA (*Furibunda*) — É muita prepotência sua entrar pela minha casa adentro, quando eu estava lendo um romance policial comunista e estava quase descobrindo que o assassino era mesmo o capitalista desalmado, dono da fábrica de remédios falsificados, quando você... Escuta aqui: minha mãe vai sair de casa pra ir aonde?

MILORD — Ela não vai, não... (*Pequena pausa, sorrindo.*) Ela VEM!

MARIANA — Está tudo combinado.

ROSA (*Senta-se*) — Esses dois energúmenos não vão nunca me contar a verdade. Seja o que Deus quiser...

MARIANA — Finalmente eu escuto uma palavra cristã aqui nesta casa: Deus! (*Campainha.*) Pode deixar, eu sei quem é... (*Abre, entra Elvira com pacotes.*) Pensei que fosse o Juvenal, mas é essa outra. (*Para Elvira*) Vai entrando, como se estivesse na sua casa. Só como se estivesse, viu?...

ELVIRA — Ele ainda não chegou, aquele bruto?

MILORD — Ele quem? O Juvenal?

ELVIRA — Não, o meu marido... enfim, esse cara... Robertão... teu pai... (*Explosiva*) O cretino disse que vinha mais cedo pra fazer uma surpresa. Aposto que sei com quem é que ele está. Traidor! Adúltero!

MARIANA (*Espanador em punho, didática, decidida a impor a ordem*) — Olha aqui, dona Elvira: hoje é o aniversário do menino Jesus, que ninguém sabe quando morreu, só se sabe que foi sexta-feira... qual? Nem o Papa... (*Ordenando*) Hoje é festa, eu não quero brigas aqui nesta casa, quero todo mundo alegre, os bolinhos de bacalhau vão ficar crocantes, comportem-se! Dona Rosa — que esse aqui tem a mania de chamar de Rosinha de Luxemburgo, às vezes chama até de Rosa dos Ventos quando ela está de ovo virado! — ela nem queria que vocês viessem: se fosse por ela, vocês desapareceriam da face da Terra, mas a vida é assim mesmo, ninguém é de ninguém, na vida tudo passa, então antes que passe, vamos fazer de conta que todo mundo ama todo mundo, (*Enérgica*) vamos comer bolinhos de bacalhau com um sorriso na boca aberta, e vamos todos dizer: Feliz Natal! Noite Feliz! (*Cantarola bem alto*) "Noooite..."

ELVIRA — Uísque aqui nessa casa, nem pensar, não é?

MARIANA — Estava tudo combinado. (*Mostra o uísque.*)

ROSA (*Vendo a garrafa*) — Com o meu dinheiro?

MARIANA — Este (*Mostra a garrafa*) foi esse aí que pagou. Ele disse que, festa em família, só mesmo anestesiado! E como ele sabe que a mamãe dele adora uma boa anestesia geral...

ROSA — Eu ouvi alguma coisa sobre bolinhos de bacalhau... Com o meu dinheiro?!

MARIANA — Já estão a caminho, mas não é com o seu dinheiro, não... (*Toca a campainha. Rosa abre.*) É o Juvenal!

ROSA — Não é aqui, não! Toca na porta do vizinho. (*Torna a fechar.*)

MARIANA — É aqui, sim! Pode deixar que eu sei quem é. (*Abre. Joaquim entra com uma multidão de pacotes e o inevitável sotaque.*)

JOAQUIM — Os bulinhos de bacalhau, só falta fritá-los. O Juv'nal estava lá embaixo com os pacotes. Estava nervoso porque não qu'riam deixá-lo entrar. (*Rindo*) E quer que lhe paguem a conta... é natural, coitado! Quem paga?

ROSA — Juvenal então era isso? E esse aí quem é?

MILORD — *Surprise*!!! Esse é o meu novo motorista. Pode levar pra cozinha, Joaquim, meu caro Lord. Como o nome indica, o meu piloto de provas nasceu em Trás-os-Montes, Vila Real.

MARIANA — Vem, Joaquim, vem comigo! (*Saem levando os pacotes.*)

MILORD — É bonito o meu motorista lusitano, não é? As mulheres ficam loucas por ele. Mas eu não empresto! Assanhadas... ainda mais com esse calor natalino... O cio da terra faz misérias!

ROSA — Você morre de ciúmes?

MILORD — Eu, não, Virgem Santa! (*Convicto*) Quem dá o que é seu, não desmerece... (*Pausa.*) Não, não é bem esse o ditado, mas serve assim mesmo: espero que vocês tenham entendido o espírito da coisa.

ROSA — Onde é que você achou esse motorista?

MILORD — Tua empregada me indicou, é da igreja dela, varria a casa do padre, limpava latrina, sei lá, com esse desemprego galopante, fiz caridade cristã. Assim é capaz que o Senhor perdoe meus pecados menores, quando chegar o Juízo Final... se é que eu vou viver até lá. Por falar nisso, quando vai ser o Juízo Final? Já está marcada a data, horário? Não quero ser pego desprevenido, tenho que me preparar.

ELVIRA — E você não trouxe a sua namorada?

MILORD (*Rindo*) — Não ia fazer essa maldade com vocês, logo no dia de hoje, santificado. (*Espantado*) Dominique, nesta casa? Nunca! Nunquinha!!!

ELVIRA — Maldade por quê? Você disse que agora é pra valer, que está apaixonado, morre por ela. Se é verdade, é bem capaz de cometer a suprema burrice de casar, apesar do exemplo que tem dentro de casa — casamento é o fim do amor! Faça como a sua tia, que ficou pra tia! Não é, Rosa?

ROSA — Olha, se eu encontrasse um homem como o teu marido, eu casava. Na hora. Casava e ia viver infeliz pro resto da vida, bebendo as mágoas *on the rocks*...

ELVIRA — Vamos fazer de conta que ninguém ouviu nada.

MILORD — A galinha no quintal dos outros põe ovos mais dourados... (*Percebe o erro.*) Não tinha um ditado mais ou menos assim? Era alguma coisa que, no quintal dos outros, ardia menos... (*Embaralhado*) Olha, não sei, esqueci o ditado, mas vocês entenderam o espírito da coisa, não entenderam? Então?!

ELVIRA — Entendi a galinha e achei muito adequado pra definir teu pai. (*Furiosa*) Ele mente o tempo todo. Vai chegar atrasado duas horas e vai dizer que esteve trabalhando: esteve foi na cama com uma das amantes que tem. E você, meu filho, não case nunca, (*Enérgica*) porque, se você tiver o mesmo bom gosto pra escolher mulher como teve pra escolher esse uísque, eu vomito quando você me apresentar à sua noiva, vomito no tapete!

ROSA — Não exagera, Elvira. Você não precisa de pretexto pra vomitar!

ELVIRA — Eu só espero que o Robertão não tenha ido pra cama com nenhuma das minhas amigas: isso eu não posso perdoar! Amiga, não! O marido pode ser de todas, mas a amiga é minha!

ROSA — Homem é isso mesmo, uma traiçãozinha aqui, outra ali, não tira pedaço de ninguém...

ELVIRA — Não tira pedaço de você, materialista dialética, mas de mim, sim: arranca o meu melhor pedaço, o meu coração! Não quero que meu marido durma com minhas amigas, não quero, é um direito meu! Não quero! Tem tanta desconhecida por aí, por que uma amiga?! Por quê??? (*Toca a campainha.*) É ele!

MARIANA (*Na porta*) — Ih, é a sua irmã carola, pendurada no marido.

ROSA — Carola? Olha quem fala!

MARIANA — Alto lá: eu sou re-li-gi-o-sa. Sua irmã é carola. Tem diferença. Ela peca à vontade, se esbalda, depois confessa ao padre, toda contente, alvoroçada, excitada — ela adora se confessar! Confunde confissão com fofoca! Confessa os pecados dela e os das amigas! Eu não, eu não peco! Em hipótese nenhuma! Não peco! Odeio o pecado! Sou pura, sou virgem!

ELVIRA — Está bem, não peca, não peca, pronto, não peca!!!

ROSA — Nessa idade, campeã de virgindade!

MARIANA — Em hipótese nenhuma! Pecado, *vade retro*!!! (*Abre a porta. Entram Barão e Eudóxia, trazendo comidas.*)

BARÃO — Nós pensávamos que íamos ser os primeiros a chegar, mas o Juvenal já está lá embaixo, reclamando. Quem vai pagar?

MILORD — Pendura.

EUDÓXIA — Feliz Natal. (*Todos se dizem "Feliz Natal" várias vezes, mesmo quem já se tinha visto, multiplicando-se assim os "felizes natais".*)

BARÃO — Eu, a rigor, não podia nem ter vindo. O homem pediu que eu fosse lá no Palácio dar uns conselhos pra ele, eu disse: "Não, política tem hora — a política não deve nunca invadir o espaço da família, nem a família o espaço da política!". Essa é uma boa política, não é verdade, minha família?

ROSA (*Vigorosa*) — Isso quer dizer que nós estamos todos proibidos de perguntar quando é que você, um político governista, acha que vai acabar essa maldita recessão, quando a terra improdutiva vai ser entregue aos camponeses sem terra, até quando o nosso dinheiro vai tapar os buracos dos bancos quebrados fraudulentamente, quando é que... quando é que... quando é que... Todas essas conversas agradáveis e adequadas pra uma noite de Natal Feliz são temas proibidos!

EUDÓXIA — Para, para! Fui eu que proibi o Barão de falar em política esta noite. Aqui, hoje, não se fala em política. Está certo que no mundo existem ricos e pobres, mas isso sempre foi assim, até na época de Jesus Cristo, quando existiam escravos. (*Douta*) Sabiam? Ah, ah! Até escravos havia naquela época, sim senhora! Mas nunca a sociedade, globalmente, esteve tão bem como hoje. Hoje, os pobres passam o Natal sem fome, sem Aids, sem emprego, sem nada... Nada! O resto do ano, sabe-se lá! Mas vamos por etapas, devagar se vai ao longe. Hoje, todos comem. Claro que não tem peru pra todos, mas sempre alguma coisa sobra, cai da mesa! Comamos, minha gente. (*Começam a decoração natalina. Livros pra cozinha. A sala se transfigura, colorida.*)

MILORD — Des-fome-lização lenta, gradual e segura... não tinha um ditado assim?

ROSA — Não, mas nós compreendemos o espírito da coisa.

EUDÓXIA — Temos que ser modernos! A Modernidade acabou com tudo! Agora começa tudo de novo.

ROSA — Tudo o quê?

EUDÓXIA (*Apaixonada, escandindo algumas palavras*) — Por exemplo: esquerda e direita! Isso já não existe mais, são coisas do pas-sa-do. Ricos e pobres, nada disso: só existe a Mo-der-ni-da-de. Norte e Sul, acabou! Branco e preto (*Com entusiasmo*) tudo agora é uma cor só: o verde da esperança!

BARÃO (*Feliz com o inesperado discurso da esposa*) — Já que eu não preciso explicar por que a Bolsa quebra na Ásia e os juros sobem no Brasil, vou explicar minhas preferências vinícolas. Eu prefiro os Bordeaux e explico: são os únicos vinhos franceses com direito a se chamarem Château e, sendo Château, embora não pareça, a qualidade do vinho e a do milésimo...

ROSA — Por que vocês escolheram a minha casa pra essa palhaçada? Eu não tenho o menor interesse nesse tipo de conversa!

EUDÓXIA — Primeiro, não é palhaçada, é festa religiosa com aparência pagã por causa dos comes e bebes, mas, subjacente, está o nascimento do nosso querido Bom Pastor, Divino Mestre.

ROSA — Justamente por isso, não devia ser aqui — eu não sou religiosa, nada, nada, muito antes pelo contrário.

EUDÓXIA — Justamente...

MILORD — Se a montanha não vai a Maomé, a montanha vai ter que acabar parindo um ratinho... (*Dá-se conta do erro.*) Ihhhhhh... Não era bem assim o ditado, mas vocês entenderam o espírito da coisa...

EUDÓXIA — Nós achamos que, vendo a alegria familiar dentro da sua própria casa, a religiosidade que nos une, você acabaria até, quem sabe?, não digo indo à missa — desse milagre nem Deus é capaz! — mas, quem sabe?, se confessando, achando que talvez pudesse estar errada... admitir que a religião, enfim... quebra um galho...

MILORD — Catequese, minha tia, estão querendo catequizar você!

EUDÓXIA — Um pouquinho aqui, outro ali...

MILORD — De grão em grão a galinha enche o papo, não tinha um ditado assim?

ELVIRA — Você hoje não para de pensar em galinheiro... (*Campainha.*) Depois desse provérbio galináceo... só pode ser ele.

MILORD — Quem?

ELVIRA — Teu pai! (*Abrem a porta. É Robertão.*)

ROBERTÃO — Não me digam que já acabou a festa? Não deixaram nem umas empadinhas pra mim? Uns quibezinhos...

ELVIRA — Esse daí não entende nada de Natal, nem ao menos da parte culinária! Onde é que já se viu quibe na noite de Natal?

MILORD — Ora! No Líbano!

ELVIRA — Onde você esteve? Por que chegou tão tarde?

ROBERTÃO — Trabalhando, Elvira, onde é que você queria que eu estivesse?

ELVIRA — Onde eu queria que você NÃO estivesse... Pelo menos NÃO na noite de Natal. NÃO com as minhas amigas.

ROBERTÃO — Já está bêbada.

EUDÓXIA (*Minimizando a discussão*) — Ficou bonita a mesa, não ficou? Eu sei que esse é o *côté* pagão, mas olha só essas figurinhas de presépio, o burrinho... o Nosso Senhorzinho de fraldas... Mal sabia ele... pois é, que tragédia... ia acabar de fraldas, na cruz... Não é lindo? Mesmo pra quem não é religioso, não é uma verdadeira lição de arte?

ROSA — Vocês gostam mesmo? Arte, pra vocês, é isso?

MILORD — Eu só quero saber quando é que vai começar a distribuição de presentes. É dando que se recebe. Quem foi mesmo que disse isso, foi um santo ou um ladrão?

BARÃO — Os dois.

ROBERTÃO — Eu quero propor que, antes dos presentes, a gente coma! *Primum vivere, deinde philosophari* — eu também sei falar latim e me lembro do provérbio inteiro, mas essas virtudes não são geneticamente transmissíveis...

MILORD (*Ressabiado*) — Nem essa, nem outras...

EUDÓXIA — Primeiro, os presentes. Vamos começar?

ROSA — Não está faltando nada? Ninguém?

EUDÓXIA — Que eu saiba, não. Mas posso estar enganada. Tudo que foi combinado já chegou... os bolinhos de bacalhau, arroz, rabanadas... Só falta pagar ao Juvenal, mas isso é um detalhe. A conta é detalhe. Podemos sentar à mesa e abrir os pacotinhos.

ROSA — Não está faltando na-da mesmo? (*Todos fazem cara de "não".*)

MILORD — Iiiiihhh... Vovó!!!!! (*Arrependidos dizem "Mamãe", "Dona Flor"...*)

ROSA — Vocês prepararam tudo tão religiosamente que esqueceram o principal: a nossa mãe! Que vergonha!

MILORD — Vergonha nada. A vovó não me sai do pensamento, está tão presente no meu coração que nem dei pela falta. (*Mão no coração.*) Ela está aqui!

ROSA — Cínico...

BARÃO — Pode ser cínico, mas tem uma ponta de verdade. Eu, por exemplo, quando vejo a Eudóxia — vejo a Eudóxia todo santo dia, caramba! — eu vejo a velha Dona Flor.

EUDÓXIA (*Apreensiva*) — Em que sentido?

BARÃO — Como se fosse a Dona Flor rejuvenescida, elas se parecem muito. Na maneira capenga de andar, por exemplo. As duas manquitolam, as duas parecem ter uma prótese em lugar da perna esquerda...

EUDÓXIA (*Irônica e magoada*) — Você é tão elegante, tão delicado... (*Volta ao clima festivo.*) Bom, o melhor a fazer é não fazer nada, esperar.

ELVIRA — Esperar o quê!! Como é que ela vai vir sozinha? A pobre da mamãe está entrevada na cama: alguém tem que ir buscar.

MILORD — Eu também acho. Alguém tem que ir buscar. E logo! Loguinho!!!

ROBERTÃO — Eu estou cansado. Trabalhei o dia inteiro, cansadão...

ELVIRA — Se trabalhou mesmo, trabalhou sentado, com as mãos, escrevendo, e a boca, falando, mas o resto do corpo, o tronco e, sobretudo, os membros — ah! os membros! — não fizeram nada, você pode muito bem levantar a bunda dessa cadeira e sentar essa gorda bunda no banco do carro, botar o ar refrigerado, porque está um calor danado de Satanás nenhum botar defeito, e ir buscar a coitada na nossa mãe resignada.

ROBERTÃO — Está bêbada... (*Senta-se.*)

BARÃO — Eu teria muito prazer em buscar a Dona Flor. Trazia nas costas. Acontece que o homem lá no Palácio pode me chamar a qualquer momento, tenho que estar perto do telefone.

ROSA — Você não tem celular? O homem do Palácio não tem o número?

BARÃO — Claro que tem. Mas imagina a cena, eu com Dona Flor nos braços, toca o telefone, é o homem me pedindo de joelhos que eu vá ajudá-lo, não posso largar a velha, perdão, a mãe de vocês, no meio da rua, e ir correndo pro Palácio... Pode até ser atropelada...

MILORD — Eu estou cansadérrimo... cansadezérrimo...

ROSA — Manda o teu motorista...

MILORD (*Explosão incontida de justa revolta ideológica*) — Está louca, minha tia? Logo você, Rosinha de Luxemburgo, heroína dos direitos humanos, libertadora da classe operária, musa dos camponeses sem terra, logo você sugerindo que eu explore o mísero proletário em noite de Natal pagã, pra ir buscar a velha, perdão, vossa mãe e minha avó! É inacreditável! Que diria Mao Tsé-Tung se ouvisse você. E Chu En-Lai? E todo o Exército Vermelho, o que diria o Exército Vermelho se ouvisse você? Ainda bem que Marx e Engels morreram sem ter tido esse desgosto: que sorte a morte! (*Rosa vai até a cozinha e chama.*)

ROSA — Ô, motorista, vem cá. Oi, você aí. (*Para Milord*) Como é o nome dele?

MILORD (*Sorrindo*) — Lord Byron. Ele tem nobreza, não tem? Apesar de reles desempregado que era, tinha uma certa nobreza no olhar. Detectei logo! E como toda a minha criadagem tem que ter Lord no nome — Lord Zezé, Lord Esmeraldino, Lady Maria Bonita, a cozinheira — nada mais lógico que esse daí fosse nomeado Lord Byron. Mas pode chamar de Joaquim, que ele vem mais depressa.

ROSA — Lord Joaquim, vai aqui neste endereço (*Entrega um papel*), e traz a senhora Dona Flor que já deve estar desmaiada, inconformada!

EUDÓXIA (*No telefone*) — Mamãe!??? Eudóxia. Sou eu, Eudoxinha. Nós estamos todos impacientes esperando a senhora, aqui só se fala em Dona Flor pra cá, Dona Flor pra lá, Dona Flor, Dona Jardim do Éden, com caramanchão e tudo! Abençoada seja! Ele já está indo praí, o motorista, é um homem forte, musculoso, simpático, e se chama Byron, Lord Byron por extenso... Dizem que é poeta! (*Gulosa, sensual*) Se não é poeta, pelo menos é uma poesia muscular, concreta, concretíssima, atordoante! Ai! Ai!

MARIANA (*Saindo da cozinha*) — Posso ir com ele?

ROSA — Pode e deve. Ajuda a carregar a cadeira de rodas.

MARIANA — Daqui a dez minutos estamos de volta!

MILORD — Lord, ô, Lord, aproveita e me traz um maço de cigarros. Qualquer marca serve! Bem grandes!

ROSA — Você fuma?

MILORD (*Nervosíssimo*) — Fumo não, dá câncer, mas é um tique nervoso. Dominique não está aqui do meu lado e eu tenho que agarrar alguma coisa nas mãos quando estou nervoso, um charuto, uma banana, um cigarro, seja o que for! (*Explosivo*) E eu estou nervosíssimo, sai pra lá, papai, não quero conversa, sai, sai pra lá. (*Berra*) Lord, vai de uma vez!! Mariana, fecha a porta, que eu não suporto corrente de ar!! (*Saem Mariana e Joaquim.*) Estou com raiva de vocês todos, muita raiva: esqueceram a vovó! Aquela santa! Santa Vovó!

EUDÓXIA (*Que não entendeu direito*) — Eu também fico com muita raiva quando não fumo! Graças a Deus, tenho força de vontade! Antes, fumava demais, por qualquer motivo. Fumava depois do café, depois do almoço, depois do jantar, depois de ler jornal, depois de olhar a paisagem pela janela, depois de fazer carinho no gato, depois de tudo, eu fumava! Agora não. Só fumo depois do café. (*Pausa.*) O único inconveniente... é que agora eu tomo café o dia inteiro...

ELVIRA — Sejamos práticos. Já que não podemos matar a fome antes da velha, perdão, da nossa mãe chegar, nem avançar nos pacotes, vamos pensar como é que, desta vez, vamos distribuir os presentinhos.

EUDÓXIA — O Barão, que entre outras coisas é economista, formado em Wall Street, onde passou mais de um ano logo depois de casado, me deixando sozinha, abandonada, cuidando do jardim e da horta, ele que é técnico em números e subterfúgios, vai nos dizer como será. Fala, Barão!

BARÃO — Existem três hipóteses. Eu vou fazer do mesmo jeito que faço quando falo com o homem lá no Palácio: ele me pede conselho, eu dou, mas quem decide é ele, o patrão, como aqui vão decidir vocês. (*Eufórico*) Vocês estão no Palácio da Família: o lar!

MILORD — A Democracia é o pior dos sistemas possíveis, com exceção de todos os outros. Winston Churchill! (*Exultante*) Desta vez eu recitei direitinho até o nome do autor do provérbio. Viva!

ROSA — Provérbio não tem autor, é domínio público.

MILORD — Coisa mais sem graça...

BARÃO — Primeira hipótese: quem vai dar o presente se levanta, agarra o embrulho e as outras pessoas perguntam o que seria o amigo oculto se fosse uma cor, se fosse uma pedra preciosa, se fosse uma ave, se fosse...

MILORD — ... um macaco, uma bruxa, um vampiro, se fosse um helicóptero... Entendi... Aí todo mundo tem que adivinhar a marca do helicóptero, a raça do macaco, os dentes do vampiro e a velocidade de cruzeiro do voo da bruxa no cabo da vassoura, não é assim? Entendi direitinho! Tudo!

BARÃO (*Sorrindo, contrariado*) — Aí, por dedução, as pessoas descobrem quem é o amigo oculto.

MILORD — Eu, por exemplo, se fosse... água... o que seria eu? Plácido lago ou Oceano Atlântico? (*Rindo*) Não, não: eu estou mais para Pacífico do que para Atlântico. (*Alegre*) Seria um rio caudaloso?

Pororoca amazônica, Cataratas do Iguaçu, uma tempestade ou... um simples e despretensioso copo d'água?

ROSA (*Suave*) — Uma gota de orvalho, Milord.

MILORD — E se eu fosse fogo? Seria fornalha de aço, labaredas de Dragão Chinês, vulcão, incêndios criminosos no Amazonas... ou...

ROSA (*Doce*) — Um fósforo, Milord.

MILORD — Todo mundo já entendeu. Prossiga.

BARÃO (*Didático*) — Segunda hipótese: a gente bota os presentes na mesa, pacotes grandes e pequenos, pode ser um presente pequeno num pacotão, pra enganar, ou vice-versa, se for possível, e sorteia um a um, e cada convidado pode tirar o pacote de que mais gostar, inclusive aquele que já tem dono, tira do dono, o dono tira outro qualquer, até que todos os presentinhos já tenham sido distribuídos e aí ninguém tira mais nada de ninguém, todo mundo abre o seu presente e, não gostando, pode trocar.

EUDÓXIA — Interessante. As duas formas são muito inteligentes. Não é, Barão?

BARÃO (*Vingando-se*) — Por exemplo, engraçadinho, se você abre o seu pacote e acha uma calcinha cor-de-rosa rendada, você pode trocar o seu presentinho com o da sua mãe, sua tia ou sua avó.

MILORD — E se eu quiser ficar com a calcinha? Cada um escolhe como se veste... Indumentária não se dis-cu-te!

ELVIRA (*Disfarçando*) — Vamos fazer de conta que ninguém escutou nada e você explica a terceira hipótese.

BARÃO — A terceira é a que eu mais recomendo: o presenteador começa dizendo, "o meu amigo oculto é uma pessoa assim, assim..." e o indigitado tem que se autodescobrir. (*Ninguém entende direito.*) Novos exemplos: "... o meu amigo oculto é uma pessoa que eu gostaria que fosse tão meu amigo quanto ele é oculto" — quando se trata de uma pessoa que a gente vê pouco. Ou então: "O meu amigo oculto tem quatro olhos" — quando usa óculos etc. Entenderam?

MILORD (*Irônico*) — Esse eu adorei: é muito criativo! Quatro binóculos, telescópios, estroboscópicos, como era mesmo?

ROSA — Besteira por besteira, fico com a terceira hipótese.

EUDÓXIA — O importante é a festa em família, a família, é o único dia no ano em que a família se encontra, a família se ama, se perdoa, família, família...

ROSA — Perdoa o quê? Eu não tenho nada que pedir perdão.

EUDÓXIA — Sempre se tem, minha filha, sempre se tem. É só lembrar. Somos todos pecadores inconscientes!

ROBERTÃO — O que é que a mãe de vocês tem, afinal? Que ela está entrevada há séculos, todo mundo sabe, mas da *causa mortis* ninguém faz ideia. Não era reumatismo?

EUDÓXIA — Também. Tem reumatismo, mas isso não é o pior.

BARÃO — Não era diabetes?

EUDÓXIA — Também. Tem também.

ROSA — Não era erisipela?

EUDÓXIA — Também, também tem.

ELVIRA — Eu pensei que fosse mais psicológico, doença mental crônica, paranoia, esquizofrenia, parafernália, neurose galopante... Coisa mais para o lado espiritual e não essas idiotices de gastrites, encefalites, estomalactites...

EUDÓXIA — É físico E psicológico: ela tem perda de memória e só lembra coisa antiga. Esquece de hoje e se lembra menina, pensa que foi ontem. A gente tem o dever de aguentar. É dever perante Deus. Não esqueçam que ela trocou nossas fraldas: agora são elas por elas, fraldas pra lá e pra cá! Temos que pagar as benfeitorias recebidas.

MILORD — Crueldade trocar fralda de bebê: criança gosta de cocô, adora, tem que deixar se lambuzar de merda... É saudável. Que manias civilizatórias! (*Toca a campainha.*)

EUDÓXIA — Agora, tem uma coisa. Pode ser que ela não esteja na sua melhor forma intelectual, entendem? Tão doente... Façam de conta que não é nada: só sorrisos, esteja ela como estiver. Sorrisos. Este é o último Natal com a nossa mãe viva: tem que ser um sucesso, o Natal dos nossos sonhos. Uma festa que ninguém esqueça, nunca!

ELVIRA (*Alterada pela bebida, canta*) — "Mamãe, mamãe, mamãe, o avental todo sujo de ovo"... (*Campainha.*)

EUDÓXIA — Você, Robertão, larga esse telefone e tenta, pelo menos uma vez, na noite natalina, tenta te integrar à família. Como diz a Elvira, minha irmã, vamos fazer de conta. E você, Barão, para de fazer contas e tenta ser fa-mí-lia. (*Tentando ser engraçada*) Às vezes — sabem? — eu digo que o Barão tem três mulheres: eu, é lógico, primeira e única; o telefone é a segunda; e a terceira, essa maquininha infernal, está sempre calculando se ganhou ou perdeu. Até na cama, são inseparáveis! Ele e nós três: a esposa, a maquininha e o telefone. Não é, Barão? Na nossa cama, a única coisa que sobe e desce é a Bolsa!

MILORD — Verdadeira bacanal eletrônica. Tele-Suruba! (*Ninguém escuta.*) Quem faz questão de não escutar, não escuta!

ROSA (*Campainha*) — Bom, que entre a mamãe e comece a festa da família e do comércio varejista, pra matar dois coelhos com uma só paulada! Entra, mãe!

EUDÓXIA — Estão prontos?

ROBERTÃO — Uma questão de ordem prática: quanto tempo vai durar essa coisa?

EUDÓXIA — Que coisa?

ROBERTÃO — A festa... como um todo.

EUDÓXIA — Depende de nós: pode acabar logo depois da distribuição de presentes, pode acabar depois da missa do Papa, digo, do galo, digo do galo rezada pelo Papa ou do Papa rezada pelo galo... já não sei...

MILORD — Missa cantada, cocococorocócó...

BARÃO — Tempo é dinheiro.

ROBERTÃO — Minhas pernas estão trêmulas, mais dez minutos, desabo...

ELVIRA — Você não trabalha sentado?

ROBERTÃO — Por isso mesmo... agora preciso me deitar...

ELVIRA — Não tem lógica... (*Torna a tocar.*)

MILORD (*Histérico*) — Bom, se não tem um macho aqui nesta casa que se disponha a abrir a porta pra vovó, eu mesmo vou! (*Levanta-se.*) Não tem?! (*Pausa.*) Não tem mesmo? (*Furioso*) Eu vou! (*Abre. Joaquim traz a cadeira de rodas com Dona Flor, não exatamente em estado de coma, mas com extensos cuidados médicos traduzidos em gases, tubos e balões de vidro — tudo farto, porém discreto.*) Vovó, esqueceram-se da senhora, esqueceram de ir buscá-la em casa, esqueceram-se de abrir a porta, esqueceram-se daquela a quem devemos a própria vida, mas eu não esqueço nunca, aqui me tens aos teus pés, vovó querida, Milord, neto único! Um beijo. (*Efusivos e repetidos "Feliz Natal", beijos, abraços. Pausa.*)

EUDÓXIA — Fala, mamãe!

DONA FLOR (*Carinhosa, fala alto e bom som, depois dorme*) — "Proletários do mundo inteiro, uni-vos"... (*Perplexidades.*) Era isso que você queria que eu dissesse, não era mesmo, Rosa? (*Entusiasmada*) Rosinha, *Rosae*, *Rosarum*, eu me lembro do meu latim de quando era criança, *Rosarum*, flor, flor como eu, você é uma flor, Rosa. Eu vim por sua causa, mas não digo proletários, não, cada coisa tem sua vez, e hoje é a vez de outra coisa...

EUDÓXIA (*Entusiástica*) — Isso mesmo, mamãe, é a vez da ceia de Natal, da família, da união, do esquecimento, do perdão... Vamos esquecer.

ROSA — Podemos lembrar da nossa fome! Vamos comer!

MARIANA — Joaquim, vamos pra cozinha que a família está reunida e isso é festa só pra eles. Nós não somos família. Vamos pra cozinha.

JOAQUIM — Mas o Juvenal está lá na porta, esperando que o paguem...

MARIANA — Deixa o Juvenal pra lá, o Juvenal é detalhe... (*Sai com Joaquim.*)

DONA FLOR (*Alegre*) — O farmacêutico me proibiu de sair. Em médicos eu não acredito, em farmacêutico sim: médico pensa na doença, farmacêutico no doente, ele é o proletário da medicina, não é mesmo, Rosa? (*Carinhosa*) Rosinha, *Rosae*, *Rosarum*...

BARÃO — Nós vamos ficar com ciúmes, Rosinha pra cá, *Rosae*, *Rosarum* pra lá, e nós aqui no meio? Eu não sou proletário, mas também sou filho de Deus...

DONA FLOR — Dele, pelo menos, você tem certeza, não é mesmo? É a nossa única certeza... O resto são dúvidas...

ROBERTÃO — Não foi pra falar sobre isso que a senhora veio aqui, ou foi?

DONA FLOR — Em parte, foi! Logo vocês vão entender as razões das minhas palavras misteriosas... *Rosarum*... *Rosae*...

ROSA — Bom. Onde é que a gente estava mesmo?

MILORD (*Lirismo entusiasmado*) — Nos presentes. Se eu fosse um jasmim, um lírio, um copo de leite, se eu fosse um girassol — que, no íntimo, é o que eu acho que sou mesmo, um girassol de Van Gogh! — se eu fosse uma cordilheira, precipício, despenhadeiro, se eu fosse um animal selvagem, onça, pantera, leão... E se eu fosse a vovó? Como eu seria eu, se eu fosse a vovó?

ROBERTÃO — Proponho que a gente comece a distribuição dos brinquedos, porque senão a Elvira não vai nem se reconhecer quando alguém disser: "O meu amigo oculto é um velho alambique...". Ha, ha, ha...

ELVIRA (*Que estava bebendo*) — Que foi que ele disse?

ROBERTÃO — Está vendo? Não entendeu a sutileza.

ROSA — Se é pra dar presente, vamos logo acabar com isso!

EUDÓXIA — Vamos começar.

ROSA — Eu faço questão de chamar a Mariana. (*Mariana estica o pescoço pela porta.*) Não é família, mas é como se fosse. Trabalha pra mim desde criancinha, é justo que participe.

MARIANA — Principalmente porque eu também trouxe o meu presentinho pra minha amiga oculta. Estava tudo combinado.

ELVIRA (*Lúcida na embriaguez*) — Vamos fazer uma exceção, mas que fique bem claro que se trata de exceção. Exceções não se repetem periodicamente, por isso são excepcionais; ela não é família, mas sendo hoje o dia do perdão, está perdoada: fala! Excepcionalmente, Mariana tem a palavra: quem é o seu amigo, ou amiga, ou admiradora, ou simples conhecida oculta?

EUDÓXIA — Que surpresa vocês vão ter!

MARIANA (*Segura um dos pacotes e, tímida, recita*) — A minha amiga, que nunca está oculta... que eu vejo todos os dias... Já descobriram? Não? A minha amiga oculta de muitos anos...

MILORD — É a sua mãe, é a vizinha, é o gato?

EUDÓXIA (*Enérgica*) — Para de dizer bobagens, menino! Respeite a família, já que não respeita a empregada.

MARIANA — A minha amiga oculta é muito boazinha... é uma pessoa que merecia muito mais do que tem. Mesmo que tenha tudo, uma coisa está faltando e toda mulher precisa ter, mulher foi feita pra isso mas, enfim, a vida é como Deus manda, e ela se casou com os livros... que aliás eu acabei de botar na cozinha, que é o lugar de livros socialistas...

ROSA — Quem é??? Diga logo!!!!

MARIANA — A minha melhor amiga oculta, que não é nada oculta, nem oculta nada, que é muito sozinha, que lê demais, gasta a vista e a vida lendo, é a melhor patroa do mundo... Entenderam agora?

MILORD — É a vovó?

BARÃO — Esse daí tem a mania da vovó. Se ele pudesse nascer de novo, na outra encarnação ele seria avó de alguém!

ROSA — Sou eu!

MARIANA — É. Como é que a senhora adivinhou?

ROSA — Intuição feminina. O que é? (*Abre. É uma revista cor-de-rosa.*) *Minhas Queridas Amiguinhas*. Você não acha que eu já leio bastante?

MARIANA — Ler, a senhora lê até demais.

ROSA — Então?

MARIANA — Os seus livros só têm palavras. Tudo palavras. Nem desenho, nem fotografia. (*Valorizando seu presente.*) Aqui não: todos os artistas de televisão estão aí, a senhora reconhece só de olhar. Está cheia de fotografias e fotografia a gente lê muito mais depressa.

ROSA — Muito obrigada pela lembrança.

MARIANA — Agora é a sua vez.

ROSA — Eu não comprei presente pra ninguém.

EUDÓXIA — Estava tudo combinado. Nós pensamos em tudo. Compramos presente e escolhemos o seu amigo oculto. Esse sim, é oculto mesmo, até pra quem dá! (*Entrega um pacote a Rosa.*)

ROSA (*Lê o envelope no pacote*) — Eu não sei o que dizer.

MILORD — Segue o exemplo da sua empregada. Diz qualquer bobagem.

ROSA — É uma pessoa que eu nem conheço...

ROBERTÃO — Qualquer bobagem. A primeira ideia que tropeçar na sua cabeça...

ROSA — Bobagem por bobagem, bobagem e meia: o meu amigo oculto, que eu nunca vi mais gordo, é magro com cara de fome, (*Brincando de sectária*) é um homem que não tem nada a perder além dos grilhões que o escravizam, maltratado pelo patrão, (*Olhando Milord*) um homem que nunca ouviu falar em luta de classes, mais-valia, neocolonialismo, globalização da miséria, privatização dos lucros...

MILORD — Você está se referindo ao meu criado?

JOAQUIM (*Assustado*) — Eu também entrei na dança? Ora pois...

ROSA — Você mesmo, companheiro.

JOAQUIM — Ora, muito obrigado. (*Abre.*) O que é que é isto?

EUDÓXIA — São luvas de pelica pra você agarrar o volante com dignidade, delicadeza. (*Sorriso espantado.*) Uma coisa que me irrita aqui no Brasil é que os motoristas não usam luvas, como na Europa.

JOAQUIM — Muito obrigado, mas queira desculpar, porque eu não vim preparado... não trouxe nada...

EUDÓXIA — Eu pensei em tudo: procure o seu presente na cesta. (*Joaquim pega um pacote.*)

JOAQUIM — Achei.

EUDÓXIA — Fale o que lhe vier do coração.

JOAQUIM — Eu não vim preparado, não sei o que dizer.

EUDÓXIA — Fale sem medo, porque Deus fala pela boca dos ignorantes. Perdão, dos inocentes. E você é um inocente, tão inocente e tão ignorante que nem sabia que motorista europeu usa luvas.

JOAQUIM — No verão?!

EUDÓXIA — Na Europa não existe verão! Está vendo? Você nem sabia disso. Verão é coisa de país subdesenvolvido. Verão é coisa de nativos! *Natives*!

ROBERTÃO — Fala logo, diz uma asneira qualquer e passa a bola adiante. Vamos comer!

JOAQUIM — O meu amigo oculto é... uma boa p'ssoa. (*Alegre*) Ad'vinharam?

MILORD — Somos todos nós! Pessoas boníssimas. Dá mais detalhes biográficos!

JOAQUIM — O meu amigo oculto é uma boa p'ssoa... e mais: ele é muito simpático. (*Certo de que agora sim*) Ad'vinharam?

EUDÓXIA — Simpáticos somos todos!

MILORD — Esta é a família mais simpática que eu tenho.

JOAQUIM — O meu amigo oculto é boa p'ssoa... muito simpático... e tem bom coração. (*Dúvida*) Ad'vinharam?

ROSA (*Irritada*) — Lord Byron, dá as iniciais!!! Diz alguma coisa mais clara, porque senão eu vou ter um ataque de apendicite aguda!

JOAQUIM (*Nervoso, alto*) — Se não ad'vinham por bem... tenho que ser indiscreto e vou às vias de fato!!

MILORD — Deus me livre e guarde!

ROBERTÃO (*Para Elvira, baixinho*) — Quando é que vai acabar esta cerimônia?

JOAQUIM — Vamos lá: o meu amigo oculto pensa que é bonito... Mas não consegue levar um amiguinho pra casa sem acertar o preço antes: ninguém vai de graça. (*Alegre*) Ad'vinharam? (*Todos lívidos. Silêncio. Joaquim está espantado.*) Não ad'vinharam????? Por quê? Quando a Mariana disse: "É a patroa mais boa do mundo", todo mundo descobriu. Agora é a mesma coisa, até mais fácil: (*Didático, lento*) O meu amigo oculto leva os m'ninos pra casa, sim senhora... mas antes tem que pagar! (*Sorridente*) É muito fácil. Quem ad'vinha? (*Silêncio tenso.*)

MILORD — Eu acredito... que... talvez... o meu serviçal... talvez... esteja se referindo... à minha própria e modesta pessoa. (*Suspense.*)

DONA FLOR (*Acorda*) — Eu estava dormindo, não entendi muito bem. Quem são esses meninos? Que idade têm?

JOAQUIM — Todas. É uma culeção completa. (*Pausa.*)

ROBERTÃO — É claro que ele está brincando...

ELVIRA (*Furiosa*) — Põe na rua! Sou eu que bebo e ele que fica de porre! (*Grita*) Rua!!! Esfola!!! Paredão!!! Fogo!!!

EUDÓXIA — Noite de Natal é noite do perdão. (*Voz baixa*) Ainda por cima, pode ser que ele esteja dizendo a verdade. (*Para os outros*) Milord, sabe-se lá...

ELVIRA (*Indignada*) — Verdade tem hora!

ROBERTÃO — Você não vai ficar passivo diante dessa afronta, meu filho!!!!!!

MILORD — Iiiihhhhh, papai, essa teoria da passividade, hoje em dia, é um conceito muito controvertido!

ROBERTÃO (*Raivoso*) — Controvertido? Meu filho, reaja! Despede esse moleque... assim que acabar a ceia de Natal, considerando o que disse a Eudóxia: o perdão só vale até a meia-noite! Depois, rua! E não paga o seguro de saúde!

MILORD (*Nervoso*) — Ele vai se retratar. Olha aqui, motorista, piloto de provas: alguma vez eu lhe dei dinheiro pra pagar quem quer que seja?

JOAQUIM — A mim não, porque eu recusei. Trabalho só dentro do carro, não me meto na vida do patrão... Nem na vida nem no quarto.

ELVIRA (*Combalida*) — Meu filho, diga a verdade: você é homossexual? Você fez essa opção indecorosa?

MILORD (*Constrangido, mas sem recuar*) — Mamãe, está cientificamente provado que a orientação sexual... Veja bem, orientação sexual e não opção... Está cientificamente provado que o ser humano...

BARÃO (*Sem papas na língua, vocifera*) — Está cientificamente provado que, se o ser humano não fizesse um esforço pra andar de pé com duas pernas, estaria até hoje cavalgando a quatro patas. Se o ser humano não fizesse um esforço pra descer das árvores, estaria até hoje pendurado nos galhos, (*Intencional*) pelo rabo... Ora veja! Por isso é que eu nunca quis ter filhos! Está cientificamente provado... "Filhos, melhor não tê-los." Ah, Vinicius, quanta sabedoria...

ROBERTÃO — Olha aqui, você não se meta, o filho é meu! Você não teve filhos porque teve medo, cale a sua boca!

BARÃO — Claro que é seu. Porque, se fosse meu filho, já tinha levado tanta porrada na coluna vertebral que já estaria tetraplégico, mais entrevado do que a velha... Perdão, a mãe de vocês... Tetraplégico e caolho!

MILORD (*Magoado*) — Tetraplégico, eu até compreendo, mas caolho já é exagero! Eu não mereço!

ROBERTÃO — Pois cale a sua boca que eu sou muito macho!

BARÃO — Sempre que o pai é macho demais o filho sai pela culatra!

DONA FLOR (*Acorda*) — Eu não entendi direito, mas parece que houve um mal-entendido... um desacordo... desavença... (*Ninguém dá atenção à velha. Ela dorme outra vez.*) Deixa pra lá...

ELVIRA — Meu filho, não ponha a culpa em mim. Pelo amor de Deus, eu não tenho culpa!

MILORD (*Aos berros*) — Que culpa, mãe?! Que culpa???!!!

ELVIRA (*Dramática*) — Eu entendo que esses meninos que vivem choramingando agarrados às saias da mãe acabem desse jeito tão controvertido. Mas você, não. Nunca dei a menor atenção a você, nunca gostei de cuidar de você, não me importava com o que você comia, não te levava ao médico, não dava remédio, nunca te limpei o nariz, pensei sempre só em mim mesma, nos meus vestidos, na moda, na praia, larguei você com as empregadas, larguei sozinho com o cachorro, ao deus-dará... e como é que você vira homossexual como se eu... como se eu tivesse sido uma mãe amantíssima, *idishmami* judia, uma *la mamma* italiana, uma... uma...? Eu sou uma infeliz! Como é que você fez isso comigo? Eu vou desmaiar. (*Arruma o sofá e desmaia.*)

MILORD (*Vai atrás*) — Antes de desmaiar, escute aqui: com a senhora, mamãe, eu não fiz nada! Se fiz alguma coisa, se faço ainda, se vou fazer, é com os meninos, como ele disse. Mas todos são maiores de idade! Não sou infanticida! (*Desanimado*) Já desmaiou...

ROBERTÃO — Então é verdade???!!!

MILORD — O que é a verdade, pai, o quê?

ROBERTÃO — Não vamos falar de filosofia agora! Vamos falar da minha honra!

MILORD — Quem leva os meninos pra casa sou eu, pai, não é a sua honra! (*Berrando no ouvido da velha senhora*) O que é, vovó, o que é???!!! O que é que a senhora quer agora???!!! O quê???

DONA FLOR (*Suave*) — Tem castanhas assadas?

ROSA (*Irritada*) — Tem castanhas sim, mamãe. Eles previram tudo, trouxeram até mais do que precisava.

MILORD (*Dá-lhe castanhas, ela come*) — Vai, come as suas castanhas e descansa, esperando a paz celestial, eterna...

DONA FLOR (*Maliciosa*) — Quando eu era menina, roubava castanhas assadas antes da festa. Ninguém notava. Se a gente fizer as coisas bem-feitas, ninguém repara... Discreto, ninguém descobre. Não se pode é dar bandeira, aí todo mundo desconfia.

MILORD — Está falando comigo?!

ROBERTÃO (*Resolução séria e definitiva*) — Você pode não despedir o seu motorista, pode fazer de conta que não aconteceu nada, mas eu posso deserdar você! Posso botar você na rua, sem um miserável tostão furado! Posso e devo, e sou capaz! (*Tom conciliador*) Mas, primeiro, vamos acabar essa festa, essa... efeméride ou lá o que seja, que hoje é o dia do perdão, como disse a Eudoxinha.

BARÃO (*Espantado*) — Eudoxinha? Não gosto de ouvir esse diminutivo. Fique lá com os seus problemas familiares. Não meta a minha família nisso, muito menos a minha mulher!

ROBERTÃO — Primeiro vamos acabar essa festa, ritual, essa inauguração, tertúlia, esse sei lá o quê. Depois vai ter resposta. Resposta à altura dos agravos cometidos!

MILORD — "Me espera lá fora, depois da aula!" Era isso que eu costumava ouvir na escola.

ROBERTÃO — Pois está precisando de novo da palmatória. Vamos continuar. Esse festival começou, tem que acabar! Depois, a palmatória!

ROSA — Depois vocês conversam e quem conversa se entende. O diabo não é tão feio como o pintam.

ROBERTÃO (*Agressivo, caçando bruxas*) — Você é que sabe, Rosa, a cor do diabo você é que sabe! Com esses livros que anda lendo, você é especialista em satanases e belzebus! Agora, vamos continuar esse carnaval!

MILORD — É a minha vez.

ROSA — Mas qual foi o seu presente?

MILORD — Uma camisinha cor-de-rosa, é lógico, nem podia ser de outra cor! Camisinha musical: dependendo do ritmo, você ouve o "Danúbio azul", "Pour Elise" ou a "Cavalgada das Valquírias"! Tudo depende do ritmo da pessoa amada! (*Pega o pacote.*) Agora, eu. (*Lê*) Olha que sorte!!!! Meu Deus do Céu, valha-me a Virgem Maria Santíssima, neste dia que é só seu: que sorte que eu tive. Vejam só quem é o meu amigo oculto.

ROBERTÃO (*Agressivo*) — Amiguinho.

MILORD — Não, pai. Amigão!

ROBERTÃO — Mais uma surpresa. Continua!

MILORD — O meu queridíssimo amigo oculto, ele até que se mostra bastante, mas oculta e também se oculta. Como direi? É difícil, viu?

EUDÓXIA (*Assustada*) — Minha Nossa Senhora, é agora!

ROSA (*Contente*) — Coragem!

MILORD — Vamos começar de novo. O meu presentinho vai para o meu amigo oculto que gosta de se ocultar em qualquer lugar — dentro do quarto, bem entendido! — no armário, embaixo da cama, esperando o marido sair. Ainda não entenderam? Gosta de entrar pelas janelas... Ninguém sabe quem é?

ROSA — Quem será esse Don Juan?

EUDÓXIA (*Tentando mudar de assunto*) — Ai, meu Deus! Eu conheço o Barão: ele está começando a ficar nervoso. Barão, você é um homem calmo. (*Aos berros*) Paciência! Isso vai acabar logo. Calma.

MILORD — Vou explicar melhor. O meu amigo oculto tem um apelido discreto. Entre os íntimos, ele é D. João VII. Como todos sabem, o rei D. João VI gostava de comer fran-GOS. E o meu amigo oculto gosta de comer fran-GAS. (*Olhando para Eudóxia.*) E até galinhas um pouco mais idosas, aí ele chama pelo diminutivo: minha carijozinha, galinhazinha-d'angola, minha pombinha juriti, coisas assim, delicadas. Entenderam agora? (*Eudóxia dá um grito e desmaia.*)

BARÃO — Os sais, os sais!

MILORD — Que sais, Barão: isso é fita! Ela volta a ela, ela volta a si, ela se reviravolta, ela volta a não sei quem, não sei como é que se fala, mas sei que vai se levantar já, já. Se quiser apressar, joga um balde d'água fria na espinha, bem gelada, que ela levanta ao primeiro contato líquido!

BARÃO — Eu não tenho palavras pra dizer o que eu penso de você...

MILORD — O *Novo Dicionário Escatológico da Língua Portuguesa* está cheio de palavras adequadas para essas ocasiões. Aliás, nem me ocorreu, mas seria um belo presente pro dia de hoje! Mil palavras pra cada vício!

BARÃO — É claro que esse insulto, essa pouca-vergonha, essa insensatez... é tudo mentira...

ROBERTÃO (*Nervoso*) — É claro... é mentira! Esse menino é vingativo...

Vamos fazer de conta que ninguém escutou nada, não é, Elvira? Ninguém disse nada!

ELVIRA — Não sei, não. Em se tratando de você, melhor investigar.

ROBERTÃO — Você acha que eu seria capaz? Ela, não sei, não ponho a mão no fogo. Mas eu? Eu, eu sei: eu não! Você não acha que não?!

ELVIRA — Acho que sim!

BARÃO — Você seria capaz de tudo, mas a Eudóxia é uma mulher virtuosa!

ROBERTÃO — Quando um não quer, dois não brigam.

ELVIRA (*Decidida*) — Vamos investigar. Onde é que você esteve hoje à tarde?

ROBERTÃO — No escritório, trabalhando... sentado!

ELVIRA — E como é que eu passei a tarde telefonando e você não estava nunca no seu escritório? Mentiroso! Eu vou ter um troço, vou desmaiar... (*Desmaia.*)

BARÃO — E você, onde é que você passou a tarde, hoje, a tarde da noite de Natal? Acorda desse teu desmaio e responde: onde foi que você passou a tarde?

EUDÓXIA — No dentista.

BARÃO — Abre a boca! O que foi que ele fez? Mostra. (*Ela entreabre a boca e os dois se olham como lutadores que se estudam.*) Vai ter que mostrar o canal aberto, a piorreia, alguma coisa que prove que você esteve no dentista. Abre a boca, mais, escancara! (*Mete a mão na boca da esposa, iluminando-a com a vela que enfeitava a mesa.*) Eu não vejo nada, nenhuma obturação, nenhuma cárie, extração de dentes, nada! Dentadura perfeita!

EUDÓXIA (*Feroz, melodramática*) — Você não vê nada, mas vai ouvir tudo! Que humilhação! Que tragédia! Duvidar da própria esposa... Na própria casa da minha própria irmã! Na frente da minha própria mãe!

BARÃO — Tua própria mãe já desmaiou há muito tempo!

MILORD — Afinal, quantas pessoas estão desmaiadas aqui nesta casa ao mesmo tempo? Deviam ser proibidos os desmaios simultâneos! Um de cada vez! Olha que eu desmaio também, viu?! Não me custa nada! Desmaiar é comigo mesmo! Aaaaaaaiiiiiiiiiiiii... (*Finge um desmaio.*) Ninguém me socorre???

EUDÓXIA — Na noite de Natal, noite do perdão, Natal Sem Fome, sou condenada a essa vergonha, essa degradação pública!!!

BARÃO — Confessa, diz a verdade. É mentira, não é verdade?

EUDÓXIA (*Heroica*) — É verdade, não é mentira! É verdade, sim. Mas você merecia coisa muito pior! (*Sincera e cafona*) Você nunca olhou pra minha cara com ternura ou piedade, sempre pensou na Bolsa de Valores de King Kong e nunca em mim; a Bolsa sempre foi tudo pra você, eu nunca fui nada. Até pra cama você leva essa maldita maquininha de multiplicar. Você fala no telefone até quando está comigo abraçado... (*Denunciando ao mundo*) des-nu-dos com o telefone, os dois enlaçados por um fio!!! (*Patética*) Que mulher suportaria isso? E sempre reclamando que eu não te dei herdeiros, mas como é que eu posso ter filhos se você não faz o mínimo essencial! Você pedia herdeiros, não queria filhos. (*Imitando o marido excitado*) Me dá um herdeiro, um herdeirinho só!

BARÃO (*Com dignidade*) — Cala a boca, Eudoxinha, nós estamos em família... isto é, em público. Depois a gente conversa, lá em casa.

MILORD — "Me espera na esquina": a escola está fazendo escola. Tia Eudóxia, olha aqui: não sei se o momento é oportuno pra se fazerem correções nomenclaturais, mesmo assim eu queria informar que o sobrenome está certo, (*Didático*) mas o prenome do Kong é Hong, não é King. King Kong era o macaco, (*Sorrindo*) lembra, vovó? Era lindo aquele macaco! Forte, musculoso! Mais inteligente do que muito Tarzã que anda solto por aí de gravata!

ELVIRA (*Voltando a si*) — Robertão, eu sempre te pedi: me trai com quem você quiser, mas nunca com as minhas amigas.

EUDÓXIA — Alto lá. Eu não sou sua amiga, sou apenas sua irmã!

ELVIRA — Amiga no sentido figurado! Eu vou desmaiar! (*Desmaia.*)

MILORD — Essa daí já não estava desmaiada?!

BARÃO — Vamos todos calar a boca, esquecer! Vamos rezar, sapatear, cantar o Hino Nacional, qualquer coisa! Superar esse momento, essa crise! Depressa.

EUDÓXIA (*Dramática, à beira do excesso*) — Vamos falar tudo e é agora: traímos você, sim! E você bem que merecia! Pena que foi só durante dois ou três meses, coisa pouca. Já faz mais de vinte anos.

BARÃO (*Com ciúme reaceso*) — E hoje à tarde, onde é que você esteve?

EUDÓXIA — No dentista. Eu falei a verdade!

BARÃO (*Agressivo*) — Mostra os dentes! Quero ver o canal aberto! A piorreia!

EUDÓXIA (*Grandiosa*) — Mas não foi na cadeira dele, não, com aquele motor horroroso furando o dente! Não. Foi na cama! Dentistas também têm alma, fique você sabendo disso! (*Romântica*) Odontólogos também amam! Também beijam na boca. (*Decidida, solene*) E fique sabendo — eu ordeno! — nunca, nunca mais me dirija a palavra... nunca mais fale comigo!

ROBERTÃO (*Ressentido*) — Dois ou três meses, uma ova: o ano todo! Se é pra dizer a verdade, verdade inteira!

DONA FLOR (*Reacordando e recordando. Quando Dona Flor intervém, os outros param espantados*) — Nozes e passas... Natal, sem passas e sem nozes, não é Natal completo. Arroz de polvo. Isso vocês ficaram me devendo... Me dá alguma coisa pra beber.

BARÃO — Dá um uísque cowboy triplo pra ela e vamos mudar de assunto!

ROBERTÃO — Mudar de assunto nunca, agora é a minha vez!

MILORD — Papai, você nem abriu o meu presente. Estou desolado...

ROBERTÃO — Que porcaria é essa? (*Abre. É uma chave.*) Uma chave?!

MILORD — É a chave da suíte presidencial do Motel Paraíso Tropical, com direito a maçã, champanhe, sauna e TV pornô. Leva a mamãe pra lá, ela vai adorar. Principalmente o champanhe.

ROBERTÃO — Idiota! (*Sádico*) Chegou agora a minha grande oportunidade. (*Segura um pacote.*) O meu amigo oculto... Vamos lá, vamos ver... O meu amigo oculto é uma pessoa que gosta muito do poder.

ROSA — Está esquentando.

MILORD — Já sei, já descobri: Bill Gates!

ROBERTÃO — O principal interessado nem desconfia que é dele que eu estou falando. (*Olhando fixamente para o Barão.*) E, como gosta de poder, gosta dos poderosos.

MILORD — Já sei, já descobri: Cleópatra!

ROSA — Está fervendo!

EUDÓXIA (*Tentando apartar*) — Não exagera, Robertão. Nós estamos em família! Nada de ressentimentos, vinganças. O Barão está começando a ficar nervoso. Ele é um homem calmo mas, quando se enerva, sai da frente, sai de baixo e sai de cima! Sai! Sai! Sai!

ROBERTÃO — Silêncio. Ele é que tem que se reconhecer. (*Continua a descrição.*) Como se junta aos poderosos, rola dinheiro. E como o dinheiro rola, não se sabe de onde vem. Vocês acham que ele se preocupa com isso?

EUDÓXIA — Calma, Robertão! *Finesse*, Robertão. *Savoir-faire*!

ROBERTÃO — O meu amigo oculto, que é tão moralista em questões de sexo, vocês acham que ele se preocupa em saber de onde vem o dinheiro? A moral dele é da cintura pra baixo, sim, mas exclui o bolso.

MILORD — Para com isso, pai, você acha que alguma vez na vida o tio Barão vai descobrir que você está falando dele? Jamais! *Never*!

BARÃO (*Fingindo surpresa*) — Está falando comigo? Essa indireta é pra mim?

MILORD — É uma indireta no queixo e outra no fígado e no pâncreas!

BARÃO — Primeiro, deixa eu ver o meu presente. (*Abre.*) Que geringonça é essa?

ROBERTÃO — Uma maquininha de descobrir dólares falsos.

BARÃO — Eu tenho olho afiado, não preciso desses brinquedos. (*Tonitruante*) Vocês, seus ignorantes, não entendem os novos tempos.

MILORD — Somos todos dinossauros! (*Dinossauro enfurecido*) Grrrrrrrrrrr...

BARÃO — Vocês vivem na Idade Média, na Grécia, Babilônia, Pedra Lascada! Cada época tem seu conceito de moralidade. O que era bom ontem, hoje já não presta.

EUDÓXIA (*Entusiasmadíssima*) — O Barão pode ter seus defeitos, como aliás todos nós, sem exceção: mas é um homem culto! (*Extasiada*) Grécia, Babilônia... Vocês nem sabem onde ficam essas Antiguidades...

BARÃO (*Apaixonadamente*) — Eu, criança, cantava o Hino Nacional pros soldados que iam lutar na Itália contra o fascismo; hoje, escrevo poemas louvando a Globalização! Acabou-se essa história de Pátria: a Terra é uma só. As Bolsas pegam fogo na Ásia e sobem os juros das geladeiras aqui na esquina — e quem é que paga? A empregada.

MARIANA (*Na porta da cozinha*) — Eu sabia que ia sobrar pra mim! E pode-se saber por quê?

BARÃO (*Tribuno*) — Porque, se os lucros diminuem, os especuladores levam o dinheiro pra outro país, pra ganhar mais. O governo aumenta os juros aqui dentro pra trazer de volta o capital volátil. E quem paga é o pobre, que compra a prestações. É a inflação seletiva: só vale pros pobres!

EUDÓXIA (*Orgulhosa*) — O Barão sabe o que diz! Tem categoria! Grécia, Babilônia, sabe tudo!

ROBERTÃO — O Barão fala *ex professo*, Milady.

EUDÓXIA (*Assustada*) — Isso eu não sei, não entendo nada de profecias: (*Admirativa*) mas que fala muito bem, fala. Idade Média pra cima!

ROSA — Bolsa é cassino!

BARÃO — E o governo é um *croupier* às avessas. Perde sempre, mas não se importa: o dinheiro não é dele, é do povo! Se o banco quebra, ele conserta! Acabaram-se as fronteiras e vão-se acabar os governos nacionais! Vamos ter um só governo mundial: o Banco Universal!

ROSA — Quem vai governar esse banco?

BARÃO — Os ricos dos países ricos, tendo um Conselho sem direito a voto dos ricos dos países pobres, desde que aceitem ser Capitães do Mato. Cada país será governado por uma junta de Capitães do Mato.

EUDÓXIA (*Escandalizadíssima*) — Capitães do Mato? Que horror! Foram fazer o quê, no matagal, os capitães? Foram fardados?!!!??

ROSA — Esses capitães eram negros gordos que caçavam escravos magros, os negros que fugiam! Não vamos nem poder fugir!

BARÃO (*Enérgico*) — Se as coisas são como são, porque é que eu vou ficar do lado das coisas que são como eram? Se existe fraude legítima, qual é a diferença entre o dinheiro sujo e o limpo? Eu já tive ilusões. Hoje, vejo a realidade.

ROSA (*Agressiva*) — Com os amigos que tem... faz a lei!

BARÃO (*Explosivo*) — Não me importa de onde vem o dinheiro, desde que venha. Se não fosse eu, seria outro: alguém sempre sai lucrando! Em política, não existe honestidade: existe pragmatismo. Pra se ter poder, temos que nos aliar aos nossos piores inimigos.

ROSA — Pra fazer o que ELES querem.

BARÃO — Mas somos NÓS que fazemos, do nosso jeito! (*Assustado*) O que é que vocês estão me olhando? Eu sou inocente! Eu não fiz nada! O dinheiro passa por mim, sim, muito dinheiro, muito... e alguma coisa sempre fica! Mas isso é a Modernidade, é natural! Se não fosse eu, seria outro! (*Apavorado*) Eu não fiz nada! O que é que vocês estão me olhando? Eu sou inocente! A culpa é do Sis-te-ma!!! Eu até dou esmola a tudo quanto é cego, aleijado, perebento, tudo! Quando vou à igreja, corro atrás dos mendigos, pego uma porção de moedinhas (*Gesto violento*) e jogo em cima! Jogo mesmo! Isso é caridade! Arrebento! Quem é aqui que dá esmola a leproso? Ninguém! Eu dou!!! Eu sou inocente!

MILORD — Acabou o discurso?

ELVIRA — Eu não entendi nada.

ROSA — O que ele quis dizer é que o país virou bagunça, salve-se quem puder. Ele pode. Se Deus não existe, nada é Pecado. Tudo é Lucro!

EUDÓXIA — Salve-se quem puder, mas levando a família junto. Eu não quero ficar pra trás.

BARÃO (*Ainda enfurecido*) — Existe gente demais no mundo: 5 bilhões de pessoas é muito bilhão! Não podemos continuar pensando que todo ser humano é humano! O Mercado é a obra-prima do ser humano, mas só é humano quem estiver no Mercado! 20% vão se salvar! O resto, joga na África!

EUDÓXIA (*Entusiasta*) — Degreda!

BARÃO — Na guerra ou se mata ou se morre! Eu quero viver. O resto, degreda!

EUDÓXIA (*Abraçando o marido*) — África! Congo Belga, Serra Leoa! (*Orgásmica*) Meu amor, eu adoro como a gente se entende tão bem...

DONA FLOR (*Acordando*) — Já começou a distribuição dos presentes?

MILORD — Está quase no fim, vovó. Mas eu também sou inocente, ouviu? Não dei nada a ninguém. Isto é... quase nada... sabe-se lá...

DONA FLOR — Eu quero dar os presentes das minhas filhas.

BARÃO — Espera. É a minha vez. (*Tirando um papel do bolso.*) A minha amiga oculta, pelo visto, não demora muito vai se ocultar pra sempre! (*Cruel, olhando para Dona Flor*) Embaixo da terra!

ROBERTÃO — *In saecula saeculorum.*

MILORD (*Eufórico*) — Acertei: vovó!

DONA FLOR — Eu não mereço.

BARÃO (*Perverso e científico*) — Um presente que a senhora vai gostar, veio direto do laboratório: é o resultado dos seus exames. Tudo positivo. Na escola, a senhora nunca teve notas tão altas: no colesterol, louvor! Altíssimo! Estratosférico! O médico disse que é um milagre que a senhora continue viva. Não existe nenhuma razão pra isso. Ácido úrico, é bom nem falar... A senhora só tem um órgão contra o qual nada consta: a próstata! (*Envergonhado*) Bom, é melhor eu calar a minha boca... parece que falei demais...

EUDÓXIA (*Voz baixa*) — Precisava dizer isso pra mamãe, precisava?!

BARÃO — Eu fui sorteado.

EUDÓXIA — Não precisava ser assim, tão bruscamente. Podia dizer (*Excessiva ternura*) "... Mamãe, você sabe que todos nós somos mortais, não é mesmo? Vamos morrer um dia, todos, sabe? Só que você não será das últimas... antes pelo contrário... vá se preparando...". Teria sido mais diplomático.

BARÃO — Dava no mesmo: ela tornou a desmaiar e já não se lembra de nada.

EUDÓXIA — Agora, minha irmãzinha, nós duas. O seu presente está aqui. Espero que você não tenha esquecido o meu.

ELVIRA — Como é que eu podia esquecer? Você vai adorar, Eudóxia, tenho certeza. Lembra daquela foto que você tirou de biquíni em Copacabana, quando ainda só tinha 30 e poucos anos? Lembra? Aquela foto que você amava e que desapareceu de repente? Pois é: fui eu que roubei. E hoje, noite de Natal, resolvi devolver. (*Mostra a foto.*) Aqui, na foto — veja bem, na foto! — você está linda. Olha só as suas pernas! Você ainda não tinha essas estrias horrorosas que tem hoje. Ainda não estava cheia de celulite até no pescoço. Olha aqui: o busto empinado, orgulhoso, ainda não tinha desabado. Você ainda não tinha essas manchas cor de abóbora embaixo dos olhos. As orelhas ainda estavam no lugar certo, uma de cada lado da cara, porque a foto foi tirada antes das suas sete operações plásticas fracassadas, que puxaram as suas orelhas pra perto do nariz! Tome, querida. Veja como você era linda!

EUDÓXIA — Muito obrigada, minha irmã, você sempre foi muito sensível, dedicada. Por isso mesmo, tenho certeza que vai adorar o meu presentinho, que é simples, singelo: é uma bacia de porcelana chinesa pra você poder vomitar à vontade, sem sair da cama. Não é adorável? É da Dinastia Ming! (*As duas trocam presentes e olhares de ódio.*)

DONA FLOR (*Reanimada*) — Vamos comer. Tira essa porcaria que está me incomodando. (*Tira um dos tubos.*) Vamos à mesa.

MILORD — Vovó, é perigoso desligar você da tomada! Você tem que ficar sempre ligada!

DONA FLOR — Venham todos, vem Mariana. (*Mariana entra com Joaquim.*) Mariana, que nome bonito.

MARIANA — A senhora gosta?

DONA FLOR — Fui eu que escolhi. Tira essa coisa daqui. (*Ela mesma retira bola e tubos, vigorosa.*)

MILORD — Vovó, cuidado! (*Ajuda a avó.*)

MARIANA — Por que não escolheu nome de flor? Todas as minhas irmãs têm nomes de flores: Açucena é a mais velha, Orquídea vem depois e depois eu; Jasmim, a mais novinha, tem 15 anos imaculados.

MILORD — Verdadeiro Jardim Botânico.

MARIANA — Meus pais eram muito fiéis à Dona Flor. Sempre fomos fiéis. Eu, por exemplo, sou uma mulher fidelíssima.

ELVIRA — E virgem.

MARIANA — Virgensíssima! (*Ternura*) Hoje eu devia jantar com o meu Jardim Botânico, mas pensei: noite de Natal, fico com dona Rosa, que é a segunda patroa melhor do mundo, depois de Dona Flor. Amanhã sim, é o dia de Açucena, Orquídea e Jasmim: vamos ao cemitério pedir a bênção aos nossos pais, João e Rosália, e aproveitamos pra fazer um piquenique em cima da sepultura, com toda a família reunida, vivos e mortos.

MILORD — Coitada da Mariana, uma flor que não tem nome de flor...

DONA FLOR — Meu primeiro presente é pra você: enxoval de bebê.

MARIANA — Ah, Dona Flor, não precisava se incomodar.

ROSA — Você está grávida???!!!

MARIANA — Pois é: não precisava mesmo! (*Envergonhada*) Estive!

JOAQUIM — Você tirou o nosso filho?????? Mariana!!!!!!!

MARIANA (*Dramática*) — Me perdoa. Foi um ato impensado. Você não queria casar, jurou que não, eu fiquei com medo, mãe solteira, veio uma amiga, disse que tinha uma amiga que conhecia outra amiga, que era amiga de outra amiga, e de amiga em amiga... (*Carinhosa*) Pois é, Dona Flor, não precisava mesmo se incomodar. Mas, já que se incomodou, vou dar pra Jasmim, ela vai precisar, daqui a cinco meses... menina inexperiente... aconteceu...

ROSA — Outra inocente...

JOAQUIM — Casar eu não qu'ria, mas filhos qu'ria sim... Depois da ceia, a gente acerta...

MILORD — Palmatória, depois da aula!

DONA FLOR — Agora você, Eudóxia. Tira essa porcaria pra lá. (*Arranca os tubos e resplandece saudável.*)

MILORD (*Assustado*) — Vovó! Não se desliga. A sua bateria está descarregada!

DONA FLOR — Pra você eu trouxe dois livros: a Bíblia, pra você se atualizar um pouco, e um livro-caixa, pro seu marido. Nele você vai ajudar o Barão a fazer as subtrações de que ele tanto gosta e vocês serão muito felizes.

EUDÓXIA — Obrigada, mamãe.

DONA FLOR — Pra você, Elvira, uma lembrancinha: remédio suíço, cura distúrbios estomacais... excessos natalinos...

ELVIRA (*Bêbada*) — Eu ia comprar hoje mesmo. Estava quase vomitando no tapete. Como é que a senhora adivinhou?

DONA FLOR — Coração de mãe.

ROSA — Agora vamos pra mesa. Finalmente, a ceia de Natal tão esperada!

DONA FLOR — Ainda falta.

ROSA — Quem? Todo mundo já ganhou presente, até mais do que esperava...

DONA FLOR — O meu último presente vai pra minha grande amiga oculta, verdadeira filha, a quem sempre tratei até com mais carinho do que às minhas filhas verdadeiras, porque queria provar que, pra mim, ela sempre foi filha! Por isso vai ganhar um segundo presente na noite de hoje. Pode ser que tenha se desviado do caminho certo, tenha ideias exóticas, mas é filha, mais até, muito mais, mesmo sendo menos. Dá pra entender?

JOAQUIM — Acho que descobri, mas não quero me meter nos negócios da família... Uma vez basta!

MILORD — Chega de presentes. Bolinhos de bacalhau à vista!

ROSA — Se eu não tivesse ganho o meu, ia até pensar que era pra mim.

DONA FLOR (*Bondosa*) — Noite de Natal é dia da verdade e do perdão: quero dizer a verdade e ser perdoada. Este é o último Natal que vou passar com vocês aqui na Terra, o próximo será no Paraíso, à mesa do Pai.

MILORD — Cruz-credo! Te arrenego sete vezes!

DONA FLOR (*Entrega o pacote a Rosa, que o abre*) — Olha que aventalzinho bonito, com uma sujeirinha de ovo bordada à mão: é pra você, minha filha.

ROSA — Pra mim? Um avental?! Isso tem alguma explicação?

DONA FLOR — Tem. Eu era viúva do pai de vocês e tinha um casal de empregados, João e Rosália. João ficou tuberculoso e foi pra Campos do Jordão. A mulher, moça linda, continuou trabalhando pra nós, e o meu amante, Narciso, meu chofer particular — foi aí que nos conhecemos, no banco de trás! — não resistiu à beleza da jovem, como não tinha resistido à minha — meu chofer não resistia nunca! — apaixonou-se... e a moça engravidou.

TODOS — Oh!

DONA FLOR — Antes que o João voltasse com saúde, Rosália deu à luz uma robusta menina. Que fazer? Naqueles tempos, honra se lavava com sabão em pó e sangue. Perdoei Narciso, antes que morresse tuberculoso, e adotei a criança, dando à menina o meu sobrenome. E, pra deixar uma pista sobre a sua verdadeira origem, dei a ela um nome de flor parecido com o da verdadeira mãe.

TODOS — Rosa!

ROSA — Então... eu sou filha da empregada?

DONA FLOR (*Sorrindo, carinhosa*) — Rosália!

MILORD (*Excitado*) — Por isso que ela lê esses livros pecaminosos: está no sangue! Filha de chofer com lavadeira! Só podia dar nisso...

DONA FLOR — Tempos depois, outra tragédia. Eudóxia se apaixonou pelo coroinha, por coincidência, filho do padre, e também engravidou: naquele tempo, as moças engravidavam com muita facilidade.

EUDÓXIA (*Incomodada*) — Mamãe, não é hora pra ficar falando dessas coisas... Águas passadas não movem moinhos... já nem me lembro...

DONA FLOR — O Barão, como vocês sabem, não queria filhos, não tinha tempo, entre a jogatina de King Kong e o doutorado em Wall Street, especialista em Mercado Negro e Paraísos Fiscais. Que fazer? Rosália, mulher digna, devolveu a gentileza, e aceitou passar por mãe da menina.

MARIANA (*Trêmula*) — E como se chamava essa menina?

TODOS — Mariana!

MARIANA (*Caindo de joelhos diante de Eudóxia*) — Mamãe!

EUDÓXIA (*Pouco à vontade*) — Levanta, menina, nada de sentimentalismos. Eu pus esse nome em você porque, já que não podia chamá-la Eudóxia, como eu...

MARIANA — Obrigada, mamãe.

EUDÓXIA — Que pelo menos fosse filha de alguém superior: Maria!

MARIANA — Então a senhora é minha mãe, dona Eudóxia? Eu sou filha de carola com coroinha, neta de padre? É por isso que eu sou fanática pela missa.

MILORD — Está no sangue!

EUDÓXIA (*Banalizando os fatos*) — Isso não é hora pra se ficar falando nessas coisas. O filho do padre, meu apaixonado, franzino e delicado, morreu tísico.

DONA FLOR — Naquele tempo se morria de tuberculose com muita facilidade...

EUDÓXIA — O Barão já está até começando a ficar chateado com essas revelações inoportunas! E olha que ele é um homem tolerante! Hoje é noite de Natal, perdão universal, vamos passar à mesa. O que importa é a família!

MARIANA — Pelo que está dizendo a vovó... Vovó, não é mesmo? (*Para Eudóxia*) Eu sou sua filha, mamãe, (*Para Dona Flor*) e sua neta, vovó. (*Para todos*) Então sou também da família! Com ascendência eclesiástica em Vênus.

ROSA — E eu sou filha espúria de uma proletária que deu um mau passo.

EUDÓXIA (*Severa*) — Bom, já que é da família, tire esse avental ridículo e sente-se à mesa como todo mundo... minha filha. (*Mariana joga o avental no chão, senta-se à mesa.*)

MARIANA (*Autoritária*) — Rosa, traga os bolinhos de bacalhau que estão no forno. E arrume os livros que eu botei empilhados no chão da cozinha, perto do lixo. Jogue metade fora porque não há espaço! De-pres-sa! (*Lentamente Rosa põe o avental e sai. Batem à porta.*)

EUDÓXIA — Você que é o mais jovem, Milord, vai ver quem é. (*Milord vai.*)

MILORD — Sempre eu! Que preço tenho que pagar pela minha eterna juventude!

DONA FLOR (*Levanta-se da cadeira de rodas diante do suspense geral. Dirige-se à mesa, majestosa*) — Agora vamos à mesa: dia do perdão. A verdade antes que tudo: doa a quem doer! Noite feliz. (*Assume sua posição de matriarca.*) Bolinhos de bacalhau: isto sim é Natal!

MILORD (*Da porta*) — É o Juvenal: ele quer saber quem é que vai pagar a conta. Porque senão ele chama a polícia!

EUDÓXIA — Depois a gente pensa na polícia. O Juvenal é um detalhe. A conta é detalhe. O importante, hoje, é a família, são os bolinhos de bacalhau. Feliz Natal, família! Boas Festas, família! Próspero Ano-Novo! Família!

(*Milord bate a porta e senta-se à mesa. Todos se dão "Feliz Natal" e levantam suas taças de champanhe.*)

ROSA (*Voltando com uma bandeja, anuncia com estilo de mordomo de banquete*) — Os bolinhos de bacalhau!

TODOS (*Excitados e felizes*) — Os bolinhos... Que fome... Ah, bacalhau, bacalhau! Viva a Noruega! Viva! Viva Portugal! (*Assustados com o olhar glacial de Rosa, emudecem. Silêncio.*)

ROSA (*Calma, dura*) — Queimei todos!

TODOS (*Sofridos lamentos*) — Aaaaaaaahhhhhhh... (*Dona Flor, com a taça de champanhe na mão, solta um lancinante grito, levanta-se, cambaleia e cai morta, fulminada, sobre os bolinhos de bacalhau queimados.)*

ROSA — Está morta! Totalmente morta!

O pano — bulevar tem pano, é um dever! — cai lentamente; Juvenal bate à porta, frenético.

A herança maldita[1]

Bulevar macabro

[1] Leitura dramática em 27 de julho de 1999, no auditório da *Folha de S. Paulo*, com os atores Raul Serrador, Marcelo Escorel, Duda Mamberti, Ana Borges, Maria da Graça Duarte e Izabella Bicalho. Estreia em 31 de janeiro de 2007, com o grupo A Barraca, sob a direção de Helder Costa, no Teatro Cinearte, em Lisboa, com os atores Maria do Céu Guerra, João D'Ávila, Rita Fernandes, Pedro Borges, Ruben Garcia e Sérgio Moras. (N. da E.)

EATION
HE OPPRES

A família como metáfora

Nesta peça, família é metáfora que esconde famílias — pátria, tribo, etnia, cor, clube, bairro. O belo, na família, é que une, amalgama — às vezes, algema! O feio: afasta, repele, condena.

A epidemia da globalização, hoje — pior que a peste espanhola que matou milhões, faz cem anos; pior que o cólera que devastou a Europa na Idade Média — a globalização infecta a parte maior da humanidade dividida em três famílias: primeira, aqueles que controlam o mercado; segunda, os que nele estão inseridos; a terceira, infeliz, reza nos corredores da morte do desemprego e da fome, descartável. A Família Econômica se sobrepõe a raça, credo e cor. Seus vínculos sanguíneos são as ações das multinacionais; seu coração, a Bolsa.

Eu quis falar destas três humanidades, e desta pena: a mesma violência necessária para excluir os outros pode se voltar contra os próprios membros da mesma família!

Metaforicamente.

Rio de Janeiro, agosto de 2006

Personagens

Esmeraldina — Mãe de 50-60 anos, deslumbrante, mais jovem que a filha, preocupada com sua aparência física, não com família e outros detalhes; enérgica, dura.

Maria Luiza — Filha a quem se pode confiar tudo, menos documentos e segredos. Como dedicou parte de sua vida criando irmãos, tornou-se mais idosa do que a mãe.

Maria Pia — Egressa de convento. Mesma idade das outras.

Luiz Eugênio — Campeão olímpico, belo, saudável sob todos aspectos visíveis.

Luiz Octávio — Com "c" antes do "t", irmão mais velho, especialista em ações paraguaias e bolivianas. Não fala inglês.

Luiz Antônio — Irmão mais novo, lixeiro, traz a idosa esposa, Maria Pia, vestida de freira.

Ato único

Sala do apartamento de Luiz Eugênio, mesa posta. Entra Maria Luiza.

MARIA LUIZA — Ó de caaaaa-sa! Ô-ô! (*Alto*) Luiiiiiiiz... U-u-u! Vamos resolver de uma vez! Vamos quebrar o pau! (*Vê um revólver em cima da mesa*) Um revólver?! (*Ouve tiros lá fora. Ela estica o ouvido.*) AK-75 automático. Na próxima vez que eu vier ao Rio ponho colete à prova de balas, capacete de motociclista e botas de bombeiro. (*Furiosa, imperativa*) Luiz Eugênio! Apareça já! Você jurou que vocês, meus irmãos, tinham, cada um, uma revelação extraordinária... além da herança, é claro! Eu vim de táxi. Meu chofer me despediu só por causa dos sete salários atrasados! Intolerante! Cafajeste! (*Ruído.*) Vou me esconder... que vergonha! Na minha idade, embaixo da cama! (*Sai. Aparece Maria Pia, vestida de freira discreta, e Luiz Antônio, gari.*)

MARIA PIA — Totonho, você tem certeza que ele mora aqui?

LUIZ ANTÔNIO — Meu nome é Luiz Antônio! Somos todos Luízes! Luiz Eugênio, Luiz Octávio e Maria Luiza, meus irmãos.

MARIA PIA — Luiz Antônio...

LUIZ ANTÔNIO — Agora sim, pergunte!

MARIA PIA — Tem certeza que ele convidou nós dois, eu e você, pra uma reunião de família, à meia-noite e meia?

LUIZ ANTÔNIO — Ele nem sabe que você existe!

MARIA PIA — Você não contou que a gente se casou em Roma???!!!

LUIZ ANTÔNIO — Na minha família casar é proibido!

MARIA PIA — Não quero ser uma enjeitada!

LUIZ ANTÔNIO — Esta noite é vida ou morte! Vai ou racha!

MARIA PIA — Sua mãe vem?

LUIZ ANTÔNIO (*Assustado*) — Queira Deus que não!!! O convite dizia "reunião íntima sobre a herança". Íntima, é só irmãos. Herança é só pra descendentes diretos e não colaterais!

MARIA PIA (*Vendo o revólver*) — Um revólver! (*Tiroteio.*) Que foi?!!

LUIZ ANTÔNIO — É normal. Tiroteio! Estamos de volta à pátria! (*Barulho.*) Tem alguém aí dentro.

MARIA PIA — Vai se esconder no banheiro. Pode deixar comigo. (*Ele sai. Ela tira um revólver da bolsa.*) Quem está aí?

MARIA LUIZA (*Soberana*) — Eu!

MARIA PIA — "Eu" quem?

MARIA LUIZA (*Revólver em punho*) — Maria Luiza!!! E você... é alguém?

MARIA PIA (*Sorrindo*) — Somos cunhadas!

MARIA LUIZA — Temos um pacto de sangue: não dividir a herança. (*Tiros lá fora.*) Que foi!!??

MARIA PIA (*Com naturalidade*) — Um tiroteio, já me acostumei! A gente tem que se adaptar a roubos, assaltos, sequestros, lenocínios, latrocínios, falências, concordatas, estupros, incestos, parricídios, matricídios, é a vida pós-moderna. Se o mundo prestasse, Jesus Cristo não teria morrido na cruz, tão jovem, e sim de barbas brancas no hospital, com falência múltipla dos órgãos, rodeado de noviças mulatas de olhos verdes cantando músicas sacras em ritmo de samba. Jesus é dez, é vinte, é mil, é o Rei do Brasil!

MARIA LUIZA — Não vamos dividir a nossa herança!!! Nenhum irmão se casa!

LUIZ ANTÔNIO (*Entrando*) — Eu casei!

MARIA LUIZA — Você é um idiota, você não conta. (*Campainha.*)

MARIA PIA (*Entusiástica*) — Vou abrir. Quero ser servil. Aprendi no convento. Submissão!! Humilhação! (*Alegre*) Já fui esposa de Cristo. Sou viúva! Ele morreu!

MARIA LUIZA — Quem é essa idiota?

LUIZ ANTÔNIO — Era irmã, antes de ser minha mulher... (*Entra Luiz Octávio.*)

MARIA LUIZA — Esse é o Luiz Octávio, gerente da família. Nosso mestre, guru! Advogado, promotor, juiz!!! Enfim, economista!

LUIZ OCTÁVIO — Octávio com “c”! Oc-tááá-vio! E você? É a empregada do Luiz Eugênio?

MARIA PIA — Esposa do Luiz Antônio.

LUIZ OCTÁVIO — Meus irmãos não se casam!

LUIZ ANTÔNIO — Em Roma. No castelo da minha mulher... Casei.

LUIZ OCTÁVIO — Em Roma? Como vai o Papa?

LUIZ ANTÔNIO — Não frequento.

LUIZ OCTÁVIO (*Para Maria Pia*) — Quem mora em Roma e não priva da intimidade do Papa não merece o menor respeito!

MARIA LUIZA (*Enfática*) — Grande economista!!

LUIZ OCTÁVIO (*Com prazer*) — Estamos vivendo uma grave crise mundial. Que, como todas as crises, vai terminar numa crise bem maior!

MARIA LUIZA — Muito maior!

LUIZ OCTÁVIO (*Pontificando*) — A Guerra Fria salvou o mundo. Desde que acabou a Guerra, nunca mais o mundo viveu em paz!

MARIA LUIZA — Guerra é guerra! (*Apaixonada pelo irmão.*)

LUIZ OCTÁVIO (*Veemente*) — O mundo é aquela jangada medieval onde os náufragos famintos se devoravam uns aos outros! Primeiro, comeram as criancinhas, muito justo, depois os aleijados, e foram-se comendo uns aos outros, até que ficou vivo só o mais forte! Sozinho... e morrendo de fome! Aí começou a comer partes do seu próprio corpo, a perna, o braço, olho, nariz, o cérebro, o coração — tudo que não prestava nem tinha serventia, ele comeu. Até que devorou a própria boca, e depois... não comeu mais nada!

MARIA PIA (*Com medo*) — Canibais!

MARIA LUIZA — O título não importa. Tem que comer, come!!!

MARIA PIA (*Adaptando-se rapidamente*) — Eu sou religiosa, mas pós-moderna. Devora!

LUIZ OCTÁVIO (*Apaixonado*) — O peixe gordo come o magro, o forte come o fraco! A vida se alimenta da morte! Pra viver, você tem que matar, seja um pé de alface ou um porco de 300 kg! Mata e come!

MARIA PIA — No Vaticano dizem que a bondade, quando não for excessiva...

LUIZ OCTÁVIO — A bondade não existe na Natureza, é uma invenção humana. Hoje, quem quiser se salvar tem que se converter ao Canibalismo Existencial! Comer ou ser comido! Mas, na nossa família, ninguém come ninguém! Só comemos os de fora! Cuidado: vá embora! Ninguém vai dividir a herança! Estão casados? Descasem!

LUIZ ANTÔNIO — Casamos no cartório.

LUIZ OCTÁVIO (*Heroico*) — Ponho fogo no cartório, incendeio!

LUIZ ANTÔNIO — É na Itália!

LUIZ OCTÁVIO — Invado!

MARIA LUIZA (*Explosiva*) — Macho como ele só! Sabia que ele prestou exame nas melhores universidades do mundo inteiro? Londres, Paris e Nova York. (*Orgulhosa*) Foi reprovado em todas! To-das! (*Explicativa*) Porque não sabia inglês! Economia, hoje em dia, é tudo em inglês. Os números são em inglês, algarismos ingleses, acentos circunflexos, tudo inglês! É preciso muito talento pra ser reprovado em tantas escolas ao mesmo tempo!

MARIA PIA — Eu sou riquíssima!

LUIZ OCTÁVIO — De onde vem esse dinheiro?

MARIA PIA (*Com paixão*) — Do amor de Jesus, meu primeiro marido!

LUIZ OCTÁVIO — Além dessa fortuna jesuítica, esse castelo quantos quartos tem?

MARIA PIA — Trinta e sete! Tem até guarda de trânsito na sala e semáforo no corredor... Na hora do casamento, meu noivo não encontrava o caminho do altar e eu quase me casei com o sacristão...

MARIA LUIZA — Tem capela o castelo?

MARIA PIA — Igreja gótica!

LUIZ OCTÁVIO — Interessante! Trinta e sete quartos, copa, cozinha, igreja gótica, quartos de empregada sem janela... Quem é o dono?

MARIA PIA — Jesus Cristo!

LUIZ ANTÔNIO — A estrada de ferro... conta.

LUIZ OCTÁVIO — Estrada???!!!

MARIA PIA — Claro. Meu pai mandou construir uma estrada pra ligar as fazendas dele de norte a sul.

LUIZ OCTÁVIO — Quem é o dono?

MARIA PIA — Jesus Cristo, Nosso Pai!

LUIZ OCTÁVIO (*Agressivo*) — Tudo pertence a Deus que está no Céu, eu sei... Mas, aqui na Terra, quem é o testa de ferro? O Laranja Celeste, quem é?

MARIA PIA — Meu pai, o conde!

LUIZ OCTÁVIO — Conde italiano??? (*Desmaia.*)

MARIA LUIZA (*Com ternura*) — Você, minha filha, tem muitos irmãos ou é a única herdeira? (*Dando-se conta da gafe.*) Digo, filha única? Você é condessa? Porque, filha de peixe... condessinha é!

MARIA PIA — Irmão, nenhum; irmãs, só no convento.

LUIZ OCTÁVIO — Santa irmandade, mas... do ponto de vista jurídico, você é herdeira universal única, não é mesmo?

MARIA PIA — Irmã em Cristo Rei.

MARIA LUIZA (*Carinhosa*) — Isso, minha filha, estou entendendo o seu raciocínio, mas eu estou falando de outra coisa. Quando seu pai morrer, essas locomotivas, trens, terras, castelos, igrejas, padres, coroinhas, bispos, cardeais, tudo isso fica pra quem? Pra condessa! Não é, meu bem?

MARIA PIA — Seja o que Deus quiser pro meu bem.

LUIZ OCTÁVIO — Há de querer. Amém.

MARIA LUIZA — Hoje, você é nossa convidada de honra!

LUIZ OCTÁVIO (*Prático*) — Vocês se amam, eu sei, mas, do ponto de vista jurídico, foi comunhão de bens, não foi? Irrevogável!

MARIA LUIZA (*Feliz*) — Viva Vittorio Emanuele, Re d'Italia, viva Garibaldi, Nero, Totó!

LUIZ OCTÁVIO (*Sociabilíssimo*) — Eu posso parecer pouco religioso, mas ninguém tem uma devoção à Virgem tão selvagem, atroz, feroz, enigmática como eu. (*Selvagem*) Aaaaaaaah, a Viiiiiirgem!!! (*Fera*) Virgem Santíssima Idolatrada! Sou fã de carteirinha! (*Guloso*) Podemos conversar, meu irmãozinho, pensar em parcerias. Sou especialista em heranças.

MARIA LUIZA — Não fala inglês, mas tem a vocação do diálogo: um diplomata! Verdadeiro pai! Por falar em pais, vem deles a sua religião?

MARIA PIA — São ateus, incréus! Minha mãe era hippie alagoana, teve os pais baleados num batizado íntimo em família, ficou órfã menina, foi pra Calábria trabalhar como modelo em desfiles de fios-dentais, casou com um conde mafioso e se converteu à monarquia. Eu sou rebelde. Só penso em fazer o bem.

MARIA LUIZA — Por que ele se veste assim, tão sem graça? (*Com nojo*) Gari...

MARIA PIA — É o uniforme da corporação: ele é lixeiro!

MARIA LUIZA — Meu irmão? Lixeiro??? (*Tiroteios.*)

MARIA PIA — Tiroteio, é natural... (*Campainha.*)

LUIZ OCTÁVIO — Agora é o Luiz Eugênio. Já passa de uma hora! Só pode ser ele! (*Vai abrir.*)

MARIA LUIZA — A mulher do nosso irmão é nossa irmã, lixeirinha como ele! Comunhão de contas bancárias e de amores eternos! (*Entra Esmeraldina, guardando o revólver.*)

ESMERALDINA — Tem coisas aqui no Brasil que eu odeio, detesto, execro, mas sei que é assim, aceito. Vou logo entregando a bolsa, braceletes, anéis, tudo; se tem tiroteio, me jogo de bruços: é natural. Mas que a Prefeitura não recolha os cadáveres das pessoas assassinadas no dia anterior, isso não é nada natural. Falta tudo nesse país: até rabecão! Em uma cidade moderna, rabecão não pode faltar! Quer matar, mata, está certo... mas não deixa o cadáver exposto à luz do sol! Tive que pisar em dois ou três mortos pra chegar até aqui! Tropecei, sujei o sapato de sangue... é desagradável. (*Nervosa porque ninguém presta atenção ao que ela diz.*)

LUIZ OCTÁVIO — Mamãe!!! Quem te convidou? Pra que você veio?

ESMERALDINA — Não é a herança?! Eu sou a herdeira! Não é família? Eu sou a mãe!!! (*Agressiva*) Mãe também é família, fiquem vocês sabendo!

MARIA LUIZA — Algumas nem se lembram...

ESMERALDINA — Essa daí, quem é?

MARIA LUIZA — Essa é a mulher desse.

ESMERALDINA — Nesta casa ninguém se casa! E essa roupa?

MARIA LUIZA (*Suave*) — Ele está se doutorando em lixeiro! O Papa escolhe pessoalmente cada lixeiro do Vaticano! Olha os dentes, as orelhas, lava os pés, cheira o suvaco, tudo. Pessoalmente!

LUIZ ANTÔNIO (*Magoado*) — Precisava contar que eu sou lixeiro?

MARIA LUIZA — Eu não sabia que era segredo...

LUIZ ANTÔNIO — Lixeiro é uma vocação. A essência humana está no lixo que a gente produz. Onde encontrar o lixo mais puro? No Vaticano. Sou lixeiro vocacional santificado.

ESMERALDINA (*Para Maria Pia*) — E você? À primeira vista, eu te acho horrorosa!

MARIA LUIZA — À segunda vista, vai gostar!

LUIZ ANTÔNIO — Ela foi a minha salvação!

ESMERALDINA — Salvou do quê?!

LUIZ ANTÔNIO — No hospital, em Roma.

ESMERALDINA — Você viajou? Eu nem tinha notado a sua ausência...

LUIZ ANTÔNIO — Fui vender carruagens ao Papa, como o papai! Mas o Papa achou antiquado.

ESMERALDINA — Quando nem o Papa compra carruagens, é séria a crise! Por que você não estudou economia como o seu irmão? Temos que ser modernos, sacrificar ideais, escrúpulos, virgindades!

LUIZ ANTÔNIO — Eu quero o bem da humanidade! (*Patético*) Eu existo! Me olhe, Mãe, me veja! (*Faz sinais.*) Oi, oi, eu estou aqui! Mãe... Mamãe... (*Ela não olha.*)

MARIA LUIZA — Não vai tentar se matar outra vez, não é, Luiz Antônio?

ESMERALDINA — Outra vez???!!! Meu filho já alguma vez tentou se matar?

MARIA LUIZA — Cortou as veias...

ESMERALDINA (*Indignada*) — Meu filho corta as veias e ninguém me diz nada?!! Como se fosse a coisa mais natural do mundo, cortar as veias todo sábado à tarde, depois da manicure!!!

MARIA LUIZA — Eu não sabia que era segredo, desculpe...

ESMERALDINA — Você quer me assustar... Claro que meu filho jamais cortaria as veias. (*Sem transição*) Saiu sangue?

MARIA PIA (*Extasiada*) — Aos borbotões... a boca babando... estava lindo... Me apaixonei!

ESMERALDINA — Babando??? Que romântico!

MARIA PIA — Isso, da segunda vez...

ESMERALDINA — Houve duas?!!!!!!??????

MARIA PIA — Três ou quatro! Da primeira, foi ridículo. Ele resolveu cortar...

ESMERALDINA — Os pulsos, como todo suicida decente? O pescoço? A carótida?

MARIA PIA — Tornozelos!

ESMERALDINA (*Berra*) — Tornozelos?!! (*Histérica*) Pelo amor de Deus, eu não quero que as minhas amigas fiquem sabendo. Nenhum filho de amiga minha, mesmo drogado, jamais cortou os tornozelos à guisa de suicídio. Corto relações! Mas se cortou os tornozelos, por que ele não manca?

MARIA PIA — Cortou os dois tornozelos, ficou manco das duas pernas...

ESMERALDINA — Entendi: uma mancada corrige a outra.

MARIA PIA — Eu gritei, como é que um suicida decente corta os tornozelos, covarde!!! (*Sorrindo*) Aí ele tentou de verdade, só pra me agradar... furou a barriga! Como porco no espeto! Heroico!

ESMERALDINA — Deu certo? Ele morreu?

LUIZ OCTÁVIO — Como é que morreu, mãe??? Ele está aí, na sua frente!!!

ESMERALDINA — Vocês, meus filhos, são capazes de tudo...

MARIA PIA — Espumou pela boca e eu me apaixonei.

ESMERALDINA — Que horror...

MARIA LUIZA (*Acusadora*) — Amor de mãe é essencial e isso ele nunca teve! Quem não é amado pela mãe se apaixona pela morte!

ESMERALDINA — Eu amo todos os meus filhos. Até o lixeiro! (*Desolada*) Ah, se teu pai te visse nesse estado. Amava o luxo... ter um filho no lixo...

MARIA LUIZA — Viu no que deu? (*Acusadora*) Você não queria ter mais filhos depois do Luiz Eugênio, bebê lindo e, quando ficou grávida desse aí, quis abortar... (*Entusiástica*) Todos os dias dava socos na barriga, na cabeça do feto que, lá dentro, gritava assustado "Mãe, para com isso! Mãe, não me bate!". E ela trombava nas paredes, caía das escadas, tropeçava na sombra... Meu reino por um aborto!

ESMERALDINA (*Amarga*) — Precisava contar?

MARIA LUIZA — Não é verdade?

ESMERALDINA (*Meiga*) — Eram outros tempos, dar trombadas, cair do cavalo: era assim que se abortava nas melhores famílias. Você não tinha nada que contar!

MARIA LUIZA — Eu não sabia que era segredo, desculpe... (*Entra Luiz Eugênio, fulgurante, belo.*)

TODOS — Até que enfim. Luiz Eugênio!!!!!

MARIA PIA — Que bonito... (*Sedutora*) *Ora pro nobis*!

LUIZ ANTÔNIO — Quieta.

ESMERALDINA — Vão logo me explicando essas três revelações!

MARIA LUIZA — A primeira foi o suicídio. Faltam duas! E vamos logo falar da herança!

LUIZ EUGÊNIO — Desculpem o atraso: eu estava me despedindo de amigos, campeões olímpicos! Ninguém entendia por quê! Foi emocionante, choro, desmaios... Vão sentir a minha falta!

ESMERALDINA — Você também vai viajar?

LUIZ EUGÊNIO — De certa forma, sim...

ESMERALDINA — A gente vai ou fica, não tem certa forma de viajar no mesmo lugar! (*Vê o revólver.*) E esse revólver?

LUIZ EUGÊNIO — Mãe, eu estou em crise! Campeão olímpico, crise psicológica!!!

ESMERALDINA — Atletas não deviam ter psicologia! Psicologia atrapalha o metabolismo.

LUIZ OCTÁVIO (*Arrebatado*) — Mãe, eu estou vindo dos tribunais com uma notícia terrível. Essa é a segunda revelação desta noite: (*Bomba*) a crise mundial respingou em nós!

ESMERALDINA (*Sem compreender*) — Quando o juiz me autorizar a botar a mão na herança, vamos ficar ricos outra vez!

LUIZ OCTÁVIO (*Assustador*) — Mãe, do ponto de vista jurídico...

ESMERALDINA (*Exaltada*) — Vou ter até mordomo! Vou ser a inveja das minhas amigas, das inimigas e das indiferentes!

LUIZ OCTÁVIO — Temos que fincar os pés na realidade!

MARIA LUIZA — Por isso, na hora da divisão dos bens...

ESMERALDINA (*Transportada*) — Meu marido gostava de jogar... Adorava cavalos... e apostava em pangarés mancos pra estimular os animais, coração generoso!!! Grandes qualidades e pequenos defeitos! Se encharcava de álcool e vomitava na sarjeta. Pequenos deslizes...

MARIA LUIZA — Cirrose hepática é mortal. E o pobre-diabo não tinha ninguém ao lado quando gritava pedindo socorro!!!

ESMERALDINA (*Devaneia*) — Temos o consolo da herança, que alivia a dor e os juros bancários. Preciso de um milhão, segunda-feira. Na quinta, quinhentos mil... Assim vai a vida, de promissória em promissória...

MARIA LUIZA — Minha piscina vai a leilão se até o fim do mês...

LUIZ ANTÔNIO — Eu estou com fome agora, já! Quero comer! Herança bendita!

ESMERALDINA — Vamos à herança: quanto é???

LUIZ OCTÁVIO (*Suspense*) — Estou chegando do juiz: a herança do nosso pai... simplesmente... não existe! (*Todos dão tremendo grito.*)

TODOS — Não é verdade! E os milhões nas Bahamas, nas Cayman, na Suíça? E as ações bolivianas e paraguaias?

MARIA LUIZA — Você, seu cretino, não era o Anjo da Guarda Econômico da família? Mestre, guru??? Economista???

ESMERALDINA — Perdulário! Assassino! Você me mata!

LUIZ OCTÁVIO (*Chorando*) — Estava tudo em inglês, eu não entendi nada!!! Nosso pai fazia dívidas em inglês, jogava roleta inglesa, cavalos ingleses! O juiz inglês disse que tínhamos que pagar em dólares... americanos! Falou em inglês! (*Patético*) Se eu soubesse inglês, hoje eu seria o presidente do Banco Mundial, seria o Rei da Inglaterra!

ESMERALDINA — Para de chorar, seu idiota, e pensa em solução.

MARIA LUIZA — Moratória já!

ESMERALDINA (*Indignada*) — Já despedi meus empregados, fiquei sozinha com uma criada, dois seguranças e três pitbulls! Herança maldita!

MARIA LUIZA — Maria Pia, querida, senta aqui, perto de mim...

LUIZ OCTÁVIO — Ele ficava de porre e eu levo a culpa?

ESMERALDINA — Se estava de porre, os papéis que assinou não têm validade! Ele não estava com a cabeça no lugar!

LUIZ OCTÁVIO — Do ponto de vista jurídico, mesmo em coma, no esgoto, ele estava com a cabeça mais no lugar do que eu!

ESMERALDINA — No teu caso, o ponto de vista jurídico tem toda razão!

LUIZ ANTÔNIO — Estamos na mais gorda miséria! Somos todos lixeiros!

MARIA LUIZA (*Iluminada*) — Graças a Deus temos nossa irmã Maria Piazinha, estamos salvos! Herança maldita, casamento bendito! (*Para o irmão*) Você tem certeza da comunhão de bens, Luiz Antônio?

LUIZ ANTÔNIO — Maria Pia quis! Eu aceitei, submisso!

ESMERALDINA — Minha querida, bem-vinda à nossa família!

LUIZ ANTÔNIO — Escuta só o fim da história.

MARIA PIA — Pois é, tem esse detalhe incômodo... Como eu abandonei o convento e casei com um lixeiro, meus pais me expulsaram de casa com a roupa do corpo.

LUIZ ANTÔNIO — Somos milionários pobres. Estamos na miséria! E com fome!

MARIA PIA — Só vamos herdar castelos e locomotivas, padres e coroinhas quando meus pais morrerem e, mesmo assim, se a gente conseguir provar que eu não sou maluca.

MARIA LUIZA — Em três minutos, perdemos duas heranças! (*Violenta*) Sai daí, levanta a bunda dessa cadeira! Já!!! (*Senta-se.*) Somos uma família de ricos miseráveis. Milionários famintos!

LUIZ OCTÁVIO (*Esperançoso*) — Que idade têm seus pais?

MARIA PIA — 95 e 78.

LUIZ OCTÁVIO — Depois dos 80, viver é muito perigoso. Basta um susto. Aaaahhh!!! Babau... (*Feliz*) Podemos assustá-los!

MARIA PIA — São doentes, estão nas mãos de Deus.

MARIA LUIZA — Estão em boas mãos! Mas se a gente puder ajudar, Deus agradece...

LUIZ OCTÁVIO — Deus tem muito tempo pela frente, não tem pressa...

MARIA LUIZA — 95? Senta, meu amor, perto de mim.

LUIZ EUGÊNIO — Dinheiro... só pensam nisso.

MARIA LUIZA — Você só se preocupa com malhação, natação, malhação!!! Os homens desta casa são todos alucinados! Loucos, insanos, mentecaptos!

ESMERALDINA — Pra não dizer lorpas, idiotas, cretinos...

LUIZ EUGÊNIO — A minha crise é séria e as consequências, funestas. (*Reflexivo*) Mas, pra vocês, é até uma boa notícia.

ESMERALDINA — Fala!

LUIZ EUGÊNIO — A minha revelação é trágica! Melhor pra vocês!

ESMERALDINA — Aleluia!

MARIA LUIZA — Melhor pra nós, por quê?

LUIZ EUGÊNIO (*Doçura de um condenado à morte*) — Na semana passada, anoitecendo, vi o sol mergulhando no horizonte, como se fosse um campeão olímpico sideral se suicidando! Senti uma azia no estômago. O mundo é contagioso! Vocês sabiam que existe mais biodiversidade numa cárie dentária do que na floresta amazônica?

MARIA LUIZA — Eu nem sei o que é biodiversidade.

ESMERALDINA — Eu acredito. Mas o que é que a cárie tem a ver com o Amazonas? Essa parte eu não entendi.

LUIZ EUGÊNIO (*Romântico*) — Vendo o sol morrer, vi que a vida é frágil. Atravessar a rua é um ato de heroísmo, risco mortal. Traficante com metralhadora, pivete com gilete... A gente vive se escondendo, fugindo, não pode parar nem no sinal vermelho! (*Tiroteios lá fora.*) Estão ouvindo esse tiroteio???

LUIZ OCTÁVIO — Isso é muito filosófico mas quando é que sai o jantar?

LUIZ EUGÊNIO — A morte ronda cada sobremesa, cada prato!

MARIA LUIZA — Você entrou pra alguma seita vegetariana, meu irmão?

LUIZ EUGÊNIO — Agrotóxico tem arsênico. Salada é suicídio!

LUIZ ANTÔNIO (*Chorando*) — Um bife, costela, chouriço... Tenho fome.

LUIZ EUGÊNIO — Peixe, poluído... Frango, gripe aviária. Vaca, se não está louca tem aftosa.

LUIZ EUGÊNIO — Água?

LUIZ ANTÔNIO (*Orgulhoso*) — Tem mais coliformes fecais do que lata de lixo do Vaticano. Eu sou lixeiro, sei o que falo! Sou autoridade em lixo! Sou alguém!

ESMERALDINA — Não basta ser coliforme, ainda por cima fecal!

LUIZ EUGÊNIO — Desde aquele pôr do sol, fiquei melancólico. Fui ao médico: passei em todos os exames. Atleta perfeito! Apolo. Osíris. Orfeu! Um Deus! Zeus!

MARIA PIA — E lindo! *Ora pro nobis*!

LUIZ EUGÊNIO — Então tive uma ideia deslumbrante. Cedo ou tarde, eu ficaria velho, como todo mundo. Tomei a decisão trágica e bela: decidi me matar.

LUIZ ANTÔNIO (*Entusiasmado*) — Você também?!? Meu irmão!

ESMERALDINA (*Chorando*) — Meus filhos, que foi que eu fiz? Por que suportar tantos suicídios na família? Que mãe merece esse castigo?

LUIZ EUGÊNIO — Quero morrer antes que o meu corpo apodreça. Naquele crepúsculo... o sol mergulhando no mar, decidi morrer saudável e belo!!! Como um sol.

ESMERALDINA — Você está proibido de se matar!

LUIZ OCTÁVIO — Vive e ajuda a pagar as dívidas do nosso pai!

LUIZ EUGÊNIO — Pra me sentir morto, bem morto, decidi jogar meu dinheiro fora!

ESMERALDINA (*Grito lancinante*) — Aaaaiii!!! Por quê, filho? Pra quê?

LUIZ EUGÊNIO — Quem deixa herança, continua vivo em bolso alheio, e eu quero morrer completamente! Eu tinha milhares de dólares debaixo do colchão...

LUIZ OCTÁVIO (*Excitado*) — Porque, do ponto de vista jurídico, o colchão...

LUIZ EUGÊNIO — Grandes jogadores perderam fortunas da noite pro dia: eu quis perder tudo e comecei a jogar no bicho, bingo, Bolsa, raspadinha, loto, loteria, jogo da velha... Pra infelicidade minha, ganhei sempre, ganhei fortunas.

MARIA PIA (*Deslumbrada*) — Milagre!

LUIZ EUGÊNIO — Las Vegas, Miami, Mônaco, Macau... Joguei até em corrida de cachorro, rinha de galo, pulo de pulga, mijo à distância e briga de escorpião. Queria morrer miserável, sem deixar tostão!

ESMERALDINA (*Choramingando*) — Não faça isso, meu filho.

LUIZ EUGÊNIO — Ganhei sempre.

LUIZ OCTÁVIO — Milionário?

LUIZ EUGÊNIO — Multimiliardário.

ESMERALDINA (*Grito de felicidade*) — Estamos salvos!

LUIZ OCTÁVIO (*Alegria geral*) — Por alto, quanto dinheiro, mais ou menos, você tem? Só a título de curiosidade mórbida.

LUIZ EUGÊNIO — Dinheiro vivo, 400 milhões...

LUIZ ANTÔNIO — 400 milhões?

MARIA LUIZA — Você pensou em se matar com todo esse dinheiro a bordo?!!!?

LUIZ EUGÊNIO — Pensei, não: VOU me matar, bonito do jeito que sou! Atleta como ninguém! Campeão! Lindo como eu, quero morrer!

MARIA PIA — E por que não se matou ainda? Meu marido fez duas tentativas sérias, abriu a barriga. E você, nada?

LUIZ EUGÊNIO — Teu marido é lixeiro, é fácil morrer. Mas um rico como eu...

MARIA PIA — Dá um tiro na cabeça e zás, catrapum! Tem um revólver ali, bem carregado... Se quiser, eu vou pegar! Eu sou religiosa, mas se é a vontade de Deus, assim seja! Zás, catrapum. Tem que morrer, se mata! Anda, vai!

ESMERALDINA — Eu nunca tive medo de morrer, mas de dar a impressão de estar morta e que me enterrem viva. Meu pavor é acordar enterrada, dentro do caixão, gritar pela criadagem... e não aparecer ninguém. Quando o médico decretar que eu morri, vou pedir à minha melhor amiga que me dê uma punhalada no coração. Aí sim, vou ter certeza de que estou morta, e posso descansar em paz, tranquila.

MARIA LUIZA — Por que a melhor amiga? Família é pra isso mesmo. Pode deixar a punhalada por minha conta.

LUIZ ANTÔNIO — Qualquer um de nós, em fila.

ESMERALDINA — Esta é a primeira vez que eu acredito em vocês. Tão sinceros...

LUIZ OCTÁVIO (*Refletindo, sincero*) — Se ele quiser mesmo... melhor arsênico, cianureto... Venenos confiáveis, discretos. O suicida morre sem sofrimento e não dá trabalho pra família! Elegância... até na morte!

MARIA PIA — No hospital vi muito suicida de chumbinho, veneno de rato. É tiro e queda! Zás, catrapum! Eu mesma comprava no supermercado e dava pros doentes terminais. Nem precisavam pedir. Eu lia pensamentos.

LUIZ OCTÁVIO — Não fica bem rico morrer de chumbinho, o rosto roxo. Imaginem alguém perguntando: “Morreu de quê?”. E eu:

"Meu irmão, campeão olímpico, Apolo, Orfeu, Osíris, Zeus, Júpiter, o Diabo a Quatro, morreu de chumbinho...".

MARIA PIA — Cada um morre como pode.

LUIZ OCTÁVIO — Pobre morre, se enterra. Rico sai em jornal, o corpo banhado em flores... Não pode morrer de cara inchada, como cachumba... Mas vamos pensar. A gente acaba achando a solução pra uma boa morte...

LUIZ EUGÊNIO — Tem outra dificuldade ainda maior.

ESMERALDINA — Qual?

LUIZ EUGÊNIO — A herança.

ESMERALDINA (*Suave*) — Dificuldade? Não vejo no quê...

LUIZ EUGÊNIO — Como dividir o dinheiro de forma justa, pra que todos fiquem contentes? Quero que minha morte seja a felicidade da família! Não quero provocar disputas! Ah, isso não! Nunca! Quero minha família feliz comigo morto!

MARIA LUIZA (*Doce*) — A gente acaba se entendendo... Somos uma família unida...

LUIZ OCTÁVIO (*Pesando as palavras*) — Por hipótese — claro que ninguém pensa nisso a sério, não é mesmo? — mas se, por hipótese, você cumprisse a promessa, por hipótese... e se... se matasse mesmo... nesse caso hipotético, dividindo a fortuna por quatro herdeiros — os irmãos... mais a mãe que, do ponto de vista jurídico, teria que entrar no rateio contra a nossa vontade — apesar de tudo, mãe também é família! — dividindo igualmente, dá 100 milhões pra cada... (*Lógico*) É uma bela quantia...

ESMERALDINA (*Suave*) — Igualmente? Claro que ele não vai morrer, mas se, por hipótese, vier a morrer... quando morrer... se um dia morrer... eu não vejo igualdade nenhuma! Mãe é uma só! O resto da família é o resto... Ora...

MARIA LUIZA (*Agressiva*) — Mamãe, é só uma hipótese. Você não precisa ficar tão excitada. Aqui ninguém pensa em morrer.

LUIZ EUGÊNIO — Eu penso... Eu me mato hoje mesmo, antes do amanhecer! (*Olhando o relógio*) Falta pouco!

ESMERALDINA (*Ofendida*) — É só uma hipótese mas, mesmo hipoteticamente, eu gostaria de deixar meu ponto de vista claro. Aqui estão três filhos além do morto, e apenas uma senhora sua mãe de vocês todos, o defunto incluído... (*Amenizando, para Luiz Eugênio, doce*) Claro que nós estamos falando só por hipóteses, de certa forma somos todos cadáveres adiados, não é mesmo? Como dizia o poeta, não me lembro qual, mas nenhum de nós quer que você se mate. Nenhum de nós! (*Pausa.*) Nenhum. (*Olhando em volta, preocupada.*) Não é mesmo? (*Entreolham-se.*) Nenhum?

LUIZ OCTÁVIO (*Resmungando*) — Claro. Nenhum. (*Pausa.*) É ou não é?

LUIZ ANTÔNIO (*Pausa*) — Claro. (*Pausa.*) Alguém duvida? (*Pausa.*)

LUIZ OCTÁVIO — É só uma consulta à opinião pública...

ESMERALDINA (*Dignidade*) — Nisso estamos de acordo: aqui, ninguém se mata! Mas, no que tange à herança, vai ser uma tragédia se ele morrer. Sai briga de foice, faca e facão! (*Intransigente*) Porque mãe é uma só e irmãos, nem eu, nem vocês, sabemos ao certo quantos são! Não vou rachar nada! Nunca!

MARIA LUIZA (*Furiosa*) — Mãe, preste atenção: todos nós amamos igualmente o nosso querido morto, Luiz Eugênio! Amamos o morto com o mesmo carinho, a mesma ternura que você. A amor igual, recompensa igual!

ESMERALDINA — Considerando-se matematicamente a mesma quantidade, fique você sabendo, querida filha ingrata, que amor de mãe é superior, em qualidade, ao amor de qualquer irmã, tia, esposa, amiga ou amante! Vocês querem me roubar o meu filho! E, com ele, a herança! (*Abraça-se ao filho.*) O cadáver é meu! Só meu!

MARIA LUIZA (*Histérica, à beira das lágrimas*) — Então, na sua opinião, a divisão dos 400 milhões seria como? Eu não estou querendo pôr em dúvida o teu amor, mãe, mas você sabe muito bem que nunca cuidou de nós. Eu sim, cuidei de todos, porque era a irmã mais velha, idosa — fiquei solteirona porque, quando acabei de criá-los, já tinha passado da idade. Enquanto que você, sabe-se lá por onde andava! Você quis que nós todos nos chamássemos Luiz pra que tivéssemos alguma coisa em comum, além da mãe. Pai, cada qual tinha o seu e ninguém sabia direito a quem pedir a bênção, ao vizinho ou ao leiteiro!!! (*Sarcástica*) Eu só estou dizendo isso porque eu não sabia que era segredo! Pensei que todo mundo soubesse que você era amante do jardineiro, do motorista, do cozinheiro, do mata-mosquitos... sem falar naquele time de futebol e nos seguranças do shopping center... Mas, se não sabiam, desculpem a indiscrição, não fiz por mal! Sou inocente! (*Passa batom nos lábios, com espelhinho.*) Desculpem. Segredo ou não, como é que se dividem os 400 milhões? Falem que eu estou ficando nervosa! Falem!

ESMERALDINA (*Calma. O ódio fica no peito*) — Bem... eu acho que, agora que ela desabafou... Isso faz bem, minha filha, é muito catártico. É uma ótima terapia, o desabafo! O riso e as lágrimas são terapêuticos. Eu li isso numa revista antiga, no meu dentista. A gente tem que desabafar! Tem mesmo! (*Concentrando-se*) Voltando à hipótese — está me entendendo, meu filho bem-amado? — eu acho... (*Preocupada*) Mas você contou direito? Tem certeza que, com tantas ilhas Cayman, Bora Bora e Bahamas, só conseguiu arrecadar 400 milhões? Só isso?!!! É a crise!

LUIZ EUGÊNIO (*Assustado com a desconfiança*) — Juro que não tenho nem um tostão a mais. Sou sincero! Eu vou morrer, não minto! Antes a morte!

MARIA LUIZA — Se fossem 2 ou 3 milhões a mais a gente podia dar de gorgeta pra ela ficar calada e contente.

ESMERALDINA — Fracassei na educação de vocês, mas nenhuma mãe é perfeita.

LUIZ OCTÁVIO (*Explodindo*) — Cuidado. A conversa está tomando um rumo pouco conveniente. Estão começando a desconfiar até do morto!!!!! (*Corrigindo-se*) Isto é, do futuro cadáver! Vamos falar a sério e tudo que se disser aqui, fica só entre nós!

ESMERALDINA — Vamos rachar, sim.

MARIA LUIZA — Felizmente a velha concordou!

ESMERALDINA — Metade pra mim, metade pra vocês!

LUIZ OCTÁVIO (*Aos berros*) — Mãe, a gente está falando por hipóteses, mas estamos falando sério, porra!!! Essa sua proposta é indecorosa! Imoral!

MARIA LUIZA — Se ela ficar com a parte maior porque é mãe, eu fico com a segunda parte maior porque sou a irmã bem mais velha e cuidei de todos vocês! (*Raivosa*) Eu só não dei de mamar porque não tinha leite mas, mordendo, vocês me tiravam sangue do peito, me faziam feridas abertas!

ESMERALDINA — E você gozava! Tinha orgasmos!

MARIA LUIZA — Agora quero a minha parte!

LUIZ OCTÁVIO (*Ataque de nervos*) — O ser humano não presta, viu? Eu detesto Freud, esse indecente, imoral, perverso polimorfo... mas algumas verdades ele disse! Disse que o ser humano é como o porco-espinho: gosta de viver em manada mas, quando abraça, espeta, fura, apunhala... Quanto mais carinhoso, mais mortífero! (*Enérgico*) Cuidado com o ser humano! Freud não valia nada como pensador, mas pensou coisas extraordinárias!

ESMERALDINA (*Doce*) — Era tão sexy com aquela barbicha branca. E só pensava em sexo.

LUIZ OCTÁVIO — Mesmo assim, sou contra essa história edipiana de viver amarrado às saias maternas, isso é pura bobagem austro-húngara imperial! Comigo, quero distância, quanto mais longe melhor, viu, dona Esmeraldina?!

ESMERALDINA — Meu filho...

LUIZ OCTÁVIO — Sai pra lá, Esmeraldina! Aqui não tem mãe nem meia mãe, filho nem filho e meio: estamos falando de dinheiro e isso é sério. Pode muito bem acontecer que o nosso amado irmão acabe cometendo o tresloucado gesto.

MARIA LUIZA (*Afirmativa*) — Pode acontecer! Pode, sim.

LUIZ OCTÁVIO — Se ele morrer... coisa que nenhum de nós deseja, não é mesmo?

MARIA LUIZA — É uma hipótese! Hipóteses acontecem...

LUIZ OCTÁVIO — Se morrer, a morte fraterna pode nos compensar da perda da herança paterna. Pingos nos iii: quem vai ganhar quanto? Uma proposta na mesa: dividir igualmente!

ESMERALDINA — Duas propostas.

LUIZ OCTÁVIO — Uma só!!! A sua é inaceitável! Hedionda! Hiperbólica!

ESMERALDINA (*Derrotada, berra*) — Ser mãe é padecer no Paraíso, no Purgatório, no Inferno e, principalmente, aqui na Terra, ao lado dos filhos!!!!!

LUIZ OCTÁVIO — Você aceita a democracia, a igualdade?

ESMERALDINA — Não tem remédio, remediado está! Aceito! (*Explosões de entusiasmo.*)

LUIZ OCTÁVIO (*Feliz*) — Agora você provou que é uma verdadeira mãe.

MARIA LUIZA (*Exultante*) — Capaz de sacrifícios, um paradigma! Heroína!

LUIZ ANTÔNIO — Essa herança do nosso querido irmão, de quem ninguém deseja a morte, naturalmente, vem mesmo a calhar! Basta de lixo!

LUIZ OCTÁVIO — Isto posto, vem agora uma pergunta inevitável: é evidente que ninguém quer que você morra! É lógico! (*Sorrindo*) Mas, como já está decidido mesmo, pode-se saber a data?

MARIA LUIZA — Luiz Octávio, por favor, mais tato!

ESMERALDINA — Ele precisa tempo pra refletir.

LUIZ OCTÁVIO (*Sincero*) — Refletir o quê? Ele estava preocupado com a família, pensava que a gente ia furar os olhos uns dos outros, arrancar a pele e botar vinagre na carne viva, e nós, com toda civilidade, educadamente, conseguimos chegar a um acordo justo, que beneficia todas as partes interessadas na sua morte...

ESMERALDINA — Não precisa nem de inventário. Ele pode assinar quatro cheques, antes de morrer! Tenho uma promissória que vence segunda-feira...

MARIA LUIZA — Seja lá como for, está resolvido. Ele morre! Entendi bem?

LUIZ OCTÁVIO — Sem querer apressar ninguém, qual é a data?

LUIZ EUGÊNIO — A pressa é justa, mas falta a outra parte.

LUIZ OCTÁVIO — Qual?

LUIZ EUGÊNIO — Falei nos milhões, dinheiro vivo, mas, se fosse só isso...

MARIA PIA — Tem mais? (*Perplexidade.*)

ESMERALDINA — Tem o quê?

LUIZ EUGÊNIO — Três propriedades.

MARIA LUIZA (*Antevendo problemas*) — Só três? Nós somos quatro.

LUIZ EUGÊNIO — Tem o Hospital de Idosos e Doentes Terminais... Dá muito lucro!

LUIZ OCTÁVIO — Hospital, já tem dono.

MARIA LUIZA — Quem?

ESMERALDINA — Não fiquem olhando pra mim, porque eu estou gripada mas estou viva...

LUIZ ANTÔNIO — Na sua idade, vai precisar de um abrigo...

ESMERALDINA — Detesto hospitais. Quero morrer na minha cama, telefonando pras minhas amigas, tomando uísque caubói e brincando de videogame... Quando chegar a minha hora, daqui a muitos anos...

MARIA LUIZA (*Perversa*) — Quantos?

ESMERALDINA (*Cara a cara*) — Depois que eu enterrar vocês todos!

LUIZ OCTÁVIO — Além do hospital, tem o que mais?

LUIZ EUGÊNIO — A escola...

LUIZ OCTÁVIO (*Imperativo*) — Luiz Antônio! Como dono, vai poder terminar o curso primário...

LUIZ OCTÁVIO — Hotéis, tem algum?

LUIZ EUGÊNIO — Sete estrelas, numa das Ilhas que já foram Virgens... Três propriedades, quatro herdeiros...

LUIZ OCTÁVIO — Não é sugestão, é? (*Todos se entreolham.*)

LUIZ EUGÊNIO (*Sorrindo*) — Disse o poeta: quem será bastante meu amigo pra ir comigo no caixão?

TODOS (*Enfáticos*) — Ninguém!

ESMERALDINA — Aqui ninguém gosta de poesia! Somos todos prosaicos!

LUIZ EUGÊNIO — Nesse caso, complica. Se pelo menos um de vocês fizesse a gentileza de morrer comigo, tudo seria mais fácil.

LUIZ OCTÁVIO — E quem se decidir a morrer, é melhor morrer antes dele, porque senão a sua própria herança entra em um outro inventário. Complica!

LUIZ EUGÊNIO — Quero a harmonia da família. Decidam em paz. Vou pra varanda tomar um pouco de ar fresco e puro pela última vez.

ESMERALDINA — Vai, filho, vai... O dia já vem nascendo.

MARIA LUIZA — E o orvalho vem caindo, vai molhar o teu cabelo...

ESMERALDINA — Vai, filho, com Deus! Te despede da noite escura e da luz do dia. (*Luiz Eugênio sai para a varanda.*)

LUIZ OCTÁVIO — Só por hipótese, se mais alguém morresse com ele, tudo seria mais fácil...

MARIA LUIZA (*Para Esmeraldina*) — Não é, mamãe???!!!

ESMERALDINA (*Encarando o olhar*) — É mesmo!!!!!

MARIA PIA — Eu estou excluída porque não sou herdeira. Mas não existe, entre vocês, pelo menos um bom coração que se disponha a se matar pelo bem de todos? Eu sou muito religiosa mas, se tem que morrer, morre logo!

ESMERALDINA — Em toda família sempre existem algumas pessoas que são dispensáveis. (*Choques gerais.*) Podem até ser interessantes, ter o seu lado bom, mas que não fazem falta nenhuma... até atrapalham...

LUIZ ANTÔNIO — Eu já tentei duas vezes e não deu certo!

MARIA PIA — Incompetente!

ESMERALDINA — Tudo é mercado! Tudo se compra e vende! Até a morte!

LUIZ OCTÁVIO — Se, por hipótese, alguém tivesse que ser suicidado à força, quem seria o escolhido? Quais os critérios da escolha?

MARIA LUIZA (*Doce*) — Pra mim, a idade avançada.

ESMERALDINA (*Salta*) — Eu sabia que ia acabar sobrando pra mim. (*Furiosa.*)

MARIA LUIZA — Não se preocupe, estamos conversando só sobre hipóteses...

LUIZ ANTÔNIO — Se você morresse, haveria uma revalorização da sua vida.

ESMERALDINA — O quê, lixeiro louco! Revalorização do quê?!?!?

LUIZ ANTÔNIO (*Persuasivo*) — Você, mamãe, foi sempre muito mal-vista, teve sempre um comportamento tão execrável que, com a sua morte, haveria uma espécie de redenção, entende? Remissão dos pecados!

MARIA LUIZA — Todo mundo diria "afinal, ela não era tão horrorosa como parecia, morreu pelos filhos". Você pode não gostar da ideia, mas tem sua lógica...

ESMERALDINA — Não gosto da lógica nem da ideia, e muito menos da ideia de morte que, pra mim, não tem a mínima lógica!

MARIA LUIZA — Não se fala mais nisso... a não ser que você mude de ideia, é lógico.

LUIZ OCTÁVIO — Estamos conversando sobre hipóteses...

ESMERALDINA — Já estou ficando nervosa com tanta hipótese. Vamos parar com essas hipóteses, parábolas, alegorias, porque a prejudicada com essa retórica toda sou sempre eu. Eu, eu, eu!!! Eu sei que vocês querem me ver morta, mas eu não. Não quero me ver morta! Nem morta!

MARIA LUIZA — Ninguém quer te ver morta mas, pela lógica...

ESMERALDINA (*Explode*) — Parem de lógica, filosofia, metafísica! Sou sempre eu a prejudicada!!! "Quero ver minha mãe morta!" Pois bem: não morro e pronto! Danem-se! Vejam só, estou respirando! (*Respira*) Ah, que bom... o ar puro!

MARIA LUIZA — Eu estou conformada... Vive, pronto. Que é que vai se fazer?

ESMERALDINA — Podem me criticar, mas a minha vida, eu vivi! Eu vou continuar viva por muito tempo e vou enterrar vocês todos, cada qual no seu momento!

MARIA PIA — Calma, mamãe. Nós te amamos.

ESMERALDINA — Você é a única que me entende...

MARIA LUIZA — Porque não é da família...

ESMERALDINA — Que mania, que implicância! Parem de reclamar comigo!

MARIA LUIZA — Pra que teve tantos filhos? Agora aguenta!

ESMERALDINA — Vocês nasceram sem o meu aval! Foi antes da Revolução Sexual!

MARIA LUIZA — Eu fui a verdadeira mãe! Agora quero o troco!

ESMERALDINA — Você foi muito verdadeira, eu sei! Verdadeira mãe que nunca teve filhos, verdadeira filha que nunca teve mãe, verdadeira esposa sem marido! Verdadeira mentira!

LUIZ EUGÊNIO (*Da varanda*) — Já resolveram quem morre comigo?

ESMERALDINA (*Nervosíssima*) — Você vai morrer mesmo, aproveita e olha a Estrela-d'Alva no céu risonha! Faz alguma coisa construtiva, aqui só se fala em destruir! (*Luiz Eugênio torna a sair.*)

MARIA PIA — Que silêncio! A gente ouve até os nossos corações...

ESMERALDINA — O meu está disparando... (*Nervosa*) E, por falar em disparar, por favor, ninguém se aproxime dessa mesa. Saiam de perto. Pode ser que, por acidente — acidente, não é mesmo? — por acidente, alguém dispare esse revólver na minha direção! Pode ser que pegue em mim! Por acidente!

MARIA LUIZA — Não exagera, mãe. Nós adoramos você e, mesmo depois de você morta, vamos adorar ainda mais. Morra e veja se não é verdade!

ESMERALDINA — Prefiro ser odiada viva do que amada morta!

LUIZ OCTÁVIO — Então, como é? Ninguém se decide?

ESMERALDINA (*Para Luiz Octávio*) — E você? Pra que você quer continuar vivo? Vamos falar a verdade: você está vivo pra quê? Só pensa em ganhar dinheiro e não ganha nunca!!! Frequentou as melhores universidades e foi reprovado em todas!

LUIZ OCTÁVIO (*Explode*) — Porque eu não falo inglês!

ESMERALDINA — Vamos escolher: o mais inútil, morre! Eu pensei em você, Luiz Octávio, porque já está morto mesmo, só falta enterrar! Vai ler o teu horóscopo. Tenho certeza que, pela combinação dos astros, a madrugada de hoje é ideal pra você dar um tiro na cabeça! Marte está em Vênus — morte erótica! E você, lixeirinho, já se matou enforcado pelo tornozelo — não quer tentar uma terceira vez? Agora vai dar certo — palavra de mãe!

LUIZ ANTÔNIO — Eu sou um fracassado, mãe. Até pra me matar, sou um fracasso.

ESMERALDINA — Tenta, filho. A gente precisa de força de vontade e acaba morrendo na hora certa. Tenta de novo. Palavra!

LUIZ ANTÔNIO — Eu gosto de viver, mãe...

ESMERALDINA — No teu caso, pra quê?!

LUIZ ANTÔNIO — Eu gosto. Não tenho razão nenhuma, mas viver é bom!

ESMERALDINA — E você, Maria Luiza, já nasceu defunta e nem se deu conta! Nesta família, a única viva sou eu!

LUIZ EUGÊNIO (*Na varanda*) — Como é? Não posso ficar esperando a vida inteira. Eu quero morrer.

LUIZ OCTÁVIO — Eu detesto o Marx, execrável, imoral, indecente, mas ele pensou pensamentos maravilhosos. Foi ele que disse que o homem é o lobo do homem!

MARIA PIA (*Doce*) — Nenhum voluntário? (*Todos disfarçam.*)

LUIZ OCTÁVIO — Considerando a covardia generalizada, hoje teremos apenas uma única e solitária morte!

MARIA PIA — Achei a solução! (*Todos atentos.*)

ESMERALDINA — Qual?

MARIA PIA — Fazer o mesmo que fizeram com o dinheiro: botar tudo em nome de todos e rachar os lucros!

ESMERALDINA — Mais uma vez, eu sou a maior prejudicada, mas aceito.

MARIA LUIZA — Se a maior prejudicada é você, eu concordo.

LUIZ ANTÔNIO — Nós também...

LUIZ OCTÁVIO — Pra não ser o pomo da discórdia, amém.

ESMERALDINA — A paz voltou a reinar nesta família unida!

MARIA LUIZA — Não somos canibais! Aqui ninguém come ninguém!

LUIZ OCTÁVIO — Vamos chamar o nosso bem-amado irmão Luiz Eugênio: agora, sim, ele pode morrer em paz. (*Sorrindo feliz.*)

MARIA PIA — O sol nasceu. (*Entra Luiz Eugênio.*)

LUIZ EUGÊNIO — O nascer do sol é a coisa mais bela que eu já vi em toda a minha vida! É muito mais lindo que o poente. É incrível! No mês passado, vi o pôr do sol, a morte; hoje, o nascimento, a vida!

LUIZ OCTÁVIO — Você não tem champanhe?

LUIZ EUGÊNIO — Tanino mata!

LUIZ OCTÁVIO — Um brinde simbólico. Com as mãos vazias. À nossa saúde e à sua morte! (*Com as mãos vazias, repetem: "Saúde! Morte!".*)

ESMERALDINA — À família unida! (*Todos brindam.*)

LUIZ EUGÊNIO — Posso morrer?

LUIZ OCTÁVIO — Agora pode!

LUIZ EUGÊNIO — Posso mesmo?

LUIZ ANTÔNIO — Está esperando o quê?

ESMERALDINA — A bênção materna. Deus te abençoe, meu filho, vai com Deus.

MARIA LUIZA — Tua morte restabelece a harmonia familiar.

LUIZ OCTÁVIO — E as finanças.

ESMERALDINA — Tua morte nos traz a felicidade, a união. A paz!

LUIZ EUGÊNIO (*Enigmático*) — E um brinde de mãos vazias...

LUIZ OCTÁVIO (*Inquieto*) — O revólver está na mesa, impaciente.

MARIA LUIZA — Você quer que a gente saia pra ficar à vontade?

ESMERALDINA — Vai ver, ele mudou de ideia e prefere se jogar pela janela!

LUIZ ANTÔNIO — Estou começando a ficar nervoso!

ESMERALDINA — Esse suicídio já teve muitas anomalias!

LUIZ EUGÊNIO (*Enigmático*) — E um brinde de mãos vazias...

ESMERALDINA — Que cara estranha, pálida: será que já morreu?

MARIA LUIZA — Parece vampiro!

LUIZ EUGÊNIO (*Sorridente*) — Mãos vazias.

ESMERALDINA — Ah, meu Deus! Estou nervosa!

LUIZ EUGÊNIO — É assim que vocês vão ficar...

LUIZ OCTÁVIO — Mãos vazias, eu?

MARIA LUIZA — Não é possível!

ESMERALDINA — E o meu mordomo?

LUIZ ANTÔNIO — Você vai nos decepcionar a esse ponto? Não vai se matar??!!

LUIZ EUGÊNIO — Não. (*Pânico, estupor.*)

MARIA LUIZA (*Ríspida*) — Mas pode-se saber por quê?!!!?

ESMERALDINA — Você há de convir que, depois de tudo combinado, o inventário pronto, uma reviravolta assim, desse porte... é inquietante... No mínimo, inquietante.

MARIA PIA — Agora tem que morrer!

LUIZ EUGÊNIO — Na varanda, vi a coisa mais maravilhosa que existe: vi o sol nascer. É belo! Mais belo do que eu! Foi a primeira vez que vi o sol nascendo. De repente, pensei em Deus criando o mundo...

MARIA PIA — Qual a relação? Eu não vejo... Deus criou o mundo já faz tempo...

ESMERALDINA — Eram outras épocas! O passado já morreu!

LUIZ EUGÊNIO — E eu estou vivo pra ver essa maravilha!

ESMERALDINA — Vocês dois são lindos, meu filho, você e o sol!

LUIZ EUGÊNIO — Mesmo entrevado, se o meu coração ainda batesse, se meus olhos pudessem lembrar o que viram, se minha boca lembrasse o beijo, eu mereceria viver. Cego e coxo, surdo e mudo, eu estaria vivendo. Eu quero viver! (*Todos indignados.*)

LUIZ OCTÁVIO — Nem sei se é permitido... do ponto de vista jurídico!

MARIA LUIZA — Um desaforo! Morre. Nós temos direito a um pouco de felicidade!

ESMERALDINA — Eu não falo nada, tenho medo de ser mal interpretada!

LUIZ OCTÁVIO — Chega de brincadeira. Já sofremos pela sua morte...

MARIA LUIZA — Revelamos nossos sentimentos mais íntimos, mais sórdidos...

MARIA PIA — Denunciamos o amor materno...

LUIZ ANTÔNIO — Pensamos até em matar um de nós contra a sua vontade, só pra você não ter o desconforto de ir solitário no caixão...

ESMERALDINA (*Enérgica*) — E você nos vem com essa balela, estultice, essa mentira de não querer morrer só porque viu o sol!!! Que é que tem de extraordinário no sol? O sol é só o sol! Um astro, asteroide, sei lá!

LUIZ ANTÔNIO — Como tem a lua, as estrelas e o resto...

MARIA LUIZA — O sol nasce todo dia! Pior: nasce para todos! Democracia é nisso que dá!

LUIZ EUGÊNIO — Mas eu não tinha reparado.

ESMERALDINA — Como? Não tinha reparado que o sol existe???

LUIZ OCTÁVIO — Pensa que pode nos fazer de palhaços? Ah, não! Agora tem, tem que morrer!!!!! É mais do que justo!!!!!

LUIZ EUGÊNIO — Vocês querem mesmo a minha morte?

LUIZ OCTÁVIO (*Envergonhado*) — Cada um já expressou o seu ponto de vista de maneira inequívoca! Não é necessário reiterar o óbvio ululante.

MARIA LUIZA — O revólver está na mesa...

ESMERALDINA — Está carregado... é a minha última palavra. Cala-te boca!

LUIZ EUGÊNIO — Se querem que eu morra, o remédio é simples.

TODOS — Qual????????

LUIZ EUGÊNIO — Alguém me mata! (*Todos se espantam.*)

ESMERALDINA — Não foi isso o combinado. Uma coisa é querer que você morra e outra, muito diferente, matar você.

MARIA LUIZA — Nisto, eu e nossa mãe estamos de acordo.

LUIZ OCTÁVIO — Só de pensar já me parece uma pusilanimidade! Um atentado ao pudor! Um crime contra a humanidade. Genocídio insólito. Crime hediondo! (*Silêncio*) Mas posso mudar de ideia...

ESMERALDINA — Nós nem queríamos: foi você que nos meteu essa ótima ideia na cabeça, meu filho!

MARIA PIA (*Doce*) — Por sua causa a gente viu que a ideia do seu falecimento era boa, sensata. Agora como é que fica?

ESMERALDINA — Já choramos por você! Fizemos luto! E o morto se levanta!

LUIZ OCTÁVIO — Vai ter que morrer. Se não, quem morre somos nós! O dinheiro acabou! Não existe vida com a conta bancária no infravermelho!

LUIZ EUGÊNIO (*Provocador*) — Me matem!

MARIA LUIZA — Nenhum de nós seria capaz.

ESMERALDINA (*Hesitante*) — Ainda mais... na frente dos outros...

LUIZ EUGÊNIO — Se é só por isso, a solução é simples!

TODOS (*Ansiosos*) — Qual?

LUIZ EUGÊNIO — Apagam-se as luzes, eu me coloco ali na parede, vocês atrás da mesa, na frente do revólver, e pronto: no escuro, um de vocês dispara no meu coração. Ninguém fica sabendo quem foi.

ESMERALDINA — Nenhum de nós teria coragem! Eu já nem falo em vontade, falo em coragem!

MARIA PIA — Mesmo assim, a ideia é boa. A morte no escuro!

LUIZ EUGÊNIO — Isto é um julgamento! Se me condenam, um de vocês me mata! Se me absolvem — e, neste caso, a unanimidade é essencial! —, se consideram que tenho o direito de ficar vivo porque vi o sol nascendo e achei bonito, eu conto até dez e vocês acendem as luzes sem que ninguém tenha atirado. Isso significa que me perdoaram e renunciaram à minha herança. Então?

ESMERALDINA (*Nervosa*) — Eu só aceito essa proposta indecente porque tenho a certeza de que nenhum de nós terá a coragem de matar você!

MARIA LUIZA (*Idem*) — Lógico que não. Na nossa família ninguém é assassino. Ninguém é canibal! Aceito!

MARIA PIA — Vocês têm certeza? Olhem-se bem uns aos outros. Ninguém aqui é assassino? Ninguém é mesmo?

LUIZ ANTÔNIO (*Nervoso, entusiasmado*) — Prefiro ser lixeiro, limpador de latrinas da rodoviária, seja o que for, a matar o meu irmão: isso nunca! Não sou Caim, meu querido Abel! Aceito!

LUIZ OCTÁVIO (*Animadíssimo*) — Eu então, nem se fala! Aceito! Podemos começar? Vamos logo acabar com ele, isto é, acabar com isso!

ESMERALDINA — E a moça, onde é que fica?

MARIA PIA — Longe das balas, fico de juíza!

LUIZ EUGÊNIO — Podemos começar?

LUIZ OCTÁVIO — Até já, meu irmão. (*Despedem-se com gestos mudos de ternura enfática.*)

LUIZ EUGÊNIO — Tenho tanta confiança em vocês, minha família querida e bem-amada, que quero, eu mesmo, apagar as luzes. (*Fecham portas e cortinas.*) Em qualquer momento, podem atirar. Eu mesmo vou contar até dez. Lá vai. (*Escuridão total.*) Um... dois... três... (*Ouvem-se risos*) quatro, cinco... seis... sete... (*Ouvem-se "Ahs", "Ais"*) oito... nove... (*Ouve-se um tiroteio intenso, explosões atômicas. Pausa.*)

ESMERALDINA (*Assustada*) — E agora... quem vai acender a luz pra ver o que foi que aconteceu? Foi bala demais! Meu filho... você está aí...? Luiz Eugêêêênioooo... (*Novos tiros.*) (*Ela grita a ordem*) Chega! Parem com essas balas desgovernadas!!!

VOZES SUSSURRADAS — Ninguém se feriu, não é? Ninguém morreu, não é mesmo? Ninguém nada, não é, nada? Quem é que ainda está vivo?

ESMERALDINA — Respondam à chamada. Primeiro, eu. Eu que estou falando, é lógico que não morri. Quem mais não morreu?

(*Todos, menos um, respondem: "Eu também não". Luz: o cadáver de Luiz Eugênio jaz no chão, despedaçado — um boneco, ensanguentado, é claro, com a roupa do morto.*)

ESMERALDINA — Quem matou meu filho? Foi muita bala pra tão pouco revólver. No Brasil todo mundo anda armado, um acidente é natural... mas mesmo assim...

UM DE CADA VEZ (*Sussurra*) — Não fui eu! Nem eu. Eu juro que não seria capaz. Eu, hein! Não fui eu, não! Nem eu. Não foi ninguém... Ninguém...

MARIA LUIZA — Isso mesmo: não foi ninguém. A gente ainda nem sabe que ele já morreu! Ninguém sabe nada! Vamos embora. (*Vão sair.*) Vamos dar no pé.

ESMERALDINA — Não! Vamos sentar à mesa, pedir café da manhã pelo telefone, depois cada um vai pra sua casa e amanhã, ou depois, por acaso ou pelo mau cheiro, alguém vai entrar aqui e vai descobrir o cadáver. Só então a família consternada ficará sabendo do suicídio. Porque é claro que foi suicídio! Aqui ninguém teria coragem de fazer uma coisa dessas... Ele era um homem intempestivo! (*No telefone, fala baixo.*)

MARIA LUIZA (*Cúmplice*) — Vamos colocar a mesa em cima dele, pra disfarçar. (*Colocam a mesa em cima do boneco-cadáver.*) Mas o melhor mesmo seria fazer desaparecer o cadáver. Um banho de ácido sulfúrico... e até os botões da cueca iam desaparecer... Quem vai comprar o ácido sulfúrico?

LUIZ OCTÁVIO (*Descontrolado*) — A gente faz as coisas com tanta pressa... acaba fazendo tudo errado... Que burrice a nossa. Meus Deus, como somos burros!!! Estúpidos!!! Idiotas!!! Broncos!!! Beócios!!! Incompetentes!!! Que erro!!!

LUIZ ANTÔNIO — Não vejo erro nenhum. Tudo acabou dando certo. Que bom!

LUIZ OCTÁVIO — Esquecemos de pedir ao defunto que assinasse os cheques antes de morrer! (*Fazem "Aaaaaaahhhh", menos Esmeraldina.*)

ESMERALDINA — Não tem a menor importância. Tudo tem solução. Alguém vai no bolso dele pegar o talão de cheques. Já! (*Vários "Eu não", "Que horror".*)

MARIA PIA — No Hospital, em Roma, eu me cansei de embrulhar defunto, estou habituada. Pragmatismo, minha gente! (*Ajoelha-se ao lado da mesa e traz o talão que entrega a Esmeraldina.*) Olha aí. Gordinho.

ESMERALDINA — Deus te abençoe. (*Dá um cheque a cada um.*) Cada um preenche um cheque e depois passa à direita e fica com o cheque da pessoa à sua esquerda, pra ter certeza de que ninguém escreveu 200 em lugar de 100. 100 milhões, ouviram bem? Sejamos honestos! (*Sentam-se à mesa.*) Somos uma família ho-nes-ta!

LUIZ OCTÁVIO — Mãe, você está louca!!! É claro que o banco vai descobrir que as assinaturas são falsas!

ESMERALDINA — O gerente do banco foi meu namorado. Basta que eu o convide pra jantar lá em casa, Cailles en Sarcophage, Château Latour 87, à luz das velas, "Bésame mucho" com a Orquestra de Xavier Cugat... Ele faz o que eu quiser e eu tenho que dar o troco. Ainda tenho uns trocados. Escrevam: 100 milhões. (*Escrevem.*) Agora passem seus cheques adiante, à direita. Assinem, cada qual o seu. (*Assinam.*) Bravíssimo.

LUIZ OCTÁVIO — Agora estamos com dois problemas gravíssimos.

MARIA LUIZA — Dois???

LUIZ OCTÁVIO — O primeiro é esse cadáver aí no chão. O que é que a gente vai fazer com o corpo? Vamos analisar a hipótese do ácido sulfúrico...

ESMERALDINA — Vamos resolver os problemas globalmente: qual é o segundo?

LUIZ ANTÔNIO — O segundo é que eu estou com uma fome danada...

MARIA LUIZA — Todos nós estamos. Morrendo de fome.

ESMERALDINA — Globalmente, eu disse. Um problema — dependendo do estado de espírito de vocês, meus filhos — um problema pode resolver o outro.

LUIZ ANTÔNIO — Eu estou com fome. O que é que o cadáver tem a ver com isso?

ESMERALDINA (*Fria*) — Isso mesmo. Tudo. Temos que fazer desaparecer um cadáver e... estamos com fome... Dependendo da coragem de cada um... Que é que você acha, minha filha querida, Maria Luíza? (*Maria Luiza quase vomita.*)

LUIZ OCTÁVIO — Eu penso a mesma coisa que ela!

ESMERALDINA — Você vomita?

LUIZ OCTÁVIO — Isso me repugna! Só de pensar nesse antropocentrismo... não, eu quis dizer... antrofagia... isto é... antropofaguismo... Vocês estão vendo? O meu horror é tal que não consigo nem ao menos pronunciar a palavra certa.

ESMERALDINA — Antropofagia, meu filho. Consegue sim.

LUIZ OCTÁVIO — Isso mesmo: antropolatria! O meu horror é tão tal... mais do quê... Sinto nojo... repugnância... espanto... não consigo nem pensar em uma monstruosidade dessas... Nem pensar... (*Pausa.*) Mas posso mudar de opinião.

ESMERALDINA — Bem... temos o dia inteiro pra pensar. Ainda estamos no café da manhã... vamos pesar os prós e os contras... Pensar que tipo de condimento combina com esse tipo de carne, que molho...

MARIA LUIZA — Acho que já podemos telefonar pro restaurante... O brunch...

ESMERALDINA — Já telefonei... (*Batem à porta.*) É ele! (*Entra o garçom: o mesmo ator que fez Luiz Eugênio, com bigodinho que não disfarça nada. Põe a toalha e os talheres na mesa.*)

MARIA PIA — Pragmatismo é isso.

LUIZ OCTÁVIO — Eu acho que foi um desfecho juridicamente... correto.

ESMERALDINA — Nossa família sempre foi correta. Uma pequena diferença aqui, outra ali, somos uma família normal, como qualquer família... Tudo depende das circunstâncias. O ser humano é capaz de tudo... menos de ser humano!

LUIZ ANTÔNIO — Melhor a gente calar a boca. Ele está ouvindo tudo.

MARIA LUIZA — Não se preocupe. Ele é de outra classe social, é surdo!

MARIA PIA — É parecido com quem mesmo?

LUIZ ANTÔNIO — Não consigo lembrar quem.

MARIA PIA — Garçom, por gentileza. Você se parece com quem?

GARÇOM — Com tanta gente... Vocês também. São iguais a todo mundo! Eu... não sou ninguém... Vocês também não. Ninguém é ninguém.

MARIA PIA — Mas você não acha esquisito tomar café da manhã sabendo que tem um cadáver embaixo da mesa?

GARÇOM — Na minha profissão já vi tanta coisa... Nada me abala. (*Tira a camisa, as calças, e deita-se na mesa.*)

ESMERALDINA — É mesmo... a gente se acostuma. (*Faz os gestos de quem come o corpo do garçom, no que é lentamente imitada por todos.*)

MARIA LUIZA — A gente acaba se acostumando a tudo...

MARIA PIA — Eu já estou acostumada. Tem até um lado erótico.

ESMERALDINA (*Entusiasmada*) — É isso mesmo. A gente acaba se acostumando a qualquer coisa — essa é a grande vantagem do ser humano: qualquer coisa — o ser humano se adapta! (*Luz verde começa a iluminar os personagens, que parecem cobertos de pátina.*)

LUIZ OCTÁVIO (*Comendo*) — Mesmo assim... eu tenho um resíduo, um resquício... um laivo... um pedacinho de remorsos... Afinal ele era nosso irmão...

ESMERALDINA — Filho.

MARIA PIA — Cunhado.

ESMERALDINA — Era. Quem morreu, era, já foi, teria sido. Vamos ser realistas: ele ia ser comido mesmo. Ou nós ou os vermes. Pra ele, o meu querido filho, qual é a diferença, entre nós e os vermes?

MARIA PIA — Nenhuma. (*O corpo do garçom faz suaves gestos contorcionistas de dor. Muito suaves, lentos. Dor elegante.*)

MARIA LUIZA — O mundo é assim, moderno, excitante, inesperado, o que é que se vai fazer? Temos que ser modernos, pós-modernos, ultramodernos!

ESMERALDINA — Tirando um detalhe ou outro, levamos uma vida pacífica, como qualquer família de bem... Se alguém nos encontrar na rua, ninguém vai pensar que nós somos nós... Que nós seríamos capazes de... de... qualquer coisa, digamos, menos digna. (*Os movimentos dos atores são cada vez mais lentos.*)

LUIZ OCTÁVIO — O mundo mudou, e o que aconteceu aqui, neste mundo, hoje é normal... É assim... assim mesmo... Pode acontecer a qualquer um. Vocês não acham? (*Música.*)

ESMERALDINA — A vida é assim mesmo: acaba sempre em morte!

Suspiram. Comem em câmera lenta. Depois, imóveis, as verdes imagens dão ideia de um monumento de frias estátuas graníticas.

APÊNDICES

1ª feira paulista de opinião

o teatro de arena de são paulo

apresenta:

Trajetória de uma dramaturgia[1]

Augusto Boal

Quantas peças escrevi e quais? Já nem me lembro. Comecei cedo. Comecei faz muito tempo. Tentei reunir alguns papéis, mas foi difícil: estão espalhados em tantos países onde morei e onde fui ficando um pouco, misturado com livros e trapos. De qualquer maneira, tento. Mais ou menos, foi assim.

De não sei quando até 1953: escrevi peças curtas sobre gente que eu conhecia, que morava no meu bairro popular na Penha Circular no Rio de Janeiro, gente pobre, operários do Curtume Carioca, fregueses da padaria do meu pai, pescadores da praia das Morenas, soldados e costureiras, moças e farmacêuticas, um carvoeiro que batia no filho todos os dias às seis da tarde porque ele voltava sujo pra casa, depois de brincar, seu Maia e seu Firmino que ficavam bebendo chope e lembrando coisas de Portugal, onde nasceram e onde queriam morrer (não deu tempo; enterraram-se ali mesmo no Caju). De todas essas peças conservei algumas: *Martim pescador*, *Maria Conga*, *Histórias do meu bairro*.

Escrevi também peças em que usava o meu bairro misturado com mitos gregos e mitos gregos com mitos nagôs e iorubás: *Laio se matou*, *Orungan*, *O logro*.

De 1953 a 1955: fui para os Estados Unidos estudar Química com não me lembro quem e Dramaturgia com, me lembro muito bem, John Gassner. Acho que consegui aprender um pouco do que se chama "carpintaria teatral". Como carpinteiro, escrevi muitas peças nesses dois anos. Todas de encomenda. E quase todas joguei fora, menos duas que foram montadas pelo Writer's Group, uma associação de escritores jo-

[1] Publicado no primeiro volume de *Teatro de Augusto Boal* (São Paulo, Hucitec, 1986). (N. da E.)

vens. Como não tinha diretor, foi aí que eu estreei dirigindo *A casa do outro lado da rua*.

De 1955 a 1960: voltei pro morro. Fui ser diretor artístico do Teatro de Arena em São Paulo e lá, no Seminário de Dramaturgia, tentei contar o que tinha aprendido e assim aprender um pouco mais. Em política eu já sabia o que queria, mas em teatro andava meio confuso escrevendo a torto e a direito (pra dizer a verdade, muito mais a torto...). Guardei algumas peças desse período: *Marido magro, mulher chata* (que não deixo ninguém montar), *Helena e o suicida* (espécie de *Fedra* em Copacabana), *As famosas asturianas* (adaptação da obra homônima de Lope de Vega).

Teve outras mas que não chegaram nem mesmo a ter títulos: eram lidas em primeira versão no Seminário e fulgurantemente destroçadas. Nós eramos muito cruéis em nossas críticas. Nós éramos Gianfrancesco Guarnieri, Vianinha, Jorge Andrade, Sábato Magaldi, Nelson Xavier, Flávio Migliaccio, Milton Gonçalves, Chico de Assis e muitos mais. E depois teve outro seminário e outros. E depois, não só em São Paulo mas também no CPC (Centro Popular de Cultura) da UNE no Rio, no Sindicato dos Metalúrgicos de Santo André, no Rio Grande do Sul e do Norte, por toda parte começaram a aparecer Seminários e dramaturgos. E eu escrevia muito. Escrevia e rasgava. Até que em 1960 escrevi a minha primeira peça da qual continuo gostando muito, muito mesmo, mesmo até hoje, quando as condições políticas e sociais mudaram tanto, porém, *mutatis* estupidamente *mutandis*, continuam as mesmas. Essa peça se chama *Revolução na América do Sul*.

1961: *Revolução* foi apresentada no Teatro de Arena do Rio e depois em São Paulo. Eu gostava tanto que resolvi escrever a biografia de José da Silva, uma espécie de Dom Quixote sincrônico, dá pra entender? É assim: o Dom Quixote mesmo é anacrônico, não é? Isto é, ele acredita em valores morais que já tinham sido vigentes noutra época — época do Amadis de Gaula — mas que já estavam fora de uso. O meu Dom Quixote-José era sincrônico: ele acreditava nos valores que a burguesia jura que professa, mas é mentira. A peça, *José, do parto à sepultura*, estreou no Oficina.

De 1961 a 1964: tempo quente, os artistas fervilhando; com o "nacionalismo" juscelinista, com a euforia dos tempos desenvolvimentistas, tinham surgido movimentos artísticos importantes: o Cinema Novo, a Bossa Nova, a nova dramaturgia. Em seguida veio o período conflitual: Jânio Quadros, Tancredo Neves, Jango Goulart e Darcy Ribeiro, Miguel Arraes e Leonel Brizola. E outros. E, por toda parte, CPCs, teatro popular, populista, classe média, por toda parte, todos os teatros. Imaginem os velhos tempos: nós tínhamos até as assim chamadas subvenções, polpudas! Foi aí que eu coescrevi com Guarnieri e Paulo José uma adaptação de Lope de Vega, *O melhor juiz, o rei*, que apresentamos em todo o Nordeste ao ar livre, em conchas acústicas, em circos, em cima de caminhões. Com Nelson Xavier, coescrevi *Julgamento em Novo Sol*, que era sobre o mesmo tema da posse da terra, só que contada de forma mais realista. E sozinho eu, que já andava prevendo o golpe, escrevi uma adaptação de *Condenado por desconfiado* de Tirso de Molina: *O golpe a galope*.

1964-1965: o golpe veio a galope e também veio a pé. Cavalos e cavaleiros tomaram o poder e reforçaram a censura. Tivemos de nos refugiar na história, nas fábulas. Com Guarnieri e Edu Lobo coescrevi *Arena conta Zumbi*.

Eu tinha dirigido o show *Opinião* no Rio de Janeiro, com Nara Leão e depois Maria Bethânia, que estreava no Sul. E também Zé Kéti e João do Vale. Fiquei gostando dos musicais. E fiz *Arena canta Bahia* (com Bethânia, Gal, Caetano, Gil, Tom Zé e Piti), *Tempo de guerra*, *Sérgio Ricardo posto em questão*.

1966: outra vez com Guarnieri como coautor e com músicas de Theo de Barros, Caetano, Gil, Sydney Miller, escrevi *Arena conta Tiradentes*.

1968: com a minha premonição para golpes de Estado, escrevi a história do golpe de 68 antes do golpe; usei personagens de histórias em quadrinhos porque eles me pareciam muito mais humanos do que os autênticos. Assim: com Batman e Robin, Mandrake, Narda e Super-Homem, misturados com Zé Carioca, Sakini, Zorba, generais, estudantes, povos etc., escrevi (e revisei em fins de 1983): *Tio Patinhas e a pílula* (*As aventuras do Tio Patinhas*).

Nesse mesmo ano, usando um mandado de segurança, que ganhamos contra o ministro da Justiça, e dentro do espetáculo chamado *Feira Paulista de Opinião*, ainda tive tempo de escrever e montar uma colagem dedicada à luta heroica de Che Guevara na Bolívia: *A lua pequena e a caminhada perigosa*.

1969: as coisas começaram a ficar pretas de vez. Olhando retrospectivamente, até que o período 1964-1968 tinha sido uma ditadura mais ou menos branda. Depois veio o tempo dos algozes. Com música de Theo de Barros escrevi a história de um homem que fez tudo e deixou tudo por fazer, um homem que lavrou o mar (apresentado nos Estados Unidos, Peru e México, com o elenco do Arena de São Paulo). Inédita no Brasil: *Bolívar, lavrador do mar* (*Arena conta Bolívar*).

1971: fui ilegalmente preso no comecinho desse ano. Fiquei na cadeia até maio. Fui ilegitimamente julgado em maio e saí do Brasil em junho. Saí às pressas. Mas tive tempo de levar comigo todas as notas, desenhos, diálogos. E uma peça que acabei de escrever em Buenos Aires e que conta a minha vida na cela do presídio Tiradentes, tenta contar a vida do povo no imenso presídio em que transformaram o Brasil: *Torquemada*.

1971 a 1976: no começo, Buenos Aires foi bom pra mim. Ajudou a me recuperar do Teatro de Arena, onde trabalhei quinze anos. E que foi depois misteriosamente vendido ao desgoverno, não sei por quem nem por quanto. No começo foi bom, montei peças, dei aulas. Mas quando veio Perón, pra mim, perdeu a graça. Eu não era nem peronista nem aderente do Partido Comunista. Aí não havia campo. Continuei morando lá porque não tinha pra onde ir, ganhava a vida fazendo conferências no estrangeiro e pesquisas sobre o que acabou virando o Teatro do Oprimido. Isso no Peru e noutros países latino-americanos. Comecei a escrever meus livros de teoria teatral (*Teatro do Oprimido*, *Exercícios para atores e não atores*, *Categorias de teatro popular*, *Técnicas latino-americanas de teatro popular*) e "ficção" (*Milagre no Brasil*, *Crônicas de nuestra América*). Entre um livro e outro eu, que não fazia mais nada, encontrava tempo para cuidar do meu filho recém-nascido (o maiorzinho já se virava por conta própria) e para escrever adaptações de Shakespeare e de Aristófanes: *A tempestade* (música de Manduka), *Mulheres de Atenas* (música de Chico Buarque).

E também adaptações de mim mesmo, de contos das *Crônicas de nuestra América*: *A merda de ouro* (ou *O homem que era uma fábrica*), *A morta imortal*.

1976: com a minha premonição, que me permite farejar golpes de Estado, escrevi a história da queda de Madame Perón, Dona Isabel, muito tempo antes dos fatos. Novela de espionagem um tanto pornográfica, como convém ao gênero, chamada *A deliciosa e sangrenta aventura latina de Jane Spitfire, espiã e mulher sensual*. Entreguei os originais às pressas ao editor e saí correndo para Portugal alguns dias depois do golpe. Eu já estava cansado de carregar malas. E com todas as malas que continuava carregando, nas mãos e na memória, fui juntando material para a minha próxima peça, que escrevi dois anos depois, no começo de 1978: *Murro em ponta de faca*.

A peça pôde entrar no Brasil, eu ainda não podia. Ela estreou em São Paulo e eu fui embora de Lisboa convidado pela Sorbonne para ser professor. Imaginem de quê? De Teatro do Oprimido. Professor de mim mesmo, como matéria. Matéria que eu conhecia mais ou menos bem e que me permitiu me instalar com toda a família em Paris. Émile Copfermann começou a editar meus livros em francês. E eles começaram a ser publicados em vinte línguas, até em japonês e grego, sem falar em árabe, persa, esloveno e outras menos conhecidas. Em Paris, fundei o Centre d'Étude et Diffusion des Techniques Actives d'Expression, dedicado ao estudo e à difusão do Teatro do Oprimido. Uma das suas formas é o teatro-foro, que consiste na apresentação de uma peça curta (modelo) que serve de base para a improvisação conjunta de atores e espectadores em busca de soluções.

1979 a 1984: nesse período escrevi, em francês, muitíssimas peças de teatro-foro. Lembro algumas: *La Surprise* (*A surpresa*), sobre a ambiguidade da mulher, líder no trabalho e submissa na vida doméstica; *La Cohérence* (*A coerência*), sobre a ambiguidade de um arquiteto que participa de manifestações políticas contra a instalação de fábricas atômicas e ao mesmo tempo trabalha para uma delas; *Comme d'habitude* (*Como de costume*) e *L'Anniversaire de la mère* (*O aniversário da mãe*), com as quais excursionei ao Brasil em 1980 e que tratavam de problemas de moral e de trabalho; *O dragão esverdeado e a família surda*, esta em português, sobre o excesso de discussão diante do perigo iminente; *Le Nouveau badache est arrivé* (*O novo badache acaba de chegar*), sobre o conflito entre pais e filhos; *L'Ogre méchant et les gentils marchands de couteaux* (*O ogro mau e os amáveis vendedores de fa-*

cas), sobre a Guerra das Malvinas e a recusa da França de continuar vendendo armas, especialmente os mísseis Exocets à Argentina, durante a guerra contra a Inglaterra... mas não antes, quando eram os mesmos ditadores que estavam no poder, ou depois...); *La Vie nouvelle* (*A vida nova*), sobre a vida associativa; *J'achete, n'achete pas* (*Compro ou não compro*), sobre a redução do tempo de trabalho de 39 para 35 horas semanais a fim de diminuir o desemprego, escrita por encomenda da CFDT (Confédération Française Démocratique du Travail), uma das mais importantes centrais sindicais francesas.

Falta muita coisa, mas isso é o que eu lembro. E falta também dizer o que eu estou fazendo agora: uma peça que já tem título, *Carne viva*, e que tenta mostrar o estado em que a gente fica depois de tantos atropelos; e um musical sobre as invasões francesas no Rio de Janeiro, sobre Duguay-Trouin, chamado *O corsário do rei*, que estou coescrevendo com os meus amigos Chico Buarque e Edu Lobo. Reato com o Brasil, onde ela deve estrear em setembro de 1985.

Paris, fevereiro de 1985

Retrato do Brasil[1]

Sábato Magaldi

Todos sabem que *Eles não usam black-tie*, de Gianfrancesco Guarnieri, estreada em 1958, deu identidade artística e cultural ao Teatro de Arena de São Paulo, inaugurando nova fase em nosso palco — a da imposição do autor brasileiro. A ela seguiu-se, em 1959, *Chapetuba Futebol Clube*, de Oduvaldo Vianna Filho, depois de instalado o Seminário de Dramaturgia. As diretrizes iniciais do movimento renovador, distinguindo-o de outras tentativas de afirmação do produto nacional, eram certamente o caráter reivindicatório de melhores condições de vida para os explorados e a linguagem realista, haurida no sistema stanislavskiano, que se estendia ao estilo do espetáculo.

Nesse quadro, a estreia de *Revolução na América do Sul*, de Augusto Boal, na temporada de 1960, significou mudança imprevista de rumo. Conservou-se o forte cunho social da mensagem, mas o veículo se alterou substancialmente. O dramaturgo, a essa altura, já havia assimilado os procedimentos épicos de Brecht, a que transmitiu notória feição antirrealista, e os enriqueceu com os nacionalíssimos ingredientes da revista e do circo. Sob esse prisma, *Revolução* alcançava genuína expressão brasileira.

Espanta o espírito anarquista da obra, que na fatura quase se dissolve em forma anárquica. Estratégias dramatúrgicas, sem dúvida, porque está sempre muito claro o pensamento de Boal. Interessa-lhe acompanhar o itinerário do protagonista, o homem do povo José da Silva, e em sua defesa ele assesta todas as baterias, mesmo contra os que aparentemente se acham do lado dele. E o suposto caos da fragmentação da peça em quinze cenas se organiza pela presença contínua de José da

[1] Publicado no primeiro volume de *Teatro de Augusto Boal* (São Paulo, Hucitec, 1986). (N. da E.)

Silva, que amarra o conjunto da ação em torno de sua personalidade. Técnicas semelhantes podem ser encontradas em *Don Juan*, de Molière, que a crítica acadêmica chegou a julgar malfeita, e em *Mãe Coragem*, de Brecht, cuja protagonista se desloca por cenários múltiplos, na busca da sobrevivência.

A postura do autor é radical, sem concessão a nenhum tipo de conveniência. Não se trata de texto que pondere aspectos positivos de um problema, discuta as táticas para se atingir um resultado, tema possíveis exegeses perigosas de sua tese. Na procura da solução para a fome que o devora, José da Silva apela para os deputados, representantes do povo. A peça desmonta o processo eleitoral, desmoraliza o fundo demagógico do discurso político, denuncia a trama de interesses escusos que há por trás de plataformas e acordos. Caberia considerar reacionário esse raciocínio, num momento em que se tenta fortalecer o Poder Legislativo, contra o longo período do Estado autoritário? Analisar sob a ótica dos meios adequados para se alcançar os fins representa não entender a proposta de *Revolução na América do Sul*.

Boal não está fazendo política, no sentido de encontrar o melhor caminho para que José da Silva sinta satisfeitas as suas necessidades. Ele pretende mostrar, brutalmente, o absurdo da situação. Por isso, mobiliza todos os elementos que ajudem seu ardor probante, sem se preocupar em que haja um mal menor do que outro. Tudo conspira para que se tire a vida de seu operário e, assim, ele revida indiscriminadamente, usando as armas da violência, do desmascaramento e da caricatura. Alguns dos fenômenos essenciais do nosso cotidiano estão postos a nu.

Veja-se, por exemplo, o ponto de partida: a mulher incita José da Silva a pedir o aumento do salário mínimo, porque a inflação corroeu o poder aquisitivo para o atendimento dos reclamos básicos. A segunda cena, farsescamente, intitula-se: "Grande Prêmio Brasil: corrida entre o salário mínimo e o custo de vida". Majorou-se o preço das utilidades, porque o salário cresceu e, tornando-se elas menos acessíveis, reduz-se a produção, provocando o desemprego. A culpa seria, então, do operário, que desejou ganhar mais. Ou melhor, da mulher dele, que o obrigou a pedir o aumento. Na lógica desse raciocínio absurdo, a responsabilidade caberia ao filho nascido ontem, que chorava de fome.

José da Silva só pode fazer um comentário, entre cômico e patético: “Que garoto safado! Mal acabou de nascer e já está desorganizando as finanças do país”.

Outra cena, de forte cunho didático, embora o autor evitasse incluir comentários inúteis, é aquela em que o Anjo da Guarda cobra royalties de José da Silva. Acender a luz, escovar os dentes, lavar as mãos, tomar até o nacional café, pegar bonde, ônibus ou táxi — tudo depende do capital estrangeiro. Para matar-se, ele precisaria de um revólver Smith & Wesson. A consciência dessa subordinação não impede o protagonista de dar gargalhadas, por ter enganado o Anjo. Fala José à mulher: “Imagina se ele descobre que a minha cueca é de nylon. Eu acabava ficando nu...”.

Na crítica ao processo democrático, dominado pelo poder econômico, o autor registra a falta de sentido da eleição, depois da morte de José da Silva, que se entupiu ao comer com fartura. Não há mais ninguém a governar, morto o protagonista, símbolo do povo. Esse “defunto fundamental” é erigido em estátua, no Túmulo do Operário Desconhecido. Os chefes políticos rivais precisam descobrir outro trabalhador, para continuarem roubando, e se fixam no coveiro, que também é operário. O ciclo prossegue, sem interrupção.

A peça não faz cerimônia com nenhum recurso dramatúrgico. Se a hipérbole funciona como lente de aumento para se distinguir melhor uma situação, não há por que descartá-la. Realisticamente, não se aceitaria que o operário desconheça o que é sobremesa e tenha um filho todas as semanas. O exagero caricatural acentua o traço de verdade implícita na história. O drama incorreria no risco de tornar piegas a narrativa. A comédia, a farsa deslavada, o riso circense, o quase *sketch* de revista dão ao texto poder corrosivo incomum, de efeito muito mais seguro sobre a sensibilidade da plateia. As canções sublinham a marca popular.

Por que o título? Está patente seu intuito irônico, porque não há revolução verdadeira. Mesmo desejando, em certo instante, tornar-se revolucionário, José da Silva nunca se conscientizou a propósito do significado de revolução. Ele deve ser julgado o tempo todo herói negativo, como, de resto, não há na peça força positiva que se contraponha à crítica demolidora do autor.

Essa verificação não reduz em nada o vigor da prova feita por Augusto Boal. Aliás, no epílogo, à maneira brechtiana, o narrador diz à plateia: "Lá fora começa a vida;/ E a vida é compreender./ Ide embora, ide viver./ Podeis esquecer a peça./ Deveis apenas lembrar/ Que, se teatro é brincadeira,/ Lá fora... é pra valer". A lição, sem didatismo enfadonho, está dada.

Na explicação que apresenta do texto, Augusto Boal pergunta se será necessária o personagem positivo: "O negativo já não contém em si o seu oposto? Se o Serviço de Trânsito exibe fotografia de desastre, precisará também exibir trevos elegantemente retorcidos sobre os quais deslizam maciamente veículos recém-importados sem velocidade moderada? O desastre basta como advertência". E completa: "Eu quis apenas fotografar o desastre".

Fotografando o desastre, com aguda percepção da realidade, que infelizmente não se modificou em um quarto de século, porque houve apenas uma "revolução na América do Sul", ou, por outra, não se fez revolução nenhuma, Augusto Boal apresenta um dos mais lúcidos e esclarecedores retratos do Brasil.

E quem paga o pato?[1]

Fernando Peixoto

O esquerdismo é o remédio à doença senil do comunismo! — afirma com apaixonada convicção um estudante radical num plenário de assembleia da categoria, respondendo a um colega que citou Lênin dizendo que o esquerdismo é a doença infantil do comunismo. Estamos sem dúvida em 1968. E nas páginas divertidas mas também sofridas de *As aventuras do Tio Patinhas*, texto de Boal já encenado em muitos países mas ainda inédito no Brasil.

1968: as entusiásticas revoltas estudantis contestam a estrutura capitalista num inesperado estopim em cadeia que percorre os principais países do mundo ocidental, feito de generosa e anárquica entrega, despertando em setores da juventude sobretudo de classe média e logo desfeita a ilusão de que, embalados no utópico sonho de se constituírem numa nova vanguarda política revolucionária, à margem do desenvolvimento clássico do processo de luta de classes, a eles estaria reservada a tarefa histórica de condutores de uma definitiva ação libertária.

1968: "a imaginação no poder" foi a palavra de ordem do movimento que se projetava, grávido do fascínio pela redescoberta do ideário anarquista, também como questionamento do chamado "socialismo real" e das formulações, então declaradas superadas e mesmo reacionárias, dos partidos comunistas tradicionais. Foi certamente a inesperada irrupção de um protesto talvez ingênuo mas vigoroso que penetrou no comportamento político da direita e da esquerda, obrigando seus dirigentes a uma menos ou mais disfarçada revisão de alguns de seus postulados táticos e estratégicos, diante do irreversível

---

[1] Publicado no primeiro volume de *Teatro de Augusto Boal* (São Paulo, Hucitec, 1986). (N. da E.)

quadro da sociedade capitalista convulsionada e condenada nas ruas pelos seus mais diletos filhos, agredida pela juventude que estava sendo preparada para ser sua tranquila continuação.

Os desdobramentos foram os mais contraditórios: em quase todos os países o movimento se restringiu apenas ao nível estudantil, facilmente sufocado pela enérgica repressão policial e pela desconfiança da classe média e mesmo da classe operária; na França, onde os combates de maio surpreenderam, depois de dias de até prudente hesitação alguns dos mais combativos setores da classe operária, inclusive o PCF, acabaram aderindo à revolta quase generalizada e quase incontrolável, ainda que conscientes dos limites dos possíveis resultados e procurando ao menos controlá-los, mas provocando como triste consequência um fortalecimento da direita no poder, representada pelo governo De Gaulle; no Brasil, que comemorava quatro anos de ditadura militar, o ano foi razoavelmente agitado, com artistas e intelectuais protestando nas ruas ao lado (ou atrás) dos estudantes, o teatro também radicalizado acompanhando aquele que afinal era depois de 1964 seu público mais fiel e constante, espetáculos apresentados sob ameaça violenta inclusive de grupos paramilitares de extrema direita e garantidos por forte esquema de segurança até armada, e acabou com uma grave crise política instaurada dentro do próprio Congresso — e em dezembro aconteceu o "golpe dentro do golpe", com a promulgação do Ato Institucional nº 5, destruindo o pouco que ainda restava de liberdades democráticas e consolidando um poder fascista.

1968: foi também um ano de contestação do imperialismo norte-americano, desmascarado como anjo da guarda das forças políticas e econômicas que sustentam o capitalismo monopolista.

As aventuras do Tio Patinhas nasceu neste clima. É um documento que revela e exemplifica, movido por um espírito irônico e ágil de sátira mordaz, uma advertência que ainda permanece: o poder burguês nacional, ameaçado, encontra elementos de identificação e união e proteção fora do país, socorrido pela força capitalista internacional e especialmente norte-americana, agrupando energias para instaurar um triunfo que acaba, como na peça, com cadáveres pendurados pelos pés, pelos braços, pelos pescoços. E com o país amordaçado e militarizado. Nosso 1968, ainda mais que nosso 1964.

Mas o teatro é um espaço indomável e imprevisível que permite o humor, a invenção, a brincadeira: Boal inventa uma espécie de paródia ou alegoria construída com fantasia e realidade, misturando personagens de carne e osso e ficção, num esforço de denúncia. O feitiço contra o feiticeiro: o imperialismo nos acostumou com os poderes ilimitados dos super-heróis justiceiros das histórias em quadrinhos, como Super-Homem, Batman e Robin, Mandrake e Lothar, Tio Patinhas e outros; e também nos fez engolir personagens submissos e colonizados, quando não abertamente traidores de seus povos, transformando-os em simpáticos e envolventes heróis dos filmes de Hollywood, como Gunga Din, Zorba ou Sakini. Foram estes sempre os imortais combatentes de um poderoso exército que ainda atua diariamente, amplamente amparado e divulgado pelo controle imperialista dos meios de comunicação de massa: constituem a tropa de choque da invasão ideológica que, com suave inocência, penetra bem fundo sobretudo no cérebro dos mais jovens, deformando valores morais, éticos e políticos principalmente no delicado período de formação da consciência e da personalidade. Uma constante lavagem cerebral para anestesiar os povos que lutam pela libertação nacional ou pela verdadeira justiça social. O texto de Boal procura desmistificar e inverter o processo. E outros escritores latino-americanos buscaram depois o mesmo caminho: basta lembrar, por exemplo, o admirável ensaio-panfleto de Ariel Dorfman e Armand Mattelart sobre o significado da ideologia dos produtos de Walt Disney, *Para ler o Pato Donald* (1971), e ainda *Super-Homem e seus amigos do peito* (1973) do mesmo Dorfman com Manuel Jofré; ou a novela de aventuras políticas *Batman no Chile* de Enrico Lihn, que em 1973 trouxe o Homem-Morcego para executar uma tarefa contrarrevolucionária da CIA contra o governo de Allende; ou ainda mais recentemente um dos últimos textos para teatro do guatemalteco Manuel Galich, escrito em Havana em 1977, *Operación Perico*.

Em *As aventuras do Tio Patinhas* os estudantes de 1968 ameaçam a tranquilidade da classe dominante de um país imaginário (por que não chamá-lo Brazil?), mas os monopólios acabam triunfando com o desembarque de seus super-heróis, salvaguardando a exploração contra o povo e os múltiplos e imensuráveis monopólios do gracioso Tio

Patinhas. Propondo ao encenador e aos intérpretes um exercício de linguagem criativa e lúcida, mostra que o teatro, sem perder sua força vital de alegria e humor, e mesmo sem pretender ser demasiadamente profundo, pode ser um sadio instrumento de luta. Descendente de algumas das obras produzidas alguns anos antes pelo Centro Popular de Cultura, valendo-se da farsa e da caricatura, *As aventuras do Tio Patinhas* vai, sem cerimônia, misturando estudantes e políticos, comédia e tragédia, patos e super-homens (alguns inclusive em crise existencial ou sentimental). Pode ser ainda vigorosamente recuperado, apesar da distância que nos separa de 1968: afinal, em todos os níveis, continuamos pagando o mesmo pato.

Um grito de socorro, de amor e de alerta[1]

Gianfrancesco Guarnieri

Há sete anos Augusto Boal está longe do Brasil. Distante, no espaço, mas muito próximo em espírito. Em suas compulsórias andanças pelo exterior, não deixou jamais de se preocupar profundamente com os graves problemas que afligem nosso povo, com os rumos de seu país, com a dignidade e os direitos humanos. Boal diz o que pensa, franca e abertamente, e isso enfurece os poderosos. Por isso, seu caminho é barrado, o poeta é perseguido. Não se trata de um embuçado, mas de um lutador em campo aberto, cujas armas são a palavra e a razão. Paladino dos humilhados e oprimidos, à procura de uma estética de nosso tempo. Por onde passava, organizava grupos teatrais, estimulava, confrontava experiências, divulgava o teatro e a arte latino-americana. "Por onde passa, permanece a inquietação." Seus trabalhos teóricos são disputados pelos grupos teatrais jovens de todo o mundo. Qual fagulha, ateou fogo nos espíritos inconformados, abrindo veredas, desvendando objetivos, levando além de nossas fronteiras o impulso realista, crítico, cheio de vida que já caracterizou o chamado "novo" teatro brasileiro dos anos 1960.

Trabalhamos muito tempo juntos — Boal e eu. Encenamos muitas peças no Teatro de Arena de São Paulo. Fomos parceiros em *Arena conta Zumbi* e *Arena conta Tiradentes*. Fundamos — nós, o grupo do Arena — o Seminário de Dramaturgia que tantos autores nacionais revelou. Pesquisamos, batalhamos, brigamos juntos e brigamos entre nós. Conhecemo-nos. E por conhecê-lo é que afirmo que Boal é um dos

[1] Publicado na primeira edição de *Murro em ponta de faca* (São Paulo, Hucitec, 1978) e, posteriormente, no primeiro volume de *Teatro de Augusto Boal* (São Paulo, Hucitec, 1986). (N. da E.)

mais completos, amplos e estimulantes homens do teatro brasileiro de todos os tempos. Boal se renova a cada momento. É incansável na busca do Que e do Como dizer, do Por Que e do Quando dizer. Seu teatro tem uma função. Não é somente deleite, é luta, é consciência, movimento, transformação, reconquista da realidade. Por isso jamais se perderá no egocentrismo das próprias angústias. Saberá sempre superá-las mantendo-se de pés fincados no real, com uma visão histórica do real.

De todas as peças de Boal, *Murro em ponta de faca* é a que mais transmite o Boal verdadeiro — ou melhor, o Boal mais completo. Perpassada de emoção, distancia-se das outras obras onde predomina a ironia, a mordacidade, o humor racional. Nesta peça, sem prejuízo do estilo próprio, Boal não só analisa, mas vive com seus personagens, ri, chora, padece com eles o terrível drama do exílio. Não é uma peça sobre o "banzo", estilo "minha terra tem palmeiras onde canta o sabiá", é uma exposição exata e pungente da condição de exilado, do horror das perseguições, da promiscuidade dos refúgios, do andar em círculo daqueles a quem se nega pouso, pátria, raiz. Embora mergulhado na emoção, Boal mantém-se todo o tempo à tona, retendo a lucidez que lhe permite a criação de personagens típicos, de valor universal. Paulo, Maria, Barra, Foguinho, Doutor e Marga, a um tempo que têm personalidades e características específicas, são personagens universais — são exilados.

Boal bem conhece a situação e os protagonistas. Esse nomadismo forçado, esses seres tangidos pelo ódio, perseguidos pelo horror, pela visão realmente dantesca de corpos violentados, mutilados. Seres perdidos no planeta, perplexos, caçados pelo simples fato de terem certa vez exposto suas ideias, ousado, reivindicado ou mesmo, em muitos casos, vítimas da mesquinhez de inimigos pessoais eventualmente guindados a postos de mando. Eles e suas malas. Eles com eles próprios numa andança que parece não ter fim, formando uma estranha comunidade de pessoas diferentes entre si.

Boal conduz seus personagens com extrema habilidade. As passagens de tempo, de muito tempo, processadas durante um mesmo diálogo, sempre o mesmo diálogo, circular, são um exemplo do domínio que Boal conquistou sobre a sua forma de expressão.

É impossível vencer a emoção e a revolta diante desta peça de Boal.

Murro em ponta de faca, obra importante em qualquer tempo ou lugar, é de extrema oportunidade hoje e agora, no momento em que a consciência nacional brasileira clama por anistia ampla e irrestrita para presos e perseguidos políticos.

Depoimento sobre o teatro brasileiro hoje (1968)[1]

Augusto Boal

Qual a ideologia atual que baliza o teatro de vanguarda e seu programa de ação, em vista do fracasso da ideologia de antes do golpe?

Vamos simplificar: em primeiro lugar, a "ideologia de antes do golpe" não fracassou. Evidentemente não se podia esperar que o teatro de vanguarda derrotasse nas ruas os tanques golpistas. O que fracassou foram as organizações políticas. O teatro mais avançado da época era realizado pelos Centros Populares de Cultura e por algumas companhias que se propunham à popularização. Dezenas de CPCs respondiam quase que imediatamente às variações da política nacional e internacional. Nunca o teatro foi tão contemporâneo dos acontecimentos representados. O *Auto do bloqueio furado* foi representado quando ainda os navios americanos não tinham regressado às suas bases. No auge da campanha anticátedra vitalícia os alunos da Politécnica representavam *Dr. Vitalício de Tal, catedrático*, enquanto leis sobre o assunto ainda estavam tramitando. Eu estou certo de nunca, em nenhuma parte do mundo, o teatro foi tão guerrilheiro. Nesse tempo, companhias profissionais se deslocavam pelo Brasil, especialmente pelo Nordeste, levando espetáculos nas ruas, circos, igrejas. E, quando a peça escolhida exigia condições especiais, atores se reuniam e

[1] Publicado em *Aparte*, nº 1, 1968, pp. 17-9, sob o título "Depoimentos sobre o teatro brasileiro hoje: Augusto Boal e José Celso Martinez Corrêa". No mesmo número foi publicada a primeira versão de *A lua pequena e a caminhada perigosa*; ver nota 1, p. 337, neste volume. *Aparte* foi uma revista criada por integrantes do Teatro da Universidade de São Paulo, dentre os quais Albertina de Oliveira Costa, Cláudio Vouga, André Gouveia, Moacir Vilella e Jean-Claude Bernardet. Vendida em livrarias como Duas Cidades e Cultura, tirou dois números em 1968. A preparação de um terceiro número foi interrompida no contexto do Ato Institucional nº 5 (13 de dezembro de 1968). (N. da E.)

montavam, eles próprios, o texto, como aconteceu em *Julgamento em Novo Sol*,[2] representado em Belo Horizonte durante o I Congresso Brasileiro de Camponeses.

Toda essa atividade foi aniquilada. Cada CPC, além de seu trabalho teatral, exercia também uma função cultural mais ampla, incluindo corais, danças e até cursos de alfabetização. Tudo isso foi suprimido. Em 1964 parecia crime pensar que o povo também devia ler. "*It's too good for them*", diziam escandalizadas as senhoras no poder.

Porém, mesmo sofrendo a mais violenta repressão (houve casos até em que a polícia invadiu teatros e prendeu todo o elenco, como aconteceu com *Arena canta Bahia* e *Tempo de guerra*), mesmo assim, o teatro mais esclarecido não se cansou de botar a boca no mundo durante os primeiros anos de ditadura. Sua ideologia podia ser simplificada: "o bom cabrito é aquele que mais alto berra". Durante muito tempo, enquanto a maioria guardava cuidadosamente o rabinho entre as pernas, era o teatro o único lugar onde se podia pelo menos ouvir falar em liberdade, em "abaixo a ditadura", em "*yankees go home*" e outras coisas agradáveis. Claro que os *yankees* não foram embora, a ditadura não veio abaixo e a única liberdade que se conquistou foi o direito em se falar em liberdade.

Muita gente que na época cantava "liberdade" estava apenas de olho no borderô. Essa gente, atualmente, mudou de ideologia. E continuará mudando. Dinheiro não tem cheiro, a não ser para os entendidos. E há no teatro brasileiro gente de bom faro.

Recentemente, um cronista de teatro afirmou que o Arena não se renovou nos últimos anos e que "vive repetindo as mesmas mensagens". Estamos de acordo: o Arena não se renovou e continua usando os mesmos processos para pensar a nossa realidade. Quem se tem renovado com frequência e insistência é um político como Carlos Lacer-

---

[2] Referência a *Mutirão em Novo Sol*, peça de Nelson Xavier com a colaboração de Augusto Boal. O teatrólogo refere-se à versão encenada no Teatro Santa Isabel, no Recife, em maio de 1962. Segundo Moema Cavalcanti, em depoimento a Paula Autran, "a palavra [mutirão] não era utilizada no Nordeste e por isso foi substituída". Ver Nelson Xavier, *Mutirão em Novo Sol*, São Paulo, Expressão Popular/LITS, 2016, 2ª ed. revista e aumentada, p. 117. (N. da E.)

da, que já pertenceu a todos os partidos e a todas as correntes de pensamento. Este é um arco-íris ideológico.

Não sei se ficou bem claro: uma ideologia não se muda toda vez que se muda o marechal no poder. É sempre a mesma, ainda que possa adquirir aparências diferentes em cada momento. A tática e a programação podem variar, porém o objetivo é sempre o mesmo: exortar, explicar, ensinar, divertir o público no sentido de que se prepare o caminho para uma sociedade sem classes; e o teatro deve utilizar para isso meios artísticos.

Que elementos dificultam a concreção do referido problema?

A principal dificuldade é a radiopatrulha. Todos os outros meios repressivos e coercitivos de que se serve o poder vigente. Exemplo: a censura, no Brasil, não se dá o trabalho nem sequer de expor seus critérios. Os cortes são feitos porque são feitos, sem nenhuma explicação, de modo que o dramaturgo trabalha sempre na mais absoluta insegurança. Imagine-se um antropólogo escrevendo um livro sobre o comportamento sexual ou político dos bororos e pensando na possibilidade de que algum censor venha a cortar seu texto alegando falta de decoro ou ultraje à tradicional família pátria. Se o antropólogo pensasse na censura, a vida sexual dos bororos ia acabar adquirindo laivos de santidade... pelo menos no livro. O mesmo ocorre com o dramaturgo que não se cuida: o Brasil, para ele, acaba parecendo um país habitável.

Outro exemplo: alguns conhecidos jornais, revistas e TVs dificultam a promoção de certos espetáculos considerados ofensivos aos brios patrióticos, enquanto abrem alas para todos os espetáculos entorpecentes. Isto é feito com a mais absoluta honestidade: esses jornais, revistas e TVs realmente preferem os entorpecentes. Não há molecagem, mas sim coerência: o ser social condiciona o pensamento estético.

Ainda um último exemplo: as subvenções, via de regra, são suprimidas ou reduzidas, quando se desconfia que um texto talvez não seja tão inofensivo como parece. Isso é possível porque os órgãos subvencionadores distribuem seu pouco dinheiro segundo critérios sempre subjetivos. Isto é: os critérios existem, porém no foro íntimo de cada um.

Quais as perspectivas de superar as referidas dificuldades?

Todas estas dificuldades serão superadas tão logo o Terceiro Mundo consiga melhor colocação.

Numa civilização industrial, o teatro, enquanto produção artesanal, pode ultrapassar a pesquisa de laboratório, atingindo as massas e atuando efetivamente sobre elas como o rádio e a televisão?

No Brasil existem certos preconceitos artísticos que devem ser urgentemente dizimados. Um deles consiste na hierarquização das artes e dos artistas, que é feita à maneira militar: cabos, sargentos, tenentes etc. Essas diferenças são baseadas na quantidade: TV é mais que teatro porque os fãs reconhecem os atores na rua e pedem autógrafos; cinema é mais que TV porque, afinal, o filme compete em Cannes e *A Família Trapo* ainda não. Por esse raciocínio elementar uma telenovela é o melhor exemplo de arte popular e ser diretor de cinema é atingir quase o marechalato da arte.

Obviamente, eu não penso assim. Nem vejo nenhuma razão especial para que um espetáculo teatral atinja o mesmo número de espectadores que uma luta de boxe transmitida pela Eurovisão. Trata-se de artes diferentes, cada uma com a sua função. A fotografia não é superior à pintura só porque se pode reproduzi-la *ad infinitum* sem perda de suas características originais, enquanto um quadro é pintado apenas uma vez. O fato de que o fotógrafo do *Notícias Populares* se julgue mais importante que Leonardo não depõe contra o Renascimento italiano; e, no entanto, a *Mona Lisa* continua sendo uma só, e a tiragem do jornal um pouco maior. Porém, nada disso significa que o teatro deve ficar contente com suas salas reduzidas. Deve ir às ruas, não para fazer média com a TV e o cinema, mas para encontrar o povo, que deve ser o destinatário de toda arte.

Abdias Nascimento encenará *Laio se matou*[1]

Sábato Magaldi

Fenômeno dos mais promissores, para o teatro, é o interesse notório que os jovens demonstram por ele, ultimamente, em bases de absoluta seriedade. Pode-se dizer que, até alguns anos atrás, o adolescente se aventurava quando muito pela poesia, ou mesmo pelo conto ou novela, sem demonstrar nunca uma vocação imediata para a literatura dramática, se é que ela mais tarde aparecia. Hoje, muitos ingressam logo no teatro. Há uma especificidade muito útil, que evita equívocos de tentativas sem legítima inclinação.

Augusto Boal está nesse caso. Essa é a quarta peça de sua autoria que tenho oportunidade de ler, e já no contato inicial com o seu trabalho senti a presença do dramaturgo. Alguém que escreve teatro com linguagem teatral, com processos teatrais — peças para serem representadas.

A extrema juventude de Boal (ele conta apenas 21 anos) não permitiu, o que será fácil compreender, amadurecimento completo de seus recursos. Daí se notar ainda um caráter experimental nas várias tentativas. O que não significa restrição, desmerecimento, mas um motivo a mais de confiança no seu mérito: o autor procura dominar a forma, a técnica, para se lançar depois em caminhos de maior audácia.

Laio se matou situa no ambiente negro a história grega de Édipo. Além da curiosidade da transposição, outro aspecto torna a peça interessante: Laio, que é apenas uma referência em todas as obras que tratam o tema, se transforma aqui no personagem central. A situação exposta seria, assim, anterior a Édipo. Se, no tratamento clássico, Laio é vítima inconsciente, morto sem saber que o assassino era o filho — por

---

[1] Publicado em 9 de abril de 1952 no *Diário Carioca*. (N. da E.)

mera obra de fatalidade — nesta peça ele se mata, ao descobrir a tragédia que possuiu seu lar. Augusto Boal adotou concepção freudiana, e fez, conscientemente, que todas as barreiras fossem superadas, para a realização do chamado complexo de Édipo. O pai se sacrifica, em benefício do amor do filho pela mãe.

Reparos à técnica, ao estilo, certamente cabem. Não é o momento de enumerá-los. Só quero congratular-me com Abdias do Nascimento, que deseja encenar *Laio se matou*, logo que possa reconstituir o Teatro Experimental do Negro. E com Augusto Boal, que passará a figurar entre nossos autores de valor.

Carta de Augusto Boal a Elisa Larkin Nascimento[1]

Quinta-feira, 18 de março de 2004

Querida Elisa,

Não pude voltar ao Brasil a tempo, nem para os 90 anos do Abdias, nem para os meus 73, no dia seguinte. Foi pena: Abdias é o meu mais antigo querido amigo, nós nos conhecemos desde 1950 — faz mais de meio século!

Abdias me ajudou muito no meu começo em teatro: lia minhas peças e me dava conselhos, sempre úteis, não só do ponto de vista teatral mas, o que era para mim mais importante, do ponto de vista ético e político.

Eu tinha um contato direto com a pobreza, morando na pobre Penha daquela época, mas foi o Abdias que me ensinou a compreender as causas daquela pobreza. Eu via e odiava o racismo, explícito ou disfarçado, mas foi o Abdias que me ensinou a compreender as razões e a extensão, às vezes até mesmo inconscientes, do racismo brasileiro.

Não esqueci, nem vou esquecer nunca, as conversa que tínhamos, vez por outra, tomando café de pé, em frente ao Vermelhinho,[2] e que tanto me ajudaram na minha formação.

---

[1] Carta localizada por Geo Britto no arquivo do Ipeafro/Abdias do Nascimento e reproduzida em sua tese *Teatro do Oprimido: uma construção periférica-épica* (Rio de Janeiro, Universidade Federal Fluminense, Instituto de Arte e Comunicação Social, 2015), pp. 34-5. Elisa Larkin Nascimento é diretora do Instituto de Pesquisas e Estudos Afro-Brasileiros (Ipeafro) e curadora do arquivo Abdias do Nascimento. É autora de *O sortilégio da cor: identidade, raça e gênero no Brasil* (São Paulo, Selo Negro, 2003) e coautora de *Sankofa: matrizes africanas da cultura brasileira*, 4 vols. (São Paulo, Selo Negro, 2008-2009). (N. da E.)

[2] Café e bar da rua Araújo Porto Alegre, em frente à sede da Associação Brasi-

Abdias me ajudou muito, não só a mim mas a muito mais gente — gerações! Não só com aquilo que nos dizia com veemência — Abdias sempre foi um apaixonado! — mas principalmente com o seu exemplo de vida, de integridade, de trabalho: era impossível não ser influenciado por ele.

Foi pena que eu não tenha podido estar presente na festa do seu 90º aniversário. Mas o que me anima é que já marquei na minha agenda o dia 15 de março de 2014: ao Centenário, com toda certeza, quero ir lhe dar um fraterno e agradecido abraço.

Com todo o carinho do Augusto Boal

---

leira de Imprensa e do Ministério da Educação (hoje Palácio Gustavo Capanema), no centro do Rio de Janeiro. O local reunia, na década de 1940, vários artistas e intelectuais, incluindo negros como Abdias do Nascimento e Solano Trindade. (N. da E.)

Sobre o autor

Augusto Boal nasceu em 16 de março de 1931, no Rio de Janeiro. Formou-se em engenharia química pela UFRJ, mas desde a infância interessou-se pelo teatro. Em 1952 viaja para os Estados Unidos para estudar na Escola de Arte Dramática da Universidade Columbia, onde frequenta os cursos de John Gassner, professor de dramaturgos como Tennessee Williams e Arthur Miller.

De volta ao Brasil, em 1956, passa a integrar o Teatro de Arena, onde aos poucos adapta o que aprendera nos Estados Unidos em espetáculos que buscam encenar e discutir a realidade brasileira, convidando o espectador a sair da passividade. Formado por Boal, José Renato, Giafrancesco Guarnieri, Oduvaldo Vianna Filho e outros, o grupo de dramaturgos do Arena promove uma verdadeira revolução estética nos palcos brasileiros.

O golpe de 1964 torna cada vez mais difícil a situação dos artistas que haviam se engajado na transformação social do período precedente. Em 1971, Boal é preso e torturado. Exila-se na Argentina com Cecilia Thumim, onde organiza *Teatro do Oprimido*, seu livro mais conhecido. A partir de então, os princípios e as técnicas desenvolvidos por Boal alcançam um público cada vez maior, difundindo-se inicialmente pela América Latina e, ao longo dos anos 1970, pelo mundo inteiro. Muda-se para Portugal em 1976, e dois anos depois se estabelece na França, onde passa a atuar e criar vários núcleos baseados em sua obra.

Com o fim da ditadura, retorna ao Brasil em 1986, estabelecendo-se no Rio de Janeiro. Em 1992, é eleito vereador pelo Partido dos Trabalhadores e desenvolve mais uma de suas técnicas, o Teatro Legislativo, discutindo projetos de lei com o cidadão comum em ruas e praças da cidade. A Unesco confere a Augusto Boal, em 2009, o título de "Embaixador do Teatro Mundial". Falece em 2 de maio de 2009, no Rio de Janeiro. Suas obras estão traduzidas para as principais línguas do Ocidente e do Oriente.

Publicou em português os seguintes livros:

Teatro

Revolução na América do Sul (São Paulo, Massao Ohno, 1960)

Arena conta Zumbi, com Gianfrancesco Guarnieri (São Paulo, Teatro de Arena, 1965)

Arena conta Tiradentes, com Gianfrancesco Guarnieri (São Paulo, Sagarana, 1967)

Duas peças: A tempestade/Mulheres de Atenas (Lisboa, Plátano, 1977)
Murro em ponta de faca (São Paulo, Hucitec, 1978)
O corsário do rei (Rio de Janeiro, Civilização Brasileira, 1985)
Teatro de Augusto Boal, vol. 1 (São Paulo, Hucitec, 1986)
Teatro de Augusto Boal, vol. 2 (São Paulo, Hucitec, 1990)

Teoria e método

Teatro do Oprimido e outras poéticas políticas (Rio de Janeiro, Civilização Brasileira, 1975; 1ª ed.: *Teatro del Oprimido y otras poéticas políticas*, Buenos Aires, Ediciones de la Flor, 1974)
Técnicas latino-americanas de teatro popular (São Paulo, Hucitec, 1977; 1ª ed.: *Técnicas latinoamericanas de teatro popular*, Buenos Aires, Corregidor, 1975)
200 exercícios e jogos para o ator e o não ator com vontade de dizer algo através do teatro (Rio de Janeiro, Civilização Brasileira, 1977; 1ª ed.: *200 ejercicios y juegos para el actor y para el non actor con ganas de decir algo a través del teatro*, Buenos Aires, Crisis, 1975)
Categorias de teatro popular (São Paulo, Hucitec, 1979; 1ª ed.: *Categorias de teatro popular*, Buenos Aires, Ediciones CEPE, 1972)
Stop: c'est magique (Rio de Janeiro, Civilização Brasileira, 1980)
O arco-íris do desejo: método Boal de teatro e terapia (Rio de Janeiro, Civilização Brasileira, 1996; 1ª ed.: *Méthode Boal de théâtre et de thérapie: L'arc-en-ciel du désir*, Paris, Ramsay, 1990)
Teatro Legislativo: versão beta (Rio de Janeiro, Civilização Brasileira, 1996)
Jogos para atores e não atores (Rio de Janeiro, Civilização Brasileira, 1998; 1ª ed.: *Jeux pour acteurs et non-acteurs*, Paris, Maspero, 1978)
O teatro como arte marcial (Rio de Janeiro, Garamond, 2003)
A estética do oprimido (Rio de Janeiro, Garamond, 2009; 1ª ed.: *The Aesthetics of the Oppressed*, Londres/Nova York, Routledge, 2006)

Memórias

Hamlet e o filho do padeiro (Rio de Janeiro, Record, 2000)

Ficção e crônicas

Crônicas de nuestra América (Rio de Janeiro, Codecri, 1977)
Jane Spitfire (Rio de Janeiro, Codecri, 1977)
Milagre no Brasil (Rio de Janeiro, Civilização Brasileira, 1979; 1ª ed.: Lisboa, Plátano, 1976)
O suicida com medo da morte (Rio de Janeiro, Civilização Brasileira, 1992)
Aqui ninguém é burro! (Rio de Janeiro, Revan, 1996)

Créditos das imagens

p. 2: Augusto Boal no John Jay Hall, residência dos estudantes da Universidade Columbia, em Nova York, 1955, acervo do Instituto Augusto Boal;

p. 10: Chico de Assis, Augusto Boal, Gianfrancesco Guarnieri e José Renato, década de 1960, acervo do Instituto Augusto Boal;

p. 36: Flávio Migliaccio e Nelson Xavier em *Revolução na América do Sul*, peça de Augusto Boal encenada pelo Teatro de Arena em São Paulo, 1960, acervo do Instituto Augusto Boal;

p. 128: Encenação da peça *El gran acuerdo internacional del Tio Patilludo*, de Augusto Boal, em Buenos Aires, 1971, acervo do Instituto Augusto Boal;

p. 198: Bethy Caruso, Othon Bastos (à frente), Martha Overbeck e Renato Borghi (atrás) em *Murro em ponta de faca*, de Augusto Boal, Teatro TAIB, São Paulo, 1978, acervo do Instituto Augusto Boal;

p. 268: Cecilia Thumim, Augusto Boal e Julián Boal em Buenos Aires, 1975, acervo do Instituto Augusto Boal;

p. 338: O texto da peça *A lua muito pequena e a caminhada perigosa* reproduzido na revista *Aparte*, nº 1, São Paulo, 1968;

p. 360: Cena de *Torquemada*, de Augusto Boal, em apresentação na New York University, dezembro de 1971, fotografia de Mark Kane, acervo do Instituto Augusto Boal;

p. 414: Capa dos *Cadernos de Oficina* com o texto da peça *José, do parto à sepultura*, de Augusto Boal, encenada pelo Teatro Oficina em parceria com o Teatro de Arena, 1961, acervo do Instituto Augusto Boal;

p. 480: Programa do Teatro Experimental do Negro no Teatro São Paulo, com as peças *O imperador Jones*, de Eugene O'Neill, *O filho pródigo*, de Lúcio Cardoso, *O logro*, de Augusto Boal, e *Sortilégio*, de Abdias do Nascimento, 17/4/1953, acervo do Instituto Augusto Boal;

p. 502: Texto em inglês da peça *O cavalo e o santo*, de Augusto Boal, em datiloscrito enviado à censura, novembro de 1954, acervo do Instituto Augusto Boal;

p. 528: Programa do Teatro Experimental do Negro no Teatro João Caetano, em São Paulo, com as peças *Onde está marcada a cruz*, de Eugene O'Neill, e *Filha moça*, de Augusto Boal, 28/1/1956, acervo do Instituto Augusto Boal;

p. 544: Matéria do jornal *O Mutirão*, nº 1, registrando a apresentação da peça *Laio se matou*, de Augusto Boal, pelo Teatro Experimental do Negro no evento "O Ano 70 da Abolição", maio de 1958;

p. 572: Augusto Boal no Times Square, em Nova York, novembro de 1954, acervo do Instituto Augusto Boal;

p. 642: Augusto Boal em oficina, década de 2000, acervo do Instituto Augusto Boal;

p. 686: Augusto Boal em Calcutá, na Índia, por ocasião da fundação da Federação Indiana de Teatro do Oprimido, 2006, acervo do Instituto Augusto Boal;

p. 722: Programa da *I Feira Paulista de Opinião*, realizada no Teatro Ruth Escobar, em São Paulo, e no Teatro João Caetano, no Rio de Janeiro, em junho e agosto de 1968, acervo do Instituto Augusto Boal;

capa: Augusto Boal em oficina, Porto Rico, década de 1980, acervo do Instituto Augusto Boal.

Este livro foi composto em Sabon
pela Franciosi & Malta, com CTP e
impressão da Edições Loyola em
papel Pólen Natural 70 g/m² da Cia.
Suzano de Papel e Celulose para a
Editora 34, em outubro de 2023.